전략적 회계 의사결정

Strategic Accounting Decision Making

손성규

박영사

머리말

본 저술은 저자가 회계선진화포럼 활동 등을 하면서 학습한 내용을 정책서적의 형태로 저술한 것이다.

본 저술은 현업의 공인회계사, 기업의 회계 담당자, 회계 전공 대학원생과 교수, 금융기관의 실무자와 정책 입안자, 감독/규제 기관의 종사자와 공무원, 회계법인의 실무 공인회계사와 품질관리실 실무자에게 도움이 될 것으로 사료된다.

지난 30여년을 같이 살아온 아내 두연에게 감사한다. 인생의 동반자요, 본인의 가장 소중한 친구이다. 또한 항상 본인의 곁을 지켜온 든든한 조언자이다.

삶의 의미에 대해서 많은 것을 알게 해준 우리의 두 아들 승현, 승모에게도 감사한다. 이미 성인이 되어 품안의 자식은 아니지만 사회에서 제 역할을 하면서 건강한 사회구성원으로 살아가는 것을 멀리서 바라보는 것은 부모에게는 큰 기쁨이다.

부모님께서 연배가 높으시지만 건강하게 생활하고 계시니 이 또한 큰 기쁨이다. 앞으로도 오랜 기간 삶의 여러 과정을 같이 하기를 희망한다. 우리 부모님은 수년전에 回婚禮를 장인 장모님은 작년 중에 회혼을 맞으셨으나 장인어른께서 최근 소천하셔서 안타깝다.

「회계감사이론, 제도 및 적용」(2006), 「수시공시이론, 제도 및 정책」(2009), 「금융감독, 제도 및 정책－회계 규제를 중심으로」(2012), 「회계환경, 제도 및 전략」(2014), 「금융시장에서의 회계의 역할과 적용」(2016)로 이어지는 본인의 저술은 수시공시를 포함한 회계정보와 관련된 제도, 정책, 전략, 시사적인 이슈 및 적용에 대해서 기술하고 있다. 과거의 저술과 중복되는 주제가 현 저술에 포함되기는 하여도 내용적으로 중복되지 않으며 동일 주제에 대해서 새로이 진행되고 발전되는 내용에 대해서 기술하였다.

기존의 저술과 연관되거나 기존의 내용을 참고할 필요가 있을 경우는 주석으로 처리하여 관련성을 찾으려 하였다.

본 저술을 작업하는 동안에 같은 연구실에서 연구를 수행한 대학원생이었던 전북대학교 신일항 교수, 배창현 박사과정, 류은경, 김혜림 석사 조교에게 감사한다.

저술과정에서 자문을 해준 안진회계법인의 이재술회장님, 이정인부대표님, 전괄부대표님, 삼일의 권혁재부대표님, 삼정의 김유경 상무님/추민 매니저, 한국공인회계사회의 안영균부회장님과 김정은변호사, 최동민 포스코 정도경영실 감사기획그룹 그룹장, 서울보증보험의 신명호/최낙훈대리, 제주항공의 여러 실무에서 사용하는 양식을 제공해 준 홍솔마로대리께 감사한다.

회계는 정보이다. 정보는 기업의 모든 의사결정의 기초가 된다. 모든 학문 영역이 그러하듯이 회계에 의해서 전달된 정보는 기업 경영의 다른 discipline과도 연관된다. 회계는 제도이므로 법과도 밀접하게 연관되며 경제학에서도 정보 경제학의 영역이 있으므로 이러한 내용과도 연관된다. 예를 들어 수년전부터 기업 임원의 급여 공개가 이슈가 되고 있다. 몇 명까지 공개할지, 민간기업의 정보인데 왜 공개해야 하는 것인지, 얼마의 급여까지 공개할지, 급여 이외에 받는 혜택을 공개할지에 대한 논의를 활발히 수행하다가 최근에는 최고 경영자가 받는 급여가 일반 직원이 받는 급여의 몇 배까지 받는지에 대한 내용까지 공개하게 하는 정책 방향이 설정되었다. 또한 가장 최근에는 등기임원이 아닌 경우에도 고액 연봉을 공개하는 법안이 국회에 제출되었다. 고액 연봉을 받는 임원의 급여를 공개하면서 유발되는 사회적인 위화감 조성이라는 이슈에까지도 영향을 미치는 내용이 회계 연구의 대상이다.

이러한 내용은 기업의 어떠한 내용을 공개할지가 이슈이지만 내용적으로는 인사관리의 영역이다. 최고경영자는 직원보다 어느 정도 급여를 더 받아야 하는 것인지, 또 그래야만 동기부여가 되는 것인지, 이렇게 직원과 임원간에 급여 격차에 의한 위화감 또는 상대적 박탈감이 발생한다고 해도 이를 감내할 수 있을 정도로 우리 사회는 성숙한 것인지 등등에 대한 내용적인 고민은 회계보다는 일반 경영 활동 및 사회 현상의 일부이다.

물론, 시장 메커니즘에 의해서 최고 경영자나 경영자들의 급여가 결정될 수 있다. 그러나 이러한 자본주의적인 결정 모형과 이를 어떤 방식이 되었거나 공개하게 되는 것은 다른 이슈이다. 그러나 이러한 내용이 공시하여야 하는 내용인가로 연결될 때 회계의 영역으로 들어오게 된다.

저자가 회계를 공부하게 된 첫 몇 년간은 회계는 재무제표라는 생각이 무척 강했다. 그러나 이제는 회계는 재무제표라기 보다는 회계는 정보라는 생각을 더 많이 하게 된다. 이러한 차원에서 수시공시의 내용도 회계의 영역으로 들어 와야 한다. 모든 측정 가능한 것이 회계 연구의 대상이어야 한다.

상경대학 건물을 사용하던 시절, 휴게실에 앉아 있다 보면 경제과 교수님 중에서는 연구를 수행하고 있는데 기업에서 어떤 변수를 어떻게 측정하여야 하는지에 대해서 물어 오시는 경우가 있다. 우리 모든 사회에는 항상 측정의 문제가 개입되며 하물며 우리 대부분의 주거 공간인 아파트에서도 회계의 문제가 발생한다.

본 연구에 포함된 내용에는 19대 국회에서 추진되었지만 국회 임기 종료로 폐기된 법안의 내용도 포함되어 있다. 19대 국회에서 법이 제정 또는 개정되지 않았다고 해도 20대 국회에서 추진될 수도 있고 또한 정책 방향에 대한 고민은 지속되어야 한다. 또한 금융위에서 추진하던 내용이 규제개혁위원회에서 중단되거나 수위가 낮아진 경우도 있다. chapter 6에 기술된 외감법 17조의 개정 내용도 17대 국회에서 제안되었다가 18대 국회에서 개정되었듯이 법의 개정의 방향에 대한 고민은 항상 현재 진행형이다. 특히나 chapter 4에도 기술되어 있듯이 발의되었다가 폐지되는 법안의 수가 증가할수록 법안의 개정은 그 time horizon이 더욱 길어지고 있다.

본 저술에서는 과거의 저술과는 달리 인용된 법정 소송건에 대해서는 그 판결문을 구해서 이를 분석하고 판결이 진행된 사례를 포함한 것이 특징이다.

지난 저술을 간행하고 거의 1년 만에 새로운 저술을 간행할 수 있어서 기쁘다. 본 저술이 독자들의 회계에 대한 이해 제고에 도움이 되어 사회에 보탬이 되었으면 하는 바람이 있다.

2016년 12월

연세대학교 본관이 내려다 보이는 경영대학 연구실에서

목 차

chapter 1

감사위원회

기업의 경영활동이 다양화하면서 제한된 시간과 제한된 정보 접근으로 업무상 한계가 있는 외부 감사인에게 어느 정도 이상을 기대하는 것은 매우 어렵다. 또한 chapter 6의 대법원의 판결에서도 사법부의 뜻이 묻어 나오듯이 기업의 모든 잘못을 외부의 감사인이 발견하기를 기대하기도 어렵다. 감사인은 나름대로의 신의성실에 기초한 due care를 하여야 하지만 시간과 인적 한계가 있을 수밖에 없다. 따라서 나머지의 감사 기능은 기업 자체의 몫으로 남을 수밖에 없다. 1998년 KPMG는 부정(fraud)을 누가 발견하는지에 대한 설문을 조사하였는데, 51%는 내부통제 기능이 발견하며, 43%는 내부감사인이 발견한다고 한다. 4%의 기업만이 외부 감사인이 부정을 발견한다고 보고하고 있다. 물론, 감사인의 역할이 부정 적발에 있는 것은 아니지만 감사과정에서 부정이 적발될 수도 있다.[1]

이러한 자료를 보더라도 외부에서 기업 내부의 잘못을, 특히나 외부감사인이 제한된 인력과 제한된 시간의 감사활동으로부터 오류를 지적한다는 것이 얼마나 어려운 일이라는 것을 알 수 있다.

물론, 기업 내부, 외부의 감사기능이 완벽할 수 없으므로 부족한 부분은 정부가 감독과 규제로 보완하기도 하지만 감독기관의 역량도 제한될 수밖에 없으므로 가장 이상적이기는 또한 가장 바람직하기는 기업 자체적인 감사기능이 monitoring에 있어서의 가장 주된 해답이다. 내부가 건실하지도 않은데 외부 감사 기능에만 모든 것을 의존하는 것은 바람직하지 않다.

그러나 내부 감사기능이라고 할 수 있는 감사나 감사위원회의 선임 과정을 보면 감사위원도 사외이므로 사외이사추천위원회(사추위)가 가동되는 기업일 경우는 사추위를 통해서, 사추위가 가동되지 않은 기업일 경우는 기업 내부적으로 사외이사 후보군을 마련하여 이사회의 추천을 받게 된다. 최대주주에 대한 3%

---

1) Kinney, 2000, p.109.

rule이 있어서 의결권이 제한되기는 하지만 이 제도 또한 추천된 인사 pool에 대해서 적용되는 것이므로 최대주주가 감사나 감사위원회 후보군을 작성하는데 영향력이 있는 한, 3%의 의결권 제한 또한 한계가 있다.

주주총회에서 이사 후보 선임에 대한 안건을 후보별로 분리하여 상정하고 있는지도 이슈가 되지만 의결을 한번에 모아서 하는 것이 문제가 될 수 있다.

이러한 차원에서 삼정회계법인이 2014년 Audit committee institute를 설립하고 활동을 시작하였다는 점은 매우 고무적이다. 삼정 KPMG 감사위원회 지원센터가 간행한 Audit Committe Handbook은 좋은 길라잡이이다. 기업이 본인의 잘못에 대해서 自淨도 못하는 입장에서 제3자에게 본인의 잘못을 모두 밝히라고 요구하는 것도 뭔가 앞뒤가 맞지 않는다는 판단을 할 수 있다. 삼일과 한영도 최근에 와서는 유사한 활동을 시작하였다.

기업 내부만큼 모든 정보를 가지고 잘못을 밝힐 수 있는 위치에 있는 조직/기관을 찾기는 어렵다. 단, 기업 내부는 본인들의 잘못을 서로 덮어주고 보호하려는 성향이 있을 수 있다. 즉 독립성의 이슈이다. 전문성과 독립성에 대해서 양 조건이 공인회계사의 덕목이라고 흔히 얘기하는데 이는 공인회계사에게 필요한 덕목 뿐만이 아니고 감사 기능을 수행하는 모든 기관에 이러한 요건이 포함된다. 기업의 내부 감사 기능은 업무와 관련된 전문성은 높을 수 있어도 독립적이지 않을 수 있을 소지가 매우 높다.

감사위원회는 그러한 차원에서 이러한 업무를 수행하기에 매우 독특한 위치에 있다. 기업 내부의 전문적인 내부 감사기능의 실무적인 도움을 받을 수 있을 뿐만 아니라 감사위원회 자체가 대부분 사외이사들로 구성되어 있기 때문에 독립성이 확보된다고 할 수 있다. 또한 사내 이사(상근 감사위원)가 포함될 수는 있어도 모두 등기 이사로 구성되기 때문에 신분적으로도 임기가 보장된다. 또한 감사위원회의 구성을 법에서 규정하므로 기업내 법적인 기관이기도 하다.[2)]

미국의 경우는 감사위원회는 전원 사외이사로 구성되어 있어서 독립성이 확보되었다고 할 수 있으며 우리나라의 제도하에서는 감사위원회는 최소한 세명 이상으로 구성되며 2/3 이상이 사외이사로 구성되어야 하므로 사내이사는 1/3 미만으로 구성되며 나름대로 독립성이 확보되어 있다고 판단할 수 있다. 대부분의 감사위원회는 사외이사만으로 구성될 경우는 세명, 상근감사위원이 포함되는 경

2) 과거 모 은행의 상근감사는 등기임원이 아니었고 지금도 한 보험사의 상근감사는 등기임원이 아니라서 상근감사의 등기 여부는 별건이다.

우는 네명으로 구성되는 경우가 다수이다.

또한 독립성을 확보하는 차원으로 감사위원회의 위원장은 사외이사가 맡아야 한다. 따라서 미국 정도의 독립성의 보장은 아니더라도 독립성을 확보하기 위한 많은 조건은 구비되어 있다고 판단된다. 문제는 조건이 아니라 실제로 감사위원회가 그 위원회에 맡겨진 제 역할을 수행할 것인지의 이슈이다. 즉, 제도보다는 실행의 문제이다.

그렇기 때문에 때로는 과도한 제도를 규제기관이 overshooting하기도 한다. 또한 자율규제에 의존하여야 하는 내용도 공적규제로 규제하려는 부분도 있는데, 공적규제는 매우 costly한 규제 대안이다.

다만 공적규제가 무력화되는 경우도 있다. 증선위는 효성의 조석래회장에 대해서는 임원 해임권고를 했지만 효성의 주총이 이를 수용하지 않고 조회장을 재선임하는 일이 발생하였다. 해임권고가 해임 명령이 아니므로 감독기관의 권고를 해당 회사가 받지 않는다면 취할 수 있는 수단이 없지만 과거에는 없었던 일이 발생한 것이다.

과거에 해임권고를 수용하고 반년이 지난 후, 해임한 임원을 다시 선임하는 일이 있기는 하였지만 감독기관의 해임권고를 받지 않는 경우는 이번이 처음인 듯하다.

이러한 이슈는 감사위원회에 국한되지 않고 이사회도 동일하다. 1997년 이사회 제도가 우리나라에 도입된 이후, 이 제도의 功過에 대한 고민이 지난 20년 동안 지속되었다. 제도는 거의 외국 수준으로 선진화되었지만 실제로 어떻게 운영하는지가 이슈이다.

'분식' 조석래 효성회장 과징금 취소소송 패소

분식회계와 탈세 등 혐의로 형사 재판 1심에서 실형을 선고받은 조석래 효성그룹회장이 과징금 관련 행정소송에서도 패소했다. 서울행정법원 행정3부(부장판사 김병수)는 8일 조회장과 이성운 효성그룹부회장(64)이 증권선물위원회를 상대로 "과징금 처분을 취소하라"며 낸 소송에서 원고 패소로 판결했다. 효성그룹은 효성물산 등 계열사를 합병하며 불량 매출채권 등 부실자산을 정리하지 않고 승계한 뒤 유형자산 재고자산으로 대체 계상하는 등 분식회계를 한 혐의를 받았다. 이 같은 방식으로 효성이 허위로 계상한 금액은 2005년 이후 총 6500만원에 달하는 것으로 조사됐다. 이에 금

> 융위원회 산하기구인 증권선물위원회는 2014년 7월 효성그룹에 과징금 20억원을 부과하고, 대표이사인 조 회장과 이 부회장에게 해임 권고 조치를 내렸다. 또 같은 해 11월에는 조 회장과 이 부회장 개인에게 각각 5000만원, 2000만원의 과징금을 부과했다.
>
> 조 회장과 이 부회장은 지난해 2월 각각 부과받은 과징금이 부당하다며 이를 취소해달라는 행정소송을 냈다.
>
> 매일경제신문. 2016. 4. 9.

단, chapter 39의 자율감리제도가 도입되는 시점의 감독원의 감사위원회에 대한 평가에서도 나타나듯이 아직 국내 기업의 감사위원회를 감독기관이 독립적인 기구로 의존하고 신뢰할 정도의 수준으로 감사위원회 제도 및 운용이 정착된 것이 아니다.

이에는 감사위원회에서 활동하는 위원들, 특히나 사내이사는 완전한 독립성을 담보할 수 있지 않기 때문에 사외이사들의 업무에 임하는 태도의 문제라고 귀결될 수밖에 없다.

우리나라에서의 감사위원회는 1999년에 도입되었고 미국에서의 감사위원회는 1940년대에 처음 도입되었기 때문에 이 제도가 우리나라에 완전히 정착되기까지는 어느 정도 시간이 걸릴 수밖에 없다. 이러한 성숙도의 차이에 있어서는 이사회도 동일하다.

감사위원회는 외부 감사인의 counter part이다. 따라서 감사인이 감사활동을 수행하다가 문제가 있을 경우는 감사위원회로 이 문제를 가져가서 이를 논의하여야 한다. 그러나 이제까지는 감사인에 대한 counter part가 회사거나 재무담당이사(CFO)이지 감사위원회라는 생각이 공감되지 않은 것 같다. 이렇게 진행된데는 감사위원회가 제 위상을 찾지 못하였다는 감사위원회 자체의 책임도 없지 않다. 또한 회사의 실무자들도 감사위원회가 제 역할을 찾도록 존중해야 하는데, 감사위원회의 위상에 상응하는 역할을 찾아 주지 못했던 것 같다. 동시에 감사위원회의 감사위원들도 상법에 의해 보장된 권리와 의무를 다 했는지에 대한 의문도 있다.

이러한 차원에서 감사위원회의 역할에 대해서 점검을 한다는 것은 우리나라 기업의 지배구조를 특히나 감사의 기능을 정착하는데 매우 중요한 의미가 있다.

롯데가 2015년에 심각한 지배구조의 문제를 노정하였다. 이에 대한 해결책으로 롯데는 비상장기업에도 사외이사 제도를 도입하겠다고 공언하고 있다. 그러나 제도보다 더 중요한 것은 실행이며 실천의지이다.

이사회/감사위원회를 구성함에 있어서는 다음의 원칙이 준수되어야 한다.

> –. 자산규모 2조원 미만은 사외이사 숫자를 전체 이사의 4분의 1 이상 유지하면 되지만 자산 2조원 이상은 최소 3명 이상 사외이사를 두되 전체 이사 총수의 과반수여야 한다.
> –. 자산총액 1,000억원 이상 상장회사: 상근감사 의무화. 단 자발적으로 감사위원회를 설치한 경우 예외(상법 제542조의 10)
> –. 자산총액 2조원 이상 상장회사: 감사위원회 의무화(상법 제542조의 11)(상법시행령 제37조 제1항)
> 이러한 상법의 내용은 증권거래법에서도 수용되었다. 2000년 1월 21일 개정된 (구)증권거래법 제191조의17과 제54조의6에 의해 자산총액 2조원 이상인 주권상장법인 또는 코스닥상장법인에 대해서 감사위원회 설치가 의무화됨.
> **금융투자업자**(자본시장법 제26조 제1항): 최근 사업연도말을 기준으로 자산총액이 2조원 미만인 금융투자업자 등은 제외(자본시장법시행령 제29조 제1항)
> 따라서 자산규모 1000억원이 안되는 기업일 경우는 비상근감사를 선임할 수 있다.
> –. 상법에 의하면 사외이사후보추천위원회는 2조원 이상의 기업에는 의무화한다.

현대차와 기아차가 투명경영위원회를 구성하고 삼성물산과 ㈜SK가 거버넌스 위원회를 설치하기로 한 것 등은 투명하게 경영을 수행하려는 노력의 일환이며 "주주 친화 경영을 좀 더 강화하고 지배구조 관련 제도를 재정비해야 한다"고 이해할 수 있다. 현대차는 사외이사들로만 투명경영위원회를 구성하여 운영하기로 하였다. 이사회가 존재하는데 이와 같이 제도권에서 공론화되지 않은 위원회를 중복하여 만드는 것이 기업지배구조에 도움이 되는지는 의문이다. 모든 제도는 법으로 강제될 때에 체계를 갖출 수 있는 것인데 그렇지 않은 경우는 일회성, ad hoc, 또는 보여주기식으로 진행될 수 있다. 최근 검찰의 대대적인 수사의 대상이었던 롯데도 준법경영위원회를 신설하겠다고 천명했다. 2015년에는 기업문화개선위원회를 출범시켰다.

제도가 있어도 이를 준수하지 않는 회사에 대한 제재수단이 명문화되어 있지 않다면 구속력이 있는 제도인지에 대한 의문이 있다.

그렇기 때문에 무슨 위원회가 되어도 이는 제도권안으로 즉, 법테두리안으로 들어와야 한다. 일단, 어떤 위원회가 되었건, 법의 영역안에 위치하게 되면 이 위원회를 폐지하려고 해도 법이 개정되어야 하기 때문에 위원회는 적법하게 가동될 것이라고 추정할 수 있다.

이러한 위원회가 적법하게 운영되고 있는 것인지에 대한 확인도 쉽지 않으며 처음으로 가동될 때 변죽만 울리다가 흐지부지될 가능성도 있다. 더 중요한 것은 제도보다는 시행(implementation)이다.

법의 영역이 아닌 규준도 존재하기는 하지만 이는 법적 구속력이 없기 때문에 큰 효과를 기대하기 어렵다. 상장회사협의회, 한국기업지배구조원 등의 기관에서 많은 형태의 모범 규준이 존재한다. 다만 상장협에서 작성하는 내부통제제도에 대한 규준일 경우 내부통제제도 인증의 표준으로 인정이 되어서 이 규준과 차이가 있는 부분에 대해서는 설명이 되어야 한다. 따라서 규준의 형태라고 하여도 상당한 정도의 구속력이 있다.

또한 한국기업지배구조원의 모범 규준은 이 규준에 근거하여 지배구조에 대한 평가가 진행되므로 기업이 구속력 정도의 부담을 느끼는 것은 아니지만 평가를 무시할 수 없을 것이다. 그래서 기업지배구조원의 모범 규준이 사실상의 구속력이 있는 軟性法이라고 주장하기도 한다.[3)]

동시에 금융위원회나 금융감독원에서 금융기관이나 금융공기업의 감독을 위해서 가지고 있는 규정 등은 법의 수준은 아니지만 규정을 준수하지 않는데 대해서는 강력한 제재 수단을 가지고 있기 때문에 상당한 구속력을 갖는다. 이러한 규준을 해당 기업이 정관으로 수용한다면 이는 확실한 구속력을 갖는다. 금융위 중심으로 현재 TF가 진행 중인 기업지배구조 지침은 확정된 이후에는 상당한 구속력을 가질 수도 있다.[4)]

감사위원회의 운영과 관련되어 금융감독원이 최근 모범 규준을 공표하였다.

제도권에서의 위원회는 상법에 의해 자산 규모 2조원 이상되는 기업에 강제되는 사외이사후보추천위원회, 금융권에서 강제되는 평가보상위원회, 외감법 시행령에서의 감사인선임위원회, 상법에서의 이사회, 자산규모 2조원이 넘는 기업에 강제되는 감사위원회 등이 있다.

이 이외에 회사 내부적으로 금융기관일 경우는 리스크관리위원회 등을 구성

3) 한국경제신문. 2016. 6. 2. 상법과 충돌하는 '모범규준', 지배구조는 기업 결정에 맡겨야.
4) chapter 52를 참고한다.

하여 운영한다.

물론, 그 기업 규모에 강제되지 않음에도 불구하고 기업이 자의적으로 제도를 운영하기도 한다. 자산 규모 2조원이 안 되는 기업이 감사위원회를 구성하기도 하며 또한 이사회는 자산 규모 2조원이 넘는 기업만 과반으로 사외이사가 구성되어야 하지만 2조원이 넘지 않는 기업이 사외이사 비중을 과반으로 가져가기도 한다. 또한 자산 규모 1000억원이 넘는 기업이 상근 감사기능을 가져야 하지만 1000억원이 안 되는 기업에서 상근 감사기능을 가질 수도 있다.

이중에 자산 규모가 2조원이 넘지 않는 기업에서 감사위원회를 설치한 기업은 다수가 있다.

2조원이 넘지 않는 기업은 사외이사 비중이 1/4 이상이면 되지만 이 비율을 초과해서 사외이사를 선임하는 기업이 있다. 사외이사추천위원회가 강제되지 않는 자산 규모 2조원이 안 되는 기업이 사외이사 추천위원회를 가동할 수도 있으며 분기 재무제표의 검토는 자산 규모 5000억원이 넘는 기업에 강제되는데 그러한 규모가 안 되는 기업에서 자발적으로 분기 재무제표에 대한 검토를 받기도 한다. 내부회계관리제도도 상장기업과 자산규모 1000억원이 넘는 기업에 강제되는데 그보다 소규모의 기업이 내부회계관리제도를 도입할 수 있다. 자산 규모 5000억을 초과하는 상장사에 준법지원인 제도가 강제되지만 그 정도 규모가 되지 않는 기업에서도 준법지원인 제도를 도입할 수 있다.

이 모두는 신호효과(signaling)로 이해할 수 있다. 즉, 해당 기업이 과도한 규제를 자의적으로 받는다는 것 자체가 good signal로 작동할 수 있다.

회사가 아니고 감사인 선임위원회가 감사인 선임과 관련된 실질적인 업무를 수행하도록 제도 변경을 시도하면서 감독기관에서 documentation을 무척이나 강조하였다. 이는 감사인선위원회가 실질적인 역할을 수행하지 않고도 위원회에서 감사인을 선임한 것과 같이 형식적인 위원회 운영이 되는 것을 미연에 방지하기 위함이다.

이는 감사조서(working paper)의 보존 기간이 과거에는 3년, 5년이었다가 2003년 12월 11일에 개정된 외감법(2004년 4월 1일 시행)에 의해서 8년으로 연장된 것이나 같은 맥락에서 이해하면 된다. 기록으로 남지 않으면 이를 확인할 수 없다. 물론, 법으로 강제되는 이사회나 감사위원회의 회의록을 남겨 두어야 하는 것도 궤를 같이 한다.

감사나 감사위원회는 이들이 실무적으로 도움을 받아야 하는 실무 조직을 운영하여야 한다. 내부감사실 또는 감사실 등의 내부감사 기능의 조직이다. 이들 실무자들이 과연 독립적으로 업무를 수행할 수 있는지에 대한 내용을 기술한다.

상장회사협의회, 상장회사 감사의 표준직무규정. 2012.4.30.
제15조(감사요원의 자격)
② 다음 각호의 해당하는 자는 감사요원이 될 수 없다.
2. 이사 및 집행임원으로부터의 독립성이 확보되지 아니하는 자.

위의 상장협의 규정의 내용은 감사요원이 독립적이어야 한다고 규정한다. 이론적인 이상론에 근거한 내용이다.

그러나 감사기준에는 아래와 같이 내부감사는 독립적일 수 없다는 현실적인 제약을 기술하고 있다. 독립적이지 않다는 표현이라기보다는 더 정확하게는 "외부감사인에게 요구되는 정도로 기업으로부터 독립적이지는 않다."고 기술하고 있다. 즉, 독립적일 수는 있지만 외부감사인만큼 독립적이지는 않다는 내용이다.

전자는 이상론, 후자는 현실론에 근거한 동일한 직책의 상이한 성격에 대한 규정이다.

회계감사기준. 610. 내부감사인이 수행한 업무의 활용
4. 내부감사기능은 그 자율성과 객관성의 정도와 관계없이, 재무제표에 대한 감사의견을 표명하는 외부감사인에게 요구되는 정도로 기업으로부터 독립적이지는 않다.

상장협의 내용은 내부감사인은 실질적으로는 독립성이 확보되지 않더라도 상징적으로라도 독립성이 확보될 수 있도록 하라는 의미로 해석하면 된다. 그렇기 때문에 이상론이라는 표현을 사용한 것이다.

미국 내부감사인협의회(Institute of Internal Auditor)에서는 내부감사인의 조건으로 내부 감사인은 외관적으로도 독립적이어야 하며 실질적으로도 독립적이어야 한다고 기술하고 있다. 외부감사인에 대해서 요구하고 있는 동일한 덕목을 내부감사인들에게도 요구하고 있는 것이다.

외부감사인과 피감회사의 관계는 계약관계이며 내부감사인과 회사의 관계는 고용관계이다. 계약관계인 외부감사인에 대해서도 독립성의 이슈가 지속적으로 대두되는데 신분적으로 고용관계인 내부감사인의 독립성을 확보하기는 더더욱 어렵다.

내부감사인의 독립성을 어느 정도 보장해 주기 위해서는 감사실장의 임면을 감사위원회에서 동의를 받도록 한다거나 내부감사실의 조직상에서의 위치를 상근감사위원 밑으로 둔다거나 하는 등의 보완적인 action을 취할 수는 있지만 어느 정도 실효성이 있는 정책인지에 대해서는 의문이 있다.

감사위원회와 관련된 제도는 다음과 같다.

감사위원회는 3인 이상의 이사로 구성(상법 제 415조의 2 제2항)
그 중 3분의 2 이상은 사외이사로 구성됨. (상법 제 415조의 2 제2항, 자본시장법 제 26조 제2항)
감사위원회의 위원장은 사외이사가 맡음.
우리나라는 감사위원 중 최소 한명은 회계 또는 재무 전문가로 하도록 되어 있음.

위의 한국의 제도를 미국과 비교한다.

미국은 SOX 이후 감사위원회를 모두 사외이사로 구성한다.

한국은 회계, 재무전문가가 최소 한명이어야 하는 조건만을 두고 있는데 미국은 감사위원회에 다음과 같은 financial literate의 조건을 두고 있어서 우리보다 조금 더 tight한 조건을 두고 있다.

Everybody should be financially literate, – able to read and understand the basic financial statements

미국은 통상적으로 감사위원회가 4-5명으로 구성된다고 하고 미국의 평균 이사회는 10-12명 위원으로 구성된다고 하는데 위원회의 인원수가 많으면 더 다양한 의견을 취합할 수 있는 장점이 있는 반면, 위원회 운영을 위한 추가적인 비용이 발생한다.

즉, 미국의 경우은 모든 감사위원은 financially literate여야 하며 이중에 한명은 financial expert여야 한다. financial literate라는 표현에서도 읽을 수 있듯이 이는 재무전문가라는 의미라기보다는 회계전문가로 해석되어져야 한다.

그 자세한 내용은 다음과 같다.

SEC는 Sarbanes Oxley Act Section 407에 의거하여 감사위원회 내 재무/회계 전문가가 최소 1명 이상인지의 여부를 공시하도록 하고 있으며 미 보유 시에는 그 사유를 밝히도록 하고 있다.

즉, 재무전문가 보유가 강제는 아니다.

〈관련규정: Sarbanes Oxley Act Section 407〉
"to disclose whether or not, and if not, the reasons therefor, the audit committee of that issuer is comprised of at least 1 member who is a financial expert"

그러나 NYSE 상장 기업들은 Section 303A Corporate Governance Rules를 준수해야 하며 그 중에는 최소 1인의 회계 및 전문가 보유 규정이 있어 강행규정이라고 판단된다.

〈관련규정: Section 303A Corporate Governance Rules〉
7. (a) The audit committee must have a minimum of three members. Commentary: Each member of the audit committee must be financially literate, as such qualification is interpreted by the listed company's board in its business judgment, or must become financially literate within a reasonable period of time after his or her appointment to the audit committee. In addition, <u>at least one member of the audit committee must have accounting or related financial management expertise</u>, as the listed company's board interprets such qualification in its business judgment.

감사위원회의 구성이 최소한 3인이어야 한다는 규정은 우리나라의 제도와 동일하다.

기업지배구조원의 문건에는 다음과 같이 되어 있다.

2916.4.6

1.9. 감사위원회 위원은 경영진과 지배주주로부터 독립적이어야 한다. 따라서 감사위원회 위원은 이사로서의 보수만 받을 수 있으며 그 외의 보상은 받을 수 없다.

감사위원회 위원은 그 업무를 수행함에 있어 많은 시간과 노력을 투입하기 때문에 다른 사외이사보다 많은 보수를 받을 수 있다. 그러나 이사로서 받는 보수 이외에 다른 보상을 받아서는 아니 된다. 이는 다른 보수가 감사위원회 위원의 독립성을 해칠 수 있기 때문이다.

감사위원회의 위원이 경영진과 지배주주로부터 독립적이어야 하는 것은 당연하지만 동시에 이사회의 이사도 경영진과 지배주주로부터 독립적이어야 한다.

국내 일부 회사의 경우는 감사위원회 위원장이 더 많은 업무상의 부담을 안고 시간을 쓰기 때문에 위원들보다도 보수를 더 많이 받는 경우도 있다.

KPMG Audit Committee Institute의 문건에도 동일한 내용이 포함되어 있다.

"no compensation for other than board service"

특히나 미국의 경우는 감사위원에게 다른 사외이사보다도 훨씬 더 많은 시간의 서비스를 기대하게 되는데 그럼에도 추가적인 보상이 없다는 것이 적절한 것인지에 대한 의문을 갖게 한다. 물론, 이러한 모든 내용이 독립성 때문에 제시된 내용인 것은 분명하다. 그러나 투입된 시간과 노력에 대해서는 이에 상응하는 경제적인 보상이 있어야 하는 것이 너무도 당연한 것인데 이러한 부분은 이해가 어렵다.

자본주의에서 투입된 시간과 에너지에 대한 보상은 due care를 위한 전제 조건이며 독립성만큼이나 중요한 덕목이기도 하다. 감사가 문제를 발견하여야지 그 다음 단계에서 독립성이 이슈가 되는 것이지 시간과 노력을 투입하지 않아서 문제를 발견하지 못한다면 독립성이라는 것이 큰 의미가 있지 않다. 신의성실 또는 due care는 이에 상응하는 경제적인 보상이 있을 때 기대할 수 있다.

이러한 동일한 논리를 적용하면 사외이사나 감사위원이나 무급으로 사회 봉사 차원에서 업무를 진행하여야 한다고도 생각할 수 있다. 따라서 상식 이상의 높은 급여를 받는 경우가 문제가 되어야 하며 due care를 할 수 있을 수준의 적정 수준의 급여가 지급되어야 한다.

꼭 경제적인 보상이 있다고 독립성을 훼손한다고는 하기 어렵다. 오히려 업무에 상응하는 금전적인 보상이 있어서 due care를 한다고 할 수 있다. 물론 과도

한 보상은 뇌물 성격이라고도 할 수 있는데 적정한 수준의 보상에 대한 판단이 주관적이라 이를 판단하는 것이 용이하지 않다.

일부의 기업의 감사위원회에서는 감사위원들이 추가 보상을 받지 않는 사유 중의 하나가 변호사들이 추가 보상이 있을 경우는 소송으로 진행될 경우, 더 많은 책임을 지게될 것이라고 자문했다고 한다.

미국의 경우도 규정은 위와 같이 되어 있으나 다수 기업에서 감사위원의 보상 수준이 다른 사외이사보다 많은 경우도 다수 있다고 한다.

문제는 어느 정도의 경제적인 보상이 적절한 수준의 보상인지에 대한 기준점을 정하기 어렵다는데 있다. 흔히들 감사위원에 대한 적정한 보수의 지급보다는 감사인에 대한 적정한 보수가 더 문제가 된다.

외부감사인의 감사수임료와 이들의 독립성과의 관련성에 대해서는 많은 연구도 있고 고민도 있다. 그래서 적정 감사수임료라거나 표준 감사수임료라는 표현을 사용하고 있고, 한국공인회계사회에서는 2014년 12월 5일 업종별, 자산규모별 평균감사투입시간을 마련하여 안내하기도 하였으며 이 내용은 chapter 60에서 다루어진다.

표준감사 투입시간은 임률을 곱하기만 하면 표준 감사 수임료로 전환될 수 있지만 감사수임료에 대한 가이드라인을 제시하는 것은 공정거래위원회에서 『독점규제 및 공정거래에 관한 법률의 적용이 제외되는 부당한 공동 행위 등의 정비에 관한 법률(카르텔 일괄 정리법)』에 근거하여 금하고 있다. 이는 시장이 자율적으로 시장 메카니즘에 의해서 수임료를 정하는데 정부가 개입할 수 없다는 내용이다.

최중경 공인회계사회 회장은 적정 감사보수를 정할 수는 없지만 감사보수 저하로 인하여 감사품질이 낮아지는 것을 방지하기 위해서 감사보수의 "최저한도"를 정해야 한다고 주장한다. (조선비즈 2016. 6. 8.) 일부에서는 최저감사보수가 오히려 최고감사보수로 인식되어 최저만 지급하면 된다는 식으로 이 제도가 시행될 우려도 있다고 주장된다.

이는 감사인에게 너무 높은 수임료가 지급됨은 독립성을 해칠 소지가 있으며 동시에 너무 낮은 수임료가 지급됨은 그들이 감사과정에서 due care를 하지 않을 가능성이 높기 때문에 바람직하지 않다.

그러나 감사인의 감사활동에 대해서 pricing을 하는 것은 기업이 사외이사나 감사위원의 업무에 대해서 급여를 지급하는 것에 비해서는 훨씬 더 정형화되어 있다고 할 수 있다.

그러나 사외이사 또는 감사위원의 경우, 그들이 수행한 업무에 대한 대가를 표준화하는 것은 어렵고 다양하다. 각 개별기업이 사외이사나 감사위원에게 지급하는 보수의 수준은 각 기업의 경제적인 상황에 따라서 많은 차이가 있다. 상근 임원일 경우의 급여도 천차만별이지만 이에 비해서 감사인이 수행하는 업무는 어느 정도는 정형화, 균질화되어 있다.

일부의 기업일 경우, 사외이사의 급여 이외에, 회의 참석시 거마비를 추가로 지급하기도 하는데, 이러한 금액의 지급과 독립성을 연관시키는 것은 어느 범주를 넘는 과도한 금액이 아닌 이상 문제가 되지 않는다.

tone at the top의 개념은 다음의 내용으로 기업의 지배구조 또는 감사의 업무가 bottom up이 아니라 top down식으로 즉, 위부터 체계를 잡아 가는 것을 의미한다.

> "Tone at the top" is a term that originated in the field of accounting and is used to describe an organization's general ethical climate, as established by its board of directors, audit committee, and senior management. Having a tone at the top is believed by business ethics experts to help prevent fraud and other unethical practices.

물론, 회계나 기업 경영의 투명성에 대한 의지가 반드시 top down approach가 중요한지 아니면 bottom up approach가 중요한지의 차이가 있는 것은 아니다. 그러나 'tone at the top'이라는 표현이 사용되는 것은 회계투명성이나 경영에 대한 최고경영자 차원에서의 의지가 매우 중요하다는 점을 강조하기 위함이지 회계투명성에 있어서 top이 bottom보다 더 중요하다는 개념은 아니다.

외감법 개정안(주식회사 등의 회계 및 외부감사에 대한 법률)에는 다음이 포함된다.

제22조: 감사인이 "이사의 부정행위 또는 법령 위반 사항은 증선위에 보고"하도록 요구하고 있다.

회사의 문제를 회사 내부적으로 해결한다는 것이 매우 어렵기 때문에 또한 위에도 기술하였듯이 우리나라 기업에서 감사위원회에 제대로 작동하지 않기 때문에 이러한 문제를 감독기관에서 해결하도록 하는 대안을 제시한 것이다.

금융기관에 강제되는 기업지배구조보고서에는 이사회/감사위원회 구성, 운영, 보수 등의 내용 공시가 의무화되었으며 이 보고서를 보면 매우 상세하게 기업이 어떻게 의사결정 과정을 가져가는지에 대해서 자세한 내용까지도 기술하고 있다.

기업지배구조원의 평가 항목에서는 최근의 기업의 상황에 근거하여 다음과 같이 질문의 문항을 수정하였다. chapter 32에서는 감사업무 부서의 기업내에서의 위치뿐만 아니라 준법감시인의 조직내 위치에 대해서도 기술한다.

감사위원회 또는 감사의 업무를 지원할 수 있는 독립된 감사업무 부서가 있는가?

가) 아니오
나) 직속이 아닌 형태로 존재
다) 감사위원회 혹은 감사 직속으로 존재

이 내용은 과거의 다음의 문항에서 그 내용이 수정된 것이다.

감사위원회(감사)의 업무를 지원할 수 있는 독립된 감사업무 부서가 있는가?

가) 아니오
나) 직속이 아닌 형태로 존재
다) 감사위원회 혹은 대표이사 직속으로 독립하여 존재

내부감사의 대상에 경영진이 포함되는 점을 고려하여, 대표이사 직속 내부감사부서에 대한 답변을 재분류한 것이다.

즉 감사는 대표이사에 대해서도 감사를 해야 하는 입장인데 감사의 실무부서를 대표이사 직속으로 둔다는 것이 문제가 있다는 판단이다. 실무부서를 대표이사 직속으로 둔다고 함은 이 부서의 위상이 올라가는 효과는 있을 수 있지만 보고 라인에 있는 대표이사를 감사할 수 없는 문제가 있다.

감사 내부 부서를 감사 또는 감사위원회 소속으로 위치한다면 감사는 누가 감사하는지의 이슈도 남게 된다. 누구 직속으로 두게 되어도 감사부서의 책임자

본인은 감사의 대상 밖에 놓이는 문제가 초래된다. 개정된 내용에 근거하면 감사가 감사의 대상에서 빠지게 되며 개정 이전의 항목에 근거한다면 대표이사가 감사의 대상에서 빠지게 된다.

감사는 실질적인 경영활동을 수행하는 직책이 아니므로 감시의 대상에서 누락된다고 하면 감사보다는 대표이사가 감사의 대상에서 누락되는 것이 더 우려스러운 것이다.

감사원장의 국회 청문회에서는 임명권자인 대통령도 감사원의 감사의 대상인지에 대한 질문이 단골메뉴이다. 원칙적으로는 감사의 대상이지만 감사원장이 임명권자인 대통령을 감사한다는 것이 현실적으로는 어려울 것이다. 회사에서의 감사 실무 부서의 감사의 권한이 누구에게까지 미칠 것인지도 매우 민감한 부분일 수 있다.

민간에서도 CEO를 감시할 감사/감사위원을 누가 어떠한 절차로 선임하여야 하는지 또는 감사/감사위원은 어떠한 자격 요건을 갖추어야 하는지에 대한 논의가 있는 것과 같이 정부 조직에서도 똑같은 문제가 대두된다.

감사위원회의 외부 감사인 승인과 관련되어서는 감사인이 변경되지 않고 유지되는 경우는 승인을 필요로 하지 않는다. 이는 잘못된 법규 사안이라고 판단한다. 감사인이 유지된다는 것은 변경되지 않은 경우이므로 당연히 공개 경쟁을 통해서 감사인이 선임되어야 한다. 공개적인 경쟁에서 전임 감사인이 재선임된다면 재선임되는 것으로 감사위원회에서 승인이 되어야 한다. 이 과정으로 감사위원회가 감사인을 선임하는 것은 당연한데 직전 감사인이 유지된다고 해서 감사인 승인과정을 거치지 않는 것은 이해하기 어렵다. 법안의 배경은 현 감사인의 유지는 이미 최초 계약시 감사위원회의 승인을 받은 것이고 변경이 아니므로 승인하지 않아도 된다는 것인데 그럼에도 이는 재계약을 관례적으로 default로 당연시 여기는 행태이다.

> 감사위원회 승인(외감법 제4조)
> 계속 선임시 승인 예외(외감법 제4조 제6항)
> 제4조(감사인의 선임과 해임) ⑥ 제2항 본문에도 불구하고 주권상장법인이 아닌 회사가 직전 사업연도의 감사인을 다시 감사인으로 선임할 때에는 감사 또는 감사인선임위원회의 승인을 받지 아니할 수 있다.

상근감사위원의 선임과 관련되어 여러 가지 이슈가 있다.

"정치인 관료 출신 낙하산 싫다" 상근감사 자리 없애는 금융사들

현대해상 등 임명 안해
감사위원회 대체 운영

금융회사들이 상근 감사를 따로 두지 않고 사외이사들로만 감사위원회를 운영하는 사례가 늘고 있다.

금융권에 따르면 현대해상은 오는 12일 나명현 감사의 임기가 만료된 뒤 후임자를 선임하지 않기로 했다. 대신 사외이사들로 이뤄진 감사 위원회를 운영할 방침이다. 현대해상 관계자는 "상근 감사로 모실 적임자가 없다고 판단했다"고 말했다.

이와 관련, 금융권의 한 관계자는 "금융회사들이 상근 감사직을 없애는 이유는 전문성이 부족한 정치권과 감사원 출신들이 치고 들어올 여지를 두지 않으려는 의도가 깔려 있다"고 말했다. 현대해상이 상근 감사를 없앤 이유도 이와 무관치 않다는 얘기가 나온다. 감사로서 제 역할을 할 만한 인물을 찾기 어려운 상황에서 자리를 그대로 두면 외부의 청탁과 압박에서 자유로울 수 없다고 판단한 것이다.

앞서 금융감독원 출신 S씨가 나감사 후임자리를 놓고 개인 인맥을 동원해 '뛰고 있다'는 얘기가 나오기도 했다.

국민은행이 수개월째 공석인 상근감사를 선임하지 않기로 결정한 것도 비슷한 이유에서다. 국민은행은 금감원 고위직을 지낸 J씨를 상근 감사로 유력하게 검토했다가 경남기업에 대한 금감원의 편법 지원 의혹이 불거지자 사외이사로만 감사위원회를 구성하기로 방침을 바꿨다. 국민은행 관계자는 "감사 역할을 제대로 할 분이 올 수 있는 상황이 될 때까지 시간을 갖기로 한 것"이라고 말했다.

신한은행도 2012년 초 금감원 출신인 S씨를 상근감사로 영입하려다 금감원의 반대로 무산되자 상근 감사직을 없앤 적이 있다. 저축은행 부실 사태 여파로 금감원 출신의 금융사 감사 진출이 사실상 불가능해지자 감사원이나 정치권 출신들이 금융사 상근 감사직을 잇 따라 꿰차던 때였다.

신한은행은 이런 분위기를 감안, 그해 3월부터 2013년 12월까지 사외이사로만 감사위원회를 운영했다. 이후 2013년 12월 27일 상근감사직을 부활시켜 이석근 전 금감원 부원장보를 감사로 선임했다.

한국경제신문. 2015. 6. 1.

현대해상은 결국은 2015년 주총에서 전임 감독원 국장을 감사로 선임하게 된다.

정피아가 되었건, 관피아가 되었건 이들이 전문성과 독립성을 갖추면 된다. 해당 분야에서 높은 전문성을 가질 수 있다고 하면 관피아가 더욱 감사업무에 적절할 수도 있다.

위의 신문기사에서 상근감사위원이 상법상의 감사인 것으로 오해되는 경우도 있는데 감사위원회 제도는 상법상의 감사 대신에 만들어진 제도이므로 감사위원회가 구성되어 있는 기업에는 상법상의 감사는 동시에 존재할 수가 없다. 상근감사위원은 따라서 상법상의 감사가 아니고 감사위원회의 한 위원이다. 단, 상근감사위원이 상근이므로 다른 사외이사 감사위원보다도 더 주된 역할을 수행할 수는 있다. 상근감사위원의 회사내 호칭이 감사라서 상법상의 감사라고 오해가 될 수 있다.

자산 규모 1000억원 미만인 회사에서는 상근감사가 아니고 비상임감사를 둘 수 있다. 물론, 이들 기업이 희망할 경우 상근감사도 선임할 수 있을 것이다.

한계기업, 내부 감사도 엉터리
대신경제연분석... 비상근감사 절반에 전문성 부족

부실기업일수록 내부 리스크를 통제하는 인적 시스템이 열약한 것으로 나타났다. 비상근감사 비중이 높고 감사보수가 낮았으며, 이사회에서 사외이사 비중이 낮고 전문성도 떨어졌다. 대신경제연구소가 국내 상장사 가운데 지난 3년간 영업이익으로 이자비용도 못 낸 한계기업 238개사의 지배구조를 분석한 결과다.

대신경제연구소는 11일 '한계기업의 지배구조 특징과 감사의 업무 충실도' 보고서를 내고 한계기업 지배구조의 가장 큰 특징은 높은 비상근감사 비중과 낮은 감사보수라고 밝혔다. 대신경제연구소 분석 결과 한계기업 238개사의 비상근감사는 총 110명으로 상근감사(102명) 보다 많았다. 사외이사를 중심으로 한 감사위원회를 두고 있는 26개사를 제외하면 비상근감사 비중이 51.9%나 된다. 대신경제연구소가 분석한 600개 대표 상장사들의 비상근감사 비중은 19.8%다.

한계기업의 1인당 평균 감사보수는 3850만원으로 전체 평균(7520만원)의 절반 수준에 그쳤다. 특히 한계기업 비상근감사의 평균 보수는 2160만원에 그쳤다. 심지어 한계기업 중 38곳은 비상근감사를 선임하면서 보수를 주지 않은 것으로 나타났다. 안상희 대신경제연구소 연구위원은 "한계기업 중 상법상 상근 감사 설치 의무가 없는 기업(자산총액 1000억원 이하)이 많고, 감사 역할에 대한 인식 부족으로 상근감사보다 비용 부담이 작은 비상근감사보다 비용 부담이 작은 비상근감사를 선호하기 때문으로 판단된다"고 말했다. 연구소에 따르면 한계기업 238개사 중 자산총액 1000억원 이하 기업은 절반이 넘는 124곳이었다.

안상희 연구위원은 "이 같은 실태는 법적으로 결격 사유가 되는 것은 아니지만 감사 업무의 충실도 측면에서는 부정적"이라며 "상장기업의 상근감사 설치 의무 기준 중 하나인 '자산총액 1000억원'이라는 기준을 낮춰 상근감사 설치 의무 대상을 확대하는 것이 기업 내부 리스크 관리를 강화하기 위한 최소한의 제도적 보완책이 될 것"이라고 말했다.

한계기업들은 또한 사외이사들의 역할도 제한적이었다. 이사회 내 사외이사 비중이 32.9%로 일반기업의 평균(41.7%) 대비 9% 포인트 가까이 낮았다.

고령의 감사가 지나치게 오랫동안 한 자리에서 근무하는 것도 기업의 지배구조나 경영진과의 유착 가능성을 높여 감사 업무의 독립성을 해칠 수 있는 요인으로 지적됐다. 조사 대상 한계기업 중 카프로는 81세의 감사가 20년 동안 재직 중이고, 올해 79세인 삼영화학 감사도 19년 째 자리를 지키고 있다. 75세인 성안 감사는 재직 기간이 무려 24년에 달했다.

매일경제신문. 2016. 5. 12.

상법상의 감사가 더 좋은 것인지 아니면 사외이사들로만 구성된 감사위원회가 더 좋은지에 대해서는 해답이 없다. 위의 신문기사에서도 기술되었듯이 신한은행은 한 때 사외이사로만 구성된 감사위원회 제도를 운영하다가 최근에는 다시 상근감사위원을 선임하면서 감사위원회의 한 위원으로 선임하였다. 상근감사위원을 두지 않은 기간에는 감사본부장을 선임하여 감사위원회를 행정적으로 지원하도록 하였다.

자산 규모가 1,000억원이 넘는 상장기업은 상법상의 상근감사를 두도록 되어 있는데 자산 규모가 2조원이 넘지 않는 경우는 상법상의 상근감사와 감사위원회 간에 한 형태를 선택할 수 있다. 자본금 10억원 미만의 주식회사에서는 감사는 임의기구로 강제되지 않는다.

상법상의 감사가 더 좋은지 아니면 감사위원회가 더 좋은 지에 대해서 기술한다.

회의체라는 것은 항상 독임제에 비해서는 위원들의 다양한 의견을 취합할 수 있다는 장점이 존재한다. 자산규모 1000억원이 넘는 기업은 상근감사나 감사위원회를 둬야 하는데 상근감사가 상근을 함으로서 정보의 접근 가능성이 높아진다. 단, 상근으로 직업을 갖는 것이므로 경제적으로 해당 기업으로부터 덜 독립적일 수 있으며 이는 선임과정과도 연관된다. 반면, 위원회는 소집 자체가 어려울 수 있으므로 상근감사가 순발력 있게 의사결정을 수행할 수 있다.

상근 하는 보직이라는 것은 회사내의 정보에 대한 접근 가능성에 있어서 우월한 반면 비상근 사외이사에 비해서는 독립성의 수준은 더 낮을 가능성이 높다.

감사실(내부 감사기능, 내부감사실)이 상근감사가 아니고 감사위원회 소속 조직이라고 하여도 감사위원회에 상근자가 없으므로 상시 보고할 수 있는 것도 아니니 당연히 업무에 한계가 존재할 것이다. 위원회 조직이라는 것은 위원회가 개최될 경우에만 실체가 존재한다고도 할 수 있다. 그렇게 때문에 정부의 위원회 행정 조직도 상임위원이 있어서 행정라인을 총괄하게 된다.

국민은 '석달째 공석' 감사 내달 선임키로

KB금융그룹 고위 관계자는 23일 "26일 국민은행 주주총회를 거쳐 새 이사회에서 은행 감사위원회를 꾸려 상임감사 인선에 나설 것"이라며 "감독과 감사를 두루 아는 인사가 유력하다"고 전했다. 이 자리는 올해 초 정병기 전 상임감사가 사임한 이래 석달째 공석이다.

윤종규 국민은행장 겸 KB금융지주 회장은 미국식인 은행 감사위원회와 독일식인 상임감사제도의 중복 운용에 따른 비효율이 부정적이어서 둘 중의 하나를 폐지하는 방안을 검토해왔다. 하지만 지난해 'KB 사태'로 내부통제의 취약점을 드러낸 국민은행이 감사위원회 체제로 전환하기는 시기상조라는 판단에 따라 현행 제도를 유지하기로 했다. SC은행(2011년)과 씨티은행(2014년) 등 외국계 은행은 상임감사직을 폐지하는 추세다.

매일경제신문. 2015. 3. 14.

1년4개월 공석이던 감사에 청 출신 인사 내정설

외풍 우려하는 직원들
"KB사태 벌써 잊었나"
국민은 확정된 바 없어.

1년 4개월 동안 공석이던 국민은행 상임감사위원에 신동철 전 청와대 정무비서관이 내정된 것으로 알려졌다. 4.13 통선 이후 금융권에 '정피아' 인사가 본격화됐다는 목소리가 나온다. KB금융과 국민은행 직원들은 신 전 비서관이 청와대 핵심 보좌진이었다는 점에서 정치 외풍에 휘말리는 것 아닌지 걱정하는 분위기다.

청와대에서 국회 관계를 담당한 신 전 비서관은 총선을 앞둔 지난 12일 청와대에 사표를 냈다. 대구 출신으로 청구고와 경북대를 나온 그는 새누리당의 싱크탱크인 여의도연구소 부소장을 맡았다. 2012년 대통령 선거 때는 박근혜 캠프에서 여론조사단장을 맡았다. 2013년 박근혜 정부 출범 이후 국민소통비서관 등을 거치며 청와대에서 3년 넘게 근무했다.

익명을 요구한 정치권 인사는 "현기환 정부수석 아래서 일해 온 신 전 비서관을 국민은행 감사로 보내려고 여론을 살피고 있는 것으로 안다"고 전했다. 국민은행 관계자는 이와 관련해 "감사 선임을 두고 다양한 추측이 나오고 있는 것은 사실이지만 확정된 것은 없다"고 말했다.

감사는 경영진이 내부 통제를 적절하게 하는지 감시하고 견제하는 역할을 한다. 하지만 국민은행의 이전 상근감사들은 본연의 역할을 제대로 수행하지 못해 대부분 임기를 마치지 못하고 중도 퇴진했다. 금융감독원 국장을 지낸 박동순감사는 도쿄지점 부당 대출 등을 막지 못한 책임을 지고 물러났고, 기획재정부 출신인 정병기 전 감사는 2014년 핵심 경영진끼리 다툰, 이른바 "KB사태"에 휘말려 중도 퇴임했다.

정 전 감사 퇴임 이후 금융권에서는 정치권 인사와 전직 관료가 국민은행 감사 자리를 노린다는 얘기가 끊이지 않았다. 지난달 KB금융 정기 주주총회에서 선임될 것이라는 예상이 많았지만 KB금융은 계속 공석으로 뒀다. 금융권 관계자는 "금융 관련 경력이 없는 박근혜 대통령의 최측근 이사가 감사로 오면 윤종규 KB금융회장 취임 이후 안전을 찾고 있는 KB금융이 다시 외풍에 흔들릴 수 있다"고 말했다.

한국경제신문. 2016. 4. 20.

자산규모 1,000억원 이상, 2조원 미만인 상장기업의 경우, 상근감사가 더 우월한 제도인지 아니면 사외이사만으로 구성된 위원회가 더 우월한 제도인지는 정부 행정 조직에 있어서 독임제도가 더 우월한지 아니면 위원회 조직이 더 우월한지의 이슈와도 일맥상통한다. 기재부는 독임제도이므로 행정라인에서 행정과 관련된 의사결정을 수행한다. 반면, 금융위원회, 공정거래위원회, 방송통신위원회, 감사원의 감사위원회, 증권선물위원회(금융위원회 산하), 금융위원회, 규제개혁위원회, 무역위원회(산업통상자원부), 국가권익위원회, 국가인권위원회, 의결위원회가 아닌 심의위원회이기 하지만 공적자금관리위원회(금융위원회 산하) 등의 정부 조직은 위원회 조직이며 비상근위원이 포함된 위원회에서 의사결정을 수행하게 된다. 정부 조직은 아니지만 한국은행의 금융통화위원회도 위원회 조직이다. 다수의 위원이 의사결정을 수행하므로 의견이 통일되지 않을 경우는 다수결로 의사결정하는 것이 당연한 결과이다. 독임제일 경우는 행정 line의 의사결정권자가 의사결정을 수행한다.

그러나 정부위원회일 경우는 대부분 상임위원이 위원으로 상근하므로 비상임위원이 갖는 단점을 보완하게 된다. 민간에서 상임감사위원이 있는 경우도 정부의 위원회 조직에서 상임위원이 있는 경우와 동일하게 봐야 한다.

그러나 수년 전 신한은행의 경우와 같이 상근감사위원 없이 사외이사로만 감사위원회를 구성할 경우는 사외이사가 상근하지 않음으로 인한 한계점이 분명히 존재할 것이다.

또한 금융위원회의 구성과 같은 경우는 9명의 위원 중에, 금융위원장, 부위원장, 2인의 상임위원, 비상임위원 1인 이외에 기재부차관, 금융감독원장, 예금보험공사 사장, 한국은행 부총재 등의 당연직 위원이 포함되면서 위원회 조직으로 정부기구를 구성한다는 취지가 무색하게 거의 모든 위원이 상근으로 구성되었다. 과거의 금감위 시절에는 3인의 비상임위원으로 구성되었으며 그 당시는 금감위원장과 금융감독원장이 겸직을 하였던 기간이었기 때문에 당연직도 현재의 구성에 비하면 한명의 위원이 덜 필요하였던 기간이다.

어찌되었건 위원회 조직으로 태동하였고 유지하는 회의체 정부조직이 비상임 1인만을 제외하고는 9인 위원 중, 8인이 당연직으로 구성된다는 것은 바람직하지 않다.

상법에서도 이러한 점을 감안하여 감사위원회는 3분의 2 이상은 사외이사로 구성한다고 되어 있다. 감사위원회의 역할이 watchdog 또한 supervising하는 역할인 것을 감안하면 비상임 위원구성에 minimum을 요구함은 충분히 이해할 수 있으며 비상임이 주도하는 회의라는 것을 염두에 둔 제도이다. 또한 감사위원회의 최소 위원 수를 3인으로 정하고 있다. 회의체로 운영을 하는 경우의 최소 인원이 3인이다. 또한 다수결 의결도 최소 3인이 되어야 가능하다.

그렇다면 정부 위원회의 구성에 있어서도 어느 정도는 이러한 원칙이 지켜져야 한다고도 생각할 수 있다. 위원회를 구성함에 있어서 위원장도 의결권이 있지만 위원장은 그 이외에도 회의를 주재하여야 하므로 의결권 이외에도 회의의 안건 진행에 지대한 영향력을 미친다, 그렇기 때문에 상법에서는 감사위원회의 구성에 있어서도 2/3 이상이 사외이사인 것 이외에도 반드시 사외이사가 위원장으로서 주도적인 역할을 수행하기를 기대하고 있다.

그렇기 때문에 정부위원회인데도 불구하고 공적자금관리위원회는 민간이 위원장을, 장관급인 금융위원장은 공동위원장을 맡고 있으면 규제개혁위원회는 국무총리와 민간위원장이 공동으로 위원장을 맡고 있다. 무역위원회는 민간이 위원장을 맡고 있으며 차관보급의 상임위원이 위원회를 지원하고 있다. 금융위원회, 증권선물위원회, 공정거래위원회, 방송통신위원회는 정무직 공무원이 위원장을 맡고 있다.

감사위원회와 관련된 법규를 정리하면 다음과 같다.
감사위원회는 다음 각 호의 요건을 모두 갖추어야 한다.(상법 제542조의11 제2항(상장회사), 자본시장법 제26조 제2항(금융투자회사))
1. 위원 중 1명 이상은 회계 또는 재무 전문가일 것
2. 감사위원회의 대표는 사외이사일 것

외감법(주식회사의 외부감사에 관한 법률)상 규정
회사는 감사인을 선임할 때에는 감사(監事) 또는 전문성과 독립성이 확보된 감사인선임위원회의 승인을 받아야 한다. **감사위원회는 감사인선임위원회로 본다.**(외감법 제4조 제2항)

외감법 제4조(감사인의 선임과 해임)
2. 회사는 감사인을 선임할 때에는 감사 또는 전문성과 독립성이 확보된 감사인선임위원회(상법 제415조의 2에 따른 감사위원회를 설치한 경우에는 이를 감사인선임위원회로 본다. 이하 "감사인선임위원회"라 한다)의 승인을 받아야 한다. 다만, 주권상장법인은 감사인선임위원회의 승인을 받아야 한다.
7. 제2항에 따라 회사가 감사인을 선정할 때에는 감사인의 감사보수와 감사시간에 관하여 미리 감사 또는 감사인선임위원회와 협의하여야 한다.

감사인이 회사의 부정행위(illegal acts) 발견시 감사위원회의 역할이 미약하였고 과거의 규정은 다음과 같았다.

감사인이 경영진의 부정행위 등을 인지한 경우, 현행 외감법은 감사(또는 감사위원회)에게 통보하고, 주주총회에 보고하도록 하고 있을 뿐이며, 회사 외부에

는 그 사실을 알리도록 되어 있지 않았다.

현재도 부정행위 등에 대한 감사위원회의 보고에 관한 규정은 존재하지만, 원론적인 수준에 그치고 있으며 미 통보시의 제재에 관한 규정이 형식적인 수준(예: 해임권고 등)이다.

반면에 미국의 증권거래법은 횡령 등 부정행위의 징후를 감사인이 인지한 경우 회사가 실시한 관련 조사 및 시정조치의 결과에 대한 감사인의 검토 결과를 SEC에 보고하도록 하고 있다.

우리나라도 최근의 제도의 변화에서는 증선위에 이를 보고하도록 하고 있으며 이러한 내용은 추후에 기술한다.

외감법 제10조(부정행위 등의 보고) 1. 감사인은 그 직무를 수행할 때 이사의 직무수행에 관하여 부정행위 또는 법령이나 정관에 위반되는 중대한 사실을 발견하면 감사 또는 감사위원회에 통보하고 주주총회에 보고하여야 한다.
2. 감사인은 회사가 회계처리 등에 관하여 회계처리기준을 위반한 사실을 발견하면 감사 또는 감사위원회에 통보하여야 한다.
3. 감사 또는 감사위원회는 이사의 직무수행에 관하여 부정행위 또는 법령이나 정관에 위반되는 중대한 사실을 발견하면 감사인에게 통보하여야 한다.

위의 내용에서 감사/감사위원회와 감사인이 협업하여 이사의 직무수행에 관한 부정행위 또는 법령이나 정관에 위반되는 중대한 사실에 대해서 협조하여 문제를 해결해 나가기를 기대한다. 즉, 감사인은 회계처리 기준을 위반한 사실을 발견하면 감사 또는 감사위원회에 통보하며 감사 또는 감사위원회는 이사의 직무수행에 관하여 부정행위 또는 법령이나 정관에 위반한 중대한 사실을 발견하면 감사인에게 통보하여야 한다고 되어 있다. 다만, 이렇게 진행되기 위한 전제 조건은 감사인과 감사 또는 감사위원회 간에는 communication이 가능하여야 한다.

회계감사기준 260에 의하면 감사위원회는 주기적으로 외부감사인과 커뮤니케이션을 하고 그 결과를 내부 감사업무에 활용하여야 한다.

- 감사위원회 회의에 외부 감사인이 정기적으로 참석하도록 초청
- 감사위원회 위원장 및 구성원은 외부감사인과 주기적으로 의견교환
- 최소 분기에 한번 경영진의 참석 없이 외부 감사인과 회합 주요 사항 논의
- 회계감사기준(260)에서는 최소 1년에 한번 만날 것을 권장하고 있음

즉, 이 내용은 감사/감사위원회와 외부 감사인은 내부와 외부에 위치하면서 일을 하고는 있지만 결국은 동일한 감사 업무를 기업 내/외에서 수행하고 있음을 보이고 있으며 이들이 counter part임을 명확히 하고 있다.

단, 위의 내용이 너무 의욕적인 부분도 있다. 현재의 제도는 자산 규모 5000억원이 넘는 기업에만 분기 검토를 강제하고 있는데, 분기 검토도 받지 않는데 감사위원회를 요구하기는 어렵다. 자산 규모 5000억원이 안 되는 기업의 경우는 반기 검토가 진행되는 시점과 결산 이사회 이전 정도에 감사위원회를 진행하면 어느 정도 최소한의 위원회 활동은 수행하고 있다고 판단된다. 자산 규모 5000억원을 초과하여 분기 검토가 진행되는 기업일 경우는 1년에 4회 정도의 감사위원회 활동이면 적절하다고 판단된다.

위의 외감법 10조의 내용에서 한 가지 특이한 부분은 회계처리 위반에 대해서만 '중요성'을 한정하지 않고 있으며 부정행위에 대해서는 중요성으로 제한하고 있다.

따라서 법은 부정행위보다도 회계처리 위반에 대해서 더 엄격한 기준을 요구하는 것이다.

감사인을 선임하는 업무에 대해 과거에는 감사인선임위원회가 형식적인 업무만을 수행하였는데 최근의 개정안에 의하면 실질적인 업무를 수행하도록 변경되었다. 이 부분이 감사인이 과거에는 회사에 로비를 해야 하였는데 이제는 회사와 감사위원회에 모두 로비를 해야 한다는 식으로 client 관계가 어렵다고 감사인들이 호소하는 부분이다.

감사인선임위원회(또는 감사위원회)가 감사인을 직접 선임하도록 함. 과거에는 승인 현재는 선임. 외감법(주식회사의 외부감사에 관한 법률) 개정안("주식회사 등의 회계 및 외부감사에 관한 법률") 전부개정안.

외감법 개정안 제10조(감사인의 선임 및 재선임)

6. 감사 또는 감사위원회(제5항에 따라 감사인 선정절차를 거치지 않은 회사는 회사를 대표하는 이사를 말한다. 이하 이조에서 같다)는 감사보수와 감사시간, 투입인력에 관하여 결정하여야 하며 이를 문서화하여야 한다.

7. 감사 또는 감사위원회는 제23조제1항에 따라 감사보고서를 제출받으면, 감사가 회사(로)부터 자료를 제출받아 제6항에 정한 감사시간 등이 준수되었는지를 확인하여야 한다. 이 경우 감사위원회가 설치되지 아니한 주권상장법인 및 대형 비상장주식회사의 감사는 확인한 문서를 감사인선임위원회에 제출하여야 한다.

위의 내용 중, 감사위원회가 감사시간을 문서화하는 내용은 입법 예고는 되었지만 19대 국회 임기 만료로 자동 폐기되었다. 단, 저술의 머리말에서도 기술하였듯이 임기 만료로 자동 폐기된 법안도 다음번 국회에서 계속 진행될 수 있다.

즉, 외감법 개정안에 의하면 수임료 포함 감사인 선임과 관련된 전권을 감사인 선임위원회 또는 감사위원회가 갖는다. 과거에는 감사위원회가 승인권한을 가졌으나 선임하는 권한으로 개정하려고 한다.

외감법 개정안 제22조: 감사인이 "이사의 부정행위 또는 법령 위반사항은 증권선물위원회에도 보고"하도록 되어 있다. 즉, 아래의 내용에 의하면 미국과 같은 방향으로 개정안이 되어 있는 것이다.

미국의 section 10A of SEC 1934. (chapter 39에도 기술) 감사인이 회사의 부정행위(illegal act)를 발견하였거나 그 징후를 알게 된 경우 다음 순서에 따른 조치를 요구한다.

1. 부정행위 발생 여부를 결정: 부정행위가 발생한 경우 회사의 재무제표에 미치는 영향을 평가. 회사의 경영진에게 즉시 알리고, 감사위원회 또는 이사회에 적절히 보고되었는지 확인.
2. 상기 절차 후 감사인은 다음 사항에 대한 검토 결과를 감사위원회 또는 이사회에 전달: 부정행위가 재무제표에 미치는 영향이 중요한지에 대한 평가. 경영진이 시의적절한 조치를 취했는지 여부. 시정조치가 적절하지 않은 경우 표준 감사보고서 발행을 거절하거나 감사 계획을 철회할 것을 고려.

대부분의 경우 회사의 감사위원회는 independent special counsel(주로 회계법인 또는 법무법인)을 고용하여 독립적인 조사를 실시한 뒤, independent special counsel의 권고에 따라 과거 재무제표 수정, 내부통제강화 등 필요한 시정조치를 수행한다.

3. 감사위원회 또는 이사회는 감사인으로부터 상기 2에 대한 검토 결과를 전달받은 후 1 영업일 이내에 그 사실을 SEC에 보고하고, 감사인에게 SEC 보고문서의 사본을 제출해야 함.
4. 만약 SEC 보고문서 사본을 수령하지 못한 경우, 감사인은 감사계약을 철회하거나, 상기 2에 따라 회사에 전달한 검토 결과를 SEC에 직접 제출해야 함.
5. 상기4에 의해 감사계약을 철회하는 경우에도 감사인은 상기 2에 따라 회사에 전달한 검토 결과를 SEC에 직접 제출해야 함.

independent special counsel의 도움을 받을 수 있다는 미국의 제도는 우리의 현실과 비교하면 격세지감이 있다.

우리나라에도 2011년 상법 개정 때, 다음의 내용이 도입되었다. 아마도 special counsel은 아니지만 같은 취지로 이 법 조문이 도입되었을 것이지만 전문가의 조력을 구하는 감사위원회가 어느 정도 되는지는 의문이다.

> 상법 제415조 2(감사위원회)
> 감사위원회는 회사의 비용으로 전문가의 조력을 구할 수 있다.

전규안(2015)은 다음의 감사위원회 개선 방향을 제시한다.

현행: 자산규모가 2조원 이상인 상장회사 등의 경우에만 '1명 이상의 회계 또는 재무 전문가를 요구'

개선: 모든 감사위원회에 대하여 '회계 또는 재무 전문가를 요구'

미국에서는 모든 감사위원회 위원에게 financial literate를 기대함과 비교하여 우리나라에서의 감사위원회에서는 자산 규모 2조원 미만인 기업의 감사위원회에는 아무런 자격요건이 요구되지 않는다.

감사위원회는 이사회와는 달리 전문화된 지식이 필요한 위원회이다. 예를 들어 분반기 재무제표나 결산 재무제표를 놓고 감사위원회가 진행된다면 당연히 중간 재무제표나 결산 재무제표를 앞에 두고 감사위원회를 진행할 것인데 재무제표를 전혀 볼 수 없는 감사위원의 입장에서는 난감한 일이 아닐 수 없다. 재무제표를 독해하고 이를 논의하여야 하며 당연히 이런 능력을 갖추어야 한다. 이러한 능력은 자산 규모가 2조원이 초과하거나 초과하지 않더라도 강제되어야 한다고 생각된다. 또한 감사위원 중에 이러한 능력을 1인만 갖추어야 한다는 점도 이해할 수 없다. 위원이 최소 3인이면 3인의 위원이 같이 회의를 하는데 모든 위원이 전문가 수준은 아니라고 해도 적어도 재무제표를 독해할 수 있는 능력은 있어야 한다. 1인 이외의 나머지 위원은 재무제표를 읽을 수 없어도 된다는 것인지도 이해하기 어렵다.

기업의 경영활동을 수행함에 있어서는 많은 전문적인 지식을 필요로 한다. 예를 들어 보험회사의 경영진이 되기 위해서는 보험에 대한 기초 지식을 필요로 한다. 모든 보험회사의 사외이사가 보험의 전문가는 아니다. 단, 그럼에도 감사위원회의 최소 1인의 자격요건으로 감사/재무전문가를 강제하는 것은 그만큼 감사위원회 활동을 제대로 수행하기 위해서는 회계/재무지식을 필요로 하기 때문이다.

저자의 제한된 사외이사 경험이지만 그럼에도 이사회 활동을 하면 법률전문가와 회계전문가는 한명씩은 포함되는 것이 일반적인 경영활동에 대해서 이사회가 조언을 하는데 도움이 된다고 판단된다.

대통령령에서 규정한 회계/재무전문가의 내용은 다음과 같다.

법 제542조의11제2항제1호에서 "대통령령으로 정하는 회계 또는 재무 전문가"란 다음 각 호의 어느 하나에 해당하는 사람을 말한다. [개정 2012.2.29 제23644호(대학교원 자격기준 등에 관한 규정)] [[시행일 2012.7.22]]

1. 공인회계사의 자격을 가진 사람으로서 그 자격과 관련된 업무에 5년 이상 종사한 경력이 있는 사람
2. 회계 또는 재무 분야에서 석사학위 이상의 학위를 취득한 사람으로서 연구기관 또는 대학에서 회계 또는 재무 관련 분야의 연구원이나 조교수 이상으로 근무한 경력이 합산하여 5년 이상인 사람
3. 상장회사에서 회계 또는 재무 관련 업무에 합산하여 임원으로 근무한 경력이 5년 이상 또는 임직원으로 근무한 경력이 10년 이상인 사람
4. 「자본시장과 금융투자업에 관한 법률 시행령」 제29조제2항제4호각 목의 기관에서 회계 또는 재무 관련 업무나 이에 대한 감독 업무에 근무한 경력이 합산하여 5년 이상인 사람

상법 제447조의 4에서의 감사가 수행하여야 할 업무를 기술하고 있다.

실질적인 감사보고 사항은 상법 제447조의 4에 규정되는데, 아래의 내용을 보더라도 대부분의 내용이 회계지식을 필요로 한다.

감사의 감사보고서 기재사항

1. 감사방법의 개요
2. 회계장부에 기재될 사항이 기재되지 아니하거나 부실기재된 경우 또는 대차대조표나 손익계산서의 기재 내용이 회계장부와 맞지 아니하는 경우에는 그 뜻
3. 대차대조표 및 손익계산서가 법령과 정관에 따라 회사의 재무상태와 경영성과를 적정하게 표시하고 있는 경우에는 그 뜻
4. 대차대조표 또는 손익계산서가 법령이나 정관을 위반하여 회사의 재무상태와 경영성과를 적정하게 표시하지 아니하는 경우에는 그 뜻과 이유
5. 대차대조표 또는 손익계산서의 작성에 관한 회계방침의 변경이 타당한지 여부와 그 이유
6. 영업보고서가 법령과 정관에 따라 회사의 상황을 적정하게 표시하고 있는지 여부

7. 이익잉여금의 처분 또는 결손금의 처리가 법률 또는 정관에 맞는지 여부
8. 제447조의 부속명세서에 기재할 사항이 기재되지 아니하거나 부실기재된 경우 또는 회계장부가 대차대조표 손익계산서나 영업보고서의 기재 내용과 맞지 아니하게 기재된 경우에는 그 뜻
9. 이사의 직무수행에 관하여 부정한 행위 또는 법령이나 정관의 규정을 위반하는 중대한 사실이 있는 경우에는 그 사실

6, 9를 제외하고는 모두 회계에 대한 어느 정도의 전문 지식을 필요로 한다. 그렇기 때문에 위의 대통령령에서도 자산 규모 2조원이 넘는 기업에 회계 및 재무 전문가가 감사위원으로 선임되기를 강제하고 있다.

감사위원의 1인을 회계 및 재무전문가로 의무화하는 본조는 2009년 1월 30일에 신설되었는데 그 시점 이후 회계 또는 재무전공자가 대거 감사위원으로 선임되었다고 판단되지 않아서 이러한 제도가 충실하게 지켜지지 않는다고 판단된다.

한국기업지배구조원은 자산 규모가 2조원이 넘는 기업인 120여개 상장기업에 회계 및 재무전문가가 포함되어 있는지를 조사하고 또한 이건에 대한 회사의 의견도 구하는데 20여개 회사의 경우는 기업지배구조원이나 회사나 공히 회계 재무전문가가 감사위원으로 선임되지 않은 것으로 판단하고 있다.

이 내용이 상법의 내용이므로 이 20여개 기업은 법을 어기고 있는 것이다. 범법을 하여도 조치를 하지 않는다고 하면 강제성이 없는 규정일 뿐이다.

1, 2의 전문가 요건은 자격증과 학위로 정의되므로 그 해석에 있어서 별로 이견이 없어 보인다. 단, 3의 경우가 회계 또는 재무 관련 업무라고 되어 있어서 이에 대한 해석에 이견이 있을 수 있다. CFO 등의 업무를 맡고 있다면 가장 명확하게 회계 또는 재무 업무를 수행한 것이 되지만 예를 들어, 기획 업무를 수행하였다고 하면 물론, 기획 업무가 회계/재무를 수반하지 않을 수 없지만 주관적인 판단이 수행될 수밖에 없다.

"사외이사 자격 선진국보다 까다롭다"

한국경제연구소 보고서
선임 요건 강화보다 이사회 운영 효율성 높여야

한국의 사외이사 선임 기준이 선진국에 비해 지나치게 까다로운 것으로 지적됐다. 한국경제연구원은 24일 '회사법상 사외이사 적격성 기준의 합리적 개선방안'보고서에서 최근 사외이사 선임 요건을 강화하려는 일각의 움직임과 관련해 "한국은 상법상 사외이사 선임에 관한 자격 요건과 결격 사유를 이미 구체적으로 제시하고 있다"며 "여기에 추가로 요건을 강화하는 것은 기업 부담만 늘릴 것"이라고 강조했다. 함진규 새누리당 의원 등은 최근 3년 이내에 회사 업무에 종사한 이사 감사 집행임원 등을 사외이사 후보에서 제외하도록 하는 내용이 담긴 법안을 지난해 1월 발의했다.

미국과 영국은 사외이사 관련 제도에 선임 요건이 포함돼 있지 않다고 한경연은 소개했다. 일본도 회사법에 사외이사 선임요건을 제시하고 있지만, 사외이사 도입은 의무가 아닌 선택사항이다.

김미애 한경연 연구위원은 "현재의 사외이사 선임 요건만으로도 독립성과 전문성을 확보하는 데 문제가 없다"며 "사외이사 자격 요건 강화보다는 이사회 운영제도 개선에 초점을 맞춰야 한다"고 강조했다.

한국경제신문. 2016. 2. 25.

이사회에는 회계나 변호사 등의 전문가들이 선임되는 경우가 많은데 이들의 전문성은 해당 회사의 전문 영역에 대한 전문성이 아니라, 일반적인 회계나 법률에 대한 전문성이다.

물론, 전문가의 수준을 기대하지 않는다는 점은 충분히 이해할 수 있으며 그렇다고 하면 미국에서의 제도와 같이 financial literate가 모든 감사위원이 되기 위한 조건이라는 것이 더욱 합리적이다.

2조 부실 숨긴 대우조선.. 지난 9년간 주인들은 낙하산 사장들이었다.

이 같은 왜곡된 관계를 보여주는 사례로 산업은행에서는 지난 2008년 벌어졌던 대우조선해양 감사실장 해고 사건을 꼽는다. 산은이 감사 기능 강화를 위해 감사위원회와 감사실은 신설하면서 산은 리스크관리본부장을 지낸 신모씨를 감사실장으로 보냈는데, 대우조선해양 경영진이 감사위원회나 이사회 의결 없이 대표이사 전결로 감사실을 폐지하고 신씨를 징계위원회에 회부해 해고했다.

조선일보. 2015. 7. 20.

[홍기택 전 산업은행장 인터뷰] "대우조선 지원, 최경환·안종범·임종룡이 결정"

"(낙하산으로 임명된) 대우조선 사장이 오히려 대우조선 회계를 들여다보던 산업은행 출신 감사를 해임하기도 했다"고 주장했다.

경향신문. 2016. 6. 8.

감사실장을 감사위원회 의결 없이 해고한 것은 기업 지배구조 차원에서 매우 심각한 잘못이다. 감사실장을 任免할 때는 감사위원회의 승인을 득해야 하며 감사위원회가 동의해 주지 않을 경우는 감사실장의 임면은 무효가 된다. 특히나 대우조선의 대주주가 산업은행이며 산업은행이 공기업적 성격을 갖는 기업이므로 민간기업보다도 한 단계 높게, 제도에 부합하는 경영활동을 수행하여야 하는데 그렇지 못하였던 것 같다.

이는 감사실이 감사위원회 산하에 있거나 아니면 대표이사 산하의 기관이거나에 무관하다. 정치에서도 무소불위의 권력은 부패할 수밖에 없게 되어 있다. 임직원을 감시하라고 감사실장을 선임하였는데 감사실을 폐지하고 감사실장을 징계위에 회부하는 것은 있을 수 없는 일이며 또한 대우조선의 감사위원회의 수족과 같이 움직여야 하고 또한 동시에 감사위원회가 보호하여야 할 감사실에 대해 대표이사가 감사실을 폐지하였다는 것은, 제한된 지면에서의 내용에 근거하지만, 정말 이해하기가 어렵다. 특히나 감사실의 설치나 감사실장의 추천이 대우조선의 대주주인 산업은행(지금의 산업금융지주)에 의한 업무라고 하면 더더욱 이는 이해하기 어려운 일이 대우조선에서 발생한 것이다.

사업보고서 제출법인은 모두 사업보고서 제출시 다음 서류를 제출하고 있다.

1. 감사보고서 - 외부감사인의 감사보고서
2. 감사(위원회)의 감사보고서 - 감사 또는 감사위원회의 감사보고서
3. 내부감시장치에 대한 감사(위원회)의 의견서
4. 내부회계관리제도 운영보고서
5. 영업보고서
6. 정관

내부감사장치에 대한 감사(위원회)의 의견서는 회사의 내부감시장치에 대한 존재 및 가동여부를 확인하는 서류로 상장협 혹은 금융감독원에서 배포한 표준 양식은 없으나, 대부분의 상장법인이 아주 유사한 양식을 사용하고 있다. 또한 현재 상장협의회에서는 해당서류는 사문화되어, 제출이 필요하지 않은데도 여전히 관련법에 의해 제출되고 있어서 사업보고서 제출시 해당서류를 첨부서류에서 제외하는 것을 건의 중이다.

이 표준 양식에 보면 다음의 내용이 기술된다.

(2) 내부감사부서 직원의 인사상 신분보장 내부감사부서 직원의 해고시에는 감사위원회와 사전 협의하게 하는 등 인사상 신분이 보장되어 있습니다.

내부감사부서의 책임자의 임면에 감사위원회가 승인권한이 있는 것은 바람직하고 적절하지만 그렇다고 내부감사부서 직원의 해고시에도 감사위원회와 사전 협의하도록 하는 것은 필수적이지 않다고 사료된다. 또한 의견서에 그렇게 기술되어 있다고 해도 그렇게 진행하는 경우도 없을 듯하다. 수년간 사용되었던 양식에 현실성이 별로 없는 내용이 별 고민 없이 계속 포함되어 있는 것이다.

삼성전자의 2016년 2월 12일 내부감시장치에 대한 감사위원회의 의견서에는 다음과 같은 문구가 포함되어 있다.

(2) 내부 감사부서 직원의 인사상 신분보장

내부 감사부서 직원의 해고시에는 감사위원회와 사전 협의하게 하는 등 인사상 신분이 보장되어 있습니다.

통상적으로 사용하는 감사나 감사위원회 주총 감사보고서 양식과 일부 기업에서 이 양식의 문제점을 인지하고 수정하여 사용하는 양식에 대해서는 chapter 64에서 총체적으로 비교하여 기술한다.

상법상의 감사와 위원회로서의 감사위원회의 대안에 대해서 관련된 내용을 이종운(2015)은 다음과 같이 정리하였다.

영미식 경영감독제도는 감사위원회가 이사회의 sub committee로서 존재한다. 즉, 감사위원회가 이사회내 위원회(sub committee)의 개념이다. 즉, 주주총회에서 별도의 감사 선임 과정이 존재하지 않는다.

영미식경영감독제도(이사회 중심 단일 구조)
별도의 감독기구 없이 이사회에 속한 감사위에서 CEO 감독

대륙식(독일식)경영감독제도(이사회 감사회 양립 구조 제도)
이사회와 함께 경영에 관여하지 않고 이사회의 임면권을 갖는 감사회가 양립
이사회와 감사회는 조직적으로 완전히 독립된 구조
영미식 감사위원회에 사외이사 비율이 높아지게 되면 영미식과 대륙식은 실질적으로 유사한 경영감독제도.

우리나라 경영감독제도(일본식 변형된 독일식)
상법상의 1인의 감사제도는 일본식
이사와 감사를 모두 주총에서 임면(독일과 같은, 감사의 이사 임면권 불인정)
*이사는 주총에서 감사를 추천하는 실질적인 권한을 행사
감사의 이사에 대한 감독에 사실상 한계

* 내용은 무척 흥미로운 내용을 내포한다. 우리나라의 지배구조에서도 주총에 안건을 상정하는 기구는 이사회이며 이사회의 추천을 받아야 감사/감사위원이 될 수 있다. 감사의 이사에 대한 감독에 사실상 한계가 있다는 것은 감사의 추천권이 실질적으로 이사회에 있다는 것과 무관하지 않다. 그럼에도 이사회의 추천을 받아서 주총에서 선임하는 절차 이외의 다른 대안이 존재하는 것도 아니기 때문에 어려운 문제이다. 대륙식에서는 이사회의 임면권을 감사회가 가지므로 감사회의 기능이 막강하다는 주장이다.

등기이사가 감사위원회를 구성하지만 감사와 감사위원은 주총에서 주주가 별도 선임한 것이므로 감사위원회를 이사회의 sub committee라고 정의하기가 어렵다. 물론, 감사위원회가 이사회에 보고하는 보고서가 있으므로 이사회가 감사위원회의 상위위원회라고 할 수 있지만 선임과정을 보면 독립적으로 선임된 것이므로 하부위원회라는 성격은 우리의 상황에서는 맞지 않는다. 아마 미국의 경우, 주총에서 감사위원을 별도 선임하지 않고 선임된 이사 가운데, 이사회에서 감사위원회를 구성한다면 이 경우는 sub committee의 개념이 맞다.

감사의 성격 상 외부에서 감사를 맡는 사람이 오는 것이 맞다. 내부 임직원은 감사의 대상인 임직원들과의 친분 관계 때문에 공정한 감사를 수행하기 어려울 수 있다. 그러면 그 다음 질문은 과연 누가 이 직책에 가장 적합한지의 이슈만

이 남게 된다.

공정하고 독립적으로 이 직책을 수행할 수 있는 사람이 관건이다. 또한 감독과 감사의 전문가여야 한다. 그렇기 때문에 금융기관에 있어서는 감독기관의 실국장들이나 임원들이 전문성이 있다고 해서 이 업무에 적임이었으나 감독기관과 피감독기관의 이해상충과 독립성이 문제로 제기되면서 감독기관 임원의 진출이 막히게 되었다.

그렇게 되자 감사원의 퇴임 임원들이 이 직을 맡게 되면서 어부지리를 얻게 되었다는 말이 있다. 금융을 이해하면서도 동시에 감독 업무에 밝은 사람이 적격인데 이러한 자격을 갖은 적격자를 찾는 것이 간단치 않다.

최근에 이슈가 된 정피아 중에서는 전문성이 부족한 사람도 있다. 적어도 관피아는 독립성에 문제가 있을 수는 있어도 어느 정도 전문성은 갖추었다고 할 수 있다. 모든 관피아가 독립적이지 않다고 매도하는 것도 옳지 않다. 선임 과정이 어떻게 되었건 임기를 보장 받은 감사이기 때문에 임기 동안 만큼은 전문적인 자질을 가지고 업무를 수행하면 된다. 관피아가 되었건, 정피아가 되었건, 전문성이 있고 독립적인 인물이면 감사에 적임이다. 너무 정치권 출신이다 또는 관료 출신이라는 출신 만에 근거하여 사람의 능력을 구분하는 것도 옳지 않다.

뒤에도 기술되겠지만 금융지주의 지배구조에서 회장이 사외이사를 추천하고 이렇게 선임된 사외이사가 회장을 선임하는 구도가 된다면 이는 곤란하다. 그들만의 league 즉, inner circle이 형성될 수 있다.

다음의 감사 선임과 관련되어 이슈가 된 몇 기업의 사례이다.

소액주주 vs 회사측, 주총 앞두고 감사 선임 '기싸움'

정기 주주총회 시즌을 앞두고 감사 선임을 둘러싼 소액주주와 회사 측의 기싸움이 치열하다. 일부 소액주주가 주주제안을 통한 감사 선임에 적극 나서자 회사 측이 감사위원회 설치나 감사수 제한으로 맞대응하고 있다.

속옷업체인 BYC는 감사위원회 설치를 위한 정관 변경 건을 오는 18일 열리는 주주총회 안건으로 올린다고 지난 2일 공시했다. 사외이사 3인으로 구성된 감사위원회는 이사회를 소집할 수 있고 자회사에 대한 영업보고 등을 요구할 수 있다. 상법에 따라 자산 2조원 이상인 상장사는 별도의 감사위원회를 설치해야 하지만 나머지 기업들은 감사만 선임해도 된다.

지난해 9월 말 기준 자산이 6779억원인 BYC는 감사위원회 의무 설치 대상이 아니다. 그런데도 감사위원회를 꾸리려는 것은 소액주주들이 내세운 감사 선임을 막기 위한 조치라는 관측이 나온다.

소액주주들은 최낙금 전 공인노무사회 사무총장을 감사로 선임하는 주주제안을 내 놓은 상태다. 감사위원회를 설치하는 정관 변경안이 주총에서 통과하면 소액주주들의 감사 선임 안건은 자동으로 폐기된다.

대한제당은 감사 수를 줄이는 정관 변경을 추진한다. 이 회사는 18일로 예정된 주총에서 '2명 이내의 감사를 두고 그중 1명 이상은 상근으로 한다'는 기존 정관을 '1인의 상근 감사를 둔다'는 내용으로 바꾸는 안건을 상정했다. 기존 상근 감사외 소액주주들이 요구하는 감사를 받아들이지 않겠다는 의미로 해석된다. 이 회사 소액주주들은 정관 변경 안건이 통과되는 것을 막기 위해 필요한 반대표를 모으고 있다.

코스닥 상장사 로만손은 감사위원회를 구성하려다 소액주주들이 신규 감사 선임 관련 주주제안을 철회하기로 하자 지난달 정관 변경 안건을 삭제한다고 정정 공시를 했다. 신세계푸드 신세계건설 가온전선 케어젠 등은 감사 선임과 관련한 소액주주들의 주주제안은 없었지만 감사위원회 설치를 위한 정관 변경안을 주총 안건으로 올렸다.

의결권이 있는 주식의 4분의 1 이상이 찬성하고 표결 참여 주식 중 과반수가 찬성해야 하는 사외이사와 달리 감사는 대주주 의결권이 3%로 제한돼 있어 소액주주 등이 주주제안을 통해 자신들이 내세운 감사를 선임하는 게 상대적으로 쉽다. 증권업계 관계자는 "일부 상장사가 의무사항이 아닌 데도 굳이 감사위원회를 설치하려는 것은 감사 선임과 관련한 소액주주들과의 분쟁을 사전에 차단하겠다는 의도도 포함돼 있을 것"이라고 말했다.

한국경제신문. 2016. 3. 4.

오늘 333사 슈퍼주총 소액주주 감사선임 제안 원천봉쇄한 BYC

대한제당은 '감사를 두 명 이내로 둔다'는 정관을 한 명의 상근 감사만 두도록 바꾸기로 했다. 감사 수가 줄어들면 소액주주들이 추대한 이종대씨의 감사 선임 건이 자동으로 폐기된다.

소액주주와 대주주 측이 강하게 대립하고 있는 BYC 역시 회사 측에서 올린 '감사위원회 신설' 정관 변경안이 통과되면 소액주주들이 제안한 감사 선임 건은 자동 폐기된다. 감사위원회 자체는 회사 경영의 책임성을 강화하는 데 긍정적이지만 소액주주들의 제안이 표결에도 못 가는 역효과가 생기게 된다.

매일경제신문 2016. 3. 18.

"주주를 뭘로 보고 질타 쏟아진 주총장"

건설사 현대산업개발은 육근양 후보선임안을 통과시켰다. 사내이사가 감사까지 겸임하면 내부거래가 일어날 가능성이 있어 기업 가치를 훼손한다는 지적이 있었다.

매일경제신문. 2016.3.25.

chapter 2

사외이사의 책임

게으른 사외이사, 분식회계 책임져야…

회사의 분식회계로 투자자들이 손해를 입었다면, 제 역할을 다하지 않은 사외이사에게도 책임을 물어야 한다는 대법원 판결이 나왔습니다. 회사의 분식회계 등에 대해 사외이사의 책임을 물은 첫 판결이어서 주목됩니다.

구수본 기자의 보도입니다.

코스닥 상장사 코어비트는 지난 2010년 대표이사의 분식회계 사실이 드러나면서 시장에서 퇴출됐습니다.

막대한 손해를 입은 투자자들은 사외이사였던 윤모 씨를 비롯해 전·현직 이사들을 상대로 손해배상 소송을 냈습니다.

1심은 이사들 모두에게 배상 책임이 있다고 판단했지만, 2심 재판부는 사외이사 윤씨는 책임이 없다고 봤습니다.

'사외이사로서 실질적인 활동이 없었다'는 사정을 고려할 때 관련법에 따라 이사의 면책 범위에 해당한다고 판단한 겁니다.

그러나 윤씨의 이런 사정은 대법원에서 오히려 불리하게 작용했습니다.

대법 재판부는 '윤씨가 회사 임원들의 업무를 감시·감독하는 이사 업무를 게을리한 것'이라고 지적했습니다.

업무를 제대로 했다면 분식회계 사실을 알 수 있었을 것으로 보여 면책 대상이 될 수 없다고 판단한 겁니다.

급여 등 대우는 최고지만 책임은 거의 없는 것으로 알려진 사외이사.

그러나 책임의 범위를 엄격히 설정한 이번 첫 판결을 계기로 잘못된 관행에도 변화가 있을지 주목됩니다.

YTN. 2015. 1. 11.

'불성실한 사외이사'도 분식회계 책임 있다.

대법원 첫 판결... 이사회 불참 등 경영감시 소홀했다면 손해배상 해야.

사외이사가 이사회에 참석하지 않고 감시 업무를 게을리했다면 회사가 저지른 분식회계에 책임을 져야 한다는 첫 대법원 판단이 나왔다. 출근도 하지 않고 거수기 역할만 하는 이른바 '무늬만 사외이사' 관행에 대법원이 제동을 걸었다는 평가가 나온다.

대법원 2부(주심 신영철대법관)는 투자자 69명이 코스닥 상장사인 '코어비트' 전현직 임원과 삼일회계법인을 상대로 제기한 손해배상 청구 소송에서 윤모 전 사외이사(55)에게 책임을 묻지 않은 부분을 파기하고 서울고법으로 돌려보냈다고 11일 밝혔다. 대법원은 "주식회사 이사는 대표이사 및 다른 이사들의 업무 집행을 전반적으로 감시해야 한다"면서 "특히 재무제표 승인 등 이사회 상정 안건에서는 의결권을 행사해 대표이사의 업무 집행을 감시 감독할 지위에 있으며 사외이사라고 달리 볼 수 없다"고 설명했다.

코어비트에서 윤씨는 2008년 12월부터 2009년 4월까지 사외이사를 지냈다. 금융감독원 전자 공시에 따르면 당시 회사는 사외이사를 포함한 이사에게 1인당 한해 평균 4000만여원의 급여를 지급했다.

윤씨는 엉겁결에 사외이사로 선임되고 최대주주 반열에 올랐지만, 실제 경영에는 관여하지 않았고 사외이사로서 실질적 활동도 하지 않았다고 주장했다. 2심은 윤씨의 주장을 받아들여 배상책임을 묻지 않았으나 윤씨의 면책 주장은 대법원에서 오히려 불리하게 작용했다. "주주 여부는 사건 책임과 관련이 없고 이사로서 역할을 주된 판단 요인으로 봤다"고 설명했다.

코어비트 회계부정은 2008년 한 해에만 150억원을 과대 계상할 정도로 심각했다. 분식회계도 백화점식으로 모든 방식을 총동원한 것으로 드러났다. 코어비트 전 대표 박모씨는 비상장 주식 55만주를 17억6000만원에 사들이고 재무제표에는 110억원에 사들인 것처럼 기재했다. 이뿐만 아니라 박씨는 횡령을 은폐하려고 관계사 명의로 선급금 20억원과 대여금 15억원을 허위 계상했고 이미 영업이 중단된 회사에서 영업권을 20억4800만원에 사들였다고 하기도 했다.

분식회계 사실은 2009년 12월 코어비트 최대주주가 대표이사 박씨와 전현직 임원이 회사 돈 130억원을 빼돌렸다고 고소하면서 시작됐다. 코스닥시장상장위원회는 2010년 2월 횡령액이 자기자본 5%를 넘었다며 상장폐지를 결정했다. 증권선물위원회는 2010년 6월 감사결과를 발표하며 분식회계 사실을 밝혀냈고, 이를 방조한 책임을 물어 삼일회계법인에 손해배상 공동기금을 30% 적립하고 코어비트 감사업무를 2년 제한하도록 했다.

대법원은 회계 감사 절차를 준수했다면 분식회계를 적발하지 못한 책임을 물을 수 없다며 삼일회계법인은 배상 책임이 없다고 봤다.

회계전문가들은 대법원의 이번 판단에 환영한다는 뜻을 밝혔다.

매일경제신문. 2015. 1. 12.

위의 내용은 chapter 55에 기술된 최근 제도권에서 징계를 강화하려는 추세와 크게 다르지 않다. chapter 55에서는 분식회계건에 대해서 감사나 감사위원에게 책임을 묻는 정책을 추진하고 있다. 이러한 방향은 감사나 감사위원에 대한 책임의 확대를 기술하고 있지만 감사위원이 사외이사이므로 결국은 비상근이사가 책임을 지는 모습을 보일 것이다.

위의 내용을 민사소송의 내용이지만 형벌적인 내용은 아래와 같다.

증권선물위원회가 분식회계, 부실감사에 대한 행정 조치를 할 때, 항상 누구의 책임이 더 중한가에 대한 고민을 하게 된다. 물론, 교과서적으로 분식회계는 회사의 잘못이고, 부실감사는 감사인의 잘못이다. 단, 분식회계가 존재하지 않았다고 하면 부실감사는 없었을 것이고, 감사가 '완벽'하였다고 하면 분식회계도 미연에 방지할 수 있었을 것이다. 물론, 회계감사는 완벽하지 않고 완벽하기를 기대하지도 않는다. 분식회계/부실감사에 대한 책임을 물을 때, 회사 잘못인지 감사인 잘못인지도 고민의 대상이지만 회사의 경우는 회사라고 하는 법인격인지 아니면 속인적인 요소인 회계 책임자라고 할 수 있는 재무담당이사거나 또는 최종적인 책임자라고 할 수 있는 CEO가 책임이 있다고 할 수 있다. 부실감사에 대해서도 개인 공인회계사가 책임이 있는 것인지 아니면 회계법인이나 감사반 즉, 법인격(기관)인 감사인이 책임이 있는 것인지에 대해서도 논란이 있으며 개인 공인회계사 중에서도 담당 이사 즉, 파트너의 책임인지 아니면 실무선에서의 책임인지에 대해서도 고민의 대상이다. 감사보고서는 회계법인의 대표이사 서명으로 발행되지만 이는 기관장으로서 형식적인 서명이므로 대표이사에게 책임을 묻기는 어렵다. 과거에는 이를 심리하였던 심리사원(심리담당 파트너)에게도 책임을 물었으나 심리 담당자는 너무 많은 심리를 담당하면서 과도하게 책임에 노출되게 되며 또한 심리만을 전담해서 맡게 되는 품질관리실 또는 심리실 파트너일 경우는 더더욱 그렇기 때문에 여러 가지 논의 끝에 심리 담당 임원은 일단, 외감법과 공인회계사법상의 조치의 대상에서 빠졌다.(외감법과 공인회계사법)[5]

5) 이 내용은 Chapter 31에서도 상세하게 설명된다.

이는 형벌적인 조치인 행정 조치에 대한 내용이지만 금전적인 소송인 민간에서의 손해배상소송과 접근만 달라지는 것이지 누가 책임을 지는지에 대해서는 내용적으로는 동일하다.

코어비트의 case는 매우 흥미로운 내용을 암시하고 있다. 증선위는 감사인(회계법인)에게 가장 높은 수준의 감사를 수행하기를 기대하고 있었는데 법원은 손해배상 소송에서 표준에 준하는 즉, 적절한 주의의무 책임 정도의 감사를 기대하고 있음을 알 수 있다. 또한 행정부인 증선위의 분식회계에 대한 책임의 기대 수준과 사법부의 기대수준에 차이가 있음을 알 수 있다. 민사소송은 자유심증주의로서 판사의 재량이 많은 편이나 감리의 경우 행정처분으로서 민사소송보다는 엄격한 증거를 제시하여야 하기 때문에 감사인에 대한 책임일 경우도 행정부와 사법부의 판단 간에 차이가 있을 수 있다.

이 판결의 판결문에 보면 "여기서 상당한 주의를 하였음에도 불구하고 이를 알 수 없었음"을 증명한다는 것은 "자신의 지위에 따라 합리적으로 기대되는 조사를 한 후 그에 의하여 허위기재 등이 없다고 믿을 만한 합리적인 근거가 있었고 또한 실제로 그렇게 믿었음"을 증명하는 것을 말한다.(대법원 2002.9.24. 선고 2001다9311, 9328판결, 대법원 2007.9.21. 선고 2006다81981 판결 등 참조)

또한 3권이 분리되어 있으므로 사법부와 행정부의 판단이 동일하여야 하는 것도 아니다. 위법동기인 고의, 중과실, 과실에 대한 판단과 해석도 사업부와 감독기관 간에 차이가 있을 수 있다.

또한 금융위는 회계를 총괄하는 주무부서로서 더 높은 수준의 신의성실에 기초한 회계감사를 기대하는 것이 당연하다.

경영에 참여하는 사외이사에게 책임을 묻고 조치를 취했던 경우는 다음에서도 그 사례를 찾을 수 있다.

흥국화재 사외이사 5명 징계

금융감독원은 15일 태광그룹 계열사인 흥국화재의 전 현직 사외이사 5명에 대해 이사회 의사록을 위조했다는 이유로 '주의적 경고'에 해당하는 징계를 내리기로 했다고 밝혔다. 금융회사 현직 사외이사들이 금융당국의 징계를 받는 것은 사실상 처음이다...

이들이 받게 될 '주의적 경고'는 5단계인 금융당국 징계 수위 중에서 '주의'에 이어

두 번째로 가벼운 징계다. 금감원 관계자는 '신분상 불이익을 받게 되거나 다른 금융회사의 사외이사를 맡는 것이 금지되지는 않지만 평판에 오점이 남게 돼 앞으로 사외이사나 다른 공직을 맡기 어려울 것'이라고 말했다.

지난해 KB 금융지주 종합검사에서 변모 사외이사가 계열사인 국민은행으로부터 부적절한 대출을 받았다는 이유로 '주의적 경고'에 상당하는 징계를 받게 될 상황에 놓이자 징계가 확정되기 전에 사외이사직을 자진 사퇴한 적이 있다.

조선일보. 2011. 7. 16.

사내 상근이사일 경우는 이와 같이 전직이라고 징계를 피해가는 것을 방지하기 위한 사후조치도 구상 중이다.

이 보다 높은 수준인 문책 징계를 받으면 3년간 금융기관 취업이 금지되기도 한다.[6)]

같은 논리로 감사인에 대한 책임도 이사의 책임 한도 보다는 상대적으로 낮아야 한다는 주장이 있다. 즉, 이사의 책임 한도가 급여의 6배라면 감사인에 대한 책임한도는 수임료의 6배보다는 낮아야 한다는 논리이다. 즉, 이 금액을 초과하는 금액(사외이사는 보수액의 3배, 사내이사는 보수액의 6배)을 초과하는 금액에 대해서는 책임을 면제하는 것이다. 즉, 감사인이 이사보다는 낮은 책임을 부담해야 한다는 주장이다.

단, 기업의 경우, 급여의 3배 또는 6배가 초과하는 부분에 대한 책임을 기업이 떠 안겠다는 의미인데 감사인의 경우는 과도한 책임을 누가 떠안기가 매우 애매한 구도이다. 피감기업과의 감사계약서 문구에 수임료 이상의 책임을 지지 않는다(Liability capping)는 문구를 포함하기도 하지만 감사인의 입장에서도 이 내용이 법적 구속력이 있는지 확신이 없다. 피감기관과의 관계에 있어서 capping을 받으려면 피감기관이 수임료를 초과하는 금액을 cover해 주어야 하는데 배상과 관련된 복잡한 문제가 이슈가 되면 피감기관은 이미 배상할 능력을 상실하는 경우가 많아서 이 capping으로부터 보호받기가 어려울 수 있다. 또한 상근이사나 사외이사는 기업의 내부자이지만 감사인은 외부자이므로 감사인이 피소된 금액을 회사가 cover해 준다는 것 자체에 대해서도 여러 가지 논란이 있을 수 있다.

6) chapter 3을 참조한다.

또한 상근이사와 사내이사의 급여의 몇 배까지 면책한다는 내용이 상법에서 가능하게 된 이후에, 면책을 주주총회에서 수용한 것이다. 단, 감사계약서에서의 liability capping은 이러한 모든 과정이 생략되고 진행된 것이며 특히 회사가 어려움을 겪는 경우, 이 문구가 법적 구속력을 띈다는 것이 애매하다. 그러기 때문에 회사와 감사인 대상으로 소송이 제기되면 이미 보상 능력을 상실한 회사는 소송에서 빠지게 되고 보상 능력이 있는 감사인만 부담을 안게 된다는 deep pocket의 문제가 빈번하게 제기된다.

이 이사책임감면 규정은 2011년 4월 4일의 상법 개정에 의해서 발효되었다. 이 상법 개정의 순기능은 능력이 있는 이사, 특히나 사외이사를 회사에 섭외하기가 더 수월하게 되었다는 점이다. 또한, 어느 정도 이상의 손해배상에 대해서 보호를 받을 수 있게 됨으로써 경영자들이 조금 더 적극적이고 전향적인 의사결정을 수행하는 것이 가능하여졌다는 점이다.

2016년 2월 현재 57.1%의 유가증권상장기업이 이 이사책임감면 규정을 정관에 도입하고 있는 실정이다.

이 규정은 보험의 기능을 하게 되는 것이다. 이러한 차원에서는 이 상법 내용이 정관에 도입된 기업의 경우는 회사들이 최근에 와서 대부분 구입하는 이사책임보험(D&O, director and officer's insurance)을 보완하는 기능이 있을 것이다.

고의 또는 중과실, 경업금지(397조), 회사의 기회 및 자산 유용금지(397조의 2), 자기거래(398조)에 해당하는 경우는 감면제외사유로 제시되고 있다. 즉, 과실일 경우만 이 정관의 내용에 의해서 보호받을 수 있다.

감사인의 경우도 대부분 보험에 가입하여 있기 때문에 금전적인 손해배상소송에 대해서는 보상이 가능하지만 이 경우도 과실일 경우에만 해당된다.

이 정관의 개정은 일부 회사의 경우는 주주총회에서 거부되는 일이 2012년 초에 개최된 2011년 주총에서 발생하였다. 주주총회에서 안건이 부결된다는 경우는 거의 발생하지 않는다. 주총은 많은 주주가 참석하는 회의체이므로 회의를 효과적으로 수행하기도 어렵고 요식행위로 진행되는 일이 거의 대부분의 경우이므로 안건이 거부되는 일이라는 경우는 거의 많지 않다.[7)]

2012년 몇 회사의 주총에서 이 안건이 거부되었다는 것은 그만큼 이 안건이 미치는 파급효과가 크기 때문이다.

이사가 손해배상소송에 의해서 패소할 경우, 정관에 의해서 한도 이상의 금

7) 자세한 내용은 chapter 52의 신문기사를 참조한다.

액에 대해서는 회사가 물어 주어야 하는 것으로 해석하여야 한다. 주주가 정관에서 책임에 한도를 둔 것이기 때문에 한도 이상의 금액을 주주와 회사가 떠안겠다는 것을 결정한 것이다.

그렇기 때문에 이 내용은 정관에서 정할 사안이며 당연히 정관변경이므로 주총의결 사안이다. 주주들의 입장에서는 1. 등기이사들의 잘못된 의사결정에 대해서 risk를 공유하는 대신에 2. 경영자들로 하여금 소극적인 의사결정을 회피하고 조금 더 전향적이고 공격적인 경영정책을 수행하도록 유도하는 것이다. 주주의 입자에서는 1은 cost이고 2는 benefit이다. 주주총회에서 각 기업의 주주들의 cost/benefit에 따라 의사결정이 수행되었던 것이다. 1과 2 모두 구체적이지 않으며 매우 추상적이고 미래지향적인 내용들이기 때문에 의사결정시에 cost와 benefit을 정확하게 추정하기는 매우 어렵지만 주주들이 나름대로 측정하여 결정한 것이다.

즉, 잠재적인 cost는 분명히 존재하는데 benefit이 존재하는지는 명확하지 않다. 따라서 일부 기업의 주총에서 논란이 있었을 것이다.

이러한 차원에서 이러한 주총에서의 의사결정은 경영진들에게 주식매수선택권을 부여하는 의사결정과 일맥상통할 수도 있다. 이 경우 이러한 stock option을 경영자가 행사하면 cost가 발생하는 것이므로 이 경우도 cost와 benefit 모두 가변적이다.

이사에 대해서 소송이 제기되었을 때 이사가 부담하여야 할 부분이 정관에 의해서 제한된다고 하면 그 나머지 금액은 회사가 책임을 지게 된다. 따라서 주주의 입장에서는 이러한 정관 개정이 회사의 가치에 미치는 순기능이 역기능을 초과할 때, 주주총회에서 이 안건에 동의할 것이다.

순기능은 위에서도 기술하였듯이 경영진들이 경제적인 소송의 부담 없이 회사의 가치에 보탬이 되는 합리적인 의사결정을 수행할 것이라는 점이고, 역기능은 이사에 대한 소송이 제기될 때 이사의 급여의 6배(사외이사일 경우는 3배)를 초과하는 부분에 대해서는 회사가 그 부담을 안게 된다는 점이다.

회계법인의 coverage에도 위법동기가 고의 또는 중과실일 경우에는 보험회사와의 계약이 있다고 해도 보상을 받기 어려우며 상법에서도 고의 또는 중과실이 있을 경우는 고의 또는 중과실의 책임이 있는 자가 책임을 지도록 되어 있다.

물론, 급여와 수임료를 일대일로 대응시킬 수는 없지만 업무에 대한 보상이라는 차원에서는 맥을 같이 한다고 할 수 있다.

또 상법은 회사와 관련된 이해 관계자 관련된 내용에 대해서 법을 규정하고 있으므로 즉, 상법은 외감법이 아니므로 감사인이 본인들의 고의 또는 중과실이 아닌 과실로부터 보호받기 위해서는 구체적으로 이 내용을 감사계약서에 포함하는 것이 한 대안일 것이다.[8)]

> 롯데쇼핑 "고객을 사외이사로"
>
> 민간기업 최초…1명 공개모집
>
> 롯데쇼핑이 공개모집을 통해 일반 소비자를 사외이사로 뽑는다. 소비자 의견을 회사 경영 전반에 적극 반영, 소비 부진을 극복하기 위한 '비상 경영'의 일환이라는 설명이다.
>
> 롯데쇼핑은 민간 기업 최초로 회사 경영에 실질적으로 참여할 '고객 사외이사' 1명을 공모한다고 2일 발표했다. 고객 사외이사는 내년 3월 롯데쇼핑 정기 주주총회에서 임기 1년의 사외이사로 선임된다. 의결권과 보수 등에서 다른 사외이사와 동일한 대우를 받는다. 롯데쇼핑 사외이사는 총 6명으로, 월 1회 정기 이사회에 참여하며 1인당 6000만원 수준의 연봉을 받는다.
>
> 롯데그룹의 멤버십 프로그램인 '롯데멤버스' 회원이면 누구나 지원할 수 있다. 원서는 이달 21일까지 롯데백화점 홈페이지를 통해 접수하고, 서류심사와 면접을 거쳐 연말께 최종 합격자를 발표한다.
>
> 한국경제신문. 2012. 10. 3.

그러나 롯데는 결국 고객 사외이사를 뽑지 않아서 보여주기식 언론 play라고 비판을 받기도 하였다.

> KB금융, 모든 주주에 사외이사 추천권
> 23일까지 추천해야
>
> KB금융지주가 국내 금융회사 가운데 처음으로 모든 주주에게 사외이사 예비후보 추천권을 부여했다. 하지만 종전대로 사외이사가 사외이사 후보를 추천할 수 있는 권한도 유지해 주주추천제도가 얼마나 실효성이 있을지에 의문이 일고 있다.
>
> KB금융은 지난 9일 이사회와 사외이사후보추천위원회를 열어 모든 주주에게 사외

8) 손성규(2007)를 참조한다.

이사 예비후보를 제안할 수 있는 권한을 부여키로 했다고 12일 발표했다.

종전에는 사외이사 4명과 지주회장 등 5명이 사추위를 구성해 사외이사 후보를 추천했다. 그러다보니 사외이사가 사외이사를 뽑는다는 비판을 받아왔다.

이를 시정하기 위해 모든 주주에게 사외이사 예비후보를 추천할 수 있는 권한을 부여했다. 의결권이 있는 주주라면 1인당 한명의 사외이사 예비후보를 추천할 수 있다. 오는 3월 주주총회에서 선임될 사외이사 후보를 추천할 주주는 이달 23일까지 추천해야 한다.

주주들이 추천한 사외이사 후보는 인선 자문위원 및 사추위 평가를 거쳐 주주총회에서 사외이사 후보로 추천된다. 하지만 주주들이 추천한 사외이사 후보가 사외이사로 추천되리란 보장은 없다. 추천권은 사추위가 갖기 때문이다. 극단적으로 해석하면 현행 제도와 달라진 게 없다고 볼 수 있다.

KB금융은 주주들의 사외이사 후보 추천을 상시화하기로 했다. 이를 위해 10월 31일까지 후보 추천을 받기로 했다. 다만 이달 23일 이후 추천된 후보들은 다음 사외이사 선임 때 반영된다. 주주들의 추천 횟수는 1년에 한 번으로 제한된다.

한국경제신문. 2015. 1 .13.

롯데가 시행하려던 제도이나 KB금융지주가 시도하는 내용은 어떻게 보면 매우 이상론적인 접근일 수 있다. 모든 주주에게 추천권이 있다면 수천 명이 추천될 수도 있는데 이중에서 자격이 되는 후보를 선임한다는 것은 어떻게 보면 남에게 생색내기 위한 제도라고도 할 수 있다.

선심성, 보여주기 위한 절차가 아닌가라고 의심된다. 모든 주주에게 사외이사를 추천할 수 있는 권한을 부여한다는 자체만으로 보아서는 바람직하다고 여겨지는 제도일 수 있다.

어느 정도 이상의 지분을 갖은 주주에게 사외이사 추천권을 부여하는 것은 주주제안제도의 일부이다. 감사/감사위원의 선임에 있어서 최대주주의 의결권에 3%의 제한을 두는 제도는 이 제도에 의해서 선임되는 자가 감사이기 때문에 일견 이해가 가능할 수 있다. 최대주주가 자신을 감시할 감사/감사위원을 선임하는데 과도한 의결권을 행사한다 함은 자기 감사의 위험도 내포하고 있다고 생각할 수 있다. 물론, 1표=1의결권이라는 민주주의 또는 자본주의의 가장 기본적인 원칙을 어기는 제도라서 이 제도에 대해서도 여러 가지 비판이 있다.

사외이사는 이사회의 한 member로서 감사/감시하는 기능뿐만 아니라 자문의 기능도 동시에 갖기 때문에 consulting과 monitoring의 기능이 동시에 중요한 position이다. 무슨 기능이 더 중요한지는 그 회사의 이사회가 어떻게 운영되는지에 따라 달라진다.

특히 감사위원일 경우는 consulting보다는 monitoring이 훨씬 중요하다. 따라서 감사/감사위원회의 구성에 있어서 최대주주의 의결권을 제한하는 것에 대해서는 어느 정도 이해할 수 있다. 사외이사의 선임에 이 제도를 적용하지 않고 감사/감사위원의 선임에만 이 제도를 적용하는 것을 보아서는 이사회에서의 사외이사의 역할과 감사위원회에서의 감사위원의 역할이 확연하게 구분되는 것을 잘 알 수 있다. 즉, 상법에서도 감사/감사위원회는 내용적으로 monitoring을 강조한 것이다.

주주가 의결권에 비례하여 경영의사결정에 영향을 미치는 것은 너무도 당연한 경영의 과정이다.

대부분의 금융기관의 사외이사 제도는 다음과 같이 운영된다. 첫 2년(또는 1년)의 임기를 받게 되며 1년씩 연임되면서 최장 5년까지 연임이 가능하다. 단, 이 제도 이외에도 기업과의 유착을 미연에 방지하기 위하여 사외이사의 최소 1/5씩은 매년 교체하여야 한다는 제도도 동시에 적용하고 있다. 이 1/5이라는 수치는 사외이사가 5명이고 매년 1인씩 선임되었다고 하면 매년 한명씩 교체되면 맞는 수치이다. 단, 이러한 패턴으로 사외이사가 선임되지 않았다고 하면, 즉 5명의 사외이사 중, 1년에 두명의 사외이사가 선임되는 일이 발생하였다고 하면, 우수한 업적을 보이는 임기 내의 사외이사라고 해도 1/5 rule에 의해서 임기 중이라도 사퇴를 해야 하는 경우도 발생할 수 있다.

기업이 사외이사의 임기가 overlap되기 위해 1년에 한명씩의 사외이사를 선임하려고 계획하였어도 중도 사임 등이 발생한다면 1년에 사외이사를 2인 선임하는 일이 발생할 수 있다.

너무 강한 제도를 완벽하게 운영하려는 취지에서 중복된 규제를 적용하다 보니 이렇게 어느 정도는 무리한 제도가 적용되는 것이다.

2015년 KB금융지주의 주총에서의 이사 선임의 경우에도 이러한 일이 발생하였는데 KB금융지주는 감독기관의 이해를 구하고 이 원칙을 적용하지 않았다. 이는 지주사와 은행간에 다툼이 있었을 때, KB금융지주의 이사회에서 사외이사가 다수 사퇴하면서 순차적 사외이사 선임이라는 원칙이 지켜지지 않았기 때문이다.

한전 네이버 동부화재 기관, 주요 안건에 '반대'

동부화재 주주총회에서는 안형준 사내이사를 감사위원으로 선임하는 안건을 반대할 예정이다. 사내이사가 감사를 겸임하면 감사위원회의 독립성을 침해할 가능성이 있어 반대표(의결권 지분 0.61%)를 던진다는 방침이다.

한국경제신문. 2016. 3. 18.

언론으로만 보아서는 안형준 사내이사의 회사내에서의 직책이 상근감사위원인지가 명확하지 않지만 저자는 상근감사위원이 감사위원회에 포함되는 것에 대해서는 문제가 없다고 판단한다. 오히려 사외이사로서 감사위원회 활동을 하는 위원들이 회사내 정보에 대한 접근에 제한이 있는 점을 상근하는 감사위원이 보완할 수 있는 장점도 존재한다고 생각한다. 단, 사내이사가 상근감사위원이 아니라고 하면 이는 다르다.

chapter 3

신용평가업

부실평가 논란 신평사 징계 또 연기
금감원 2주후 재심의

부실 신용평가 논란에 휩싸인 국내 신용평가사들에 대한 금융당국의 징계가 다시 한 번 연기됐다. 15일 금융감독원은 제재심의위원회를 열고 한국기업평가, 한국신용평가, NICE신용평가 3사에 대한 부실 신용평가 징계를 내리려고 했지만 결론을 맺지 못한 채 결정을 다음 회의로 연기했다.

금감원 관계자는 "신평사 제재건을 제재심의회에 마지막 안건으로 다루는 과정에서 대상자들의 의견진술만에만 2시간이 넘는 시간이 걸려 징계 결정을 다음 회의로 연기했다"고 설명했다. 차기 회의 일정은 아직 확정되지 않았지만 금감원에서는 2주 정도 후에 열릴 것으로 예상했다.

금감원은 2013년 11월 신용평가 3사에 대한 정기검사를 실시한 바 있다. 당시 법정관리를 신청한 동양과 웅진그룹, STX팬오션 등에 대한 신용평가가 제대로 이뤄지는지를 검사하고 지난해 6월 신평사들에 징계 예고 통지서를 보냈다. 그러나 제재심의위원회에 징계안은 쉽게 올라가지 못했다. 동양 계열사 신용등급이 법정관리 전부터 투기등급(BB+급) 이하로 떨어져 있어 투자자 피해의 직접적인 원인이 신용등급에 있다고 보기 어렵고, 세계적으로 감독당국이 신평사에 징계를 내린 전례가 없어 관련 업계에서 '과도한 징계'라는 불만이 터져 나왔기 때문이다.

매일경제신문. 2015. 1. 16.

세계적으로 감독기관이 신평사에 징계를 내린 전례가 없다는 내용은 많은 것을 시사한다. 이 내용의 사실 여부를 확인하기는 어렵지만 아마도 그러할 수 있을 것이다. 신용평가는 때로는 회계감사와 비교되기도 한다. 수임료를 해당 기업으로부터 받고 평가를 하거나 인증을 하기 때문에 독립성이 항상 문제가 된다. 즉, 인증을 하는 회계법인이나 평가를 하는 신평사들이 경제적으로 의뢰 기관에 예속되기가 쉽다는 의미이다.

그러나 감독당국이 회계감사에 대해서 강한 제재권한을 갖는 것이나 신평사에 대해서 강한 제재 권한을 갖는 것은 태생적으로 차이가 있다. 감사는 정형화된 감사기준에 의해서 진행되는데 신평사의 신용평가는 주관적일 수밖에 없으며 어떠한 회사의 상태에 대해서는 어떠한 rating이 수행되어야 한다는 원칙이란 있을 수 없다. 그러한 차원에서 신용평가는 회계감사보다도 무척이나 자의적이고 임의적이며 동시에 주관적이다. 각 신용평가사가 자체적인 formula에 의해서 평가를 수행하지 통일된 평가모형에 의해서 평가 작업을 수행하는 것이 아니다. 즉, 통일된 회계감사기준과 같은 인증 기준이 존재하는 것이 아니다. 그렇기 때문에 평가의 적정성 여부도 사후적인 판단이기가 쉽다.

부도가 발생한 기업의 회계감사에 대해서 감독기관이 계속 기업과 관련된 변형된 의견이 표명되지 않은 책임을 묻는 것이나 동일하다.

예를 들어, 회계감사기준에 충분하고 적합한 감사증거를 입수하지 못하는 상황이 재무제표에 미치는 영향이 중요하지만 전반적이지는 않다고 판단하고 있다면 이 경우는 한정의견을 표명하여야 하며 재무제표에 미치는 영향이 중요하며 전반적이라고 판단되면, 감사기준서 705에 따라 의견을 거절하여야 한다. 부적정의견은 재무제표에 특히 중요한 영향을 미치는 기업회계기준의 위배사항이 있는 경우에 표명되며 의견거절은 재무제표에 특히 중요한 영향을 미치는 감사범위의 제한이 있는 경우에도 표명된다(회계감사기준 705 및 회계감사기준 적용지침 700-4-②).

물론, 이러한 감사기준도 적용함에 있어서는 주관적이고 임의적인 판단을 필요로 하지만 이 정도의 명확한 원칙을 신용평가사가 제시할 수 없다. 따라서 명확한 원칙이 없으니 그에 따른 제재도 쉽지 않다. 어떠한 경우엔 AA rating을 받아야 하며 어떠한 경우는 AA+를 받아야 하는지는 신평사 각자가 주관적으로 정하는 것이다. 물론, 신용평가는 사후에 전개될 상황과 관련된 어느 정도의 확률게임이다.

신용평가 이후에 전개된 상황에 따라 기업의 상황이 급격하게 악화되었다고 하면 이는 통제할 수 있는 상황이 아니다.

그렇다고 신평사가 전혀 역할을 못하고 있는데 감독당국이 이를 손 놓고 있을 수만도 없다. 신평사에게 구체적으로 뭐가 잘못되었다고 적시하면서 조치를 해야 하는데 이러한 원칙 자체가 없다. 감독기관이 부실감사에 대한 책임을 묻기 위해서 수행하는 주된 과정이 어떠한 절차를 거쳤는지를 확인하기 위하여 감사조서(working paper)를 제공받아 절차를 확인하게 된다. 그러나 신용평가는 정형화된 절차가 없기 때문에 사후적인 판단 이외에는 절차를 문제 삼기가 무척 어렵다.

부도가 난 회사에 대해서 신용평가가 왜 조속히 수정되지 않았는지에 대한 비판일 가능성이 높다. 즉, 결과론적인 접근이다.

이는 경영의사결정이 사법부의 심판의 대상인지에 대한 논의도 동일한 논리일 수도 있다. 경영의사결정에 대한 잣대가 결과론적으로 접근되기가 쉽다.

이러한 차원에서 감사의견에 대한 조치도 사후적인 조치일 수 있다. 이는 특히나 사후적인 결과를 읽을 수 있는, 계속 기업과 관련된 변형된 의견일 경우 더더욱 그러하다. 물론, 계속기업과 관련된 변형된 의견을 받았다고 해서 이 의견이 반드시 그 회사가 부도가 난다고 예견하는 의견은 아니지만 어느 정도 이를 이와 같이 해석하는 정보 이용자들이 많을 것이다.

부도가 난 기업에 대해서 좋은 신용평가를 받았거나, 부도가 발생한 기업에 대해서 계속기업과 관련되어 변형된 의견이 표명되지 않았다면 신용평가나 감사에 문제가 있는 것으로 결론지어지기 쉽다. 그러나 이 결과만에 근거하여 신용평가가 또는 감사가 잘못되었다고 단정적으로 결론을 지을 수는 없다. 신용평가사 또는 회계법인의 판단 이후에 전개될 여러 상황에 신용평가 결과나 계속 기업 여부가 영향을 받기 때문이다.

단, 감사에 대해서만은 감사절차가 감사기준에 근거하여 잘못되었다고 하면 부실감사로 지적이 가능하다. 이러한 부분이 감사와 신용평가가 다른 것이다.

아래의 신문기사에도 평가 업무 자체에 대한 징계라기 보다는 독립성 훼손 등의 외적인 요인에 의한 징계라고 볼 수 있다.

신평사 임직원 모두 중징계

'부실평가 논란' 3개사 1년간 신규사업진출 제한
금감원 제재심

부실 신용평가 논란에 휩싸인 국내 신용평가사들에 대해 금융당국이 최초로 제재를 내렸다.

29일 금융감독원은 제재심의위원회를 열고 부실 신용평가를 한 한국기업평가, 한국신용평가, NICE 신용평가 3사에 대해 기관에는 기관경고(중징계)를, 임직원에게는 경중에 따라 경징계와 중징계를 내렸다. 기관 경고 처분을 받으면 1년간 신규사업 지출이 제한된다. 당초 기관에는 경징계, 임직원에게는 중징계를 내릴 것으로 예상됐으나 제재심을 거치면서 신평사에 대한 경고 차원에서 제재를 더욱 강화한 것으로 보인다.

금감원에 따르면 이들 신평사들은 기업에 예상 신용등급을 알려 주고 계약을 따내거나 기업 요청으로 기업 어음 발행 이후 신용등급을 낮추거나 하는 등 '등급 장사'를 해 온 것으로 알려졌다. 신평사 제재 내용은 다음달 금융위원회에서 확정될 예정이다.

금감원은 2013년 11월 신용평가 3사에 대한 정기 검사를 실시한 바 있다. 당시 법정관리를 신청한 동양과 웅진그룹, STX팬 오션 등에 대한 신용평가가 제대로 이뤄졌는지를 검사하고 지난해 6월 신평사들에 징계 예고 통지서를 보냈다. 감독당국은 신평사 제재심을 지난해 마무리할 예정이었으나 동양증권(현 유안타증권) 기업 어음(CP) 불완전판매 관련 기관과 임직원 제재심, KB 금융 사태 제재심이 장기화되면서 결국 해를 넘겼다.

신평사들은 반년 넘게 끌어온 제재 여부 결정이 사상 초유의 중징계로 결론 나자 허탈해 하고 있다. 지난 15일 제재심에서 평가 업무가 영업과는 관계가 없다고 항변했음에도 불구하고 금감원이 중징계 방침을 거두지 않았기 때문이다.

업계 관계자는 "기업 징계는 이해하지만 임직원에 대한 제재는 지나친 면이 있다"며 "평가 임원에 대한 징계까지 포함되면서 평가 일선에서 향후 기업평가를 놓고 혼란이 생길 것"이라고 우려했다.

동양 계열사 신용등급이 법정관리 전부터 투자등급(BB+급) 이하로 떨어져 있어 투자자 피해의 직접적 원인이 신용등급에 있다고 보기 어렵고, 전 세계적으로 감독당국이 신평사에 대한 징계를 내린 사례가 없어 업계에서는 '과도한 징계'라는 불만이 많다.

매일경제신문. 2015. 1. 30.

신평사에 대해서 감독기관이 강력히 개입한다면 신평사의 rating이 경색될 위험이 존재하며 평가 자체가 보수적으로 될 가능성도 있다. 조치의 대상이 기업이 되어야 하는지 아니면 임직원이 되어야 하는지도 분식회계나 부실감사에 대한 조치 시 감독기관이 항상 고민하는 내용이기도 하다.

신평사, 등급평가 뒷전 장삿속 '베끼기' 판친다
작년 48개사 중 45곳 '판박이' 변경

한국신용평가 등 국내 신용평가 3사가 서로 상대방의 평가 결과를 베끼는 '판박이 신용등급'을 양산하고 있는 것으로 나타났다. 정확한 정보를 제공하기 보다는 고객의 눈치를 보는 '마케팅용 판정'에 치우쳐 신용등급에 대한 불신을 자초하고 있다는 비판도 제기되고 있다.

22일 한국경제신문의 자본시장 전문매체인 마켓인사이트가 지난해 두곳 이상의 신용평가사가 신용등급을 변경한 48개 투자적격기업을 분석한 결과 신용평가사들이 서로 다른 등급을 부여한 곳은 웅진씽크빅, 포스코플랜텍, 한진중공업 세곳 (6.2%)에 불과했다. 나머지 45개 기업은 동일한 등급으로 조정했다.

신용등급이 두 단계 떨어진 두산캐피탈과 한진해운은 세곳의 신용평가사가 똑 같은 등급으로 바꿨다.

무디스와 S&P가 동시에 평가하는 국내 민간기업 20곳의 경우 10곳(50%)이 서로 다른 등급을 받은 것과는 대조적이다.

한 신용평가사 관계자는 "신용평가 등급을 떨어뜨리거나 부정적 의견을 먼저 내놓으면 계약 해지 운운하는 고객사의 항의를 받기 일쑤"라며 "실적을 따지는 회사의 눈치도 봐야 하기 때문에 남을 따라 하는게 어떤 면에서는 속 편하다"고 말했다.

국내 신용평가 3사 중 한국신용평가가 기업 신용등급강등에 가장 소극적이었던 것으로 나타났다. 경쟁사가 한발 앞서 신용등급을 내리면, 이를 그대로 뒤쫓아 간 사례가 가장 많았다. 반면 이익률과 주주 배당 성향은 3사 가운데 가장 높아 신용평가 경쟁력 강화보다 '장사'에 더 신경을 쓰고 있다는 비판이 나온다. 한신평의 최대주주는 국제 신용평가사인 무디스다.

한국경제신문 마켓인사이트 분석 결과 신용평가 3사 중 '늑장 강등'이 가장 많은 곳은 한국신용평가로 집계됐다. 다른 평가사와 똑같이 등급을 한 단계씩 낮춘 26개 기업 중 한국신용평가가 가장 먼저 강등을 결정(평가일 기준)한 기업은 5곳에 그쳤다. 나머지 21곳은 한국기업평가 또는 나이스신용평가가 더 빨랐다는 얘기다.

신용평가 업계에선 신용등급을 똑같이 변경하더라도 누가 먼저 조정하느냐가 중요한 의미를 띤다. 경쟁사보다 한발 앞서 강등할 경우 평가 대상 업체로부터 수수료를 받는 '을'의 입장인 신용평가사의 영업에 불리한 영향을 미치기 때문이다. 괘씸죄에 걸리지 않기 위해 다른 신평사가 먼저 내린 후 따라서 내리는 걸 선호하게 된다는 얘기다.

한 신용평가 업계 관계자는 "신용등급 변동 타이밍만으로 평가사별 태도를 평가하긴 어렵다"면서도 "한국신용평가의 강등시점이 다소 늦는 배경 중에 무디스가 영업실적에 신경을 많이 쓰는 탓도 있을 것"이라고 꼬집었다. 2013년 313억원의 매출과

76억원의 순이익으로, 신평사 중 가장 높은 이익률을 기록한 한국신용평가는 그해 이익의 대부분인 68억원을 무디스 등 주주들을 위한 배당으로 썼다. 무디스의 지분율은 50%+1주다.

반면 신속한 등급 강행이 가장 많았던 신평사는 한국기업평가였다. 경쟁사와 똑 같이 한 단계씩 등급을 낮춘 27개사 가운데 두 경쟁 신평사보다 가장 빨리 강등한 곳이 20개사였다. 나이스 신용평가는 27곳 중 9곳에서 가장 앞섰다. 반면 신용등급을 올린 시점은 3사가 엇비슷해 두드러진 차이가 없었다.

작년 신평사 두곳 이상이 신용등급을 똑 같이 올린 기업은 16개사였는데, 이 중 가장 빨리 올린 신평사와 가장 늦게 올린 신평사의 평균 시간차는 24일이었다, 반대로 신용등급을 내린 38개사는 평균 61일이었다.

한국경제신문. 2015. 2. 23.

단순히, 평가 하락을 어느 신평사가 먼저 진행하였는지에 근거하여 신평사간 업적을 상대 비교하는 것은 매우 형식적이며 외관적인 평가에 불과하다. 그러나 평가사가 어느 정도 독립적으로 작업을 수행하는지를 가늠할 수 있는 기본적인 접근일 수는 있다.

기업의 IR부서도 기업을 방문하거나 연락을 해오는 금융회사의 애널리스트들을 어떻게 잘 대접해야 하는지에 대한 고민이 있다고 한다. 기업 방문시 연락을 하면서 잘 대접받기를 기대하는 평가사들이 잘못 행동하는 것인지 아니면 기업 평가에 있어서 무언의 압력을 가하는 기업들이 잘못 행동하는 것인지가 얽혀있다.

신용평가사들이 영리기업이기 때문에 신평사들은 각기 주주의 이익의 극대화를 위해서도 최선을 다해야 한다. 동시에 신평사들은 신용평가를 이용하는 이용자들에게 용역을 제공해야 하므로 이중적으로 이해관계자들의 요구를 만족시켜야 한다.

나이스신용평가정보와 한국기업평가가 코스닥 상장기업이며, 한국신용평가는 상장기업이 아니다.

"신용평가 직원이 영업까지"
3대 신평사 대표에 금융위, 문책 경고.

한국기업평가, 한국신용평가 NICE신용평가 등 국내 3대 신용평가사 대표이사들이 신용평가와 영업 업무를 제대로 분리해 관리하지 않다가 문책 경고를 받았다. 문책경고를 받은 해당 대표이사들은 앞으로 3년간 금융기관에 임원으로 취업할 수 없다.

14일 금융위원회에 따르면 3대 신용평가사 대표이사들에 대한 비공개 제재 안건이 이날 오후열린 정례회의에서 원안대로 의결됐다. 금융당국은 신용평가 업무가 영업과는 관계없다는 신용평가사들의 소명에도 불구하고 신용평가를 맡은 직원들이 영업행위를 하도록 회사와 대표가 방치했다는 점을 인정해 제재를 확정한 것으로 전해졌다. 앞서 금융감독원은 제재심의위원회에 관련 안건을 상정해 징계 수위를 이처럼 결정했다.

한국경제신문. 2015. 4. 15.

신용평가업에 있어서 공적인 영역에 가 있는 것이 평가의 결과이며 수임료를 의뢰인에게 받기 때문에 태생적으로 신용평가가 적절하게 수행되지 않을 가능성이 높다. 그렇기 때문에 평가사에서 공평한 평가를 위해서 평가 업무와 영업 업무에 관한 명확한 구분 fire wall/chinese wall이 필요하다.

회계법인의 경우도 업무의 구획과 관련되어서는 이슈가 되는 것이 고유업무인 회계감사 이외에도 비감사업무를 수행하는데 비감사업무를 위해서 회계감사의 독립성이 훼손되는 것을 우려하기 때문에 회계법인 내에서는 이 두 업무의 이해가 얽히지 않도록 fire/chinese wall을 설치한다고 한다.

그럼에도 불구하고 신용평가업에서도 평가업무와 영업 업무가 구분이 되어 있다고 하여도 동일한 회사에서의 공동 목표라는 것이 존재하기 때문에 이를 완전히 분리한다는 것이 가능한 것인지에 대한 의문이 존재한다.

이는 회계법인에도 동일하다. 더더욱 신평사의 경우는 평가업무와 영업업무의 구분의 이슈이지만 회계법인의 이슈는 감사업무와 비감사업무 두 업무 자체가 상충이 있을 수 있다는 것이다.

한 대기업은 감사위원회에서 위원장이 회계감사법인은 회계감사를 수행하므로 괜한 오해의 소지가 있는 다른 비감사서비스는 아예 수행하지 않는 것이 좋지 않은지에 대한 의견을 표명했다고 한다. 이와 같이 독립성은 공적인 영역에 가 있는 업력에 있어서는 매우 중요한 덕목이다.

신용평가사 애널리스트 전문성 위해 순환제 폐지

금융당국이 신용평가사 애널리스트 순환제를 이르면 다음달 폐지할 방침이다.

금융감독원은 12일 서울 중구 한국언론재단에서 금융위원회 주관으로 열린 '신용평가산업 발전 방안 모색' 금요 조찬회에서 "애널리스트 순환제를 폐지하되 부작용을 최소화하고 전문성을 높일 수 있는 개선방안을 마련하겠다"고 밝혔다.

이날 조찬회에 참석한 신용평가사 관계자들은 "이 제도 때문에 전문성을 확보하는데 어려움이 있다"며 "일률적인 규제 방식을 개선할 필요가 있다"고 건의했다. 애널리스트 순환제는 신용평가사 애널리스트들이 같은 기업을 신용평가할 수 있는 기간을 4년으로 금융감독원 세칙으로, 기업과 신용평가가 간 유착 방지를 위해 도입됐다.

감독원은 최대한 이른 시간 내 폐지한다는 입장이어서 이르면 7월께 폐지가 가능할 것으로 보인다. 제도 폐지로 인한 기업과 평가자 간 유착을 막을 수 있는 보완책도 업계와 협의해 마련할 계획이다.

또한 금융당국은 독자신용등급 도입 시기를 면밀히 재검토할 것이라고 밝혔다.

매일경제신문. 2015. 6. 13.

신용평가사 애널리스트 내년부터 순환제 없앤다.

내년부터 신용평가사 애널리스트 순환제가 폐지된다. 23일 금융감독원은 애널리스트 순환 규정 폐지 등의 내용을 담은 '금융투자업 규정 시행세칙'을 사전 예고했다고 밝혔다. 금감원은 업계 내 특별한 이견이 없으면 관련 규정을 2016년 1월 1일부터 시행할 예정이다.

현재 금감원 규정에 따르면 신용평가사 애널리스트는 동일 업체에 대해 실무자는 4년, 책임자 급은 5년을 초과해 평가할 수 없다. 기업과의 유착관계를 단절하겠다는 취지였지만 업계에서는 산업에 대한 전문성 축적이 힘들다며 계속해서 어려움을 호소해왔다. 이에 임종룡 금융위원장은 지난 6월 신평사 업계 관계자들과 간담회를 하면서 "애널리스트 순환제를 폐지하되, 부작용을 최소화하고 전문성을 높일 수 있는 개선 방안을 마련하겠다"고 밝힌 바 있다.

금감원은 순환제 폐지로 인한 부작용을 줄이기 위해 기업 신용평가시 전담 인력 이외에 다른 분야 전문 인력이 의견 형성에 참여하도록 신평사 내부 통제 기준을 강화했다.

금감원 관계자는 "회의록 등에 다른 분야 인력이 평가에 참여했다는 증거 자료를 남기게 할 예정"이라며 "업종 내 기업 수가 적은 분야의 경우 4년 이후 동일 기업을 평가할 수 없기 때문에 어쩔 수 없이 다른 업종으로 가야 하는 등 전문성이 떨어지는 부분을 해소할 수 있을 것"이라고 밝혔다.

송기준 한국기업평가 실장은 "적은 인력으로 운영되는 신평사들의 인력 수급 문제 해결에도 도움이 될 것"이라며 "규정 폐지로 인한 부작용을 막기 위해 4년째 같은 애널리스트가 평가하는 기업들은 등급 결정 평정위원회에 올려 논의하는 등 내부 심사 강화 방안을 마련할 것"이라고 밝혔다.

매일경제신문. 2015. 10. 24.

이 제도를 보면서 감사인의 강제교체, 파트너 교체제도, 감사인 유지제도, 감사팀의 2/3 이상 교체제도 등과 매우 유사한 제도라고 생각한다. 신용평가사의 책임자 급과 관련된 내용이 회계법인의 파트너에 해당되며 실무자의 교체가 회계법인의 감사팀의 교체 이슈이다.

순환제도는 당연히 독립성을 제고하기 위해서 도입된 제도일 것이다. 그러나 해당 업무에 대한 전문성의 제고라는 차원에서는 독립성의 제고는 전문성의 제고와는 그 내용이 상충되기도 한다. 강제교체제도는 독립성을 위해서, 상장기업의 3년 감사인 유지제도는 전문성을 위해서 도입된 제도이다. 위에 언급된 네 제도들은 모두 독립성을 확보하기 위한 제도이다. 이와 같이 회계감사 영역에도 전문성 제고와 독립성 제고를 위한 제도가 혼합되어 중복되게 적용되기도 하였다. 상충되는 두 마리 토끼를 모두 잡기가 어렵게 되어 있다. 이는 독립성 제고와 전문성 제고가 어떤 경우에는 상충되기 때문이다.

물론, 부실감사의 문제가 불거져 나올 때마다, 전문성보다는 독립성이, 사회정의의 차원에서, 우리가 달성해야 할 至高의 가치인 듯이 여겨지며 전문성의 제고는 이보다는 훨씬 낮은 가치로 여겨질 수 있지만, 이 두 가지 가치 중에 뭐가 더 중요하다고 단정적으로 얘기하기는 어렵다.

위의 신평사에서의 제도의 변화도 현 제도가 독립성의 제고 위주로 정해져 있지만 이를 타협하여 전문성을 제고하는 방안을 제시하고 있다.

제4 신용평가사 설립 착수... '30년 3사 과점 체제' 끝났다.

에프엔가이드 연내 인가 신청
서울신용평가정보도 준비

10일 신용평가업계에 따르면 금융정보업체 에프엔가이드는 연대 금융당국에 신용평가업 예비 인가를 신청할 계획이다. 지난달 TF를 구성하고 관련 준비에 들어간 것으로 확인됐다.

서울신용평가정보도 자체 기업어음과 자산유동화증권 평가 인력을 바탕으로 회사채를 포함한 종합신용평가업 신청 준비를 서두르고 있다.

금융당국은 1980년대 나이스신용평가 한국기업평가 한국신용평가 3사 설립 이후 지금까지 새로운 신용평가사 진입을 허용하지 않았다.

신용평가업을 보호와 육성의 대상으로 여겨왔기 때문이다.

지난해 말 현재 장기신용등급이 존재하는 1152개 기업 중 'AA-' 이상 우량 등급을 받은 곳은 579곳에 이른다. AA-는 10개 투자등급 중 상위 네 번째에 해당한다. 외환위기 직후인 1998년 5%도 안 되었던 이 비중은 17년 동안 10배로 불어났다.

최근 대규모 부실을 발표한 대우조선해양도 불과 두달 새 신용등급을 네 단계나 떨어뜨려 시장에 경고등 역할을 제대로 하지 못했다는 비판을 받고 있다.

벌어들인 돈의 대부분을 최대주주인 글로벌 신용평가사에 배당, 정작 평가의 질을 높이는 투자에는 소홀하다는 비판도 많다. 한국신용평가와 한국기업평가는 대주주인 무디스와 피치에 각각 지난해 순이익의 90%와 65%를 배당했다.

한국경제신문. 2015. 8. 11.

신용평가업은 가장 대표적인 과점의 형태를 보이는 산업구조를 갖는다. 3개사가 거의 정확하게 33%의 market share를 보이는 구조이다. 복수평가제도가 오랫동안 도입되어 있었기 때문에 산업의 형태가 과점의 모습을 보이기 쉬운 구조를 형성했다.

제4신평사 설립 빨라진다.
에프앤가이드 연내 예비인가 신청... 서울신용평가도 본격 가세

국내에 4번째 신용평가사 설립을 위한 움직임이 빨라지고 있다.

16일 증권업계에 따르면 증권정보업체 에프엔가이드는 현재 신평사 설립을 위한 전담팀과 인력을 배치하고 관련 준비를 하고 있으며 연내 예비인가 신청을 목표로 하는 등 가장 적극적인 모습이다. 현재 팀 인력은 5명이지만 전문 인력을 20여명까지 늘리는 등 규모를 갖춰야 하는 만큼 새로운 별도 법인을 세우는 쪽으로 방향을 잡고 있다. 회사 내부에서는 연말까지 상당수 인원이 새롭게 설립되는 신평사 법인으로 이동할 것이라는 얘기가 나온다. 신용평가사 설립 요건은 최소 자본금 50억원과 전문인력 20명 등이다.

에프앤가이드는 주요 주주에 증권 유관기관 등 공공기관 참여도 고려하고 있다. 이 같은 계획이 성사되면 현재 신평사 인가를 받은 한국기업평가와 한국신용평가가 각각 외국 신용평가기관인 피치와 무디스가 최대주주로 있고 나이스신용평가는 나이스홀딩스라는 사기업이 최대주주로 있는 것과는 차별화를 이룰 전망이다. '동양사태' 당시 제대로 된 신용평가를 하지 못한 신평사들에 대한 여론이 악화된 만큼 공공성을 강조할 계획이다.

에프앤가이드 관계자는 "금융당국 부담을 덜기 위해 예비인가까지는 페이퍼컴퍼니로 신청하고 예비인가 승인이 나면 법인을 설립할 예정"이라고 설명했다.

다른 후보인 서울신용평가는 다음달 신용평가 부문을 분할해 신설회사를 설립할 계획이다. 윤영환 서신평 상무는 "기업 분할은 제4신용평가사 인허가 신청을 염두에 둔 포석"이라며 "신용평가 사업이 요구하는 독립성과 공정성 확보에 유리한 체제로 전환했다"고 말했다.

그동안 서신평은 채권 추심, 신용 조회, 조사 등의 사업을 해왔는데 이런 사업들이 신용평가와 한 울타리 내에서 이루어질 수 있을지 의구심이 높았다. 기존 신용평가업계는 제4신평사 출범에 부정적인 입장을 보이고 있다. 국내 신용평가사 한 임원은 "평가 시장 규모가 1000억원에 불과한데 신규 평가사 진입은 경쟁을 과열시키고 신용등급 인플레이션 등 다양한 문제를 양산할 수 있다"고 말했다.

금융위원회는 좀더 지켜보자는 입장이다. 금융위원회 관계자는 "아직까지 인가를 신청한 곳은 없으며 실제 인가 신청이 들어오더라도 시장 내 설립 필요성에 대한 공감대 형성이 우선돼야 할 것"이라고 밝혔다.

매일경제신문. 2015. 10. 23.

2016년 말 현재로는 제4신평사는 추진하지 않는 것으로 결정되었는데 상황이 유동적이다.

회계법인 시장의 총 매출 수준이 2조원대 시장인데 비해서 신평사 시장의 규모가 1000억원대 시장이라면 매우 열악한 수준에 그치고 있다. 경쟁을 유발한다는 것이 품질 제고로 연결되는 것이 가장 바람직한데, 그렇지 않아도 영세한 시장에 과다한 경쟁을 하는 것이 기존의 기업들 마저도 더 영세하게 만들 수 있는 위험을 내포하기도 한다.

회사채 복수평가 폐지냐 제4신용평가사 신설이냐.
금융위, 신용평가 경쟁촉진 방안 고심... 내달 TF 출범

금융당국이 국내 신용평가 3사가 독과점하고 있는 기업신용평가 시장에 경쟁을 촉진하기 위한 방안으로 회사채 기업어음 복수평가제 폐지를 전면 검토한다. 또 다른 경쟁 유도 방안으로 '제4 신용평가사' 신설 문제도 함께 검토한다.

27일 금융투자업계에 따르면 다음달 금융위원회는 신용평가 선진화를 위한 TF를 출범할 예정이다. TF팀장은 이현철증권선물위원회 상임위원이 맡는다. 기업 신용평가 제도 개편을 위한 TF를 꾸린 것은 2011년 이후 5년만이다.

금융당국은 최근 회사채 시장 양극화, 투자자 신뢰도 하락 등 문제가 발생하는 근본적 원인이 부실해진 신용평가에 있다고 보고 현재 기업 신용평가 시스템을 근본부터 다시 점검한다는 방침이다. 회사채 투자자를 포함한 시장 관계자들은 2008년 글로벌 금융위기 이후 국내 신용평가사들의 '신용등급 퍼주기'가 일상화하면서 회사채 시장 거품을 초래했다는 비판을 제기해왔다.

금융위는 독과점 상태인 기업 신용평가 시장에 경쟁을 불어넣기 위한 방안으로 복수평가제도 폐지와 제4 신용평가사 인가 등 두가지 안을 두고 저울질해왔다. 업계 관계자들은 "추가 논의를 지켜봐야겠지만 금융당국이 복수평가제 폐지를 포함한 제도 개선으로 가닥을 잡을 가능성이 커 보인다"고 말했다.

1995년 국내 신용평가산업을 보호한다는 취지하에 복수평가제가 도입된 후 한국기업평가 한국신용평가 나이스신용평가 등 신용평가 3사는 시장을 삼분하며 안정적 독과점 체제를 유지해왔다. 정부는 2008년부터 규제 완화 차원에서 복수평가제를 폐지하고 단수 평가제를 도입하는 방안을 논의해왔지만 단수평가 기업들이 더 높은 신용등급을 주는 신용평가사를 선택하는 '등급 쇼핑' 부작용이 염려된다는 지적에 복수평가제 폐지가 유보됐다.

그러나 국내 신용평가사 간 평가 수수료 담합 문제가 발생하고 현재 복수평가제로 회사채 발행기업의 '등급 쇼핑'을 막지 못한 상황에서 굳이 복수평가제를 유지해 신용평가사들을 보호할 필요가 있냐는 비판이 제기되고 있다. 복수평가제 폐지의 대안으로는 '평가 순환제' '지정 평가제' 등이 거론되고 있다. 회사채 발행 기업들이 신용평가사에 압력을 행사하는 문제를 해결하기 위해 일정 기간마다 신용평가사를 교체하거나 독립된 제3의 기관이 신용평가사를 지정하는 방안이 대안으로 제시됐다. 복수평

가를 유지하되 신용평가 중 하나는 순환해서, 나머지는 발행기업이 자율적으로 선택하도록 하자는 대안도 나온다. 향후 신용평가제도 개편에 따라 시장에서 촉각을 기울이고 있는 제4 신용평가사 인가 여부도 결정될 전망이다. 현재 기업 어음 신용평가 인가만을 보유하고 있는 서울신용평가와 금융정보업체 에프앤가이드 등이 제4 신평사 인가 신청을 준비하고 있다.

하지만 업계에서는 금융당국의 신용평가시장 재편 시도가 성공할 수 있을지에 대한 의구심도 높다. 2011년에도 금융위는 신용평가시장 선진화를 위한 TF를 꾸리고 독자신용등급 도입을 대안으로 내놓은 바 있다. 독자신용등급이란 모기업이나 계열사의 지원 가능성을 배제하고 개별 기업 자체 채무상환 등 재무 안전성을 평가한 등급을 뜻한다. 그러나 회사채 발행 기업 부담 가중, 시장 충격 등을 이유로 독자신용등급 도입은 번번이 무산되고 있는 실정이다.

매일경제신문. 2016. 1. 28.

순환평가제, 지정평가제 모두 회계감사시장에서 시도하였던 접근이다. 순환평가제는 우리가 도입하였다가 지금은 폐지된 감사인 강제교체제도와 유사한 제도이며 지정평가제는 지정제를 의미한다. 순기능도 있지만 모두 역기능도 동시에 갖는 제도이다. 이 고민을 오랫동안 했던 회계업계에서도 장단점과 관련된 논란이 많은 제도들이다.

미, 10개사 인가... '다양한 목소리' 유도

금융위기 이후에만 3곳 늘어
특정분야선 메이저 3사 추월

미국 증권거래위원회는 한국과 달리 새로운 신용평가회사를 꾸준히 인가했다. 투자자를 위해 서 다양한 목소리가 나오도록 해야 한다는 판단에서다.

10일 SEC의 '국가공인 신용평가사 (NRSRO) 2014년 연례보고서에 따르면 미국 국가 공인 신용평가사는 현재 10 곳에 달한다. 2003년 제4 신용평가사 인가를 시작으로 지난 12년 동안에만 7곳을 추가했다.

물론, 새내기 신용평가사들이 기존 대형 신용평가사의 지위를 위협하지는 못하고 있다. 2013년말 현재 평가건수 기준 점유율은 S&P 46.2%, 무디스 37%, 피치

13.4% 순으로 3사를 합치면 96.6%에 달한다. 오랜 신용평가 경험과 영업력이 중소 신흥평가사를 압도하기 때문이다.

하지만 '국가신용등급' 시장을 빼놓고 보면 기존 대형사들도 여유를 부릴 상황은 못 된다. 2007년 기존 3사 합산 점유율이 95%에서 2013년 말 88.1%로 6% 포인트 가까이 급감했기 때문이다. 일부 특화 영역에서는 경쟁이 심해지면서 후발업체가 기존 업체를 뛰어넘는 현상도 나타나고 있다.

SEC에 따르면 신용평가사 DBRS는 특정 주택저당증권 (MBS) 시장에서, 모닝스타는 단일 차주(single borrower) 상업용부동산유동화(CMBS) 시장에서 일부 대형사를 뛰어넘는 점유율을 보이고 있다. 새로운 금융상품 출시 때마다 자신의 평가방식이 더 뛰어나다는 것을 증명하기 위해 벌이는 경쟁도 시장에 활력을 불어넣는 요소다.

국내 증권업계의 한 관계자는"미국과 달리 국내 시장에선 활력을 찾아보기 어렵다"며 "우리 금융당국도 미국 후발 신용평가사들이 평가 논리의 차별화 경쟁을 이끌면서 전체 시장의 파이를 키우는 양상에 주목할 필요가 있다"고 말했다.

한국경제신문. 2015. 8. 11.

회계법인 간에도 산업별 전문감사인의 이슈가 있다. 회계법인이 모든 산업에 전부 전문화될 수 없기 때문에 특정 산업에 집중하여야 한다는 주장이며 신용평가사의 전문화도 같은 맥락에서 이해하여야 한다. 어느 산업이 되었거나 진입장벽이 존재한다는 것은 무한 경쟁에 의해서 적자생존의 원칙이 작동할 가능성이 낮아진다. 기존의 기업이 보호받는 구도에서는 산업이 발전하기 어렵다.

유럽에서는 현재 회계업계의 big 4의 구도도 바람직하지 않다는 주장이 있다. 'too big to fail'이라는 비판을 받는다. 또한 이미 너무 심각한 과점의 형태이므로 특정 회계법인에 대한 강한 조치를 하기가 감독당국의 입장에서도 부담을 느낄 수 있다. 대안이 없다는 것은 좋은 것은 아니다.

독자신용등급, 올해도 무산
금융위 "시기 더 두고 봐야"

모기업이나 계열사의 지원 가능성을 배제하고 개별 기업만의 채무 상환 능력을 평가해 신용등급을 매기는 '독자신용등급' 도입이 올해도 무산될 전망이다. 임종룡 금융위원장은 최근 매일경제신문 기자와 만나 "독자신용등급 도입 시기는 좀 더 고민해 봐야 한다는 생각"이라며 "올해 도입은 어려울 것"이라고 말했다. 금융위 내부에서도 제도 도입 준비 작업은 전혀 이루어지지 않고 있는 모습이다.

금융당국에서 도입을 연기하려는 움직임은 올해 조금씩 보이기 시작했다. 지난 6월 임종룡 위원장은 신용평가업계와 간담회를 하면서 독자신용등급 도입 시기를 면밀히 검토할 것이라고 밝힌 바 있다. 또 지난 달 국정감사에서도 강기정 새정치민주연합 의원 등이 연내 도입을 추구했지만 임종룡 위원장은 "도입 시기를 숙고해야 한다"고 답했다. 금융당국이 이같이 제도 도입을 미루는 것은 최근 회사채 시장이 위축된 상황에서 제도를 시행하면 기업들이 자금 조달에 더욱 어려움을 겪을 것이라는 판단 때문이다.

하지만 금융투자업계에서는 연내 제도 도입이 어려워지자 당국 도입 의지에 대한 의문을 제기하고 있다. 이미 2013년 금융위원회가 2015년까지 제도를 도입하겠다고 밝힌 바 있기 때문이다.

금투업계 관계자는 "신용평가사들은 이미 도입 준비가 돼 있는 상황이고 도입시 신용평가 대상 기업 중 10% 정도만 등급하향이 예상되는 등 정부가 생각하는 것만큼 파장이 크지 않다"며 소극적인 금융당국 자세를 비판했다. 최근 부실 기업 구조조정에 대한 목소리가 커지면서 제도를 시행해 부실 기업들을 제대로 정리해야 한다는 의견도 설득력을 얻고 있다.

매일경제신문. 2015. 10. 22.

chapter 27에도 인용되는데, 신용등급이 변하면서 기업이 부담하는 대출이자에 지대한 영향을 미치게 되므로 기업으로서는 등급을 높게 받는데 무척이나 민감하게 반응하게 된다.

채권단보다 후한 신평사 부실 심한데도 A B등급

지난해 8월 기업신용평가기관인 나이스신용평가는 삼성중공업의 기업 신용등급을 'AA-, 하향 검토'에서 A+로 한 단계 내렸다. 작년 2분기 1조 1441억원에 달하는 당기순손실과 해양 플랜트 등 제반 프로젝트 관리 능력이 떨어진다고 봤기 때문이다. 당시 보고서에서 나이스신용평가는 "대규모 충당금을 설정한 프로젝트 진행 과정에서 부족자금 발생이 예상되는 점은 당분간 회사의 현금 흐름에도 부담 요인으로 작용할 수 있다"고 평가했다.

냉혹한 등급강등으로 보일 수도 있지만 실제로는 그렇지 않다. 이미 삼성중공업의 주채권은행인 KDB산업은행은 삼성중공업에 대해서 자체적으로 BBB- 등급을 매기고 있다. 나이스신용평가보다 무려 다섯 단계나 낮은 등급으로 간주하는 셈이다. 삼성중공업은 지난해 이자보상배율이 1 미만인 기업에 포함됐다. 하지만 나이스신용평가는 여전히 '전반적인 채무상환능력은 높다'는 의미인 A등급 중에서도 상위 등급으로 평가하고 있다.

8일 금융권에 따르면 주요 조선기업 8곳 가운데 신용평가사가 등급을 평가하는 5개사의 신용등급이 주채권은행의 자체 신용등급보다 높은 것으로 나타났다. 한국기업평가는 대우조선해양을 BB+로 평가하는데 반해 주채권은행인 산업은행은 BB등급으로 보고 있다. 같은 평가사에서 현대중공업은 A+, 현대삼호중공업 현대 미포조선은 A등급을 받고 있다. 특히 현재중공업은 2년 연속 이자보상배율이 1미만이지만 A+등급을 받았다.

이들 기업의 주채권은행인 KEB하나은행은 정확한 내부평가등급은 공개하지 않았지만 신용평가사보다 보수적으로 평가하는 것으로 알려졌다.

나이스신용평가는 또 대우조선해양에 대해 지난해 5월 정기 평가 때 A등급을 주고 '등급유지가능(stable)' 전망을 부여했다. 당기 대우조선해양은 1분기 적자를 기록하며 2분기에는 대규모 대손충당금을 쌓는 '빅배스'까지 예상돼 재무 상태가 악화되고 있었다. 하지만 신평사는 7월말 대우조선해양의 상반기 실적 발표에서 2조 5640억원에 달하는 당기순손실을 기록했다는 발표가 나오자 채권신용등급과 기업신용등급을 'A-, 하향 검토'에서 'BBB, 하향 검토'로 두 단계 찔끔 내렸을 뿐이다.

기업에 여신을 제공하는 은행의 내부 평가등급과 회사채 투자자들을 위한 기업의 신용도를 평가하는 신용평가사의 신용등급을 단순 비교하는 것은 무리가 있다. 하지만 양쪽 모두 기업의 '채무상환능력'을 주로 평가하는 만큼 양쪽 등급 간 차이가 큰 것은 문제가 있다는 지적이다. 회사채 투자자들이 자칫하면 실제 기업의 채무상환능력보다 과대 평가된 신용등급만 보고 투자해 낭패를 볼 수도 있기 때문이다.

매일경제신문. 2016. 5. 9.

"무차별 최고등급 부여 안돼"... 4대 시중은행 신용등급 강등위기
기초체력 중요성 커져... 3대 신평사도 등급 차별화 시사

국내 4대 시중은행(국민 신한 우리 KEB하나)의 최고 신용 등급 'AAA'가 흔들리고 있다. 구조적인 수익성 악화로 국제신용등급이 하락한 데다 정부의 지원 가능성도

줄어들어 시중은행들의 재무안전성을 바라보는 시장의 관점이 달라지고 있어서다.

서울신용평가는 11일 '글로벌과 국내 신용등급 차이에 대하여'라는 보고서에서 "국내 자본시장이 성숙하면서 은행 신용을 평가할 때 기초체력(펀더멘털)의 중요성이 커지고 있다"며 "국제신용평가사들은 이를 반영해 시중은행 등급을 차별적으로 매기고 있지만 국내 신용평가사들은 여전히 정부 지원 가능성에 의존해 무차별하게 대우하고 있다"고 밝혔다. 이어 "큰 위기를 겪고 나서야 평가 기준을 개선하는 것보다 수시로 현재 위치를 점검하고 점진적으로 조정해 나가야 한다"고 강조했다.

국내 3대 신용평가사(나이스신용평가, 한국기업평가, 한국신용평가)는 2003년 우리은행의 신용등급을 상향한 이후 10여년간 4대 시중은행에 동일하게 'AAA' 등급을 부여해왔다. 산업은행과 수출입은행 등 국책은행과 같은 등급이다. 반면 국제신용평가사들은 국내 은행별 기초 체력 등에 따라 등급을 여러 단계로 나누고 있다. 무디스는 지난달 14일 기초체력 약화를 반영해 국내 은행 7곳의 신용등급(전망)을 한꺼번에 하향 조정하기도 했다. 코코본드(은행의 재무건정성 악화 시 투자자가 곧바로 손실을 부담하는 채권) 도입 등 은행 구제 방식이 정부 지원 중심의 '베일아웃(bail out)'에서 채권 투자자의 희생을 요구하는 '베일인(bail in)' 방식으로 기우는 추세를 반영한 조치다. 2009년 20조원의 은행 자본확충펀드를 조성한 금융당국도 최근 국책은행에 한해서만 출자 지원 필요성을 강조하는 등 달라진 태도를 보이고 있다.

국내 신용평가사들도 최근 이 같은 분위기 변화를 감지하고 시중은행별 등급 차별화 가능성을 시사하는 보고서를 쏟아내고 있다. 나이스신용평가는 지난달 29일 "부실업종이 늘어나면 국내 은행의 재무안전성이 새로운 도전에 직면할 것"이라며 "기업구조조정 추진 과정에서 의미 있는 변화가 감지되면 신용등급 반영을 검토할 것"이라고 말했다. 한국신용평가도 "스트레스테스트 결과 은행별 우열이 존재하고 과거보다 자본력 대비 신용 위험이 커졌다"고 지적했다.

한 신용평가사 임원은 "시중은행의 등급이 당장 하향 조정되진 않더라도 분위기가 무르익고 있는 것은 분명하다"고 말했다.

한국경제신문. 2016. 5. 12.

이러한 신평사의 부실평가의 문제가 법정에까지 가서 판정을 받게 되었다.

'뒷북 평가' 신평사 책임, 법정서 가려진다.
기업은 "KT ENS 신용등급 과대평가" 소송...9월 첫 판결

기업은행이 '신용등급 평가가 부실해 유동화증권 투자자들이 손실을 봤다'며 국내 3대 신용평가회사를 상대로 낸 민사소송의 첫 판결이 9월께 나온다. 신용평가사가 등급 산정 잘못을 이유로 소송을 당한 것은 이번이 처음이다.

31일 금융권에 따르면 서울중앙지방법원은 기업은행이 지난해 초 한국신용평가 한국기업평가 나이스신용평가 등을 상대로 제기한 손해배상 소송에 대한 판결을 9월께 내리기로 하고 법리 검토를 하고 있다. 기업은행은 신용평가사들이 KT자회사안 KT ENS(현 KT이엔지코어)가 지급보증한 유동화 증권의 신용등급을 잘못 평가했다며 소송을 냈다. 기업은행은 "신평사들이 유동화증권 신용등급을 모회사인 KT 신용등급에 의지해 과대평가했으면, 적시에 등급을 조정하지 않아 투자자들이 손실을 봤다"며 각 회사에 10억원의 손해배상금을 청구했다.

부실 조선 해운사 등에 투자했다가 손실을 본 투자자들이 재판 결과에 따라 비슷한 소송에 나설 가능성이 있다는 관측이 나온다.

이에 대해 신평사들은 "모회사의 지원 가능성을 감안한 것이나 KT ENS의 신용등급에 따라 유동화증권의 신용등급을 매긴 것 모두 신용평가 방법론에 따른 것으로 문제가 없다"고 반박하고 있다.

기업은행의 소송대리인을 맡은 광장 측은 "우선 일부 손해배상 금액 10억원만 청구했지만 진행 상황에 따라 금액을 확대할 것"이라고 밝혔다.

한국경제신문 2016. 6. 1.

조선 해운도 뒷북 신용평가... 투자자 피해 '눈덩이'

신용평가사들은 이와 관련, "경기 순환이나 금융시장 급변에 휘둘리지 않고 신용등급을 매겨야 하는 신용평가사 특성상 신중할 수밖에 없다"며 "미래를 예측하는데 더 많은 한계가 있을 수밖에 없어 신용등급을 늦게 내렸다는 비판은 결과론적 해석"이라고 말했다.

한국경제신문. 2016. 6. 1.

chapter 4

감사인지정제

감사인 지정제도가 시행령에 부채비율, 이자보상비율 등을 포함하면서 최근 확대되는 추세를 보이고 있다. 자유수임제도라는 대원칙에 대한 예외적인 제도로서 지정제도가 오랫동안 도입되어 적용되어 오고 있는데 최근에 이 제도가 확대되었다.

기업이 기업을 감사하는 회계법인을 본인 자신이 선임한다는 자유수임제도라는 것이 모든 자본주의 국가에서 도입하는 제도라서 우리도 1980년대부터 이 제도를 도입하고 있지만 피감기업과 감사인의 관계가 문화적인 요인에 의해서 더욱 돈독해 지고 유착할 소지가 높은 우리의 환경적인 요인을 감안하면 우리의 현실 하에서는 자유수입제보다는 지정제도가 더욱 확대되어야 한다는 주장이 지속적으로 제기되었으며 그 차원에서 기존의 감사인 지정제도에 해당되는 항목은 외감법에 포함되었지만 추가되는 감사인 지정 대상 기준은 외감법 시행령에 포함하면서 이 제도가 확대되었다. 2016년에 진행된 회계제도개혁 TF에서는 혼합선임제도라고 해서 수년간 자유수임을 진행하다가 그 다음에는 감사인을 지정하는 제도를 제안하기도 했다.

지정제 대상 기준을 어떠한 경우는 외감법에 어떠한 경우는 시행령에 포함하는 것인지도 회계에 국한된 내용이 아니라 2015년 정부가 입법화하여야 하는 내용을 시행령에 포함한다는 점이 문제로 제기되었다. 국회를 건너 뛰면서 입법권을 정부가 행사한다는 행정부와 입법부가 충돌하는 듯한 양상을 보였던 내용인데 이러한 내용이 회계의 제도화에서도 실질적으로 발생하였다. 이 이슈는 정치적인 내용으로 전개되면서 궁극적으로는 행정부가 시행령을 지속적으로 국무회의 의결로 제정해 나갈 수 있는 것으로 결정되었다.

이렇게 외감법 시행령이 적용되자 이 제도를 피해가는 기업의 행태가 다음과 같이 나타나게 되었다.

"부채비율 낮춰 지정감사 피하자" 상장사, 부실 자회사 '꼬리자르기'

코스닥상장사인 A사는 작년 말 부실 자회사를 떼어내 다른 계열사와 합병시켰다. 덕분에 지난해 3분기 기준 연결재무제표상 360%였던 부채비율이 단숨에 29.4%로 떨어졌다. '부실 자회사 꼬리자르기로 부채비율은 200% 밑으로 낮춰 외부감사인 강제지정 대상에서 벗어나기 위한 조치였다.

재무구조가 나쁜 일부 상장기업이 올해부터 확대 시행되는 지정 감사 대상에서 벗어나기 위해 '꼼수'를 부리고 있다는 지적이다 외부감사인을 강제 지정받으면 회사가 자율적으로 감사인을 선임할 때보다 감사 강도가 세진다는 부담에서다.

'꼬리 자르기 '나선 상장사들

20일 금융감독원에 따르면 정부가 지정감사인제 확대 시행 방안을 내놓은 작년 8월 25일 이후 48개 상장사가 '지배회사의 주요 종속회사 탈퇴'공시를 냈다. 이 중 일부는 외부감사인 강제지정을 피하기 위한 것으로 금감원은 파악하고 있다.

금융위원회가 2014년 재무제표를 기준으로 부채비율 200%, 동종업계 평균 부채비율 1.5배 초과, 이자보상배율 1미만 등 세가지 요건에 모두 해당하는 상장사를 신규 외부감사인 강제지정 대상으로 정했기 때문이다. 1700여개 상장사 중 130여개가 대상이다. 지정 감사 여부는 해당 상장사 뿐 아니라 자회사의 자산과 부채까지 포함한 연결 재무제표를 기준으로 하는 만큼 부채비율이 높은 자회사를 떼어내면 강제지정에서 제외될 수 있다.

B사도 작년말 연결 대상이었던 부실자회사를 외부 투자회사에 넘기는 식으로 종속회사에서 제외했다. 이에 따라 작년 3분기 기준 255%이던 부채비율은 28.5%로 축소됐다.

회계업계 관계자는 "지정된 새 회계법인으로부터 지정감사를 받으면 감사가 훨씬 깐깐하게 이뤄질 뿐 아니라 감사 비용도 50% 이상 늘어난다"며 "작년 말 자회사를 떼어낸 상장사 중 일부는 지정감사제 부담을 피하려는 것으로 보인다"고 지적했다.

'영업이익 부풀리기' 집중 검토

금감원은 상장사가 감사인 강제지정제를 피하기 위해 재무제표를 조작할 가능성에도 주목하고 있다. 판매관리비로 처리해야 할 물류비 등을 영업외 비용으로 처리해 영업이익을 부풀리거나 대손상각비를 실제보다 적게 계산하는 식으로 영업비용을 줄일 수 있다는 것이다. 영업이익이 늘거나 이자비용이 줄어들면 지정감사 요건 중 하나인 '이자보상비율 1미만' 요건을 피해갈 수 있다.

> 금감원은 지정감사를 피하기 위해 상장사와 현 감사인이 짜고 '이익 부풀리기'에 나서는지도 살펴 볼 방침이다. 금감원 관계자는 "회계법인 입장에선 현재 감사를 맡고 있는 기업이 지정감사 대상이 되면 내년도 일감을 빼앗기는 셈"이라며 "회계법인이 일감이 떨어져 나가는 것을 우려해 기업에 이익 부풀리기 등 지정감사 회피 방법을 컨설팅해 줄 가능성도 배제할 수 없다"고 말했다.
>
> 한국경제신문. 2015. 1. 21.

위의 신문기사에서는 상장사와 현 감사인이 짜고 이익 부풀리기에 나섰다고 기술하고 있으나 일부 회계법인은 이러한 회사들의 분식 위험을 미리 감지하고 매우 많은 시간 투입을 하여 이익 조정을 예방하는 식으로 감사를 진행할 것을 법인 지도부에서 주문하였다고도 한다. client를 잃는 것 보다는 부실감사로 조치를 받는 것이 더 부담되는 일이기 때문이다.

어찌되었건, 기업은 감사인 지정을 회피하기 위해서, 감사인은 client를 유지하기 위해서 분식회계에 동조할 개연성도 충분히 있다고 판단된다.

조금 더 상세한 내용은 아래와 같다.

계산방식(직전사업연도의 주재무제표 기준, 소수점 둘째자리 이하 버림. 동종업종은 통계청 "한국표준산업분류"의 대분류(제조업은 중분류)기준. 동종업종 평균부채비율은 "산술평균", 동종업종이 5개사 미만 시 상장회사 전체의 평균부채비율' 사용).

그 적용 원칙은 다음과 같다.

1. 직전 사업연도의 재무제표(연결재무제표를 작성하는 회사의 경우에는 연결재무제표를 말한다. 이하 이 항에서 같다)상 자본에 대한 부채의 비율이 같은 업종[「통계법」에 따라 통계청장이 고시하는 한국표준산업분류의 대분류 기준에 따른 업종(제조업은 제외한다)을 말하며, 제조업은 중분류 기준에 따른 업종을 말한다] 평균의 1.5배를 초과하는 회사

2. 직전 사업연도의 재무제표상 자본에 대한 부채의 비율이 200퍼센트를 초과하는 회사

3. 직전 사업연도의 재무제표상 영업이익이 이자비용보다 작은 회사

외감법 제4조의3－주권상장법인 중 대통령령으로 정하는 재무기준에 해당하

는 회사를 지정대상에 포함하였다(2014.5.28. 개정). 따라서 기업들은 재무 관련 기준이 추가되어서 지정이 된다는 것은 알고 있었지만 정확히 어떠한 재무 관련 기준인 것에 대해서는 추정은 가능하였겠지만 정확한 인지는 어려웠을 것이다.

그러다가 2014년 11월 29일 시행령이 확정되면서 어떠한 재무비율에 근거하여 추가 지정이 된다는 것이 확정되었다. 2014년 11월 29일 이후 종료 사업연도부터 시행, 개시 사업연도부터 이 시행령에 의해서 외부감사인이 지정되게 되었다.

부채비율을 조정하는 것보다도 이자배상비율은 영업이익을 조정하면서 왜곡이 가능하므로 조금 더 용이하게 임의성이 개입될 수 있다. 이는 영업이익에 포함되는 내용을 영업외로 보고한다면 당기순이익에 보고되는 금액을 분식하지 않고도 이 기준을 피해갈 수 있기 때문이다.

국제회계기준이 도입되었던 시점에는 기업들이 연결재무제표로 다른 기업을 연결하는 것 자체가 부담되는 일일 수도 있으므로 아예 피 연결대상 회사를 합병할 수도 있다는 가능성이 언급되기도 하였다.

이러한 이익 조정의 현상을 보이기 위해서는 영업이익이 되었건, 부채비율이 되었건, 준거가 되는 이전 기간의 영업이익이나 부채비율보다 해당 연도의 재무제표에 예상하지 못하였던 변화가 있었는지를 연구하여야 한다.

단, 준거가 되는 영업이익이나 부채비율이 이전 연도가 아니라 반기 재무제표일 수도 있다. 이 제도가 확정된 것이 2014.11.29.이며 이 일자 이후 종료 사업연도부터 시행되었다. 개시 사업연도부터 외부감사인이 지정되며 이 시행령이 확정된 일자가 2014년 11월 29일이므로 시행령이 확정되고 나서야 기업들이 온기 재무제표를 작성하면서 회계정보에 대해 임의적으로 개입했다고 할 수 있다.

이는 온기 재무제표는 결국 반기 재무제표에 하반기의 영업의 결과가 추가되는 것이므로 감독기관이 추가적으로 지정할 기업들은 시행령에 반영할 것이라는 점은 많이 인용되었지만 어떤 회계변수가 그 잣대가 될 것이라는 것이 미리 알려지지 않았다고 하면 2014년 11월 이전인 반기 발표 시점에는 기업들이 어떠한 임의성도 띄지 않은 재무제표를 공시하였다고 할 수 있으므로 2014년 반기재무제표가 더 근접한 준거가 될 수도 있다.

다만, 이미 2014년 5월 28일 외감법이 개정될 때, 시행령에 의해서 추가로 감사인이 지정될 것이며 그 사유는 기업의 재무기준이 될 것이라는 것이 이미 공개된 것이므로 2014년 반기부터 기업들이 재무기준 관련된 회계수치를 조정할 수 있었다고 하면 2014년 반기도 분석의 대상일 수 있다.

물론, 위의 신문 기사는 연결하는 회사의 재무실적이 악화되는 회사를 꼬리자르기의 형태로 분사한다는 개념이지만 그 반대로 오히려 재무상태가 좋은 기업을 합병하는 경우도 생각해 볼 수 있다.

기업은 제도가 가는 방향대로 이에 순응하여 정책을 가져간다. 원래 언론에서 '꼬리 자르기'라는 표현이 사용된 것은 신용평가회사들이 재벌기업의 계열사에 대한 평가를 수행할 때 모기업이 경영이 어려운 자회사를 도와줄 것이라는 가정하에 평가를 좋게 해 주는 관행이 있는데 자회사의 상황이 도움을 받아도 회생이 불가능한 상황에 까지 간다고 하면 모기업이 자회사를 더 이상 지원하지 않는다는 의미에서의 버린다는 의미의 '꼬리자르기'라는 표현을 사용한다.

또한 감사인의 강제교체가 시행되던 기간에도 대형회계법인이 소형회계법인은 분사(spin off)하여 6년 cap 기간이 종료된 이후에는 분사된 회사로 client를 넘겼다가 다시 이를 돌려받을 수도 있는 가능성이 있다는 우려도 있었다.

본서의 chapter 17에서는 공직자를 초빙함에 있어서 대형 회계법인은 제한이 있으므로 소규모의 관련사를 설립하여 고위 공직자를 이 기관으로 초빙하고 있다는 내용이 기술된다.

이와 같이 기업이 제도에 적응하는 것을 좋은 의미로는 순응한다고 볼 수도 있고 나쁘게 이를 해석한다면 제도를 피해 간다고도 할 수 있다. 부채비율이 높으면 감사인이 지정되어야 하는데 이를 다른 방법으로 회피하는 것이다.

재벌사의 모기업이 언제까지나 자회사를 도와준다는 보장이 없기 때문에 독자신용등급(stand-alone) 제도가 도입되어야 한다는 논의가 있다.

부채비율, 이자보상비율 등이 불량한 기업에게도 지정제를 확대하여야 한다는 제도는 좋은 뜻의 제도이다. 그러나 이 제도를 시행하면 반드시 회사는 어떤 제도가 되었던 제도를 피해 가는 정책을 찾게 된다.

영업이익에 대한 논란은 국제회계기준이 도입되는 시점에 영업이익이 별도 공시가 강제되지 않던 시점에는 기업 간에도 어떠한 항목을 영업이익에 포함할지에 대한 여러 가지 논란이 있었던 내용이다. 한국을 대표하는 기업인 삼성전자와 LG전자의 경우도 어떠한 항목을 포함할지 포함하지 않을지에 있어서도 다른 의견을 보였다.

동시에 국제회계기준이 도입되었던 초기에는 영업이익의 구분 표시가 강제되지 않았기 때문에 영업이익의 표시가 무척이나 혼란스러웠다.

이자보상비율이 감사인지정 대상 선정의 한 잣대로 선정되면서 영업이익이 지정대상 기업의 선정에 있어서도 이슈가 되자 다시 한번 영업이익의 보고와 관련된 자의성이 문제가 되는 것이다.

부채비율에 관련되어서는 지정제를 회피해 가려는 기업은 해당 기업이 이 기준에 적용이 되는지에 대해서는 2014년 11월에는 판단을 하기 어려울 것이다. 이는 왜냐하면 동종기업 부채비율의 1.5배 잣대는 2014년 동종 업계 다른 기업들의 회계 수치가 공시되어야 평균이 구해질 수 있으므로 그러하다. 따라서 다른 기업들의 재무제표의 결과에 따라서 해당 기업이 부채비율 1.5 때문에 지정이 될 수도 있고 지정이 안 될 수도 있다. 따라서 지정제를 걱정하지 않아도 될 기업이 부채비율을 조정하려고 했을 수도 있고, 부채비율을 조정해서 지정제를 피해 갔을 기업도 있다. 재무비율을 조정하려고 하였지만 지정제를 피하지 못한 기업도 있을 수 있다. 이러한 내용에 대해서 손성규 · 최현정 · 변정윤(2016)은 연구를 수행한다.

영업이익과 관련되어 기업들이 자의성을 가질 수 있는 것이 당기순이익을 보고하기 이전에 영업외 손익 부분이 남아 있기 때문에 기업들은 어디까지를 영업이익으로 보고하고 어디까지를 영업외 이익으로 보고할지의 내용에 대해서는, 즉 영업이익으로 보고할 내용을 영업외 이익으로 보고하거나 또는 영업외 이익으로 보고할 부분을 영업이익으로 보고한다고 해서 bottom line으로 보고되는 당기순이익에는 영향을 미치지 않으므로 다른 회계부정을 범하는 경우와 비교해서는 덜 민감하게 생각할 수 있다.

예를 들어 감독기관의 분식회계 양정기준에 있어서도 계정 오분류는 다음의 순서로 중요도가 낮은 수준의 회계부정으로 분류된다. 1. 손익에 영향을 미치는 분식, 2 자산/부채에 영향을 미치는 분식, 3. 계정 오분류, 4. 주석 기재 사항 오류. 그러나 계정 오분류로 인한 영향이 지정제를 피하기 위한, 즉, 제도를 회피하기 위한 의도성을 갖는다면 계정 오분류도 단순한 분식의 범주를 넘기 때문에 중요도가 낮은 회계부정으로 분류되기는 어렵다.

이는 단순히 어떠한 항목이 above the line인지 below the line인지의 이슈에서 그치는 것이 아니라 제도의 적용에 영향을 미치기 때문이며, 재무비율이 불량한 기업에 대해서 적용하려는 제도를 의도적으로 회피하는 결과를 유발한다.

외감법 시행령에 의한 추가 지정을 처음 도입하면서 이들 기업의 명단은 철저하게 비공개로 진행되었다. 금감원은 부채비율이 높아서 감사인이 지정되는 기업이 시장에서 부실기업으로 오해될 소지가 있기 때문에 주가가 급락하는 소위 낙인효과를 우려하여 그 명단을 청와대나 금융위에도 보고하지 않았다고 한다.

감사인 지정이 끝나는 시점에 지정된 감사인을 자유수임으로 다시 선임하는 점이 문제로 대두되었다. 지정제도의 취지가 자유수임이 아니라 외부에서 감사인을 선임한다는 정책 취지를 갖는 것인데 이렇게 수임된 지정 감사인을 다시 자유수임으로 계약하도록 허용한다면 지정 감사 기간 동안에 지정 감사인이 지정 기간 이후의 수임을 위해서 과도하게 회사에 우호적으로 대할 수도 있는 가능성이 있다.

이러한 지정 감사인과 지정 이후 자유 선임에 의해서 선임될 감사인과의 유착을 회피하기 위하여 외감법 제4조의3 제4항이 개정되어 2014년 11월 29일 이후로 체결되는 계약부터 지정감사인은 자유수임감사인이 될 수 없도록 하였다.

〈외감법 제4조의3 제4항〉
지정감사인의 독립성 강화를 위해 지정감사 이후 자유선임으로 전환되는 첫 해에는 기존 지정감사인을 선임을 금지함.

(적용일) 2014.11.29 이후로 체결되는 감사계약부터 적용

위의 제도는 순기능도 있지만 역기능도 있다. 기존의 지정제에 의해서 감사를 진행하였던 감사인의 입장에서는 원천적으로 더 이상 감사를 맡을 가능성이 없어진다고 하면 피감기업에 협조적이지 않을 수 있다. 물론, 협조적이지 않을 수 있다는 것이 감사 환경에서는 좋은 것일 수도 있지만, 저자의 경험에 의하면 이러한 경우에 결산시 감사위원회에 감사인이 참석하여 보고할 수 있도록 요청하였지만 결산 시즌 때 감사인이 바쁘다는 사유로 감사위원회의 요청을 거부하였다.

감사계약을 연장할 수 있는 환경이었다면 이렇게 진행되지는 않았을 것이다.

동시에 특정 기업이 자유수임으로 감사인이 선임되다가 처음으로 지정제도가 적용된다고 하면, 지정제 적용의 formula에 의해서 우연히도 자유수임에 의한 감사인과 동일한 감사인이 지정될 수 있다는 점이 문제로 지적되었다. 위의 경우와는 반대되는 케이스이다. 이는 우연하게 그렇게 되는 것이기는 하지만 지정제 도입 취지에 첫해부터 부합하지 않는다는 비판이 있다. 이에 대해서는 감독기관에서 고민하고 있다. 다음의 신문 기사는 그 내용을 담고 있다.

회계감사 강제 지정한다더니

부실기업 4곳 중 1곳 감사인 '재선임'
외부감사인 지정제 실효성 논란
감사보수만 크게 올라

재무구조가 나쁜 기업에 회계 감사인을 지정하는 '부실기업 외부 감사인 지정제도'가 시행 첫해부터 실효성 논란에 휩싸였다. 회계 감사인을 지정받은 기업 4곳 중 1곳 이상은 기존 감사인이 유지된 것으로 드러났기 때문이다. 기업과 감사인의 오랜 유착 관계를 끊겠다는 제도 취지에 어긋난다는 지적이 나오고 있다.

13일 금융감독원이 김기식 새정치연합 의원실에 제출한 '외부감사인 지정 현황'에 따르면 12월 결산 상장사 1737곳 중 재무구조가 부실한 조건에 해당하는 기업은 모두 114곳으로 조사됐다. 부채비율이 200% 넘고 동종업종 평균 부채비율 대비 1.5배를 초과하면 이자보상비율은 1 미만인 기업이 해당한다. 이중 77곳이 올해 정부로부터 외부 감사인을 강제 지정받았다. 상장폐지됐거나 관리 종목 지정 등 기존 감사인 지정 사유와 중복된 기업을 제외하고 신규로 지정된 기업 수다. 정부가 감사인을 강제 지정한 77곳 중 21곳(27%)은 기존 감사인이 그대로 배정됐다. 삼일회계법인(5곳), 삼정KPMG(2곳), 딜로이트안진(6곳), EY한영(2곳), 삼경회계법인(1곳), 다산회계법인(1곳) 등이 기존 외부감사를 맡던 기업을 그대로 다시 지정받았다. 감사인을 강제 지정받은 기업의 감사보수는 기존보다 평균 56% 상승했다. 감사인은 그대로인데 감사보수만 크게 오른 것이다.

김의원은 "재무구조가 부실한 기업일수록 분식에 대한 유혹이 많다"며 "이런 기업들에 대해선 새로운 감사인을 지정해 엄격하게 감사하기 위해 제도를 도입했는데 기존 감사인에 그대로 감사를 맡긴다면 제도 실효성이 떨어질 수밖에 없다"고 말했다.

외부 감사인이 한 기업의 감사를 오래 맡으면 유착관계가 형성돼 독립적인 감사를 하기 어렵다는 지적이 많다. 이에 따라 정부는 분식 등으로 제재를 받았거나 관리종목, 신규상장 등 특별히 외부감사를 강화할 필요가 있을 땐 감사인을 신규로 강제 지정해 왔다. 올해부터 재무구조가 부실한 기업도 지정 대상에 포함했다.

금감원은 감사인을 강제 지정할 때 회계법인 별로 점수를 매긴 뒤 자산 총액이 큰 기업을 차례로 배정하고 있다. 기존과 같은 감사인이 다시 지정되더라도 배제하는 조항은 없다. 김의원은 "정부가 감사인을 강제 지정할 때 기존 감사인을 재배정하지 못하도록 제도를 개선할 필요가 있다"고 주장했다.

한국경제신문. 2015. 9. 14.

자유수임에 의해서 감사를 수행하다가 지정에 의해서 감사를 배정받은 회계법인의 입장에서는 수임료가 높아졌기 때문에 이를 반기지 않을리가 없지만 외관적으로 신규로 지정을 시작하는데 자유수임제하에서의 동일 감사인이 지정되는 것은 아무래도 개선되어야 할 사안이다.

기존과 같은 감사인이 다시 지정되더라도 배제하는 조항이 없다면 이를 오히려 다시 배정하는 것 자체가 자의적일 수 있으므로 정책이 정비되어야 한다.

그러나 이는 어떻게 보면 분식회계 등 처벌성(문책성) 지정과 부채비율 등의 감사인 지정은 그 성격이 다르므로 재지정에 대한 고민을 할 경우도 이를 차별화하여야 하지 않는지에 대한 고민을 해야 한다. 예를 들어 IPO하는 기업에 대해서는 감사의 적정성을 담보하기 위해서 감사인을 지정하지만 이는 처벌은 아니다. 비처벌의 경우 감사인 지정으로 인한 감사인 교체가 적절한 것인지는 고민이 필요하다.[9)]

회계법인 "보수 4배 내라" 상장 앞둔 기업에 지정감사제 악용

일부 회계법인이 상장을 앞둔 기업을 상대로 지정감사를 실시하면서 지나치게 높은 감사보수를 청구해 논란이 되고 있다. 지정감사를 받는 기업이 감사법인을 마음대로 선택하지 못한다는 점을 악용하고 있다는 지적이다.

10일 매일경제신문이 지난해 상장한 32개 기업의 사업보고서를 전수 조사해 분석한 결과에 따르면 상장 전인 2013년 7만6000원이던 시간당 감사보수는 지난해 9만8000원으로 28.9% 상승했다. 특히 비씨월드제약은 시간당 감사보수가 2013년 7만4000원에서 2014년 28만2000원으로 무려 4배 뛰었다.

이 회사 감사를 맡았던 신한회계법인 측은 "적정 회계감사보수는 시간당 30만원 수준이라고 생각한다"며 "지정감사 덕분에 적절한 회계감사보수를 받게 된 것"이라고 주장했다. 회계법인 업계에 따르면 시가총액 200대 기업에 대해 국내 4대 회계법인은 평균적으로 시간당 7만9000원의 보수를 받고 있다. 비씨월드제약이 신규로 상장하는 과정에서 '혹독한 신고식'을 치른 셈이다.

비씨월드제약과 비슷한 시기에 유가증권시장에 상장한 제일모직도 시간당 감사보수가 11만 6000원에서 16만7000원으로 44% 늘었고, 지난해 11월 코스닥에 상장된 슈피겐코리아도 7만4000원에서 11만4000원으로 54% 증가했다. 32개 회사 중 20곳이 시간당 감사보수가 늘었다.

매일경제신문. 2015. 4. 11.

---

9) 이러한 의견을 주신 중앙대학교 정도진교수께 감사한다.

일각에서는 상장 전 지정감사를 시행한 회계법인이 상장 후 회계 업무를 수임하지 못하도록 관련 규정이 변경되면서 회계법인들의 '갑질'이 심해졌다는 분석도 내놓고 있다. 즉, 상장전 지정감사를 맡은 회계법인은 초도 감사로 인한 '초기 투자'를 3년 감사계약 기간 동안 뽑아야 하는데 이러한 기회가 원천적으로 제한되어 있으므로 지정감사를 수행할 동안에 제값을 받고 감사를 수행하겠다는 내용이다.

일부 기업은 지배기업과 감사인을 일치화시켜야 하는데 IPO를 위해서 지정된 감사인이 지배회사의 감사인이 아니기 때문에 IPO 시점에만 지정된 감사인과 1년 감사 계약을 수행한 이후, 감사인 지정사유가 해소되면서 지배회사의 감사인과 감사인을 일치화하여 계약을 수행하기도 한다.

그렇기 때문에 지정으로 감사인이 선임되는 경우에는 감사인과 피감기관이 쉽게 감사수임료에 대한 절충을 수행할 수 없는 일이 다수 발생하였고, 공정거래위원회는 감사인이 지정되는 경우에 한해서만은 감독기관이 수임료 관련 가이드라인을 정할 수 있다고 유권해석을 내렸다. 그럼에도 불구하고 수년째 감독기관은 지정제에 의해서 감사인이 수임되는 경우에도 수임료 가이드라인을 발표하지 않고 있다. 이는 이러한 가이드라인에 모든 계약이 binding할 것은 아니지만 그렇다고 합리적으로 수임료를 정해주는 것이 누구에게나 결코 간단한 일이 아니기 때문이다.

주식회사 외부감사에 관한 법률, 시행령 및 시행규칙(chapter 15에 이 내용 다시 설명)
제4조의2(감사인 지명 시 감사인 선임 등)
3. ⑤ 증권선물위원회는 법 제4조의 3에 따라 감사인을 지명하거나 변경 선임 또는 선정을 요구한 경우에는 감사계약의 원활한 체결과 감사품질의 확보 등을 위하여 적정 감사투입시간 및 감사보수기준 등을 정하여 권장할 수 있다.
(전문개정 2009.12.31.)

위의 신문기사는 지정으로 인해서 수임료가 4배가 되었다고 기술하고 있지만 일반적으로는 50% 정도 수임료가 높아진다고 알려져 있다.

그러나 회계법인의 입장을 고려하면 감사수임료라는 것은 용역에 대한 대가일 수도 있지만 위험에 대한 보상일 수도 있다. 이러한 위험에 대해서 pricing에 반영하는 것을 부정적으로만 볼 수는 없다.

지정제도가 아닐 경우에도 감사인이 교체되는 경우, 후속 감사인이 전임 감사인이 감사한 재무제표에 기초하여 그 다음 연도 재무제표에 대한 감사를 수행하는 것이며 재무제표는 연속성이 있으므로 과거에도 후임 감사인이 전임 감사인이 인증한 재무제표에 대해서 지나치게 까다롭게 문제를 제기하는 것이 또 다른 문제로 제기되기도 하였다.

이는 충분히 이해할 수 있는 것이 2014년 효성에 대한 감리 건일 경우는 감리위원회에서는 후임 감사인도 책임이 있는 것으로 증권선물위원회에 상정이 되었다가 증선위에서는 후임 감사인은 책임이 없는 것으로 조치 원안이 변경되었어서[10] 전문가들 간에도 이건에 대한 이견이 있다.

한진해운 현대미포 등 150곳, 외부감사인 강제 지정

대형 상장사 30곳 포함
지정감사 대상 최대 전망

부채비율 높고 이자보상 비율 낮은 기업

	부채비율	이자보상배율
대성산업	12675	-0.18
동부제철	4783	-0.85
동부건설	3392	-3.53
STX	1239	0.76
대한항공	966	0.86
한진해운	995	0.22
현대상선	959	-0.82
아시아나항공	633	0.64
현대미포조선	422	-71.7

정부가 올해 처음으로 재무구조가 나쁜 상장사 약 150곳에 대해 외부감사인을 강제 지정한다.

재무구조 부실기업에 대한 지정 감사가 적용되면 올해 지정 감사 대상은 사상 최대 규모가 될 전망이다.

14일 회계업계에 따르면 금융위원회 산하 증권선물위원회는 이번주 중 지정 감사 대상 기업에 외부감사인을 선정해 통보할 계획이다. 올해 처음 시행되는 부채비율 과다 기업 지정 대상은 상장사의 8% 수준인 150여개 안팎인 것으로 전해졌다.

금융위는 작년 11월 '주식회사 외부감사에 관한 법률' 시행령을 개정해 연결재무제

10) 손성규(2016)의 chapter 18 효성 감사건을 참조한다.

표 기준으로 부채비율 200% 초과, 동종업계 평균 부채비율 1.5배 초과, 이자보상배율 1미만(영업이익으로 이자도 갚지 못한다는 의미) 등 세가지 요건에 모두 해당하는 상장사를 신규 외부감사인 강제 지정대상으로 정했다.

한 회계법인이 이런 요건에 부합하는 지정 감사 대상을 조사한 결과 자산 총액 5000억원 이상 대형사 중에서도 30곳이 포함됐다. 대한항공, 아시아나항공, 한진해운, 현대상선, 현대미포조선, 동부제철, 대성산업, 동부건설, 한신공영, STX 등이다.

회계업계 관계자는 "기업들은 '지정감사 대상으로 선정되면 부실기업이라는 낙인이 찍힌다'며 부담스러워하지만 회계투명성 측면에서는 긍정적"이라며 "재무구조가 악화된 기업은 회계조작의 위험이 커질 수밖에 없는데 지정감사제도가 이를 방지하는 효과가 있을 것"이라고 말했다.

부채비율이 높은 기업 뿐 아니라 기존 지정 감사 대상인 관리 종목, 감리제재를 받은 기업 등을 합치면 상장사 중 지정감사를 받는 곳은 200곳이 넘을 것으로 예상된다. 감사인을 지정받은 상장사 수는 2013년 65곳, 지난해에는 85곳이었다.

지정감사인을 통보받은 기업들은 금융감독원에 2주 이내에 감사인 재지정을 요청할 수 있다. 연결재무제표 작성을 위해 계열사와 같은 감사인을 써야 하거나 지정 감사인이 독립성을 해치는 요인이 있을 경우엔 감사인을 교체할 수 있다.

지정 감사대상 기업이 지정된 감사인을 쓰지 않고 자율적으로 감사인을 선임하면 3년 이하 징역 또는 3000만원 이하 벌금을 물게 된다.

한국경제신문. 2015. 4. 15.

지정감사인이 독립성을 해치는 경우란 아마도 병행이 불가능한 비감사업무를 특정 회계법인이 수행하고 있고 그 업무의 성격상 지속적으로 이 업무를 해당 회계법인이 수행하여야 해서 이해상충이 있는 경우가 있을 수 있다.

대한항공 감사보수 대폭 인상한 까닭은...

지정 감사에 '울며 겨자 먹기'
삼정 수수료 3.8억 → 9억

대한항공의 올해 회계감사 수수료가 지난해보다 두 배 이상 뛰어오른 것으로 나타났다. 부채비율이 높다는 이유로 정부로부터 외부감사인을 강제 지정 받으면서 감사

수수료를 '울며 겨자 먹기'로 올릴 수밖에 없었기 때문이다.

8일 금융감독원에 따르면 대한항공의 올해 감사보수는 9억원으로 책정됐다. 지난해 3억8650만원보다 2.3배(132%) 높은 가격이다.

통상적으로 기업들은 회계법인에 지급하는 감사보수를 비용으로 생각해 매년 감사보수를 깎는 경우가 많다. 대한항공도 감사보수를 2013년 4억 1300만원에서 지난해 3억원대로 낮췄다.

대한항공이 올해 감사보수를 대폭 올릴 수밖에 없었던 것은 정부로부터 감사인을 강제 지정받았기 때문이다. 금융당국은 올해부터 부채비율 200% 초과, 동종업계 평균 부채비율 1.5배 초과, 이자보상비율 1.5배 미만 등 세가지 요건에 모두 해당하는 상장사에 대해 외부감사인을 강제 지정했다. 대한항공의 부채비율(지난해 연결기준)은 966%, 이자보상배율은 0.86%으로 감사인 지정대상에 해당한다.

일반 감사는 경쟁으로 회계법인을 선정하기 때문에 감사를 받는 기업이 가격 결정권을 갖는 경우가 많지만 외부감사인을 지정받으면 가격을 일방적으로 깎기 어렵다. 대한항공이 정부로부터 지정받은 감사인은 삼정 KPMG였다.

삼정 KPMG는 이번에 새로운 감사 자격으로 대한항공과 계약을 체결했고 보수를 대폭 높였다. 대한항공과 함께 지정 감사를 받은 아시아나 항공의 감사수수료가 올해 5억6000만원으로 전년 대비 53% 오른 것과 비교하면 대한항공의 인상 폭은 두배 이상이다.

한국경제신문. 2015. 6. 9.

감사인 지정제와 관련되어 일부의 국회의원들이 더 많은 건에 대해서 감사인 지정제를 확대하여야 한다고 주장하자 신제윤 당시 금융위원회 위원장이 더 이상의 지정제 확대에는 반대한다는 뜻을 아래와 같이 표명하였다. 자유수임제가 전 세계적인 추세인데 한국적인 상황을 반영하여 일부, 지정제도를 적용할 수는 있지만 그렇다고 정부기관이 완전히 배정제에 대한 의지가 있는 것은 아니다.

신제윤 "지정 감사인 전면 확대안 반대"

신제윤 금융위원장이 "전체 상장사에 대해 외부감사인을 강제 지정하자"는 정치권 일각의 주장과 관련 법 개정 시도에 대해 반대 입장을 분명히 했다.

"정부가 전체 상장사에 대해 외부 감사인을 지정하는 것은 시장 자율성을 해치는 일"이라고 말했다. 그는 "국내 상장사의 회계 투명성을 끌어 올린다는 명분이 있더라도 그동안 아무런 문제 없이 잘 해온 기업에까지 외부감사인을 강제 지정하는 것은 기업에 불필요한 부담을 안기는 것"이라고 강조했다.

한국경제신문. 2014. 9. 1.

정부의 개입이라는 것은 시장 자율성을 전제로 제도가 운영되어야 한다. 특히나 의원입법에 근거한 법이라고 하여도 정부 행정관서의 입장에 완전히 반하는 경우의 입법에는 문제가 있기 때문에 기관장의 의견을 반영하여야 한다는 다음의 내용이 논의되었다.

19대 들어서만 1만269건 폭주하는 의원입법 딜레마

이러한 정부 방침과 별도로 홍의락의원(새정치민주연합 비례대표)은 정부가 국회법에 명시돼 있는 정부 입법 절차를 거치지 않고, 국회의원을 통해 우회적으로 법안을 발의하는 것을 막기 위한 국회법 일부 개정법률안을 지난 6월 대표발의하기도 했다. 이 개정안에는 정부가 당초 국회에 제출한 법률안 계획에 없던 법률안을 제출할 경우, 해당 중앙행정기관장의 소명을 첨부해야 한다는 구속 조항을 명시했다.

주간조선. 2014. 8. 25.-31.

해당 산업에 대해서는 그 업무를 담당하는 기관이 가장 많은 접촉을 하고 있으며 전문적인 지식도 많다. 현장에 대한 이해 없이 입법화가 된다면 이는 현실을 무시한 법안이 될 수 있다.

19대 국회 자동 폐기 법안 1만건 넘을 듯.

정부 발의 법안(472건)을 제외하더라도 국회의원 1인 당 37건 이상의 법안이 빛도 못 본채 묻힐 위기에 처한 셈이다.

발의 법안이 폭증하다 보니 법안 통과율도 갈수록 떨어지고 있다. 15대 때 57%이던 법안 가결률은 18대 17%에 이어 19대 현재 12.5%까지 떨어졌다.

정부안에 시큰둥

19대 국회에서 계류 중인 법안 중 정부 입법안은 472건이다. 이중 대부분은 의원들의 무관심 속에 폐기될 가능성이 크다.

하루에 13개 법안 발의한 의원도..

계류법안이 산더미처럼 쌓이면서 법제 사법위원회는 몸살을 앓고 있다. 법사위가 다른 상임위에서 통과된 법안들에 대해서도 본회의 상정 이전에 법체계와 자구 심사를 하기 때문이다. 지난 2일 하루 동안 법사위위에 상정된 안건은 242건에 달했다.

15-19대 국회 임기 만료 폐기 법안

15대 390, 16대 754, 17대 3154, 18대 6301, 19대 1만 1421

중앙선데이. 2015. 12. 6.

19대 국회 의원 법안 55% 폐기 위기

임시국회 소집 합의 불구
서비스법 등 여야 이견
1만 314건 임기만료될 듯

5월29일 임기가 종료되는 19대 국회에 제출된 의안의 절반 이상이 임기 만료로 자동 폐기될 위기에 처해 있다. 국회 의안정보시스템 등에 따르면 지난 2012년 5월 19대 국회 출범 이후 18일 현재까지 제출된 의안(동의안 예산안 등 모두 포함)은 총 1만 8657건이다. 이 중 19대 국회 임기 내에 처리하지 못하고 폐기될 가능성이 있는 의안은 총 1만314건에 달한다.

문화일보. 2016. 4. 18.

최악의 19대 국회, 마지막까지 최악

지각으로 시작해 표결 땐 '텅'
회의 끝나기도 전에 술자리
법안 1만7822건 중 7634건 처리

2012년 개회한 19대 국회에는 지난 4년간 총 1만7822건의 법안이 제출됐지만 7634건만 처리(가결 부결 등)했다. 1만 188건의 법안은 19대 회기 종료 등으로 폐기됐다. 박근혜 정부가 서비스산업 육성을 위해 필요하다고 주장한 '서비스산업발전기본법'도 법안 제출 46개월 만에 폐기됐다.

조선일보. 2016. 5. 20.

제출된 법안 중, 42.8%만이 통과된다는 것은 엄청난 자원이 낭비된다는 것이며, 또한 통과된 법률에 따른 규제의 증가가 국가에 보탬이 되는 것인지에 대해서는 많은 검토가 필요하다.

2014년 재무제표를 기준으로 부채비율 200%, 동종업계 평균 부채비율 1.5배 초과, 이자보상배율 1 미만 등 세 가지 요건을 시행령에 추가하여 행정부가 희망하는 방향으로 감사인 지정을 시행하고 있지만, 이러한 내용이 시행령이 아니라 법률 중 일부라면 입법과정을 밟아야 하는데 이러한 내용이 국회에서 통과되리라는 확신이 없다.

정부가 입법부의 존재 때문에 법이 아니라 시행령으로 입법기관을 피해가는 문제가 2015년 초에 심각하게 행정부와 입법부가 충돌하는 모습으로 비춰지기도 하였다.

청와대 국회 '국회법 갈등' 2라운드 예고.

여야, 국회법 '한 글자'만 바꿔 정부로 보내
"요구 → 요청, 글자 하나 고친 게 무슨 의미 있나"

특히 청와대가 국회법 개정안 중 가장 문제 삼은 대목인 '처리한다'는 표현은 정의장 중재에도 불구하고 야당의 거부로 수정되지 않았다.

조선일보. 2015. 6. 16.

헌법학자들 '한 글자 고친 국회법' 놓고 의견 갈려

김철수 허영 등 "위헌성 변하지 않아"
학계 일각에서는 "위헌성 해소된 것" 주장도

김철수 서울대 명예교수는 "당초 절충안으로 함께 나왔던 '검토하여 처리한다'는 내용도 반영됐어야 의미가 있었다"고 했다. 당초 정의화 국회의장은 '국회가 시행령을 수정 변경토록 요구할 수 있고 기관장은 이를 처리한다'는 문구에서 '처리한다'를 '검토해서 처리한다'로 바꿀 것을 제안했지만, 여야 협의 과정에서 '요청'만 수용됐다.

헌법재판연구원장 출신인 허영 경희대 석좌교수는 "'검토 처리'라는 표현이 들어갔다면 행정부의 재량권을 인정하는 것인 만큼 위헌성이 약화되지만, '요청' 하나만으로 그렇게 보기 어렵다"고 했다.

반면, 방승주 한양대 교수는 "'요구'일 때도 위헌성이 없었는데, 이를 '요청'으로 완화한 만큼 더더욱 위헌 논란은 없어진 것"이라며 "국회가 만든 법안에 대한 정부의 시행령 제정권을 정부에 위임해준 곳이 국회니까, 국회가 이를 거둘 수도 있다"고 했다. 헌법재판소 재판관을 지낸 한 법조계 인사도 "'요구'라면 의무로 받다 들여져 삼권분립 정신과 어긋나지만, '요청'은 행정부가 안 들어줘도 도리는 없는 것"

조선일보. 2015. 6. 18.

chapter 5

꼬리자르기

매정한 모성 "나부터 살자" 못난 자회사와 의절 뒤 재도약

큐브스, 선도에스피 지분 처분 에이티테크, 적자 세미콘 제외

적자에 허덕이는 자회사 지분을 처분해 실적 개선에 나서는 상장사들이 잇따르고 있다. 자회사 손실이 연결재무제표에 반영돼 장기간 실적에 부담을 주자 보유 지분을 처분해 종속회사에서 제외하고 있다. 적자 자회사를 떼 낸 모회사 주가는 상승세다.

시스템 소프트웨어 개발업체인 큐브스는 지난달 10일 적자 자회사 선도에스피의 지분을 팔았다. 당시 2120원이던 주가는 3일 2925원으로 40% 상승했다. 큐브스 관계자는 "지난달 완전자본잠식에 빠진 선도에스피의 지분을 처분했다"며 "장부가치가 거의 없는 회사라서 재무개선에 미치는 영향은 적지만 최근 자금전달과 신사업 기대감이 더해져 주가에 긍정적인 영향을 미쳤다"고 말했다.

코스닥 상장사 에이티테크놀로지도 지난 2월 자회사 에이티세미콘을 종속회사에서 제외했다. 이에 따라 지난해 4분기부터는 자회사인 에이티세미콘 적자가 재무제표에 반영되지 않았다. 에이티세미콘은 2013년 당기순손실 134억원을 냈고, 지난해 상반기엔 적자 폭이 더 커졌다. 에이티테크놀로지 역시 2011년부터 2년 연속 순손실을 낸 데 이어 지난해 1-3분기까지 적자를 봤다.

상장사들은 적자 자회사를 종속회사에서 제외함으로써 실적 개선 효과를 누릴 수 있다. 코스닥 상장사인 갤럭시아컴즈는 지난해 12월 100% 자회사이던 갤럭시아디바이스 보유 지분을 처분함에 따라 4년 연속 순손실을 내던 적자기업에서 흑자기업으로 전환했다. 올초 2920원이던 주가는 이날 6240원으로 113% 급등했다. 이 회사 관계자는 "자회사 지분 매각으로 연결재무제표에 잡히던 자회사 손실이 사라졌다"고 설명했다.

한국경제신문. 2015. 3. 4.

신용평가업에 있어서는 기업집단에 소속된 기업일 경우, 관련된 회사로부터 도움을 받을 수 있다는 가능성 때문에 평가를 좋게 받는 경우가 있다. 기업집단의 모회사가 자회사를 도와 주다가 갑자기 도움을 중단하게 되면 언론에서 '꼬리자르기'를 한다는 표현을 사용하기도 한다. 도움을 받는다는 가정하에 신용평가를 수행하다가 갑자기 도움을 중단하게 되면서 도산 등의 위험을 받게 된다. 그렇기 때문에 도움을 항상 받는다는 가정이 옳지 않으므로 독자신용등급(stand-alone)이 맞는 방향이라는 주장도 있지만 그렇다고 도움을 받는 것이 현실인데 이를 완전히 무시하고 평가를 수행할 수도 없다.

이 내용은 chapter 4의 꼬리자르기의 내용과도 연관되는데 이 전 chapter의 내용은 감사인 지정제를 회피하기 위한 꼬리자르기 내용이다.

이러한 형태의 꼬리자르기는 아니지만 법인의 형태가 변경되면서 제도를 피해 가는 모습을 다음에서도 볼 수 있다. 꼬리자르기도 동일 법인이었다가 갑자기 다른 별도의 법인이 되면서 여러 가지 환경이 변경되는 것이다.

4대강 입찰 담합 벌금 면제받은 삼성물산... 이유는 제일모직에 합병돼서?

"법인 통합했다고 벌금까지 면제받는 게 말이 됩니까, 황당해서 웃음만 나옵니다."

요즘 건설업계에는 삼성물산의 벌금 면제 사건이 최대 화제입니다. 내용은 이렇습니다. 지난해 12월 24일 대법원은 4대강 공사 입찰 담합 사건 상고심에서 현대건설, SK건설, 현대산업개발 등 담합 건설사 5곳에 대해 7500만원씩 벌금을 확정했습니다. 그런데 대법원은 입찰 담합 업체 중 삼성물산에 대해서만 유일하게 공소를 기각했습니다. 삼성물산으로서는 벌금을 낼 필요가 없어진 것이죠.

삼성물산도 2심까지는 다른 건설사처럼 벌금 7500만원을 선고받았습니다. 그렇다면 대법원이 공소를 기각한 이유는 뭘까요. 작년 9월 있었던 삼성물산과 제일모직 간 합병에 그 이유가 있습니다.

이 합병 당시 존속 법인은 제일모직이었고 소멸 법인은 삼성물산이었습니다. 제일모직이 삼성물산을 흡수 합병한 것인데 제일모직은 합병 이후에 법인명을 다시 삼성물산으로 변경하였습니다. 회사명은 똑 같이 삼성물산이지만 일종의 세탁을 통해 '과거 삼성물산'은 사라지고 '새 삼성물산'이 생긴 것입니다. 처벌을 받아야 할 사람이 사망했을 경우 처벌할 수 없이 공소를 기각하는 것처럼, 4대강 공사 입찰 담함에 참여해 죄를 지은 '과거 삼성물산'은 없어졌기 때문에 벌금형을 내릴 수 없다는 것이 공소 기각 논리입니다.

벌금형을 받은 건설사들은 황당하다는 반응입니다. 대형 건설사 관계자는 "삼성물산이 저렇게 멀쩡하게 버티고 있는데, 기존 법인이 사라졌다고 벌금을 내지 않는다는 게 얼마나 우스운 일이냐"고 말합니다. "우리도 안 좋은 일이 생기면 법인명을 바꾸자"는 말까지 나옵니다.

그도 그럴 것이 새 삼성물산은 과거 삼성물산의 건설 부문을 고스란히 갖고 있습니다. 과거 삼성물산에는 상사 건설 부문이 있었고, 새 삼성물산은 여기에 패션과 리조트 부문도 덧붙은 것이 다를 뿐입니다. 다른 건설사들은 "통합의 가장 강력한 효과는 벌금 면제"라는 이야기도 나옵니다. 일부에서는 "삼성 덕분에 법의 맹점 하나가 발견됐으니 자칫하면 악용 사례가 나올 수도 있다"며 "사실상 같은 법인이면 벌을 받도록 법을 손봐야 한다"는 목소리가 힘을 얻고 있습니다.

조선일보. 2016. 1. 7.

이 내용은 법의 맹점이라 아니할 수 없다. 또한 사법부도 이러한 내용을 조금더 유연하게 처리하였어야 한다고 판단된다.

chapter 6

회계사 무죄

기업부정 적발 못한 회계사, 정당한 절차 따랐다면 무죄

대법원, 부산저축은행 '분식회계' 판결
성도회계법인 소속 회계사들 금융자문 수수료 허위기재 사건 부정 알았다고 단정키 어려워
대우조선해양 사건 등 영향 주목

회사의 분식회계 등 회계부정을 적발하지 못했더라도 정당한 절차에 따라 감사를 수행한 이상 회계사에게 책임을 물을 수 없다는 대법원 판결이 나왔다. 대우조선해양을 비롯한 상당수 기업에 대한 회계법인들의 민형사상 책임 유무를 놓고 법정에서 치열한 다툼이 진행되고 있거나 예고된 만큼 이번 판결이 미칠 영향이 주목된다.

대법원 3부(주심 권순일대법관)는 최근 부산제2저축은행의 분식회계를 적발하지 못하고 부실을 눈감아줬다는 혐의(외감법)로 기소된 성도회계법인 소속 공인회계사 2명에게 2심에 이어 최종적으로 무죄를 확정했다.

재판부는 다만 감사조서 변조 부분에 대해서는 벌금 500만원씩을 선고한 원심을 확정했다.

부산제2저축은행은 상호저축은행으로서 직접 투자해 자기사업을 하는 것이 금지돼 있었다. 그럼에도 2000년대 초반부터 특수목적법인들을 시행사로 설립해 프로젝트파이낸싱사업을 진행했다.

또 국제결제은행 비율을 높이기 위해 SPC와 자문약정을 체결하고 금융자문수수료를 매년 수백억원씩 벌어들이는 것처럼 회계장부를 조작했지만 회계사들이 알아채지 못했다. 하지만 저축은행 사태가 터지면서 부산저축은행 임직원이 줄줄이 법망에 걸려들었고, 검찰은 부산제2저축은행의 회계부정을 발견하지 못하고 감사보고서에 적정의견이라고 허위 기재한 혐의로 성도회계법인 회계사들을 기소했다. 1심은 이들에게 금융자문 수수료 허위 기재와 관련, 유죄선고를 했지만 2심에 이어 대법원은 무죄판결을 내렸다.

2, 3심 재판부는 무죄판단에서 몇가지 근거를 제시했다. 첫째로 부산제2저축은행을 감사한 성도회계법인 회계사들은 당시 수습을 마친 경력 2년차에 불과해 부산저축은행 경영진과 비밀을 공유하거나 비위를 일부러 숨겨줄 만한 부적절한 관계가 형성됐다고 의심할 사정이 발견되지 않았다는 것이다. 이에 비해 다른 계열 저축은행은 6~8년 동안 이 은행을 외부 감사해온 노련한 회계사들로 고급 유흥주점에서 접대를 받는 등 부적절한 관계였다고 지적했다.

재판부는 또 PF 대출 관련 금융자문 수수료에 대해 감독당국인 금융감독원조차도 회계상 계상이 불가능한 것이라고 지적한 사실이 없다고 확인했다. 재판부는 "피고인들이 부산 제2저축은행의 회계처리가 잘못됐다는 사실을 알면서도 감사보고서 지적사항에 반영하지 않고 은폐 누락했다고 인정하기 어렵다"며 "회계감사기준에서 정하고 있는 주의 의무를 충분히 기울이기만 했으면 (회계부정) 실상을 자연스럽게 알 수 있을 것으로 인정할 만한 증거가 없다"고 결론을 내렸다.

성도회계법인 회계사측을 대리한 채동헌변호사(화우)는 "분식회계가 발견되면 책임을 물을 곳이 없기 때문에 회계사의 책임으로 돌리는 경우가 많았다"면서 "이번 사건은 외부감사를 담당하는 회계법인의 업무와 관련해 일정한 한계가 있을 수밖에 없다는 것을 확인한 사례"라고 의미를 부여했다.

한국경제신문. 2015. 9. 16.

위의 신문 기사에서 몇 가지 매우 흥미로운 내용들이 있다.

첫째, 법원이 경력이 낮은 회계사일 경우, 정치적인 판단을 수행할 가능성(개연성)이 낮다는 판단을 수행하였다. 이를 역으로 뒤집어서 표현한다면 경력이 많은 고참 회계사들은 (아마도 이 용역을 수주하는데 역할을 수행한 파트너 회계사들이 여기 포함되는 듯) 정치적/정무적인 판단을 할 수도 있다는 가능성이 상대적으로 높다는 개연성을 암시하는 판결이다.

특히나 판결문에 "2년차에 불과해 ... 부적절한 관계를 의심할 사정이 발견되지 않았다"고 적고 있어서 피감기업과 감사인간의 관계가 오래 지속되는 것이 독립성 훼손을 유발할 수도 있다는 회계학자들이 흔히 논문에서 기술하는 내용인 피감기업과 감사인의 유착관계의 개연성을 대법원 판결의 논지에서도 읽을 수 있다.

다만, 독립성의 훼손 가능성이 항상 높은 직급에만 해당하는 것은 아니라서 이 판례가 잘못 이해되고 해석될 가능성도 어느 정도 존재한다고 판단된다.

이 판례에 대한 화우의 문건은 다음과 같다.

> 이번 대법원 판결은, 외부 감사를 담당하는 회계사에게 감사보고 허위 기재와 관련한 형사상의 책임이 있는지 여부에 대하여, 담당 회계사가 전문가적인 의구심을 가지고 적정하고 정당한 절차에 의한 감사 절차를 수행한 이상, 추후에 다른 공적 감사 혹은 수사를 통하여 피감회사의 회계 부정 혹은 부실이 드러난다고 하더라도, 회계사에게 형사상 책임을 물을 수 없음을 확인하였다는 점에서 의의가 있습니다.
>
> 특히 부산저축은행 사건과 같이 회사가 회계부정을 감추기 위하여 적극적으로 감사인을 기망하는 등의 행위를 한 경우 감사인의 업무에는 감사절차 상 하자가 있을 수밖에 없으며, 화우 기업 송무팀은 위 사건에서 관련 사실과 법리를 잘 정리하여 이러한 한계를 유효 적절하게 주장, 입증함으로써 피고인들이 무죄를 선고 받을 수 있도록 하였습니다.
>
> 한편 주식회사의 분식 회계 및 그로 인한 감사보고서의 부실기재 사실이 드러난 경우, 해당 주식회사에 투자하였다가 손실을 입은 투자자들이 감사보고서를 작성한 회계법인을 상대로 자본시장과 금융투자에 관한 법률, 외부감사법 또는 민법에 근거한 손해배상 책임을 묻는 경우가 다수 있습니다.

위의 내용에서 매우 중요한 사실은 공인회계사가 고의로 분식을 눈감아 주지 않았다고 하면 형사상 책임을 묻기는 어렵다는 점이다. 물론, 위법행위의 동기가 고의가 있을 경우는 예외일 것이다.

공인회계사의 행위에 대해서는 민법상의 금전적인 책임을 물을 수 있으며 외감법에 의해서는 형사상 책임을 물을 수 있다.

> **감사보고서 허위 작성 관련 외감법 위반 무죄선고**
> Sep. 2015
>
> 기업송무그룹
>
> 법무법인(유)화우(Yoon&Yang,이하 '화우') 기업송무팀은 부산2저축은행의 분식회계 사실을 알면서도 감사보고서에 적정의견을 표명함으로써 감사보고서를 허위로 기재하였다는 등의 이유로 기소된 성도회계법인 소속 회계사들이 주식회사의 외부감사에 관한 법률(이하 '외부감사법') 위반 사건을 수행해 왔습니다.
>
> 위의 사건은 사회적으로 큰 이슈가 되었던 2011년 7월 부산저축은행 계열은행들이 회계부정과 부실 관련 검찰수사에서 시작된 것이었습니다. 검찰은 부산저축은행과 그 계열은행의 경영진을 특정경제범죄가중처벌에 관한 법률(배임) 위반 등의 혐의로 기

소함과 아울러, 부산2저축은행이 회계감사법인인 성도회계법인 소속 회계사들에 대하여도 부산2저축은행이 분식회계 사실을 알면서도 감사보고서에 적정의견을 표명함으로써 감사보고서를 허위로 기재하였다는 등의 이유로 외부 감사법위반 죄로 기소하였습니다. 이에 대하여 1심 법원은 감사보고서의 허위 기재로 인한 외부감사법 위반혐의에 대하여 유죄판결을 선고하였으나 2015.1.22.심인 서울고등법원은 피고인(회계사)들의 항소를 받아들여 무죄를 선고하였고 2015.8.19. 대법원이 이 부분에 대한 검사의 상고를 기각함으로써 무죄판결이 확정되었습니다.

과거 부산 저축은행 및 그 계열은행들은 상호저축은행으로서 직접투자하여 자기사업을 하는 것이 상호저축은행법에 의하여 금지되어 있음에도 각종 PF 사업을 직접 영위할 목적으로 SPC를 단독 또는 제3자와 공동으로 설립한 다음 그 SPC를 통하여 여러 PF, 사업을 진행하였는데, BIS 비율 등 재무상황을 유리하게 분식하기 위하여 SPC로부터 사업 이익을 선취하는 형식을 만들어 이익을 늘리는 분식 회계를 하였습니다. 당시 부산저축은행 등은 시행사인 SPC의 장래이익을 곧 바로 자신의 이익으로 계상할 수 없으므로, SPC와 금융자문 약정을 체결하고 그에 근거하여 SPC로부터 금융자문수수료를 지급하는 형식을 취함으로써 SPC의 장래이익을 이미 발생한 금융자문수수료 수익으로 위장하였습니다.

이에 위 사건에서는 성도회계법인 소속 회계사들이 부산2저축은행에 대한 회계감사를 수행함에 있어 금융자문수수료를 수익으로 계상한 부산2저축은행의 회계처리가 잘못되었다는 사실을 알았는지 여부가 쟁점으로 다루어졌습니다. 서울고등법원은 일반적인 금융자문수수료의 실태와, 부산저축은행 그룹의 금융자문수수료 수익처리 방식과 내용, 회계감사 당시의 상황과 회계사들의 업무 처리 내용 등에 비추어 볼 때, 위 회계사들이 그와 같은 사실을 알면서도 감사보고서를 허위로 작성하였다고 볼 수 없다고 판단하여 무죄를 선고하였고, 대법원도 그와 같은 무죄판결의 타당성을 인정하였던 것입니다.

위의 판결에서 명확하지 않은 부분에 대한 법 전문가의 답변은 다음과 같다.[11]

질문 1: 외감법은 형법의 한 형태라고 보면 되는 것인지?

1. 특정 법률이 민사법인지 형사법인지 여부는 그 법률의 전체적인 취지와 내용 등을 종합적으로 고려하여 파악할 수 있으며 한 가지 성격만 나타낸다고 보기 어렵다. 즉, 외감법의 경우 상사법적인 특징이 강하면서도(상법의 특별법) 민사법의 내용(손해배상에 관한 조항(제17조) 등), 형사법의 내용(벌칙에 관한 조항(제20조)

11) 다음의 답신을 주신 공인회계사회의 김정은변호사께 감사한다.

등), 공법의 내용(감사인 등에 대한 조치등(제16조) 등)의 내용이 혼합되어 있다. 따라서 외감법은 형사법이나 민사법으로 단정하기는 어렵다고 할 것이다.

이 자료의 소송결과는 검사가 부산저축은행의 감사인인 성도회계법인의 감사참여 공인회계사들을 외감법 위반죄(제20조(벌칙))로 기소하여 이루어진 형사소송의 결과이고, 민사소송은 형사소송과 별개로 개인과 개인 사이에서 동등한 관계로 이루어진다. 형사소송과 민사소송은 별개의 독립된 소송이므로 형사 판결의 결과와 민사 소송의 결과가 반드시 일치한다고 볼 수 없지만 현실적으로 형사 판결문을 민사소송에 증거로 제출하기도 한다.

질문 2: 민법에 의해서 공인회계사에 대한 금전적인 소송에 제기되면 이 경우도 외감법이 근거가 되는 법안인 것인지?

민사소송의 경우 피감회사 또는 제3자(투자자)가 감사인(또는 소속공인회계사)을 상대로 소송을 제기할 수 있다. 피감회사는 감사인과 감사계약을 체결하였으므로 1) 계약상의 손해배상청구 또는 2) 불법행위에 의한 손해배상청구가 가능하나, 제3자(투자자)의 경우 감사인과 계약을 체결한 사실이 없으므로 불법행위에 의한 손해배상청구만이 가능하다.

분식회계에 대한 입증 책임이 누구에게 있는지를 논의한다.
회사/금융기관(기관투자자) vs 감사인/공인회계사

민법 제750조에 따라 불법행위에 기한 손해배상을 청구하기 위해서는 위법성, 피해자의 손해, 고의 또는 과실, 인과관계, 책임능력이 인정되어야 하고 이에 대한 입증책임은 원고(투자자)가 지게 되어 사실상 원고가 불리하다. 이에, 외감법에 규정을 두어 제3자가 감사인등에게 손해배상청구를 보다 쉽게 할 수 있도록 하였다. 즉, 입증책임을 일부 감사인(피고)에게 전가하여 감사인(또는 감사에 참여한 공인회계사)이 그 임무를 게을리하지 아니하였음을 증명하여야 한다(외감법 제17조제7항 참고).

즉 아래와 같이 그 입증책임이 감사인이나 공인회계사에게 있다. 단 아래의 다섯 경우는 입증책임이 원고(피해를 본 투자자나 금융기관)에게 있다. 즉, 원고(회사나 금융기관)가 감사 또는 공인회계사가 업무를 게을리하였음을 증명하여야 한다.

외감법 제17조 7항은 다음과 같다.
⑦ 감사인 또는 감사에 참여한 공인회계사가 제1항부터 제3항까지의 규정에 따른 손해배상책임을 면하기 위하여는 그 임무를 게을리하지 아니하였음을 증명하여야 한다. 다만, 다음 각 호의 어느 하나에 해당하는 자가 감사인 또는 감사에 참여한 공인회계사에 대하여 손해배상 청구의 소를 제기하는 경우에는 그 자가 감사인 또는 감사에 참여한 공인회계사가 임무를 게을리하였음을 증명하여야 한다. 〈개정 2010.5.17., 2013.12.30.〉

1. 제4조에 따라 감사인을 선임한 회사
2. 「은행법」 제2조제1항제2호 및 제5조에 따른 은행
3. 「보험업법」에 따른 보험회사
4. 「자본시장과 금융투자업에 관한 법률」에 따른 종합금융회사
5. 「상호저축은행법」에 따른 상호저축은행

즉, 외감법 17조는 입증 책임을 감사 또는 공인회계사에게 묻고 있지만 단, 회사 또는 금융기관이 원고일 경우는 회사 또는 금융회사가 입증의 책임이 있음을 규정한다.

이들 기관이 소를 제기할 때 입증 책임을 원고가 지게 되는 이유는 이들 다섯 경제 주체가 모두 어느 정도까지는 기업 경영과 관련된 전문적인 지식이 있기 때문이다. 특히나, 회사가 감사인이나 공인회계사를 대상으로 소송을 제기한다고 할 때, 회사의 사정에 대해서는 회사가 누구보다는 그 내용을 잘 파악하고 있기 때문에 감사인 또는 공인회계사가 뭐를 잘못 처리했는지에 대해서 회사가 이를 입증하여야 한다.

회사는 재무제표를 작성한 주체이므로 누구보다도 재무제표에 대한 이해도가 높을 것이며, 금융기관은 재무나 회계에 대한 전문성이 있기 때문이다.

따라서 회사를 포함한 다섯 경제 주체는 모두 기업 경영과 관련된 전문적인 지식이 있는 주체이다. 따라서 일반 투자자들은 이 예외 사안에 포함되지 않는다. 이들은 전문적인 지식이 없기 때문에 이들이 감사인이나 공인회계사가 뭐를 잘못했다는 것을 입증하는 것은 매우 어려운 것이고 법에 있어서도 전문지식이 있는 경제주체와 그렇지 않은 경제 주체를 구분하는 것이다. 따라서 일반 투자자가 원고일 경우는 입증책임이 감사인에게 있다.

입증책임을 안는다는 것은 상당한 부담을 떠안는 것이다. 본인이 아니고 제3자인 누가 무엇을 잘못 알고 있다고 입증하는 일은 매우 어려운 일이다. 기관투

자자나 주주가 감사인이나 공인회계사에 대해서 소송을 제기하는 경우는 회계정보에 분식이 포함되어 있었는데 부실 감사로 감사인이 분식을 밝히지 못했을 경우가 대부분일 것이다.

이러한 소송이 제기되었을 때, 분식이 포함되어 있음이 감독원의 감리 등으로 확인이 되었다는 것을 가정할 때, 감사인이나 공인회계사는 그들의 입증책임에 의해서 투자자가 회계정보가 아니라 다른 정보에 근거해서 투자활동을 수행한 결과 투자손실을 입었다는 것을 입증하여야 한다. 이를 입증한다는 것은 매우 어려운 일이다. 아마도 원고가 되는 투자자의 과거의 투자 패턴을 분석하여 회계정보의 event와 투자 패턴이 일치하지 않는다는 것을 보여야 하는데 이를 보이는 것은 매우 어려운 일이다. 회계정보의 유출 시점도 공식적인 공개 시점 이전에 정보가 시장에 유출된다면 더더욱 어려운 이슈이다.

금융기관이 원고일 경우는 다음과 같은 소송건이 가장 일반적일 것이다. 금융기관이 왜곡된 회계정보에 기초하여 대출의사결정을 수행하였고 사후적으로 이 회계정보가 왜곡된 회계정보임이 판명되었는데, 금융기관이 다른 정보가 아니라 분식된 회계정보에 기초하여 대출의사 결정이 수행되었다는 것을 입증하여야 한다.

전자와 같이 감사인이니 공인회계사의 입장에서 투자자가(즉, 제3자가) 어떻게 의사결정을 수행하였다는 것을 보이는 것보다는 금융기관 자신이 어떻게 의사결정을 하였다는 것을 보이는 것이 더 쉬운 일일 수 있다.

연구에서 흔히 사용되는 event study라는 방법론도 아래와 같이 법정 소송에서는 증거로 채택되기 어렵다.

주가조작 수익 추징길 막히나... 법정서 거부당한 '이벤트 스터디'

주가조작 수익계산법

"주가가 상승한 원인은 시세 조정뿐만 아니라 여러 가지 요인이 작용한 결과다. 불법 시세 조정 행위로 얻은 범죄 수익을 분리해 처벌해 달라."

지난해 3월 이른바 '대선 테마주'로 분류되는 5개 회사 주식을 시세 조정한 혐의로 기소돼 재판에 선 임모씨(31)측 변호인은 법정에서 이같이 주장했다. 주가조작으로 차익을 냈다고 해도, 시세조정으로만 주가가 오른 것은 아니기 때문에 불법 행위로 얻게 된 이익만을 분리해 달라는 것이다.

얼핏 보면 불가능해 보이는 요구지만 최근 법원에서는 주가조작으로 기소된 피의자 측의 이 같은 주장이 받아들여지는 추세다.

그동안 피의자가 시세조정을 위해 투입한 금액과 이익을 실현한 금액 간 차익을 범죄 수익으로 봐 왔다. 그러나 최근 법원은 불법 시세조종 행위 자체로만 발생한 이익을 분리해 범죄금액을 산정할 것을 요구하고 있다. 이에 따라 입증 책임을 진 검찰 쪽은 새로운 범죄수익 추정 방법인 '이벤트 스터디'를 활용했다.

하지만 최근 서울 남부지법이 검찰이 한국거래소에 의뢰해 '이벤트 스터디'를 적용한 보고서를 인정하지 않는 판결을 내려 주목된다. 한국거래소가 검찰 측의 요청을 받아 이벤트 스터디 방법으로 작성한 보고서가 법정에서 받아들여지지 않은 것은 이번 사건이 처음인 것으로 알려졌다.

서울남부지법 형사항소2부(부장판사 이은신)은 임씨에 대한 항소심에서 징역 1년에 집행유예 2년과 벌금 8000만원, 추징금 7971만원을 선고한 원심을 파기하고 징역 1년에 집행유예 2년과 추징금 없이 벌금 1억2000만원을 선고했다고 15일 밝혔다.

재판부는 "검찰 측이 제출한 증거(감정보고서)로는 임씨가 얻은 차익이 시세조종과 인과관계가 있는 수익이라고 보기 어렵다"며 추징금 대신 벌금형만 선고했다. 추징금은 범죄로 인한 수익금을 산정할 수 있을 때만 부과된다.

개인 전업투자자인 임씨는 2012년 7월부터 1년 6개월간 케이티씨, 동방전기, 매커스 등 5개사를 시세조종했다가 적발됐다. 이 종목들은 당시 박근혜 대통령의 경제정책인 '창조경제' 등 관련주로 엮인 이른바 '테마주'들이었다.

검찰 측은 임씨가 주가조작으로 1억1883만원의 시세차익을 얻었다고 주장했다. 그러나 임씨 측은 "시세조종만으로 주가가 올랐다는 근거가 없다"며 "시세조종 행위로 인한 이익을 산정할 수 없기 때문에 추징금을 신고할 수 없다"고 항변했다.

검찰은 임씨의 시세조종으로 주가가 올랐다는 사실을 입증하기 위해 한국거래소에 감정보고서 작성을 의뢰해 재판부에 제출했다. 그러나 법원은 범죄수익 산정에 이벤트 스터디를 활용하는 것에 대해 근본적인 의문을 제기했다.

법원은 "이 연구의 본질은 특정한 사건에 대해 주가가 어떻게 변했는지를 분석하는 것이지, 반대로 주식수익률을 역으로 추정해 시세조종 사건 존재 여부를 확인하는 분석기법이 아니다"라고 판시했다. 즉 법원은 시세조종 사건에서 범죄 수익을 계산할 때, 이벤트스터디 방법을 사용한 것 자체가 오류가 있다고 본 것이다.

법원은 또 해당 보고서를 한국거래소가 작성한 점도 지적했다. 한국거래소가 임씨의 시세조종 행위를 적발해낸 기관이라는 점을 들면서, 감정보고서가 임씨에게 불리하게 작성돼 객관성이 떨어질 가능성도 있다는 것이다.

이번 판결로 향후 증권범죄에서 범죄 수익을 선정하는데 있어 논란은 커질 것으로 전망된다.

> 증권 소송에 정통한 한 전문가는 "시세 조종으로 재판을 받는 피고인들이 불법행위와 인과관계가 인정되는 부분을 면밀히 따져 달라는 전략을 계속 들고 나올 것이라"며 "시세조종과 범죄수익의 인과 관계를 입증할 수 있는 현실적인 수단이 이벤트 스터디인데, 법원이 이를 받아들이지 않는다면 검찰에서는 부당 이득을 산정하는 대안에 대한 고민이 필요할 것"이라고 말했다.
>
> 매일경제신문. 2016. 1. 18.

위의 외감법 17조의 내용은 18대 국회인 2010년에 처음으로 개정되었지만 그 시초는 2008년에 발의된 아래의 법안이 그 기초가 된다. 단, 금융기관의 전문성과 관련되어서도 아래 기사와 같은 이견이 있었다.

> 외감법개정안 통과
>
> 기관투자자-권한 책임 별개 적용 불합리
> 회계법인 '감사인 입증 책임은 과잉규제'
>
> 은행과 보험 등 기관투자자들은 이번 외감법 개정으로 부실회계에 대한 입증책임을 지게 되자 권한과 책임의 조화측면에서 앞뒤가 맞지 않는다고 반발하고 있다.
>
> 회계법인과 달리 회계자료 제출 요구권이나 재산상태에 대한 조사권은 물론 기업의 감사과정에서 취득할 수 있는 각종 정보, 이른바 감사조서에 대한 접근권이 전혀 없는데도 앞으로 부실 피해가 생길 경우 입증책임을 묻도록 하는 것은 비합리적이라고 주장하고 있다.
>
> 이에 대해 공인회계사[12] 업계는 기관투자자는 일반 개인투자자와 달리 고도의 전문성을 갖고 있어 감사보고서의 해독 능력이 있는 만큼 감사인에게 입증책임을 물리는 것은 과잉규제라고 맞서고 있다. 또한 민법이나 상법상으로도 손해배상소송에서 인과관계에 대한 입증책임은 원고가 지는 것이 원칙이라고 덧붙였다.
>
> 하지만 기관투자자들은 감사권한이 없는데 입증책임을 부담하는 것은 형평성에 맞지 않는다고 반박했다. 이들은 '최근 의료사고에 대한 대법원 판례에서도 의료행위 등 전문직 행위의 부실책임은 환자가 아닌 의사가 져야 한다고 판결하고 있다'며 '특별

12) 여기서 원고라함은 투자손실을 입은 금융기관이 소송을 제기했을 경우

한 전문가만이 권한과 정보능력을 갖고 있다면 민법의 원고 입증 책임 부담은 부당하다.'고 주장하고 있다.

특히 기관투자자는 회계법인의 부실 입증에 필요한 감사조서에 대한 접근권이 없기 때문에 소송을 하지 않고서는 알 길이 없고 소송을 한다 하더라도 입증책임이 있어 승소 가능성도 낮다고 지적했다.

기관투자자 중에서도 입증책임 부담에서 자산운용사, 증권 등은 빠져 있고 은행, 보험 등만이 들어가 있는 것도 이해하기 힘들다는 지적이다. 입법발의를 한 이종구의원 측은 '은행, 보험 등은 대출 금융기관이기 때문에 대출시 거래 기업의 정보 취득이 용이하고 이에 따라 입증 책임을 지게 했다'고 설명하고 있다.

서울경제신문. 2008. 2. 22.

금융기관이 전문적인 지식을 갖고 있는 것은 확실하지만 정보에 대한 접근 권한에 있어서 한계가 있음에도 불구하고 전문가로서의 입증책임을 묻는 것이다. 물론, 회계사들도 계좌 등에 대한 추적권한이 없기 때문에 완전한 감사가 어렵다는 주장을 하는 것과 궤를 같이 한다.

그리고 외감법상의 손해배상책임과 민법상의 불법행위 손해배상책임에 대해 대법원 판례는 청구권이 다른 것으로 보고 있으므로, 제3자는 외감법에 의한 손해배상책임(외감법 제17조) 또는 민법상의 불법행위 책임(제750조) 중 선택하여 청구할 수 있다.

3. 결론적으로 피감회사 및 제3자는 주어진 사실관계에 따라 자신에게 유리한 요건을 충족하는지를 살펴 외감법상의 손해배상청구(외감법 제17조제1항, 2항) 또는 민법 제750조에 의한 불법행위 손해배상책임 모두 물을 수 있다.

– 참고법령 –

외감법 제17조 (손해배상책임)

① 감사인이 그 임무를 게을리하여 회사에 손해를 발생하게 한 경우에는 그 감사인은 회사에 대하여 손해를 배상할 책임이 있다. 이 경우 감사반인 감사인의 경우에는 해당 회사에 대한 감사에 참여한 공인회계사가 연대하여 손해를 배상할 책임을 진다.

② 감사인이 중요한 사항에 관하여 감사보고서에 기재하지 아니하거나 거짓으로 기재를 함으로써 이를 믿고 이용한 제3자에게 손해를 발생하게 한 경우에는 그 감사인은 제3자에게 손해를 배상할 책임이 있다. 다만, 연결재무제표에 대한 감사보고서에 중요한 사항을 기재하지 아니하거나 거짓으로 기재를 한 책임이 종속회사 또는 관계회사의 감사인에게 있는 경우에는 해당 감사인은 이를 믿고 이용한 제3자에게 손해를 배상할 책임이 있다.

민법 제750조 (불법행위의 내용)
고의 또는 과실로 인한 위법행위로 타인에게 손해를 가한 자는 그 손해를 배상할 책임이 있다.

다음의 신문기사도 입증 책임과 연관된다.

LIG 건설 CP 손실 전문 투자자엔 배상 책임 없다.

대법원 판결... 개인투자자 상당한 경험 있다면 일일이 위험 설명 안 해도 돼

투자자가 다양한 금융상품에 투자해 본 경험이 있다면 증권사에서 상품의 위험성에 대해 구체적으로 설명하지 않았더라도 설명 의무를 위반했다고 보기는 어렵다는 대법원 판결이 나왔다.

대법원 1부(주심 김용덕 대법관)는 김 모씨와 안 모씨가 NH투자증권(옛 우리투자증권)을 상대로 낸 손해배상 청구 소송에서 원고 일부 승소로 판결한 원심을 깨고 원고 패소 취지로 사건을 서울고법으로 돌려 보냈다고 3일 밝혔다.

부도 위기였던 LIG 건설의 기업어음(CP) 판매로 인한 손해배상소송과 관련해 대법원이 판결을 내린 것은 이번이 처음으로, 증권사는 배상책임을 벗게 됐다.

김씨와 안씨는 2010년 10-11월 친척인 정모씨를 대리인으로 세워 LIG 건설이 발행한 CP에 각각 2억원과 1억원을 투자했다.

정씨는 금융권에서 오래 근무해 각종 CP와 회사채 등에 투자 경험이 많았다.

계약에 따르면 신탁 수익률은 연 8.4%로 상당한 고이율을 약속했다.

그러나 LIG 건설은 주택경기 침체와 미분양 등으로 경영 악화를 겪다가 2011년 3월 법원에 회생 절차 개시를 신청했다. 이후 같은 해 9월 "기업 어음 채무는 원금의 20%를 출자전환하고, 30%는 현금 변제하며 나머지 50%는 2011년도에 회사채를 발행해 그 변제에 갈음한다"는 내용의 회생계획 인가 결정이 났다.

결국 손해를 보게 된 김씨 등은 "LIG 건설이 재무위험 등 투자 위험성에 관해 설명하지 않았고, LIG 그룹의 지원 가능성 등에 대해 왜곡된 설명을 했다"며 증권사를 상대로 소송을 냈다.

이에 1, 2심은 LIG 그룹 차원의 LIG 건설 지원 가능성이 불확실한 상태였는데도 NH투자증권이 설명 자료 등에 그룹의 지원 가능성을 부각하는 등 일반 투자자 처지에서 오해할 수 있을 정도로 투자 설명을 왜곡했다고 보고 손해배상 책임을 물었다.

다만 정씨가 금융투자상품에 대한 지식 수준이 높았던 점 등을 고려해 1심은 NH투자증권의 책임을 60%로 한정했다.

2심은 "정씨가 금융투자상품에 대한 지식 수준이 높고 이른바 공격투자형 상품에 대한 투자 경험을 가지고 있었으므로 기업 어음의 본질적인 위험성 등에 대해 어느 정도는 인지하고 있었을 것으로 보인다"며 "증권사의 설명 의무 위반 정도가 비교적 가벼운 점 등을 참작해 책임을 30%로 제한한다"고 판단했다.

그러나 대법원은 정씨가 주식과 펀드 등 다양한 금융투자상품에 투자해 왔고, NH투자증권이 LIG 건설 CP의 신용등급과 함께 부도위험 등을 설명하고 신용평가서를 교부했으므로 해당 CP의 위험성을 설명한 것으로 볼 수 있다고 판단했다.

대법원은 정씨의 투자 경험과 능력을 고려할 때 NH투자증권이 LIG 건설의 재무상황이나 자산건전성 등을 일일이 설명하지 않았거나 투자설명서에 긍정적 요인이 강조돼 있다고 해도 설명의무를 위반했다고 보기는 어렵다고 판시했다.

매일경제신문. 2015. 5. 3.

분식회계 속인 저축은 후순위채 샀다가 손실 대법 "경기 변동 영향때 투자자도 책임"

저축은행이 부실한 재무상태를 속이고 발행한 채권을 샀다가 투자자가 돈을 떼었어도 경기 변동 등 외부 요인이 영향을 미쳤으면 투자금 전액을 돌려 받을 수 없다는 판결이 나왔다.

대법원 1부(주심 이인복 대법관)는 강모씨 등 투자자 21명이 부산2저축은행 파산관재인인 예금보험공사 등을 상대로 낸 손해배상 청구소송에서 원고 일부 승소한 원심을 깨고 사건을 서울고등법원에 돌려보냈다고 8일 발표했다.

강씨 등은 2009년 부산2저축은행 후순위사채를 샀지만 은행이 2011~2012년 영업정지에 이어 파산선고를 받아 투자금을 돌려받지 못했다. 이들은 "은행이 분식회계로 부실한 재무상태를 우량한 것처럼 속였다"는 등의 이유로 소송을 냈다. 원심은 투자자가 입은 손해액 전체인 14억4900여만원을 파산채권으로 인정했다. 그러나 대법원은 "투자자들이 돈을 돌려받지 못한 데는 경기 침체 등과 같은 외부 요인도 영향을 미쳤다"며 "후순위사채(BB 신용등급) 특성상 이미 내재돼 있던 위험으로 원고들 스스로 감수한 것으로 봐야 한다"고 지적했다.

한국경제신문. 2016. 1. 9.

감사인이 연대책임을 져야 하는지 아니면 책임에 비례한 비례책임을 져야 하는지에 대한 논의를 기술한다.

외감법 17조(손해배상책임)
④ 감사인이 회사 또는 제3자에게 손해를 배상할 책임이 있는 경우에 해당 회사의 이사 또는 감사(감사위원회가 설치된 경우에는 감사위원회 위원을 말한다. 이하 이 항에서 같다)도 그 책임이 있으면 그 감사인과 해당 회사의 이사 및 감사는 연대하여 손해를 배상할 책임이 있다. 다만, 손해를 배상할 책임이 있는 자가 고의가 없는 경우에 그 자는 법원이 귀책사유에 따라 정하는 책임비율에 따라 손해를 배상할 책임이 있다. 〈개정 2013.12.30〉

다음의 법률 신문의 내용은 위의 외감법 17조와 같이 비례책임제도가 외감법에 도입되기 이전의 법안에 기초한 내용이다. 단, 그럼에도 연대책임/비례책임에 대해서 생각해 볼 내용이 포함되어 있다.

저축은행 후순위채 소송과 관련한 감사인의 손배책임

서론

2011년 2월경 부산저축은행 계열사를 중심으로 8개 부실저축은행이 영업정지를 당하였고 그에 따른 검찰의 수사가 마무리되기도 전인 6월경 부산저축은행과 그 경영진뿐만 아니라 외부감사를 맡았던 회계법인들, 신용평가회사, 금융감독원, 국가 등을 피고로 한 손해배상청구소송이 제기되었는데, 원고들은 해당 저축은행의 후순위 채권을 매입한 일반투자자들이었다. 예금자보호대상이 되지 아니하는 후순위 채권자들은 자본잠식 상태로 인하여 저축은행으로부터 채권액 전액을 회수할 수 없음이 확실시되자 그들 중 약 80여명 정도가 최초로 소송을 시작하였고 그 후로 계속적으로 추가 소송이 이어지고 있다.

감사인의 주의의무 위반여부

최근 몇 년간 증권선물위원회에서 이루어진 상호저축은행 감사보고서에 대한 감리 결과들을 수집하여 분석해 본 결과 여러 가지 주의의무 위반들이 존재하였으나 '조치 없음' 결과가 나온 대부분의 사례들은 "회사 지적사항의 원인이 차명대출거래였기 때문에 정상적인 감사절차로는 알 수 없는 사항"이라고 인정되는 경우였다. 계좌추적권이 없는 감사인에게 있어서는 당연한 결과이다.

저축은행사태의 경우 대주주나 임원들에 의하여 저질러진 대부분의 불법대출이나 회계분식이 타인의 명의를 차용한 것이었다. 대표적인 두 가지 예가 이자지급을 위한 증액대출의 문제와 금융자문수수료 수익계상의 문제인데 결론부터 말하자면 모두 차명계좌를 통하여 이루어진 것으로 감사인에게 주의의무 위반을 인정할 수 없는 사례들이다.

이자지급을 위한 증액대출의 경우 회사의 내규에 의한 대출처리 절차에 따라 대출이 이루어졌고, 차명계좌를 이용하여 불법대출 받은 그 대출금이 이자지급을 위해 연체 위험성이 있는 채무자에게 지급되었으며, 금융감독원 검사 시에 정상채권과 연체채권의 건전성 분류에 대한 지적이 없었으므로 통상적인 감사절차를 통해 발견이 가능했던 사항이 없었다면 감사인에게 책임을 묻기는 어려울 것이다.

금융자문수수료 수익계상의 경우에도 금융자문용역계약서가 제시되고 상대방인 SPC에서 이를 확인하여 주고, 자문용역에 대한 결과물의 확인이 가능하며, 자문용역 수입수수료가 입금되는 등 회계처리기준상 수익인식기준을 만족했을 경우 감사인은 회사의 회계처리를 인정할 수밖에 없는 상황인데 SPC에서 지급한 문제의 수수료도 차명계좌를 이용하여 불법대출해준 대금이 다시금 저축은행으로 돌아오는 돈이었으므로 정상적인 감사절차로는 알 수 없는 사항이라고 판단하는 것이 옳을 것이다.

상당인과관계의 문제

대부분의 소송사례에서 감사인이 책임 없음을 다투는 두 가지 축은 주의의무위반의 부존재와 인과관계의 부존재이다. 주의의무위반이 인정된다고 하여도 투자자들의 손해와의 사이에 상당인과관계가 존재하지 아니하면 감사인은 책임을 지지 아니하므로 상당인과관계의 판단도 매우 중요한 쟁점이 된다.

인과관계의 종류에는 "부실공시로 인하여 거래계약이 이루어졌다."는 내용의 거래인과관계와 "부실공시로 인하여 손해가 발생하였다."는 내용의 손해인과관계가 존재하는데, 주로 다투어지는 부분이 채권자가 투자를 한 것이 부실한 공시서류 때문이었는가의 문제인 거래인과관계이다. 판례는 발행시장에서의 공시서류는 증권취득의 유일한 판단자료이므로 투자자가 이를 신뢰하고 증권을 취득하였다고 보는 것이 합리적이므로 거래인과관계는 사실상 추정된다고 보고 있다. 손해인과관계에 대하여는 대법원 2007. 10. 25. 선고 2006다16758 판결, 대법원 2007.10.25. 선고 2005다60246 판결에서 사건연구(event study) 방법을 놓고 치열하게 다투어진 바가 있으나 결국 받아들여지지 아니한 사례가 있다.

문제는 감사인의 입장에서 인과관계를 단절시킬 수 있는 방법을 찾는 것인데, 저축은행 후순위채 판매과정에서 불완전판매의 문제가 발생하였으므로 이로서 인과관계를 단절시킬 수 있는 것이 아닌지 생각해 볼 수 있다. 판매창구 직원이 설명의무를 위반하고 상품설명서를 제시하지도 않았다면 투자자의 투자과정에서 증권신고서에 첨부된 감사보고서의 존재가 큰 의미가 없었다고 보아야 할 것이기 때문이다. 즉 투자자의 입장에서 증권신고서의 존재도 몰랐고 이를 보지도 않은 경우로서 공시서류를 직접 참조하지 않았으므로 거래인과관계가 없다고 볼 수도 있는 것이다. 만약 직접 공시서류를 보지 않았다고 해서 투자결정과 부실 공시의 인과관계를 부정할 수는 없다고 판단한다면 불완전판매를 포함한 이러한 사정들은 책임비율 산정이나 과실상계에서 충분히 참작되어야 할 것이다.

과실상계 및 책임비율 산정의 문제

감사인에게 정도는 미약하더라도 과실이 존재한다는 판단을 받게 된다면 연대책임이라는 큰 난관에 부딪히게 된다. 현행 외감법 제17조 제4항 및 이를 준용하는 자본시장법상의 각 조문에서는 "감사인이 회사 또는 제3자에게 손해를 배상할 책임이 있는 경우에 해당 회사의 이사 또는 감사도 그 책임이 있으면 그 감사인과 해당 회사의 이사 및 감사는 연대하여 손해를 배상할 책임이 있다."고 하여 연대책임을 명확히 하고 있다.[13)]

연대책임은 회사 재무제표 작성의 일차적 책임이 있는 해당 회사의 이사 또는 감사와 전수조사가 아닌 일정한 감사절차에 따라 감사하는 감사인은 그 책임의 정도가 다름에도 불구하고 서로 연대책임을 지도록 하는 것은 형평의 원칙에 부합하지 않는다는 문제점이 있다. 일례로 해산 당시 국내 4위 규모의 회계법인이었던 안건회계법인의 경우 회계 감사한 코오롱TNS의 분식회계로 인해 총 8건, 합계 약 200억원 가량의 손해배상청구소송을 당하면서 최종 판결 이전에 채권압류 등으로 2007년 6월 해산하고 말았는데, 당시 연간 감사보수는 2,500여만원에 불과하였다.

미국의 경우 회계법인에게 화해를 강요하는 위협소송(Strike Suit)이 사회적으로

---

13) 비례책임이 도입되기 이전의 법안 내용임

비율에 따른 비례적 책임만 부담시키도록 1995년 사적증권소송개혁법을 통하여 비례책임제를 도입하였다. 프랑스, 네덜란드, 스위스, 스웨덴과 같은 유럽 국가들은 회사의 경영진과 감사인에 대하여 각각의 역할에 따라 비례책임을 지도록 하는 비례책임제도가 이미 도입되어 있다.

아직 비례책임제가 도입되어 있지 않은[14] 우리나라의 경우에는 연대책임의 법리 하에 감사인의 책임을 판단함에 있어 구체적 타당성을 기하기 위하여 법원실무에서 공평의 원칙을 근거로 원고의 과실을 참작하는 과실상계의 방법을 활용하고 있다.[15]

"공동불법행위책임은 가해자 각 개인의 행위에 대하여 개별적으로 그로 인한 손해를 구하는 것이 아니라 가해자들이 공동으로 가한 불법행위에 대하여 그 책임을 추궁하는 것이므로, 법원이 피해자의 과실을 들어 과실상계를 함에 있어서는 피해자의 공동불법행위자 각인에 대한 과실비율이 서로 다르더라도 피해자의 과실을 공동불법행위자 각인에 대한 과실로 개별적으로 평가할 것이 아니고 그들 전원에 대한 과실로 전체적으로 평가하여야 한다"(대법원 1991. 5. 10. 선고 90다14423 판결, 1998. 6. 12. 선고 96다55631 판결 등)고 하여 과실상계에 있어 전체적 평가설이 법원의 원칙적인 입장이다. 다만, "과실상계를 위한 피해자의 과실을 평가함에 있어서 공동불법행위자 전원에 대한 과실로 전체적으로 평가하여야 한다는 것이지, 공동불법행위자 중에 고의로 불법행위를 행한 자가 있는 경우에는 피해자에게 과실이 없는 것으로 보아야 한다거나 모든 불법행위자가 과실상계의 주장을 할 수 없게 된다는 의미는 아니다."(대법원 2007. 6. 14. 선고 2006다78336 판결)고 하여 예외적으로 개별적 평가설을 취하고 있다.

감사인의 손해배상책임에서 법원은 개별적 평가설에서 한 걸음 더 나아가 원고와 회사, 원고와 회계법인 사이의 과실상계 비율을 따로 조정함으로서 공평의 원칙에 의한 책임의 제한을 하고 있다. 대법원 2010. 1. 28. 선고 2007다16007 판결에서 증권회사와 회계법인의 책임을 40 : 10으로, 대법원 2008. 6. 26. 선고 2006다35742 판결에서 이사와 회계법인의 책임을 50 : 30으로 판결한 바 있다. 하지만 여전히 회계법인의 책임 비율인 30, 10 부분 만큼은 연대책임을 전제로 한 판결이다.

감독원의 책임

저축은행 사태의 1차적 책임은 저축은행의 부실을 키워온 감독의 실패에 있음은 국회의 저축은행비리 의혹 진상규명을 위한 국정조사결과보고서에서도 이미 언급한

14) 비례책임제도가 도입되기 이전의 내용임

15) 이 내용은 비례책임제도가 도입되기 이전에도 과실을 참작하여 법원에서 선고가 내려졌음을 의미한다.

바 있다. 2008년부터 3년 동안 3번에 걸친 PF대출 전수조사를 시행하여 저축은행의 부실을 확인한 사실이 있음에도 감독원은 아무런 조치를 하지 못하였다. 저축은행이 높은 수신금리를 지급하기 위해서는 더 높은 수익을 얻을 수 있는 곳에 여신을 실행하여야 한다. 높은 수익을 얻을 수 있는 투자대상은 그 만큼 높은 위험성을 지니고 있다. 그것이 바로 상호저축은행이 해결해야 할 리스크의 본질적인 문제이므로 이에 대한 감독원의 규제와 예방책이 필요하다. 서민금융의 본분을 망각한 채 부동산 PF대출에 집중하였던 상호저축은행의 리스크에 대한 감독원의 예방적 조치의 부재로 말미암아 이미 부실이 진행되고 있는 단계에서 감독규정만 엄격하게 설정한 나머지 이를 회피하기 위하여 저축은행은 결국 계속적이고 고의적인 회계부정을 선택하게 된 것이다. 전체 PF 대출 중 10대 저축은행이 차지하는 비중이 약 50%라는 사실은 감독원의 부실채권 관리 소홀을 여지없이 보여주는 것이다.

정기적이고 수시적인 검사권을 행사하고 계좌추적권을 보유하고 있는 감독원이 적발하지 못한 불법행위를 표본추출을 통하여 단기간의 회계감사를 수행하는 외부감사인이 발견하리라고 기대할 수는 없다. 이는 다른 산업과는 달리 감독원에 의해 계속적으로 엄정한 상시 검사, 감독을 받고 있는 저축은행산업의 특성이 반영되어야 하기 때문이다. 또한 저축은행에 대한 외부감사를 마친 감사보고서를 증권신고서에 첨부하는 것은 후순위채발행시장의 공시규제의 일환으로 이루어지는 것이지 저축은행에 대한 감독 및 부실적발을 목적으로 이루어지는 것이 아님을 분명히 알 필요가 있다. 이러한 사정들은 감사인의 주의의무위반이 인정되는 경우에도 공동피고인 금감원의 책임이 상대적으로 매우 크다는 것을 단적으로 보여주는 것이므로 책임비율산정에 있어서 반드시 참작되어야 할 것이다.

결론

앞으로 저축은행 감독체계의 개편에서는 무엇보다 저축은행이 서민금융으로서의 본연의 업무를 충실히 수행할 수 있는 감독방향을 마련하고, 지배구조의 건전성 규제 강화 및 과도한 대형화 억제를 통하여 대주주나 경영진에 의한 전횡을 차단하여야 하고, 후순위채 투자자 및 예금자들의 보호를 위해 설명의무의 강화와 광고의 규제 등 각종 보호 장치들을 통하여 체계적인 제도개선을 이루어내야 할 것이다.

조상규. 2012. 4. 23. 법률신문.

chapter 7

급여 공개

2013년 11월부터 처음으로 급여 공개가 수행된 이후에 점진적으로 이 제도가 개선되어 나가가고 있다. 이전에는 요구받지 않던 내용도 추가적으로 공개가 요구되고 있는 것이다. 물론, 추가적인 정보의 공개가 개선인지 개악인지에 대해서는 누구에게 이 질문을 하는지에 따라서 달라진다. 등기 여부에 따른 공개 여부와 공개 빈도수 등에 대한 정부의 정책도 지속적으로 수정되었다. 정부의 입장이 어떻게 변화되고 수정되어 나가는지도 볼 수 있도록 신문기사도 순차적으로 인용한다.

5억 이상 임원연봉 세부내역 공개

금감원, 공시서식 개정 검토…˙대상자 700여명

주요 기업 연봉 5원 이상 연봉 세부 내용이 공개될 전망이다.

20일 금융감독원은 조만간 '기업공시서식 규정'을 개정해 등기임원 중 5억원 이상 연봉 수령자의 연봉 세부 내용과 지급 근거 등을 기업들이 사업 분기 보고서 등에 기재할 수 있도록 할 예정이라고 말했다.

금감원 관계자는 "아직까지 실무자 선에서 검토하고 있는 사항으로 다양한 방법을 논의하고 있는 상황"이라고 말했다. 금융위원회 관계자는 "기업공시 서식 변경은 간단한 사안이라 금감원 자체적으로 수정해 만들 수 있는 것"이라고 설명했다.

금감원은 자본시장법에 연봉 5억원 이상 등기임원 보수에 대해 구체적인 산정 기준과 방법을 공개하도록 돼 있는 만큼 관련 내용을 가장 잘 반영할 수 있는 방안을 구상 중이다. 하지만 아직까지 구체적인 방안과 적용 시기 등은 정해지지 않았다고 설명했다. 금감원 관계자는 "공개 수위에 따라 투자자와 기업간에 의견이 갈리는 만큼 어느 정도 선까지 공개해야 할지를 고민 중"이라고 말했다. 그는 이어 "등기임원만 대상으로 하는데도 견해 차가 있어 검토 중이고 금융위와도 협의할 예정이라 반영 방안은 얼마든지 바뀔 수 있다"고 말했다. 금융위 관계자는 "개인별 목표 달성률까지 다 적어내 기업 기밀이 상당 부분 드러나는 정도는 심한 것 같다"고 말했다. 현재 상장사 사업보고서 내 임원 보수 기재란은 등기이사에 대해 보수 총액과 1인당 평균보수액만 적는 형식으로 돼 있다. 공개 대상 기업은 1700여개 상장사와 사업보고서를 제출하는 비상장사가 될 것으로 보이며 연봉 5억원 이상 대상자는 700여명으로 추정된다.

이에 앞서 지난해 4월 국회에서 열린 금융위원회 보고에서 김기식 새정치민주연합 의원은 "기업 (임원) 보수 산정 기준을 자율 공개가 아닌 의무적으로 공개하도록 해야 하는 것 아니냐"고 지적한 바 있다. 이에 대해 신제윤 금융위원장은 "증빙 서류를 첨부하는 방안 등을 검토하고 있다"며 "모든 비등기 임원에 대해서는 어렵고 제한된 기준에서 일부 공개하는 방안은 파급효과 등을 고려해 검토하고 있다"고 답변했다.

매일경제신문. 2015. 1. 21.

보수공개와 같은 제도가 강한 것이 정책취지에 도움이 되는지에 대해서는 여러 가지 각도에서 검토해 보아야 한다. 제도가 강하면 역기능이 존재한다. 보수공개 등의 임원에 대한 제도가 강하거나 임원의 소송 위험 등의 책임이 너무 강하면 오히려 임원으로 등기하는 것을 회피하게 된다. 따라서 어느 정도 타협점을 찾아 가는 것도 좋은 대안일 수 있다.

등기임원 보수 공개 연 4회 → 1회로 축소

정부가 상장기업의 연봉 5억원 이상 등기 임원 보수 공개 횟수를 연 4회에서 1회로 줄이기로 했다.

정부는 10일 정부서울청사에서 추경호 국무조정실장 주재로 민관합동 규제회의를 열고, 이 같은 내용의 규제개혁 방안을 확정했다.

금융위원회는 이날 회의에서 연봉 5억원 이상인 상장기업 등기임원의 보수 공시를 매분기에서 1년에 한번으로 줄여 달라는 경제계의 건의를 수용하기로 했다.

금융위 관계자는 "미국 독일 등 주요국도 연 1회만 공개하고 있다"고 설명했다. 금융위는 이를 위해 자본시장법 개정안을 오는 9월 발의, 내년부터 시행할 계획이다.

한국경제신문. 2015. 7. 11.

연봉 공개와 관련하여 매 분기 연봉을 공개하는 내용은 가장 대표적인 정부의 과도한 규제라고 할 수 있다. 급여는 누구에게나 연봉의 개념으로 임원이 매 분기 어느 정도의 급여를 받는지에 대해서는 대부분의 투자자는 거의 관심이 없음에도 제도가 너무 급작스럽게 추진되다 보니 필요하지도 않은 과도한 정보가 강제된 것이다.

금융위, 지배구조 연차보고서 작성기준 논란

"금융사 CEO 후보수, 이력, 사유 공개하라"

가장 논란이 큰 대목은 금융사의 CEO 승계 및 후보군 관리에 대한 지침이다. 금융사마다 CEO 후보군과 개별 후보의 이력, 사유 등을 담도록 했다.

한 금융지주 임원은 "이름을 별도로 적지 않더라도 CEO 후보수와 개별 이력을 기재하면 알 만한 사람들은 후보군이 누군지 뻔히 알지 않겠느냐"며 대기업계열 금융사의 한 임원은 "그룹 차원의 인사가 이뤄질 경우 개별 회사의 CEO 후보군과 상관없이 임명하거나, 위기 상황에서 외부 인사를 CEO로 영입해야 할 때도 있다"며 "획일적으로 후보군을 정해놓는 게 말이 되느냐"고 꼬집었다.

CEO 등 임원과 사외이사 등을 추천할 때 후보자의 능력과 기존 성과, 전문성 뿐만 아니라 어떤 사람이 누구를 왜 추천했는지까지 명시하게 해서다. 사외이사는 연봉과 부가급여를 합친 개별 보수까지 공시하도록 했다.

한 시중 은행 부행장은 "임원이나 사외이사 추천 이유와 경로를 자세하게 공개할 경우 경영진이나 사외이사 간에 예측하지 못한 갈등을 유발할 수 있다"고 말했다.

"정부가 은행 CEO와 주요 임원을 임명하고 있는데 100페이지가 넘는 연차보고서를 왜 만들어야 하는지 모르겠다"고 했다.

매일경제신문. 2015. 1. 23.

일부 금융기관의 CEO 선임에는 정부가 개입하는 경우가 있는데 객관적인 선임 절차가 진행되는 듯한 인상을 주는 것이 오히려 사실 관계를 오도할 수 있다는 비판도 있다.

금융회사지배구조모범규준(2014)과 금융지배구조법(2015)에 의거 지배구조 공시 규제가 강화되는 과정에서 금융기관의 지배구조 연차 보고서가 도입되었다.

금융공기업적인 성격의 기업은 이러한 연차보고서를 홈페이지에서도 접근 가능하도록 하여 매우 상세한 정보가 시장과 공유된다.

지배구조연차보고서에는 당연히 감사위원회의 활동과 관련된 내용도 포함된다. 감사위원은 누구인지 또 회의는 몇 번 개최되었고 회의 안건은 무엇인데 누가 출석하였는지 등, 매우 상세한 내용이 보고서에 포함된다. 회사에서 지급된 급여 이외의 회의비 등 총 급여도 자세하게 기술된다. 지배구조연차보고서는 내부에서만 진행되고 있는 공개되지 않는 경영활동을 외부와 공유한다는 순기능이 존재하지만 CEO 승계라는 매우 민감하고 어느 정도는 기밀이 지켜져야 하는 내용까지도 공개하도록 한다면 이는 문제가 있다. 기업이 모든 정보를 공개하는 것만이 능사는 아니다.

벌거벗는 사외이사... 거마비, 콘도, 차량까지 제공

사외이사 선발과정과 활동 내역도 투명하게 공개된다. 누가 그 사외이사를 추천했는지, 추천자가 사외이사 후보자와 어떤 친족, 교우, 근무 관계 등이 있는지를 공개해야 한다.

어떤 의견을 개진했는지 등도 공개해야 한다.

조선일보. 2015. 1. 29.

그냥 호기심이라고 하면 문제가 있다.

현재 대부분의 회사에서의 이사회 회의록에 보면 어느 이사가 어떠한 발언을 하였는지가 공개되지 않는 경우가 대부분이다. 누가 어떠한 발언을 하였는지가 공개되지 않는 것이 이사들을 보호해 준다. 물론, 이사회의 의결이 표결로 진행되었을 경우는 누가 찬성/반대를 하였는지가 회의록에 나타나야 한다.

full disclosure의 내용은 무조건 모든 내용을 공개하는 것이어서는 안 된다. full disclosure가 정보의 유용성과는 무관하게 모든 정보를 공개하는 것으로 이해한다면 이에는 문제가 있다.

연봉 5억 넘는 임원 상여금 공시 때
리더십, 준법경영 평가도 담는다.
연봉 대비 상여금 비율은 빠져

다음달부터 1700여개 상장사들은 5억원 이상 연봉을 받는 등기 임원에 대해 개인별 상여금 산정 내역을 구체적으로 공시해야 한다. 각 임원이 맡은 사업부의 매출, 영업이익 등 계량지표는 물론 리더십, 준법경영 등 비계량지표에 대한 평가도 담아야 한다.

금융감독원은 상장사가 공시하는 사업보고서에 연봉 5억원 이상 받는 등기임원에 대한 보수 산정기준 및 방법을 충실히 기재하도록 '기업공시 서식 규정'을 개정했다고 9일 발표했다. 이 규정은 다음달부터 12월 결산 상장법인들이 제출하는 2014년 사업보고서부터 적용된다.

금감원 관계자는 "2013년 사업보고서를 분석한 결과 대상 기업의 64%가 임원 상여금 지급 근거를 '임원 보수규정에 따름' 등으로 간략하게 기재했다"며 "투자자금이나 배당 등에 쓰이는 회삿돈이 임원 상여금으로 적절하게 지급됐는지를 주주에게 자세히 보고하라는 자본시장법 취지를 반영해 서식 규정을 바꿨다"고 설명했다.

이에 따라 5억원이 넘는 연봉을 등기임원에게 지급한 상장사는 앞으로 임원 성과에 대한 계량 비계량 평가지표 및 수행실적과 함께 '기준 연봉의 0-200%'란 식으로 성과급 지급액 범위를 공시해야 한다. 예를 들어 'A임원은 담당부서인 B사업부의 매출과 영업이익이 각각 20% 증가하는 등 계량지표에서 좋은 성적을 거뒀고, 윤리경영 문화를 확산시키는 등 비계량지표에서도 성과를 낸 점을 감안해 상여금 3억6000만원을 산출 지급했다'는 식으로 기재해야 한다.

금감원은 당초 계량지표와 비계량지표별 평가배점과 '기준 연봉 대비 상여금 지급률'도 공개하는 방안을 추진했으나 상장사들의 부담을 고려해 철회했다. 재계는 기준 연봉 대비 상여금 지급률이 공개되면 "임원별 성적표가 공개되는 꼴이 될 수 있다"며 반대해왔다.

금감원 관계자는 "이번 서식 개정으로 일부 상장사들이 적자를 냈는데도 별다른 근거 없이 주요 임원에게 거액의 상여금을 주던 관행이 바뀔 것"이라고 기대했다.

한국경제신문. 2015. 2. 10.

계량화할 수 있는 내용만이 모든 정보는 아니므로 비계량지표를 포함한다는 의미는 충분히 이해되지만 리더십, 준법경영 등은 정성적이며 매우 주관적인 판단의 영역에 이므로 이를 측정한다는 것이 적합한 것인지에 대해서는 고민해 보아야 한다.

대기업 오너 일가 전횡 막는다지만 '조현아 특별법' 발의 논란

실형이나 집행 유예 선고시 일정 기간 임원 선임을 금지하는 데다, 이들에 대한 상시적인 감시를 의무화하고 있어 위헌과 과잉입법 논란이 예상된다.

당장 여당내에서는 "자유시장 경제에 부적절하다"는 의견이 나오고 있다.

김용남 의원은 "2월말에 대기업 집단 윤리경영 특별법을 대표 발의한다"고 11일 밝혔다.

적용 대상은 자산 5조원 이상 대기업 최대주주와 특수관계인(본인 배우자 6촌 이내 혈족, 4촌 이내 인척)이다. 김의원은 "이들은 경영에 막강한 영향력을 행사하고, 경제에 영향을 미칠 수 있는 인물이기 때문에 법 적용이 필요하다"고 설명했다.

특별법은 해당 기업이 최대주주나 특수관계인을 임직원으로 채용할 경우 이사회와 주주총회 의결을 거쳐 공시하도록 하는 한편 등기 임원이 아니더라도 상여금을 포함한 보수 총액이 상위 5명 이내에 포함될 경우 사업보고서에 이를 공개하도록 했다. 또 최대주주와 특수관계인이 지켜야 할 내부 통제기준을 설정하고 준법감시인을 둬 지켜보도록 규정했다. 시민단체 법관 등으로 구성된 윤리경영위원회를 의무적으로 설치해 일가의 권한 남용을 감시해야 한다는 조항도 있다.

김의원은 "30대 그룹 총수의 3-4세가 입사 후 임원으로 승진하는 기간이 평균 3.5년에 불과해 특권 의식에 젖을 우려가 크다"며 "특별법을 통해 국가 경제를 움직이는 대기업 일가의 투명성과 준법 정신을 높여 기업 문화를 바꿀 수 있을 것"이라고 설명했다.

정무위 한 관계자는 "헌법상 직업 선택의 자유를 침해할 염려가 있어 상정시 기업판 김영란법(부정청탁 및 금품 등 수수 금지법 제정안)이 될 가능성 있다"고 말했다.

실제로 이 법과 유사한 조문을 담은 자본시장법 개정안이 상정돼 있지만 논란 속에 계류 중이다. 현재 임원 및 감사에 대해 개인별 보수를 공개하고 있는데 이를 대주주 미등기임원 업무 집행지시자 등(송광호 의원안)으로 확대하거나, 업무 집행지시자 집행 임원 등(민병두 의원안)으로 넓히자는 내용이다.

금융위는 이에 업무집행지시자에 대해 법상 정의가 어렵고 미등기임원에 대해 공시 부담 가중을 이유로 반대 의견을 표한 상태다.

매일경제신문. 2015. 2. 12.

위 기사에서 금융위가 지적하였듯이 업무집행지시자가 누구인지를 파악하기는 무척 어렵다. 이는 이들이 공식적인 직이 없음에도 불구하고 경영의사결정에 영향을 미치기 때문이다. 또한 어떠한 과정으로 영향을 미쳤는지가 당연히 공식

적으로 문서화되어 있지 않기 때문이기도 하다.

준법감시인이 최대주주의 2세에 대한 적절한 통제활동을 수행하기가 매우 어려울 것이라고 사료되며 시민단체, 법관 등으로 구성된 윤리경영위원회의 구성도 현실적이지 않으며 탁상공론에 그치기 쉽다. 법관 등이 개별 기업의 윤리경영위원회에 어떤 사유로 관여하여야 하는지도 정당화하기 어렵다.

모든 문제를 법으로 해결할 수는 없다. 시장 즉, 자율규제에 맡겨 두어야 할 내용까지도 공적규제를 하려고 하면 모든 것이 법으로 제정되어야 하는데 위의 내용이 법제화할 내용이라고 까지는 믿어지지 않는다.

현대차, ㈜SK 등이 사외이사로 구성된 governance 위원회를 가동한다고 하며 2015년 주총에서는 기아차도 이러한 위원회를 구성한다고 하는데 위원회를 구성하고 가동하는 것만이 능사는 아니다.

기업지배구조원의 평가 항목에는 다음과 같은 내용이 있다.

문항: 최대주주 및 특수관계인, 또는 회사의 임원에 의해 기업 가치를 훼손시킬만한 사건이 발생한 적이 있는가?

사유: 총수 2·3세가 검증 절차 없이 고속 승진하는 경우라고 되어 있다.

매우 주관적인 평가항목이지만 검증 과정이 없이 최대주주의 2, 3세라고 하여서 고속 승진하는 것이 어떠한 잣대가 되었거나 바람직한 것은 아니다. 또한 적용에 있어서는 고속 승진의 의미가 몇 년 사이에 몇 계단을 건너뛰어야 고속 승진인지에 대한 것도 판단이 어렵다.

위의 신문기사는 무슨 대통령 친인척에 대한 청와대 민정수석실의 감찰도 아니고 매우 개혁적인 내용이 포함되어 있다. 기업과 관련된 모든 것이 법제화의 대상일 수는 없다. 예를 들어, 사람의 품성이나 인성, 인품에 대한 평가를 제도화할 수는 없고 이는 주관적이고 자의적인 평가이다.

현재로는 등기임원에 대한 급여 공개로 제도가 되어 있는데 이러한 문제점을 피해 가기 위해서 등기를 회피하는 최대 주주가 있다. 이러한 제도의 공간을 미연에 방지하기 위해서 등기 여부에 무관하게 미국과 같이 상위 급여자 5인과 CEO, CFO의 급여를 공개하게 할 수도 있으며 이미 이러한 방향으로 입법화가 진행되고 있다. 등기 여부는 법적인 책임의 이슈와 관련되며 급여 공개는 과도한 급여로 인해서 기업내 부가 유출되는 것을 방지하자는 취지인데 이 양자를 반드시 같이 가져갈 이유가 별로 없다.

최대주주의 2세 또는 3세가 경영권을 물려 받는 것이 우리의 현 상황이다. 주식수 즉, 의결권에 근거하여 등기이사로 등기하며 적법한 절차를 거치는 것을 물리적으로 막기는 어렵다. 단, 준비되지 않는 2, 3세가 경영권을 물려받는 데 대한, 또한 증여세를 포함한 투명한 증여 절차를 밟지 않고 경영권이 넘어 가는 것은 바람직하지 않다.

과다연봉 억제해 불평등해소 vs. 고도화된 직무 감안해야,
미, CEO-직원 임금 차 공개 의무화 '시끌' SEC, 2017년부터 시행 확정

임금격차, 65년 20대 1서 2015년 300대 1로 벌어져.

미국 기업들은 2017년부터 최고경영자가 직원보다 얼마나 많은 임금을 받는지 공개해야 한다. 직원 연봉의 중간값보다 CEO가 얼마나 많은 연봉을 받는지 공개해 임금 격차를 줄이도록 압박하겠다는 것이지만 실효성을 놓고 논란이 벌어지고 있다.

미국증권거래위원회(SEC)는 5일 CEO와 직원의 임금격차 비율을 공개하는 규정을 찬성 3, 반대 2 표결로 통과시켰다고 월스트리트저널 등이 전했다. 공화당과 민주당이 추천한 위원 2명은 각각 반대와 찬성으로 맞섰으며 메리 조 화이트 SEC 위원장이 찬성 쪽으로 캐스팅보트를 행사했다. 소규모 또는 신성장 기업으로 분류된 경우를 제외한 모든 상장사는 2017년 이후 새로운 회계연도가 시작될 때마다 직원과 CEO간 임금 격차 정보를 공시해야 한다.

WSJ은 이번 표결 통과로 기업실적과 CEO의 기여도를 판단하는 또 하나의 기준이 생겼다면서도 소득불균형과 CEO 연봉을 연결시켜 정치적 논쟁을 불러올 수 있다고 분석했다. 또 임금 격차 공개에 반대하는 기업들이 미 상공회의소를 통해 이번 법안의 시행을 앞두고 소송을 제기할 수도 있다고 예상했다.

뉴욕타임즈는 1965년 20대 1 수준이었던 CEO와 직원들의 중간 임금 격차가 최근 300대1까지 켜졌다며 CEO 연봉이 급속도로 증가해 소득불균등에 대한 사회적 불만이 커지고 있다고 전했다. 민주당과 노동조합은 임금 격차의 공개를 통해 CEO의 과다한 연봉 지급을 억제할 수 있다는 입장이다. 민주당 측인 카다스타인 SEC 위원도 로이터통신에 "임금 비율 공개는 또 다른 유용한 투자 기준을 제공할 것"이라고 말했다.

NYT는 그러나 과거보다 기업 규모가 커지고, 경영환경이 복잡해지면서 CEO의 직무도 고도화된다는 점을 감안해야 한다는 분석도 있다고 지적했다.

한국경제신문. 2015. 8. 7.

미국에 'occupy wall street'라는 운동이 지나간 이후, 미국에서 조차도 빈부격차에 대한 상당한 비판이 제기되고 있고 미국 대통령이 금융기관 사장들의 천문학적 급여에 대해 비판하는 사태에 이르고 있다. 가장 성숙하게 자본주의가 잘 정착되었다는 미국에서 과거에는 상상 조차 할 수 없었던 일이다.

위의 신문기사를 보면 미국이나 우리나라나 이 내용은 공통적으로 정치적인 이슈이다. 미국에서도 보수정당인 공화당 성향의 위원들은 친 기업적인 성향을 보이고 있으며 민주당 성향의 위원들은 친 노동조합의 성향을 보이고 있다. 미국은 현재로는 CEO, CFO와 가장 급여가 높은 5명 임직원의 급여를 공개하고 있다. 절대금액인 급여의 공개와 직원 급여와의 상대적인 비교는 부의 비교가 되므로 절대금액의 공개보다도 그 전달하는 내용이 더욱 충격적일 수 있고 직원들에게는 상대적인 소외감과 박탈감을 줄 수 있다. 또한 사회와 직장에 위화감을 조성할 위험도 있다.

직원과 CEO 또는 직원과 임원들간의 급여 수준 비교는 인사관리 분야의 연구에서 오랫동안 연구되어 오던 주제이므로 어떻게 보면 크게 새로운 것이 없다. 그러나 이 내용이 公示라는 형태로 정보 이용자에게 전달된다는 것이 이슈화한 것이다. 즉, 공시되지 않아도 접근이 가능한 정보이기는 하지만 공시가 되고 공론화된다는 자체는 그 파급효과를 생각하면 영향력이 크다.

물론, 기업내에서 뿐만 아니라 전체 경제활동에 있어서도 부의 불균형에 대한 여러 경제지표가 보고되기도 하지만 기업내의 불균형의 이슈는 같은 community에서의 문제이므로 더 심각하게 부각된다.

chapter 17에서는 회계법인에서의 임원과 직원간의 급여 차이에 대한 부분이 이슈가 되기도 한다.

상장사 '미등기 임원'도 연봉 5위까지 급여 공개 <5억원 이상>
2018년부터 연 1회 의무화

이르면 2018년부터 연봉 5억원 이상을 받는 상장회사의 미등기 임원과 직원도 회사에게 연봉 상위 5위 이내에 들면 급여 내역을 공개해야 한다. 계열사 등기 임원을 맡지 않은 대기업 총수의 고위 임원 수백명이 연봉 공개 대상에 새로 포함될 것이란 전망이다. 현재 연봉 공개 대상은 640여명이다.

또 연말부터 상장사의 연봉 5억원 이상 등기이사에 대한 연봉 공개 횟수가 연간 최고 4회에서 1회로 줄어든다.

30일 국회와 재계에 따르면 국회 정무 위원회 여야 간사는 지난 27일 상장사 임원의 연봉 공개와 관련해 김종훈 새누리당 의원과 김기준 새정치연합 의원이 각각 대표 발의한 자본시장과 금융투자업에 관한 법률(자본시장법) 개정안을 모두 통과시키기로 합의했다.

두 개정안은 이르면 12월 1일 정무위 법안심사소위를 거쳐 국회 본회의에 상정될 예정이다. 김종훈의원안은 연말 공포 후 즉시, 김기준의원안은 최소 3년의 유예 기간을 둘 것으로 알려졌다. 여야의 최종 합의 결과에 따라 유예 기간은 변동될 수 있다.

한국경제신문. 2015. 12. 1.

신규 연봉 공개 대상 500여명 재계 “개인정보 침해 문제 있다”

총수들 연봉 낱낱이 공개 땐 사회적 위화감 키울 수도
상여금 지급 근거도 공개. 기업들 부담 갈수록 가중

지금은 누적 급여 수령액이 5억원을 넘는 시점부터 분기보고서(1-3분기)나 반기보고서, 사업보고서가 나올 때마다 공개해야 한다. 만약 등기임원이 1분기부터 급여 수령액 5억원을 넘으면 연 4회 모두 공개해야 하는 것이다. 미국 영국 일본 등 주요 선진국은 대부분 임원 보수를 연 1회만 공시하고 있다.

김기준 새정치민주연합 의원의 개정안은 회사 상위 연봉 5위 이내에 드는 연봉 5억원 이상 미등기임원이나 일반 직원도 공개 대상에 새로 추가토록 했다. 시행시기는 2018년 말이 유력한 것으로 알려졌다. 연봉 5억원 이상 등기임원은 5위 이내 포함 여부와 상관없이 지금처럼 공개하도록 돼 있다.

재계는 김종훈 새누리당 의원의 개정안은 환영하는 반면 김기준의원의 개정안에는 크게 반발하고 있다. 전국경제인연합회 관계자는 “임원 연봉 공개는 개인 정보 침해 소지가 있고 사회적 위화감을 키운다는 지적이 많다”며 “공개 대상을 확대하는 것은 결코 바람직하지 않다”고 말했다. 재계는 총수들의 연봉이 낱낱이 공개되는 데 강한 거부감을 나타내고 있다.

김기준의원의 개정안이 통과되면 현재 미등기임원으로 돼 있는 상당수 기업 총수가 대부분 연봉 공개 대상에 포함될 전망이다. 이재용 삼성전자 부회장, 신세계의 이명희 회장과 정용진 부회장, 박현주 미래에셋그룹 회장, 박문덕 하이트진로그룹 회장 등은 미등기임원으로 연봉을 공개하지 않고 있다. 전경련에 따르면 2013년 11월 상장사 연봉 공개 시행을 앞두고 300여명 가량의 기업 등기임원이 등기 직을 사퇴한 것으로 알려졌다.

이들 가운데 상당수를 비롯해 새로 연봉 공개 대상에 포함되는 상장사 임직원은 많게는 500여명 안팎에 이를 것으로 경제계는 관측하고 있다. 지난해 사업연도 기준으로 연봉을 공개한 임원(642명)과 비슷한 수치다.

이와는 별도로 금융당국은 지난 2월부터 연봉 공개 대상 임원에 상여금 지급 근거까지 공개토록 해 기업들의 부담은 이미 커져있는 상황이다. 금융위원회와 금융감독원은 '기업공시 서식 규정'을 개정해 연봉 공개 대상 임원들이 지급받은 상여금 액수의 기준이 되는 개인별 성과목표와 성과 달성률 등을 상세하게 공시토록 했다.

재계 관계자는 금융당국의 상여금 지급 근거 공개에 대해서도 "인센티브 기준과 개인별 목표 달성률 등이 공개되면서 경쟁업체에서 더 좋은 조건을 제시하며 인력을 빼가는 일이 우려되고 있다"고 말했다.

한국경제신문 2015. 12. 1.

등기임원 기피하는 재벌 총수일가

이사 등재 비율 21.7%, 매년 하락
삼성그룹은 이부진사장 1명 뿐
공정위 "책임경영 소홀" 비판

수많은 대기업 계열사를 실질적으로 지배하는 재벌 총수들이 계열사 등기 이사로 등재되는 비율이 해마다 떨어지는 것으로 나타났다. 공정거래위원회는 23일 이 같은 조사 결과를 발표하면서, "대기업 총수가 책임경영을 소홀히 하고 있다"며 공개적으로 비판했다.

공정위가 이날 발표한 '2015년 대기업 지배구조 현황'에 따르면, 총수가 있는 40대 민간 대기업 계열사 1356개 가운데 총수 일가가 이사로 등재된 회사는 21.7%(294개사)에 불과한 것으로 집계됐다. 총수 일가의 이사 등재 비율은 2012년 27.2%, 2013년 26.2%, 2014년 22.8% 등으로 해마다 떨어지고 있다. 특히 전체 대기업 계열사 중 그룹 총수가 이사로 등재된 회사는 7.7%(105개)사에 그쳤다. 최근 재벌 총수의 2~3세가 전무나 사장 등으로 승진하고 있지만, 이들이 계열사 이사로 등재된 비율은 6.9%(93개사)에 불과하다.

특히 삼성과 현대차 등 국내 10대 대기업 가운데는 삼성 이건희회장과 이재용부회장을 비롯한 삼성그룹 총수 일가가 이사로 이름을 올린 것은 단 한 곳(호텔 신라 이부진사장)에 불과하다.

SK의 경우 82개 계열사 가운데 2개사(2.4%)에만 총수 일가가 이사로 등록했다.

삼성 이건희 회장과 SK 최태원회장, 현대중공업 정몽준고문과 한화 김승연회장, 두산 박용곤 명예회장 등 5명의 대기업 총수는 단 한곳의 계열사에도 등기 이사로 이름을 올리지 않았다.

반면 한진그룹은 43개 회사 가운데 총수 일가가 17개 계열사에 이사로 등재됐고, 부영그룹은 15개 계열사 가운데 총수인 이중근 회장 일가가 13개 회사에 이사로 등재돼 상대적으로 비율이 높았다.

한성대 경제학과 김상조교수는 "대기업 총수 일가가 권한은 행사하고 법적인 책임을 회피하고 있다"며 "대기업의 연봉 공개 의무를 이사 등재 여부와 관계없이 상위 몇 명 정도로 해서 공개할 필요가 있다"고 말했다.

40대 대기업 총수 일가 이사 등재 현황	2014년	2015년
총수일가 이사 등재 회사 수	312	294
총수 이사 등재 회사 수	117	115
총수 2~3세 이사 등재 회사 수	109	93

조선일보. 2015. 12. 24.

단, SK 최태원회장은 2015년 주총에서 ㈜SK에 등기하는 것으로 알려졌으니 일부 기관투자자들이 전과를 이유로 등기에 반대하고 있으며 삼성전자의 이재용 부회장이 2016년 임시주총을 통해서 등기이사로 선임되었다.

다음의 신문기사는 손성규(2014) chapter 28에서 기술된 이연성과급제도와 관련된 기사이다. 이연성과급제도는 경영자들이 단기 업적에만 치우쳐서 기업의 중장기 업적이 훼손되지 않도록 금융기관에 도입된 제도이다. 단, 위의 저술에도 기술되어 있듯이 기업의 경영활동과 무관한 상근감사위원의 성과급의 지급에 대해서까지도 이연성과급을 적용하는 문제점 등이 지적되고 있다. 단기업적에 치우쳐서 경영의사결정을 수행하는 문제점은 굳이 금융기관에만 한정되는 것이 아니므로 이러한 제도가 일반 공기업에까지 확장되고 있다.

공공기관장들의 단기 업적주의 막는다.

경영실적에 따른 성과급 내년부터 3년간 분할지급

전년도 경영 실적에 따라 차등 지급하는 공공기관장 성과급이 내후년부터 3년간 분할 지급되는 방식으로 바뀐다. 지금은 경영 평가 결과를 반영해 다음해 6월에 성과급 전액을 지급하는데, 이를 첫해에 절반만 주고, 나머지 50%는 2년 차 30%, 3년 차 20%로 나누겠다는 것이다.

기획재정부는 21일 송언석 2차관 주재로 공공기관 운영위원회를 열고 이 같은 내용의 중기 성과급제 도입 방안을 심의 의결했다. 송차관은 "공공 기관장이 단기 업적주의에 빠지는 것을 막고 중장기적인 목표를 세워 책임 경영할 수 있도록 성과급제를 바꾸기로 했다"고 밝혔다.

현재 공공 기관장 성과급은 전년도 연봉을 기준으로 S등급 120%, A등급 96%, B등급 72%, C등급 48% 등 4단계로 차등 지급된다. 기재부는 전년도에 낮은 평가를 받은 공공 기관장이 분발해 다음 해 좋은 평가를 받을 수 있도록 인센티브를 부여하기로 했다. 즉 경영평가 등급이 전년에 비해 상승할 경우 2년 차와 3년 차 성과급을 20%(1등급 상승), 30%(2등급 상승), 40%(3등급 상승)씩 올려주기로 한 것이다.

예를 들어 연봉이 1억원인 공공 기관장은 지금은 경영 평가에서 B등급을 받으면 성과급으로 7200만원(72%)를 한 번에 받는다. 하지만 바뀐 제도에 따르면 2017부터는 첫해에 7200만원 가운데 절반인 3600만원을 받고, 2년차에 30%인 2160만원, 3년차에 1440만원을 받게 된다. 만일 이 기관이 다음 해 경영평가에서 한 등급 높은 A등급을 받으면 기관장의 2년 차 성과급은 2160만원에서 20%(432만원) 늘어난 2592만원이 되는 식이다.

반면 다음 해 등급이 하락한 기관장은 같은 비율만큼 2, 3년차 성과급이 깎인다.

또 비위를 저질러 재판에 넘겨지거나 퇴임 후 형사처벌을 받는 기관장에 대해 성과급을 몰수하고 이미 지급한 성과급도 환수할 수 있는 규정도 마련됐다.

조선일보. 2015. 12. 22.

KB금융 전 최고경영진 성과급 논란
'뜨거운 감사' 슬그머니 건네다가 들통

KB금융그룹이 전 경영진 성과급 지급 문제고 또 한번 시끄럽다. 5월초 KB금융은 어윤대, 임영록, 전 KB금융지주회장과 이건호 KB 전 KB국민은행장에 대한 성과급 지급을 결정했다. 그러자 반발 여론이 만만찮다. 경제개혁연대는 지난 5월 19일 KB금융지주 이사회와 평가보상위원회 의사록을 열람, 등사하게 해달라고 청구했다.

2015년 12월 18일 평가보상위원회와 지난 4월 7일, 12일 이사회 때 논의된 '경영진

보상 및 제도 개선(안)' 관련 의사록이다. KB금융 노조 역시 "KB 금융 위상에 심각한 타격을 입히고 제대로 된 책임 경영을 하지 못했는데도 거액의 성과급을 지급하는 건 말이 안 된다"는 논평을 냈다.

한편에서는 개별 기업 이사회의 판단을 두고 왈가왈부하기 어렵다고 주장한다. 그럼에도 소액주주, 고객 등 일부 이해 당사자는 이번 조치가 불합리하다며 문제 제기르 계속할 태세다.

재임기간 악 영향 끼쳤는지가 변수

'개인이나 집단이 수행한 작업 성과나 능률에 대한 평가를 실시해 그 결과에 따라 지급하는 보수'.

성과급의 정의다.

경제개혁연대 등 시민단체가 문제 삼는 부분은 과연 이런 기준에 부합했느냐다.

임영록 전 회장은 2014년 국민은행 주 전산기 교체 과정에서 당시 이건호 행장과 갈등을 빚었다. 금융당국은 임 전 회장을 상대로 금융지주회사법상 자회사 경영 관리 책임 소홀, 은행법상 내부 통제 기준 준수 의무 소홀 등을 이유로 '직무정지 3개월' 조치를 내렸다. 이건호 전 행장도 주전산기 갈등 관련 책임 등으로 '문책적 경고'를 받았다. 어윤대 전 회장은 2013년 주주총회를 앞두고 당시 박동찬 부사장의 사외이사 재선임 안건과 관련한 부적절한 인터뷰를 하고, 미공개정보를 외부기관(ISS)에 유출하는 과정에서 감독 책임을 소홀히 했다는 이유로 '주의적 경고'를 받았다.

그럼에도 KB금융 이사진은 성과급 지급을 결정했다. 이사진 입장은 확고하다. 법률 검토 결과 성과급 지급을 안 할 이유가 없다는 주장이다.

임영록 전 회장의 경우 회장 취임 직전 3년간 사장(2010년 7월~2013년 7월)으로 일하면서 책정된 주식 성과급과 사장 임기 마지막 해 6개월간 재직에 대한 단기 성과급을 지급하는 것이라고 설명했다. 이건호 전 행장은 주전산기 갈등 관련 책임은 있지만 임 전회장보다 상대적으로 낮은 징계(문책적 경고)를 받았으므로 장기 성과급은 미지급하되, 당초 성과급의 50%를 단기 성과급으로 지급하기로 했다. 어윤대 전 회장 역시 주식 성과급과 2013년 상반기 회장직 수행에 대한 단기 성과급이 이번에 포함됐다는 설명이다. 성과급을 지급하지 않았을 때 성과급 수령 대상자가 문제 제기를 하면 법적 분쟁 소지가 있다는 논리도 덧 붙였다.

KB금융 관계자는 "지난해부터 성과급 관련 논의를 했으나 결론을 내지 못했다. 그러나 보니 전임 CEO에 대한 이슈가 계속 이어졌다. 결과적으로 KB금융에 도움이 되지 않는다. 그래서 이번 참에 털고 가겠다는 의지를 천명한 것"이라며 전 경영진 성과급 지급엔 문제가 없다고 선을 그었다.

반면 KB금융 노조, 시민단체는 '어불성설'이라며 목소리를 높인다. 주전산기 선정과 관련해 지배구조 갈등을 야기한 최고 책임자들 때문에 당시 기업 이미지가 실추되고 KB금융 지배구조 이슈마저 야기됐는데 성과급을 챙겨 주는 건 부당하다는 논리다.

이승희 경제개혁연대 사무국장은 "KB금융의 평가보상위원회 규정에 따르면 경영진의 비윤리적 행위, 손실 발생, 법률 위반 등의 사항에 대해 '관련 당사자의 성과급 중 당기 현재 보상액과 과거 발생분에 대한 미래이연지급액의 환수(clawback)'를 적용할 수 있도록 돼 있는데 KB금융그룹 평판과 지배구조 건전성을 훼손하고 감독당국으로부터 제재를 받은 이들에게 성과급 지급이 과연 타당한지 따져볼 것"이라고 말했다.

김유찬 홍익대 세무대학원 교수는 "금융권이 현재 호봉제에서 성과연봉제로 전환하고 있는 시점에서 전임자 사안이라 할지라도 최고경영진에 한해서는 성과급 지급 기준을 느슨하게 한다면 현 경영진의 성과 연봉제 도입 명분이 약해질 수밖에 없다"고 지적했다.

성과급 미공개도 쟁점이다.

KB금융은 논란 최소화를 위해 금액을 공개하지 않기로 했다. 법적으로 밝힐 의무는 없다는 게 KB금융 입장이다.

반면 경제개혁연대 등 시민단체는 CEO 연봉도 일정 금액 이상이면 공개하도록 돼 있는데 적게는 수억원, 많게는 수십억원에 달할 것으로 추정되는 성과급을 밝히지 않는 건 문제가 있다고 강조했다.

성과급 논란 잠재우려면
지급 가이드라인 엄격하게 만들어야

KB금융은 이사회 고유 권한을 외부 단체가 왈가왈부하는 건 온당히 않다는 입장이다.

정관에 따라 '주주총회에서 위임한 이사의 보수 기타 보상의 결정'이란 권한을 이사회가 행사했다는 것이다. 물론 반대 의견도 나온다.

"개별 주식회사 이사회의 결정이라 해도 해당 인물들이 회사에 끼친 악영향을 고려한다면 국민연금, 소액주주 등이 잘못을 바로잡도록 목소리를 내는 방법도 있다." 윤석헌 숭실대 금융학부 교수의 반론이다. 윤교수는 "KB금융 이사회가 회사 내부 결정이라 주장한다면 KB금융의 대 주주 중 하나인 국민연금 차원에서 기업 이미지 실추로 주주 이익이 침해됐다는 논리로 전 최고경영진에 대한 성과급 지급에 문제 제기를 해야 할 것"이라고 말했다.

경제개혁연대는 소액주주로서 목소리를 내겠다고 의지를 다진다. 이사회 의사록 공개 청구를 통해 의사록을 확보한다면 KB금융 지배구조 규정 제12조(이사회는 '보상관행에 대한 선량한 관리자의 주의 의무'를 다해야 한다)를 지켰는지 집중적으로 따질 것이라고 예고했다. 이승희국장은 "현 판단은 KB금융 이사회가 법 형식 논리 뒤에 숨은 채 주주로부터 위임받은 재량적 판단의 권한과 책임을 스스로 포기한 것이나 다름없다"고 주장했다.

현행법에서 금융사 임원에 대한 제재는 '해임권고-직무정지-문책경고-주의적 경고-주의'의 다섯 단계로 나눠져 있다. 가장 강한 징계는 '해임권고'고 그 다음이 업무의 전부 또는 일부를 정지시키는 직무정지다. 직무정지는 6개월 이내에서 정할 수 있다. 문책경고의 경우 임원은 잔여 임기까지 정상적으로 업무를 수행할 수 있지만 연임이 제한된다. 해임권고와 직무정지는 각각 5년, 4년간 금융사 임원으로 재취업하지 못한다. 준법감시인 선임 자격도 제한된다.

김유찬교수는 "20대 국회에서 관련법을 고쳐 논란을 종식해야 한다. 징계 받은 임원의 경우 성과급을 못 받게 하거나 제한적으로 수령하게 하는 식의 구체적인 가인드라인이 들어가야 전직 경영진 성과급 지급 논란과 상관없이 현직 경영진이 제 역할을 할 수 있을 것"이라고 말했다.

매경비즈니스. 2016. 5. 25.-5. 31.

급여가 5억원이 넘는 경우에 대해서는 공시하는 것을 결정하였지만 성과급에 대해서는 제도에 언급되지 않는데 이 부분에 대해서도 제도권에서 고민하여야 한다.

미등기 임원도 '연봉 톱5'면 연 2회 급여 공개해야

2018년부터... 정무위 통과

2018년부터 연봉 5억원 이상을 받는 상장회사 미등기 임원과 직원도 회사에서 연봉 상위 5위 이내에 들면 급여 내역을 공개해야 한다.

국회 정무위원회는 18일 법안심사소위원회와 전체회의를 열어 이 같은 내용이 포함된 '자본시장 및 금융투자업에 관한 법률 개정안'을 통과시켰다. 김기준 더불어민주당 국회의원이 대표 발의한 이 개정안은 임원이 아니더라도 보수총액 기준 상위 다섯 명에 대해 보수와 구체적인 산정 기준 및 방법을 공개하도록 했다. 이 법은 유예기간 2년을 거쳐 2018년부터 시행되며 1년에 두 차례 공개하도록 했다.

자본시장법 개정안 중 '임원 개별보수 공개안'이 통과됨에 따라 계열사 등기임원을 맡지 않은 대기업 총수와 고위 임원 수백명이 연봉 공개 대상에 새로 포함될 것이란 전망이다. 법 개정에 따라 이재용 삼성전자 부회장도 2018년부터 삼성전자 전체 연봉 6위 안에 들면 연봉을 공개해야 한다. 연봉 5억원 이사 등기임원은 5위 이내 포함 여부와 상관없이 지금처럼 공개하도록 했다. 현재 연봉 공개 대상은 640여명이다. 여야는 이날 등기 미등기 임원의 급여 공개 범위와 횟수 등을 놓고 막판까지 줄다리기를 벌였다.

야당 안을 대표 발의한 김기준의원은 "등기 임원에 대해서만 공개하면 대기업 총수나 고위인사들이 등기를 포기하고 비등기로 전환하는 사례가 많을 것"이라며 "이렇게 되면 공개할 의무가 없어져 사실상 법망을 피해가게 된다"고 주장했다. 또 "통과된 개정안대로 진행하면 대략적으로 회사 고위 임원의 보수 수준을 가늠할 수 있다"고 말했다.

하지만 한국상장회사협의회, 코스닥협회, 전국경제인 연합회 등 경제계는 개정안 통과에 강하게 반대 의견을 표명했다. 임직원 여부를 떠나 상위 5명을 무조건 공개하는 것은 사생활 비밀 보호권을 침해한다는 주장도 제기됐다. 업계 관계자는 "미국 영국 일본 등 주요국에서 임원개별보수 공개가 회사의 투명성 제고나 실적 개선과 연관성이 적다는 실증연구가 나오는데다 오히려 연봉이 공개된 임원들이 범죄의 표적이 될 수 있다는 문제점도 있다"고 지적했다.

한국경제신문. 2016. 2. 19.

임원보수 공개 확대 신중해야. 김진규 상장회사협의회 부회장

상장회사의 연봉 공개 대상을 확대하는 내용의 자본시장법 개정안이 지난 18일 국회 정무위원회를 통과했다. 개정안은 미등기 임원이나 일반 직원도 상장사 연봉 상위 5인에 해당하면 개인별 보수를 연2회 공개토록 하고 있다. 현재는 등기임원이 5억원 이상 보수를 받는 경우에만 공개한다.

개정안은 보호하려는 법익보다는 침해하는 법익이 더 크다. 개인별 보수 공개는 성과와 상관없이 과도한 보수를 받는 임원에 대해 주주가 감시하자는 것이 목적이다. 그 결과 특정한 행위가 아니라 특정인을 대상으로 하고 있다. 따라서 법이 지녀야 할 가장 중요한 가치인 '보편성'에 위배될 수 있다. 개인별 보수 공개는 성과와 상관없이 과도한 보수를 받는 임원에 대해 주주의 감시 기능을 강화하자는 것이 목적이다. 그 결과 특정한 행위가 아니라 특정인을 대상으로 하고 있다. 따라서 법이 지녀야 할 가장 중요한 가치인 '보편성'에 위배될 수 있다. 개인별 보수 공개 제도를 시작한 미국이나 영국 등 주요 선진국에서는 임원 보수의 결정 주체가 해당 임원들의 회의체인 이사회다. 즉 주주의 감시 기능이 작동하지 않는다. 최근에는 일부 국가에서 임원 보수에 대해 주주 총회 승인을 받도록 하고 있긴 하다. 그러나 이 승인은 임원 보수에 아무런 영향을 미치지 못한다. 개인별 보수 공개를 시행하는 국가들은 임원 보수에 대해 사후적 통제 기능이라도 작동하게 하자는 취지로 운용하고 있는 셈이다.

반면 한국은 임원 보수가 주주총회에서 결정된다. 임원 보수에 대한 주주들의 사전 통제 기능이 현재 제도적으로 작동하고 있다. 그런데도 개인별 보수공개제도까지 도입하는 것은 과잉 규제다. 상장사 임원들이 얼마나 급여를 많이 받는지에 대한 사회적 호기심을 충족하기 위한 제도에 불과하다는 비판이 나오는 이유다.

개정안은 등기임원의 보수 공개가 의무화되자 미등기 임원으로 물러난 일부 재벌 총수를 겨냥한 것이라고 한다. 대주주인 미등기 임원의 보수는 이미 세법에서 규제받고 있다. 법인세법 시행령 제43조 3항에서는 "법인이 지배주주인 임원 또는 사용인에게 정당한 사유 없이 동일 직위에 있는 지배주주 외에 임원 또는 사용인에게 지급하는 금액을 초과하여 보수를 지급하는 경우 그 초과금액은 이를 손금으로 산입하지 아니한다"고 규정하고 있다.

정당한 사유를 밝히지 못하는 과다한 보수는 비난받을 만하다. 개인별로 보수를 공개한다면 이런 경우에 한해 적용하는 것이 합리적일 것이다. 개인별 보수 공개는 사회적 위화감을 조성하고 기업가 정신까지 위축시킬 수 있다. 공개 대상 확대에 신중해야 한다.

한국경제신문. 2016. 2. 26.

위 신문 column에 대해서는 이해되지 않는 부분도 있다. 현재 주주총회의 임원 급여와 관련되어 상정되는 안건은 총 임원의 급여 상한이 상정되며 이에는 퇴직금까지 포함되는 것으로 이해한다. 따라서 급여가 주총에서 결정되기 때문에 급여 공개는 필요하지 않다는 논리는 수긍하기 어렵다. 또한 등기임원 전체의 보수 한도인데 많은 경우에 등기 임원을 맡고 있는 최대주주의 급여가 많은 부분을 차지하고 있다.

chapter 8

감사보고서

Enhancing the Auditor's Report

More insight and transparency

In response to calls from users for the auditor's report to provide more than a pass/fail opinion, the IAASB(International Auditing and Assurance Standards Board) has issued new requirements on auditor reporting.

Without changing the scope of an independent audit, these requirements open the door for the auditor to give users more insight into the audit and improve transparency.

For listed companies, the engagement partner's name will need to be disclosed, as will the 'key audit matters' – i.e. the areas that the auditor worried about and focused on the most during the audit.

The new requirements apply for audits of financial statements for periods ending on or after 15 December 2016. Early application is permitted.

KPMG in the Headlines. 2015. 1. 16.

key audit matters는 핵심감사라고 번역되어 사용되고 있다.

- 감사시 유의적인 사항과 그것을 어떻게 다루었는지(필수기재)
- 중요한 오류의 위험평가 및 이슈에 대한 감사인의 대응 및 접근법
- 수행한 감사절차의 전체적인 개요, 기타 이용자에게 적합한 정보 등

engagement partner가 누구인지를 공개하는 내용은 회계업계의 오랫동안의 이슈였다. engagement partner가 공개된다는 것이 과도한 법적 책임과도 연관될 수 있지만, 법적 소송이 회계감사에 대해서 진행된다면 engagement 파트너가 누구인지는 어차피 공개될 부분이다. engagement partner를 공개하는 것과 더불어

감사보고서에 누가 서명을 할지의 내용도 수년 동안의 관련된 이슈였다.

단, engagement partner의 실명이 공개됨으로서 이들이 실질적인 감사과정에서의 기업의 CEO/감사위원회에 대한 counterpart로서의 위상도 확보됨으로 인한 장점이 있다. 물론, 부담을 안고 간다는 단점이 동시에 있다.

중국의 경우에는 아래와 같이 두 명의 파트너가 서명을 한다고 한다.

There are usually two signing auditors for each audit report, with the more senior signing auditor mainly performing the review work and the relatively junior signing auditor mainly administering the fieldwork.[16)]

key audit matters를 공개하는 논의는 audit report가 long form의 형태가 되어야 한다는 내용과도 궤를 같이 한다. 피감기관의 입장에서는 큰 금액을 들여서 회계감사를 받는데 회계감사의 결과물이라고 할 수 있는 감사보고서는 몇 장 되지도 않는 내용을 담고 있어서 감사보고서에 더 많은 내용을 담을 수 있어야 한다는 것이 long form audit report 관련된 내용이다.

물론, 감사조서에는 많은 내용이 담겨져 있지만 이는 접근 가능하지 않고 전문성이 없으면 이 내용이 무엇인지를 이해하기는 어렵다.

조선 건설사 회계감시 80년만에 확 바뀐다.
감사의견에 위험 사항 기재해야 금융위 '핵심감사제' 내년 도입

금융위원회가 조선 및 건설업 등 수주산업에 대한 핵심적인 재무정보를 투자자에게 고지하도록 하는 핵심감사제(KAM: Key audit matters)를 내년에 도입하는 방안을 추진한다. 대우조선해양처럼 대규모 부실이 나중에 드러나는 것을 방지하자는 취지지만 세계적으로 도입한 국가가 몇 곳 없는 까다로운 감사제도여서 논란이 예상된다.

11일 금융당국과 회계업계에 따르면 금융위원회는 내년에 조선 및 건설사에 KAM을 도입하는 내용을 골자로 한 '수주산업 회계 투명성 제고 방안'을 이달 중 발표할 예정이다. 이어 2018년부터는 전체 상장사에 적용할 계획이다.

1933년에 미국 증권법이 제정된 이후 80년 넘게 써오던 '단문형' 감사의견 체계가 '장문형'으로 바뀌는 것으로, '신국제감사기준'이라고 불릴 만큼 큰 변화라는 평가다. 회계업계 관계자는 "2011년 도입한 국제회계기준 이상의 파장을 낳을 수 있는 파격적인 제도"라고 설명했다.

한국경제신문. 2015. 10. 12.

16) Gul et al. (2013)

핵심감사제는 외부감사인이 기업의 회계감사를 진행하면서 가장 중요하거나 위험하다고 판단한 부분에 대해 서술하는 제도. 회계업계에서는 '중요 감사사항' 이라고 부르기도 한다.

KAM이 도입된다면 한공회의 감사기준위원회가 제정하는 감사실무의견서에 포함되면서 시행될 것이다.

조선 건설 회계 투명성 높아져.

금융위원회가 수주산업에 대해 핵심감사제를 조기 도입하려는 것은 최근 조선 건설 회사의 잇단 대형 분식 스캔들에 따른 시장의 불신을 해소하고 회계투명성을 회복하기 위한 조치다.

KAM을 도입하면 기업의 가장 핵심적인 회계정보와 위험 요인을 투자자에게 공개하는 효과가 있기 때문이다. 그러나 국제적으로도 논란이 많은 KAM을 선제적으로 시행하기엔 한국의 회계감사 환경이 상대적으로 취약한 데다 부작용이 나타날 수 있어 일각에선 반대 목소리도 나오고 있다.

그동안 시장에서 외부감사인이 기업을 감사한 뒤 공시하는 감사보고서에 대해 정보가치가 크지 않다는 지적이 끊임없이 제기됐다. 지난해 12월 결산법인 감사보고서의 감사의견은 99%가 '적정'이다. 나머지 '한정' '부적정' '의견거절' 등 비적정의견은 1%에 그쳤다.

이런 단문형 감사보고서의 한계를 극복하기 위해 감사과정의 중요사항, 위험사항을 함께 서술하는 장문형 KAM도입이 국제적으로 추진돼왔다. 국제감사인증위원회(IAASB)에선 국제감사기준(ISA) 개정을 통해 국가별로 2016년 재무제표에 대한 감사보고서부터 도입할 것을 권고하고 있다. KAM과 비슷한 제도를 이미 도입한 영국과 프랑스를 제외하고는 아직 KAM 도입을 확정한 국가는 없다.

한국은 2018년 전체 상장사에 KAM을 도입하는 방안을 검토해왔으나 대우 조선해양의 회계의혹이 불거지자 수주산업에 한해 2016년 재무제표부터 미리 도입하는 방안을 추진하고 있다. 내년 수주산업에 KAM을 적용하면 사실상 세계 처음으로 국제감사기준 개정에 따른 첫 도입사례가 된다.

예를 들어 외부감사인이 '적정' '부적정' 판단을 내리면 '사업부실가능성' '환손실위험' 등 기업들이 공시하지 않은 재무정보까지도 병행해 기재하게 된다.

제도 도입 놓고 찬반 논란

KAM은 투자자들에겐 크게 환영받을 제도다. 수백쪽에 달하는 사업보고서에 재무제표와 주석을 일일이 살펴보지 않아도 3-5쪽짜리 감사보고서만 보면 기업의 가장 중요한 재무정보가 무엇인지, 이 기업을 감사한 외부감사인은 감사과정에서 어떤 것을 중요하게 생각했는지 알 수 있기 때문이다.

금융위 관계자는 "KAM을 도입하면 회계사들이 보다 신중하게 감사를 진행하게 되고 기업들은 감사협조를 소홀히 할 수 없게 되는 효과가 있다"고 기대했다.

그럼에도 불구하고 KAM 도입이 시기상조라며 반대하는 의견도 만만치 않다. 회계업계 관계자는 "KAM은 감사품질과 투명성이 높아져 투자자들에게 도움이 되는 제도지만 회사 기밀 누출 우려, 소송 확대 가능성 등으로 기업과 상당수 회계사들은 조기 도입에 반대하고 있다"고 말했다.

제도 시행에 앞서 고쳐야 할 법 규정도 많다. 우선 '주식회사의 외부감사에 관한 법률'에서 직무상 알게된 비밀 누설을 금지한 규정을 보완해야 한다. KAM 작성과 관련해 기업과 협의가 안 돼 감사보고서 제출이 늦어지는 경우가 많아질 수밖에 없는 만큼 이로 인해 관리종목이나 상장폐지로 이어지는 것을 막는 규정 개정도 필요하다는 분석이다. 감사인이 기업과 협의가 불가능할 경우엔 감사인이 감사계약을 중도에 해지할 수 있도록 하는 규정을 신설해야 한다는 지적이 나온다.

회계업계 관계자는 "국제회계기준보다 신중하게 추진해야 할 KAM을 1년만에 당장 도입하는 것은 무리"라며 "빅4회계법인"을 제외하면 KAM을 감당할 수 있는 회계법인이 없을 것이라고 말했다.

단점: 경영진과 감사인의 책임 혼동 우려

한국경제신문. 2015. 10. 12.

직무상 알게된 비밀의 내용은 다음의 외감법 9조의 내용이다.

외감법

제9조(비밀엄수) 다음 각호의 어느 하나에 해당하는 자는 그 직무상 알게 된 비밀을 누설하여서는 아니 된다. 다만, 다른 법률에 특별한 규정이 있는 경우 또는 증권선물위원회가 제15조제1항에 상당하는 업무를 수행하는 외국 감독기관과 정보를 교환하거나 그 외국 감독기관이 하는 감리 조사에 협조하기 위하여 필요하다고 인정한 경우에는 그러하지 아니하다.

감사보고서 제출 기한에 대해서는 chapter 53의 내용과 연결된다. 감사계약 해지와 관련된 내용은 손성규(2014)의 chapter 22를 참조한다.

KAM의 도입 취지는 단문형 감사보고서가 너무 간략하여 많은 내용이 담겨져 있지 않다는데 있다.

특정 산업에만 선진 감사기법을 도입한다는 것이 일반적인 제도의 변화가 아니다. 또한 우리나라의 감사의 수준이 선진적이라서 이를 전향적으로 도입할 정도인지라는 의구심도 있다. 또한 위의 신문기사에도 기술되어 있듯이 사업부실 가능성, 환손실위험 등은 매우 주관적인 판단의 영역이라서 공식적인 문건에 이를 담아낸다는 것이 매우 부담스러운 일일 것이다.

직무상 알게 된 기밀 누설과 관련된 부분은 매우 흥미롭고 중차대한 이슈이다. 감사과정에서 알게 된 내용을 기업 이외의 회계정보 이용자와 공유하여야 하는지의 이슈이다. 또는 감사인은 인증의 역할만을 수행하여야 하기 때문에 절대 해서는 안 되는 역할 중의 하나가 management function을 본인이 직접 수행하는 것이다. 감사인은 용역을 수행하는 외부의 제3자이고 제3자여야 하기 때문에 회사의 관리자의 역할을 수행하여서는 안 되며 이 두 역할은 명확하게 구분되어야 한다. 이 두 역할이 혼동된다면 이해상충이 발생하는 것이다. 감사인은 재무제표를 인증하는 고유 업무만을 수행하여야 하는데 주관적이고 임의적일 수도 있는 경영의사 결정과 유사한 내용에 대해서 의견을 표명하는 것이 매우 위험한 일이다.

비감사용역을 감사인이 병행하는데 있어서 절대로 병행이 용납되어서는 안 되는 것이 재무제표작성이다. 감사인도 주관적인 판단을 물론 수행할 수 있지만 감사인이 경영자가 아니므로 미래에 전개될 사안에 근거하여 주관적인 판단을 수행하는 것은 위험한 모험일 수도 있다. 또한 이에 대한 책임 문제가 이슈가 될 수 있다.

> 참고로 감사인은 다음과 같은 행위를 하지 못한다.
>
> - 재무제표를 대표이사와 회계담당 이사를 대신하여 작성하는 행위
> - 재무제표 작성과 회계처리에 대한 자문에 응하는 행위
> - 재무제표 작성에 필요한 계산 또는 회계분개를 대신하여 해주는 행위
> - 재무제표 작성과 관련된 구체적인 회계처리방법 선택이나 결정에 관여하는 행위

감사인이 감사과정에서 본인의 감사 본연의 업무 이외의 내용을 인지하게 될 때 어떻게 해야 하는 것인지에 대해서 KAM은 여러 가지 기업 경영과 관련된 복잡성이 개입되는 매우 개혁적인 발상이기도 하다.

아널드 쉴더 "핵심감사제, 회계투명성 높여…경영진·투자자 모두 만족"

아널드 쉴더 국제감사인증기준위원회(IAASB) 위원장
"회사 기밀 들춰내는 것 아니라 재무 위험 요소 찾아내는 일
영국·남아공 등 도입국가 늘어"

"핵심감사제(KAM·key audit matters)는 세계적인 추세입니다. 한국이 도입하면 회계투명성 제고 등 큰 성과를 얻게 될 것입니다."

아널드 쉴더 국제감사인증기준위원회(IAASB) 위원장은 지난 28일 '2015 아시아·태평양 회계사 대회(CAPA)'가 열린 서울 삼성동 코엑스에서 한국경제신문과 인터뷰를 하고 "KAM을 도입하면 경영진과 외부감사인이 꾸준히 토론하면서 회사의 위험 요소들을 찾고 경영진은 미래의 사업 위험을 대비하는 선순환 구조가 이뤄진다"며 이같이 말했다.

KAM은 외부감사인이 감사 과정에서 가장 의미 있다고 판단한 재무 위험 정보를 감사보고서에 서술하는 제도다. 한국은 내년부터 건설·조선 등 수주산업에 도입한 뒤 2018년 이후 전체 상장사에 적용하는 방안을 검토하고 있다.

쉴더 위원장은 국제적으로 통용되는 감사기준을 제정하는 기구인 IAASB의 수장으로, KAM 도입에 주도적인 역할을 한 인물이다.

그는 "한국이 KAM을 도입하면 국가 전체적으로 회계투명성을 높이는 계기가 될 뿐 아니라 기업 실적 개선에 간접적으로 도움이 될 것"이라고 말했다.

기업과 회계업계에서 우려하는 회사 기밀유출과 소송확대 가능성에 대해서는 "이미 KAM을 도입한 국가에서도 제도 도입 전에 비슷한 우려를 했지만 지금은 투자자와 경영진 모두에게 좋은 평가를 받고 있다"며 "숨어있는 회사 기밀을 들춰내는 것이 아니라 의미 있는 감사 내용을 서술하는 것이기 때문에 기밀 유출 가능성은 높지 않다"고 주장했다.

쉴더 위원장은 "2013년 영국을 시작으로 최근에는 호주와 남아프리카공화국도 KAM을 시작했다"며 "미국도 KAM을 토대로 유사 제도를 도입하는 등 이 제도는 세계적인 추세가 되고 있다"고 덧붙였다.

IAASB는 올해 말 '그룹 감사'의 가이드라인을 담은 감사기준 제정 작업에 착수할 예정이라고 쉴더 위원장은 밝혔다.

한국경제신문. 2015. 10. 30.

핵심감사제 도입해야 하나 맞장 토론

KAM이 도입되면 1933년 미국 증권법이 제정된 이후 80년 넘게 써오던 단문형 감사의견 체계가 '장문형'으로 바뀌게 된다. 반면 국제적으로 논란이 많은 KAM을 선제적으로 시행하기엔 한국의 회계감사 환경이 상대적으로 취약하고 부작용도 나타날 수 있다는 반대 목소리도 나오고 있다.

최종학(서울대학교 경영대학 교수): 감사보고서에 핵심 위험정보 공개 회계투명성 높이는 계기될 것

내부감사 감사위원회 역할 강화도 이끌어

2013년 기업회생절차(법정관리)를 신청한 동양그룹 사례를 보자. 막대한 적자가 발생하는 상황에서 외부 투자자들뿐만 아니라 다수의 특수관계자(계열사)들이 '밑빠진 독에 물 붓기'식으로 수천억원의 자금을 공급했다. 당시 감사보고서에는 '이 재무제표는 회계기준에 따라 중요성의 관점에서 적정하게 표시하고 있습니다'는 말뿐이었다.

모든 감사보고서에 똑같이 등장하는 이 문장만 보면 동양그룹에서 어떤 일이 발생하고 있는지 외부인들이 알기 어렵다. 이럴 때 필요한 것이 바로 핵심감사제다. KAM을 통해 동양 감사보고서에 '막대한 단기 자금 조달과 특수관계자 거래에 대한 주의가 필요하다'는 의견을 감사인이 서술하게 되면 전문성이 없는 일반 정보이용자에겐 큰 도움이 될 수 있다.

KAM은 내부감사 또는 감사위원회 위원들의 역할과 책임을 강화하는 계기도 마련해 줄 전망이다. 외부 감사인이 KAM을 확정하기 위해선 내부 감사기구와의 소통이 필수적이다. 내부감사위원의 회계전문성과 독립성이 필요한 이유이다. 금융위는 KAM 도입과 함께 업무를 충실히 수행하지 않은 감사나 사외이사들에게도 법적 책임을 묻는다는 조치를 함께 마련했다.

무엇보다도 KAM이 정착하기 위해서는 기업 지배구조 개선이 뒷받침돼야 한다. 내부 감사 또는 감사위원회의 위원들의 역할과 책임이 제대로 갖춰져 있어야 한다. 이것은 단기간에 이뤄질 수 있는 일은 아니다.

최문원 (한국공인회계사회 부회장): 기업 감사인에 과도한 부담 지워. 미국도 도입 반대 목소리 높아. 회사와 소통 못하면 감사보고서 지연 우려

한국의 취약한 회계환경에서 핵심감사제를 도입하는 것은 시기상조다. KAM은 지배기구와의 활발한 커뮤니케이션을 전제로 한다. 내부 감사위원회가 주도적이고 핵심적인 역할을 수행하는 국가에서 시행 가능한 제도다. 한국은 감사위원회 이사회 감사 중 지배기구가 누구인지, 지배기구의 정의조차 명확하지 않다. 감사위원회가 외부 감

사인과 적극적으로 소통하는 상장사는 10% 미만인 것으로 전문가들은 평가한다.

KAM은 영국과 같이 감사인의 법적책임이 크지 않은 국가에서나 가능한 제도다. 영국에서는 감사인이 감사보고서에 가능한 많은 정보를 제공하더라도 책임이 늘지 않는다. 하지만 한국과 미국 등에서는 감사인이 제3자에 대한 손해배상책임을 져야 한다. 미국도 이 문제 때문에 KAM 도입에 반대 목소리가 높다.

KAM을 통한 사회적 효익보다는 비용이 훨씬 더 클 것으로 우려된다. KAM은 감사보고서에 대한 정보 이용들의 기대 격차를 완화하자는 취지이지만 이 제도가 도입되더라도 정보이용자들에게 얼마나 유용하게 작용할지 장담하기 어렵다. 일반 투자자들이 감사보고서를 샅샅이 살펴보기엔 내용이 복잡하고 어려울 수 있다. 애널리스트들이 역시 회계정보를 면밀히 분석해 투자자들에게 독립적 투자 의견을 내는 사례가 많다. 매수 일변도의 투자의견이 이를 반영한다. KAM이 애널리스트들을 대신하도록 해선 안 된다.

결국 기업과 감사인에게 과도한 비용과 책임을 부담시킬 뿐 투자자들을 위한 효익은 지금과 비슷한 상황이 될 가능성이 높다. 특히 적용 과정에서 감사인들이 회사와의 소통 부재, 자료 불충분 등의 사유로 KAM을 작성하지 못해 무더기로 감사보고서를 제 때 제출하지 못하는 사태가 일어날 가능성도 있다. 글로벌 기업인 애플의 한 임원은 KAM에 대해 “불필요하게 재무보고를 지연시키고, 감사보고의 주된 목적을 약화하며 재무제표 이용자들에게 의미 있는 혜택을 주는 것도 없이 회사 비용만 증가시키는 결과를 초래할 것”이라고 평가하기도 했다.

일반 투자자들은 KAM이 감사에 관한 모든 것을 기술할 수 있는 것으로 오해하는 경향이 있다. 감사의 본질은 감사된 재무제표가 사용할 만한 것이라고 인증하는데 있다. 기업이 감추고 싶은 정보를 이용자에게 전달하는 역할을 하지는 않는다. 잘못하면 감사보고서에 대한 기대 격차를 좁히려는 KAM이 오히려 기대 차이를 키울 우려마저 있다.

영국 등 KAM과 비슷한 회계감사 기준을 시행하는 국가에서는 오랫동안 준비기간을 거쳤다. 현재 한국은 감사인증기준위원회에서 KAM도입 시점을 논의하는 걸음마 단계다. 감독당국에서는 수주산업의 회계절벽 예방을 위해 국제감사기준의 KAM을 변형해 수주산업에 조기 도입을 추진하고 있다. KAM이 그 자체만으로는 선진화된 감사제도로 평가된다고 하더라도 각국의 감사환경이나 제도적 법적 상황을 고려해 신중하게 도입 여부를 검토해야 한다. 도입 전에 충분한 사전 준비와 이해득실을 따져야 한다. 대우조선해양 사태를 수습하기 위해 도입을 서두를 일이 아니다. KAM은 도입 즉시 회계투명성이 획기적으로 높아지는 만병통치약이 아니기 때문이다.

한국경제신문. 2015. 11. 7.

위의 기사 중에서 최문원은 한국 기업 중에서 감사위원회가 적극적으로 감사인과 대화하는 경우가 10% 정도에 그친다고 기술하고 있다. 반면에 이재권(2015)은 감사위원회, 감사인과 별도의 meeting을 갖는 경우가 68%에 이르고 있다고 하여서 현상의 파악에 많은 차이를 보인다.

아마도 전자의 경우가 더 신뢰할 수 있는 통계치인 듯하다.

어떻게 보면 이 논의는 손성규(2016)의 chapter 7에서의 2014년 대한변호사회에서의 윤리장전 개정시의 논란과도 일맥상통한다고 판단된다.

아래의 기사에서 당시의 논란을 인용한다. 사내변호사가 기업 내의 비리에 대해서 관계부서에 고발하거나 적절한 조치를 취하여야 한다는 것이나 감사인이 해당 기업에 대해 우려되는 사안을 감사보고서에 담아내어야 한다는 점은 궤를 같이 한다. 한 가지 차이점은 사내변호사는 회사 소속이라는 점, 감사인은 외부인이라는 정도의 차이밖에는 없다고 사료된다.

"사내 변호사, 기업 비리 고발해야" 신설 논란

대한변호사회가 기업 사내 변호사에 대한 윤리규정을 신설하는 등 변호사 윤리장전을 개정하기로 했다.

20일 법조계에 따르면 변협은 최근 이사회에서 확정한 변호사 윤리 장전개정안을 오는 24일 정기총회에 상정하기로 했다. 변호사 윤리장전은 변협이 비위 변호사를 징계할 때 근거로 삼는 규약으로 선언적 의미를 넘어 실질적인 구속력을 가진다. 변협이 윤리장전을 개정하는 것은 14년만의 일이다.

변협은 우선 사내 변호사가 많아진 현실을 반영해 관련 규정을 신설하기로 했다. '사내 변호사가 업무 처리과정에서 위법 행위를 발견할 경우 조직의 장이나, 집행부, 다른 관계부서에 말하거나 기타 적절한 조치를 취해야 한다'는 내용으로 윤리장전 53조를 새로 만들기로 했다. '사내 변호사는 업무 수행에 있어 변호사로서 독립성 유지가 기본 윤리임을 명심해야 한다'는 내용도 51조로 신설할 예정이다. 기업에서 발생할 수 있는 개인 비리 등과 관련해 내부 자정작용을 강화하기 위한 조치로 풀이된다.

이에 대해 이동응 한국경총 전무는 "기업이 경영 투명성을 유지하고 준법 경영을 해야 한다는 취지는 인정한다"면서도 "기업 내에 불법 행위가 많은 것처럼 오해를 불러일으킬 가능성이 있어 우려스럽다"고 말했다.

변협은 아울러 '의뢰인 또는 관계인과 수수한 보수의 금액을 숨기기로 밀약해서는 안된다'(제36조)는 내용의 기존 조항은 삭제키로 했다.

한국경제신문. 2014. 2. 21.

"기업비리 고발 의무 지나쳐" 사내변호사 반발

문제가 된 부분은 53조이다. 이에 대해 사내변호사들은 신고 대상인 '위법 행위'의 범위가 모호하고, 회사 내 역할 등을 감안할 때 사내변호사의 입지를 좁히는 과도한 규제라고 반발하고 있다.

금융사 소속 한 사내변호사는 "1500여명의 사내변호사들이 현실적으로 기업으로부터 독립성이 확보되지 않은 상태인데 기업 비리를 의무적으로 고지하라고 하는 것은 회사를 그만두라는 것과 마찬가지"라고 항변했다. 또 개정안이 '성공보수 선 수령 금지 조항'과 '변호사 직무는 영업이 아니라'는 조항을 폐지하는 등 변호사의 공익성보다 현실을 보다 중시하는 것과 모순된다는 지적이 나온다.

한국경제신문. 2014. 2. 24.

사내변호사 '기업 비리 고발 의무' 법조계 일부 반발로 결국 삭제

다만 변협은 '사내 변호사는 업무 수행에 있어 변호사로서 독립성 유지가 기본윤리임을 명심해야 한다'는 51조를 원래 계획대로 신설했다. 최 대변인은 "위법행위를 보고도 그냥 넘기지 말아야 한다는 의무를 상징적으로나마 남겨 놓은 것"이라며...

법조계와 재계에서는 변협의 이러한 방침에 대해 논란이 분분하다. "비리가 있으면 이를 알려야 법질서를 확인하고 더 큰 피해를 막을 수 있다"는 의견과 "변호사도 기업 임직원으로서 회사의 지시를 따라 일할 의무를 진다"는 의견이 부딪치고 있다.

한국경제신문. 2014. 2. 25.

저자의 생각으로는 변협의 개정안이 너무도 이상주의적이고 개혁적인 접근에 치우쳤다고 판단된다. 사내변호사의 조직원으로의 책무와 사회의 일원으로서의 자격증 소지자의 의무를 합리적으로 병행하여야 한다. 사내변호사라고 해서 모두 법무팀이나, 내부 감사실, 준법감시팀에서 근무하는 것도 아닌데 이들 모두를 이러한 업무와 연관시키는 것도 적절하지 않다.

외부감사인의 역할도 한계가 있다. KAM의 도입으로 감사인들이 감당하기 어려운 업무까지도 기대를 하는 것은 아닌지에 대해서 심도 있는 고민과 논의가 있어야 한다.

chapter 9

기업지배구조

> 한국노총 위원장, 8년 만에 경총 강연 "노조 대표도 사외이사로"
>
> 그는 "노동계도 기업 경영에 적극적으로 참여해야 하고, 경영 참여에 대한 책임도 따라야 한다"며 노조 대표가 사외이사로 경영에 참여하는 방안을 제안했다.
>
> 한국경제신문. 2015. 2. 7.

이는 매우 개혁적인 아이디어이며 유럽식 사회주의적 자본주의에 근거한 내용이다.

2014년 KB 금융지주가 회장을 선임하는 과정에서 이사회 의장이 노조위원장을 면담하였고, 노조위원장이 신임 회장은 가능하면 내부 인사가 선임되는 것이 좋겠다는 의견을 이사회 의장에게 전달하였으며 이사회 의장은 공개적으로 '나도 같은 생각이다'라고 답변한 내용이 언론에 공개되기도 하였으며 매우 개혁적인 내용이다. 개인적인 의견이면 모르겠지만 공적인 위치에서는 표명해서는 안 되는 내용이라는 비판이 있었다.

회사와 관련된 의사결정을 수행함에 있어서 다양한 경로의 다양한 의견을 청취하는 것은 중요하지만 노조의 의견이 공식적으로 경영의사결정에 반영되는 것은 이제까지 우리가 익숙한 미국식 주주 자본주의에 기초하여서 쉽게 수용하기 힘든 내용이었다.

일부 시민/사회단체에서 활동하는 인사가 기업에 사외이사로 경영에 참여하기도 한다. 외부에서 사회 전체에 대해 경종을 울리는 역할을 하는 것도 중요하지만 직접 경영에 참여하여 역할을 하는 것이 바람직할 수도 있으며 이는 어떻게 보면 국민연금이 의결권이 있는 기업에 사외이사를 파견하는 것과 같은 개념으로 이해할 수도 있다. 물론, 국민연금은 이러한 활동을 하고 있지 않으며 시민단체에서 활동하였던 이사가 이사회에 참여하는 것은 다른 통로로 진행되었을 것이다.

사외이사 추천권 달라는 현대중 노조

"노조 경영참여 보장" 요구
수용여부 놓고 마찰 예고

현대중공업 노동조합이 사외이사 추천권을 보장해달라고 요구해 경영권 침해 논란이 제기되고 있다.

현대중공업 노조는 최근 소식지를 통해 "노조에 경영참여권을 보장해야 할 때"라며 "노조가 요구하는 주장에 귀를 기울이고, 사외이사 1인 추천권을 보장해야 한다"고 주장했다. 노조는 "3월 정기 주주총회 준비 단계부터 노조 실무자를 참여시켜야 한다"고 요구하기도 했다.

이들은 사외이사 추천권을 요구한 이유에 대해 "회사 경영진의 일방의 브레이크 없는 질주는 이제 중단돼야 한다"며 "(조합원은) 회사를 되살릴 수 있는 대안인 노조의 경영참여권을 요구하고 있다"고 설명했다.

이와 관련해 업계 관계자는 "노조가 회사의 고유권한인 경영권에 개입하면 노조 동의 없이는 회사가 중요한 결정을 할 수 없는 등의 문제가 생길 수 있다"며 "특히 현대중공업이 2년 연속 조 단위 적자를 내 구조조정이 필요한 상황에서 노조가 사외이사 추천권을 보장해달라고 요구하는 것은 적절하지 않다"고 지적했다. 현대중공업은 지난해 1조5401억원 규모의 영업손실을 기록했다. 2014년 적자규모는 3조2495억원에 달한다.

한국경제신문. 2016. 2. 12.

유럽식 사회주의적 자본주의에서는 노조가 경영에 참여하는 경우가 있지만 우리의 미국식 자본주의에서는 수용하기 어려운 주장이다.

서울시, 논란 많은 노동이사제 도입 강행

노조의 경영참여
노동존중특별시 서울 2016 발표
10월 투자 출연기관에 적용
전문가 "기업 경쟁력 떨어뜨려"

서울시가 오는 10월부터 노조를 경영에 참여시키는 근로자이사제(노동이사제)를 산하 투자 출연기관에 도입하기로 했다. 자유주의 경제 체제를 명시한 헌법에 위배되고, 기업 경쟁력을 떨어뜨릴 수 있다는 우려에도 불구하고 '경제민주화 정착'을 내세우며 근로자 이사제를 강행하기로 한 것이다.

박원순 서울시장은 27일 이 같은 내용을 담은 '노동존중특별시 서울 2016'을 발표했다. 박시장은 "독일 등 유럽 18개 선진국이 최고의 성장을 거듭하는 이유는 근로자 이사제에 있다"며 "대한민국 경영의 패러다임과 함께 경영자들의 관점도 바뀌어야 할 때가 됐다"고 주장했다.

당초 서울시는 지난달 초 서울메트로(지하철 1~4호선 운영 관리)와 서울도시철도(5~8호) 통합공사에 근로자 이사제를 도입하는 방안을 추진했다. 통합공사 이사회에 비상임 노동이사 두 명이 참여해 발언권과 의결권을 행사하는 방식이었다. 그러나 지난달 29일 통합안이 노조투표에서 부결되면서 근로자 이사제 도입이 무산됐다.

서울시는 통합공사 대신 다른 시 산하 투자 출연기관에 근로자 이사제를 도입할 방침이다. 공기업에서 근로자를 경영주체로 인정하기로 한 것은 서울시가 처음이다.

서울시의 근로자 이사제 도입을 놓고 우려하는 목소리가 적지 않다. 전삼현 숭실대 법학과 교수는 "독일은 고도 성장을 달성한 1960년대 전후 법적으로 근로자 이사제를 보장했지만 글로벌 경쟁력이 약해지자 하르츠개혁을 통해 근로자 경영 참여를 제도적으로 개선하려고 노력했다"고 지적했다. 최준선 성균관대 법학전문대학원 교수는 "근로자 이사제는 지배구조의 비효율성 때문에 선진국에서는 채택하지 않은 제도"라고 말했다.

한국경제신문. 2016. 4. 28.

서울시, 경영권 침해 논란에도 '근로자 이사제' 강행

산하기관 15곳에 10월부터 도입 추진

서울시가 서울메트로 SH공사 등 산하기관 15곳에서 국내 최초로 비상임 근로자 이사제를 도입한다. 박원순 서울시장은 10일 브리핑을 통해 "대한미국 경영 경제관에 패러다임 전환이 필요하며, 근로자이사제가 그 계기가 될 것이라 확신한다"고 추진 의지를 분명히 했다.

서울시는 이날에 조례안을 입법예고하고, 공청회를 거쳐 오는 8월께 의회에 제출할 예정이다. 이르면 10월께 제도 도입이 가능할 것으로 예상된다. 대상은 서울도시철도공사, 서울시설공단, 세종문화회관, 서울시립교향악단 등 근로자 30명 이상 서울시 산하기관 15곳이다.

근로자이사는 법률 정관에 따라 사업계획, 예산, 정관 개정, 재산 처분 등 조직 경영의 주요 사항에 의결권을 행사하게 된다. 뇌물을 받으면 공무원에 준하는 형법을 적용받는 등 강력한 책임도 진다.

근로자이사는 근로자 300명 이상 기관은 2명, 그 미만은 1명을 임명한다. 공개 모집과 임원추천위원회 추천 등을 통해 선임된다. 세부 자격 요건은 기관별 특성에 따라 구체화할 계획이다. 근로자이사가 되면 노동 조합원 신분을 유지할 수 없다. 노동조합 및 노동관계조정법에 따른 조치다. 사용자 이익을 대표해 행동하는 사람은 노조에 참가할 수 없다는 내용이다. 임기는 3년이며, 보수는 없다. 기존 직무를 계속하는 비상임 이사이기 때문에 직원 신분으로 받는 월급은 계속 지급되며, 이사회 참석 수당 등 실비도 별도로 받는다.

서울시는 지방자치법 등에 따라 산하기관 조직 운영은 지방자치단체의 고유 사무이기 때문에 절차상 위법 소지가 없다고 주장했다. 또 근로자 참여를 늘려 경영 협치를 실현하는 경제 민주화 제도이기 때문에 위헌도 아니라고 밝혔다.

그러나 경총은 이날 '서울시의 근로 이사제 도입 계획에 대한 경영계 입장' 성명을 내고 강하게 맞섰다. 경총은 "근로자 이사제는 방만 경영으로 매년 적자를 거듭하는 공기업 개혁을 방해하고 생존마저 위협할 것"이라며 "우리나라 경제체계나 현실을 도외시한 제도라 심각한 부작용과 피해가 우려된다"고 밝혔다. 또 "우리나라는 아직 협력적 노사 관계가 자리 잡지 못했기 때문에 근로자 이사는 근로자 이익을 대변하는 데 역할이 편중될 것"이라며 "벌써 공기업 노조들이 근로자 이사제를 통해 성과연봉제와 공정인사제도 도입을 저지하겠다고 밝히고 있는 상황에서 근로자 이사제 도입은 그야말로 공기업의 개혁과 발전을 포기하겠다는 발상"이라고 주장했다.

매일경제신문. 2016. 5. 11.

이 제도의 도입은 앞으로 유념하여 관찰해야 한다.

대기업 상장사 3곳 중 2곳 국민연금 지분>오너 일가

주총 의결권 행사 주목

삼성전자 현대차 등 국내 대표 기업들의 국민연금 지분율이 대주주 일가 보유분을 뛰어넘은 것으로 조사됐다. 30대 그룹 상장사 3곳 중 2곳에서 이러한 국민연금 지분율 역전 현상이 나타났다. 다음 달 결산 주총을 앞두고 국민연금의 의결권 행사 여부에 대한 관심도 높아지고 있다. 11일 CEO스코어에 따르면 30대 그룹 191개 상장사의 국민연금 주식투자 현황을 조사한 결과 국민연금의 지분이 지분을 보유한 107개 회사 가운데 64개(59%)의 국민연금 지분이 대주주 일가보다 많았다.

SK LG GS 등 지주회사 체제 12개 그룹과 상장사가 없는 부영, 국민연금이 투자하지 않는 현대그룹 동국제강, 총수 일가가 없는 포스코 등 20개 그룹을 빼고 10개 그룹으로 범위를 좁혀도 국민연금 지분율이 대주주 일가를 능가하는 회사가 32개나 되는 것으로 파악됐다.

삼성전자 호텔신라 롯데푸드 등 8개 기업은 국민연금이 단일 최대 주주 지위에 올라 있다.

특히 삼성그룹은 국민연금이 주식을 보유한 13개 상장사 모두 대주주 일가보다 국민연금 지분율이 높았다. 삼성전자는 7.8%를 보유한 국민연금이 최대 주주다. 이건희 회장(3.38%)을 비롯한 이재용부회장(0.57%) 등 대주주 일가 지분율은 4.7%로 국민연금의 60% 수준이다. 삼성그룹 순환출자의 핵심기업인 삼성물산도 국민연금(12.9%)이 최대주주로, 이건희 회장(1.41%)보다 지분율이 9배나 높았다.

매일경제신문. 2015. 2. 12.

KB 사외이사, 주주운동가 경쟁사 CEO의 추천 받아

장하성 김상조교수 참여
타 금융지주 출신도 거들어
금융업계 “파격적인 실험”

최근 KB금융지주의 새 사외이사로 뽑힌 7명 가운데 절반에 가까운 3명이 주주 추천으로 선임돼, 사외이사 선정의 새로운 실험이란 평가가 나오고 있다.

특히 우리나라에서 소액주주 운동을 주도했던 장하성 고려대 교수와 김상조 한성대 교수가 KB금융사외이사 선정 과정에 참여해 주목받고 있다.

김상조교수(경제개혁연대 소장)는 이병남 LG 인화원 원장을 추천했고, 장하성교수는 김유니스 이화여대 로스쿨 교수를 추천했다. 김교수는 유럽계 연기금 등 외국계 주주 0.5%의 위임을 받아 상법 및 금융지주회사법에 따라 주총에 안건을 제안할 수 있는 주주제안권이 생긴 것이다. 반면 장교수는 주주들로부터 특별한 위임을 받지 않았지만, 개인 주주 자격으로 사외이사 추천에 참가했다.

김유니스교수는 하나금융지주 준법감시인으로 활동한 법률가로서 KB지주의 적법 경영과 내부 위험 관리 담당자로서 적임이란 설명이다.

이번에 사외이사를 추천한 또 다른 주주 대표는 국내 대표 금융지주에서 CEO를 역임했던 A씨다. A씨는 이미 은퇴했지만 현역 시절 경쟁 금융사였던 KB 금융 주식을 조금 들고 있다. 그는 사외이사로 박재하 아시아개발은행연구소 부소장을 추천했다. A씨는 "박재하 부소장은 현재 일본 금융청 등 금융당국과 긴밀하게 협조하고 있어, 작년 KB 사태 때처럼 금융 당국과 대립했던 KB 경영진의 과오를 막는 데 많은 역할을 할 것으로 기대한다"고 말했다. 금융계에선 KB지주가 경쟁사인 다른 금융지주 전문경영인 출신이 추천한 인사를 사외이사로 수용한데 대해 파격적이라는 분석을 내놓고 있다.

조선일보. 2015. 2. 22.

감사위원회에서 누가 의장을 맡아야 하는 이슈는 이사회에서도 누가 의장을 맡아야 하는지의 이슈와도 맞물린다.

감사위원회 위원장은 상법에 사외이사가 맡는 것으로 되어 있으므로 고민할 내용이 아니지만 이사회 의장일 경우는 사외이사가 맡는 경우도 있고 대표이사가 맡는 경우도 있다. 물론, 장단점이 있다.

포스코 같은 기업일 경우는 사외이사가 1년씩 번갈아 가면서 이사회 의장을 맡는 제도를 운영하기도 한다. 권력이 집중되는 것을 방지하고 이를 가능한 분산하려는 의도가 잠재된 제도이다.

호텔 신라, 투명회계 대상 받은 '비결'

오너와 투명회계는 연관성이 있을까? 2015년 투명회계 대상을 받은 기업을 통해 이 질문에 답을 찾아봤다.

"호텔신라와 같이 대표이사가 이사회 의장을 겸직하면 지배구조에 강점이 있다. 하지만 한국기업지배구조원은 투명회계대상을 심사할 때 대표와 이사회 의장을 분리하면 더 높은 점수를 준다.” 객석에 앉아있던 손성규 연세대 경영대 교수가 질문했다.

“굉장히 곤란한 질문입니다만 저희는 책임 경영 차원에서 대표가 이사회 의장을 맡고 있다. 대표가 책임을 지고 있다는 것이 주주 등 외부에 신뢰를 주고 있다.” 최창현 호텔신라 경영지원실 상무가 뜸 들이며 답했다.

지난 11일 투명회계대상 시상식 및 투명회계 심포지엄에서 오간 대화다. 이날 호텔신라는 투명회계 대상(유가증권 자산 2조원 미만)을 받았다. 유가증권과 코스닥 전 상장사 중 가장 회계가 투명한 기업으로 꼽힌 것이다.

최 상무는 시상식 직후 열린 심포지엄에서 “오너가 직접 대표이사와 이사회 의장을 맡고 있다. 리스크가 발생하면 관심이 쏠리게 된다. 특히 회계 부문에서 문제가 생기지 않도록 노력하고 있다”고 말했다. 이 말을 새겨들은 손 교수가 발표가 끝난 뒤 최 상무에게 질문을 던진 것이다.

이부진 호텔신라 대표이사는 이 회사 이사회 의장도 겸직하고 있다. 오너가 책임경영을 강화 하겠다는 의지로 볼 수 있지만, 경영진을 감시해야 할 이사회가 무력화된다는 측면도 있다.

한국기업지배구조원이 발간한 이사회운영 가이드라인은 “이사회의장과 대표이사의 분리는 상호 간의 견제와 균형을 통해 경영의 효과를 높일 수 있으므로 이들 직책의 분리 선임은 바람직하다”고 명시하고 있다.

호텔신라는 ‘가이드라인’을 벗어났지만, 이 대표가 의사결정에 책임을 지게 되면서 오히려 회계 투명성이 더 높아진 기대치 않은 효과가 나타난 것이다.

비즈니스워치. 2015. 6. 12.

물론, 위의 이슈는 모범 정답이 없다. 이러한 논의가 진행되고 거의 반년 이후에 다음과 같은 변화가 삼성에서 진행되고 있다. 물론, 삼성의 지배구조에서의 변화는 위의 논의와는 무관하다.

삼성, 대표이사-이사회 의장 분리한다.

전자 SDI, 호텔신라 정관 변경
이사회 의장은 사외이사에 맡겨 투명 책임 경영 강화 위한 포석
타 계열사들도 동참할 듯

"경영구조 개선 기폭제 될 것"

삼성계열사들이 이사회의 독립성을 강화하기 위해 대표이사와 이사회 의장을 별도로 선임할 수 있도록 잇따라 정관을 고치고 있다. 이사회 의장은 사외이사가 맡을 것으로 알려졌다. 금융계열사를 제외한 삼성계열사들은 지금까지 대표이사가 이사회 의장을 겸직해왔다.

삼성그룹의 이 같은 경영구조 개편은 삼성 특유의 일사불란한 수직적 의사결정 체계에 중대 변화를 예고하고 있는 것으로 투명 책임 경영 확대를 위한 포석으로 해석된다.

삼성전자는 다음달 11일에 예정된 정기 주주총회에서 대표이사가 이사회 의장을 겸직하도록 하는 기존 정관을 변경해 사내외 등기이사 가운데 의장을 선임하는 안건을 상정할 계획이라고 15일 밝혔다. 삼성전자 이사회 의장은 권오현 대표이사 부회장이 겸직하고 있다.

삼성 SDI와 호텔 신라도 다음달 11일 정기 주주총회를 통해 이 같은 정관 변경안을 상정한다. 삼성 SDI는 조남성사장, 호텔신라는 이부진사장이 각각 이사회 의장을 맡고 있다. 삼성 SDI 관계자는 "달라지는 경영 환경에 발맞춰 경영구조를 '글로벌스탠다드(국제표준)'에 부합하도록 정관을 변경하기로 했다"며 "이사회 운영의 책임과 유연성을 높일 것"이라고 설명했다.

이사회 이사 가운데 의장을 선임하는 만큼 이사회 구성원인 사내이사도 의장으로 선임될 가능성이 있다. 하지만 정관 변경의 취지와 그간의 선례를 고려할 때 이사회 의장은 사외이사 가운데 선임될 가능성이 높다는 관측이다.

삼성관계자도 "대표이사나 사내이사에게 이사회 의장을 맡길 생각이라면 굳이 정관을 바꾸겠느냐"고 반문했다. 삼성화재 삼성생명 삼성카드 삼성증권을 비롯한 삼성 금융계열사는 2006년에 이미 이 같이 정관을 변경했고 현재 사외이사가 이사회 의장을 맡고 있다.

이번에 삼성전자 삼성 SDI 호텔신라가 정관 변경에 나서면서 제조 서비스 분야의 다른 삼성 계열사들도 속속 비슷한 의사 결정 구조를 도입할 것으로 예상된다.

경제계는 삼성이 지난해 미국계 헤지펀드 엘리엇매니지먼트와 '일전'을 치르면서 얻은 교훈을 바탕으로 이번 조치를 취한 것으로 보고 있다.

엘리엇 같은 행동주의 투자자는 통상 기업경영의 불투명성 해소와 지배구조 개선을 명분으로 경영진을 공격하면서 투자 기업의 주가를 끌어올린다. 삼성으로선 이런 행동주의 투자자에게 추가 공격의 빌미를 주지 않기 위해서라도 경영 구조를 재편할 필요를 느꼈을 것이라는 지적이다. 이재원 한국투자밸류자산운용 부사장은 "삼성의 이번 조치는 한국주식의 저평가 요인으로 작용해온 지배구조 문제를 획기적으로 개선하는 기폭제가 될 것"이라며 "자사주 매입 방안과 마찬가지로 주가에도 호재로 작용할 것"이라고 말했다.

> 한국기업지배구조원에 따르면 국내 유가증권시장 상장사 가운데 대표이사를 비롯해 사내이사가 이사회 의장을 맡고 있는 기업의 비중은 2014년 말 기준 96.4%에 달했다. 국내 상장사에 관행처럼 굳어진 대표이사의 이사회 의장 겸직 정관을 선도적으로 뜯어 고치는 만큼 삼성의 시도가 신선하다는 평가가 나온다.
>
> 한국경제신문. 2016. 2. 16.

감사위원회는 기업의 통상적인 경영활동과 관련된 업무가 주된 의제가 아니므로 사외이사가 위원장을 맡는 것이 문제가 되지 않지만 이사회 의장일 경우, 사외이사가 기업의 daily operation에 관여하고 있지 않은 상황에서 위원장을 맡는 것이 전문성 차원에서 맞는 것인지에 대해서 의문이 제기될 수 있다. 물론, 독립성이라는 차원에서는 사외이사가 이사회 의장을 맡는다는 것이 대표이사의 독단적인 경영활동을 제어한다는 차원에서는 맞는 방향이기도 하다. 기업지배구조 차원에서 많은 주목을 받았던 기업인 KB금융지주/신한금융지주 등도 사외이사가 이사회 의장을 맡는다.

한국기업지배구조원은 사외이사가 이사회 의장을 맡는 경우에 rating을 더 잘 주도록 평가 항목이 되어 있다. 독립성에 더 많은 방점을 둔 정책이다.

어찌되었던 기업의 경영활동은 대표이사 중심으로 진행되어야 하는 것이 팩트인데 사외이사가 이사회 의장을 맡으면서 건건이 경영활동에 과도하게 간섭하는 것이 적절한 경영활동인지에 대한 의문을 가질 수 있다.

이사회의 운영에 있어서도 최대주주가 없는 기업에서는 여러 가지 power 게임이 발생한다. KB금융지주도 그러하였고, 신한금융지주의 경우도 지주의 회장과 은행의 은행장 간에 주도권 다툼을 할 수 있다.

사외이사가 이사회 의장을 맡는 것은 어떻게 보면 너무 이상론에 치우친 경영활동이라고도 판단되지만 각 개별기업이 어떻게 이사회를 운영하는지에 의해서도 해답이 달라진다.

과거 보험회사의 경우 <손해보험회사 등 사외이사 모범규준>이 별개로 존재하였으나 지금은 <금융회사지배구조모범규준>으로 통합되었으며

금융회사지배구조모범규준 제7조에는

1. 이사회는 매년 이사회가 정하는 바에 따라 사외이사 중에서 이사회 의장을 선임한다
2. 제1항에도 불구하고 이사회가 사외이사가 아닌 자를 이사회 의장으로 선임할 경우 이사회는 사외이사를 대표하는 자(이하 선임사외이사라고 한다)를 선임하여야 한다

라고 규정되어 있다.

참고로 금융회사지배구조모범규준 적용대상 손해보험사 9개사 중 8개사가 사내이사를 이사회 의장으로 하고 있는 실정이며 삼성화재만 사외이사가 이사회 의장을 맡고 있다. 즉, 정부가 생각하는 모범 지배구조와 현실 사이에는 간극이 존재한다.

선임사외이사 제도를 두고 있어서 이들에게 맡겨진 특별한 업무영역이 존재하는 것이 아니므로 실권이 있다고 하기는 어렵다.

"롯데쇼핑 회장 이사 선임 반대해야"

대신경제연, 운용사에 권고

대신경제연구소가 주요 상장사 400개를 대상으로 주주총회에 올리는 의안들을 분석해 기관투자가들의 의결권 행사에 도움을 주는 '주주총회 의안 분석 서비스'를 시작한다. 연구소는 일단 롯데쇼핑이 3월 주주총회에 상정한 이사 선임 및 배당 안건에 대해 '반대의견'을 권고했다.

9일 대신경제연구소는 산업내 영향력, 시가총액, 기관투자가 지분율 등을 고려해 400개 상장사를 주요 의안 분석 대상으로 선정하고, 이들 중 지난 4일까지 주총 소집을 공고한 126개 회사의 안건을 분석한 결과를 발표했다. 우선 대신경제연구소는 롯데쇼핑이 상정한 배당 및 이사선임 안건에 대해 반대 의결권 행사를 권고한다고 밝혔다.

김호준 대신경제연구소 지배구조연구실장은 "신격호 롯데쇼핑 총괄 회장이 11개 회사의 이사를 겸직하고 있어 이사로서의 의무를 충실하게 다할 수 있을지 의문"이라며 "의결권 행사 시 반대의견을 권고한다"고 말했다.

대신경제연구소는 분석 데이터를 계열사인 대신자산운용에도 전달할 계획이다.

매일경제신문. 2015. 3. 10.

신격호 총괄회장은 건강 문제, 경영권 이슈 등으로 2015년 주총부터 많은 회사에서 등기이사 연임을 포기하고 있지만 이러한 개인의 문제를 떠나서 이건에 대해서 기술한다.

한 개인이 관리하고 경영에 직접 참여할 수 있는 회사의 수에는 한도가 있을 수밖에 없다. 그렇기 때문에 수년 전에는 상장회사 사외이사를 두 개까지만 맡을 수 있는 것으로 제한하였다. 과거에는 상장기업을 한 개 맡을 경우는 비상장기업일 경우는 맡을 수 있는 기업의 수에 제한이 없었다. 즉, 상장기업만 두 회사의 사외이사를 맡을 수 있었다. 그러다가 수년 전부터는 한 상장기업의 사외이사를 맡을 경우는 추가로 사외이사로 선임될 수 있는 회사의 수가 하나로 제한되었다. 협회 등의 공익이사의 경우는 이러한 제한을 받지 않는다. 또한 은행이나 금융지주의 사외이사를 맡는 경우는 금융회사 모범 규준에 의해서 다른 회사의 사외이사를 맡을 수 없도록 제한하였다. 아마도 금융지주나 은행의 사외이사일 경우 이 사외이사가 관여하고 있는 다른 기업의 대출 의사 결정 등에 개입할 수 있음과 무관하지 않을 것이다. 이러한 모범 규준을 금융지주와 은행들은 정관에 도입한 것으로 이해한다.

이렇게 사외이사를 맡을 수 있는 기업의 수를 제한하는 것은 사외이사가 상근하는 직업이 아니며 쓸 수 있는 시간 및 에너지도 제한되기 때문이다.

단, 이는 사외이사에게만 적용되는 경우이고 사내이사에게는 계열사 등에 선임될 수 있는 회사의 수에 제한이 없다. 사내이사는 관련된 계열회사 등에 등기할 때 기타 비상무이사의 자격으로 등기하는 경우가 많게 된다.

이러한 한계에는 상근이사도 예외가 아니며 대신경제연구소의 위의 권고는 이를 대변한다.

물론, 최대주주가 많은 회사의 이사회에 등기하는 것은 이사회 중심 경영, 책임경영이라는 측면에서는 순기능이 존재한다. 최대주주가 등기하지 않고서 따라서 책임도 지지 않고 외부에서 기업의 경영에 영향력을 미치면서도 등기를 하지 않음으로 인해 민형사상의 책임을 지지 않는 것도 바람직하지는 않다.

그러나 문제는 이렇게 많은 회사에 이사로 참여하면서 실질적으로 경영활동을 수행하는 것이 가능한지가 너무 많은 기업에 동시에 등기하는 데 대한 역기능이다.

그렇다고 사외이사의 겸직 건수와 같이 한도를 두는 것도 매우 부자연스럽다. 사외이사 겸직의 수를 제한하는 것은 이것이 비상근이기 때문에 가능한 것이고 비상무이사가 commit를 가지고 능력이 되어서 겸직을 한다는 것을 제한하기는 어렵다.

위의 롯데의 신격호 총괄회장의 경우도 상근직이 아니기 때문에 복수의 회사에서 이사를 맡는 것은 가능하였다.

단, 다음의 기사에서는 겸직에 대한 부정적인 stance를 보이고 있다.

> 현대카드냐 캐피탈이냐. 정태영사장의 선택은
>
> 카드업계 '스타 CEO'로 통하는 정태영 현대카드 사장이 복병을 만났다. 올 연말이면 대표이사를 맡고 있는 현대카드, 현대캐피탈, 현대커머셜 중에서 두곳의 대표이사직을 내려 놓아야 할 상황이기 때문이다.
>
> 복병은 정부가 보냈다.
>
> 금융위원회가 2012년 발의한 금융회사 지배구조법에도 '금융회사의 상근 임원은 다른 회사의 상근직을 맡을 수 없다'는 조항이 들어 있다. 여야가 모두 반대가 없어 4월 정기국회에서 통과될 가능성이 높다.
>
> 이사회 의장으로 지배
>
> 겸직 금지는 상근직에 해당된다. 따라서 정사장이 대표이사는 한곳에서만 맡고 나머지 회사는 이사회 의장을 맡아 어느 정도 경영권을 행사할 수 있는 길이 열려 있다. 금융 당국 관계자는 "현실적으로 가능성이 큰 대안으로 보인다"고 말했다.
>
> 조선일보. 2013. 2. 5.

이와 같이 상근으로 두 개의 직을 겸직하는 것에 대해서는 상당히 부정적이다. 비상근은 몰라도 상근 직업이 두 개라는 것은 이해가 어렵다. 사외이사는 비상근이므로 겸직이 가능한 것이다. 교수들도 겸직으로 사외이사를 맡을 경우, 학교로부터 겸직 승인을 받아야 한다. 법과대학이 Law School 체제로 전환하면서 실무의 법률 전문가들이 교수로 채용되었지만 이들이 실무와 교수직을 병행할 수는 없다. 정태영회장도 이사회 의장을 맡는다는 대안은 비상근으로서의 역할을 수행하겠다는 뜻이다.

국회의 경우도 국회의원들이 변호사, 회계사 등의 겸직을 금하는 정책방향으로 정하고 있으며 20대 국회부터는 교수에게도 적용된다.

배당의사결정도 매우 중요한 기업지배구조의 이슈이다.

국민연금 배당 압력에 기업 반발… 기금위 '파행'

"지나친 경영 간섭" 재계 위원들 퇴장

배당을 적게 하는 기업 명단 공개 등을 안건으로 26일 열린 국민연금기금운용위원회가 기업들의 강력한 반발에 부딪쳐 파행으로 끝났다. 무리한 경영 간섭이라는 이유로 재계 측 위원들이 집단 퇴장, 배당 확대와 관련한 정부안 통과가 무산됐다.

보건복지부는 이날 올해 첫 기금위를 열고 '국내 주식 배당 확대 추진 방안' 등을 안건으로 올렸으나 의결 정족수(정원 19명 중 10명 이상)를 채우지 못해 안건 채택에 실패했다. 위원장인 문형표 장관이 불참한 가운데다 한국경제인총연합회, 전국경제인연합회 등 재계 인사들이 격론 끝에 회의장을 박차고 나갔기 때문이다. 한 기금 운용위원은 "회의가 파행으로 끝난 것은 전례가 없는 일"이라고 말했다. 배당에 앞서 상정된 "헤지펀드 투자안" 등 다른 안건은 이견 없이 의결됐다.

복지부와 기금운용본부가 마련한 안은 국민연금이 3% 이상 지분을 보유한 기업에 대해 배당 적격성을 판단하는 지침을 만들고, 적은 기업은 '중점 관리 기업'으로 지정해 배당 확대를 유도한다는 것이 핵심이다.

복지부는 추후 기금위에 '배당지침'을 다시 상정할 예정이다. 일각에선 '연금사회주의'가 강화되고 있다는 지적도 나온다. 기획재정부가 국민연금평가에 주주권 행사 여부를 넣는 방안을 검토 중인 것이 대표적인 사례다.

한국경제신문. 2015. 2. 27.

오늘 '주총 빅데이' 상장사 68곳 주요안건은

쥐꼬리 배당금 사외이사 장기 연임 도마에

사외이사와 감사의 장기 연임 문제가 지적되는 상장사도 있다. 대한유화의 ××× 사외이사 후보와 S&T모티브의 ××× 감사후보는 이번에 재선임될 경우 재직 기간이 10년을 넘어서게 된다. 사외이사와 감사는 장기 연임될 경우 친분 관계가 형성돼 경영진 견제라는 중책을 수행하기 어려워진다는 게 전문가들의 일반적인 견해이다.

매일경제신문. 2015. 3. 13.

사외이사의 term이라는 것은 해답이 없다. CEO의 연임에 대해서도 아래와 같이 單任 및 短任이 문제가 되기도 한다. 능력이 없는 자가 한자리에 오래 자리를 지키는 것도 문제지만 능력이 되는 사람이 오랜 기간 한 업무에 종사하는 것에 대해서 항상 부정적으로만 보기도 어렵다. 다만 너무 오랜 기간 무능한 사람이 자리를 지키지 못하게 하는 중간평가의 과정은 반드시 필요하다.

'單任, 短任의 늪에 빠진 대한민국

1년도 안돼 바뀌는 장관
장수 CEO 없는 공기업
혁신커녕 현상 유지 급급

한국경제신문. 2015. 10. 12.

목소리 커지는 주주들... 몸 낮추는 미국 기업들

BOA, 투자자에 이사선임권 부여, 월마트 이사회 회장 경질 주주투표

미국 재계에 기업 지배구조 개선을 요구하는 주주들의 목소리가 갈수록 커지고 있다. 단기 시세차익을 노린 기업사냥꾼들과 같은 행동주의 투자자들까지 나서 기업들의 책임경영과 투명한 기업지배구조를 요구하고 있다. 이처럼 갈수록 거세지는 주주들의 요구에 당혹감을 감추지 못하고 있는 기업 경영진이 바싹 몸을 숙이는 모양새다.

자산 기준으로 미국 2위 은행인 BOA 메릴린치는 주주들에게 이사회 이사 선임권을 주겠다고 선언했다. 그동안 이사회 이사 선임을 경영진 고유 권한이라며 주주들의 이사선임 주장을 애써 물리쳐 왔다는 점에서 이례적인 결정이다. BOA 메릴린치는 미국 증권거래위원회(SEC)에 제출한 서류를 통해 장기 투자자들에게 이사회 이사 정원의 최대 5분의 1까지 이사를 선임할 수 있도록 회사 정관을 수정한다고 밝혔다. 다만 최소 3년 이상을 보유하고 있는 장기 투자자들에게만 이사 선임 권리를 줄 예정이다.

매일경제신문. 2015. 3. 23.

3년 이상을 보유하고 있는 장기 투자자들에게만 이사 선임권한을 부여하겠다는 내용은 우리나라에서는 주주제안권을 부여할 때, 상장회사의 경우 1%(자본

금 1000억원 이상인 상장사는 0.5%) 이상 주식을 6개월 이상 보유한 주주에게 부여된다. 단기 투자자들은 어차피 기업의 장기적인 성과에는 관심이 없는 투자자들이므로 기업의 경영과 관련된 의사결정에 voice를 내는 기회조차 줄 것이 없다는 내용이며 그렇게 하는 것이 합리적이다.

단 우리의 경우는 주주제안권을 6개월 이상 주식을 보유한 주주들에게 허용하는 대신에 미국의 경우는 이와 유사한 권리를 최소 3년 이상을 보유한 주주에게 허용하는 것을 보아서는 미국에서의 주식투자의 일반적인 패턴이 우리보다는 장기인 것을 알 수 있다.

이는 보유기간과 관련된 내용이고 주주참여와 관련되어서는 어느 정도 지분을 가지고 있는 주주들이 voice를 내야 하는지에 대해서는 이견이 있을 수 있다. 주주제안권과 같은 성격의 제도로 소수주주대표소송이 있다.

이 내용은 최소 보유 기간과 연관되기보다는 어느 정도 보유하였는지와 연관되는데 소수주주 대표 소송은 1997년부터는 0.01%의 지분을 필수 조건으로 하고 있으며, 그 이전에는 5%의 지분을 가지고 있어야만 소수주주 대표 소송이 가능하였다.

장기 주주에게 이사 추천권 주는 미기업 급증

반대하던 애플 마저 수용
연기금 등 아군 확보해
헤지펀드 공격 막는 효과

주식 장기 보유 주주들에게 이사 추천권을 부여하는 미국 기업이 늘고 있다. 연기금 등 장기 기관투자가들의 발언권이 대폭 확대되는 계기가 될 것이라는 게 월가 진단이다.

블룸버그에 따르면 팀 쿡 애플 최고경영자는 23일 주주들에게 보낸 서한을 통해 "애플 주식 3% 이상을 3년 이상 소유한 주주들에게 이사회 이사를 추천할 수 있는 권리를 부여하겠다"고 밝혔다. 주식 지분이 3%가 되지 않는 주주들도 최대 20명까지 주주들을 끌어 모아 3% 지분 규정을 채우면 이사 추천권을 행사할 수 있다. 다만 애플은 이사회 이사 8명 중 주주 추천권을 통해 선임할 수 있는 이사는 1명으로 한정했다.

국제 의결권 자문기구 ISS에 따르면 애플 외에도 올 들어 마이크로소프트, 필립모리스인터내셔널, 화이자, AT&T 등 40 여개 기업이 주주 이사 추천권을 인정하는 '프록

시액세스(proxy access)'제도를 허용했다. 프록시 액세스는 주식을 보유한 주주가 단독 혹은 다른 주주와 손잡고 이사 후보를 제안하거나 해임을 요구할 수 있는 제도다.

기업들이 프록스 액세스를 받아 들이기 시작한 것은 잘만 활용하면 헤지 펀드 공격이나 단기 이익을 노린 행동주주 주주들의 경영 간섭을 방지할 수 있는 수단으로 활용할 수 있기 때문이다. 단기 차익을 노린 헤지펀드들은 자신들이 원하는 이사 선임을 위해 위임장 대결(proxy contest)을 선언해 경영진을 압박하는 경우가 많다.

이때 헤지펀드와 비용이 많이 드는 위임장 대결에 나서느니 차라리 연기금 등 장기투자자들에 선제적으로 이사 추천권을 개방해 이들 장기 투자자들을 아군으로 끌어들이는 게 훨씬 낫다고 기업들은 판단하고 있다. 스콧 스트링거 뉴욕시 감사원은 "건전한 주주들이 선택한 이사가 더 많이 이사회에 들어와 기업 장기 가치를 제고시킬 것"이라고 환영했다.

매일경제신문. 2015. 12. 25.

chapter 10

감사의견

'적정' 감사의견 받았어도 부실징후 나오면 공시해야 <높은 부채비율 등>

공시제도 개편안

이르면 다음달부터 '적정'감사의견을 받았더라도 높은 부채비율 등으로 재무상태가 급격하게 나빠질 가능성이 있는 상장사는 해당 내용을 공시를 통해 투자자에게 알려야 한다.

현재는 부실이 많은 것으로 판명돼 회계법인으로부터 감사의견 '부적정'이나 '의견거절' 진단을 받은 경우에만 그 결과를 공시한다. '생산활동 재개' 등 투자활용도가 낮은 공시는 폐지되거나 자율공시로 바뀐다.

6일 증권업계에 따르면 한국거래소는 이런 내용을 담은 '유가증권 및 코스닥 공시규정 개정안'을 마련, 이르면 12월 결산법인에 대한 감사보고서가 나오는 다음 달부터 적용키로 했다.

개정안이 시행되면 감사의견을 '적정'으로 받은 상장사라도 회계법인이 감사보고서에 부실징후를 기재했으면 해당 내용을 별도 공시해야 한다. 이에 따라 과도한 부채비율, 대규모 차입금의 상환만기 도래, 회사 재무구조에 타격이 되는 소송진행 상황, 특수 관계자와 집중된 거래 등에 대한 공시가 의무화된다.

거래소는 또 상장사 재무제표에 '비유동자산 손상차손'이 발견될 경우 의무 공시토록 할 계획이다. 비유동자산 손상차손이란 토지 건물 설비 영업권 등 유동화하기 힘든 자산의 시장가치가 급락해 장부가격을 크게 밑돌 경우 이를 재무제표상 손실로 반영하는 것이다. 거래소 관계자는 "비유동자산 손상차손이란 회계법인이 평가한 비유동자산의 가치가 장부가액보다 낮다는 의미"라며 "비유동자산 손상차손 규모가 클 경우 경영진이 특수관계자로부터 과도하게 높은 가격에 영업권이나 설비를 매입한 것으로 의심할 수 있다"고 설명했다.

기업 공시 부담을 줄이기 위해 유용성이 떨어지는 공시는 줄인다는 방침이다. 종속회사나 자회사가 주요경영사항을 공시할 경우 지주회사나 모회사도 함께 공시토록

한 규정이 대표적인 예다. 거래소는 종속회사 또는 자회사의 공시 내용이 지주회사나 모회사의 경영과 관련이 있을 때만 공시토록 할 예정이다. 상장사의 생산활동 재개나 기술 도입 이전 계약 체결 등 투자활용도가 낮은 공시는 자율공시로 전환하도록 했다.

거래소는 '사전확인제도'를 폐지해 공시의 신속성을 높이기로 했다. 현재는 220여 개 우수공시법인을 제외한 대다수의 상장사는 거래소에 자료를 제출해 기재 오류 여부, 증빙서류 일치 여부 등을 확인받은 뒤 공시를 내야 한다.

한국경제신문. 2015. 2. 7.

종속회사 또는 자회사의 공시 내용이 지주회사나 모회사의 경영과 관련이 있을 경우만 공시하도록 하는 제도는 지주회사나 모회사가 종속회사 또는 자회사의 내용을 공시하도록 하는 경우, 이 내용이 지주/모회사의 내용인지 또는 종속/자회사의 내용인지가 때로는 매우 혼동스럽기도 하다는 비판과도 관련된다.

종속회사와 자회사간에는 재무제표도 연결재무제표로 연결되며, 지배회사는 종속회사의 내부통제와도 무관하지 않다. 또한 지배회사는 종속회사의 주요경영사항에 대해서도 어느 정도 공시의 책임을 져야 한다.

사전확인제도는 수년 전 사전확인을 위해서 거래소에 제출된 정보가 거래소 직원들의 주식 투자활동에 사용되면서 거래소 내부적으로 이러한 정보가 악용되는 사례를 미연에 방지하는 것이 필요하였기 때문이다.

단, 사진확인제도가 폐지되면 무분별하고 미완성된 정보가 무차별적으로 노출되는 문제를 유발시킬 수도 있다.

'증시 심장부' 공시 시스템 구멍

기업 공시를 관리 감독해야 할 거래소 직원이 공시 정보를 사전에 외부로 유출해 시세 차익을 도모한 사건이다.

이씨는 최근 거래소 내부 조사결과 기업 공시 외부 유출 사실이 드러났고 이건으로 서울남부지검에 고발된 상태였다. 이씨의 소속부서는 코스닥시장본부 시장운영팀이었다. 종목별 이상 유무를 점검하고 이상 종목에 대해서는 거래정지 등 시장조치를 취하는 것이 그의 주 업무였다. 그에게는 기업이 발송한 공시 정보가 전자공시시스템에 등재되기 전에 열람할 수 있는 권한이 주어졌다. 거래소에는 이씨처럼 공시 사전 열람이 가능한 인원이 58명이나 된다.

통상 기업공시는 해당기업이 공시문안과 증빙서류를 발송하면 거래소 공시담당자의 검토를 거친 후 전자시스템에 올라간다. 검토 작업에는 10분 정도 시간이 소요된다.

이씨가 노린 것은 10분의 시간차였다. 공시가 뜨면 당연히 주가도 움직인다. 이씨는 공시 직전 취득한 정보를 지인에게 전달했고 지인은 재빨리 이 기업 주식 매수에 들어갔다.

이씨와 그의 지인은 이런 식으로 최소 1억원 안팎의 시세 차익을 얻은 것으로 알려졌다.

이번 사건이 이씨 단독 범행이고 이씨가 거둔 시세차익도 아주 큰 금액은 아니라고 하지만 이와 유사한 범죄는 이미 상당히 존재하고 있거나 앞으로도 언제든지 재발할 수 있다는 우려가 나오고 있다. 공시 정보 발송에서 공시까지 걸리는 마지막 시간이 물리적으로 10분일 뿐 대부분 공시가 사전에 거래소측과 협의된다는 점에서도 또 다른 범죄 유형 가능성도 배제할 수 없다는 게 증시 주변의 지적이다.

그럼에도 불구하고 거래소는 공시 정보를 사전 열람하기 위한 로그인 기록조차 일상적으로 조사하지 않고 있다.

매일경제신문. 2012. 8. 22.

거래소 '즉각 공시' 추진한다지만

사건이 언론을 통해 공개된 직후 거래소는 일부 공시에 대해서는 거래소가 개입하지 않는 '즉각 공시'를 추진하겠다고 밝혔다.

거래소가 공시 내용을 검토하는 시간을 악용해 직원이 공시 정보를 유출할 수 있었다고 판단했기 때문이다.

21일 최홍식 거래소 코스닥 시장본부장은 "거래소 공시 중 현재 시장조치와 관련해 거래소의 검토가 필요하다고 판단되는 공시를 제외한 다른 공시들은 절차 없이 기업이 바로 공시시스템에 등록할 수 있도록 제도 개선을 추진하겠다"고 밝혔다.

최본부장은 "이 사건이 있기 전에도 거래소를 경유하게 돼 있는 공시 시스템에 문제가 있다고 판단해 일부 공시에 대해서는 기업이 직접 공시하게 하는 방안을 검토 중이었다"며 "이번 사건을 계기로 바로 내년부터 회사가 일정 규모 이상이거나 우량 공시기업일 경우 일부 자율공시는 거래소의 검토를 거치지 않고 직접 하도록 할 것"이라고 설명했다.

거래소 측에 따르면 현재 시장조치가 필요한 공시는 전체의 15% 정도다. 시장 조치가 필요한 공시는 무상 증자, 합병 분할 등 재무구조 변경과 관련된 공시다. '즉각 공시'가 시행될 경우 이들 공시를 제외한 판매공급계약이나 타법인 출자 등 나머지인 75% 정도 공시는 거래소의 재검토 없이 즉시 투자자들에게 공표될 수 있게 된다.

하지만 일각에서는 거래소의 '즉각 공시'가 오히려 더 큰 문제를 낳을 수 있다고 지적하고 있다. 기업이 자율적으로 공시 내용을 입력하고 노출시키면 오히려 주가조작, 거짓공시 등 부작용이 생길 소지가 다분하다는 것이다.

업계 관계자는 "여론을 무마하기 위해 공시에 대한 기업 권한을 확대했다가는 '빈대 잡으려다 초가삼간 다 태우는 상황'이 올 수도 있다"며 "현행 방식을 유지하되, 정보 외부 유출 차단을 위한 감시시스템을 강화하는 듯 추가 조치를 강화하는 편이 낫다"고 주장했다.

매일경제신문. 2012. 8. 22.

정부가 어떠한 정책을 결정할 때, 아무리 완벽하게 제도를 정한다고 해도 이 제도의 시행은 결국은 사람이 하는 것이다. 이러한 역할을 맡은 실무자가 부정을 범한다고 하면 이 해당자에 대해서 일벌백계의 차원에서 엄벌을 처하면 되는 것이지 이를 피해가기 위해서 공시를 filtering할 수 있는 제도를 중단한다면 더 큰 문제를 야기할 수 있다.

신속하게 업무를 추진하려다가 신중하게 업무를 처리 못할 수도 있다.

이러한 문제를 개선하기 위한 제도의 시행은 거래소의 감사실 기능의 확대 등의 감찰 기능을 강화하는 것이다. 또한 금융감독원이 감사기능을 강화할 수 있다. 또한 현재의 거래소는 수년 전부터 2009년부터는 준 공공기관으로 분류되면서 기재부의 경영평가도 받고 있다가 2015년에 지정이 해제되었다. 물론, 완벽한 monitoring이라는 것은 존재할 수 없지만 그럼에도 이러한 다양한 필터링은 그 자체만으로도 의미가 있다.

이러한 내용은 유사투자자문업자로 분류되고 있는 방송관련자들의 방송 전 주식을 매수하고 해당 기업과 관련된 방송을 하는 경우와 유사하다고 할 수 있다. 즉, 정보에 어느 정도 배타적인 접근이 가능한 자들이 이를 악용하는 것이다.

유사투자자문업자일 경우나 거래소 직원일 경우, 어떠한 주식에 투자하고 있는지를 보고하도록 하는 제도를 시행할 수 있으며 가장 간단하게 문제를 해결하는 대안은 원천적으로 주식 투자를 금지하는 대안도 있다. 개인의 경제활동에 대한 심각한 자유의 훼손이라고도 할 수 있지만 금융에 근무하는 공무원도 주식 매수/매도에 대한 보고 의무가 있고, 주식 투자 계좌를 한 계좌로 통합해야 하는 등의 주식투자에 있어서 어느 정도 제약이 따른다. 또한 1급 이상 공무원은 어느 정도 이상 되는 주식을 백지신탁 하여야 하는 내용과 일맥상통한다. 어느 직급 이상의 공무원이 자산을 등록하거나 또는 하물며 자산이 공개되는 것도 업무상 투명성을 제고하려는 순기능이 존재하는 것이므로 공공성을 위해서 어느 정도 경제활동에 제한이 있거나 개인의 자산이 공개되는 것은 회피할 수 없다.

회계법인에 소속된 공인회계사들로 하여금 주식 투자에 제한을 두는 것도 동일한 차원에서 해석될 수 있다.

규제기관에서는 부정과 관련된 사고가 발생하면 급하게 이를 처방할 수 있는 대책을 내 놓게 된다. 하지만 이러한 즉각 공시 제도의 도입과 같이, 잘못하면 이러한 임시방편적인 처방이 미봉책에 그칠 위험도 있다.

시총 5000억 넘으면 수시공시 '마음대로'

최근 3년간 불성실공시법인으로 지정되지 않았고 상장 후 5년이 지난 시가총액 5000억원 이상 유가증권시장 상장사는 오는 5월부터 한국거래소의 확인 절차 없이 수시공시를 할 수 있게 된다. 코스닥 상장사 중에서는 시가총액 1000억원 이상 우량기업부 소속 업체 가운데 상장 후 5년이 지났고 최근 3년간 관리종목, (투자주의)환기종목, 불성실공시법인 지정 전력이 없는 곳이 수시공시 확인절차 면제 대상이다.

7일 금융투자업계에 따르면 거래소는 이 같은 내용의 공시 시행세칙을 마련해 오는 5월부터 적용할 계획이다. 거래소 관계자는 "상장사의 공시 자율성을 높이기 위한 목적"이라고 말했다.

거래소는 매년 5월 첫 거래일에 공시 확인 면제법인을 지정할 예정이다. 면제법인으로 지정된 상장사가 관리종목이 되는 등 면제 요건을 충족하지 못하면 즉시 면제 대상에서 제외된다. 매매거래정지, 관리종목지정, 상장폐지, 상장폐지실질심사, 우회상장심사 관련 수시공시 사항은 면제 대상 지정 여부와 상관 없이 거래소의 확인 절차를 거치게 된다. 거래소는 현재 기업으로부터 공시 정보를 접수해 규정 위반과 광고 목적 여부 등을 검토해 전자공시 시스템에 공개하고 있다.

한국경제신문. 2013. 3. 8.

이 신문기사는 즉각 공시라는 표현을 사용하지는 않았지만 위에서 기술된 그러한 내용이다. 위에서도 기술되었듯이 이 제도의 역기능에 대해서도 거래소가 고민을 해야 할 사안이다. 유가증권시장과 코스닥 시장간에 대기업을 구분하는 기준이 다르므로 코스닥에 대해서는 대기업 기준을 1000억원을 적용한다.

최근 3년간 관리종목, 투자주의 환기종목, 불성실공시 법인 지정 전력 기업을 제외하였다는 점은 거래소 차원에서 성실 공시기업으로 즉각 공시 가능 기업만으로 그 자격을 제한하였다는 것을 이해할 수 있다.

상장사 5곳 중 1곳 '무늬만 적정'의견

상장사 99% '적정'의견
315곳은 별도 '강조사항' 표시
재무적 문제 발생 가능성 시사
투자자들 반드시 확인해야

'동대문 신화'로 불리던 중견 패션업체 코데즈컴바인의 2013년 감사보고서는 외부감사인으로부터 '적정'의견을 받았다. 회계처리 기준에 문제가 없었다는 뜻이다. 당시만 해도 코데즈컴바인이 2015년 초 기업회생절차(법정관리)를 신청할 것이라고는 아무도 생각하지 못했다. 하지만 2013년 감사보고서를 꼼꼼히 보면 '계속기업으로 존속능력에 대해 불확실성이 존재한다'는 문구가 있다. 한 회계사는 "개인투자자들이 코데즈컴바인의 감사 의견만 끝까지 읽었어도 재무구조가 악화된다는 사실을 예측할 수 있었을 것"이라고 말했다.

상장사 99%는 감사의견 '적정'이지만

상장사 5곳 중 1곳이 코데즈컴바인과 같은 이른바 '무늬만 적정' 의견을 외부감사인으로부터 받은 것으로 나타났다. 이들 기업은 향후 재무구조에 문제가 생길 가능성이 높은 만큼 투자자들의 주의가 필요하다는 지적이다.

한국경제신문의 자본시장 전문 매체 마켓인사이트가 금융감독원의 공시된 1710개 상장사(금융사 특수목적 법인제외)의 감사보고서(별도 기준)를 분석한 결과 지난해 '적정' 의견을 받은 기업은 1699곳으로 집계됐다. 조사대상의 99.3%에 달하는 숫자다. '한정'의견은 5곳. '의견거절'은 6곳에 불과했고 '부적정의견'은 아예 없었다.

적정의견을 받은 기업 중에서도 감사인이 투자자 의사결정에 참고가 될 것이라고 판단하는 사항에 대해선 '강조사항'으로 별도 표기한다. 앞으로 재무적 문제가 발생할 수 있다는 점을 시사하는 경우가 많다. 예컨대 '유동부채가 유동자산보다 많다'는 문구는 '1년 이내 유동성 위기가 발생할 가능성이 있다'는 것을 의미한다는 게 전문가들의 얘기다.

'사실상 한계기업' 69곳에 달해

감사보고서가 외부감사인으로부터 적정 의견을 받았지만 별도 강조사항이 달린 상장사는 지난해 315곳에 달했다. 조사대상의 약 19%에 달하는 수치다.

특히 강조사항에서 '계속기업으로 존속할지 의문'을 나타낸 기업이 69곳에 이르렀다. 이 기업들은 사실상 재무구조가 부실한 한계기업으로 볼 수 있다는 게 전문가들의 분석이다. 금융감독원 관계자는 "과거 사례를 분석한 결과 '계속기업 존속 의문' 이란 강조 사항이 달린 기업 중 25%가량이 2년 내 상장폐지됐다'고 설명했다.

신병일 KPMG 위험관리 총괄부대표는 "투자자들은 적정의견을 받은 기업이라도 강조사항에 어떤 내용이 기재됐는지, 강조사항이 달린 이유가 무엇인지 반드시 확인해야 한다"고 강조했다.

강조 사항 기재회사 수: 315
계속기업 존속 의문: 69
특수관계자와의 중요거래: 93
합병 등 지배구조 변화: 50
전년도 재무제표 수정: 19
대차대조표 작성 후 발생사건: 23

한국경제신문. 2015. 6. 25.

한계기업은 좀비기업이라는 표현으로도 언론에서 쓰인다. 특히나 국책은행인 산업은행/우리은행이 주거래 은행으로 있는 많은 한계 기업을 정부가 과감히 정리해야 한다는 의견도 강하다.

특기사항을 포함한 적정의견을 낼지 아니면 다른 비적정의견을 표명할지에 대해서 감사인들은 상당한 고심을 할 듯하다. 매우 심각한 정도의 특기사항이 포함된 적정의견이라면 한정의견과는 큰 차이가 없을 수도 있다.

또한 적정의견을 개진하면서도 특기사항에 계속기업과 관련된 내용을 포함한다고 하면 해당 기업이 부도가 발생한다고 해도 특기사항에 이러한 내용을 기술하였으므로 문제 제기를 하지 않았다는 책임을 피해갈 수 있다, 즉, 면피의 좋은 방편일 수 있다. 기업이 원하지 않는 의견을 회피하면서도 본인의 책임도 피해갈 수 있다고 하면 감사인의 입장에서는 일거양득일 수 있다. 감사인과 기업의 입장에서는 일석이조이지만 회계정보 이용자가 피해자일 수 있다. 이러한 위험을 피해갈 수 있는 방법은 감사보고서를 꼼꼼히 읽는 것이다.

손성규 · 배창현 · 임현지(2016)는 이와 같이 '무늬'만 적정의견을 표명한 감사인에 대해서 피감기업들이 더 우호적으로 대하게 되며 동시에 이러한 의견을 표명하였던 시점이 3년 감사계약이 끝나는 시점이라면 재계약에 유리한지에 대한 연구를 수행하였다. 피감기업의 입장에서는 적정의견 이외의 계속기업과 관련된 변형된 의견을 내는 경우와 비교하면 이러한 내용을 특기사항에 포함하면서 적정의견을 표명하는 것이 피감기업에게는 훨씬 더 우호적으로 의견을 표명한 것이다. 이러한 의견을 표명한 감사인이 재계약에 성공할 가능성이 높다.

이들의 연구에서는 다음의 가설을 설정하여 연구를 수행하였다.

다음과 같은 경우의 수는 의견 자체를 가지고 피감기업의 감사인 업무 만족도에 대한 대용치로 사용하였다.

가설에서 기대되는 방향성은 비적정의견을 받을 경우에 교체비율이 높을 것을 기대하였다.

기업이 비적정의견을 받는 경우가 기업회계기준을 준수하지 않았거나, 감사범위가 제한되었거나 계속기업과 관련된 불확실성이 존재한 경우이다. 특히나 계속기업과 관련된 불확실성이 연구의 주제가 되는 이유는 이 의견일 경우, 기업회계기준 위반이나 감사범위 제한과는 달리 주관적인 판단이 많이 개입되는 의견이므로 특기사항을 갖는 적정의견이거나 계속기업과 관련된 한정의견의 borderline은 매우 애매하거나 아니면 감사인의 주관적인 판단에 의해서 의견이 나눠진다고 할 수 있다. 어느 누구도 이 경우는 결단코 특기사항을 갖는 적정의견이고, 이 경우는 불확실성 한정의견이라고 구분하기는 어려울 것이다.

가설 1-1. 적정의견을 받은 경우의 감사인 교체율보다 비적정의견을 받은 경우의 감사인 교체율이 더 높을 것이다.

가설 1-2. 적정의견을 받은 경우의 감사인 교체율보다 계속기업의견을 받은 경우의 감사인 교체율이 더 높을 것이다.

가설 1-3. 계속기업 외의 사유로 인한 비적정의견을 받은 경우의 감사인 교체율보다 계속기업의견을 받은 경우의 감사인 교체율이 더 높을 것이다.

가설 2-1. 계속기업 불확실성에 대한 강조사항이 없는 적정의견을 받은 경우의 감사인 교체율보다 강조사항이 있는 적정의견을 받은 경우의 감사인 교체율이 더 높을 것이다.

가설 2-2. 계속기업에 대한 불확실성으로 인한 변형의견을 받은 경우의 감사인 교체율보다 계속기업 불확실성에 대한 강조사항을 포함한 적정의견을 받은 경우의 감사인 교체율이 더 낮을 것이다.

가설 3-1. 계속기업의견을 받고 도산한 기업의 감사인 교체율보다 적정의견을 받고 도산한 기업의 감사인 교체율이 더 낮을 것이다.

가설 3-2. 계속기업의견을 받고 생존한 기업의 감사인 교체율보다 적정의견을 받고 도산한 기업의 감사인 교체율이 더 낮을 것이다.

가설 3-3. 계속기업 불확실성에 대한 강조사항을 포함하지 않은 적정의견을 받고 생존한 기업의 감사인 교체율보다 강조사항을 포함하지 않은 적정의견을 받고 도산한 기업의 감사인 교체율이 더 낮을 것이다.

가설은 위에서도 기술되었듯이 계속 기업과 관련된 변형된 의견은 특히나 주관적인 판단의 대상이며 감사인이 피감기업의 '봐 주려고 하면' 어느 정도 임의성이 개입될 소지가 가장 높은 경우이다. 즉, 감사인이 이 정도의 융통성도 없는지라는 불만을 피감기업이 가질 수 있다.

개정감사기준에서는 다음과 같이 기술하고 있다.
600. 그룹재무제표 감사

보론1. 그룹업무수행이사는 이와 같이 충분하고 적합한 감사증거를 입수하지 못하는 상황이 그룹재무제표에 미치는 영향이 중요하지만 전반적이지는 않다고 판단하고 있다.... 이 경우는 한정의견

보론1. 그룹업무수행이사는 충분하고 적합한 감사증거를 입수하지 못하는 상황이 그룹 재무제표에 미치는 영향이 중요하며 전반적이라고 판단되면, 감사기준서 705에 따라 의견을 거절할 것이다.

border line에서는 항상 주관적인 판단이 수행되어야 하며 어느 쪽에 가까운지는 매우 애매하다.

이 두 내용을 비교하면 중요하지만 전반적이지 않으면 한정의견을, 중요하고 전반적이라면 의견을 거절하여야 한다. 따라서 전반적인지의 여부에 따라서 의견이 구분되는데 이는 기준에서의 규정의 이슈이고 이를 실무에 적용할 경우는 주관적인 판단의 영역으로 남게 된다. 따라서 감사인이 이를 전반적이라고 판단하면 의견거절이, 전반적이 아니라고 판단되면 한정의견이 표명되어야 한다.[17)]

특기사항도 동일하다. 특기사항의 내용이 중요하다고 판단되면 한정의견이 표명되어야 하며 그렇지 않으면 특기사항을 포함한 적정의견이 표명되어야 하는데 매우 주관적인 판단의 영역이며 위의 기사는 기업들도 그렇고 감사인들도 적정의견을 표명하지 않는데 대한 부담을 당연히 느낄 것이므로 기업도 좋고 감사인도 좋은 절충형 의견인 특기사항 적정의견을 표명하는 것이다.

감사의견의 표명은 감사인의 고유권한이지만 때로는 이는 기준의 해석 및 적용과 관련되므로 감독기관이 감사인 의견의 옳고 그름에 대한 감독기관 나름의 의견을 가질 수도 있다.

예를 들어 저축은행 사태가 불거졌을 때, 감독원이 퇴출의 대상이 아니라고 판단한 저축은행에 대해서 해당 감사인이 의견거절의견을 표명할 경우는 퇴출의 대상이 되는 것이고 이러한 경우는 감독기관보다도 감사인의 의견이 더 강한 경우가 있을 수 있다.[18)] 감독기관은 금융기관이 퇴출되면서 bank run 등의 사태에 대해서 고민하여야 하므로 이런 건에 대해서는 감독기관의 의견이 조금 더 완곡할 수도 있다. 즉, 감사인은 순수한 회계의 입장에서만 의사결정을 수행하지만 감독기관은 정무적인 판단을 수행할 수 있다.

문제가 있는 기업인데 왜 특기 사항도 없는 적정의견을 표명했는지에 대해서

---

17) 손성규 (2016) chapter 36의 분식회계와 관련된 소송건에서 전반적이라는 단어의 해석이 회사와 감독기관간에 상반적으로 진행된 사례를 찾아볼 수 있다.

18) 손성규(2016) chapter 36을 참고한다.

는 회사와 감사인 모두 보호받을 수 있는 의견이지만 부담을 느끼지 않는 의견, 즉, 위의 신문기사와 같이 무늬만 적정 의견의 모습으로, 즉, 다섯건 중의 한 경우는 타협형 의견으로 귀착된 것이다. 즉, 무늬만 적정인 의견은 감사인에게나 피감기업에게 누이 좋고 매부 좋은 의견인 셈이다.

그러나 특기사항까지를 자세하게 읽지 않고 감사보고서 중간에서 적정의견이 표명되었으니 아무 문제가 없는 기업이라고 이해하는 감사보고서 이용자가 이러한 의견에 대한 피해자일 수 있다. 아마도 많은 감사보고서 이용자들도 적정의견인 것만을 확인하고는 감사보고서를 모두 읽었다고 생각할 수도 있다. 물론, 이러한 오류는 연구의 경우도 동일하다. 감사의견이 사용되는 연구에서 적정의견과, 무늬만 적정인 의견을 구분하지는 않고 모두 적정의견으로 구분된다. 즉, 적정의견에도 특기사항까지 포함한다면 여러 가지 단계가 있다. 단, 精緻한 연구에서는 이를 구분할 필요성이 존재한다.

그러한 의미에서 무늬만 적정의견은 면피성 의견일 수 있다.

chapter 11

섀도우보팅

새도우보팅과 관련해서

'참석주주 과반수'로 주총 의결기준 완화

국회 상법 개정안 발의
2007년 섀도보팅 폐지 대비
시민단체, 경영진 전횡 심화 우려

주주총회 의결 정족수 기준을 미국 영국 독일 등 선진국 수준으로 완화하는 법안이 발의됐다.

노철래 새누리당 의원을 비롯한 국회의원 10명은 주총 보통결의 기준을 '출석 주주 50% 이상 찬성 + 전체 주주 25% 이상 찬성'에서 '출석 주주 50% 이상 찬성'으로 바꾸는 내용의 상법 개정안을 16일 발의했다. 법안은 특별결의 기준을 '출석 주주 3분의 2 이상 찬성 + 전체 주주 3분의 1 이상 찬성'에서 '출석 주주 3분의 2 이상 찬성'으로 낮추는 내용도 담았다.

적용 대상은 전자투표를 도입하고, 모든 주주를 대상으로 의결권 대리 행사를 권유한 상장사로 한정했다.

주주총회 의결정족수 기준을 완화하는 법안이 발의됨에 따라 주총 의결권을 둘러싼 논란도 재점화될 것으로 보인다. 재계는 "자신의 권리를 포기한 주총 미참석 주주는 빼고, 참석 주주 의견만으로 주총 안건을 처리해야 한다"고 주장해 온 반면 경제개혁연대 등 일부 시민단체들은 "오너 마음대로 주총을 주무를 수 있다"며 반대해왔다.

노철래 새누리당 의원 등은 다음 달 열리는 국회 법제사법심사위원회 산하 법안심사소위에 해당 법안을 상정, 논의에 들어간다는 계획이다. 법무부도 주총 의결 정족수 요건 완화를 검토하는 것으로 알려진 만큼 향후 법안이 어떻게 처리되느냐에 따라 상당한 파장이 예상된다.

새도보팅 근본 해결책

노의원 등이 의결정족수 기준 완화 법안을 내놓은 것은 섀도보팅제도 폐지에 대비하기 위해서다. 주총 미참석 주주도 참석 주주의 찬반 결과에 비례해 표결한 것으로 간주하는 섀도보팅제는 2017년 말 폐지될 예정이다. 그대로 두면 3년 뒤 상당수 상장사가 주총 안건 통과에 필요한 정족수를 확보하지 못하는 '주총 대란'이 벌어질 게 뻔 한 만큼 근본적인 해법 마련에 나섰다는 것이다.

현행 상법에서 규정한 주총 보통 결의 기준은 '출석 주주 50% 이상 찬성 + 전체 주주 25% 이상 찬성'이다. 재무제표 승인 등 간단한 안건을 통과시켜려고 해도 전체 주주의 4분의 1이 넘는 찬성표를 받아야 한다. 대다수 소액주주가 주총 참석에 관심이 없는 점을 감안하면 최대주주 측 지분율이 10%대에 불과한 상장사들은 사실상 25% 찬성표를 받기가 쉽지 않다.

한국상장회사협의회 관계자는 "지난해 1673개 상장사를 대상으로 조사한 결과 섀도보팅제가 폐지되면 주총 안건 통과가 어렵다고 응답한 회사가 590개에 달했다"며 "2017년까지 의결 정족수 규정을 낮추지 않으면 주총 대란은 피할 수 없을 것"이라고 지적했다.

과도한 규제 해소 vs 오너 전횡 심화

재계는 한국에만 있는 과도한 규제가 해소될 길이 열렸다고 환영하고 있다. 해외 주요국 중 의결 정족수 규제를 둔 곳은 없다. 미국 독일 영국 호주는 물론 중국도 참석 주주의 50% 이상 찬성표만 얻으면 보통 결의 안건을 처리할 수 있다. 일본은 주총 성립 요건으로 '전체 주식의 50% 이상 참석'을 전제 조건으로 삼고 있지만, 각 기업이 정관으로 이를 배제할 수 있도록 했다.

반면 일부 시민단체들은 오너의 전횡이 심화될 수 있다고 우려한다. 주총은 회사의 미래를 결정하기 위해 전체 주주의 뜻을 모으는 자리인데, 참석 주주의 의견만으로 제한할 경우 주총의 대표성이 떨어진다는 주장을 내놓고 있다.

한 시민단체 관계자는 "노의원이 내놓은 법안은 주총에 주주 3명이 참석해 이 중 2명만 찬성하면 모든 안건을 통과시킬 수 있도록 해주겠다는 의미"라고 주장했다.

한국경제신문. 2015. 1. 17.

위의 신문 기사에 기술된 특별의결이란 합병 등의 기업과 관련된 매우 중요한 의사결정을 수행할 때의 의결이다.

주주총회에 불참하는 것이나 기권하는 것도 주주의 권리이다. 따라서 불참하거나 기권하는 주주의 권리도 권리로서 인정하여야 한다. 정치적 무관심도 우리가 인정을 해야 하듯이 기업 경영의 무관심도 그 자체로 인정하여야 한다.

소액주주 3분의 2 넘으면 섀도보팅 3년 연장

금융위원회가 의결권 있는 소액 주주 지분이 전체 지분 중 3분의 2를 넘는 상장사에 대해 예탁결제원의 중립적 의결권 행사(섀도보팅) 제도 폐지를 3년 동안 유예하기로 했다. 8일 금융위는 올해 1월1일부터 상장사 주주총회를 내실화하기 위해 폐지된 섀도보팅 제도를 일부 기업에 대해 3년간 유예해 시행하기로 했다. 섀도보팅 제도란 상장법인의 원활한 주총 성립을 위해 법인이 요청하면 예탁원이 의결 내용에 영향이 없도록 찬성과 반대 비율대로 예탁된 주권의 의결권을 대신 행사해 주는 제도다.

하지만 일부 상장사들은 제도 변경 초기 주총 성립이 어려워질 수 있다는 의견이 제기되면서 금융위는 특정 기업에 대해서는 향후 3년간 한시적으로 섀도보팅을 적용할 수 있도록 자본시장법 관련 규정을 개정한다고 이날 밝혔다.

개정안에 따르면 발행주식 총수 중 1% 미만인 소액주주들 주식 합계가 의결권 있는 발행주식 총수 3분의 2 이상인 상장사에 대해서는 섀도보팅 제도를 3년간 한시적으로 적용할 수 있다. 금융위는 이달 9~15일 규정 변경을 예고하고 심사 의결을 거쳐 2월 초 관보에 게재해 시행할 예정이라고 밝혔다.

매일경제신문, 2015. 1. 9.

소액주주가 어느 정도를 넘는 기업에게만 새도우보팅을 연장하는 이유는 최대주주와 그 특수관계인으로는 50%라는 주주총회 최소 참석률을 채울 수 없기 때문이다.

'일동제약 경영권 분쟁' 녹십자 안건 주총때 반영되면...
'3%룰'덕에 녹십자 감사선임 유리

최대주수로서 일동 제약 지분 32.5%를 보유한 윤원영 회장 등 특수관계진은 1인 주주로 간주해 모두 합쳐 3%의 의결권밖에 행사하지 못한다.

이에 반해 녹십자 측은 △녹십자 (27%), △녹십자홀딩스 (0.88%), △녹십자셀

(0.99%) 등 3곳이 일동제약 지분을 나눠 들고 있는데 3% 초과의결권 제한을 받는 녹십자를 제외한 나머지 두 계열사 보유 지분 1.87% 만큼 일동제약보다 많은 지분을 확보하게 된다. 따라서 일동제약 지분 10%를 보유해 3%의 의결권 행사가 가능한 피델리티 펀드를 우호세력으로 끌어들이기 위한 양측의 물밑 작업이 치열해질 전망이다. 녹십자는 지난해 1월 일동제약의 임시주총에서 피델리티와 손잡고 지주사 전환안에 반대표를 던져 경영권 안정을 추진하던 일동제약의 시도를 무산시킨 바 있다. 아직 중립적인 입장인 것으로 전해진 피델리티가 이번엔 누구의 손을 들어줄지 주목되는 이유다.

매일경제신문. 2015. 2. 10.

일동제약의 최대주주 및 특수관계인이 경영권 분쟁을 벌이고 있는 녹십자 측과의 다툼에 있어서 이 제도 때문에 오히려 불리한 입장에 놓이게 되는 것이다.

감사/감사위원의 선임에 있어서 최대주주의 의결권을 3%로 제한하는 제도는 매우 의미 있는 제도이다. 단, 이 제도의 운용에 있어서 이 제도가 의도하였던 취지를 달성하지 못하였다.

– 현행 감사위원 선출 방식(일괄 선출방식)은 주총에서 이사를 일괄 선임하고 그 후 선임된 이사 중에서 감사위원을 선임 할 때 3% 초과 보유분에 대한 의결권 제한이 적용 되는 방식이었다.

– 이런 경우 이사 선출 시에는 대주주 의결권 제한이 없어 자기 구미에 맞는 사람들로만 이사 선임이 가능하며 이런 Pool을 가지고 3% 의결권 제한을 적용한다 하여도 대주주의의 입김이 배제된 감사위원 선출이 어렵게 되었다.

– 반면 2015년에 적용되는 금융회사의 지배구조법에서의 분리선출 방식에서는 1인에 대해서는 이사와 감사위원을 처음부터 분리하여 선출하게 되고 감사위원의 경우 3%이상 보유주주의 3%초과분에 대해 처음부터 의결권이 제한되어 대주주의 영향력이 배제된 감사위원의 선출이 가능하다.

한국전력, 전자투표제 도입. 시가총액 10위권 기업 중 처음

한국전력이 유가증권시장 시가 총액 10위권 기업 가운데 처음으로 전자투표제를 도입한다.

한전은 20일 열리는 이사회에 전자투표제를 연내 도입하는 안건을 상정할 것이라고 18일 밝혔다. 전자투표제도는 주주가 주주총회에 직접 참여하지 않더라도 인터넷 등을 통해 의결권을 행사할 수 있도록 한 제도이다. 한전은 본사를 전남 나주로 옮김에 따라 주주들의 주총 참여가 어려울 것으로 보고 전자투표제를 도입하기로 했다.

한국경제신문. 2015. 11. 19.

chapter 12

지속가능보고서

신동빈 "사장단 평가에 ESG 넣어라"

사회적 책임경영 강화 위해 "3대 비재무적 성과"반영 지시
'롯데 혁신 프로젝트' 속도 계열사 자율경영 확대 등 17개 과제 해결 나서

롯데그룹이 내년부터 계열사 사장단의 인사평가에 투명경영과 책임경영 성과를 반영한다. 투명경영을 중시하는 기업 문화가 최고경영자에서부터 전 임직원으로 확산돼야 한다는 신동빈 회장의 주문에 따른 것이다.

30일 롯데에 따르면 이 그룹은 내년 1월부터 친환경 경영 사회적 책임 지배구조 개선 등, ESG로 요약되는 3대 비 재무적 성과를 사장단 평가에 반영하기로 했다.

사장단이 투명 및 책임경영과 직결되는 세가지 항목을 위해 노력하고 달성한 정도를 수치화해 고과 요소로 활용한다는 방침이다. 비재무적 성과는 재무제표를 통해 드러나는 재무적 실적 이외의 성과로, 기업의 계속 경영 가능성을 평가하는 한 지표다. 재계 관계자는 "경영 투명성을 강화한다는 신 회장의 경영철학을 임직원 모두가 공유하자는 취지"라고 설명했다.

신회장은 지난 4일 서울 잠실 롯데호텔에서 열린 사장단 회의에서도 ESG를 강조했다. "환경친화적인 경영, 기업의 사회적 책임 그리고 투명한 지배구조는 지속 가능성과 직결된다"며 "고객, 주주 국민과 신뢰를 구축하는 일을 대표이사들이 직접 챙겨달라"고 당부했다.

이는 경영권 분쟁을 계기로 시작된 기업공개, 순환출자 해소 등 '롯데 혁신 프로젝트'의 일환이라는 분석이다. 호텔롯데는 내년 2월 상장을 목표로 관련 절차를 진행 중이고, 순환 출자도 전체 416개 고리 중 349개 (84%)를 풀어 67개만을 남겨뒀다. 임원 인사에 앞서 이사회 개최를 의무화하는 등 준법경영도 강화하고 있다.

롯데 관계자는 "지난 70여년간 장막에 가려 있는 롯데가 신회장의 계속된 혁신을 통해 장막을 하나둘 걷어내고 있다"며 "원칙을 중요시하는 선진 경영문화를 정착시키려는 노력은 앞으로도 계속될 것"이라고 말했다.

이런 맥락에서 기업문화개선위원회가 지난 29일 3차 위원회를 열고 선정한 내년도 17개 중점 과제 실행에 속도를 내기로 했다. 내부 임직원의 신뢰 회복을 위한 과제로 -계열사 자율 경영 확대 -보고 및 회의 최소화 -바람직한 리더상 재정립 등에 주력하기로 했다. 외부 신뢰 회복을 위해서는 -파트너사와 수평적 관계 강화 - 파트너십 회복을 위한 임직원 체질 강화 -파트너십 회복을 위한 임직원 체질 개선 - 파트너사 소통 채널 구축 및 상호 교류의 장 마련 등에 힘쓰기로 했다.

한국경제신문. 2015. 12. 31.

ESG를 아무리 강조해도 최고경영진 수준에서 이 내용이 본인의 업적 평가에 반영되지 않으면 CEO가 이에 대해서 신경을 쓰지 않을 수 있으므로 이와 같은 정책 방향을 정했다고 사료된다.

롯데 사장단 평가에 '사회적 책임' 추가... 취지는 좋은데

롯데그룹이 올 하반기 계열사 사장단 인사 평가부터 비 재무적 성과를 반영하기로 했습니다. 지금까지는 매출이나 영업이익 등만 평가했지만, 앞으로는 환경(environment), 친화적 경영, 사회적 책임(social) 책임, 지배구조(governance) 개선 등도 따져보겠다는 것입니다. 그룹 수뇌부인 정책본부는 3가지 요소의 앞 글자를 딴 'ESG 지표'를 만들고 있으며, 구체안은 다음 달 윤곽이 나온다고 합니다.

80여개 계열사를 거느린 재계 5위 롯데그룹은 그동안 폐쇄적인 조직 문화 때문에 비판받았습니다. 극단적 실적 우선주의, 상명하복식 군대 문화에 따라 조직 내부의 원활한 소통이나 기업의 사회적 책임에 대해서는 눈 감아왔다는 지적이었습니다.

새 인사 평가 시도는 늦었지만 바람직한 변화입니다. 그러나 문제는 평가 지표입니다. 예를 들어 사회적 책임의 경우, 사회공헌 비용이나 임직원 1인당 봉사시간 등을 지표로 삼을 계획이라고 합니다. 롯데 관계자는 "수치화하기 쉬운 평가 요소들이 우선적으로 반영되지 않겠느냐"고 합니다. "객관성을 보장하려면 이 방법밖에는 없다"는 말도 있습니다.

그러나 측정하기 편한 지표만 좇다가 자칫 기업 문화 개선이라는 본질을 흐리지 않을까 하는 걱정이 듭니다.

계열사마다 사회공헌 비용과 봉사활동 시간 부풀리기에 나서고, 자체 사회 공헌 프로그램의 우수성을 알리려는 자료 만들기에 올인하는 '실적 지상주의'의 폐해가 또다

시 퍼져 나가지 않을까요. 대표들이 고무장갑을 끼도 '사랑의 연탄 나르기'나 '김치 담그기' 등에 나서기 위해 경쟁하는 일도 더 많아질 겁니다.

롯데그룹이 글로벌 경영의 성공 사례로 꼽아온 롯데리아 베트남 법인에서는 최근 부실 회계 처리 사건이 터졌습니다. 2010년부터 2014년까지 최근 5년간 영업이익 182억원을 부풀려오다 자체 감사에서 적발돼 현지 법인장 등이 징계 처분을 받았습니다. 조직 내부에서 발생한 문제를 솔직히 공론화하지 못하고 수년간 키워온 것은 실적 위주의 평가 때문이기도 하지만 편한 평가 지표만 믿다가 생긴 일이기도 합니다.

시간이 조금 더 걸리더라도 '이 정도면 기업 문화를 근본적으로 바꿀 수 있겠다'고 무릎을 칠 수 있는 방안을 롯데가 내놓기를 기대합니다.

조선일보. 2016. 4. 12.

chapter 13

현대차 지배구조

조회 공시가 개별 회사에 국한되는지 아니면 그룹사에 해당되는지에 대해서도 다음과 같은 이슈가 있다. 이는 대기업의 지배구조와도 연관되는 이슈이기도 하다. 거래소의 차원에서는 개별기업이 상장되어 있으므로 규제의 대상인 것은 개별기업이 맞지만 그룹사와 개별기업이 특수 관계를 유지하고 있기 때문에 이들이 무관하다고 할 수도 없다. 물론, 아래와 같은 유사한 문제가 지주사가 별도로 존재하는 경우에는 발생하지 않지만 그렇지 않은 경우에는 우리나라의 상황에서 충분히 재발할 수 있는 가능성이 있다고 판단된다.

현대車 불성실공시 논란[19]

두달전 본지 보도땐 녹십자생명 인수계획 없다더니

현대차그룹이 녹십자생명보험을 인수하기로 최종 결정하면서 8월 말 한국거래소의 관련 조회공시 요구에 대해 '사실무근' 답변을 내놓은 현대자동차가 불성실 공시 논란에 휩쓸렸다.

현대자동차는 "개별 상장사와 그룹은 엄연히 (인수)주체가 다르다"는 논리로 해명했지만 당시 한국거래소가 "그룹 전체 의견을 내달라"고 권고한 사실이 드러나면서 투자자에게 허위정보를 제공한 것 아니냐는 비판 목소리가 높다.

녹십자홀딩스는 24일 공시를 통해 "현대모비스 기아차 현대커머셜 등 현대차그룹 3개사가 녹십자생명보험 주식 1756만4630주(지분 24.65%)를 2283억원에 취득하는 계약을 체결했다"고 밝혔다. 지난 8월 30일 매일경제가 단독 보도한 '현대차그룹 녹십자생명보험 산다' 제하의 기사가 두 달여 만에 사실로 확인된 셈이다.

하지만 두 달 전으로 시계를 되돌려보면 현대차 대응에 석연찮은 점이 없지 않다.

19) 손성규 (2012) chapter 27. 조회공시 관련된 이슈를 참조하면 된다.

현대자동차 측은 보도 당일 거래소가 사실 여부를 밝혀달라는 조회공시를 요구하자 "녹십자생명 인수를 검토한 바 없다"고 전면 부인했다.

반면 매각 주체인 녹십자홀딩스는 "8월 현재까지 구체적인 내용이 확정된 바 없다"며 '미확정' 형식의 답변을 내놔 뉘앙스가 전혀 달랐다. 결론만 놓고 보면 현대차 측 공시만 믿고 투자했다면 투자자들이 상당한 손실을 입을 수도 있는 상황이다.

현행 제도상 인수·합병(M&A)에 관한 조회공시 요구에 대해 부인했다가 3개월 이내에 관련 딜이 성사되는 쪽으로 결론이 나면 해당 상장사는 불성실공시법인으로 지정돼 불이익을 당하게 된다.

이에 대해 현대차 측은 24일 "당시 거래소의 조회공시가 현대자동차에 대한 것이지 현대차그룹에 대한 것이 아니라 부인 답변을 냈다"며 "현대차의 법적인 의무는 개별 상장사 입장을 표명하는 것 이상도 이하도 아니다"고 설명했다. 또 그는 "당시 현대차 그룹에서 녹십자생명보험 인수건을 진행하고 있다고 하더라도 조회공시 주체와 질문이 기아차나 현대모비스가 아닌 이상 현대차는 조회공시 요구 내용 이상의 답변을 할 수 없다"고 덧붙였다.

그렇다면 한국거래소는 당시 '현대차그룹의 녹십자생명보험 인수' 기사에 대해 왜 현대차만을 공시 대상으로 삼아 현대차에 국한한 조회공시를 요구했던 걸까. 거래소는 현대차가 당시 그룹의 문제에 대해 얘기할 수 없다는 입장을 분명히 했기 때문이라고 해명했다.

하지만 M&A 이슈는 투자자 판단에 중요한 요소인 데다 대부분 그룹오너가 결정하는 사안이어서 현재의 형식 논리적 분리법으로는 공시체제에 심각한 간극이 생길 수 있다. 한국거래소 관계자는 "그룹 전체에서 결정하는 중대 사안이 많은데 조회공시는 개별 상장사에 국한된 데다 그룹집단에 대한 내용을 개별 상장사에 묻는 것도 한계가 있어 공시에 간극이 발생하고 있다"며 "이런 문제점을 고려해 향후 대책을 마련하겠다"고 말했다.

매일경제신문. 2011. 10. 25.

그나마 조회공시는 어느 정도 기간이(M&A일 경우는 3개월) 경과된 이후에는 그 내용을 번복하는 것이 가능하지만 주요경영사항 공시일 경우는 공시번복 자체가 불가능하며 주요경영사항에 대한 공시번복은 불성실공시로 조치를 받게 된다.

조회공시라는 매우 중요한 공시정책의 시행에 허점이 생기게 되는 결과이다. 그리고 우리나라에서의 주요한 그룹사 차원의 다수의 의사결정에 있어서 이러한 문제점이 반복해서 발생할 소지가 매우 높다.

특히나 위와 같은 일이 발생한 이유가 이 인수건에 대해서는 모비스, 기아차, 현대커머셜 등이 출자를 하는 것이라서 현대차는 이 논의에서 완전히 빠져 있다. 거래소도 이 내용을 현대차에 문의한 이유가 현대차가 거의 통상적으로 현대자동차 그룹을 대표하는 회사이기 때문인 것으로 이해하는데 그룹 차원에서 정보를 주지 않는다고 하면 현대차가 직접 개입되지 않은 의사결정에 대한 정보를 현대차가 알고 있기는 어렵다.

이러한 문제에 대해서 2012년 4월부터 공시규정이 개정되어 기업집단 관련 조회공시의 경우 대표회사(상장기업)에게 답변하도록 하여 조회공시 효율성 및 투자자의 공시 파악 편의성을 제고하도록 하였다.

그러나 위와 같은 해결책은 조회공시와 관련된 해결책이지 주요경영사항과 관련된 해결책은 아니다. 조회공시를 대표 상장사가 대신해 줄 수 있지만 주요경영사항 공시는 조회하는 주최가 없기 때문에 그룹사 차원에서의 주요경영사항이 공시에서 누락될 위험도 존재한다.

그럼에도 불구하고 모든 다른 계열사의 의사결정을 대표회사가 대신해 줄 수는 없는 것이다.

또한 최근 지배구조 관련되어 홍역을 겪은 롯데의 경우는 그 한국 지배구조의 정점에 호텔롯데가 위치하는데 호텔롯데가 상장기업이 아니라서 조회공시의 대상이 될 수도 없으며 2016년 현재 IPO 준비 중이다.

롯데뿐만 아니라 지배구조의 정점에 가 있는 회사가 상장회사가 아닌 기업일 경우는 대표회사를 누가 맡을지도 애매할 수 있으며, 대표회사의 정의도 매우 애매하며, 지배구조와 무관하게 각 재벌그룹이 대표회사를 정할 수 있다.

삼성은 미래전략실이라는 기구가 존재하여서 그룹의 중요한 의사결정을 수행한다. 2015년 7월에 이슈가 되었던 삼성물산과 제일모직의 합병 건도 삼성물산, 제일모직, 그룹의 금융을 맡고 있는 삼성증권 등이 개입하기도 하였지만 그 중심에는 미래전략실이 존재하였다. 2016년 말 현재는 200여 명 정도의 인원이 삼성이라는 거대한 조직의 control tower 역할을 수행하고 있다.

특히나 재벌이 존재하고 재벌에는 주식시장에서의 인정되는 정상적인 의사결정과정이 아닌, 별개의 의사결정 과정에 의해서 주요한 사안이 제도권이 아닌 영역에서 정해진다는 것을 외국의 투자자들은 이해하기 어려운 것이다.

10조원의 천문학적인 한전 부지 구입을 위해서 투자하는데 대해서 적법한 의사결정이 수행되었는지에 대해서는 의문점이 있다. 현대차그룹이 그룹 차원에서 이러한 의사결정을 수행하였다면 이는 개별회사의 이사회를 거치게 된다.

국내의 투자자들은 재벌이라는 실체에 대한 또한 재벌이 경제의 많은 부분을 차지하고 있음을 잘 이해하고 있기 때문에 이러한 의사결정을 별 거부감 없이 이해할 수 있을 것으로 생각한다. 현대차그룹의 10조원의 투자는 각 계열사에 이 금액을 배분하고 또한 각 계열사의 이사회에 이러한 배분된 금액을 수용하는 방식으로 각 계열사의 이사회가 의사결정하는 수순이었을 것임을 시장이 추측하였고 아래에 보는 바와 같이 사실도 그렇게 진행되었다.

외국의 투자자가 보기에는 그룹차원에서 결정한 내용을 각 개별사의 이사회가 일사분란하게 수용하는 것도 매우 부자연스럽게 보일 것이다. 또한 이렇게 의사결정 과정이 진행된다면 각 개별 기업의 이사회의 실체는 무엇인지에 대한 의문을 가질 수 있다. 또한 그룹이라는 것이 초법적이고 제도권을 벗어나 있는 실체인지에 대한 의문도 존재할 것이다.

이는 소유와 경영의 합치를 우리는 큰 비판 없이 받아드리는 구도이며 외국의 투자자들이 판단하기에는 각 계열기업의 이사회는 거수기인가라는 생각을 할 소지도 있다.

현대차그룹 지배구조 문제 심각,
換骨奪胎하는 노력 보여야

1. 경제개혁연대(소장 김상조, 한성대 교수)는 지난 9월 22일 현대차그룹의 한전부지 입찰과 관련하여 현대자동차·기아자동차·현대모비스에 이사회 의사록 열람 및 등사를 신청하였고, 지난 주 이들 3사가 열람을 허용함에 따라 한전 부지 입찰을 결정한 9월 17일 및 최종 계약을 결정한 9월 26일 이사회의 의사록을 각각 열람하였다.

2. 경제개혁연대가 현대자동차·기아자동차·현대모비스의 이사회 의사록을 열람한 결과 건전한 지배구조 관점에서 볼 때 크게 실망하지 않을 수 없었다. 경제개혁연대는 현대차그룹과의 합의에 따라 이사회 의사록의 전모를 공개할 수는 없지만, 그럼에도 불구하고 다음 두 가지의 문제점을 지적하지 않을 수 없다.

첫째, 이번 한전 부지 매입 결정을 위한 9월 17일 이사회 및 낙찰 후 최종 계약체결을 위한 9월 26일 이사회에 그룹의 총수인 정몽구 회장은 물론이고 정의선 부회장도 모두 불참한 것으로 확인되었다. 현재 정몽구 회장은 현대자동차와 현대모비스의 대표이사이며, 정의선 부회장은 3개사의 이사로 모두 등재되어 있다. 이번 현대차그룹의 한전 부지 인수는 정몽구 회장의 적극적인 추진 의지와 지시로 이루어진 것으로 이미 언론에 보도된 바 있는데, 정작 회사의 중요한 업무집행을 결정하는 이사회 자리에 정몽구 회장과 정의선 부회장이 없었다는 사실은 이유가 어떻든 간에 주주로부터 경영권을 위임받은 이사로서 책임 있는 모습이 아니다.

특히 9월 17일 이사회에서 논의된 내용을 보면 한전 부지 입찰에 관한 "일체의 권한을 대표이사에게 위임한다."는 것이 주요 내용 중 하나였는데, 이 경우 이사회에 참석하지 않은 총수일가의 권한과 책임이 괴리되는 문제가 발생한다. 현행법 및 법원판례에 따르면, 회사 경영진의 잘못된 의사결정으로 인하여 회사에 손해가 발생했을 경우에도, 이사회에 참석하지 않은 이사(absent director)에 대하여 책임추궁을 하는 것이 매우 어려운 실정이다. 즉, 정몽구 회장은 대표이사로서 이사회의 결정에 따라 한전 부지 입찰과 관련한 일체의 권한을 위임받았지만, 향후 발생할지도 모를 책임추궁으로부터는 자유롭게 된 것이다.

둘째, 한전 부지 매입을 결정한 9월 17일 이사회에서 과연 이사들에게 충분한 정보가 주어졌고, 이에 따른 합리적인 논의가 이루어졌는지 여부 또한 의문이다. 9월 17일 각사 이사회에는 입찰 참여의 목적(통합 컨트롤타워 건설을 통한 업무효율성 증대 및 브랜드가치 제고)과 컨소시엄 참여비율(현대차 : 기아차 : 현대모비스 = 55% : 20% : 25%) 등의 정보만이 제공되었고, 정작 중요한 사항인 회사의 투자여력, 토지매입 후 투자효과 등에 대해서는 낙찰 후인 9월 26일 이사회에서 논의된 것으로 확인된다. 이는 9월 17일 이사회 논의가 충실하게 이루어졌다고 보기 어려움을 의미한다.

일례로, 9월 17일 개최된 각사 이사회는 각기 30분에서 42분 정도 걸렸음에 반해, 9월 26일 개최된 각사 이사회는 각기 60분에서 75분 정도 소요되었는데, 물론 이사회에서 장시간 논의를 거친다고 해서 최선의 결론이 도출되는 것은 아니겠지만, 9월 17일 이사회가 단 30~40분만에 끝났다는 사실은 이사회 논의가 미흡했다는 의혹을 뒷받침한다.

결론적으로, 이상의 두 가지 문제점을 기초로 할 때, 현대차그룹의 한전 부지 매입과 관련하여 개최된 각사 이사회는 정몽구 회장에게 부담을 지우지 않으면서 권한만을 위임하기 위해 형식적으로 개최된 것으로 볼 수밖에 없다. 회사경영의 중요한 의사결정이 이사회가 아닌 총수일가의 독단에 의해 이루어진다는 과거 관행이 그대로 답습되었으며 개선의 전망을 갖기도 어렵다는 사실이 다시 한 번 확인된 것이다.

3. 문제는, 현대차그룹 3사의 이사회 논의가 형식적으로 이루어졌고, 그 결정 내용에 의문이 있다 하더라도, 현 시점에서 현대차그룹 총수일가와 이사들에 대해 법적 책임을 묻기가 쉽지 않다는 점이다. 앞서 언급한 이사회 불참 이사에 대한 책임추궁의 어려움은 차치한다고 하더라도, 이번 한전 부지 입찰 건을 총수일가가 부당한 사익을 추구한 충실 의무(duty of loyalty) 위반 사안으로 보기는 어려운 상황에서, 단지 선량한 관리자로서의 주의 의무(duty of care) 위반을 이유로 책임을 추궁하기에는 법률적 제약이 너무 많기 때문이다. 무엇보다, 부적절한 경영판단에 대해 이사의 책임을

묻기 위해서는 회사의 손해가 발생했거나 또는 손해발생의 현실적 가능성이 있어야 하는데, 현 상황에서 이를 판단할 근거가 부족하기 때문이다. 이에 경제개혁연대는 장시간의 법률적 검토 끝에, 형사적 배임 고발이나 민사적 손해배상 소송제기(주주대표소송) 등의 법적 책임추궁을 위한 행동은 일단 보류하기로 결정하였다.

4. 그러나 법적 문제제기가 어렵다는 것이 이번 현대차그룹의 한전 부지 매입 결정에 아무런 문제가 없다는 의미는 절대 아니다. 우선, 현대차그룹의 입찰가격 10조 5,500억원은 상식적으로 납득하기 어려운 것이었으며, 이는 컨소시엄에 참여한 3사의 주가 폭락을 통해 확인되었다. 또한, 낙찰 이후의 현대차그룹의 대응도 매우 부적절했다. 언론보도에 따르면, 정몽구 회장은 "현대차그룹의 100년을 내다보고 투자해야 한다."며 "경쟁사를 의식하지 말고 한전 부지를 인수해야 한다."고 강조한 것으로 알려졌고, 낙찰가격이 문제가 되자 정몽구 회장이 직접 "사기업이나 외국기업이 아니라 정부로부터 사는 것이어서 금액을 결정하는데 마음이 한결 가벼웠다."고 언급한 바 있다.

이러한 일련의 사실은 현대차그룹이 주주를 비롯한 이해관계자들의 반응을 전혀 고려하지 않았음을 의미하는 것이고, 세계 5대 완성차 메이커로 지칭하기에는 지배구조에 심각한 결함이 있는 것 아니냐는 우려를 자아냈다. 이번 경제개혁연대의 현대자동차·기아자동차·현대모비스 등에 대한 이사회 의사록 열람 결과는 이러한 우려가 결코 기우가 아님을 입증하는 것이었다.

이에 경제개혁연대는 총수자본주의의 문제를 드러낸 현대차그룹에 대한 감시활동을 보다 강화하고, 컨소시엄 참여 3사의 이사회에 면담 및 대대적인 지배구조개선 방안을 요구할 계획이다. 경제개혁연대는 현대차그룹이 건전한 지배구조를 갖춘 세계 초일류 기업으로 거듭날 수 있도록 이사회와 주주총회의 기능을 활성화하는 방향으로 조언을 아끼지 않을 것이며, 현대차그룹의 개선 노력과 그 성과를 토대로 향후 대응방안을 결정할 예정이다. 현대차그룹은 시장의 우려를 무겁게 받아들이고 환골탈태(換骨奪胎)하는 자세로 최선의 노력을 기울일 것을 촉구하는 바이다.

경제개혁연대. 2014. 10. 6.

과거 강원랜드의 이사회에서도 이사로 참석하였던 산업자원부 과장이 민감한 안건이 상정되자 의결에 참여하지 않았는데 이 부분이 나중에 문제가 되어도 의결에 참석하지 않은 이사에게 책임을 묻는다는 것은 제도적으로 불가하다는 결론으로 도출되었다고 한다.

사기업이나 외국기업이 아니라 정부로부터 사는 것이어서 금액을 결정하는데 마음이 한결 가벼웠다."고 언급한 내용에 대해서 현대차는 이 기업이 개인의 회사가 아닌 주식회사이며 10조원의 돈도 주주의 돈이라는 점에 유념하여야 한다.

가끔 재벌그룹이 기부금을 낼 때 개인의 돈이 아니라 회사가 내는데도 ×× 기업이 내는 것이 아니라 재벌총수가 내는 것으로 언론에 보도되는 경우가 있다. 언론조차도 이를 구분해 내지 못하는 것이다.

대표이사에게 위임한다고 의사결정하였는데 위임을 받는 대표이사가 결석을 하였다고 하면 이 또한 초일류 기업이 경영되는 모습은 아니다.

최대주주의 등기 여부가 이슈가 되고 있지만 일반인들은 일단, 등기를 한 이사는 당연히 이사회에 참석도 하고 표결에도 참석하고 있다고 믿고 있을 것이다. 등기한 이사가 이사회에 참석하지 않는다는 사실은 믿기 어렵다. 따라서 어떠한 차원에서는 등기를 하고 이사회에 참석하지 않는다는 것은 주주를 기만하고 있다고도 판단되며 등기를 하지 않고 떳떳하게(?) 이사회에 불참하는 것보다도 더 옳지 않은 행동일 수도 있다.

최대주주가 이사회에 출석하지 않는 것은 다음의 경우에도 노정되었다. 2005년 현대모비스의 기아자동차는 2003년말 보유중인 현대모비스 주식(지분율) 18.35%를 시가법으로 평가하였는데 이에 대해 지분법이 적용되어야 하지 않는지에 대해서 논란이 제기되었다. 이슈는 기아자동차의 최대주주인 정몽구, 정의선 2인이 현대모비스의 등기이사라는 점이었다. 즉, 당시에 지분법 회계와 관련되어 적용되던 기업회계기준인 기업회계기준 등에 관한 해석(42-59)에 의하면 다음의 경우에 지분법을 적용하여야 한다.

1. 투자회사가 피투자회사의 이사회 또는 이에 준하는 의사결정기구에서 의결권을 행사할 수 있는 경우
4. 피투자회사의 중요한 거래가 주로 투자회사와 이루어지는 경우

물론, 2003년 말 기준이라고 하여도 지분법 기업회계기준서의 내용과는 크게 다르지 않다.

그런데 문제는 정몽구, 정의선 2인이 현대차의 한전부지 매입의 경우와 동일하게 모비스 이사회에 거의 참여하지 않는다는 점이었다. 정황상으로는 등기임원이므로 모비스의 이사회에 참석하여 경영의사결정에 영향을 미쳤다고 하면 위의 해석 1에 의해서 지분법이 적용되어야 하지만 이사회 회의록을 봐도 이사회

에 참석을 하고 있지 않으므로 실질적으로 경영의사결정에 참여한 것이 아니며 따라서 지분법을 적용하지 않아도 되는 것으로 즉, 기아자동차가 모비스에 대해서 지분법을 적용하지 않은 것이 분식이 아닌 것으로 결론이 내려졌다.

즉, 정황적으로 보면 경영의사결정에 영향을 미쳐야 하는데 실질적으로는 경영의사결정에 영향을 미치지 않는 것으로 외관적으로 나타난다. 물론, 이사회에 참여하지 않고도 얼마든지 이사회 의사결정을 주도하고 있을 것이다.

참여연대, 경실련, 경제개혁연대 등의 시민단체와 국민연금 등이 삼성전자 등의 주총에 참여하여 일부 등기이사의 선임에 반대하는 경우가 있는데 이 경우에 가장 빈번하게 인용되는 사유가 등기이사의 이사회 참석여부이다.

이사회에 참석하여 어떠한 의견을 피력하였는지도 중요하지만 이사회 참석여부가 가장 중요하다.

또한 chapter 37에 기술되듯이 대부분의 회사에서 이사 개인별로 무슨 발언을 하였는지를 구분하여 기록하지 않음으로 특히나 외부에서 판단할 수 있는 사안은 참석률밖에는 없다.

이는 왜냐하면 일단, 이사회에 참여하여 의결 안건이 상정되면 가부간에 의견표명을 하여야 한다. 일단, 이사회에 참석하면 의결권을 행사하여야 한다. 의결에 참여하지 않을 수는 있지만 그럼에도 반대한다는 의사를 표명하지 않은 한 반대를 한 것은 아니다. 물론, 이는 이사회에 참석하여야지만 그렇게 되는 것이다.

최대주주는 여러 가지 면에서 외부로부터 차단되는 삶을 사는 듯하다. 사내에 가면 인의 장막에 쌓여서 정보가 단절될 것이다. 최대주주가 이사회에 당연히 참석하여 회사의 주요 안건를 논의하여야 하지만 그것보다도 사회의 지도층 인사들인 사외이사들이 가감 없이 회사와 관련된 도움이 되는 조언을 해 줄 수 있을 것이다. 이에는 회사에 대해서 듣고 싶지 않은 내용도 포함될 수 있으면 이러한 점이 전문적인 지식의 제공 이외에도 사외이사가 회사에 보탬이 될 수 있는 내용이다.

이사회에 참석하는 이사들도 완전히 자유롭다고 하기는 어렵다. 사내임원들이 재임 등에 신경을 쓰듯이 사외이사들도 연임 등을 신경 쓴다고 하면 이러한 회사 경영에 대한 비판은 시민단체의 몫이어야 한다고 할 수 있다. 사외이사가 그런 의견을 내지도 않겠지만 이사회에 출석하지 않는 최대주주에게 이사회에 참석하면 좋겠다는 의견을 낸다고 해도 이들이 이 제안을 듣지 않으면 그만이다. 사회에서의 요구 등이 경영의사결정에 반영될 수 있도록 시민단체가 그 역할을 해 주어야 한다. 이러한 측면에서 공익성에 보탬이 되는 방향으로 시민단체의 역할이 분명히 있다. 물론, 이와 동반되는 의결권 자문 기관도 경제에서 명확한 한 축을 맡고 있다.

이사회 차원에서의 의사결정이 다음과 같은 경우에도 문제가 될 수 있다.

우리에게는 우리에게 맞는 한국적 상황에서의 기업 지배구조가 있다. 5대 그룹 중, 지주회사의 형태를 띄고 있는 ㈜LG나 ㈜SK는 기업의 의사결정이 제도권 밖에 놓이는 이러한 문제가 발생하지 않는다. 최근에 문제가 된 삼성그룹, 롯데그룹이나, 현대차그룹은 모두 이러한 문제를 내포하고 있다. 즉, 중요한 의사결정을 수행하는 실체가 개별회사 위주의 우리의 체계 및 제도와는 잘 부합하지 않는 문제가 발생한다.

이는 제왕적 재벌회사의 그룹총수의 실체와도 무관하지 않다. 모든 의사결정이 그룹차원에서 제도권의 체제와는 무관하게 진행된다.

한 사례를 든다. 삼성그룹을 포함한 많은 재벌사가 매년말 12월에 사장단을 포함한 정기 임원인사를 하게 된다. 그룹에서 새로이 임용된 사장이 12월 결산기업일 경우에는 12월 초에 내정된다. 대부분의 주주총회가 3월 중순 이후에 진행되므로 상법상으로는 이전의 사장이 법적인 대표이사이지만 인사 발령 이후, 12월부터 3월까지 그룹에서(총수가) 선임한 대표이사가 대기하고 있다. 따라서 이 기간 중에 이사회를 진행할 때는 애매모호한 일들이 많이 발생한다고 한다. 법적인 대표이사와 내정된 대표이사가 공존하는 형태이며 등기이사는 주총에서 선임되어야 하지만 그룹에서 인사발령이 나는 시점에 실권은 이미 내정자에게 이월된다. 12월초에 인사 발령이 나고 3월말에 주총을 개최한다고 하면 거의 4개월 동안, 이러한 애매모호한 형태의 기업지배구조를 가져가는 것이다. 또한 이러한 문제가 대표이사가 교체되는 2, 3년 주기로 반복된다. 대표이사의 내정은 이미 그룹 인사발령에 의해서 진행되며 주총은 법적인 요건으로 진행된다.

이러한 문제가 있기 때문에 아래의 인용된 신문기사에서 보듯이, 롯데는 그룹 차원에서 인사발령을 내더라도 각 계열회사 이사회를 개최하여 이를 의결하도록 체제를 갖추고 있다. 단, 이를 주총 시점과 맞추려 한다면 대표이사를 결산이사회에서 추천하여야 하는데 그룹사들의 인사발령 시점이 결산 이사회가 진행되는 2월 시점이 아니라 12월일 경우가 대부분이어서 위에 기술된 mismatch의 문제에 대한 해결책은 아니다. 다만 대표이사의 선임이 총수의 단독 의사결정이 아닌 이사회 의사결정인 것과 같은 모습을 갖추는 것이다. 이렇게 그룹사가 인사

발령을 진행하는 이유는 1년 동안의 경영활동을 평가하여 인사발령을 내지만 결산, 감사 등의 과정이 제도적으로 남아 있기 때문에 주총까지는 결산 이후에도 거의 3개월의 기간이 경과되어야 하기 때문에 기업들이 이 기간을 지체하기 어렵다고 판단하는 듯하다.

이러한 문제가 지배구조에 있어서의 심각한 mismatching의 문제라고 하면 매년 12월에 진행되는 그룹의 정기인사를 결산이사회 시점인 2월로만 조정하면 쉽게 해결된 문제이지만 지배구조를 준수하기보다는 해당 기업의 연도별 임원평가와 의사결정 time table을 calendar year에 맞추는 것이 기업에게는 더 중요한 듯하다. 즉, 기업지배구조는 외적인 요인이지, 기업은 이와 무관하게 회사의 time table에 맞추어서 인사를 진행하겠다는 것이다.

재벌개혁과 관련된 언급이 있을 때마다 재벌은 미래전략실 또는 정책본부를 해체한다. 정책본부에 소속된 인원을 모두 계열사로 보낸다는 등의 요란을 떨지만 결국은 그룹차원의 Control Tower는 계속 존속하게 된다. 이는 그룹이라는 것이 옥상옥의 구도로 존재하는 것이며 전략적인 의사결정을 수행하는데 개별기업보다는 Control Tower에서의 역할이 더 중요한 듯하다.

롯데 '손가락 해임' 없앤다.

신동빈회장 "임원인사 전에 반드시 이사회 열어라"
28일 계열사 이사회… 대부분 CEO 유임 속 면세점 대표 교체

롯데그룹 계열사들이 연말 정기 임원 인사를 앞두고 오는 28일 일제히 이사회를 연다. 롯데 경영권 분쟁에서 신격호 총괄회장의 '손가락 해임'이 파문을 일으킴에 따라 이사회 등 적법한 절차에 따른 준법 경영을 강화하기 위한 조치로 재계는 보고 있다.

23일 롯데에 따르면 롯데쇼핑을 비롯한 롯데물산, 호텔롯데 등 주요 계열사가 28일 이사회를 열 예정이다. 28일 또는 29일로 예정된 임원 인사가 안건이다. 롯데 주요 계열사가 인사에 앞서 이사회를 여는 것은 이번이 처음이라는 게 롯데 관계자들의 설명이다. 롯데 고위관계자는 "인사에 앞서 이사회를 반드시 개최하라는 신동빈회장의 지시가 있었다"고 말했다.

대표이사 등 등기임원은 이사회 결의를 거쳐야 하지만 미등기 임원은 그렇지 않다. 그럼에도 롯데 계열사들이 이사회를 열기로 한 것은 인사에 대한 법적 정당성을 부여하기 위해서라는 분석이다. 한 변호사는 "미등기임원은 별도의 법적 절차 없이 회사별

로 정해진 내규에 따라 대표이사가 선임하거나 해임할 수 있다"면서도 "롯데가 경영권 분쟁을 계기로 준법 경영(컴플라이언스)을 강화하기 위해 이사회를 열기로 한 것으로 보인다"고 해석했다.

지난 7월 신총괄회장은 일본 롯데홀딩스에서 쓰쿠다 다카유키 롯데홀딩스 사장을 비롯한 이사진을 손가락으로 일일이 지목하며 회사에서 나갈 것을 지시한 '손가락 해임'으로 파문을 일으켰다. 재계 5위 그룹의 인사가 법적 시스템이 아닌 오너의 구두 지시로 이뤄질 수 있다는 사실이 알려지면서 롯데의 제왕적 리더십이 도마에 올랐다.

이런 전근대적 기업 문화를 뜯어고치기 위해 신 회장이 인사를 비롯한 그룹의 주요 경영 사항을 결정할 때 이사회를 거치도록 의무화했다는 얘기다. 롯데가 순환출자를 해소하고 호텔롯데 기업 공개를 추진하는 등 지배구조를 개선하고 경영 투명성을 강화하는 것과 같은 맥락으로 재계는 보고 있다. 자산 규모 3000억원 이상의 비상장 계열사도 경영 투명성을 높이기 위해 사외이사를 두기로 했다. 일본 롯데의 상장도 추진하는 등 신회장이 '원 롯데, 원 리더'로서 롯데그룹의 통합경영을 본격화한 것이란 분석이다.

한국경제신문. 2015. 12. 24.

이에 반하여 조선일보는 KB금융지주가 대우증권의 인수전에서 미래에셋의 2조 4000억원이라는 베팅에, 2조 1000억원의 금액을 적어 내면서 인수에 실패한 사례는 KB금융지주의 이사회가 너무 강하였기 때문이라고 분석하였다. 외환은행, 우리은행 민영화 중도 포기, ING생명의 인수의 경우도 동일하게 해석될 수 있다. 우리투자증권 인수 경우에는 이사회가 인수가격 상한선을 너무 낮게 정해서 농협지주에 1000억 차이로 밀렸다. LIG손해보험 인수에만 성공한 것도 모두 이사회가 너무 강하여 CEO가 자유롭게 의사결정할 수 있는 자유도가 최대주주가 있는 미래에셋에 비해서는 많이 뒤졌다는 해석이다. 이는 KB금융지주는 모든 사외이사가 회장추천위원회 위원을 겸임하면서 이사회가 회장을 선임하는 것과도 무관하지 않다. 즉, 사외이사들이 회장을 선임했기 때문에 회장은 이사회에 큰 부담을 안고 있을 수 있다.

물론, 미래에셋이 너무 높은 가격으로 대우증권을 인수하여 승자의 저주가 있을 수도 있다는 평도 듣고 있지만 이는 사후적으로 판단할 문제이다.

chapter 14

한국거래소

상장심사 항목 49개 → 34개

거래소, 질적 심사 항목 줄여
공모가 높은 기업 액면 분할 요구
외국기업 상장 심사는 강화

유가증권시장 상장이 한결 빨라졌다. 그동안 상장에 시간을 끄는 요인으로 지목돼 왔던 기업 계속성, 경영투명성 등 질적 심사 항목이 3분의 1 가량 폐지됐다. 반면 외국 기업의 국내 상장 심사 기준은 강화됐다.

거래소는 상장심사기간 단축과 투자자 보호를 위해 이 같은 내용으로 유가증권시장 상장심사 지침을 개정했다고 23일 발표했다.

개정 지침을 보면 기존 49개였던 질적 심사 항목이 34개로 줄었다. 질적 심사는 기업 규모, 경영 실적, 주식 분할 등 정량적인 외형 조건을 갖춘 상장 후보 기업에 대해 영업의 지속성과 재무상태 건전성, 지배구조, 내부통제 등 상장 적격성을 살펴보는 절차다.

유가증권시장 상장 질적 심사 기준도 구체화 계량화했다. 예컨대 기존 심사 항목에서 '영업활동의 급격한 악화'는 '최근 3사업연도 평균 대비 매출이 연 환산 30% 이상 또는 이익이 50% 이상 감소'로 명확히 했다. 최대주주 보유 지분이 많거나 예상 공모가가 높은 기업에 대해서는 상장 후 거래의 유동성을 높이기 위해 거래소가 심사 과정에서 액면분할 등 보완책을 요구할 수 있도록 했다.

국내에 상장하려는 외국기업에 대해서는 심사기준을 강화했다. 해당 기업이 해외 설립지에서 법령을 위반한 사례는 없는지에 대해 법무법인 의견서를 거래소에 제출하도록 질적 심사 특례를 마련했다.

한국경제신문. 2015. 2. 24.

상장심사과정이 simple 해졌다는 내용은 유념해서 해석되어야 한다. 상장이 용이하다는 것이 상장 의사결정이 덜 신중하게 진행된다는 내용과는 혼동되어서는 안 된다. 일단, 상장이 된다는 것은 주식 시장에 참여하는 주주의 부가 해당 기업에 의해서 영향을 받는다는 것을 의미하므로 매우 신중하게 접근되어야 하며 상장 의사결정 못지 않게 상장폐지 의사결정은 기존의 주주에게는 치명적이므로 상장은 신속하지만 신중한 의사결정이어야 한다.

상장은 승인하는 것보다도 상장폐지 의사결정이 더 힘든 과정이다.

chapter 15

감사 부문 대표의 변

다음의 column은 삼일의 감사부문 대표의 column 내용인데 공감할 부분도 많고 다른 의견을 가질 수 있어서 같이 공유하려 한다.

적정의견이란 표현에 유감(有感).. 2013년 6월 공인회계사

윤현철
삼일회계법인 부대표

"자본시장과 금융투자업에 관한 법률"(이하 자통법) 제119조에 따르면 증권을 공모하고자 하는 회사는 증권신고서를 작성하여 금융위원회에 제출하여야 하고, 그 신고서에는 회사의 재무제표와 감사의견을 첨부하여야 한다. 이에 따라 감사인들은 어느 날 느닷없이 자신의 감사보고서가 증권신고서에 첨부될 때는 막연한 불안감을 느끼기 마련인데, 있을 수 있는 허위기재와 회계분식이 증권신고서를 열람한 투자자들로 인해 확산되어 절로 커져버린 손해배상책임에 대한 두려움 때문이다. 아니나 다를까, 자통법 제125조에서는 허위의 증권신고서와 그 첨부서류에 대한 손해배상을 규정하고 있는데, 배상책임자로는 마땅하다고 생각되는 회사와 이사, 허위기재를 지시하거나 집행한 자 외에도 증권신고서와 그 첨부서류가 진실 또는 정확하다고 증명하여 서명한 공인회계사, 감정인(소속단체를 포함한다) 등과 그 증권신고서의 기재사항 또는 첨부서류에 자기의 평가, 분석, 확인의견이 기재되는 것에 동의하고 그 기재 내용을 확인한 자 등을 적시하고 있다. 그렇다면 감사인들은 상기 열거된 책임자 중 어디에 속하는 것일까? 회계사들은 이구동성으로 어느 항목에도 해당되지 않는다고 한다. 감사의견은 재무제표가 진실 또는 정확하다고 증명하는 것도 아니고 감사보고서가 증권신고서에 포함되는 것을 동의한 바도 없기 때문이다. 그러나 판례 상 감사인은 상기 증권신고서의 첨부서류인 재무제표가 진실 또는 정확하다고 증명하여 서명한 공인회계사로 취급되고 있다. 사건의 개요는 이렇다. 분식된 재무제표에 대한 회계법인의 감

사의견이 부지불식간에 증권신고서에 여러 번 첨부되었는데, 금융위원회는 감사인에 과징금을 자통법 제429조에 근거하여 부과하였고, 동 조문은 증권신고서의 허위기재에 관여한 상기 제 125조에서 나열된 모든 자를 과징금 대상자에 해당된다고 규정하고 있으므로, 금융위원회는 감사보고서가 증권신고서의 첨부서류인 재무제표가 진실 또는 정확하다고 증명한 문건이라 하여 과징금을 부과하였다. 당연히 회계법인은 감사의견에는 그러한 성격이 없다고 반박하였지만 재판부는 이를 기각하였는데, 사실 재판부가 감사의견은 재무제표의 진실성과 정확성을 보증하는 것이 아니고 단순히 감사인의 감사절차를 통과한 것에 불과하다는 사실을 인지하거나 납득할 것을 기대하는 것은 한 나라의 회계제도를 고안하고 운용하는 기관인 금융위원회가 그렇다고 주장하는 한 애당초 무리일 것이다. 더구나 재판부의 판단은 감사에 대한 사회통념이기도 하다.

잘못된 사회통념의 형성에는 감사인의 잘못도 크다. 공인회계사들은 감사의견을 표명할 때 "회사의 재무제표는 기업회계기준에 따라 중요성의 관점에서 적정(適正)하게 표시하고 있습니다"라고 기술한다. 전문가로서 대단히 소신 있고 자신 있는 표현이겠지만 적정이라는 이 한마디로 공인회계사들은 온갖 책임에 휘말리게 된다. 일종의 설화(舌禍)다. 다른 전문가인 의사의 건강검진 결과를 예로 보자. "귀하는 건강합니다"라는 표현은 절대로 없다. 검진한 각 항목별로 정상수치의 범위와 결과를 수치로 나열만 할 뿐, 판단은 이용자가 한다. 소견이 있어봐야 발견한 지적 사항만 언급하고 지적 사항이 없으면 "특이소견 없습니다"가 최선의 답변이다. 사실 감사된 재무제표도 감사인의 감사절차를 통과했다는 것뿐이지, 절대로 적정성을 보증하는 것은 아니다. 그럼에도 불구하고 적정이라는 표현을 과감히 사용하다 보니 이를 신뢰하여 손해를 보았다는 투자자들에게 달리 항변할 재주가 없다. 소송을 당하고 나서야 전수가 아닌 샘플조사였다든지, 회사가 속이려 들면 속수무책이라든지, 의혹을 파헤칠 수사권이 없다든지 등의 이유로 감사의 한계를 주장하는데, 이는 매우 공허하고 어리석다. 그저 "회사의 재무제표는 본 감사인의 감사절차를 통과하였습니다"라고 표현하면 족할 것이다. 원래가 타인이 만든 재무제표의 적정성을 보증하라는 자체가 어불성설이다. 공항 검색대에서 아무리 첨단 시설과 많은 인력으로 꼼꼼하게 살펴보더라도 통과되는 구멍은 있게 마련이다. 적정이라는 단어를 무책임하게 남발하는 것보다는 이용자들이 재무제표가 어느 감사인의 감사절차를 통과하였는지를 보고 자신들의 투자결정에 대한 리스크를 결정해 나가도록 하는 제도가 감사인과 투자가들 사이에서 분쟁을 줄여나갈 수 있는 합리적인 방법일 것이다. 한편, 금융위원회는 자통법이 위임한 "증권의 발행 및 공시 등에 관한 규정"에서 증권시장에 주권 상장 시 증권신고서에 기재된 재무관련사항이 기업의 재무상황을 적정하게 반영하였다는 것을 증명하는 회계감사인의 확인서를 첨부할 것을 2012년부터 신설하였다. 감사를 제대로 하라는 이유겠지만 동 확인서를 발급함으로써 감사인은 단순한 감사인이 아니라 증권신고서의 기재사항 또는 그 첨부서류에 자기의 평가, 분석, 확인의견이 기재되는 것에 동의하고 그 기재 내용을 확인한 자로 확실히 취급되어 부정할 수 없는 과징금 대상자가 되고, 동시 허위의 증권신고서가 유발한 손해배상책임까지 같이 져야 할 판이다. 하기사 외감법에 따른 부실감사의 책임은 어차피 지게 마련이고, 손해배상액의 산정공식도 자통법에 동일하게 규정되어 있으므로 증권신고서에 따른 손해배상책임이 더 얹혀진다고 중복되지는 않는다. 그래서 궁금증이 더 생긴다. "주식회사 외부감사에 관한 법률"(이하 외감법)에 따라 부실감사책임을 이미 지고 있는 감사인에게 중복될 수도 없는 허위증권신고서의 책임을 굳이 같은 규정에서 묶으려고 하는 자통법의 저의는 무엇인가? 상장회사는 사업보고서를 분반기와 연말마다 작성하고 감사의견을 반드시 첨부하여야 한다는 자통법 제159조를 따라가다 보면 거짓사업보고서에 대한 책임을 규정한 동법 제162조를 만나게 된다. 동 조문은 배상책임자를 허위증권신고서로 인한 배상책임자를 규정한 제 125조와 동일한 내용으로 하되, 다만 증권신고서와 달리 회계감사인의 감사보고서를 첨부서류에서 제외하고 있다. 즉, 감사인의 책임을 증권신고서의 경우처럼 허위기재에 대한 책임에 포함하지 않고 자통법 제170조에 별도로 규정하여 부실감사에 대한 책임인 외감법 제17조를 준용하도록 하고 있다. 이와 같은 차이로 인해 사업보고서의 경우 첫째, 감사인은 증권신고서의 경우와는 달리 과징금 대상자가 확실히 아니고, 둘째, 외감법에 따르면 금융기관이 원고일 경우의 입증책임전환 제한, 소멸시효 기산일, 연결재무제표에 대한 책임소재 등에서 약간의 혜택을 볼 수가 있다. 이게 정상이다. 그래서 부실감사를 한 자를 증권신고서의 공범자로 몰아 과징금을 부과하는 현행법은 분명 잘못되었다. 감사인은 감사를 했을 뿐이지, 자본시장에서 증권을 판 자가 아니기 때문이다.

논지가 다르게 흘렀다. 돌아가서, 감사보고서에 대한 책임은 경제민주화가 확산되는 만큼 첨부되어 사용되는 신고서나 보고서가 늘어나고, 집단소송과 같은 무자비한 쟁송제도가 도입되는 현 추세로 보아 곧 감당할 수 없을 만큼 커지게 될 것이다. 따라서 이쯤에서 적정의견이라는 용어사용을 자제하고, 적절한 대체적 용어를 찾아보는 것을 공인회계사회를 중심으로 업계차원에서 심각하게 고민해 봄이 좋을 듯 하다.

즉, 윤대표가 주장하는 증권을 판 자가 아니라는 주장은 '증권을 판다'는 증권의 판매를 주관한 자라는 주장이다. 그렇기 때문에 중국고섬의 분식 건에 대해서도 대우증권과 한영회계법인간에 다툼이 있는 것은 이 양자간에 누가 책임을 져야 할 건인지가 명확하지 않기 때문이다.[20)]

'적정'이라는 용어의 사용이 그다지도 문제가 된다면 우리의 표준 감사보고

20) 손성규(2016) chapter 5를 참고한다.

서 양식은 미국에서 사용하는 양식을 그대로 번역하여 사용하는 것이므로 원문은 어떻게 표현되어 있는지를 검토한다.

In our opinion, the financial statements referred above present fairly, in all material respects, the financial position of xxxx Corporation.....

미국의 표준 적정 감사보고서에는 present fairly라고 적고 있지 적정의 영어식 표현인, unqualified opinion 또는 clean이라는 '적정'의견을 직접 기술하고 있지는 않다. 단, 미국의 표준 감사보고서도 윤대표가 주장하듯 "회사의 재무제표는 본 감사인의 감사절차를 통과하였습니다."와 유사하게 표현된 것은 아니다.

적정, 한정, 부적정, 의견거절은 감사의견을 구분하는 회계감사기준에서의 의견의 분류이지만 이를 감사보고서에 위와 같이 직접적인 표현을 사용해 가면서 기술할 필요는 없다. 단, present fairly하는 표현이 영어식 표현을 거의 직역한다면 적정이라는 의견을 표시함에 사용하는 전문 용어보다는 '적절'하게 표시되었다고 번역하였다면 의견과 내용이 혼재되는 문제는 피할 수 있었을 것이다. 하필 표명하는 의견 그 자체를 감사보고서에 동일한 용어로 기술하면서 적정이라는 단어의 사용이 의견이 아니라 '적절'을 의미하는 국어식 표현인지 아니면 '적정'하다는 의견을 표명하는 단어인지에 대한 오해가 유발된다. 이러한 차원에서 한공회 차원에서는 적정의견 대신에 '비 변형 의견'이라는 대안적인 의견의 명칭도 제안되고 있다.

단어 하나의 사용이기는 하지만 법적 문건의 해석에서는 단어의 선택이 매우 중요하다.

단, 이러한 표준 감사보고서를 너무 오랜 기간 동안 사용해 왔기 때문에 한공회에서 이 표준 양식을 수정하는 것도 얼마나 용이한 것인지는 알기 어렵다.

윤현철 대표의 글에 의하면 clean 또는 unqualified opinion이라는 표현을 사용할 경우와, present fairly라는 표현을 사용할 경우에 감사인들이 감수해야 하는 법적인 책임에 차이가 있다는 식으로 기술이 되었는데 실질적으로 그렇게 될지는 알 수 없다.

왜냐하면 표준 감사보고서에는 적정하게 표현되었다는 내용 이외에도 여러 가지의 감사과정의 한계가 기술되고 있기 때문이다.

이만우(2016)는 “적정의견을 받으면 아무런 문제가 없다고 인식하는 것이 문제다. 금융감독원 감리나 감사원 감사는 지적사항에 대한 처분에 한정되고 다른 추가적 추론을 유발하지 않는다. 그러나 회계법인의 적정의견은 오지랖 넓은 함의 때문에 회사가 잘못되면 무조건 책임 추궁이 뒤따른다....”

영국법원은 회계감사 책임에 대한 1896년 판례에서 이미 이를 확인했다. 감사인의 역할은 숨긴 것을 빠짐없이 찾아내는 수색견 블러우하운드(bloodhound)가 아니라 부정의 침투를 경비하는 경비견(watchdog)이라는 것이다.

윤대표의 column을 직접 인용할 수도 있지만 머니투데이가 윤대표의 column에 대해서 기술한 부분에 대해서도 comment를 하려고 하니 column을 간접 인용한다.

윤현철 감사부문 대표 공인회계사회보 통해 저가수주 관행, 정부비판

국내 최대 회계법인인 삼일회계법인 대표가 기업들의 저가 외부감사인 선임관행과 정부의 외부감사 정책을 작심 비판하고 회계사들의 집단 대응을 주문하고 나서 파장이 일고 있다.

윤현철 삼일회계법인 감사부문 대표는 지난 6일 발간된 월간 공인회계사(공인회계사회보)에 ‘감사인 선정을 위한 PT에 대한 유감’이라는 제목의 기고문을 게재했다.

윤 대표는 기고문에서 “최근 감사인을 선정하는데 PT(프리젠테이션)를 요청하는 회사들이 늘었지만 대다수 기업들의 감사인 선정시 중요한 측도는 감사보수”라고 지적했다.

그는 “PT를 감사위원회가 받든 재경임원이 받든 불문하고 값비싼 감사보수를 제시한 회계법인은 탈락한다”며 “간신히 선정되더라도 우선협상자라는 애매한 지위에서 경쟁자 중 가장 싼 감사보수에 맞춰 감사보수를 깎아야 한다”고 비판했다.

또 “이같은 저가입찰의 원인은 회사가 회계감사를 단순 구매의 일종으로 보기 때문”이라며 “(이를 막기 위해서는) 외부감사를 공공재로 관리해야 하며 감사인이 자본주의의 파수꾼이라는 이름에 걸 맞는 강한 힘을 가져야한다”고 주장했다.

하지만 “관리되지 않은 힘은 부작용을 초래할 수 있는 만큼 남은 방법은 재무제표 작성을 책임지는 회사가 엄청난 처벌을 감당하는 것”이라며 “회계선진국은 주로 회사의 엄청난 처벌을 선택한다”고 주장해 회계 부실 기업에 대한 정부의 강력한 제재를 촉구했다.

윤 대표는 특히 “감사인이 감사능력보다 저렴한 감사보수에 선정되고 감사의 본연

인 '지적질'을 제대로 못하는 원인은 회계사들에게도 있다"며 "조금 더 벌겠다고 낮은 감사보수를 경쟁적으로 제안하고 옳지 않은 회계처리를 합리화하는 등 회계사들이 직업에 대한 소명의식이 없다"고 비판했다.

이어 "길은 단결에 있다"며 "먼저 감사보수를 제안하는 회사에게 회계사들의 경험과 실력에 따른 시간당 보수만 제시해 보자"고 주문했다. 이렇게 하면 회사가 회계처리를 제대로 하지 않아 감사시간이 늘어나면 절대 감사보수 금액이 절로 올라간다는 것이다. 그는 "물론 상당한 저항이 예상되니 갈등과 낭패가 없도록 정부가 나서야 하며 공권력을 가진 감사보수표가 필요하다"고 주장했다.

윤 대표는 정부의 무기력함도 비판했다. 그는 "사실 정부의 속내는 높은 감사보수로 기업에 부담 주기 싫은 것일 수도 있다"며 "그렇다면 차라리 가격을 거꾸로 낮춰 가격표를 만들라"고 했다. 가격을 낮추면 회계사가 가난한 삶을 살아도 할 소리를 하는 직업이 될 것이며 우수인재들이 회계감사시장에 발을 들이지 않는다면 기업과 절충해 가격을 조금씩 현실화하면 된다는 것이다.

이같은 주장은 회계법인간 헐값수주로 갈수록 외부감사 여건이 악화되는 가운데 업계의 자성을 촉구하는 작심발언으로 풀이된다. 일각에서는 취지에도 불구하고 국내 최대 회계법인 대표의 발언으로는 수위가 지나치다는 지적이 많다.

한 회계업계 관계자는 "그동안 청년회계사회나 일부 강성 학계 인사들이 외부감사 여건개선을 위해 목소리를 높여왔지만 굴지의 회계법인 대표가 이렇게 강하게 주장한 것을 본적이 없다"며 "윤 대표의 주장에 공감하지 않는 것은 아니지만 다소 정제되지 않은 표현으로 기업과 정부를 비판하고 회계사들의 집단 대응을 주문하는 것은 과해 보인다"고 말했다.

머니투데이. 2015. 4. 7.

윤대표는 감사수임료가 높아져서 기업에 부담을 주고 싶지 않아야 한다는 것이 정부의 입장이라고 적고 있지만 정부는 민간의 pricing에 개입하고 싶지 않아 한다는 주장이 더 맞을 듯하다. 다만 정부도 수임료가 낮아지면서 회계와 회계감사의 품질이 하락하면 주주의 부가 훼손되므로 이는 예방하려고 할 것이다. 회계 및 회계감사 품질이 저하하면서 주주의 부가 영향을 받게 되며 투자자들이 주식시장을 외면하게 될 것이다. 정부도 이러한 점을 우려하게 되므로 회계와 회계감사의 품질 유지에 관심이 있는 것이다. 그래서 감사수임료와 감사품질이 연관이 있다면 수임료에 대해서는 수임료가 너무 낮아지는 것은 바람직하지 않다는 생각을 하겠지만 시장에 개입할 수 없는 어려움이 있다.

회계 관련 모임이나 세미나 등에 가면 회계업계 계신 분들이 낮은 감사수임료에 대해서 공무원이나 하물며 시민단체 활동하는 분들에게 하소연을 하는 경우가 있다. 그러나 이는 회계업계 내부에서 해결해야 하는 과제이지 외부에 대고 도와달라고 할 수는 없다.

우리가 재화나 용역을 구입할 때 당연히 품질에 따라서 가격이 달라진다. 회계감사 용역에 대해서도 동일하게 pricing이 진행되어야 한다. 그러나 문제는 회계감사의 산출물이라고 하는 감사의견은 최종적인 결과물만 정보 이용자들에게 전해지지 어떠한 과정을 거쳐서 결과물이 산출되었는지에 대해서는 black box다. 물론, 감사조서(working paper)를 보면 자세한 과정이 기술되지만 감리 등에 의해서 문제가 된 감사 건이 아니라고 하면 working paper를 확인할 일이 거의 없다. 또한 거의 99%의 감사의견이 적정의견이므로 상품이 차별화가 되지 않는다. 어차피 적정의견을 받을 것인데 값비싸게 이 상품을 사고 싶지 않은 것이다.

정보경제학에서 논의되는 바대로, 이 감사의견이라는 산출물이 lemon인지 아닌지를 명확히 구분할 수 없다. 악화가 양화를 구축하는 것이다. 즉, 아무리 열심히 감사를 한다고 해도 이 노력이 제대로 평가를 받지 못한다고 하면 그 대가를 받지 못하는 것이다. 오히려 시간 투자를 하지 않고 적당히 감사를 하는 감사인이 합리적인 의사결정을 하는 경제 주체일 수도 있다.

물론, lemon인지 아닌지가 추후에 감리 등의 과정을 통해서 밝혀질 수는 있다. 다만, 감독기간의 시간과 인력의 한계 등으로 감리가 완벽하게 진행될 수 없으므로 lemon인 것으로 밝혀질 확률이 높지 않으므로 due care를 하지 않을 수 있으며 악화가 양화를 구축할 수 있다.

이러한 문제를 피해가는 한 방편은 분식회계에 대한 조치를 강하게 하는 것이다. 그래서 분식으로 지적될 가능성은 높지 않지만 혹시 받을 지도 모르는 조치를 피해야 하므로 due care를 하게 되는 것이다.

저가 수임료의 문제가 누구의 책임인가를 생각해 보면 1차적인 책임이 감사인들에게 있다고 할 수 있다. 수임료를 낮게 부르는 것은 기업이지만 이렇게 낮은 수임료를 accept하는 것은 이 용역의 생산자인 감사인들이다. 감사인들이 결집된 힘으로 단합하여 어느 정도가 안 되는 수임료는 받지를 않겠다고 하면 그만인데, 이렇게 그들이 自淨이 되지 못하기 때문에 발생하는 문제의 책임을 다른 경제 주체에게 모두 떠넘기려 하는 것은 옳지 않다.

우리가 흔히 자본주의의 선진국이라고 하는 미국의 예를 많이 드는데, 미국에서 수임료와 관련된 가이드라인이 있어서 저가 수임의 문제가 발생하지 않는 것은 아니다. 시장 mechanism이 작동하는 것이다. 기업이 어느 정도 적절한 수임료를 지급하지 않으려 할 때, 어느 감사인도 이 가격대에 감사를 수행하지 않으려고 한다면 자연스럽게 수임료는 적정 수준에서 정해질 것이다. 자연스럽다는 표현 자체가 시장이 작동한다는 것을 의미한다.

법무법인들도 경쟁이 심화되면 덤핑경쟁을 할 수 있다. 그러나 그들이 산출하는 결과물은 공공재적인 성격을 띠는 소송건이 많지 않으므로 원고와 피고만의 이슈이다.

위의 내용 중, "감사인이 감사능력보다 저렴한 감사보수에 선정되고 감사의 본연인 '지적질'을 제대로 못하는 원인은 회계사들에게도 있다"고 기술하고 있는데, 감사는 감사인이 주도하여야 하는데도 불구하고 '회계사들에게도'라는 표현을 사용함으로 감사의 주된 책임이 기업에게 있는 듯 한 어감으로 표현하였다면 이는 잘못된 것이다. '너나 잘하면'되는 것이다.

재무제표의 주된 책임은 기업에, 감사의 책임은 감사인에게 있다. 너무도 당연한 논리이며 이견이 없는 명확한 책임 구분이다.

위의 column에서 감사보수표가 필요하다는 주장은 일면 이해할 수 있다. 그러나 이미 1999년 IMF 경제 위기 때 외국 원조 기관의 요청에 의해서 폐지된 제도를 다시 가져 오는 것은 쉽지 않은 결정이다. 또한 우리나라의 덤핑 경쟁이 심각한 문제로 제기되는데 외국에서 이러한 문제가 크게 불거지지 않는 이유가 외국에서 감사보수규정이 존재하기 때문이 아니다. 우리는 모든 문제의 해답을 제도에서 찾으려 하는 한계가 있다. 제도와 실행(implementation) 모두가 중요하다.

일부에서는 민간은 그렇다고 하더라도 아파트 관리비 감사 등, 공공성이 있는 경우만 하더라도 감사인이 지정되고 감사수임료 가이드라인이 제시될 수 있는 것 아닌가라는 의견이 제안되기도 한다.

2002년도에 이미 공정거래위원회는 금융감독원에 감사인이 지정되는 경우는 감사수임료와 관련된 가이드라인을 정하는 것이 가능하다는 유권해석을 내렸으나 지난 14년 동안 감독기관이 이와 관련된 action을 취하지는 않았다. 1999년 감사보수규정이 폐지된 이후에도 지정제인 경우는 예외적으로 이를 인정한 것이다. 감사보수규정은 『독점규제 및 공정거래에 관한 법률의 적용이 제외되는 부당한 공동 행위 등의 정비에 관한 법률(카르텔 일괄 정리법)』에 의해서 폐지되었는데 이 법률은 경쟁제한성이 큰 전문화된 용역에 대해서 자유경쟁을 도입한다는 입법취지를 갖는다.

다음의 내용은 2002년 공정위가 감독원에 보내온 공문이다.

> 1. 외감법 4조의 3에 의거 공정한 외부감사가 필요한 회사에 대하여 외부감사인 지정을 통하여 계약을 강제하여 이미 경쟁을 제한하고 있으므로 가격 결정의 추가적인 경쟁 제한효과는 미미하다고 판단됨.
> 2. 아울러 지정제도와 같은 쌍방독점 상태에서는 협상 등에 의해 가격이 결정된 것이므로, 계약 미체결이나 체결지연 등으로 인한 피해를 막기 위해 불가피한 측면이 있는 것으로 보여짐.

그럼에도 불구하고 회계 관련된 세미나에 가게 되면 회계감사 품질이 유지되지 않는 주된 원인으로 감사수임료가 너무 낮기 때문에 감사품질이 유지되지 않고, 이를 타개할 수 있는 방법은 감사보수규정을 다시 가져와야 한다는 것이다.

카르텔이 공정거래위원회에서 사전인가를 받아 카르텔(공동행위 인가)을 할 수도 있으며 이에 해당되는 경우는 공정거래법 19조 2항 연구개발행위, 산업합리화, 중소기업경쟁력 등이 이에 해당한다. 감사수임료가 카르텔을 형성할 수 있도록 정당화할 수 있는 요인인 공공성은 이 법 범주 내용에 포함되지 않는다. 즉, 회계감사가 공공재이며 가격이 낮으면 저품질의 감사용역이 산출되므로 이를 미연에 방지하기 위해서는 카르텔을 인정해 주어야 한다는 논지일 것인데, 법이 이렇게 되어 있지 않다.

어느 기관이 되었던 표준 수임료를 정한다는 것은 매우 어려운 일이다. chapter 4에도 아래의 규칙이 인용되는데 그럼에도 불구하고, 감사인 지정 건에 대한 시간이나 보수기준이 정해지지 않고 있다.

> 주식회사 외부감사에 관한 법률, 시행령
> 제4조의2(감사인 지명시 감사인 선임 등)
> 3. ⑤ 증권선물위원회는 법 제4조의 3에 따라 감사인을 지명하거나 변경 선임 또는 선정을 요구한 경우에는 감사계약의 원활한 체결과 감사품질의 확보 등을 위하여 적정 감사투입시간 및 감사보수기준 등을 정하여 권장할 수 있다.
>
> 전문개정 2009.12.31

감사위원회에서 감사시간까지를 승인하는 것으로 제도를 변경하려고 시도하고 있다. 과거에도 각 기업의 감사시간을 사업보고서에 기업이 보고하였으나 감사인이 투입한 감사시간을 기업이 감사인에게서 받아서 공시하는 것과 회계법인이 자신이 투입된 시간을 공시하는 것은 원천적으로 차이가 있다.

사업보고서에 감사시간을 공시하는 제도는 지난 15년 동안 시행하였는데 최근 3년간의 시간이 공시되었다.

과거의 제도하에서 2000년대 초반에는 한때 감독원이 사업보고서에 보고된 감사시간에 기초하여 과도하게 낮은 감사시간을 보이는 회사를 감리하는 경우가 있었다. 적절한 감사시간을 투입하지 않으면 감사 품질이 유지될 수 없을 것이라는 판단 하에서다.

감독기관이 이러한 방식으로 규제를 하자 해당 기업들은 사업보고서에 보고되는 감사시간을 부풀려서 공시하는 일이 발생하였으며 이렇게 부풀려진 시간을 감사인이 제시한 것인데 회사는 단지 이를 제공받아 사업보고서에 보고한 것이다. 동시에 원천적으로 감사시간이 회계법인에게서 회사에게 전달된 것이므로 이 정보가 잘못되었다고 하여도, 잘못된 정보를 가지고 회사를 제재하기는 어렵다. 따라서 감사시간을 생성한 주체와 이를 공시하는 주체가 상이한 데에 따른 책임의 이슈가 문제가 될 수 있다. 2014년부터는 감사보고서에 감사시간이 공시되므로 이 정보가 정확한 정보가 아니라고 하면 이 정보의 생성 주체이며 보고서의 보고 주체인 해당 회계법인이 책임을 져야 한다. 따라서 투입된 감사시간을 부풀리는 일은 많이 감소할 것이다.

윤대표가 주장한 내용 중에 time charge의 내용이 있다. 미국에서의 수임료는 time charge의 개념인데 우리는 총액을 정하고 감사를 수행한다. 따라서 당연히 총액은 정해져 있는데 시간 투입이 많이 될수록 시간 당 원가는 낮아지게 된다. 시간 투자를 하면 할수록 손해가 되는 것이다. 그럼에도 미국식의 time charge만이 해답은 아니다. time charge로 제도가 변경된다고 하면 많은 시간 투입으로 피감기업이 감당할 수 없을 만큼의 감사수임료가 발생할 위험도 존재한다. 필요하지 않은 시간인데도 경제적 수익을 위해서 투입할 수도 있다. 또한 정확히 투입된 시간을 측정하기도 어렵다. 피감기업의 입장에서는 이 또한 상당한 cost 요인으로 작용할 것이다.

우리의 수임료의 계산이 time charge의 개념은 아니지만 회계법인은 수임료를 계산할 때, 나름대로 내부적으로 직급별 투입시간을 정하고 이에 직급별 임률을 곱하여 감사수임료를 정할 수 있으며 일부 기업의 경우는 이를 기초로 감사위원회에서 감사수임료를 승인하고 있다.

한공회는 최근 업종별, 자산 규모별 평균 감사 투입시간을 공표(2014.12.5.)하여서 가이드라인을 제시하였다(chapter 60). 물론, 이 정보는 가이드라인에 불과하지만 재무제표 이용자들은 이 정보가 norm이 되어서 각 기업의 감사인이 공시하는 감사시간의 정보에 근거하여 회계감사의 품질을 가늠할 수 있다.

일단, 다음 chapter의 내용들은 공시된 이러한 회사의 시간을 분석하여 어느 기업은 충분한 감사시간이 투입되었으며 어느 기업은 적절한 감사시간의 투입이 없었는지에 대한 판단을 수행할 수 있다.

감사품질은 쉽게 관찰할 수 있는 변수가 아니므로 이에 대한 대용치가 사용될 수밖에 없는데 가장 합리적인 감사품질에 대한 대용치는 감사시간이다. 물론, 대용치일 뿐이지 시간이 모든 것을 얘기해 주지는 않는다. 시간에 시간당 임률을 곱하면 감사수임료를 구할 수 있지만 감사수임료의 결정은 시장 mechanism에 의해서 결정되므로 감독/규제기관이 수임료의 크고 적음에 대해서 언급한다는 것은 시장에 대한 간섭이므로 수임료는 거의 언급되지 않는다.

chapter 16

감사보고서에 감사시간 보고

대우인터내셔널, KT&G, 동서 감사 시간 짧아 부실 가능성.

3월말 감사보고서가 공시되면서 각 기업들이 한해 동안 회계감사를 몇 시간 동안 받았는지 드러나고 있다. 유사기업들의 평균보다 짧은 시간 동안 감사를 받았다면 부실감사의 위험이 높다는 지적이다. 감사품질은 감사 시간과 비례 관계에 있기 때문이다.

29일 금융감독원 공시시스템을 통해 공개된 감사보고서에 따르면 현대제철은 지난해 삼정회계법인으로부터 5404시간 동안 감사를 받았다. 문제는 현대제철이 받은 감사시간이 다른 유사업체들이 받은 감사시간에 비해 턱없이 부족하다는 것이다.

한국공인회계사회에 따르면 연결재무제표를 작성하는 자산총액 5조원 규모의 제조업 상장사는 2011년부터 2013년까지 평균적으로 5500시간의 감사를 받았다. 현대제철의 자산 규모는 28조원에 달한다. 자산 규모가 비교 대상 기업들보다 5배를 훨씬 넘는데도 이들보다 짧은 시간동안 감사를 받은 것이다.

현대제철을 감사한 삼정회계법인 측은 "현대 제철의 공장 수가 많지 않고 거래처가 몇 개 안되다 보니 짧은 감사 시간으로도 충분히 감사할 수 있었다"고 밝혔다.

이마트도 마찬가지였다. 이마트의 자산 규모는 12조원이나 됐지만 5조원 규모의 동종 업체가 받는 감사시간인 4800시간보다도 짧은 4791 시간 동안 감사를 받았다. 이마트의 외부 감사인은 삼일회계법인이다. 이마트 측은 "회사의 전산시스템이 잘 돼 있어서 신뢰도가 높다보니 감사시간을 줄일 여지가 컸다"고 해명했다.

최근 MB정부의 자원외교 비리 의혹 중심에 선 대우인터내셔널 감사도 동종 업체 감사시간에 못 미쳤다. 이 회사의 자산 규모는 8조6000억원 수준이지만 5조원 규모 기업의 평균 감사시간인 4800시간보다 321시간이나 적게 감사를 받았다. 대우인터내셔널 감사 담당 회계법인은 한영회계법인이다.

삼일 회계법인이 감사한 KT&G 역시 동종 업체 감사시간인 5500시간에 턱없이 부족한 4312시간 동안 감사를 받은 것으로 나타났다. 심지어 KT&G의 자산 규모는 6조3000억원으로 비교 대상 기업들의 자산 규모인 5조원보다 1조3000억원이나 컸다.

동종 업체보다 감사시간이 짧은 것은 감사보수가 적기 때문일 수도 있다. 감사를 맡은 회계법인으로서는 적은 감사수임료를 받고 오랫동안 회계사 인력을 투입한다면 수익이 나지 않기 때문이다. 이 경우에는 감사보수를 적게 지급한 상장사 뿐만 아니라 애당초 저가 수주를 한 회계법인에 책임이 돌아 갈 수도 있다.

윤경식 공인회계사회 상근부회장은 "특별한 이유 없이 표준 감사시간보다 감사시간이 훨씬 적다면 감사품질에 문제가 생길 소지가 커진다"며 "공인회계사회에서는 이러한 기업들을 상대로 감리를 강화할 것"이라고 말했다.

매일경제신문. 2015. 3. 20.

위의 신문기사에서 특정기업이 내부통제가 잘 되어 있기 때문에 외부감사인이 많은 시간 투입이 필요하지 않았다는 설명엔 충분히 공감이 간다. 이러한 기업에 대한 짧은 감사시간은 정당화될 수도 있으며 매도되어서는 안 된다. 또한 감사시간은 각 해당 기업의 감사위험의 함수로도 결정되므로 엄밀하게는 이 또한 통제되어야 한다.

또한 회사마다 내부통제의 완전성에 차이가 있기 때문에 외부 감사인이 투입된 감사시간만 비교하여 어떠한 감사인이 좀 더 충실하게 due care를 수행하였다고 결론지을 수도 없다.

이 문제를 해결하는 방법은 time charge밖에는 없다.

위의 신문기사를 아래에 다시 인용한다. 낮은 감사수임료가 누구의 책임인지를..

1999년 폐지된 감사보수규정에는 자산규모 별로 수임료가 정해지지만 연결하는 회사의 수가 많다거나 사업장의 수가 많을 경우, 초도감사인 경우에는 보수를 높게 받는 것으로 규정이 정해져 있었다.

따라서 수임료도 어느 정도 정형화하는 것이 가능하다. 따라서 감사시간이 모든 것을 설명해 주는 것은 아니며 일부 회사/감사인이 주장하듯 감사보수는 어느 정도의 임의성이 개입될 수밖에 없다.

이러한 감사시간의 공개는 회계법인에게는 큰 부담으로 작용할 수 있다. 동일 회계법인이 수행하는 동일한 규모의 감사 건에서 해당 회사의 감사시간이 유사 규모의 피감기업의 감사시간에 비해서 훨씬 높은 수준이라면 어떠한 이유에서 그토록 철저하게 감사를 수행하였는지에 대한 불만을 해당 회계법인에게 표출할 수 있다. 동시에 due care를 기대하는 피감기업의 입장에서는 수임료가 높지 않다면 감사시간의 투입을 마다할 이유도 없다. 또는 시간 대비 수임료가 상대적으로 높다면 피감기업의 입장에서는 왜 자기네 기업에만 시간에 대한 charge가 높은지에 대한 의문을 제기할 수 있다.

물론, 피감기업의 주된 관심은 감사시간보다는 감사수임료일 것이지만 감사품질을 중요시하게 여기는 피감기업일 경우는 감사시간에도 민감하게 반응할 수 있다.

특히나 이러한 비교는 감사위험 등을 고려한 비교가 아니라 단순 비교가 될 수 있으므로 이러한 직접 비교가 바람직하지 않을 수도 있다. 감사인이 감사위험에 근거하여 감사시간을 차등적으로 투입하는데 이는 전적으로 감사인이 주관적으로 판단할 사항이다. 적은 감사시간 투입으로 문제가 발생하면 이는 감사인이 책임을 지면 되는 것이다. 또한 위에서도 기술하였던 기업이 내부통제가 어느 정도 갖춰져 있는지도 기업간 감사시간의 비교시 통제해야 할 변수이다.

미등록 회계사가 감사 절반을…

부실감사 논란

K사가 회계법인으로부터 회계감사를 받을 때 전체 시간의 절반 이상을 미등록 회계사가 맡은 것으로 나타났다.

9일 매일경제신문이 137개 주요 상장사의 감사보고서를 분석한 결과 K사의 미등록 회계사 감사 비중이 52%로 가장 높았다. 전자 부품 제조업체인 K사는 지난 회계연도 동안 A회계법인으로부터 총 1335 시간의 감사를 받았는데 이 중 미등록 회계사가 감사한 시간은 691시간이었다. 미등록 회계사란 회계사 시험에 합격한 후 2년 이내의 경력을 가진 회계사를 말한다.

회계법인 업계 관계자는 "현장 실사나 전표 확인 등 일부 업무는 수습회계사들이 담당하기 때문에 보통 전체 감사시간의 30% 정도는 수습 회계사가 맡는다"며 "다만 이 비율이 50%가 넘는다면 감사품질에 문제가 있을 수 있다"고 말했다.

K사 감사를 맡은 A회계법인은 "등록 회계사가 감사할 부분을 미등록 회계사가 대신 감사한 것이 아니라 등록 회계사가 감사할 부분을 다하고 감사품질을 높이기 위해 미등록회계사가 추가로 감사한 것"이라며 "감리 또한 철저히 했기 때문에 부실 감사로 흐를 가능성은 없다"고 말했다. 조사 대상인 137개 주요 상장사가 받은 회계감사에서 미등록 회계사가 맡은 감사시간 비중의 평균은 22.4%였다.

매일경제신문. 2015. 4. 10.

일부의 회계법인에서는 감사 보조자가 반드시 공인회계사 또는 공인회계사 시보가 맡아야 하는 것인지에 대한 의문을 제기하기도 한다. 미국의 경우는 대학에서 회계를 전공하지 않는 대졸자가 회계법인에 취업하여 감사 업무를 보조하다가 공인회계사 시험을 치르거나 회계를 대학원에서 전공하는 경우가 다수이다. 회계법인에서는 업무에 대한 적절한 통제만 진행된다고 하면 외국의 공인회계사 자격증 소지자가 감사 업무를 보조하는 것이 잘못된 것이 아니라는 의견을 내기도 한다. 또한 외국계 공인회계사 자격증 소지자 중, 다수는 미국 공인회계사 자격증 소지자이므로 이들에 대해서도 감사 업무에 관여 여부에 대해서는 별도의 정책이 있어야 한다는 의견도 있다.

검찰에 고발당한 미국회계사 법망 피한 기업 감사 '비일비재'

국내 회계사 '영역 침해' 반발
"밥그릇 싸움 아닌 신뢰의 문제"

미국에서 회계사(AICPA) 자격증을 딴 김모씨가 최근 한국공인회계사 자격증이 있는 것처럼 속인 혐의(공인회계사법 위반)로 서울중앙지검에 고발당한 것으로 24일 확인됐다. 검찰은 관련 사건을 접수하고 배당 절차에 들어갔다. 외국회계사가 회계사 명칭 사용 문제로 검찰에 고발된 것은 이례적이다. 공인회계사법은 국내 공인회계사가 아닌 사람이 공인회계사 또는 이와 유사한 명칭을 사용할 수 없도록 하고 있다. 외국회계사는 자격증을 딴 해당 국가를 명시해야 한다.

이번 사건은 표면상으로는 회계사 명칭 문제가 발단이 됐다. 하지만 속사정을 들여야 보면 미국 회계사 자격증 보유자들이 국내 회계사의 직역을 침범한 것이 원인이라는 분석이 많다. AICPA 자격증 소유자들이 법망을 교묘히 피해 KICPA 자격증 보유자에게만 허용한 기업 감사업무를 하고 있다는 것이다. 공인회계사법 40조 3에 따르면 외국 공인회계사는 원 자격국의 회계법과 회계기준에 관한 자문, 국제적으로 통용되는 국제회계법과 국제회계기준에 관한 자문만 할 수 있다.

대형 회계법인 소속의 한 공인회계사는 "미국 회계사들이 감사 업무를 한다는 것은 새삼스러운 것이 아니다"며 "회계감사 조서를 쓰는 등 중요 업무를 맡는 경우도 있지만 법률 위반 문제로 감사보고서에 서명은 하지 않고 있다"고 말했다. 법률 위반을 피하기 위해 미국 회계사 대신 감사에 참여하지 않은 한국 회계사 명의를 보고서에 올린다는 말이다. 회계감사 조서란 회계감사 중에 파악한 모든 사항을 구체적으로 기재한 서류로 조서에는 회계사의 서명이 꼭 있어야 한다. 추후 부실감사 여부를 판단할 때 근거로 삼기 위해서다.

금융감독원 전자공시시스템에 따르면 국내 4대 회계법인의 AICPA 자격증 소지자는 1000명에 달한다. 삼일이 472명, 안진 214명, 삼정 181명, 한영 97명 등의 순이다. 국내 KICPA 자격증 보유자를 빼면 회계법인마다 100여명의 미국 회계사 자격증 소지지가 있는 것으로 추산된다. 젊은 국내 회계사 사이에서 불만의 목소리가 나오고 있다. 한 공인회계사는 "자격이 없는 사람이 감사 업무를 수행하기 때문에 감사의 질 저하와 책임 전가 문제가 발생한다"며 "단순히 밥그릇 싸움 문제가 아니라 한국기업과 경제의 신뢰성이 걸린 문제라고 생각한다"고 말했다.

금융위원회에서 외국 회계사 등록 업무를 위탁받은 한국회계사 관계자는 "해당 민원을 제보 받고 현재 실무팀에서 사실 관계를 확인 중"이라고 말했다.

한국경제신문. 2015. 11. 25.

회계법인들은 지금 '명함 교체 중'

외국서 자격 딴 회계사들 '기업감사 금지' 조항 어겨
공인회계사회 고발 경고

국내 최대 회계법인인 삼일회계법인이 소속 회계사 명함을 전면 교체 중이다. 외국에서 자격증을 딴 회계사들이 법 규정을 피해 한국 공인회계사들에게만 허용된 기업감사 업무를 하고 있다는 본지 보도가 나간 뒤 나온 후속 조치로 풀이된다. 공인회계사법에 따르면 외국 공인회계사는 원 자격국의 회계법, 국제회계법 등에 관한 자문만 할 수 있다.

16일 업계에 따르면 삼일회계법인은 최근 법인 내에 공지문을 돌려 명함에 들어가는 회계사 자격 사항을 법률에 어긋나지 않도록 명확하게 표기하도록 했다. 한국 회계사 자격증 취득자는 기존처럼 공인회계사로 표기하도록 했다. 외국 회계사 자격증 취득자는 적법한 기관에 등록한 회계사와 등록하지 않은 회계사 간에 명확한 구분을 하도록 주문했다. 적법한 기관에 등록한 회계사는 국가명과 공인회계사를 같이 표기하도록 하고, 영문으로는 CPA 뒤에 등록국가나 주를 붙여 쓰도록 했다.

예컨대 미국에서 자격증을 딴 등록회계사는 '미국공인회계사(CPA licensed in US)'로 표기하는 식이다. 시험에 합격했으나 적법한 기관에 등록하지 않은 회계사는 앞으로 공인회계사 명칭을 쓸 수 없도록 조치했다. 이들의 한글 명함에는 자격사항을 표기하지 않도록 했고, 영문 명함에는 자격사항을 표시하지 않거나 CPA 대신 'Accountant(일반회계사)'로 표시하도록 했다. 등록하지 않은 외국 회계사가 공인회계사 명칭을 쓰면 공인회계사법 위반으로 형사고발을 당할 우려가 있기 때문이다. 삼일회계법인을 비롯한 대다수 회계법인들은 그동안 등록 여부와 관계없이 해당국 공인회계사 명칭을 써왔다.

한국공인회계사회 관계자는 "언론 보도가 나간 뒤 국내 회계법인에 공문을 보내 외국에서 자격증을 딴 공인회계사들이 공인회계사법을 지킬 것을 요청했다"고 말했다. 자격증을 딴 김모씨(39)를 공인회계사법 위반 혐의로 서울 서대문경찰서에 고발하기도 했다 김씨는 국내 공인회계사가 아닌데도 공인회계사 명칭을 쓴 혐의를 받고 있다.

공인회계사회에 따르면 현재 금융위원회에 등록한 외국 공인회계사는 8명에 불과하다. 공인회계사법 40조는 외국 공인회계사가 직무를 수행하려면 금융위에 등록해야 한다고 규정하고 있다. 업계에 따르면 삼일, 안진, 삼정, 한영 등 국내 4대 회계법인에 각각 100여명의 미국 회계사 자격증 소지자가 있는 것으로 알려졌다.

한국경제신문. 2016. 2. 17.

삼일 이어 안진 삼정도... "외국회계사 명함 교체"

삼일회계법인에 이어 딜로이트 안진회계법인, KPMG 삼정회계법인 등 국내 3대 회계법인이 소속 회계사에게 명함을 법 규정에 맞게 쓰라는 지침을 내렸다. 앞서 삼일회계법인은 외국에서 회계사 자격증만 따고 감독기관에 등록하지 않은 경우 공인회계사 명칭을 쓰지 않도록 지시한 바 있다. 대다수 회계법인은 그동안 등록 여부와 관계없이 해당국 공인회계사 명칭을 써왔다.

15일 업계에 따르면 딜로이트안진 회계법인은 최근 법인에 공지문을 돌려 명함에 들어가는 회계사 자격 사항을 법 규정에 맞게 쓰도록 했다.

안진은 공지문에서 "법 규정을 준수하고 불필요한 오해를 방지하고자 임직원의 명함에 표시하는 자격사항에 대해 다음과 같은 지침을 내린다"며 "외국 공인회계사 시험은 합격했지만 적법한 기관에 등록하지 않은 경우 국문과 영문의 회계사 자격사항을 표시하지 않도록 해 달라"고 했다. 삼일회계법인보다 한 발 더 나간 조치다. 삼일회계법인은 기관에 등록하지 않은 외국회계사에게 '자격'이 아닌 '직업'으로서의 회계사를 의미하는 어카운턴트(accountant)를 쓰도록 했다. KPMG 삼정회계법인도 삼일회계법인과 마찬가지로 감독기관에 등록하지 않고 자격증만 딴 외국회계사는 국가명과 어카운트로 표기하도록 했다.

'빅3' 회계법인이 난데없이 명함 교체에 나간 것은 미국 회계사인 김모씨(39)가 지난해 12월 한국 공인회계사인 것처럼 속인 혐의(공인회계사법 위반)로 검찰에 고발당한 사건이 발단이 됐다. 외국 회계사가 공인회계사 사용 명칭 문제로 고발당한 것은 이례적이었다. 이 사건을 계기로 회계법인 내부에서 자격 사항 표기에 민감해진 것이다. 한 대형회계법인 소속 공인회계사는 "감독기관에 등록하지 않은 미국 회계사에게 공인회계사 명함을 못 쓰게 하고 있지만 아직까지 업무에 큰 영향은 없다"고 전했다.

이번 사건은 회계업계의 곪았던 부분이 터진 것이란 분석이 나온다. 한 공인회계사는 "고액연봉을 받는 파트너급 회계사는 외국 회계사를 기업 회계감사에 투입해서는 안 된다는 사실을 알면서도 자신들의 이익을 위해 고용하고 있다"며 "젊은 회계사들은 어려운 관문을 뚫고 공인회계사가 됐는데 자신들이 외국 회계사와 비슷한 대우를 받는 데 대한 불만이 쌓였다가 이번에 터져 나온 것"이라고 지적했다. 매년 1000명 이상의 회계사가 배출되고 있고, 파트너급의 승진문은 낙타가 바늘귀 통과하기만큼 어려운 상황에서 미국 회계사 자격증 보유자들이 국내 회계사 영역을 침범한 탓이다. 김씨를 처음 검찰에 고발한 사람도 현직 한국 공인회계사인 것으로 알려졌다. 업계에 따르면 현직 공인회계사들이 가입하는 인터넷 커뮤니티를 중심으로 기업 감사에 참여한 외국 공인회계사에 대한 증거자료를 모아 향후 수사기관에 고발하지는 움직임도 나오고 있다.

공인회계사법 40조 3에 따르면 외국 공인회계사는 원 자격국의 회계법과 회계기준에 관한 자문, 국제적으로 통용되는 국제회계법과 국제회계기준에 관한 자문만 할 수 있다.

한국경제신문. 2016. 3. 16.

이러한 내용도 상세한 감사시간의 내역이 공개되기 때문에 접근 가능한 정보이다. 단순 업무일 경우에 공인회계사(한국공인회계사)가 아닌 미국 공인회계사 등이 감사업무에 참여하여도 큰 문제가 아니라는 판단이 들 수도 있다.

시총 200대 기업 회계감사 기업당 평균 21시간 줄어. 부실감사 우려.

지난해 시가총액 기준 200대 기업이 회계감사를 받은 시간이 전년보다 줄어 든 것으로 나타났다. 회계감사 시장 내 경쟁이 치열해지면서 충분한 감사보수를 받지 못하는 사례가 늘자 감사 시간을 줄이는 방식으로 회계법인들이 대응하는 것 아니냐는 지적이 나온다.

12일 금융감독원에 공시된 각 상장사 사업보고서와 회계법인 업계에 따르면 시총 200대 기업이 회계감사를 받은 시간은 지난해 100만1520시간으로 전년(100만5761시간)보다 4241시간 줄어들었다. 한 기업당 21시간씩 감소한 셈이다.

감사시간이 가장 많이 감소한 곳은 효성이다. 2013년 2만1298시간을 투입했지만 2014년 감사시간은 6830시간으로 무려 1만4468시간(67.9%)이 줄어들었다. 효성 측은 "2013년 세무조사를 받는 과정에서 발견된 회계 오류를 수정하고 재무제표를 재작성 하느라 다른 해보다 감사 시간이 많이 걸렸다"면서 "2014년 감사 시간이 정상적인 것"이라고 설명했다.

SK텔레콤도 감사 시간이 2013년 1만7796시간에서 2014년 1만4019시간으로 21.2% 감소했다.

일각에서는 회계법인들이 수익성을 높이기 위해 감사 시간을 줄인 것 아니냐고 지적하기도 한다. 자산 규모 100대 기업 기준 시간당 감사보수가 2013년 8만원에서 2014년 8만1000원으로 소폭 증가하는 것이 이러한 주장을 하는 근거다. 이에 대해 회계법인 관계자는 "2013년까지 감사보고서 주석을 감사인이 작성해 주는 사례가 많았는데 2014년부터 외감법 개정으로 주석을 회사가 작성함에 따라 감사인의 투입 시간이 다소 감소했을 수 있다"고 반박했다.

4대 회계법인 내에서도 회계감사 시간 변화 양상은 다소 엇갈렸다. 삼일은 35만5955시간에서 35만8935시간으로 2만9216(7.6%) 줄었고, 삼정은 27만4470시간에서 26만7244시간으로 7266(2.6%) 감소했다. 반면 안진회계법인과 한영회계법인 감사시간은 각각 7.6%, 9.7% 증가했다.

시총 200대 기업을 회계감사하는 대가로 4대 회계법인이 받은 시간당 감사보수는 삼일 (8만4000원), 안진(8만원), 삼정(7만7000원), 한영(6만8000원) 순으로 많았다.

시총 200대 기업은 대부분 4대 회계법인이 감사를 맡고 있다. 삼일(58개), 삼정(48개), 안진(47개), 한영(36개) 순이다.

매일경제신문. 2015. 4. 13.

감사품질이란 것 자체가 우리가 관찰할 수 없는 변수이기 때문에 무엇인가로 대용(proxy)이 되어야 한다. 가장 쉽게 대용할 수 있는 변수로는 감사시간이 있기 때문에 감사시간이 빈번하게 사용된다. 단, 위에도 기술하였듯이 기업의 내부통제의 수준이 모두 다르므로 감사시간이 감사품질을 가늠하는 절대적인 기준일 수는 없다. 간혹 감사수임료가 감사품질에 대한 대용치로 사용되기도 하는데 용역 수임료가 높다고 감사품질이 제고될 것인가는 또 여러 가지 복잡한 이슈가 개입된다.

감사수임료는 시간당 임률과 투입된 시간의 곱으로 정해지는데, 시간당 임률은 협상력의 결과이다. 이에 반해서 투입된 시간은 가장 원천적인 raw data라고 할 수 있다.

일부에서는 너무 높은 수임료는 뇌물이라고까지 해석하기도 하여서 오히려 감사품질에 역 효과가 있다고 이해하기도 한다. 어쨌거나 수임료는 다른 해석이 가능하므로 또한 수임료는 정부가 개입할 수 없는 시장 기능에 의한 변수이므로 감사시간에 비해서는 감사품질 관련되어서는 noise가 개입된 변수임에는 틀림없다.

금감원, 회계감사 시간 짧은 100여곳 특별점검

부실감사 여부 조사

금융감독원이 회계감사 시간을 적절하게 투입하지 않은 기업 100여곳에 대해 특별점검을 벌인다. 부실감사 우려가 있다는 판단에서다.

금감원은 18일 '적정 감사시간 기준치'를 미달한 기업 100여개를 추려내 부실감사 여부를 점검하고 있다고 밝혔다. 적정 감사시간은 자산규모와 기업의 위험도, 복잡성 등 여러 변수를 고려해 선정했다.

금감원 관계자는 "회계감사에 필요한 감사시간을 책정한 뒤 감사보수를 결정하는 것이 원칙인데도 대부분 기업은 감사보수를 먼저 책정한 후 보수에 맞춰 감사시간을 투입하고 있다."며 "이 경우 부실감사 가능성이 있어 감독을 강화키로 했다"고 설명했다.

금감원은 반대로 적정 감사시간 기준치보다 감사시간을 과도하게 초과한 기업도 특별점검 대상에 넣기로 했다. 고의로 감사시간을 부풀렸을 가능성이 있기 때문이다.

지난해 12월 결산 외부 감사 대상 기업 2만2579곳의 평균 감사시간은 403시간인 것으로 나타났다. 회사당 평균 6명의 감사인원을 투입해 평균 8일 동안 감사를 수행했다. 외감기업의 평균 감사보수는 3200만원으로, 상장사가 1억2700만원, 비상장사는 평균 2300만원으로 집계됐다.

한국경제신문. 2015. 8. 19.

위의 신문기사에서 흥미로운 점이 기술된다. 감사수임료를 감사인과 기업이 정할 때, 시간을 책정한 이후에 수임료를 결정하는 것이 더 타당한 데, 현재로는 그렇지 않고 수임료를 정한 다음에 시간을 이것에 맞추기 때문에 문제라고 지적하고 있다. 확정된 수임료의 수준이 너무 낮고 손해를 보면서 감사를 수행할 수 없다고 하면 감사인이 할 수 있는 대안은 시간을 적게 투입하면서 부실감사를 하는 대안이외에는 다른 대안이 없다.

time charge가 아닌 이상, 수임료를 정하는 과정은 협상의 산물이며 time charge가 된다고 하여도 어차피 임률에 대한 부분이 결정되어야 한다.

이 신문기사는 많은 것을 시사해 준다. 2000년대 초반에 사업보고서에 감사시간이 공시되면서 감독원은 수년째 감사시간을 적게 투입하는 회사에 대해서는 감사시간을 감리대상 선정기준으로 사용한 적이 있다.

이 당시에도 사업보고서에 공시되는 감사시간은 피감기업이 감사인으로부터 시간을 제공받아서 공시하는 것이므로 이 시간이 투명하게 공시되는지에 대해서는 의문이 제기되었다. 또한 이 시간이 정확한 시간이 아니더라도 감사시간을 제공한 주체는 회계법인이며 공시의 주체는 기업이므로 누구를 제재한다는 것도 어려웠을 뿐만 아니라 정확히 투입된 감사시간을 확인한다는 것도 용이하지 않았다.

그러다가 감사시간으로 감리대상을 선정하는 감독원의 감리 행태는 지속되지 않았다. 감독원의 감리선정 기준은 예측가능하지 않아야 하므로 감독원의 입장에서도 수년간 사용한 감리대상 선정 기준은 지속적으로 사용하기 어렵다. 다만 비공개하는 감리대상선정 모형은 외부에 노출이 되지 않았기 때문에 동일한 (또는 조금씩 변형되는) 모형을 사용하고 있는 듯하다.

감사보고서에 감사시간을 회계법인이 공시하게 되면서 감독원은 이러한 추가적인 정보를 어떻게 이용할 것인가에 대한 고민을 하였을 것이고, 10여년 만에 다시 한 번 감사시간을 감리대상을 선정하는 정책적인 변수로 사용하게 되었다.

물론, 이러한 감리가 수행되기 위해서는 적정 감사시간은 어느 정도인데 어느 정도로 감사시간이 낮은 경우는 문제라는 주관적인 판단을 감독원이 수행하여야 한다. 과도하게 감사시간이 투입된 기업일 경우도 감리대상을 포함하여 감사시간이 부풀려졌는지에 대한 조사도 병행한다고 한다. 물론 이러한 판단은 과도한 감사시간을 판단함에도 필요하며 감사시간이 부풀려졌는지에 대한 접근을 어떻게 수행할지에 대한 고민도 수행하여야 한다. 감사보고서에 감사시간을 부풀려서 보고하는 것이 기업에 공시의 주체인 사업보고서에 감사시간을 부풀려서 공시하는 것보다는 어려운 것이다.

감사보수 가장 짠 SKC

시간 가장 짧은 한국타이어월드
한경, 자산 규모 100대 기업 분석
시간당 평균 감사보수 7만9400원
SK케미칼, 롯데쇼핑도 평균 이하
삼성물산은 13만원으로 가장 많아

자산 규모 100대 기업 가운데 감사비용을 가장 적게 쓴 곳은 SKC로 나타났다. 한국타이어월드와이드 강원랜드 E1은 외부 감사에 투입한 시간이 전체 평균의 5분의 1에 불과한 것으로 집계됐다.

14일 한국경제신문이 유가증권시장에 상장된 자산 규모 기준 100대 기업(금융사 제외)의 감사보수와 감사시간을 분석한 결과 SKC의 감사보수가 5만1500원으로 가장 낮았다.

SKC의 외부감사인인 삼정KPMG회계법인은 지난해 이 회사를 감사하는데 총 4949시간을 썼지만 보수로 받은 돈은 2억5000만원 정도였다. 시간당 감사보수가 가장 많은 삼성물산(18억7000만원, 1만4267시간) 13만1000원의 절반에도 미치지 못했다. 100개 상장사의 평균 시간당 감사수 7만9400원보다는 35% 낮다.

SK케미칼(5만2400원) 롯데쇼핑(5만5300원) 현대중공업(5만6000원) 등도 시간당 보수가 상대적으로 낮았다. SK가스의 보수도 5만7100원에 불과해 시간당 보수가 적은 10개 기업 가운데 SK 그룹 계열사가 세 곳을 차지했다. 지난해 분식회계 의혹으로 평상시보다 이례적으로 많은 감사시간을 들인 대우조선해양은 순위 집계에서 제외했다.

회계 논란이 있었던 조선업체들은 지난해 모두 전년 대비 시간당 감사보수가 줄었다. 대우조선해양의 감사인인 딜로이트안진회계법인은 지난해 총 1만2845 시간을 감사해 전년 6215시간의 두배 이상 시간을 투입했다. 이에 따라 시간 당 감사보수는 2014년 7만7800원에서 지난해 4만 2500원으로 절반 가까이 급락했다. 삼성중공업 역시 감사시간을 1476 시간, 현대중공업은 1515 시간 늘리면서 시간당 감사보수가 줄었다.

외부 감사에 투입한 시간이 다른 상장사보다 크게 적은 기업은 한국타이어월드와이드(1014시간) 강원랜드(1455시간) E1(1703시간) 팬오션(1804시간) LS(1915시간) 등이었다. 해당 기업들의 외부감사 시간은 2000시간이 채 안 돼 100대 기업 평균인 7651시간을 크게 밑돌았다. 한국타이어월드와이드 LS 등 계열사 관리에 특화된 지주회사의 특성을 감안하더라도 자산 규모가 비슷한 다른 회사들보다 감사시간이 지나치게 적은 회사는 부실감사의 우려가 있다고 회계업계는 지적한다. 금융감독원도 이 같은 우려 때문에 감사시간이 지나치게 적은 것으로 추정되는 회사를 감리 대상 선정 시

고려하고 있다.

회계업계 관계자는 “보수 계약을 맺은 후 충실한 감사를 위해 시간을 추가로 투입하다보니 시간당 보수가 낮아지는 측면도 있다”고 말했다.

한국경제신문. 2016. 4. 15.

chapter 17

회계법인

회계법인 수익성 위해 재무와 회계자문 합친다

삼정회계법인 조직개편 통해 재무자문과 회계자문 통합 운영 "수익성 강화차원"
자문사 없는 M&A 늘어나고, 성공 보수 의존 않기로...'안정' 택한 회계법인들
삼일회계 2007년부터 합쳐, EY한영 올해 초 매트릭스로 개편, 안진은 현행 유지

삼정회계법인이 지난 1일 조직개편을 통해 재무자문과 회계자문 조직을 통합했다. 기업이나 사모펀드(PEF)들이 재무 자문 없이 인수합병(M&A)을 하는 사례가 많아지고 회계법인들의 수익성도 저하되면서 기존 서비스 조직을 기업고객 편의에 맞춰 통합하고 있다.

투자은행(IB)업계에 따르면 삼정회계법인은 M&A 매물을 찾거나 인수후보를 찾아 자문을 해주는 기존 재무자문 조직을 회계자문 조직과 합치기로 했다. 회계자문 조직은 M&A과정에서 인수 기업의 재무제표를 점검하고 회계부문 이슈를 해결해주는 역할을 한다. 삼정회계법인 관계자는 "재무·회계 등 기존 회계법인의 업무영역별로 나눴던 조직을 기업고객에게 원스톱으로 제공하기 위해 조직을 합쳤다"며 "삼일회계법인처럼 재무자문과 회계자문을 함께 취급할 수 있게 됐다"고 말했다.

회계법인 가운데 가장 먼저 재무자문과 회계자문을 통합한 곳은 업계 1위인 삼일회계법인으로 2007년부터 감사와 재무자문, 회계자문, 실사 조직간 벽을 허물어 통합서비스를 제공하고 있다. EY한영은 올해 초부터 재무자문 조직과 회계자문 조직을 기업 고객군별로 '매트릭스'형태로 통합해 운영하고 있다. 국내에서 가장 많은 회계자문 인력(85명)을 가진 딜로이트안진의 경우 재무자문 조직과 물리적 통합은 검토하지 않고 있지만 서비스측면에서 시너지를 추구하고 있다.

그동안 회계법인들의 재무자문 본부는 M&A시 매각을 주도하는 '매각주관사' 자리나 '인수자문사' 자리를 두고 골드만삭스·JP모건·크레디트스위스·씨티·모건스탠리 등 외국계 IB나 NH투자·삼성·대우증권 등 국내증권사와 치열하게 경쟁해왔다. 하지만 대기업들이 자문사를 두지 않고 자체 인력으로 M&A거래를 성사시키는 사례가 늘

어나면서 재무자문 시장이 위축됐고, 그 여파로 외국계 IB들이 한국시장에서 철수하는 것을 비롯해 국내 회계법인들의 재무자문 영업도 불황기를 겪고 있다. 실제 최근 삼성과 한화그룹간 방산·석유화학사업 '빅딜'은 IB 없이 자체적으로 M&A거래가 이뤄졌다.

회계법인 관계자는 "한국에서 재무자문 부문 경쟁이 치열하다보니 IB업계 전반적으로 수익성이 낮아지고 있다"며 "안정적인 수익기반을 확충하기 위해서 회계법인들이 대부분 재무와 회계 조직을 합치고 있다"고 말했다.

수익이 일정한 회계자문 조직과 변동성이 심한 재무자문 조직간 통합은 회계법인 전체 수익성 차원에서도 이득이다. 회계법인의 재무자문 수익은 철저히 '성공보수제'다. 기업들의 M&A가 성공할 경우에 매각대금의 1%에 가까운 수수료를 받지만 그렇지 못할 경우 받지 못한다. 반면 회계자문 수수료는 매각 성사 여부와 상관없이 받을 수 있다. 비록 매각자문처럼 성공했을 경우 수십억원에 달하는 수익을 한 번에 거둘 수 없지만 매년 일정한 수익이 가능하다는 점이 장점이다.

한국경제신문. 2015. 4. 8.

컨설팅과 회계감사의 수익 창출 패턴이 다르므로 당연히 둘 간에 시너지가 존재한다.

회계감사에 있어서의 성공보수는 다음과 같이 당연히 독립성을 훼손하는 사례이다.

공인회계사윤리규정

제16조(독립성이 훼손되는 위험)

① 공인회계사가 감사업무를 수행함에 있어 독립성이 훼손되는 위험은 다음 각호와 같다.

1. 이기적 위험 : 공인회계사와 의뢰인.의뢰인의 이해관계자와의 재무적 또는 사업적 이해관계로 인하여 감사업무의 수행결과가 공인회계사 자신의 이익에 영향을 미치게 됨으로써 발생하는 위험

[별표 1] 독립성이 훼손되는 위험의 사례(제16조제2항 관련)

1. 이기적 위험

3. 감사업무수임보수를 성공보수방식으로 계약하는 경우

회계법인이 자문사와 회계감사 파트를 통합하던, 분리하던지에 무관하게 자문 업무가 회계법인의 고유업무인 회계감사의 독립성에 영향을 미치지 않도록 chinese wall이 구축되어야 한다. 어떠한 일이 있어도 회계법인만이 수행할 수 있는 고유의 업무인 회계감사 업무의 독립성이 다른 업무 때문에 영향을 받아서는 안 된다. 회계법인이 본연의 업무를 떠나 경제적인 이익만을 추구해서는 안 된다.

이는 신용평가업(chapter 3)에서 평가부서와 영업부서간에 chinese wall을 설치하여야 하는 것과 동일하다.

발빠른 '빅4' 회계법인 로펌시장 진출 잰 걸음

삼일, 소속 변호사 로펌 분사
한영, 10위권 법무법인 인수

내년 법률시장 개방에 대비 법률시장 개방을 앞두고 회계법인들이 로펌을 인수하거나 새롭게 로펌을 만드는 등 전통적인 로펌 회계법인 간 경계가 허물어지고 있다. 18일 회계법인 업계 관계자는 "빅4 회계법인들이 자체 로펌(법무법인)을 두거나 기존의 로펌을 인수하는 방식으로 새로운 시장 진출을 준비하고 있다"고 전했다.

가장 먼저 움직인 것은 회계법인 업계 1위인 삼일회계법인이다. 삼일은 2012년 법무법인 정안을 설립했다. 정안에 소속된 변호사는 현재 총 9인이다. 모두 삼일회계법인에서 활동을 하다가 정안으로 소속을 옮긴 변호사들이다. 정안이 위치한 빌딩도 삼일회계법인이 입주해 있는 서울 LS용산타워다.

회계법인 업계 4위인 한영회계법인은 아예 기존에 있던 법무법인을 인수했다. 로펌 업계 10위권인 법무법인 에이펙스가 최근 EY네트워크에 들어간 것이다. EY네트워크는 한영회계법인이 속해 있는 글로벌 회계 컨설팅 네크워크다. 47명의 변호사를 보유하고 있는 에이펙스는 금융, 공정거래, 지식재산권, 조세 등 다양한 업무를 맡고 있다.

회계법인 2위권인 안진과 삼정도 자체 법무법인 설립을 준비하는 등 대응책 마련에 고심하고 있는 것으로 알려졌다.

하지만 이들 회계법인은 로펌 설립 또는 인수 사실에 대해 공식적으로 부인하고 있다. 삼일회계법인 관계자는 "삼일에 소속된 변호사들이 송무를 맡고 싶어서 따로 사무실을 차린 것일 뿐 정안과 삼일은 서로 무관하다"고 말했다.

빅4 회계법인이 로펌 운영 사실을 부인하는 것은 현행법상 변호사가 아닌 자가 로펌을 경영할 수 없기 때문이다. 하지만 2016년 EU에 이어 2017년 미국 로펌에 대해 법률시장이 개방되면 변호사가 아니더라도 로펌 경영이 가능해진다. 프랑스에서 가장 큰 로펌도 회계법인이 소유한 법인으로 알려져 있다.

미리 법률 회계 통합 서비스 시장을 선점하기 위해 회계법인들이 바쁘게 움직이고 있는 것이다. 가령 조세 문제로 행정 쟁송을 다룰 경우 회계법인과 법무법인이 손을 잡으면 행정심판은 회계법인이, 행정소송은 법무법인이 맡는 방식으로 '원스톱 서비스'가 가능해 진다. 고객 회사 입장에서는 법무와 회계 업무를 동시에 처리해 줄 수 있는 서비스법인이 편리할 수밖에 없다.

회계법인의 이러한 움직임에 대해 대형법무법인들은 '관심 밖'이라는 반응이다. 변호사 수 기준으로 4대 법무법인에 들어가는 한 대형 로펌 관계자는 "대형 회계법인들이 일 잘하는 변호사를 빼 가지만 않는다면 대형 회계법인이 로펌 영역에 들어오는 것에 대해 별 위협을 느끼지 않는다"고 말했다.

대형 회계법인 출신 회계사도 "법조계에서 일감을 따오는 데 있어 전문성만큼 중요한 것이 인맥"이라며 "빅4회계법인에 소속된 고문들의 중량감은 대형 법무법인에 소속된 고문들과 비교했을 때 떨어진다는 게 일반적인 시각"이라고 전했다. 이 회계사는 "최근 회계법인들이 법률시장에 발을 담그기 시작한 것은 단지 기존 회계법인 시장이 정체 상태로 접어들었기 때문"이라며 "회계법인들이 활로를 모색하기 위한 안간힘으로 보는 게 맞는다"고 말했다. 실제로 회계법인 업계는 회계감사 보수가 15년 가까이 늘지 않고 있는 데다 부실 감사 문제로 손해 배상 책임을 지는 사례가 증가하는 등 어려움을 겪고 있다. 우수 인재 유입도 예전만 못해 회계법인 파트너들의 위기감이 커진 상황으로 전해진다.

매일경제신문. 2015. 6. 19.

회계법인에 입사하는 회계사들도 회계감사의 법적 책임이 높아지면서 감사를 희망하지 않고 경영자문이나 세무에 더 높은 관심이 있다고 한다. 회계법인의 고유업무가 회계감사인 것을 생각하면 바람직한 방향이 아니라 회계감사가 위기이다.

회계법인 입장에서는 IFRS가 도입되던 2011년에 회계법인 특수를 기대하였으나 이 시점에 회계법인의 수입이 크게 늘어나지 못하였으며 그때 채용하였던 회계사들이 이에 상응하는 새로운 업무 영역의 개척이 어렵다.

저자가 판단하기에는 최근 수년 동안 회계법인이 수임료를 대폭 인상할 수 있었던 두 기회가 있었다고 생각한다. 첫 기회는 내부회계관리제도에 대한 인증이 도입되었던 시점이고, 두 번째가 IFRS의 도입이다. 회계업계는 두 번 모두 이 기회를 失機하였다고 판단한다.

최근의 회계법인은 종합서비스업과 같이 거의 경영과 관련되어 수행하지 않는 업무가 없을 정도로 다양한 사업을 진행하고 있다. 조세업무일 경우 회계법인과 법무법인이 경쟁하는 것을 자주 보게 되며 수년 전에는 모 회계법인의 임원이 모 법무법인으로 이직하는 과정에서 회계법인의 지적 재산권을 불법적으로 가져갔다는 법적 다툼까지 벌어지면서 이 임원이 한동안 법무법인에서 근무할 수 없는 법적 조치를 받기도 하였다.

또한 회계업계가 감정평가업계간 영역 다툼이 진행되고 있다.

회계학이라는 학문 영역이 경영대학 안에 있기는 하지만 제도를 다룬다는 측면에서는 회계학은 law school과의 연계성이 더 높다고도 할 수 있다.

회계법인들의 분사(spin off)는 감사인 강제 교체가 시행되던 기간에도 이슈가 되었다. 강제교체로 6년까지만 특정 기업을 수임할 수 있던 회계법인에서 관련된 회계법인을 만들어 본인들의 6년 기간이 종료되면 이들 sister 회계법인으로 client를 넘겼다가 다시 6년 이후에는 이를 되받을 수 있다는 우려가 제기되기도 하였다.

외국의 회계법인이 법무법인을 소유하고 있는 것과 국내의 상황에는 많은 차이가 있다. 예를 들어 Deloitte의 경우 미국내 인원만 6, 7만명이 되는 엄청난 용역회사이다. 국내의 최대 회계법인이라고 하는 삼일의 인원이 3천명에 그치고 있으므로 그 규모와 위상에 있어서 미국의 회계법인과 국내 회계법인을 비교함에는 무리가 있다.

혹자는 감사인이 피감기업에 비해 갑을 관계의 종된 위치에 있다는 것도 양자간의 규모의 차이로 설명하기도 한다. 즉, 기업에 비해 회계법인의 규모가 너무 영세하여 자신의 위치를 찾을 정도의 힘의 균형이 이루어지지 않는다는 것이다.

분식회계 '봐주기 감사'... 4대 회계법인 사면초가

안진은 지난 2010년부터 3조원대 분식회계 의혹을 받고 있는 대우조선해양에 대한 외부감사 업무를 담당했다. 안진은 지난 2010년부터 최근 5년까지(2014년) 감사의견으로 '적정'과 계속기업 존속 불확실성 사유 해당 여부에 대해서는 '미해당'한다고 밝혔다.

금융권에서는 부실 감사를 한 회계법인에 대한 처벌을 강화해야 한다는 의견이 나온다. 새누리당 김태환 의원실에 따르면 지난 2011년 이후 중징계 이상의 부실감사가 적발된 상장사는 39개였고, 이중 19개 기업은 적발 이후 상장폐지가 됐다. 이 때문에 수많은 주식투자자가 적지 않은 손실을 입었지만, 정작 부실감사를 한 회계법인들이 받은 조치는 과징금 6억3800만원을 내고 손해배상공동기금에 7억1000만원 적립이었다. 등록 취소는 없었고 해당기업에 대한 감사업무 제한만 받았다.

한국경제신문. 2015. 8. 13.

중 회계법인 리안다 국내 시장 첫 진출

21일 회계업계에 따르면 글로벌 네크워크를 보유한 전 세계 회계법인 중 21번째로 규모가 큰 리안다가 한국 회계법인인 신승회계법인과 멤버 펌 계약을 앞두고 있다.

이미 신승회계법인에 대한 실사를 마쳤고 2월 초 홍콩에서 정식 계약을 맺을 계획이다. 중국 회계법인이 한국 회계법인과 손잡고 국내시장에 진출한 것은 처음이다.

베이징에 본사를 둔 리안다는 자국 회계법인이 PwC, 딜로이트, KPMG, EY 등 '빅 4' 처럼 글로벌 회계법인으로 성장하기를 원하는 중국정부가 밀고 있는 곳이다.

황진휘 리안다 회장은 중국 공산당 외교관 출신이다. 중국 정부는 글로벌 경쟁력을 갖춘 중국 회사들이 증가하고 있음에도 대부분 미국에 본사를 두고 있는 글로벌 회계법인과 감사 계약을 맺고 있는 현재 상황에 문제의식을 느끼고 있는 것으로 알려졌다.

리안다는 2013년 매출액이 1억 2190만 달러로 중국 내에는 리안다보다 규모가 큰 현지 회계법인이 20개 가까이 있다. 하지만 글로벌 네트워크를 보유한 중국 법인 중에서는 리안다가 가장 크다. 18개국에 멤버펌을 갖고 있는 리안다는 PwC가 삼일회계법인에게 로열티를 받듯이 멤버펌들에서 로열티를 받고 있다.

매일경제신문. 2015. 1. 22.

홍콩 현지법 핑계로 정관 '나 몰라라'

이스트아시아, 제3자 신주 배정
주총 아닌 '이사회 결의'로 결정
유상증자 대금 100억원 해외 자회사 계좌로 납입도.

국내증시에 상장한 중국 기업들이 홍콩 현지법 등을 내세워 투자자 보호를 위한 정관 내용을 따르지 않고 있다. 제3자를 대상으로 한 증권발행의 경우 주주총회 특별결의를 거쳐야 하지만 권한을 이사회에 위임하거나, 회사 계좌로 들어가야 할 증자대금을 해외 자회사에 납입하는 방식으로 지분을 사들이기도 한 것으로 나타났다.

한국거래소는 코스닥에 상장한 중국 스포츠업체 이스트아시아홀딩스가 지난 3월 정소영 대표를 대상으로 발행한 신주 624만주의 적법성 여부에 대한 법률 검토에 들어간 것으로 26일 확인됐다.

정대표는 앞서 "홍콩 현지법상 허용된다"며 유상증자 대금 100억원을 이스트아시아 보유 계좌가 아닌 중국 자회사 푸젠성치우즈체육공사 명의의 중국농업은행 계좌에 입금했다. 거래소 관계자는 "외국회사라고 해도 한국법인 명의로 한국에 개설한 계좌에 증자대금을 납입하는 게 일반적"이라며 "해당 신주의 상장 신청이 들어오는 대로 인정 여부를 결정할 것"이라고 말했다.

이번 증자는 납입 방식 뿐만 아니라 '이사회 결의'라는 결정 방식도 논란이 되고 있다. 이스트아시아 정관에 따르면 주주가 아닌 3자를 대상으로 한 신주배정은 주주총회 특별결의를 거쳐야 한다.

하지만 이 회사는 지난 4월 열린 정기주총에서 특별결의를 통해 주식발행권한을 이사회에 위임했다.

국내 상장사들은 일반적으로 이사회 결의를 통해 증권을 발행한다. 하지만 외국법인의 경우 거래소가 상장 심사를 할 때 3자 배정 방식은 주총 특별 결의를 거치도록 지도한다. 외국 법인에 대한 투자자의 정보 접근이 제한적인 만큼 최대주주가 변경될 수 있는 3자 배정의 발행절차를 강화한 것이다. 하지만 이스트아시아뿐 아니라 차이나하오란, 완리 등 국내에 상장한 대부분의 중국회사들은 증권 발행 권한을 이사회에 위임하는 식으로 해당 정관을 따르지 않고 있다.

금융당국 관계자는 "주총 특별결의를 거치도록 지도한 사항을 이사회에 위임해 버린 것은 당초 금융당국의 지도 취지를 거스리는 것"이라고 말했다.

투자자 피해도 잇따르고 있다. 이스트아시아의 경우 당초 최대주주였던 정강위씨가 지분 47%를 담보로 빌린 돈을 갚지 못해 반대매매를 당하는 과정에서 주가가 폭락했다. 이후 정소영대표를 대상으로 한 3자 배정 증자와 사모 전환사채(CB) 발행이 이어져 소액투자자와의 갈등이 촉발됐다. 증자와 CB 모두 이사회 결의를 통해 속전속결로 진행됐다. 해당 CB는 최대주주가 불확실한 상황에서 사모로 진행됐다는 이유로 금융감독원에 의해 제동이 걸리기도 했다.

한국경제신문. 2015. 6. 27.

주총의 일반 의결도 아닌 의결 내용을 이사회에 위임함은 주주 중심 경영이라는 취지에 벗어나는 일이다. 특히나 특별결의는 50% 출석과 2/3 의결을 강제화하고 있다. 그 정도로 중요한 안건이기 때문이다. 이사회에 어떠한 안건을 반드시 상정하여야 하는지에 대해서는 각 회사의 이사회 내부 규정에서 정하고 있는데 (본서의 Chapter 37 참조) 반해서 어떠한 내용이 주총의 의결사항인지에 대해서는 상법 등에서 규정하고 있기 때문에 이들 항목의 중요성에 있어서도 차이가 있다.

이사회에서 의결해야 할 사항을 기업지배구조 차원에서 더 높은 위상을 갖는 주총에서 논의함은 문제가 되지 않지만 주총에서 논의할 사안을 이사회에서 의결함은 지배구조상의 중대한 흠결에 해당한다.

미공개정보 돈벌이... 감사는 뒷전. 망가진 회계법인 '빅4'

최근 대우조선해양 부실 사태는 감사에 소홀한 회계법인의 문제점을 고스란히 보여줬다. 대우조선해양 소액주주 49명은 지난 11월 16일 대우조선해양과 고재호 전 사장, 외부감사인 안진회계법인을 상대로 14억원의 손해배상을 청구하는 소송을 냈다. 이번 소송은 지난 9월말 소액주주 119명이 같은 피고인들을 상대로 제기한 40억원대 손해배상 청구소송에 이은 2차 소송격이다. 대우조선해양의 2014년도 사업보고서 공시일인 3월31일 이후 주식을 취득한 소액주주들은 공시된 재무정보를 믿고 투자했다. 감사인이 제대로 감사를 하지 않은 책임을 함께 물은 셈이다. 실제 대우조선해양은 해양플랜트 건설에서 계약 원가를 지나치게 낮게 추정했고, 원가 점검 시스템이 없어 급격히 증가하는 예산 초과 공사에 대해 적절한 시점에 손실을 반영하지 못했다는 의혹을 받는다.

현대미포조선과 현대삼호중공업은 2013~2014년 감사인을 삼일에서 삼정으로 바꾸면서 감사보수를 2억7000만원에서 1억5500만원으로 43%씩 줄였다. 이는 회계법인이 입찰경쟁에서 제 살 깎기식 수임 단가 경쟁을 벌인 결과로 해석된다.

부실 저축은행이 나라 경제를 뒤흔들었던 지난 2012년. 당시 저축은행 감사보고서를 보면 가관이다. 퇴출된 저축은행 대부분 '적정'의견을 받았다. 단 한곳만 예외였다. 한주저축은행을 맡은 안진회계법인은 '한정'의견을 냈다. 그런데 내막을 알고 보면 안진회계법인을 칭찬하기도 어렵다. 감사를 맡았던 B회계사는 '적정'의견을 낼 수 없다고 경영진에게 보고했다. 그런데 회사는 감사 대상 기업과의 관계를 고려해 잘 넘어가는 쪽으로 방향을 잡았다고 알려졌다. 이를 도저히 받아들일 수 없었던 B회계사는 강하게 반기를 들었고 결국 '한정'의견으로 최종 결론 났다.

결과적으로 한주저축은행은 퇴출됐고 B회계사는 안도의 한숨을 쉬었다. 그런데 그 다음 회계법인 처사는 다소 이해하기 힘들었다. 보상까지는 몰라도 잘했다는 말을 들을 줄 알았던 B회계사는 이후 감사 업무에서 빠지고 '한직'으로 밀려났다. 한주저축은행 감사 전, 업무 평가에서 수차례 상위 등급을 받았던 그는 이번에는 꼴지 등급을 받았다.

회계법인이 세무관료 영입 전쟁을 벌인지는 오래됐다. 조세심판원 출신 영입 경쟁이 그 사례다. 조세심판원은 국세청이나 관세청과 달리 항소심이 허용되지 않는다. 조세심판원에서 이기면 과세당국에서 이의를 제기할 수 없기 때문에 힘이 막강하다. 강기정새정치민주연합 의원에 따르면, 2010년부터 지난해 상반기까지 조세심판원을 나온 17명 중 13명은 삼일세무법인(2명), 삼일경영연구소(1명), 안진세무법인(1명), 이현세무법인(1명) 등 관련 업계에 재취업했다. 삼일회계법인과 안진회계법인 등 대형회계법인은 공직자의 취업 제한 문턱을 피해 가기 위해 작은 규모의 회계법인을 신설하기도 했다.

회계법인은 그동안 파트너급 이상 임원만 감사 대상 기업 주식을 거래하지 못하게 통제해 왔을 뿐, 다른 회계사들은 본인이 직접 감사한 기업만 아니면 주식 거래가 가능했다. 4개 회계법인은 6-7년 차 이상 매니저급 회계사에 한해 주식거래 정보를 의무적으로 보고하도록 해왔다. 그런데 이번 사건이 불거진 뒤 올 12월부터는 회계법인 전 직원에 대해 모든 감사 대상 기업의 주식거래가 제한된다.

젊은 회계사들의 낮은 처우에 대한 불만도 극에 달한 상황이다. 삼일은 수익의 분배가 130여명의 파트너들에게 절반 가량 집중돼 나머지 3000여명의 불만이 높을 수 밖에 없다. 삼일 소속 또 다른 회계사는 “최근 매니저 급 회계사의 연봉은 약 20%(약 1000만원) 올렸지만 실제 필드에서 죽어라 일하는 그 아래 SA(어소시에이트)급 회계사는 전혀 혜택을 누리지 못하고 있다.

매경이코노미. 2015. 12. 2.-2015. 12.8.

회계법인의 spin off의 문제는 비감사서비스에 대한 논쟁이 있을 때도 이슈가 되었다. 동일 회계법인 내에서 감사업무와 비감사업무를 병행하는 것이 불가할 경우, 대형 회계법인은 일부의 조직을 분사하여 sister 회계법인이 비감사업무를 병행하도록 할 것이라는 우려가 있었다. 정부는 공직자의 업무의 중립성을 보장받기 위해 수년 전부터 공무원이 대형 법무법인이나 회계법인의 고문 등으로 퇴임 후 가는 길을 막아 두었다. 단, 2년의 grace period가 지나면 가능해진다. 이는 퇴임 임원이 수년 동안은 해당 회사나 기업 집단의 경우 계열사의 사외이사가 되지 못하도록 하는 제도와 같은 성격의 규제이다.

일반 직장에도 임원과 직원의 급여 차이가 문제로 제기되는데 회계법인도 동일하다. 단, 이는 공개하여 이슈가 되기보다는 회계법인의 업무의 공정성에 문제가 되지 않는다고 하면 외부에서 문제 삼을 일은 아니다. 회계법인이 주식회사가 아니므로 외부에서 회계법인의 급여 체계에 대해서 왈가왈부함은 적절하지 않다.

chapter 7에서의 상장기업에도 임원과 직원의 급여 차이에 대한 내용의 공시가 이슈가 되기도 한다.

단, 회계법인이 공적인 업무를 수행하는 기관이므로 회계법인이 너무 영리에 치우치지 않도록 외부의 인사들이 watchdog의 역할을 해야 한다는 주장도 대두되었다. 주식회사에 사외이사제도가 도입되었던 것과 같은 논리이다. 삼일회계법인은 이러한 외부위원회를 가동하고 있다. 단, 주식회사에 이러한 제도가 도입되는 것은 주주의 부를 보호한다는 점에서 정당화될 수 있는데 유한회사인 회계법인이 왜 이렇게 운영되어야 하는지에 대해서는 공익성 이외에는 답을 할 수 없다. 단, 회계법인의 재무제표가 공시되는 것도 결국은 공익성 때문이다. 네덜란드에서는 회계법인의 이사회에 외부인사가 활동하고 있다고 한다.

"회계법인, 임직원 주식투자 통제시스템 구멍"

금융위, 33곳에 개선 권고

국내 회계법인의 임직원 주식 투자 관련 내부통제 시스템에 구멍이 뚫려 있는 것으로 드러났다.

금융위원회와 금융감독원은 국내 '빅4' 회계법인을 포함한 33개 회계법인에 주식투자 관련 내부통제 시스템을 개선할 것을 권고키로 했다고 20일 밝혔다.

이들 회계법인은 대부분 문제가 발생한 이후 징계 등 사후 조치가 미흡한 것으로 나타났다. 주식을 사기 전에 감사 대상 기업인지 여부를 미리 확인할 수 있는 시스템도 대체로 취약했다. 소형사 7곳은 기본적인 내부관리 시스템 조차 갖추지 않았다.

금감원은 지난해 말부터 상장사를 감사하는 주요 회계법인 33곳을 대상으로 '주식투자 관련 내부통제 시스템'을 제대로 갖추고 있는지를 조사했다.

한국경제신문. 2016. 5. 21.

삼일 안진서 빠진 회계법인 일감 몰려

삼정 한영 '어부지리'

국내 빅4 회계법인 삼일 안진 삼정 한영의 명암이 뚜렷하게 엇갈리고 있다. 삼일과 안진이 회계법인으로서는 치명적인 신뢰와 도덕성 논란에 휩싸인 반면 삼정과 한영은 어부지리로 컨설팅 등 일감을 쓸어 담다시피 하고 있다.

긴박한 구조조정 국면에서 회계법인의 도움이 절실한 산업은행과 수출입은행 등은 논란의 소지가 있는 삼일과 안진 대신 삼정과 한영에 일감을 몰아주는 분위기다. 삼정과 한영은 갑자기 쏟아지는 일감을 주체하지 못해 대거 인력 확충에 나섰다.

26일 업계에 따르면 삼정은 최근 삼일에서 삼일에서 조선 해운 관련 구조조정 업무를 담당해온 매니저급(이사 및 부장급) 인력 4명을 영입했다. 일반 회계사 40-50명도 대거 충원할 계획이다. 한영 역시 적극적으로 인력 확충에 나서고 있다. 안진에서 부실 기업 구조조정 관련 업무를 담당해 온 매니저급 인력을 상당수 영입할 예정이다. 그동안 구조조정 국면에서 산업 수출입은행 등 국책은행과 많은 일을 해왔던 삼일과 안진이 사실상 아웃되면서 어부지리를 얻은 꼴이다. 삼일은 최근 안경태 회장이 최은영 전 한진해운 회장에게 미공개 사전정보를 유출했다는 혐의로 검찰 조사를 받는 사태에 직면했다. 업계에선 국내 최고 회계법인의 도덕적 해이가 심각하다는 부정적 인식이 팽배해지고 있다.

안회장의 혐의가 인정될 경우 삼일은 당분가 국책은행이나 공공기관이 발주하는 구조조정 및 인수 합병 용역을 맡기 힘들 것이라는 얘기가 흘러나오고 있다. 극비를 요하는 구조조정과 M&A 과정에서 같은 문제가 발생한다면 돌이킬 수 없는 결과를 초래할 수 있어서다. 대우조선해양 부실 회계 문제로 금융감독원의 감리를 받고 있는 안진은 책임이나 분석 혐의가 확정되기도 전에 벌써 산업은행과 수출입은행에서 퇴출당하다시피 했다. 안진은 대우조선해양 재무제표를 수정한 뒤 기존에 맡아오던 현대상선 실사와 금호타이어 매각 자문 실사. 성동조선 구조조정 모니터링 등의 업무에서 모조리 배제됐다.

안진은 이번 사태로 산업은행과 수출입은행에서 감사팀은 물론 구조조정 및 M&A 컨설팅 관련 팀까지 사실상 출입금지 조치를 받았고, 연간 70억원 규모 자문 업무를 잃었다.

안진에서 컨설팅 업무를 담당해온 매니저급 이하 20여 명이 조직을 이탈하려는 움직임을 보여 초비상 상태다.

하지만 일각에선 일부 회계법인에 일감이 몰리는 게 다소 위험할 수 있다는 염려의 목소리도 나온다. 그동안 구조조정 업무를 주도적으로 수행해 온 삼일과 안진에 비해 상대적으로 경험이나 전문성이 떨어진다는 지적도 있다.

매일경제신문. 2016. 5. 27.

조선 부실감사한 회계사가 구조조정 실사

안진은 대우조선, 삼일은 현대상선, 한영은 한진해운 '겉핥기 감사'
미공개 정보로 주식매매까지… 당국 "실사 맡겨도 될지 골머리"

"기업의 생사가 달린 중요한 시점에 회계법인들에 그대로 실사를 맡겨도 되는 건지 모르겠습니다."

27일 한 조선사 채권은행 관계자는 이렇게 말했다. 사정은 이렇다. 금융권에 따르면 삼정과 삼일은 각각 조선사인 삼성중공업과 현대중공업의 실사를 벌이고 있다. 삼정은 대우조선에 대한 스트레스 테스트도 진행 중이다. 금융당국이 주도하는 조선업 구조 조정에서 회계법인의 실사 결과가 해당 기업을 자율협약에 넣을지, 법정관리에 넣을지 등을 결정하는 데 중요한 참고 자료로 사용될 예정이다. 문제는 회계법인들이 내놓은 실사결과를 과연 믿을 수 있느냐다. 회계법인들이 그동안 부실 감사를 벌여 부실기업의 체질을 더욱 악화시키고, 최근에 감사인 직위를 이용해 미공개 정보 이용 등 불법을 저질렀다는 지적을 받고 있기 때문이다.

기업 부실 책임 있는 회계법인이 실사 담당

최근 벌어지고 있는 기업 구조 조정 과정에서 책임론이 끊임없이 불거지는 곳이 바로 회계법인이다. 회계법인들은 기업의 외부 감사인을 맡아 어떤 기업이 적절하게 회계처리를 하고 있는지. 부실화되는 부분은 없는지 등을 정확하게 짚어내야 한다. 오래전부터 '자본시장의 파수꾼' 역할을 한다고 불린 이유가 바로 여기에 있다. 그렇지만 국내 대형 회계법인들이 정작 중요한 시점에 제 역할을 못 했다는 비판을 받고 있다.

안진회계법인은 지난 2010년부터 조선업 구조 조정의 시발점이 된 대우조선해양의 감사를 담당했다. 그런데 단 한 번도 대우조선해양이 겪고 있는 문제점을 발견하지 못하고 감사 이후 '적정' 의견만 제시했다. 대우조선해양의 회계에 문제가 없다고 한 것이다. 그래 놓고 안진은 대우조선해양의 분식회계 의혹이 제기되자 올해 3월 '추정오류'를 범했다면서 2조4000억원 손실을 2013~2014년 대우조선 실적에 뒤늦게 반영해 흑자를 적자로 바꿨다. 기업이 계속 존속 가능한지에 대해서도 '불투명하다'고 말을 바꿨다. 대우조선해양이란 환자는 수년간 골병 들어가는데, 주치의는 전혀 발견하지 못하고 상황을 방치해 온 것이다.

심각한 경영난에 봉착한 해운업에서도 회계법인은 부실감사를 했다. 현대상선의 외부 감사인인 삼일회계법인은 지난 3월 '기업으로 존속할 수 있다'는 내용의 감사보고서를 냈다. 그로부터 100일이 안 된 지금, 현대상선은 기업 생존 여부가 불투명한 가운데 용선료 협상을 벌이고 있다. 자칫하면 법정관리에 들어갈 수도 있고 다른 회사와 합병설도 나온다. 한영회계법인도 올해 4월 감사를 맡았던 한진해운에 '존속 가능'이라는 평가를 내렸다. 하지만 4월 말 한진해운은 "정상적인 경영이 힘들다"면서 제발로 채권단에 자율협약을 신청했다.

회계법인들은 "기업에서 충분한 자료를 제출하지 않아 감사 업무에 한계가 있다"고 해명했다. 그렇지만 회계법인을 바라보는 시각은 차갑기만 하다. 금융연구원 김동환박사는 "회계법인은 과거의 데이터를 기반으로 분석하기 때문에 수주량 등 미래의 일을 예측해야 하는 조선업 등에 대해서 제대로 감사를 하기는 힘들다"면서 "부실 감사에 책임이 있는 회계법인에 대해서는 강하게 처벌하는 방법 외에는 현재 상황을 바로잡을 만한 뚜렷한 방법이 없다"고 말했다.

미공개 정보 이용 등 불법행위에도 손 뻗혀

작년 말부터 회계법인이 '부실 감사' 외에 또 다른 면에서 질타를 받고 있다. 바로 감사 업무 과정에서 얻은 미공개 정보를 이용해 부당이득을 취하고 있다는 점이다.

한진해운의 실사를 담당했던 삼일회계법인의 안경태 회장은 최근 최은영 전 한진해운 회장에게 한진해운의 자율협약 신청과 관련한 정보를 제공한 혐의로 검찰의 수사선상에 올랐다. 검찰은 최 전 회장이 안 회장과 통화한 직후 주식 매각 지시를 내린 사실을 확인한 것으로 알려졌다. 삼일 관계자는 "안 회장은 최 전 회장과 원래 친분이 있었고 당일 통화에서는 자율협약 얘기가 나오지 않았다"고 주장한다. 그러나 금융권에서는 "안 회장이 민감한 시기에 통화한 것 자체가 부적절하다"는 지적이 나온다. 금융위는 검찰 수사에서 안 회장이 미공개 정보를 최은영 전 회장에게 제공했다고 확인되면 징계를 내릴 예정이다. 금융위는 회계사 자격정지까지도 내릴 수 있다.

회계사들이 기업의 미공개 정보를 이용해 주식 매매에 가담했다가 부당이득을 올린 사건은 작년부터 올해까지 계속 적발되고 있다. 이렇게 업무 능력 뿐 아니라 도덕성도 시험대에 오른 회계법인들이 기업 실사 등 구조 조정의 한 축을 맡고 있는 데 대해 금융 당국도 골치가 아픈 상황이다. 금융 당국 관계자는 '총체적인 모럴 해저드(도덕적 해이)'에 빠진 회계법인에 대한 비판이 나오는 것을 충분히 알고 있다"면서 "회계법인에 대한 전반적인 상황을 정리하고 체질 개선을 할 구체적인 방안을 만들 예정"이라고 말했다.

조선일보. 2016. 5. 28.

chapter 18

감사원

모든 정부 기관에는(지방자치단체 포함하여) 감사원이 감사를 수행하지만, 지방자치단계 차원에서 감사관이라는 position이 있어서 자체적으로 감사기능을 갖는다. 이는 중앙 정부기관에도 감사원 이외에도 자치적인 감사기능이 있는 것과 동일하다.

이종운(2015)은 다음과 같이 우리나라 정부와 공기업의 감사인력에 대한 내용을 보고하였다.

> 공공기관의 자체 감사 인력: 정부기관(중앙+지자체)은 5000명, 전체 인력의 약 0.5%
> 공공기관(공사, 공단) 약 2,500명(전체 인원의 1.5%~2%)

전체 인력 중에 어느 정도의 인원이 감사에 투입되어야 하는지 표준을 구한다는 것이 무척이나 어렵다.

참고로 IT 관련 부서 인력의 경우 이 업무에 종사하는 인력 비중과 예산을 감독규정에서 규정하고 있다. 이는 금융기관에서의 정보 보안과 관련된 IT업무의 중요성과 연관된다.

> ㅇ 관련법규 : 전자금융감독규정 제8조 제2항
> 금융회사 또는 전자금융업자는 인력 및 예산에 관하여 다음 각 호의 사항을 준수하도록 노력하여야 한다.
> 1. 정보기술부문 인력은 총 임직원수의 100분의 5이상, 정보보호인력은 정보기술부문 인력의 100분의 5 이상이 되도록 할 것
> 2. 정보보호예산을 정보기술부문 예산의 100분의 7 이상이 되도록 할 것

이와 관련되어 정보보호최고책임자가 임원이 되어야 한다는 내용은 chapter 32에서 기술한다.

감사에 예산이나 인력을 투입한다는 것은 기업이 quality control에 힘을 쓰는 것이나 동일하다. 즉, 감사기능은 profit center가 아니라 cost center의 개념이다.

보험일 경우, 다음과 같은 오래 된 규준이 존재한다.

> 생명보험협회/대한손해보험협회, 보험업계 모범 규준(안) 주요내용 2002.6.12.
>
> 제8조(인력확보) ② 감사 보조 조직의 인력은 전체 임직원 수 대비 0.7% 이상을 확보하여야 한다.
> ③ 감사보조조직 인력 중 적어도 70% 이상의 감사인을 확보해야 하며, 이중 전문감사인력(전문 감사인력은 공인회계사, 변호사, 보험계리인, 공인내부감사사(CIA)로만 한정)이 적어도 2인 이상 포함되어 있어야 한다.

모 회사의 감사위원회 직무규정을 보면 위의 내용을 그대로 인용하고 있다.

이는 영리기관인 회계법인이 quality control를 책임 맡고 있는 품질관리실이나 심리실 쪽에 중점을 두는 것이나 동일하다.

우리나라의 한 big 4 회계법인의 대표이사의 선임에는 미국의 headquarter에서 전혀 개입하지 않지만 품질관리 책임자의 선임에는 개입한다고 한다. quality control을 얼마나 중히 여기는지에 대한 반증이다.

수년 전부터 이러한 광역지방자치단체 감사관은 개방직으로 공모의 절차를 거쳐서 선임된다. 해당 기관에 대한 감사를 수행하는 위치이니 내부인보다는 외부인이 이를 맡는 것이 적절하다. 기관장을 포함하여 모든 지방자치 공무원이 감사의 대상이 되는데 문제는 이 감사관의 선임에 있어서 외부 심사위원을 포함한 독립적인 선임위원회가 감사관을 추천하지만 감사관의 최종적인 임명권은 기관장에게 있다. 본인을 감사하여야 할 자를 본인이 임명하는 '자기 감사(self audit)'의 문제가 존재한다. 감사관으로 개방직을 공모하는 이유가 독립적인 감사관을 선임하기 위한 과정이 아닌가 추정되는데 감사 선임 과정에는 투명하지 않은 부분이 있다.

기업에도 감사/감사위원을 선임할 때는 최대주주의 영향력을 최소화하기 위하여 의결권을 3%로 제한하는데 이 또한 최대주주를 감시할 의무가 있기 때문이다.

이러한 문제를 해결하기 위해서는 행정부서가 아니고 지방의회가 감사관을 선임하여야 하지만 그렇게 하지 못하고 있다. 미국의 경우는 아예 감사원이 정부 소속이 아니라 의회소속이라서 선임권한에 대해서 더 많은 생각을 하게 한다. 그러나 감사원이 대통령에게 직접 보고할 수 있는 위상을 가질 때 감사원의 감사업무에 힘이 실린다고도 할 수 있다.

이러한 선임권과 관련된 이슈는 아니지만 민간 기업에서의 상법상의 감사 또는 감사위원회의 선택과 같이, 제주도는 수년 전부터 감사관이 아니고 감사위원회로 운영하고 있다. 제주도가 이러한 감사 시스템을 가져 갈 수 있었던 것이 제주도는 다른 도와는 달리 제주특별자치도라는 특수한 지방자치제도가 적용되는 것과 연관될 수도 있다. 서울시도 2015년 5월부터는 감사위원회로 운영하고 있다.

단, 위원의 선임은 기관장이 결정할 수 있도록 되어 있다.

이는 감사원의 최고 의사결정기구가 감사위원으로 구성된 감사위원회인 것과 동일하다. 매우 특이하게 프랑스는 중앙 정부의 감사원에서 지자체의 감사를 선임하며 일부 국가에서는 선출직으로 감사를 선임하는 경우도 있다. 우리나라의 경우도, 수년 전까지만 해도 지자체의 교육감이 임명되었으나 이제는 선출직 교육감 제도를 운영하고 있지만 선출직인 경우도 여러 동반되는 문제가 존재하여서 반드시 선출직만이 가장 좋은 대안인 것은 아니다. 선출직으로 될 경우는 정치적인 성향의 인사가 선임될 수도 있는데 감사가 정당 소속으로 정치색을 띤다는 것이 적절한 것인지에 대한 의문이 있다.

위원회 제도가 우월한 제도인지 독임제가 우월한 제도인지에 대한 해답은 없다. 예를 들어 대표이사인 경우도 공동 대표가 더 좋은 것인지 단독 대표가 더 좋은 것인지에 대한 해답도 없다.

chapter 19

감리

금융당국에 감리불복 소송

딜로이트 안진 "벌점 추가 수용 못해"

국내 2위권 회계법인인 딜로이트 안진이 회계감사 감리 결과를 바탕으로 제재를 가한 금융당국을 상대로 법적분쟁에 돌입했다. 1일 회계법인 업계에 따르면 딜로이트안진은 대한전선 부실감사를 이유로 증권선물위원회가 부과한 벌점 추가 등 제재에 대해 수용할 수 없다는 내부방침을 정하고 지난달 중순 서울행정법원에 소송을 제기했다. 딜로이트 안진이 금융당국의 감리 결과에 불복해 소송을 제기하기는 처음이다.

딜로이트 안진은 벌점 부과에 대해 효력정지가처분도 신청했다. 법원이 이를 받아들임에 따라 딜로이트안진은 금융감독원이 올해부터 재무구조가 좋지 않은 상장사를 대상으로 실시하는 대대적인 외부감사인 지정에서 일단 불이익을 받지 않게 됐다. 금융당국 벌점이 누적된 회계법인은 금감원에서 지정감사 대상 기업을 배정받을 때 예정보다 적은 수의 기업들을 할당받게 된다.

딜로이트 안진 관계자는 "증선위는 누가 봐도 진위를 가릴 수 있는 '감사프로세스' 준수 여부를 따진 것이 아니라 관점에 따라 달라질 수 있는 회계처리 방식을 문제 삼은 것"이라며 "그럼에도 불구하고 징계에 앞서 충분히 소명할 수 있는 기회를 주지 않아 어쩔 수 없이 법정으로 이 문제를 가져가게 됐다"고 설명했다. 업계에서는 금융당국이 일방적으로 징계 수위를 결정하는 문제가 어제 오늘의 일이 아닌데 딜로이트 안진이 소송에 나선 데 놀라는 눈치다.

일각에서는 딜로이트안진에 중과실이 있다고 본 증선위의 판단이 대한전선 투자자들과의 소송전에서 불리하게 작용할 것을 우려해 행정소송을 제기했다는 해석을 내놓기도 한다. 개인투자자 121명은 지난달 13일 대한전선 경영진 등 9명의 피고에게 57억원을 배상하라고 소를 제기한 바 있다.

매일경제신문. 2015. 5. 2.

chapter 4에도 기술되었듯이 2014년 11월 외감법 시행령 개정으로 부채비율이 불량한 77개 기업에 대해서 추가적인 지정이 진행되었으며 벌점을 피하여 지정을 받으려 했다는 기사의 내용이 사실이라면 안진은 전략적인 판단을 했을 수 있다.

증선위의 중과실 행정처분을 그대로 받아들인다는 것은 보험 coverage에도 영향을 받을 수 있다. 회계법인의 보험사와의 보험 약관에는 고의는 보험에 의해서 cover가 되지 않는 것으로 명확하지만, 중과실일 경우는 보험에 의해서 cover가 되는지가 명확하지 않다. 과실일 경우는 보험에서 cover되게 되며 이러한 내용은 상법에서의 책임 문제에 있어서도 거의 동일하게 되어 있어서 회계법인의 입장에서 중과실로 조치를 받는지 여부는 소송의 차원에서도 매우 중요하다.

대한전선 투자자로부터의 피소의 회피 방편으로 행정소송을 제기하였는지에 대해서는 명확하지 않다. 금융기관은 대출에 문제가 있을 경우는 일단, 해당 기업을 감사했던 감사인을 소송하게 된다. 부실감사였는지에 대해서 점검을 해 보아야 하지만 감사인에 대해서 소송을 제기하지 않는다면 일단은 예금보험공사로부터 책임 문제가 대두될 것이다.

회계법인이 감독기관에 대해서 행정소송을 제기하는 것은 매우 이례적인 일이다. 감독기관과 회계법인은 거의 갑을 관계로서 피감의 위치에 있는 회계법인이 약자에 설 수밖에 없다.

기업은 회계 감독 당국과 회계 관련 이슈로 지속적으로 관계를 가져 갈 일이 드물 수도 있지만 회계법인은 회계감독당국과 이 건 이외에도 지속적으로 관계가 지속되기 때문에 회계감독 당국을 상대로 소송을 제기하였다는 것은 매우 드문 일이다.

중소 비상장사 2만 4000곳 회계감리

11월부터 공인회계사'회'가 맡는다.

11월부터 중소 규모 비상장사 약 2만 4000곳의 회계감리를 한국공인회계사회가 금융감독원을 대신해 전담한다. 그동안 비상장법인 감리까지 떠 맡아 일손 부족에 시달렸던 금감원이 사업보고서를 제출하는 상장사와 비상장대기업 2400곳에 대한 회계감리에 역량을 집중하기 위한 것으로 풀이된다.

26일 금융당국과 회계 업계에 따르면 금융위원회는 비상장법인 가운데 사업보고서를 제출하는 회사와 해당 기업 감사인(회계법인)은 금감원이, 사업보고서 미제출 법인과 해당 기업 회계법인은 공인회계사회가 각각 전담 감리하는 내용의 '외부감사 및 회계 규정' 개정안을 확정했다.

이에 따라 11월 16일부터 공인회계사회가 국내 약 50만개 주식회사 가운데 자산 120억원 이상인 외부감사 대상 기업 약 2만4000곳에 대한 재무제표 감리와 회계법인에 대한 감리를 동시에 맡게 된다.

기존에는 비상장법인의 경우 회사 재무제표에 대한 감리는 금감원, 해당 기업 회계법인 감사보고서에 대한 감리는 공인회계사회가 나눠 맡아 효율성이 떨어진다는 지적이 많았다.

기업의 사업보고서 제출은 과거 상장이나 증권발행 이력이 있거나 500인 이상 주식 채권 투자자가 있을 경우 대상이 된다. 총 2400여개 사업보고서 제출 기업 가운데 약 400개는 비상장대기업이다. 현재 공인회계사회는 회계사 출신 감리 전문인력 20명이 연간 약 400개 기업 회계법인 감사보고서에 대한 감리를 진행하고 있다.

매일경제신문. 2016. 5. 27.

chapter 20

재무제표 제출 의무가 감사인에게?

다음의 외감법 제8조에 의하면 감사보고서 제출 의무가 감사인에게 있다. 감사보고서의 작성 주체가 감사인이므로 너무도 당연한 것이다. 그러나 문제는 이 감사보고서에 첨부되는 재무제표이다.

기업이 작성의무가 있는 재무제표는 누가 제출하여야 하는가? 이에 대한 답에 대해서 기업이라고 생각하기 쉬운데 우리의 제도는 감사인이 제출하게 되어 있다. 감사인이 감사보고서를 제출하면서 회사가 작성한 재무제표가 첨부되게 된다. 잘못 이해하면 감사인이 재무제표를 작성하는 것으로 잘못 해석될 소지가 매우 높다.

기업의 재무제표가 독자에게 전달되는 형태를 보자.

아래에 인용된 감사보고서를 보게 되면 전체 재무제표에 대한 감사보고서에서 감사인이 작성된 감사보고서는 몇 페이지가 되지 않으며 나머지는 모두 회사가 작성한 재무제표이다. 그러나 이 문건의 제목도 감사보고서이며 제출자도 ××회계법인이다.

이러한 대목이 일반 경제활동인구가 재무제표 작성이 회사가 주체가 아니고 감사인이 재무제표를 작성한다고도 믿게 되는 오해를 유발함에 충분하다.

주식회사 xxxx

재무제표에 대한 감사보고서

제11기 (당기)
2015년 1월 1일부터 2015년 12월 31일까지

제10기(전기)
2014년 1월 1일부터 2014년 12월 31일까지

xx회계법인

(첨부)재 무 제 표
주식회사 xxxx
제11기
2015년 01월 01일 부터
2015년 12월 31일 까지
제10기
2014년 01월 01일 부터
2014년 12월 31일 까지
"첨부된 재무제표는 당사가 작성한 것입니다."

주식회사 xxxx 대표이사 xxx
본점 소재지 :

이는 외부 감사인을 통하여 회사의 재무제표의 적정성을 확보하려는 외감법 1조에서 정신과 유사하다. 재무제표의 공시의 의무는 회사에 있는데 감사인을 통해서 회사 재무제표의 적정성을 확보 받으려 한다. 즉, '손에 코 안 묻히고 코풀려 한다'는 우리말 속담이 있듯이 같은 맥락이다.

외감법 제1조(목적) 이 법은 주식회사로부터 독립된 외부의 감사인(監査人)이 그 주식회사에 대한 회계감사(會計監査)를 실시하여 회계처리를 적정하게 하도록 함으로써 이해관계인의 보호와 기업의 건전한 발전에 이바지함을 목적으로 한다.

[전문개정 2009.2.3.]

기업 경영활동의 책임이 기업에 있는데 이들이 작성하는 재무제표에 대한 책임을 이러한 재무제표를 인증한 감사인에게 묻는 매우 특이한 법안이다. 혹자는 1980년 국보위 시절이라는 상황과 맞물려서 만들어진 법안이라고 이 법안 자체에 대한 문제를 제기하기로 한다. 당시에 무소불위의 권력기관인 국보위의 업무진행에 대해서 누구도 이견을 달기 어려운 상황이었을 것이다.

감리의 경우도 감사인에 대한 품질관리감리와 감사보고서 감리로 구분되는데 감사보고서 감리라는 것도 감사를 수행한 감사보고서를 감리하는 과정에서 재무제표에 대한 적정성을 확보하려고 하기 때문에 재무제표의 작성에 대한 주된 책임이 매우 혼란스럽다.

은행지점에 배포되는 은행의 재무제표도 제목이 재무제표가 아니고 감사보고서이고 그 밑에서 ×××회계법인이라고 적혀 있다. 감사보고서는 몇 장이고 나머지는 모두 재무제표이다. 감사보고서가 아니고 재무제표라고 수정하여 배포하였더니 지점에서 그래도 되는지에 대한 문의가 있었다고 한다.

재무제표의 제출의무가 감사인에게 있다는 내용은 다음에 기초한다.

> 외감법 제8조(감사보고서의 제출 등) ① 감사인은 감사보고서를 대통령령으로 정하는 기간 내에 회사(감사 또는 감사위원회를 포함한다) · 증권선물위원회 및 한국공인회계사회에 제출하여야 한다. 다만, 「자본시장과 금융투자업에 관한 법률」 제159조제1항에 따라 사업보고서 제출대상법인인 회사가 사업보고서에 감사보고서를 첨부하여 금융위원회와 같은 법에 따라 거래소 허가를 받은 거래소로서 금융위원회가 지정하는 거래소(이하 이 조 및 제16조의2에서 "거래소"라 한다)에 제출하는 경우에는 감사인이 증권선물위원회 및 한국공인회계사회에 감사보고서를 제출한 것으로 본다. 〈개정 2013.5.28.〉

위의 제8조에도 감사인이 감사보고서를 거래소에 제출하지만 그 안에 포함된 감사인이 작성한 내용은 감사보고서에 불과하며 첨부된 재무제표는 모두 회사가 작성한 것이다. 그럼에도 이 제출의 의무가 감사인에게 있는 것이다.

감사보고서는 기업의 재무제표에 대한 감사인의 용역보고서이다. 따라서 인증의 주체는 감사인인 것은 명확하지만 이 감사보고서에 누구에 대한 '귀중'인지를 보면 '주주 및 이사회' 귀중으로 되어 있다. 따라서 이 용역보고서는 공식적으로 일반 투자자 또는 잠재적인 투자자 혹은 시장 전체를 상대로 하는 용역보고서는 아니다. 물론, 감사라는 용역이 '불특정다수를 위한 공공재'적인 성격이므로 일반 투자자와 잠재적인 투자자들이 재무제표에 대해 접근하는 것을 막을 수는 없다. 그럼에도 불구하고 이 보고서를 감사인으로 하여금 보고 대상이 아닌 경제주체에게 제출하도록 하는 것이 적절한 것인지에 대한 문제는 지속적으로 제기되었다. 이러한 실무 관행은 재무제표가 감사인이 작성한 듯한 오해를 초래할 수도 있다.

이 개정안은 사업보고서에 감사보고서를 첨부하여 어디에 제출하는지가 상당한 논란이 있었던 내용이다. 애시 당초는 증선위에 제출하는 안이 제시되었는데 회계업계가 확정된 재무제표도 아닌데 가결산 재무제표를 정부기관에 제출하는 데 대해서 상당한 부담을 느꼈고, 그래서 거래소에 제출하는 것으로 조정되었다. 단, 거래소에 제출된 재무제표가 감독기관에 제공되어서 감독 목적으로 사용되지 않는다는 조건이었다.

형사소송일 경우는 감리가 법으로 유예되어 있다. 외감규정 제48조 2항에서 감리를 실시하지 아니할 수 있는 규정을 정하고 있는데 1호에서 '수사 또는 형사소송 또는 증권집단소송이 진행 중인 경우'를 정하고 있다.

> 제48조(감사보고서 감리의 실시)
> ② 제1항의 규정에 불구하고 다음 각 호의 1에 해당하는 경우에는 감리를 실시하지 아니할 수 있다.〈개정 2005.3.15, 2006.6.29, 2007.12.13〉
> 1. 당해 혐의사항과 관련하여 수사 또는 형사소송 또는 증권관련집단소송이 진행중인 경우(검찰등 수사기관이 감리를 의뢰한 경우는 제외한다)

왜 이러한 예외를 두었는지를 생각해 보면 3권이 분리되어 있기 때문에 사법부가 독립적으로 분식회계에 대한 의사결정을 수행할 것이므로 동시에 행정부가 이와 관련되어 행정 행위를 수행하는 것이 적절하지 않을 수도 있다. 사법부에서도 분식과 부실감사에 대한 유권해석을 수행할 수 있다. 다만, 민사일 경우는 민간 간에 분식에 대한 다툼이 있는 것이므로 3권 분립의 정신이 덜 심각하게 개입되는 것이다.

단, 2016년 12월 현재 진행되는 대우조선해양에 대한 부실감사 조사는 검찰과 감독기관이 동시에 진행 중이다.

반면, 민사소송일 경우는 감리 조사가 유예되지 않고 있어서 사법부에서 소송이 진행될 경우도 감독원의 감리가 동시에 진행될 수 있다.

민사소송일 경우, 감독원에 민원으로 감리 요청을 하는 경우가 다수이다. 물론 감독원이 이러한 모든 민원을 처리하여야 하는 의무가 있는 것은 아니지만 사회적인 파장이 큰 민사 소송건일 경우는 이러한 민원을 무시하기도 어렵다. 어느 감리건에 대해서 감리를 수행할지는 감독원 차원에서 결정하여야 하는데 민원이 너무 많이 제기되면서 감독원 본연의 업무가 영향을 받을 수도 있다.

특히나 경제개혁연대, 경실련, 참여연대 등으로부터 정치적으로 또는 사회적으로 민감하게 이슈가 되는 건에 대해서 이러한 민원이 제기되었을 경우는 감독기관이 무척이나 난감할 수 있다.

민원으로 인해서 특정 건에 대해 감리 인력이 집중되는 경우는 다른 건에 대한 감리가 소홀하게 진행될 가능성도 있으며 이는 감독기관이 적절한 정무적인 판단을 수행하여야 한다.

chapter 21

수시공시

> **자율공시 잘하면 인센티브 주겠다.**
>
> 이 자리에서 임 위원장은 "통합 지원시스템을 구축해 이 시스템에 인사·재무 등 현업 부서들이 내용을 올리고 공시 담당자가 확인만 하면 바로 정보공개가 가능하도록 해 신속하게 정보를 제공하도록 하겠다"고 말했다.
>
> 그동안 기업 공시 정보를 공시 담당자가 사내에서 모두 모아 만들다 보니 정확성과 신속성이 떨어지는 측면이 있었던 점을 보완하겠다는 뜻이다. 기업 실무자들은 이 통합 지원시스템에 올린 정보는 공시 담당자가 확인을 하면 곧바로 금감원과 거래소 공시 시스템 두 곳에 모두 제공된다.
>
> "공시 관련 규정 등을 고칠 때 관계자 의견 수렴을 사전에 하는 것을 의무화하겠다"며 "자율공시를 잘하는 기업에 대해서는 인센티브를 주겠다"고 말했다.
>
> 매일경제신문. 2015. 5. 20.

수시공시의 가장 중요한 가치는 신속성이다. 따라서 정확성에서 어느 정도 문제가 있다고 해도 신속한 정보가 필요하게 되면 정보를 공시하게 된다. 반면에 정기공시는 신속성보다는 정확성이 중요한 정보이기 때문에 중간재무제표에 까지도 감사인의 검토를 받아가며, 연차 재무제표인 경우는 감사라는 인증을 받으며 공시를 하게 된다.

때로는 수시공시에 있어서는 신속성과 정확성간에 trade-off가 있기도 하다.

수시공시의 내용인데, 정보 이용자간에 공유되지 않는다고 하면 이는 내부자 정보로 악용될 수 있다. 즉, 수시공시는 또한 모든 형태의 공시는 정보의 불균형(information asymmetry)을 해결하기 위한 제도이다.

공시 담당자가 회사의 공시 내용을 모두 취합하여 공시를 수행하는 것은 공시의 공정성을 위해서는 적절한 제도이다. 단, 공시 담당자가 이 업무만을 전담으로 하고 있는 것은 아니므로 공시담당자만이 공시를 수행할 수 있도록 함은 공시의 timing상에서는 문제가 있을 수 있다. 회사에는 공시 책임자와 공시 담당자가 지정되어 있다. 이들이 지속적으로 공시와 관련된 거래소의 교육을 이수하고 있으며 이들을 통하지 않은 공시는 제도에 부합하는 공시 형태인지에 대한 어느 정도의 공정성이 뒤진다고도 할 수 있다.

자율공시를 잘하는 기업에 대해서 인센티브를 주겠다는 정책은 과거에도 거래소의 공시 정책에 이미 반영되어 있는 내용이다. 거래소는 전체 수시공시 중에서 자율공시가 차지하는 비중이 30% 이상일 경우는, 불성실공시를 제재함에 있어서 어느 정도 조치가 경감되는 정책을 수행하였다. 이는 공시의 건수는 어느 정도는 기업의 규모에 의해서 비례하므로 자율공시에 전향적이고 적극적으로 대하는 기업을 우대하는 정책을 피더라도 이를 측정함에 있어서 전체 공시 중, 자율공시가 차지하는 상대적인 빈도수를 측정하여야지 절대적인 자율공시의 건수는 큰 의미가 없다. 이는 대규모 기업은 당연히 진행되는 사건이 많을 것이므로 공시할 건수가 많을 것이기 때문이다.

정부는 수년간 기업의 공시 부담을 경감해 준다는 차원에서 강제 공시를 자율공시로 전환하는 정책을 가져왔다. 그러나 이 제도의 맹점은 투자자들이 필요로 하는 공시 내용이 의무화되지 않음으로 인해서 누락되는 문제가 유발된다.

최근에도 한미약품의 기술이전 공시가 제 때에 이루어지지 않아서 공매도문제가 발생하자 거래소 차원에서 기술이전을 의무공시화하는 제도의 변화에 대해 고민 중이다.

> 임종룡위원장 "공시절차 뜯어 고치겠다"
>
> 금융위원회가 구상 중인 '기업 공시 종합정보시스템'은 각 기업의 현업 부서 실무자가 직접 공시시스템에서 공시정보를 입력하는 방식이다. 기업의 공시 담당자가 현업부서의 공시 정보를 모두 취합해 일괄적으로 공시하는 현행 시스템과는 절차가 완전히 다르다.
>
> 임위원장은 "기업내부에서 투자자들에게 정확한 정보를 알려주는 문화가 자리 잡지 못하고 있고 조직운영 과정에서도 공시 담당자가 현업부서를 귀찮게 하는 것처럼

느껴지다 보니 기업 공시가 적시에, 정확하게 투자자들에게 전달되기 어렵다"며 "실제 현업에서 정보를 갖고 있는 담당자들이 공시를 직접 입력하는 시스템을 만드는 방안을 마련할 것"이라고 설명했다.

임위원장은 또 "자율공시를 확대하는 기업에는 벌점 축소 등의 인센티브를 확대하겠다"고 말했다. 그는 "장기적으로는 지금처럼 공시의무사항을 세부적으로 정해놓을 것이 아니라 기업이 자율적으로 공시하는 공시 포괄주의를 추구해야 한다"며 "우선 자율공시를 확대하는 방안을 통해 기업들의 자율성을 유도할 필요가 있다"고 강조했다.

금융위는 다음 주 중 개혁회의를 거쳐 '기업공시제도 개선방안'을 발표할 예정이다. 잘못된 풍문 보도에 대해 기업이 자율적으로 해명하는 제도를 도입하고, 불성실공시에 대해서는 감독당국이 공시 책임자 교체를 요구할 수 있는 방안을 도입하는 내용이 담길 것으로 예상된다.

한국경제신문. 2015. 5. 20.

기업 수시공시 내년부터 자율화
금융위, 54개 의무항목 폐지
공시 내용 스스로 결정토록

기업들이 주가에 영향을 주는 중요사항을 의무적으로 공시하게 한 '수시공시제도'가 내년부터 바뀐다. 지금은 54개 의무공시 사항이 일일이 열거되어 있지만, 앞으로는 기업이 자율적으로 중요정보를 판단해 공시하는 '포괄주의' 방식으로 전환된다.

금융위원회는 1일 이 같은 내용을 담은 '기업공시제도 개편안'을 발표했다. 개편안에 따르면 수시공시는 단계적으로 '포괄주의'방식으로 전환된다. 1단계로 연내 '기타 상장법인 재무 주식에 중요한 영향을 미치는 사항' 조항을 신설해 기업들이 중요 정보 여부를 스스로 판단할 수 있는 사전 연습기회를 주기로 했다.

내년엔 54개 수시공시 항목을 단순화하기로 했다. 예를 들어 현행 벌금부과 재해발생 파생손실 등으로 열거돼 있는 손익 수식공시 사항이 '자기자본 5% 이상 중요손해 발생'이라는 1개 항목으로 통합되는 식이다. 금융위는 1, 2단계가 정착된 이후 2018년께 수시공시를 완전 포괄주의로 전환키로 했다.

김학수 금융위 자본시장국장은 "그동안 기업들이 열거된 공시항목을 규제로 인식해왔고, 열거되지 않은 공시는 중요정보라도 누락되는 문제가 있었다"며 "곧장 포괄주의로 전환하면 시장 혼란이 있을 수 있어 단계적 도입을 추진하는 것"이라고 설명했다.

금융위는 또 기업들의 공시 부담을 낮추기 위해 오는 3분기까지 금융감독원과 한국거래소 간 13개 중복공시를 완전 통폐합하기로 했다. 감사 중도퇴임, 종속회사 편

입탈퇴 등 공시 필요성이 낮은 공시항목을 삭제하고 생산재개, 기술도입 등은 자율공시로 이관했다.

기업의 책임을 강화하는 방안도 마련됐다. 한국거래소는 3분기부터 상습적으로 불성실하게 공시하는 기업을 대상으로 공시 담당자에 '교체요구권'을 행사할 수 있게 된다. 공시 위반 제재금은 유가증권시장 2억원, 코스닥 1억원으로 지금보다 각각 두 배로 높아진다.

한국경제신문. 2015. 6. 2.

중요한 영향을 미치는 항목을 자율적으로 결정한다 함은 이상적일 수는 있지만 기업이 이를 매우 주관적으로 판단할 수 있는 소지도 남긴다는 단점이 동시에 존재한다.

자율을 과신하여 반드시 공시되어야 할 내용을 자율공시로 분류하는 것도 좋은 방식만은 아니다.[21)]

기업 중요정보 내달부터 규정에 없어도 공시해야

기업이 자율적 판단에 따라 중요한 정보를 공시하게 되는 '포괄주의 공시 제도'가 다음달 2일 시행된다.

28일 한국거래소는 이러한 내용을 골자로 한 유가증권 코스닥증권 공시 규정 시행세칙을 개정했다고 밝혔다. 현재 거래소의 수시공시 대상이 되는 항목은 50여 개로 한정돼 있지만 포괄주의 제도가 도입되면 공시 규정상 열거되지 않은 중요 정보도 기업의 자율적 판단에 따라 투자자에게 공시해야 한다.

거래소는 "더 많은 정보가 기업의 자율적 판단 아래 투자 정보로 제공돼 투자자 보호가 한층 강화될 것으로 기대한다"고 말했다.

중요 정보에 대한 판단 기준은 재무적 사항일 때 해당 공시 내용이 매출액 자기자본 자산총액 대비 수시 공시 의무비율(유가증권시장 5%, 코스닥 10%) 이상이다.

매일경제신문. 2016 .4. 29.

21) 손성규(2012)의 40장과 손성규(2014) chapter 70 수시공시제도의 변화에서의 자산재평가 관련된 공시제도의 변화를 참고한다.

'중요도 낮은 내용' 기업 의무공시서 제외

금융위 공시제도 개편

3분기 내 자산 규모 1000억원 미만 기업에 대해서는 정기보고서 기재 항목도 일부 완화하는 등 기업 규모별 공시 수준을 차등화하고 지주회사 자회사와 지배회사 종속 회사들의 공시의무 부담은 완화할 예정이다.

매일경제신문. 2015. 6. 2.

상장사 공시 부담 줄어든다.

투자활동도 적은 항목 폐지... 제재금은 2배로

앞으로 공시 필요성이 적은 의무 공시 항목이 폐지되는 등 상장사의 공시 부담이 완화된다. 다만 투자자 보호와 관련된 공시는 더 강화된다.

한국거래소는 금융위원회가 발표한 '기업 공시 제도 규제 선진화 방안'의 후속 조치로 마련한 유가증권 코스닥 코넥스 시장의 공시 규정 개정안이 금융위 승인을 받았다고 23일 밝혔다.

새 공시 제도는 코스피 코스닥은 9월 7일부터, 코넥스는 27일부터 시행된다.

거래소는 '감사의 중도 퇴임'처럼 투자 활용도가 높지 않은 의무공시 항목을 폐지하고 '생산의 정상적 재개나 기술 도입' 등을 알리는 항목은 자율공시로 바꾸기로 했다. 지주회사의 경영 재무구조와 직접적인 관련성이 적은 자회사의 주식 분할, 합병이나 자회사의 최대주주 변경과 같은 중복 공시되는 항목도 자회사 공시항목에서 제외된다.

거래소의 '주요 종속회사' 판단 기준을 현행 지배회사 자산총액의 5% 이상에서 10% 이상으로 확대한다. 엄격한 공시 기준을 적용하는 '대기업' 판단기준도 현행 자산총액 1000억원에서 2000억원으로 올려 대상 기업 범위를 축소했다.

현재 등기이사로 한정된 코스닥 공시책임자 자격 요건을 코스피와 동일하게 '상법상 업무집행지시자로 이사회 등에 참석하는 자'로 확대해 자격 요건을 강화해주기로 했다. 거래소는 이번 공시 규정 개정으로 기업의 공시부담은 연간 약 1591건 줄어들 것으로 전망했다.

다만 공시 책임성은 강화된다. 분식회계로 증권선물위원회에서 임원 해임 권고 조치를 받은 경우 반드시 공시해야 한다. 전환사채나 신주인수권부사채 등을 일정 규모 이상 취득하거나 처분할 때에는 타법인 출자에 준해 공시하도록 규정을 변경했다.

공시위반 제재금도 현행 코스피 1억원, 코스닥 5000만원에서 각각 2억원과 1억원으로 2배씩 늘어난다.

매일경제신문 2015. 7. 24.

코스닥의 공시책임자를 등기이사로 한정하였던 이유는 공시책임을 더 확실하게 묻기 위함이었다. 그럼에도 이를 코스닥에만 한정했던 이유는 코스피의 사내 등기이사는 더 많은 다양한 업무에 책임을 지고 있기 때문에 공시책임까지 묻기에는 너무 과도하다는 판단 하에서였다. 그러나 어느 정도 제도가 정착되면서 코스닥의 등기이사도 너무 많은 부담을 지울 수 없다는 판단 하에 등기이사는 아니지만 어느 정도까지는 업무에 책임을 질 수 있는 업무집행지시자로 그 범주를 완화해 주었다.

자산 규모 2조원이 넘지 않는 상장 회사는 사외이사의 수가 4분의 1 이상으로 유지하면 되지만 자산 규모가 2조원이 넘는 기업의 경우는 사외이사의 수가 전체 이사의 수의 과반수여야 하며 동시에 최소 3인이어야 한다.

따라서 자산규모가 2조원이 넘는 기업에 있어서, 사외이사가 3인이라면 사내이사는 2인 또는 1인이어야 하며, 사외이사가 4인이라면 사내이사는 1, 2 또는 3인이어야 한다. 이 중에 최소한 사내이사는 대표이사여야 하기 때문에 등기한 대표이사 이외의 사내 이사의 수는 매우 제한되어있다.

따라서 자산 규모 2조가 넘지 않는 기업의 경우 사외이사가 4분의 1이상만 되면 되므로 사내 등기이사의 수는 기업이 충분한 인원을 사내 등기이사로 선임할 수 있는 여유가 있지만 자산 규모 2조원이 넘는 기업일 경우는 충분한 사내이사의 수를 확보하기 위해서는 사외이사를 그만큼 더 선임하여야 하는데 유능한 사외이사를 충분히 확보하기가 여의치 않을 수 있다. 따라서 자산 규모 2조원이 넘는 기업일 경우는 이들의 업무가 너무 과중하여 사내 등기이사들에게 과도한 역할을 맡길 수가 없다.

따라서 실질적으로 기업내에는 등기하는 사내이사의 수는 매우 제한적이라서 이들이 회사와 관련된 모든 책임을 맡는다는 것이 어려워졌다. 특히나, 2조원 넘는 기업의 경우 사외이사의 수가 과반수가 되어야 한다는 규정이 강제화되는 시점에 기업들은 이사회를 축소하는 방향으로 이 정책을 수용하였다. 능력과 자격이 되는 사외이사를 선임하는 것도 어렵지만 사외이사에 대한 비용도 부담으로 작용하였을 것이다.

CFO도 이상적으로는 사내 등기이사가 맡는 것이 바람직하지만 등기 사내이사의 수가 제한되어 있어 이 또한 강제하기는 어렵다.

단, CFO가 등기임원이 아닐 경우는 CEO가 회계와 관련된 내용을 조금 더 세밀하게 챙겨야 한다. 그렇지 못할 경우는 재무제표에 분식이 포함되는 경우, CEO가 분식을 책임져야 한다. 이는 CEO와 CFO가 재무제표의 적정성에 대해 확인하기 때문이다.

공시책임자를 이사회 등에 참석하는 자로 규정하였다. 물론, 이들 공시책임자가 등기이사가 아니므로 정식 이사회 member는 아니므로 이사회에 배석하는 의미로 해석할 수 있다. 배석자까지도 누가 배석해야 한다고 강제할 수는 없고, 일부 이사회의 경우는 이사회 정식 member가 아닌데도 정기적으로 배석을 하는데 대해서 일부 이사들이 거부감을 표명하기도 한다. 아마도 제도권에서 등기이사가 아님에도 배석을 권장하는 첫 경우가 아닌가 한다. 공시책임자가 이사회에 참석하는 것은 이사회에서 논의되는 내용 중, 주요 경영사항 공시에 해당되는 내용은 수시공시의 대상이어야 하는데 이사회에 배석하지 않고 회의진행내용의 청취와 회의록만으로 이사회에서 논의되는 사안을 파악하는데는 한계가 있을 수 있기 때문일 것이다. 이사회에서 결의된 내용이 공시의 대상일 수 있으므로 어떤 회사 이사회는 회의를 오전에 수행하고 오후에 이를 공시를 통해서 공지하기도 한다.

감사의 중도 퇴임 등의 사유와 같이 그 중요성에 있어서 덜 중요한 내용을 주요경영사항 공시에서 제외한 것은 적절한 정책 방향이었다고 판단된다.

현재의 제도는 자회사의 주요한 경영사항을 지주사에서 공시하도록 되어 있는데 이러한 공시의 장점은 자회사의 주요한 내용을 지주사의 주주들도 인지하고 있어야 한다는 점이다. 반면, 일부에서는 이러한 공시의 단점으로 어떠한 내용은 공시의 내용이 지주사의 내용인지 자회사의 내용인지가 혼동될 수 있다는 점이다.

어떻게 보면 연결재무제표를 작성하는 취지나 동일한 취지이다. 어느 정도 이상으로 이 두 회사가 관련이 있기 때문에 이 두 회사의 내용을 엮어서 시장에 전달한다는 것이다.

분식회계로 인하여 임원해임권고를 받을 경우는 임원선임의 주체가 주주총회이므로 해임의 주체도 주주총회여야 한다. 물론, 해임권고는 권고의 수준이므로 주주총회가 이를 받지 않을 수도 있지만 감독기관의 권고를 거부한 경우는 chapter 1에 기술된 효성의 경우를 제외하고는 이제까지는 없다. 단, 이러한 사유로 임시주주총회를 개최하지는 않을 것이므로 증선위의 의사결정이 정기 주총 바로 이후에 내려졌다고 하면 임원해임권고에 대한 action이 있을 때까지는 1년의 기간이 경과할 수도 있다. 수시공시의 목적이 timely한 적시의 정보의 전달에 있으므로 해임은 나중에 진행되더라도 범법을 한 임원이 이 회사에 재직하고 있다는 사실은 가능하면 조속히 알려야 한다는 의미가 있는 정책이다.

해임권고를 기업이 수용하지 않는 경우, 정부가 취할 수 있는 대안은 거의 없다. 단, 위의 정책방향과 같이 해임권고를 받았다는 사실을 공시하도록 하면 해당 기업이 정부의 권고를 수용하지 않았다는 사실도 시장에 오랫동안 남길 수 있다.

바뀌는 공시제도.. 대응 전략을 찾아라

공시 담당 직원이 아닌 일반 부서 직원도 공시 자료를 직접 입력할 수 있게 된다. 한편 기업 공시 담당자가 유의해야 할 사항이 있다.

2018년까지 단계적 시행을 거쳐 이뤄지는 포괄주의 공시 체계로의 전환이다. 기존 수시공시 방식은 열거주의를 채택해 거래소가 정한 54개 항목에 해당하는 사안이 생길 때마다 기업이 공시를 해 왔던 것과 달리 포괄주의 방식은 규제 기관에서는 중요한 정보를 추상 개념으로 정의할 뿐이고 무엇이 중요한 정보에 해당하는지 여부는 기업 내부의 개별 사안에 따라 판단하도록 하는 방식이다.

한경비즈니스 2015. 9. 30.-10. 7.

상습적으로 불성실하게 공시하는 기업을 대상으로 공시담당자를 교체 요구권을 행사할 수 있는 권한은 정기공시가 되었건 수시공시가 되었건 불성실한 공시에 대해서는 동일하게 책임을 묻겠다는 차원에서 이해할 수 있다.

재무제표에 분식회계가 포함되어 있을 경우는 위에도 기술하였듯이 담당 재무담당이사나 대표이사에 대해서 해임권고를 할 수 있으며 또 감사인에 대해서는 해당 회사에 대한 감사를 맡지 못하게 하며 감사인을 지정하게 된다.

수시공시에 대한 불성실공시 건에 대해서도 동일한 조치를 취하는 것이다.

기업공시 확인 더 빠르고 편해진다.

금융위 거래소 제도개선 간담회... 공시담당 외 직원도 손쉽게 올려

상장기업 내 공시 담당자가 아니더라도 기업공시 종합지원시스템 'K-CLIC'에 접속하면 본인 업무가 공시 대상인지 아닌지 확인하고, 직접 공시 자료를 작성해 제출까지 할 수 있게 됐다. 투자자들에게 기업 주요 정보를 알려주는 공시가 한결 수월해지는 것이다.

금융위원회와 한국거래소는 25일 열린 '기업공시 제도개선 성과점검을 위한 간담회'에서 기업공시 종합지원시스템 K-CLIC을 개시한다고 밝혔다. K-CLIC은 법무 기획 회계 같은 개별 부서에서 직접 공시를 작성하고 실시간으로 공시부서와 공유까지 가능하도록 구성돼 있다. K-CLIC에 입력한 자료는 자동으로 공시 정보로 변환돼 금융감독원 전자 공시 사이트 다트(DART)나 한국거래소 공시 사이트인 카인드(KIND)로 전송된다.

예를 들어 이전에는 '화재' 같은 재해가 발생했을 때 공시와 무관한 담당 직원은 공시 여부를 공시 담당자나 금융감독원 한국거래소에 문의해야 했다. 하지만 앞으로는 해당 업무 담당자가 직접 K-CLIC 검색을 통해 손쉽게 공시 여부를 확인하고 정보 입력과 보고까지 원스톱으로 처리할 수 있다. 공시시스템과 연결된 사내 정보 공유 시스템이 만들어 진 것이다. 이날 간담회에 참석한 임종룡 금융위원장은 "공시 현장에서 기업이 체감할 수 있는 가장 획기적인 변화"라며 "투자자가 필요로 하는 정보가 적시성 있고 정확하게 전달될 수 있을 것으로 기대한다"고 평가했다.

기업공시 담당자들은 시스템의 편의성을 인정하면서 이달 시행된 포괄주의 공시제도에 대해서는 추가지원이 필요하다고 건의했다. 거래소는 5월부터 수시공시에 포괄주의를 새로 도입해 '기타 상장법인 재무 주식에 중요한 영향을 미치는 사항'을 공시하도록 정하고 있다.

한 상장사 공시 담당자는 "어디까지가 '중요한' 영향을 미치는 사항인지 판단하기가 어려워 결국 거래소나 금감원에 물어보지 않을 수 없다"며 "포괄주의 관련 공시 위반 리스크가 커지지 않을까 염려스럽다"고 말했다.

거래소는 이런 업계 의견을 고려해 포괄주의 제도 개선과 관련한 불성실 공시는 도입 초기 6개월간 제재를 면해주기로 했다. 또 공시 우수법인에는 1년간 상장 수수료 전면 면제와 같은 인센티브 제공을 확대할 방침이다.

매일경제신문. 2016. 5. 26.

금융위, 불공정거래 압수 수색 늘린다.

시장질서 규제 선진화 방안… 기업 주요정보 자발적 공시대상 확대

10일 금융위는 기업 공시 중요 정보 포괄조항 도입 등을 주요 내용으로 한 '시장질서 규제 선진화 방안'을 발표했다. 상장기업의 공시 편의성을 높이기 위한 '원스톱 공시 종합 시스템'과 기업지배구조 모범규준 준수 여부 공시 제도 도입도 함께 추진하기로 했다.

매일경제신문. 2015. 12. 11.

금융위, 증권범죄 조사 압수수색 권한 세진다.

금융위원회가 내년 중 기업들에 지배구조와 관련한 핵심 정보를 자율적으로 공시하도록 하는 '기업 지배구조정보 자율공시제도'를 도입한다.

금융위는 10일 이 같은 내용을 포함한 '시장질서 규제 선진화를 위한 5대 과제'를 발표했다. 우선 금융위는 내년 상반기 기업의 모범 지배구조 가이드라인을 담은 '기업 지배구조 지침'을 마련할 예정이다.

예를 들어 적정 규모의 이사회를 구성했는지, 사외이사의 독립성을 보장했는지, 경영진 견제기능 활성을 위한 지원이 있는지 등의 지배구조와 관련한 핵심 사항을 제시한다. 금융위는 각 기업들의 이 같은 지배구조 관련 핵심 사항을 잘 지키고 있는지 자율적으로 공시하도록 할 예정이다. 지키지 못했으면 그 이유에 대해서도 기업이 직접 설명해야 한다.

이날 발표된 5대 과제에는 공시 체계를 대폭 뜯어고치는 내용도 포함됐다. 지금은 기업들이 공시해야 하는 54개 의무공시 사항이 일일이 열거되어 있지만 앞으로는 기업이 자율적으로 중요정보를 판단해 공시하는 '포괄주의' 방식으로 전환한다는 것이다.

한국경제신문. 2015. 12. 11.

가이드라인이 되었거나 지침이 되었거나 강제성이 없는 듯이 보이지만 감독기관의 지침은 피감기업의 입장에서는 자율로 준수해도 되고 안 해도 되는 내용이 아니라 거의 강제성을 띨 수도 있다.

언론보도로 공시 대체하는 거래소

지난 26일 일부 언론에 삼성물산이 주택 사업 부문을 KCC측에 넘긴다는 시장 풍문이 기사화됐다. 사실이 맞다면 삼성물산이나 KCC 양측 모두 공시를 해야 할 주요 사안이었다.

이미 KCC와 계열사 KCC 건설, 삼성물산 주가는 소문이 퍼진 25일부터 들썩이고 있었다. 전 거래일(22일) 종가 7040원이던 KCC 건설 주가는 25일 장중 한때 26.3% 오른 8890원을 기록하기도 했다. KCC 또는 KCC건설이 국내 최고의 아파트 브랜드인 '래미안'을 넘겨받으면 주택사업에서 대규모의 신규 수익이 창출될 것이라는 기대 때문이었다. 한국거래소는 삼성물산과 KCC, KCC건설에 전화해 해당 내용의 진위를 물었다. 삼성물산이나 KCC 측 모두 보도 내용을 부인했다.

여기까지가 끝이다. 거래소는 이 내용을 주식 투자자들에게 알리는 어떤 조치도 취하지 않았다. 거래소는 풍문이나 언론보도를 통해 공시 의무사항이 알려지면 해당 기업에 조회공시를 요구하게 돼 있다.

삼성물산의 주택사업 부문 매각은 널리 알려진 풍문일 뿐만 아니라 언론에 활자화까지 된 내용이었다. 투자자들이 공시를 통해 진위 여부를 확인할 필요가 있었다. "이미 언론에 각 사가 풍문과 보도를 부인하는 내용의 기사가 나와 굳이 조회공시를 요구하지 않았다"는 것이 거래소 해명이다.

투자자들은 거래소 해명을 납득하지 못하고 있다. 보도에서 나온 각 사의 부인 내용은 '공식 입장'이 아니기 때문이다. 기사에서의 비공식 해명이 구속력을 가지는 것도 아니다. 거래소 규정에도 해당 기업의 입장이 언론에 보도될 경우 조회공시를 할 필요가 없다는 내용은 담겨 있지 않다.

이 와중에 각 사 주가는 여전히 요동치고 있다. KCC건설 주가는 28일 전날 (7760원)보다 8.3% 오른 8400원으로 장을 마쳤다. KCC도 전날 (41만8000원) 대비 2.5% 오른 42만8500원으로 마감했다. 그런데도 거래소는 투자자들이 미확인 정보로 주식을 사고 팔면서 손실을 떠안게 될 가능성에 대해 어떤 책임도 지려고 하지 않고 있다.

한국경제신문. 2016. 1. 29.

이 신문기사의 내용은 어처구니가 없다. 언론은 거래소에서 공식적으로 인정하는 공식 채널이 아니다. 언론은 언론일 뿐이다. 언론은 공식화된 시장에서의 communication 수단이 아니며 또한, 언론 보도에 대해서 소송이 제기되지 않는 한, 이에 따르는 법적 책임이 없다. 이는 활자화되었다고 해도 소문이나 풍문 수준이며 조회공시라는 것은 이 풍문이 사실인지 여부를 조회하는 과정이다.

기업 공시 회계 비용 부담 줄어든다.

7월부터 분반기 보고서 항목 축소
지정 감사 선택 때 자유경쟁 유도

하반기부터 기업들이 분반기 보고서에 기재해야 하는 항목이 지금보다 25% 줄어든다. 예비 상장법인들이 의무적으로 지정감사인을 선임하는 과정에서 내야 했던 비싼 감사보수도 인하될 전망이다.

금융위원회는 8일 기업들이 분반기 보고서 작성 부담과 회계비용 부담을 완화하는 내용의 '공시 및 회계제도 개선 방안'을 발표했다. 상장사 등이 1년에 총 네 번 제출하는 정기보고서 가운데 사업보고서를 제외한 분반기 보고서는 작성 분량이 지금의 4분의 3으로 줄어든다. 공시항목 113개 가운데 자본금 변동 가능성이 낮거나, 타법인 출자 현황처럼 투자 판단에 미치는 영향이 적은 항목 34개는 적지 않아도 된다.

투자자가 알아야 하는 핵심내용만을 10쪽 이내에 담은 '핵심투자설명서'도 도입된다. 투자설명서는 기업이 유상증가 등을 위해 청약을 권유할 때 투자자에게 의무적으로 나눠주는 문서다. 지금은 전자 공시시스템에 공시하는 증권신고서와 같은 내용의 300쪽 분량 투자설명서를 인쇄해 일일이 나눠준다. 내용이 너무 방대해 투자자가 이해하기 어려운 상황에게 기업들이 불필요한 비용을 부담하고 있다는 게 금융위의 판단이다.

기업 공개를 하는 기업들이 의무적으로 지정감사를 받는 과정에서 감사비용이 늘어나는 부작용도 개선된다. 금융위는 회사가 복수의 지정 감사인 중 한곳을 선택할 수 있도록 할 방침이다. 지금은 상장을 앞둔 기업은 증권선물위원회로부터 한 곳의 감사인을 지정받아야 한다. 지난해 기준 예비 상장기업이 지정감사에 쓴 비용은 직전 자유수임 때보다 세 배 가량 불어난 것으로 집계됐다. 기업 선택권이 보장되면 자유경쟁을 통해 감사보수가 인하되는 효과가 기대된다.

한국경제신문. 2016. 5. 9.

상장사 공시 부담 30% 줄어

회계 부문에서는 회사의 귀책이 아닌 사유로 지정감사를 불가피하게 받아야 할 경우 비용 부담을 완화시켜주기로 했다. 현재 상장 예정 기업은 외감법 상 증권선물위원회로부터 감사인을 지정받도록 돼 있는데 자유 선임 시에 비해 감사보수가 평균 3배 가량 높다. 앞으로는 증선위가 복수 감사인을 지정해주고 회사가 감사인과 협상을 통해 수임료를 낮출 수 있을 것으로 예상된다.

매일경제신문. 2016. 5. 9.

회사의 귀책이 아닌 사유로 감사인이 지정되는 경우는 IPO시점의 지정을 들 수 있으며 분식회계로 인한 지정은 귀책에 의한 사유로 구분할 수 있다.

chapter 22

증권사 보고서

국내 증권사 매도 보고서 비중 첫 공개

부끄럽습니다. 0.3%
외국계는 16.5%가 '매도' 의견
한화투자증권 4.6%로 가장 높고
한국투자 동부증권 메리츠 순
1년간 100% '매수만 낸 곳도 수두룩

KDB대우증권 교보증권 등 국내 34개 증권사가 지난 1년간 발표한 종목 보고서 중에서 '매도' 비중은 0.3%에 불과한 것으로 집계됐다. 개별 기업의 형편이나 시장 상황과 관계없이 무조건 '매수'하라고 추천했다는 지적이 나온다.

반면 씨티그룹 글로벌마켓증권 맥쿼리증권 등 16개 외국계 증권서의 매도 보고서 비율은 평균 16.5%로 국내 증권사보다 높았다.

금융투자협회가 29일 공시한 '증권사별 보고서 투자등급 비율'에 따르면 흥국증권 부국증권 유화증권은 작년 4월 이후 1년 동안 100% 매수추천 보고서만 내놨다. 중립(보유) 또는 매도의견은 한 건도 제시하지 않았다. 이 같은 결과는 협회가 50개 증권사의 과거 1년 치 투자의견 비율을 처음 공개하면서 드러났다. 증권사들은 앞으로 투자자에게 제공하는 모든 종목 보고서에 직전 1년간의 매수 중립 매도 비율을 적시해야 한다.

공시 내용을 보면 국내 대형사도 흥국증권 등 소형사와 별반 다르지 않다. 대우증권 현대증권 신한금융투자 대신증권 등의 매도 비율은 '제로'였다. 교보증권은 매도는 커녕 중립 의견을 제시한 보고서도 전체의 2.7%에 불과했다.

국내 증권사 가운데 그나마 매도 보고서를 많이 낸 곳은 한화투자증권이었다. 지난 1년간 매도 비율이 4.6%였다. 다음으로 한국투자증권(3.3%) 동부증권(0.9%) 순이었다.

외국계 증권사는 비교적 자유롭게 매도 의견을 제시한 것으로 나타났다. 씨티글로벌은 전체 보고서의 절반에 가까운 40.9%를 매도의견으로 채웠다. CLSA(38.8%), 메릴린치(29.4%), 모건스탠리(18.3%) 등도 다양한 종목에 대해 매도를 권유했다.

국내증권사들이 매도 의견을 내는 데 인색한 건 애널리스트와 상장사간 구조적 문제 때문이라는 분석이다. A사 임원은 "애널리스트가 매도 의견을 제시하면 상장사가 해당 증권사에 출입금지령을 내리고 기업 공개(IPO)나 기업설명회(NDR: Non Deal Roadshow)등 영업 관계를 끊는 관행이 있다"고 설명했다.

상장사를 지속적으로 접촉해 '영업'을 해야 하는 증권사 입장에선 중립이나 매도 의견을 적극 내기에는 부담이 클 수밖에 없다는 얘기다. 협회 관계자는 "투자의견 비중을 투명하게 공개하도록 해 매일 쏟아지는 종목 보고서의 신뢰성을 높일 계획"이라고 말했다.

한국경제신문. 2015. 5. 30.

이러한 통계치는 우리 증권사의 민낯을 드러내고 있다고 할 수 있다. 주가가 오르는 기업과 내리는 기업이 반반이라고 하면 매도 또는 매수 의견을 균등하게 표명되는 것이 너무도 당연한데, 우리 증권사의 현실은 그러하지 못하다.

증권사가 매도/매수/중립 의견을 표명하는 업무가 research part에서 수행된다면 이 부서의 업무는 영업 파트와는 완전히 분리되어야 하는데 이러한 fire wall/chinese wall이 적절하게 작동하지 않고 있음을 의미한다.

회계법인의 fire wall/chinese wall도 동일하다. 회계법인의 고유업무라고 할 수 있는 회계감사 업무는 어떠한 업무로부터도 영향을 받아서는 안 되는데 회계법인이 비감사업무를 수행하면서 독립성이 훼손되지 않도록 chinese wall/firewall을 설치한다고는 하지만 이러한 업무를 수행하지 않는 경우와 비교하여서는 완벽한 차단 장치이기는 어려울 것이다.

회계법인 차원에서는 전체적인 기관의 수준에서 매출이나 이익을 극대화하려고 할 것이기 때문이다. 이러한 차원에서 미국에서는 회계법인은 다른 업무는 하지 말고 감사만 수행하라는 'audit only firm'이라는 제도에 대해서도 아이디어가 제시되고 있지만 산업 자체의 근본을 흔드는 개혁적인 내용이라서 현 단계에서는 아이디어 차원에 그치고 있다.

하나투어에 '뿔난' 증권사 센터장들

목표가 낮춘 애널 탐방 금지에 센터장 6명 긴급회동..대책 논의
"감정적 대응… 신뢰도 떨어뜨려"

증권회사 리서치센터장들이 최근 불거진 '하나투어 사태'에 공동 대응하기 위해 머리를 맞댔다. 하나투어는 지난달 말 자사 목표주가를 낮춘 애널리스트의 기업 탐방 등을 금지하겠다고 나서 증권업계의 공분을 사고 있다.

4일 금융투자업계에 따르면 골드만삭스 하나금융투자 한국투자증권 현대증권 KTB투자증권 NH투자증권 등 6개 증권사 리서치센터장들은 이날 오후 4시 서울 여의도 금융투자협회에서 긴급 회동했다. 한 증권사 리서치센터장은 "하나투어의 감정적인 반응을 놓고 증권사들이 어떻게 대응할지를 논의했다"고 말했다.

발단은 교보증권이 지난달 30일 발간한 '생각처럼 안되는 면세점'이라는 보고서에서 비롯했다. 교보증권은 "하나투어가 올해 초 시내면세점을 개장할 계획이지만 명품브랜드를 유치하는데 시간이 걸리면서 개장 시점이 4월 말로 미뤄졌다"며 "올해 하나투어 면세점의 영업이익 추정치를 110억원에서 영업손실 50억원으로 변경한다"고 밝혔다. 이에 따라 하나투어의 목표주가도 20만원에서 11만원으로 낮췄다. 리포트 발행일 이 회사 주가는 5.08% 떨어졌다.

하나투어 기업설명팀 담당자는 이에 반발, 보고서에 오류가 있다면서 해당 애널리스트에게 회사 탐방을 금지하겠다는 내용을 통보했다. 하나투어 관계자는 "교보증권 애널리스트와 논쟁이 있었던 것은 사실"이라고 말했다.

증권가는 하나투어가 애널리트스의 독립성을 침해했다며 비판의 목소리를 높이고 있다. 보고서 분석을 놓고 논쟁이 있을 수 있지만 기업탐방을 금지한 것은 상장사의 지나친 '월권'이라는 것이다.

지난해 6월에도 시내 면세점 입찰에 참여한 현대백화점 경영진이 자사에 불리한 보고서를 낸 증권사를 상대로 해당 보고서를 홈페이지에서 내리라고 요구해 논란이 일었었다. 금융투자업계 한 관계자는 "하나투어처럼 감정적으로 대응하면 객관적으로 종목과 시장을 분석하기 어렵다"며 "이번엔 리서치센터장들의 태도가 강경하다"고 전했다.

한국경제신문. 2016. 4. 5.

소신 보고서는 삭제당하고, 문전박대... 애널리스트 '수난시대'

"보고서 내기가 겁난다"고 고충을 털어 놓는 증권사 애널리스트가 늘고 있다. 작성한 보고서가 예상치 못한 파장을 불러오거나 이해 관계자와의 갈등으로 번지는 사례가 부쩍 늘고 있어서다. 애널리스트의 독립성이 훼손되고 있다는 우려의 목소리도 나온다.

5일 금융투자업계에 따르면 SK증권은 지난 3일 '무엇이 좋아지는가'라는 제목의 CJ헬로비전 종목 보고서를 회사 홈페이지와 금융정보업체 에프앤가이드 등에서 삭제했다. SK증권 관계자는 "보고서 의도와 다른 해석이 나오면서 논란이 불거진 만큼 확대해석을 경계하는 차원에서 보고서를 삭제했다"고 말했다.

지난 1일 발간된 이 보고서는 CJ헬로비전이 SK브로드밴드와 합병하면 유료 방송 가입자 모집 경쟁이 줄어들 것이라는 내용을 담고 있다. 현행 방송법에서는 사업자의 유료방송 시장 점유율이 33.3%를 넘지 못하록 규정하고 있다. CJ헬로비전 합병법인의 점유율(26.5%)이 규제 상한선에 근접하면서 가입자 유치 경쟁이 줄어들 것으로 예상했다.

이 보고서는 "CJ헬로비전 인수합병이 사업자 간 경쟁 촉진의 기폭제가 될 것"이라는 그룹 관계사 SK 텔레콤의 주장과 배치된다. SK증권은 경쟁 완화로 마케팅 비용이 줄어들면서 CJ헬로비전이 그만큼 투자를 늘리고 서비스 품질도 올라갈 것이라고 봤다. 하지만 SK텔레콤의 주장과 여전히 간극이 커 논란이 수그러들지 않자 보고서를 내려버린 것이다.

유진투자증권에서도 비슷한 일이 벌어졌다. 이 회사 리서치센터는 지난 1월 대우조선해양 목표주가를 1400원까지 내린 보고서를 발간했다. 하지만 투자자와 대우조선해양 최대주주인 산업은행 등의 반발이 커지자 애프앤가이드 등에서 관련 보고서를 삭제했다. 최근에는 하나투어가 자사 목표주가를 내린 보고서를 내놓은 교보증권 애널리스트에게 회사 탐방 금지를 통보하기도 했다.

금융투자협회도 문제의 심각성을 깨닫고 하나투어 등의 사례에 대한 실태조사를 하고 금융감독원에 관련 사실을 보고했다. 금융투자협회 관계자는 "기업 분석 전문가인 애널리스트의 독립성을 업계 안팎에서 옥죄고 있는 만큼 신뢰받는 보고서가 시장에서 실종될까 우려된다"고 말했다.

한국경제신문. 2016. 4. 5.

이번에도 제구실 못한 애널리스트

올 한진해운 보고서 11건 중 '주식매도' 의견은 전무

한진해운이 지난 22일 채권단에 자율협약을 신청할 정도로 회사 경영 상태가 악화됐지만 사전에 이 같은 위험성을 미리 경고한 애널리스트는 거의 없었다. 이번에도 애널리스트가 대형 악재를 투자자들에게 미리 알려주는 소위 'watch dog' 기능을 수행하지 못한 셈이다.

26일 금융정보 분석업체인 에프앤가이드에 따르면 올 들어 한진해운에 대해 총 11개의 애널리스트 보고서가 나왔다. 이 중 매도 의견을 제시한 보고서는 단 한 개도 없었다. 10개 보고서는 중립 또는 보유의견을 내놨고, 키움증권의 1개 보고서는 오히려 매수 의견을 제시했다.

키움증권은 지난 1월 12일 내놓은 보고서에서 "해운업 운임이 지난해 12월 저점을 지났다"고 밝혔다. KTB투자증권도 보유 의견을 내놓긴 했지만 목표주가가 4000원이어서 사실상 매수 의견에 가까웠다. 한진해운 주가는 올 들어 한번도 3600원을 넘어선 적이 없었다.

그나마 KB투자증권과 HMC투자증권 등은 최근 보고서에서 한진해운에 대한 목표주가를 낮췄다. 하지만 컨테이너 해운시황의 불확실성이 지속되고 있다는 등 업종 전반에 대한 언급이 대부분이어서 이들 보고서만 놓고 보면 개별 기업의 재무 리스크를 포착하기가 쉽지 않았다.

HMC투자증권은 "부산항만 지분 매각으로 급한 유동성이 사라졌다"고 분석했고, KB투자증권은 "해운업만큼은 온 힘을 다해 살리도록 노력하겠다"고 조양호회장이 말했다며 "이를 한진해운에 대한 한진그룹의 지원 의지를 표현한 것이라고 해석하면 동기 유동성 확보 문제는 계열사 지원으로 극복할 수도 있다"고 언급했다. 한진해운을 담당하는 애널리스트 중 누구도 투자자에게 지금이라도 주식을 털고 나오라는 용기 있는 투자 의견을 제시하지 않은 셈이다.

매일경제신문. 2016. 4. 27.

chapter 23

회계법인의 법적인 책임

금융당국, 동양 계열사 '부실 감사' 11일 제재

4대 회계법인, 사상 첫 동시 징계 받나

삼일 삼정 안진 한영 등 국내 4대 회계법인이 동양그룹 계열사에 대한 부실감사로 줄줄이 징계를 받을 전망이다. 금융당국으로부터 4대 회계법인이 한꺼번에 제재를 받는 것은 사상 처음이다. 과징금 부과를 포함한 중징계가 예고돼 있어 회계업계에 비상이 걸렸다.

2일 회계업계에 따르면 금융위원회와 금융감독원은 오는 11일 증권선물위원회의 사전 심의기구인 감리위원회를 열고 동양 동양네크웍스 동양시멘트 동양레저 동양인터내셔널 동양파이낸셜대부 등 동양그룹 계열사 6곳의 외부감사인에 대한 제재안건을 심의할 예정이다.

동양 계열사들이 2005-2013년 매출과 자산을 부풀리고 특수관계자와의 거래를 재무제표에 표시하지 않는 등의 분식회계와 회계처리 위반행위를 한 것과 관련해 외부감사인에 부실감사 책임을 묻는 것이다.

EY한영이 동양시멘트 동양인터내셔널 등 3곳의 감사인을 맡아 가장 많은 제재 안건에 걸려 있다. 동양네트웍스와 동양파이낸셜대부의 감사인이었던 삼일회계법인이 2건, 동양레저의 감사인인 삼정, (주)동양의 과거 감사인이었던 딜로이트안진이 1건씩이다.

금융당국은 이들 회계법인이 과징금과 감사업무 제한, 손해배상공동기금 적립 등 중징계를 포함한 제재를 내리는 방안을 검토하고 있는 것으로 전해졌다. 다만 부실회계 대상 기업과 감사인 수가 많다 보니 일부 사안에서는 회계처리 절차의 적법성을 놓고 논란이 있는 것으로 알려졌다. 회계업계 관계자는 "국내에서 가장 큰 회계법인 4곳이 모두 징계를 받는 초유의 일이 벌어지게 됐다"며 "일부 쟁점 사항은 논란이 있어 회계법인 쪽에서 강하게 소명하고 있는 것으로 안다"고 설명했다.

회계법인들은 금융당국의 제재를 받게 될 경우 동양그룹 투자자들이 손해배상소송에 나설 가능성이 있어 전전긍긍하고 있다. 동양그룹 회사채, 기업어음(CP) 투자 피해자들은 동양증권 등을 상대로 집단소송을 냈다.

앞서 증권선물위원회는 지난해 동양 계열사 6곳과 전 현직 등기임원 및 전 대표이사에 대해 검찰 고발, 증권발행 제한 등의 제재조치를 내렸다.

한국경제신문. 2015. 6. 3.

'동양 부실감사' 삼일 삼정 한영 중징계

감사업무 제한 조치

금융당국이 동양그룹 계열사에 대한 부실 감사를 한 혐의로 국내 3대 회계법인에 대한 중징계를 확정했다.

15일 금융선물위원회 증권선물위원회를 열고 동양그룹 계열사 5곳을 부실 감사한 삼일 삼정 한영에 대해 손해배상공동기금 추가 적립 등 해당 회사 감사업무 제한 등의 조치를 했다고 밝혔다. 동양의 감사를 맡았던 안진은 혐의가 인정되지 않아 징계를 면했다. 해당 회계법인 담당 공인회계사들에 대해서는 직무정지 건의, 주권상장 지정회사 감사업무 제한, 해당 회사 감사업무 제한 등의 조치를 했다.

개별 건별로 보면 동양레저를 감사한 삼정회계법인은 특수관계자간 거래에 대한 감사 절차 소홀 등으로 동양레저 감사제한 3년과 손해배상공동기금 추가 적립 50%의 징계를 받았다. 손해배상공동기금 추가 적립 징계를 받으면 감사인이 지적 사항과 관련된 회사로부터 받은 감사보수액의 한도 내에서 징계 받은 비율에 해당하는 금액을 공인회계사회에 적립해야 한다. 동양네트웍스를 감사한 삼일회계법인은 역시 특수관계자 간 거래에 대한 감사 절차 소홀 등으로 감사업무 제한 2년, 손해배상공동기금 추가 적립 30% 징계를 받았다.

동양시멘트, 동양, 동양인터내셔널을 감사한 한영은 가장 많은 징계를 받았다. 동양시멘트와 동양인터내셔널 건에 대해서는 해당 회사 감사업무 제한 2년, 손해배상공동기금 추가 적립 30%를, 동양 건에 대해서는 해당 회사 감사업무 제한 2년, 손해배상공동기금 추가 적립 20%의 징계를 각각 받았다.

금융당국은 동양 계열사들이 2005-2013년 매출과 자산을 부풀리는 등 분식회계를 하는 과정에서 이들 회계법인이 제대로 감사하지 못한 책임이 있다고 판단하고 이 같은 징계를 내렸다. 이번 금융당국의 제재로 동양그룹 회사채 기업어음 등에 투자한 투자자들이 이들 회계법인을 상대로 손해배상 소송에 나설지 주목된다.

매일경제신문. 2015. 7. 16.

"저축은행 분식회계, 회계법인 책임 없다"

서울고법 삼화저축은 후순위채 투자자 손배소 기각
법원 "회계법인이 모든 부실대출 알기 어려워" 1심 뒤집은 이례적 판결
향후 기업 부실 관련
다른 소송에도 영향 '촉각'

저축은행 후순위 채권에 투자했다가 피해를 본 투자자들이 낸 손해배상 청구 소송에서 2심 법원이 회계법인의 책임이 없다고 판결했다. 그동안 기업의 분식회계에 대한 회계법인의 부실감사 책임이 광범위하게 인정돼 온 가운데 나온 이례적인 판결이다.

3일 법조계에 따르면 최근 서울고등법원 민사 14부(부장판사 정종관)는 삼화저축은행 후순위채 투자자 김모씨 등 141명이 감사인인 대주회계법인, 금융감독원 등을 상대로 제기한 50억원대 손해배상청구소송의 항소심에서 원고들의 청구를 1심과 마찬가지로 모두 기각했다.

다만 공동 피고인인 사외이사 윤모씨에 대해서는 회사 감사를 소홀히 한 책임을 물어 피해액의 50%를 1심의 공동피고인 다른 경영진과 함께 배상하라고 판결했다.

같은 재판부는 강모씨 등 다른 삼화저축은행 투자자 19명이 낸 상소심에 대해서도 "회계법인이 피해액의 20%를 배상해야 한다"는 1심 판결을 뒤집고 원고 청구를 모두 기각한 것으로 확인됐다.

또 같은 재판부는 "감사인이 부담하는 주의 의무의 핵심은 '전문가적 의구심'을 가지고 감사의무를 계획 수행해야 한다는 점에 있다"며 "감사 기준 준수 여부는 재무제표에 중대한 왜곡이 있는지 여부가 아니라 적절한 감사 절차를 수행해 그 결과를 적절하게 기재했는지에 따라 결정된다"고 전제했다.

이어 부실대출이 서류상으로는 차명으로 실행돼 특정 대출이 문제가 있다는 것을 알기 어려웠던 점, 감사인이 모든 대출 상환 출처를 밝힐 의무가 있다고 보기 어려운 점, 일부 대출 채권에 대해 추가적인 대손충당금 설정을 요구해 이를 반영한 점 등을 들어 회계법인이 주의 의무를 게을리했다고 볼 수 없다고 판단했다.

이번 항소심에서 회계법인 측을 대리한 조용준 법무법인 세종 변호사는 "회계법인이 기업을 면밀히 조사할 권한이 없는데도 그동안 분식회계에 대해 과도하게 무거운 책임을 묻는 분위기가 있었다"며 "접대를 받는 등 불법행위가 없었고 대손충당금을 설정하는 등 노력했던 점을 인정받은 판결"이라고 설명했다. 다만 일부 투자자가 이 같은 판결에 항소할 경우 회계법인의 감사책임 유무는 대법원에서 최종 판단을 받게 될 전망이다.

이번 판결은 다른 저축은행 투자 피해자가 진행 중인 소송이나 기업의 부실감사 관련 법적 분쟁에도 영향을 줄 것으로 예상된다.

2011년 이후 저축은행 연쇄 영업정지로 후순위채 투자자 수만명이 피해를 입은 것을 계기로 회계법인의 부실감사에 대한 민 형사상 책임을 인정하는 판결이 많았던 게 사실이다. 지난 달 서울중앙지법 민사 32부(부장판사 이인규)는 제일저축은행 후순위채에 투자해 손실을 본 개인 투자자들에게 회계법인이 모두 25억9000여만원을 배상할 것을 판결했다.

지난 2월 부산 1, 2 저축은행 후순위채 피해자 600명이 제기한 손해배상 청구소송에서도 같은 재판부는 회계법인 다인과 성도에 각각 43억9000여만원과 16억7000여만원의 배상책임을 지도록 했다.

대법원은 지난해 3월 부산저축은행에 대한 외부 감사 과정에서 수조원대 분식회계를 눈감아 준 회계사들에게 징역 1년의 실형을 선고한 원심을 확정하는 판결을 내리기도 했다.

한국경제신문. 2015. 6. 4.

위의 신문기사에서 판결문에 "감사 기준 준수 여부는 재무제표에 중대한 왜곡이 있는지 여부가 아니라 적절한 감사 절차를 수행해 그 결과를 적절하게 기재했는지"라고 기술되어 있는데 매우 교과서적인 내용이며 이러한 교과서적인 내용을 사법부가 인용하여 판결을 한 것이다. 재무제표에 중대한 왜곡이 있을 경우, 이러한 결과가 반드시 감사인의 책임인 듯이 언론에서 보도되는데 그렇지 않다는 판결이다. 감사의 한계는 인정해 주어야 하는데 사회적인 분위기는 그렇지 않다.

대우증권 한영회계법인 '중 고섬 분식' 놓고 법정다툼

대우증 10억원 손배소 제기
한영 "상장 재무제표 책임없다"

KDB대우증권과 한영회계법인이 함께 상장 작업을 진행한 중국 섬유업체 고섬공고유한공사의 분식회계 사건과 관련된 법정 다툼이 본격화된다. 고섬이 2011년 한국 증시에 입성한 뒤 분식회계 적발로 2013년 상장폐지된 책임이 상장 주관사인 대우증권과 회계감사인인 한영회계법인 중 어느 쪽에 있는지가 법원에서 판가름 날 전망이다.

22일 투자은행(IB) 업계에 따르면 대우증권이 한영회계법인을 상대로 낸 10억원 규모 손해배상 소송의 첫 재판이 이르면 다음 달 열린다.

대우증권은 지난 4월 "고섬 회계감사를 맡았던 한영회계법인이 이 회사의 분식회계를 적발하지 못했다"며 "이로 인해 상장 주관을 맡은 대우증권이 책임을 떠안고 금융당국으로부터 20억원의 과징금을 부과 받는 등 손실을 입었다"는 이유로 소송을 냈다. 대우증권은 법무법인 영진을 법률대리인으로 선임했고, 한영회계법인은 법무법인 화우를 선임해 재판을 준비하고 있다.

고섬은 중국 푸젠성 등에 공장을 두고 고급 의류와 가정용품, 생활용품에 쓰이는 폴리에스터 섬유를 제조 판매하는 회사다. 2009년 9월 싱가포르에 상장한 뒤 2011년 1월 대우증권을 대표 주관사, 한화투자증권을 공동 주관사, 한영회계법인을 회계감사인으로 정해 한국유가증권시장에 2차로 상장했다.

고섬은 한국 상장 2개월만인 2011년 3월 싱가폴 증시에서 주가 급락으로 거래가 정지된 여파로 국내에서도 거래가 정지됐다. 이후 재무제표에 적시된 1600억여원 규모의 은행 잔액이 확인되지 않는 등 분식회계 의혹이 불거지면서 2013년 국내 증시에서 퇴출됐다. 금융위원회는 주관사로 회사의 부실을 제대로 밝혀 내지 못했다는 이유로 대우증권과 한화투자증권에 각각 20억원의 과징금을 부과했다. 고섬 투자자들도 대우증권과 한화증권, 한국거래소, 한영회계법인을 상대로 손해배상소송을 제기했다. 서울남부지방법원은 지난해 초 대우증권만 31억원을 배상토록 하고 한영회계법인 등에는 책임을 묻지 않았다.

고섬의 분식회계는 2009년부터 진행됐지만, 한영회계법인은 2010년 반기까지 감사를 진행하는 과정에서 이를 발견하지 못했다. 한영회계법인이 금융당국의 제재를 피한 것은 대우증권이 한영회계법인 감사를 받지 않은 2010년 3분기 재무제표를 근거로 금융당국에 증권신고서를 제출한 것이 주요 원인이었다. 대우증권은 회사 실사 등을 진행하면서도 고섬 통장을 제대로 확인하지 않는 등 대표 주관사로서 역할을 제대로 수행하지 않았다는 지적을 받았다.

그러나 지난 2월 서울행정법원은 대우증권과 한화증권이 금융위를 상대로 낸 과징금 취소 소송에서 "고섬이 거짓으로 증권신고서를 기재하는 것에 대해서까지 주관사에 책임을 물릴 수 없다"며 대우증권에 책임이 없다는 취지의 판결을 냈다. 대우증권은 이 판결을 근거로 한영회계법인을 상대로 소송을 냈다.

대우증권 관계자는 "고섬의 분식을 밝혀 내지 못한 것은 한영회계법인이 고섬에 대해 지속적으로 '적정' 감사의견을 냈기 때문"이라고 주장했다. 한영회계법인 관계자는 "이제 재판이 시작되는 만큼 입장을 밝힐 때가 아니다"고 말했다.

한국경제신문. 2015. 9. 23.

주관사는 회계법인이 아니므로 재무제표의 적정성을 밝힐 의무가 없지만 주관사로서의 책임이 있는 것이고 회계법인 정도의 전문성이 없다는 한계가 있다. 다만 금융기관/증권회사이므로 어느 정도의 전문성이 있는 기관으로서 우리는 아무런 책임이 없다고 주장하기도 애매하다.

2심의 결과는 다음과 같다.

법원 "상장사 분식회계로 주관사에 과징금은 잘못"

미래에셋대우 '고섬 재판' 2심서도 승소

미래에셋대우가 국내 상장 주관을 맡은 중국 고섬공고유한공사의 분식회계 사건과 관련해 과징금을 낼 정도의 중대한 관심이 없다는 판결을 받았다. 고섬 공모주 투자자들로부터 피소를 당해 진생 중인 손해배상 소송에서도 유리해졌다는 분석이 나온다.

1일 법원에 따르면 서울고등법원 제8행정부(부장판사 김필곤)는 이날 미래에셋대우가 금융위원회를 상대로 낸 과징금 부과처분 취소소송의 항소심에서 "과징금 20억원 부과를 취소하라"고 판결했다. 미래에셋대우는 지난해 2월 서울행정법원 1심에서도 부과처분 취소 판결을 받았다.

1심 재판부는 미래에셋대우가 중과실이 있는지 여부와 상관 없이 과징금 요건 여부만 판단했다. 기업이 상장과 관련한 증권신고서에 거짓 내용을 기재하는 것을 주관사가 막지 못했다고 하더라도 자본시장법상 과징금 부과 대상은 아니라는 결론이었다.

이번에 2심 재판부는 한 단계 더 나아가 미래에셋대우는 고섬의 분식회계를 확인하기 어려운 상황이었다고 판단했다. 한영회계법인이 고섬의 상장 직전 3년간 재무제표와 상장 당시 반기 재무제표를 감사한 결과 이상이 없다는 검토의견을 냈다는 이유에서다.

섬유업체인 고섬은 2011년 1월 한국유가증권시장에 상장했다가 1000억원대 분식회계 사실이 드러나면서 2013년 10월 상장폐지됐다. 금융위는 주관사로서 고섬의 부실을 제대로 밝혀내지 못했다는 이유로 미래에셋에 2013년10월 과징금 20억원을 부과했다.

고섬 공모주에 투자했다가 손실을 본 투자자들도 2011년 62억원 규모 손해배상소송을 냈다. 서울남부지법은 2014년 1월 미래에셋대우에 대해 31억원을 배상하라는 판결을 내렸다. 미래에셋대우가 배상판결에 항소해 2심이 진행 중이다.

한국경제신문. 2016. 6. 2.

'STX조선 부실감사' 삼정회계 중징계 받나,

최종 제재 여부는 증선위서 결정

삼정회계법인이 2조3000억원의 분식회계가 드러난 STX 조선해양에 대한 부실 감사로 중징계를 받을 가능성이 커졌다.

금융위원회는 4일 증권선물위원회 전문 심의기구인 감리위원회를 열어 STX조선해양 감사를 맡은 삼정회계법인에 중과실이 있다고 결론을 내렸다. 이에 따라 과징금과 손해배상공동기금 추가 적립 등 중징계가 불가피할 전망이다. 최종 제재 여부는 증선위에서 결정한다.

삼정은 STX조선이 2007년부터 2012년까지 환손실을 감추기 위해 매출과 자산을 부풀리는 등 분식회계 및 회계처리 위반 행위를 한 것과 관련해 부실감사를 했다는 지적을 받았다. 2조 3000억원에 달하는 분식회계와 조선업황 악화 등의 여파로 STX 조선해양은 2014년 4월 상장폐지됐다.

금융당국은 지난해 10월 횡령 등의 혐의로 구속기소된 강덕수 전 STX그룹 회장에 대한 서울고등법원 판결이 나오면서 감리를 마무리했다.

회계업계는 부실감사 책임이 드러난 삼정회계법인이 소액주주들로부터 집단소송을 당할 수 있다고 보고 있다. 이미 소액주주 460여명이 2014년 6월 STX 조선을 상대로 100억원 규모의 손해배상 청구 소송을 제기했다.

매일경제신문. 2016.2.5.

대형분식회계 전담 조사 금감원 특별감리팀 신설

금융감독원이 대형 분식회계 의혹 사건을 집중적으로 파헤치는 '분식회계 특별 감리팀'을 신설한다.

지난해 대우조선해양 '회계절벽' 사태를 계기로 국내에서도 대기업 회계부정에 대한 염려가 커진 가운데 분식회계 근절에 역량을 집중하려는 의지로 풀이된다.

금감원은 4일 분식회계를 비롯한 회계 부정 사건을 전담 조사할 특별 감리팀을 회계조사국 산하에 신설할 계획이라고 밝혔다. 기존에도 회계조사국이 분식회계조사 업무를 맡고 있지만 신설되는 특별감리팀은 수천억원대 이상 대형 분식회계 사건을 집중 처리하게 된다. 특별감리팀은 팀장을 포함해 5명 안팎 회계 전문 인력으로 꾸릴 예정이다.

특별감리팀이 신설됨에 따라 현재 회계심사국이 진행 중인 대우조선해양 분식회계

의혹 사건이 특별팀으로 이관될 가능성이 높다.

매일경제신문. 2016. 2. 5.

'깡통회사'를 155억원의 의료기기 업체로 평가. 투자자 울린 회계법인은 무죄?

주가 2400원 → 500월... 상장폐지
검찰 "고의성 없어 처벌 못해"

코스닥시장에서 반복되는 '뻥튀기 출자' 사기 횡령 사건에서 '유령회사'를 '우량회사'로 평가한 회계사가 아무 처벌도 받지 않아 논란이 일고 있다.

21일 검찰에 따르면 서울남부지검 금융조사2부(부장검사 박길래)는 지난 19일 다섯 명을 구속 기소한 다윅스글로벌 사기 사건에서 해외 페이퍼컴퍼니(서류상 회사)를 유망 의료기기업체로 평가한 회계사에게 '혐의 없음' 처분을 내렸다. 디윅스글로벌 건은 이 회사가 2010년 말 코스닥 시장에서 100억원대 유상증자를 하자마자 해외 페이퍼컴퍼니로 155억원을 빼돌려 부당이득을 취한 사건이다.

기업가치 평가를 맡은 다인회계법인은 미국 뉴저지주에 있는 디윅스엔터브라이즈를 133억~188억으로 평가, "출자금 155억원은 적절하다"는 의견서를 금융감독원에 제출했다. 구체적으로 에이즈 진단카드를 팔아 한 해 매출 300만달러 가량을 올리는 의료기기업체라고 설명했다.

남부지검 수사 결과 모두 거짓이었다. 디윅스엔터프라이즈는 매출도 없이 사무실만 있는 '유령회사'였다. 자본시장법에선 거짓 기재 사실을 알고도 주요사항보고서의 중요한 사실을 묵인한 공인회계사에게 5년 이하 징역 또는 2억원 이하 벌금 부과 등 형사처벌을 하도록 규정하고 있다.

하지만 혐의를 입증할 수 없었다는 게 검찰 설명이다. 남부지검 관계자는 "평가 기업에 대한 충분한 주의 없이 기업이 제공한 자료만으로 기업가치를 잘못 매긴 책임은 있지만 디윅스엔터프라이즈의 실상을 몰랐던 부분은 고의성이 없어 처벌할 수 없다"고 말했다.

금융당국도 아무 조치를 취하지 않았다. 금감원은 디윅스글로벌리 상장폐지되기 3개월 전인 2013년 1월 불공정 거래 혐의를 발견해 디윅스글로벌을 검찰에 고발했지만 회계법인에 대한 감리는 하지 않은 것으로 알려졌다. 다인회계법인은 소속 회계사가 부산저축은행 외부감사 과정에서 분식회계를 묵인한 혐의로 기소되는 등 홍역을 앓다가 문을 닫았다.

공시 단계에서도 뻥튀기 출자의 근거가 되는 주요사항보고서는 감독을 받지 않고 있다. 금감원 관계자는 "증권신고서에 비해 주요사항보고서는 꼼꼼히 살필 여력이 부족한 게 현실"이라고 말했다.

한국경제신문. 2016. 4. 22.

부실 감사한 회계법인이 배상금 첫 지급

한솔신텍 투자 피해 연기금 등에 삼일회계법인서 57억 지급

상장사의 회계부정으로 투자 손실을 본 연금과 기관 투자자에 이 회사를 감사한 회계법인이 배상금을 지급한 첫 사례가 나왔다.

5일 투자은행 업계와 법조계에 따르면 삼일회계법인은 최근 한솔신텍의 과거 분식회계로 피해를 본 일부 연기금과 은행 등 기관, 소액주주들에게 총 57억원의 배상금을 지급했다. 연기금에는 국민연금을 비롯 우정사업본부 교직원연금공단 사학연금 공무원연금공당 등이 포함됐으며 기관 중에는 우리 신한 하나 국민은행 등이 배상을 받았다. 국민연금이 약 9억원으로 가장 많았고 일부 소액주주에게는 32억원 가량을 배상한 것으로 파악했다.

배상금 지급은 신텍의 과거 분식회계와 관련된 소송에서 삼일 측이 상고를 포기한 데 따른 것이다. 지난해 10월 항소심 결과가 나온 뒤 삼일은 최종심에서도 승산이 없다고 보고 상고하지 않은 것으로 알려졌다.

코스닥 상장사였던 신텍은 2007년부터 특정 공사에서 본 손실을 다른 공사로 떠넘기는 등 손실을 과소 책정하는 방법으로 3년간 매출과 당기순이익을 부풀렸다. 2008년부터 2011년 반기에 걸쳐 매 회계연도당 158억~394억원에 이르는 매출을 과다 계상했으나 감사를 맡은 삼일회계법인은 이 기간 꾸준히 '적정'의견을 냈다.

한국경제신문. 2016. 5. 6.

chapter 24

허위공시

사업 전망 허위 공시도 투자자 피해 배상하라.

대법 판결... 줄 소송 예고

사업 전망과 계획을 허위로 공시해 투자자가 피해를 봤다면 기업이 손해를 배상해야 한다는 대법원 확정 판결이 나왔다. 그동안 분식회계 등 경영진의 불법행위로 인한 투자자 피해에 대해 기업의 손해배상 책임을 인정한 판례는 많았으나 사업 전망 공시만으로도 책임을 인정한 것은 이번이 처음이다.

또 자본시장법상 제척기간(소송을 걸 수 있는 시효)이 지난 사건에 대해 민사상 책임을 인정해 비슷한 손해를 본 투자자의 소송이 잇따를 것이란 전망이 나온다.

14일 법조계에 따르면 최근 대법원 1부(주심 이인복 대법관)는 개인투자자 이모씨가 코리아본뱅크(현 셀루메드)의 이모 전 대표와 김모 전 이사, 회사법인을 상대로 한 3억원대 손해배상 청구소송의 상고심에서 원고 승소 판결한 원심 판결을 확정, 피고측이 원고에게 1억 4000만원을 배상하라고 판결했다. 재판부는 "(원고측이) 허위 사실을 담은 공시를 보고 정상 주가보다 높은 가격에 신주를 인수하고 비정상적으로 높게 형성된 주가를 정상 주가로 오인해 주식을 매수해서 손해를 본 사실이 인정된다"며 "손해를 배상할 책임이 있다고 판단한 원심은 타당하다"고 판시했다.

한국경제신문. 2015. 6. 15.

"허위공시, 이젠 민법상 손배책임"

앞서 코스닥 상장사 코리아본뱅크 대표이던 이모씨는 2006년 유상증자를 앞두고 '반도체 레이저 분야 신사업 진출을 앞두고 있으며 해외 기술을 국산화한 제품 출시 계획이 있다'는 내용의 공시를 했다. 그러나 유상증자로 얻은 자금을 신사업에 투자하지 않고 계열사에 출자한 뒤 대손상각처리했다. 당초 1000원대 초반이던 주가는 공시 이후 꾸준히 올라 한때 2000원까지 뛰었으나 유상증자 이후 급락해 200원대까지 떨어졌다. 1050원에 30만여주를 유상증자 받는 것을 포함해 80만여주를 매수한 투자자 이씨는 주가 급락으로 주당 400원 안팎에 주식을 전량 매도해 수억원대 손실을 봤다.

1심은 "코스닥 시장이 전반적으로 하락세였고 허위 공시만으로 손해가 발생했다고 보기 어렵다"며 회사 측 손을 들어줬다. 그러나 2심은 경영 정황상 이를 주가조작 행위로 보고 판단을 뒤집었다. 항소심 재판부는 "신사업에 진출하거나 제품을 국산화하기가 사실상 어려운 상황에서 허위 공시 행위로 주가가 비정상적으로 형성됐다"며 "원고는 이를 모른 채 매수했으므로 피고는 민법상 손해배상 책임이 있다"고 판단했다.

사업 전망에 대한 허위 공시만을 이유로 손해배상 책임을 인정한 이번 판결은 향후 비슷한 소송에 영향을 줄 전망이다. 그동안 H&T, 글로웍스 등 경영진의 허위 공시로 피해를 본 투자자들이 비슷한 소송을 제기해 1, 2심에서 승소한 경우는 있으나 확정 판결은 나지 않았다.

법조계는 또 이번 판결이 경영진의 허위 공시에 대해 자본시장법상 책임이 아니라 민법상 책임을 인정했다는 점에 주목하고 있다. 주가조작 등 자본시장법상 범법행위에 대한 제척 기한은 인지 시점부터 1년, 행위를 한 때부터 3년인데 반해 민법상 제척 기한은 안 때로부터 3년, 행위 때로부터 10년으로 훨씬 길다.

한국경제신문. 2015. 6. 15.

"코스닥 시장이 전반적으로 하락세였고 허위 공시만으로 손해가 발생했다고 보기 어렵다"는 내용은 흔하게 회귀분석 등에서 코스닥 시장의 전반적인 하락세를 통제하고 허위 공시만으로 인한 주가하락을 구해야 하는 것을 의미한다.

자본시장법에는 면책조항(safe habor rule)이라는 것이 존재하여 예측정보가 가정을 전제하고 있으며 그렇기 때문에 예측 정보는 실제와 상이할 수 있다는 점을 명시할 경우에는 예측 정보가 실제 정보와 상이하다고 해도 면책될 수 있다고 하는 법 규정이 이러한 판결에는 왜 적용되지 않는지? 이러한 문구를 사용하지 않은 것인가에 대한 의문이 있다. 아래에 그 공시의 내용을 보인다.

문제가 되었던 해당 건의 상세한 공시의 내용은 아래와 같다. 면책조항에 의해서 보호받을 수 있는 내용들은 찾아보기 어렵다.

1. 공정공시 대상정보: 레이저 광발진기 국산화 제품 출시 계획
2. 공정공시 정보의 내용
1) 제품 출시일 : 2006년 05월 24일
2) 제품의 설명 : 레이저에는 고체, 기체, 액체, 반도체 레이저가 있으나, 당사가 국산화한 레이저는 고체레이저로서 니오디뮴 야그(Nd:YAG - Yittrium Aluminum Garnet) 레이저 입니다.
3) 제품의 특징
DPSS(Diode Pumping Solid State) 레이저의 경우에는 반도체 레이저의 수명이 최소 10,000시간 이상 되기 때문에 하루 24 시간 연속 작업을 하여도 1년 이상 시스템을 동작시킬 수 있어 CO2레이저와 LPSS(Lamp Pumping Solid State)레이저 보다 펌핑 광원의 교체에 따른 작업의 중단, 교체 비용의 절감 등의 효과를 얻을 수 있어 점차 응용분야가 늘어나고 있는 제품임
4) 기대효과(국산화의 의미)
- 레이저 광발진기를 전량 수입에 의존해 오던 것을 국산화로 대체
- 향후 반도체와 LCD등의 정밀 가공설비 산업 및 기술을 한단계 도약 기대.
5) 응용분야
- 반도체: 반도체레이저마킹, 웨이퍼Sawing, 반도체웨이퍼Repair, 반도체어닐링
- LCD : Glass Cutting, Glass Hole가공기, LCD어닐링, LCD Cutting
- 정보통신: 레이저마킹(키패드 및 케이스가공), 레이저절단기
- 자동차: 레이저용접, 레이저절단기, 레이저마킹
- 철강/조선: 레이저철강Cutting, 레이저마킹
- 의료기기: 전립선제거, 외과수술용, 치과
3. 대상정보의 제공
1) 정보제공자 : (주)온니테크 공시책임자.
2) 정보제공대상자 : 일반투자자, 기관투자자, 언론사 등
4. 기타주의 사항
- 본 공시에 대하여 문의사항이 있으신 분은 아래의 연락처로 문의하시기 바랍니다.
경영관리실 : 부장 이재우 (02-2058-2900)
전자공시시스템

chapter 25

대우건설

'4000억 분식회계' 대우건설 중징계 통보

금감원, 공개 회계감리 18개월만에 제재 결정
내달 7일 감리위서 심의... 업계 "회계 관행인데"

금융감독원이 4000억원 규모의 대우건설 분식회계 혐의에 대해 회사와 외부감사인에 중징계 방침을 사전 통보한 것으로 확인됐다. 공개 회계감리를 시작한지 1년 6개월 만이다.

금감원이 대우건설의 회계처리를 문제 삼은 것은 건설업계 전체의 회계 관행을 지적한 것인 데다 회계 전문가들 사이에서도 이견이 있어 논란이 일 전망이다.

18일 금융당국과 관련 업계에 따르면 금융위원회와 금감원은 다음달 7일 증권선물위원회와 사전 심의기구인 감리위원회를 열고 대우건설의 회계처리 위반에 관한 제재 안건을 심의할 예정이다. 이와 관련해 금융당국은 대우건설과 대우건설의 감사인인 삼일회계법인에 대해 중징계 방침을 전달한 것으로 전해졌다. 중징계가 확정되면 대표이사 해임권고 및 검찰고발, 최대 20억원 과징금, 3년간 감사인 지정 등의 조치가 내려질 수 있다.

금감원은 2013년 12월 대우건설이 국내외 40여개 사업장에서 총 1조5000억원에 달하는 손실을 은폐했다는 내부자 제보를 받고 회계감리에 착수했다. 부실사업장의 예상 손실을 재무제표에 반영하지 않았다는 내용이다. 회계감리 결과 금감원은 대우건설이 고의적으로 대손충당금을 과소 계상해 이익을 부풀린 것으로 판단하고 있다. 다만 과소 계상 규모는 당초 알려진 것보다 적은 4000억원 안팎으로 보고 있는 것으로 전해졌다.

그러나 건설업계와 회계업계에서 대우건설을 중징계할 경우 잘못된 선례를 남길 수 있다는 점을 우려하고 있다. 건설사의 사업장별 예정원가에 대한 회계기준이 명확하지 않는 데다 대우건설의 경우 내부적으로 위험관리를 위해 별도로 만든 보도 자료에 대해 금융당국이 문제를 삼고 있어서다. 특히 400여개 사업장 중 일부 사업장만 과소 계상으로 판단한 것도 건설업계에 혼란을 주고 있다.

대우건설의 회계감리 배경에 대해서도 잡음이 나오고 있다. 금감원이 회계감리를 시작할 당시 이례적으로 보도자료까지 내면서 감리 착수를 공개한 것은 대우건설의 최대주주인 '산업은행 길들이기'를 위한 것이란 의혹이 나온다. 대우건설 최대주주는 산업은행이 100% 지분을 가진 'KDB밸류 제6호 사모펀드'로 대우건설 지분 50.7%를 보유하고 있다.

경제계 관계자는 "대우건설이 분식회계 혐의로 금융당국의 조사를 받고 있다는 사실이 공개된 순간부터 주가 하락 및 평판 추락과 더불어 해외 수주에도 악영향을 미칠 수밖에 없었다"며 "통상 6개월 가량 걸리는 감리기간보다 많이 지연된 것도 금감원 내부에서조차 결론을 내리기 쉽지 않았기 때문이라는 얘기들이 흘러나오고 있다"고 말했다.

한국경제신문. 2015. 6. 19.

금융당국 제재권 과도.

법규정 무리한 적용 잇따라 밉보일까 소송도 못해.

금융당국의 과도한 제재 권한도 한국 금융산업의 창의성과 역동성을 해치는 주요 원인 중 하나라는 비판을 받는다. 법령만으로 제재 범위, 수준을 제대로 예측하기 어렵다 보니 자연스럽게 '보신주의'가 퍼진다는 지적이다.

다음달 7일 금융감독원 감리위원회에 올라가는 대우건설 회계처리 위반(분식회계) 혐의가 대표적인 사례이다. 이 사안은 2013년 12월 16일 금감원이 '대우건설에 대한 감리 착수'라는 제목의 보도자료를 배포하면서 외부에 공개됐다.

하지만 권수영 고려대 경영학과 교수는 "무죄 추정의 원칙에 비춰볼 때 감리 착수 여부를 공개하는 것은 법치국가에서 상상하기 어려운 일"이라며 "통상적으로 6개월 이내에 끝내야 할 감리가 1년6개월 이상 늦어진 것도 이해하기 어렵다"고 지적했다.

금감원은 지난달 제재심의위원회에서 자베즈파트너스와 G&A 등 국내사모펀드 운용사들에게 '중징계(문책경고)조치'를 내렸다 '원금 또는 일정한 이익 보장 약속 등으로 부당하게 투자를 권유하는 행위를 금지하는 법 조항'을 위반했다는 이유다. 하지만 대형 로펌 판사 출신인 변호사는 "금융상품을 제대로 이해하지 못하는 개인 투자자를 위한 취지의 법 규정을 사모펀드에 무리하게 적용했다"고 꼬집었다. 중징계 조치를 사전 통보받은 대우건설과 대우건설 감사인(삼일회계법인)도 "리스크 관리를 위해 최악의 상황을 가정한 예상 손실을 추정했다는 이유로 '대표이사 해임권고'를 내리는 것은 납득하기 어렵다"고 말했다.

금융회사들은 특히 부당한 제재를 받아도 적극적으로 항변하기 어렵다고 하소연했다. 시중은행의 한 관계자는 "금감원에 밉보일까봐 징계 수위를 낮추는 데만 급급한 게 사실"이라고 전했다. KB금융지주 회장 시절 '직무정지 3개월'의 중징계 조치로 현직에서 물러난 황영기 금융투자협회장은 대법원까지 가는 3년여간의 소송을 통해 징계 조치를 취소받기도 했다.

한국경제신문. 2015. 6. 20.

분식회계 혐의 대우건설 과징금에 건설업계 비상

"돌발변수 많은 건설업 특수성 감안 안해" 불만
"금융당국 같은 잣대 적응 땐 안 걸릴 건설사 거의 없어"

증권선물위원회 자문기구인 감리위원회가 11일 분식회계 혐의로 대우건설에 과징금 20억원의 징계 결정을 내리자 건설업계에 '비상'이 결렸다.

건설사들은 "미래 손실을 예측하기 어려운 건설업의 특수성을 감안하지 않은 조치"라고 반발하면서도 "업계 전반으로 불똥이 튀는 것 아니냐"며 우려하고 있다.

대우건설은 이번 결정에 대해 "회사의 회계 처리에서 고의성이 없다는 게 인정된 것은 다행"이라고 밝혔다. 하지만 "손실이 예상되면 미리 대손충당금을 쌓아야 한다"는 금융당국의 주장에 동의할 수 없다는 입장이다.

수주부터 준공까지 오랜 시간이 걸리는데다 그 사이 경기 변화나 현장 설계변경, 원가 상승 등 사전에 예측하기 어려운 돌발 변수가 자주 발생하기 때문이다.

아파트 건설만 해도 분양과 입주 시점에 시세가 다르며 경기 위축으로 미분양이 발생하면 사업 초기에 예상 못 했던 손실이 발생하기 때문이다.

조선일보. 2015. 8. 13.

'5000억 분식' 대우건설 과징금 20억

증선위, 감사 맡은 삼일회계법인도 10억... 26일 확정

2013년 12월 금융감독원은 대우건설이 국내외 40여개 사업장에서 총 1조5000억원에 달하는 손실을 은폐했다는 내부자 제보를 받고 회계감리에 착수했다. 부실사업장 예상 손실을 재무제표에 제때 반영하지 않았다는 내용이다. 이후 회계감리 결과 금감원은 대우건설이 고의적으로 대손충당금을 과소계상해 이익을 부풀린 것으로 판

단했다. 과소계상 규모는 당초 알려진 것보다는 적은 5000억원 안팎으로 보고 있다. 이 중 2500억은 분식회계가 입증됐고 나머지 2500억원에 대한 혐의는 증선위에서 가려질 예정이다.

업계에서는 이번 대우건설 중징계를 놓고 의견이 분분하다. 공사진행률에 따라 예상손실액을 계산하는 건설업계 특성상 대손충당금을 정확히 반영하기 어렵다는 말이 있다. 하지만 이번 징계로 건설사들의 회계처리 방식이 근본적으로 변해야 한다는 지적도 있다. 최근 불거져 나온 대우조선해양의 '손실 은폐'에도 상당한 영향을 미칠 것이라는 전망이 나온다. 이와 관련 금융위원회는 조선 건설 등 대형 수주업종의 회계감시를 위한 태스크포스를 꾸리기로 했다.

매일경제신문. 2015. 8. 12.

팩스 구두로 지시하던 관행 근절 금융위 "규제 실명제 도입하겠다"

업권별 유효한 행정지도
홈페이지에 지난달 게시

금융위원회는 지난달 홈페이지에 금융업권별로 유효한 행정지도가 무엇인지를 올렸다. 비공식적인 그림자 규제를 없앤다는 원칙에 따라 홈페이지에 게시한 것 이외의 지시나 지침은 무효라는 것을 알리기 위해서다. 이후 금융당국 실무진은 진의를 묻는 금융회사의 전화를 받느라 분주한 가운데 거의 모든 금융회사는 '명확하게 무효인 행정지도가 무엇인지를 구체적으로 열거해달라'고 요구했다.

금융위는 이에 따라 12일 경제관계장관 논의를 거쳐 금리, 수수료, 배당 등 은행의 가격 결정에 개입하지 않겠다고 발표했다.

금융위 금융정책국 주도로 규제 실명제 도입을 주요 내용으로 하는 규제운영 규정집까지 발간하기로 했다. 사회공헌이나 서민용 저리 대출 등 정책상품 판매에 대해 실적 점검으로 압박하던 관행도 금지하기로 했다.

금융위 관계자는 "수십년간 관행으로 굳어져온 금융규제들을 한꺼번에 없애기는 힘들지만 음지가 아닌 양지에서 행정지도하고 제대로 절차를 밟아야 하겠다는 것"이라고 말했다. 이를 위해 금융위는 규제운용에 관한 규정을 만들어 규제 실명제를 도입할 방침이다. 관계자는 "구두 통지나 팩스 전송 등의 방식으로 지시가 이뤄져 나중에 누가 만들었는지 알 수 없는 그림자 규제가 그동안 너무 많았다"며 "앞으로는 행정지도를 하더라도 책임을 지고하겠다는 것"이라고 설명했다.

한국경제신문. 2015. 8. 13.

공무원들은 무엇이든지 책임지는 일을 남기는 것을 부담스러워 한다. 예를 들어 감독기관이나 회계기준원 등에서 질의 회신한 내용에 대해서 어느 정도까지 이들 기관이 책임이 있는 것인지의 이슈이기도 하다. 미국의 회계학 교과서에서는 흔히들 accounting principle의 hierarchy라고 지칭하는 내용이다. 어느 단계까지는 회계 원칙 정도의 법적인 구속력이 있는지의 이슈이다.

단, 이와 같이 규제당국의 규제가 정형화되고 문서화되는 것은 좋지만 오히려 지나치게 bureaucracy에 빠질 위험도 존재한다. 공무원에게 편하게 무엇을 묻게 될 때, 기관의 공식적인 입장이 아니고 개인의 의견을 간략하게 전달할 수도 있다. 이러한 개인적인 판단도 기관의 공식적인 정형화된 의견이라고 하면 이러한 의견을 피력하는 것 자체는 상당한 부담으로 작용할 수 있다.

조선 건설 '고무줄 회계' 손본다.

"CEO 입맛대로 손실 반영 안돼"
금융당국, 회계제도 개선
고위험 프로젝트는 미청구 공사 상세히 공시
진행률 예정원가 공개 검토

금융당국이 조선 건설 등 수주산업에 대한 회계제도 개선에 나섰다. 대우조선해양 삼성중공업 등 상장사들이 쌓여있던 사업 부실과 적자 요인을 한꺼번에 털어내 시장과 투자자들에게 충격을 주는 이른바 빅배스 사례가 늘면서다.

16일 금융당국에 따르면 금융위원회와 금융감독원, 조선 건설 회계업계 등 관계자들이 참석하는 '수주산업 회계 투명성 제고를 위한 TF'회의가 지난 13일 처음 열렸다. 금융당국은 TF를 중심으로 1-2개월 동안 수주산업과 관련한 공시 규정과 감사기준 개선안 등을 마련해 발표할 예정이다.

금융당국이 이 같은 방안을 추진하고 있는 것은 조선 건설업체들이 급작스럽게 대규모 손실을 재무제표에 반영하는 이른바 '실적절벽'으로 주가가 급락하고 분식회계에 대한 의구심이 확산되는 등 시장 혼란이 커지고 있다는 판단 때문이다.

금융위 관계자는 "수주산업은 일반 제조업과는 달리 수익 인식에 추정이 들어가는 부분이 많아 '고무줄 회계' 가능성이 높고 경영진이 바뀔 때마다 '빅배스' 우려도 높다"며 "경영진이 손실을 제때 반영하지 않고 마음대로 회계장부를 주물러 시장에 충격을 주는 일이 없도록 재발방지 대책을 마련할 것"이라고 설명했다.

금융당국은 수주산업 회계 투명성을 높이기 위해 위험이 큰 프로젝트에 대해선 미청구 공사 등의 정보를 상세히 공시하는 방안을 검토하고 있다. 예를 들어 매출 대비 10% 이상 대규모 수주나 10년 이상 장기 프로젝트, 충분히 검증되지 않은 해양 플랜트 등이 해당된다. 이들 프로젝트에 대해선 미청구 공사의 항목을 세분화하고 수주 내용을 보다 구체적으로 명기하도록 하는 방안이다. 또 투자자들이 대규모 손실 발생 가능성에 대비할 수 있도록 장기 프로젝트 진행률과 예정 원가도 공개하는 방안이 논의되고 있다.

금융당국은 경영진이 추정한 회계수치에 대해 근거자료를 보관하도록 하는 한편 기업 내 감사위원회가 경영진 추정치를 의무적으로 보고받도록 하는 등의 내부통제 강화 방안도 들여다보고 있다.

다만 조선 건설업계의 경우 진행률이나 예정 원가 등 구체적인 프로젝트 내용은 기업의 영업기밀인데 기업에 과도한 공시 부담을 준다는 점에서 부작용도 예상된다. 기업의 회계 자율성을 존중하는 국제회계기준 원칙에 위배된다는 지적도 나올 수 있다.

한국경제신문. 2015. 8. 17.

위의 신문기사에서 기업 내 감사위원회가 경영진 추정치를 의무적으로 보고받도록 하는 등의 내부통제 강화 방안에 대해서 기술하고 있다. 물론 바람직하고 이상적이지만, 얼마만큼 실현 가능한 것인지에 대해서는 의문이 있다.

깜깜이 기업분석 고무줄 회계에 "대기업 실적 전망도 못 믿겠다"

현행 회계기준 상 수주산업은 공사가 진행되는 내내 수익을 분기별로 나눠 인식하는 반면 실제 감리 기준을 통과하지 못한 '미청구 공사'에 대해선 채무로 인식하지 않는다. 실제 공사 대금을 청구하지 못했지만 빚으로 간주하지 않는 것이다. 이는 관련 법령이 장기 수주사업을 하는 건설 조선사에 일종의 편의를 봐 주는 것이지만 미청구 공사가 채무가 아닌 까닭에 상장사들은 대손충당금을 쌓지 않는 경우가 많다. 그러나 미청구가 확정되는 순간 한꺼번에 비용(손실)으로 처리하면서 대규모 적자가 속출하고 있다.

상장사가 장기 공사를 하면서 늘어난 원가를 언제 장부에 반영하느냐도 관건이다. 공사기간이 예상보다 길어지면 매출액 대비 원가율을 조정해야 하는데 상장사가 손실을 늦게 잡을수록 어닝쇼크가 커질 수밖에 없다. 조윤남 대신증권 리서치센터장은 "대우조선해양이 '빅배스'를 언제 실시할지, 건설사가 미분양을 언제부터로 인식할지는 전적으로 회사 측의 판단에 달려 있다"며 "손실 인식 시점을 예측하는 것은 사실상 점쟁이의 영역인 만큼 투자자들로서는 속수무책"이라고 말했다.

한국경제신문. 2015. 7. 31.

진실 논란 대우건설 5000억원 분식회계. '건설업 관행' '회계처리 오류' 공방전

"대박, 쪽박을 좀처럼 가늠할 수 없는 아파트 분양 특성을 무시하고 미래에 발생할 손실을 미리 인식하는 건 현실적으로 불가능해요. 내부 고발자가 있던 대우건설만 징계하고, 다른 건설사는 그대로 둔다는 것은 이해가 안 갑니다. 마치 주인이 없는 대우건설만 희생양이 된 것 같네요." (건설업계 관계자)

금융당국이 최근 수천억원 분식회계를 한 대우건설에 20억원 과징금을 부과하는 중징계 처분을 내리면서 논란이 뜨겁다. 회계처리 위반에 대한 징계는 분명 필요하지만, 건설업계 특수성을 감안하지 않은 채 내린 결정이란 비판의 목소리도 높다.

증권선물위원회 자문기구인 감리위원회는 지난 8월 11일 대우건설에 20억원의 과징금 부과를 결정했다. 금융당국이 부과할 수 있는 최대 과징금이라는 점에서 상당히 강력한 처분을 내렸다는 평가다.

이번 대우건설 분식회계 사태는 2013년 말로 거슬러 올라간다. 당시 금융감독원은 대우건설이 국내외 40여개 사업장에서 1조 5000억원 가량 손실을 은폐했다는 내부 직원 제보를 받고 본격적인 회계감리에 착수했다. 제보의 핵심은 대우건설이 부실 사업장의 예상 손실을 재무제표에 제대로 반영하지 않았다는 점이다.

문제가 불거진 건 건설사의 매출 산정 방식 때문이다. 수주가 매출의 기반인 건설사들은 제조업체와 달리 만든 상품을 팔 때 매출을 인식하지 않고 공사 진행률을 계산해 매출을 반영한다. 아파트 공사를 하는데 보통 2-3년 넘는 기간이 소요되기 때문이다. 건설사들은 매출뿐 아니라 예상 손실액도 공사 공정률에 맞춰 반영한다. 이때 손실이 예상된 금액이 이른바 '공사손실충당금'이다. 건설사들이 주기적으로 역마진이 날 금액을 평가해 그때 그때 손실로 처리하는 계정으로 쌓아 재무제표 상에서도 손실로 잡는다.

금감원이 문제 삼은 게 바로 공사손실충당금이다. 대우 건설이 쌓아야 할 공사손실충당금을 제대로 쌓지 않았다는 얘기다. 금감원은 대우건설이 국내 11개 사업장에서 5000억원 규모의 공사손실충당금을 제대로 반영하지 않았다고 결론 내렸다.

그런데 이번 대우건설 분식회계를 둘러싸고 논란이 끊이질 않는다.

일단 건설 사업장의 미래 예상 손실을 충당금으로 미리 쌓지 않는 걸 과연 분식회계로 볼 수 있느냐다. 금감원은 대우건설이 고의적으로 부실 사업장의 예상 손실을

2012년 재무제표에 반영하지 않고 대손충당금을 과소 계상해 이익을 부풀렸다고 주장했다. 손실이 예상되면 당연히 충당금을 쌓고 미리 손실 처리를 해야 한다는 게 금감원 논리다.

하지만 대우건설 측은 분양률을 사전에 정확히 예측해 손실충당금을 쌓는 건 불가능하다"며 억울하다는 입장이다.

"건설업 특성상 부동산 경기, 현장 설계 변경 같은 변수가 많아 공사가 어느 정도 진척되거나 물건을 분양하기 전에는 손실이 얼마나 발생할지 추정하기 어렵다. 그럼에도 우리는 건설업 중에서도 가장 보수적인 기준에서 미래에 발생 가능한 손실을 추정해 충당금을 설정해왔다. 대우건설의 충당금 설정 기준에 문제가 있다면 우리만의 문제가 아니라 건설업계 전체의 문제일 것이다" 대우건설 관계자의 주장이다.

실제 분식 혐의를 받은 2012년 당시 대우건설의 대손충당금 규모는 1조 1203억원으로 시공능력 상위 6개 건설사 중 가장 많았다. 대림산업(7288억원), 삼성물산(6128억원), 현대건설(4727억원) 등은 1조원에 한참 못 미쳤다. 비슷한 맥락에서 금감원이 주목한 현장 대부분이 분양가도 결정되지 않은 초기 현장이라는 점도 대우건설 측이 불만을 내비치는 이유다.

이번 징계를 두고 건설업계에서도 논란이 뜨겁다. 자칫 건설사들마다 재무제표를 모두 정정하고 대규모 충당금을 추가로 쌓아야 하는 상황이 벌어질 수 있기 때문이다. 한 대형 건설사 관계자는 "국내 건설사들마다 회계 방식을 두고 대혼란이 올 것"이라고 잘라 말했다.

권홍 대신증권 애널리스트는 "금융당국이 건설사 충당금 설정에 대한 강력한 가이드라인을 제시할 경우 주택 사업 비중이 높은 건설사들이 특히 타격을 받을 수 있다"고 우려했다.

금융당국이 무려 1년 6개월간 감리를 끌면서 분식회계 규모가 점차 줄어든 것 두고서도 말이 많다. 그만큼 분식회계에 대한 명확한 기준이 없다는 방증이라는 게 건설업계 관계자들의 얘기다.

2013년말 금감원에 내부 제보가 들어 왔을 당시 대우건설 분식 혐의 규모는 47개 사업장, 1조 5000억원이었다. 하지만 1년 6개월이 지난 올 6월에는 11개 사업장, 5000억원 규모로 줄었다.

건설업계 "관행 무시한 징계" 반발 대우건설 "다른 업체도 마찬가지" 부실 회계로 투자자 피해 우려 커 쟁점은 여기서 그치지 않는다.

아무리 내부 직원 제보가 있었다지만 유독 대우건설에만 엄격한 잣대를 들이댄 걸 두고도 논란이다. 대우건설이 금감원으로부터 지적받은 회계 방법은 이미 건설사 대부분이 쓰는 방법이기 때문이다. 금감원 측은 "프로젝트파이낸싱 사업장에서 시행사 역할을 하는 특수목적법인에 지분을 참여할 경우 시공사도 사업 위험에 대한 책임을 많이 지고 충당금을 더 쌓아야 한다"고 주장했다. 그런데 금감원이 지적한 PF 사업장의 특수목적법인에는 대우건설 외에 10여곳의 시공사가 참여했지만 추가 충당금을 쌓은 건설사는 단 한 곳도 없었다.

익명을 요구한 건설사 관계자는 "이번 징계를 보면 유독 대우건설만 잘못한 것처럼 보이는데 다른 건설사도 관행처럼 비슷하게 해왔다. 징계를 할 거면 대우건설뿐 아니라 웬만한 국내 건설사 모두가 대상이 돼야 한다"고 꼬집었다.

금융권에선 "금감원이 대우건설 최대 주주인 산업은행에 대한 불만을 우회적으로 표출한 것"이란 관측을 제기하기도 했다.

금감원은 2013년 12월 16일 대우건설 회계감리를 시작할 당시 '대우건설에 대한 감리 착수'라는 제목의 보도자료를 내면서까지 관련 내용을 대대적으로 공개했다. "공사 관련 회계를 적정하게 했는지를 감리할 예정"이라는 내용이었다. 보통 기업 회계감리는 외부에 공개하지 않는데 당시 금감원이 감리 내용을 외부에 공개한 것 그만큼 "산업은행이 부실기업 관리를 제대로 하지 못했다"는 일종의 불만 표출이 아니냐는 관측이다.

"금융당국 입장에선 산업은행이 부실기업 구조조정을 잡음 없이 깔끔하게 진행하길 원했다. 하지만 산업은행의 기업 구조 조정 잣대를 두고 논란이 많았고 대우조선해양 부실 은폐 의혹이 불거지면서 금융당국으로까지 불똥이 튀었다. 그러면서 금융당국과 산업은행 사이가 틀어졌고 산업은행이 대주주인 대우건설에 대해 더 강력한 징계를 내린 것 같다." 한 금융권 관계자의 관전평이다.

한편 이번 대우건설 분식회계 사태로 대형 회계법인들도 사면초가에 빠졌다. 증권선물위원회 자문기구인 감리위원회는 이번 대우 건설 과징금 20억원 부과와 함께 대우건설 외부감사를 맡았던 삼일회계법인에게도 10억원 과징금을 매겼다. 대우건설이 충당금을 쌓지 않고 회계처리 기준을 위반한 만큼 회계감사를 맡아온 삼일회계법인도 엄연한 책임이 있다는 논리다.

한 재계 관계자는 "회계 법인 입장에선 기업이 고객이다 보니 관례적으로 기업들에 대한 "봐주기 감사"를 하는 경우가 많았다. 감사의견에서 부적정 판단을 내리는 경우는 거의 없는 만큼 부실 감사를 한 회계법인에도 책임을 물어야 한다"고 주장했다.

이참에 달라진 건설업 회계 시스템을 마련해야 한다는 목소리도 나온다. 아무리 건설업 특수성을 감안하더라도 분식회계 논란이 자칫 대규모 손실로 이어질 수 있기 때문이다. 부실한 회계 시스템을 방치한 탓에 손실이 커졌다면 피해는 고스란히 투자자 몫으로 돌아간다.

대우건설 관계자는 "불행하게도 현재의 IFRS에는 건설업 회계의 원칙적인 기준만 제시할 뿐 건설사들이 당면한 실질적인 문제와 관련해 충분한 해석이나 지침이 없다"고 토로했다. 양재모 한양사이버대 부동산학과 교수는 "이참에 건설 현장에 대한 합리적이고 표준화된 회계 기준을 마련해야 한다"고 조언했다.

아예 금융당국이 건설업 전체에 대해 특별감리에 나서야 한다는 주장도 나온다. 강정민 경제개혁연대 연구원은 “금감원이 건설업 전반에 대한 특별기획감리를 통해 엄격한 제재를 하고 집단소송 등 피해자 구제를 위해 신속하게 감리 결과를 내놔야 한다”고 강조했다.

“이번 분식회계 건은 금융당국, 회계법인, 대우건설 모두 잘못이 있다. 금융당국은 보다 확실한 감리기준을 마련하고 회계법인도 더 이상 봐 주기식 감사를 하지 않아야 한다. 대우건설도 징계의 잘잘못을 따지기 앞서 회계시스템을 합리적으로 개선해 투자자에게 신뢰를 주는 게 중요하다.” 한 금융권 인사의 쓴 소리다.

매경이코노미. 2015. 9. 2.-9. 8.

2000년대 초에 부의 영업권(지금의 염가구매권)과 관련된 회계 처리가 이슈가 되자 금감원은 당시 부의 영업권을 계상하고 상각하였던 모든 기업에 대한 소위 기획감리(또는 테마감리)를 수행하였다. 이 항목에 대해서만 분식이 없었는지에 대한 전방위적인 조사를 수행한 것이다.[22)]

부의 영업권의 잘못된 회계에 대해서 조치를 취할 것이면 분식을 수행한 모든 기업에 대해서 조치를 해야지 일부의 기업만이 조치를 받는다면 이는 형평성에 있어서 문제가 되는 것이다. 이 당시 많은 기업이 동시에 감독원으로부터 조치를 받게 되었다.

대우건설 분식 논란

금융당국 강경 태도에 건설업계 “사업 특성 무시한 처사”

“대우건설이 분식이라면 솔직히 안 걸리는 건설사가 있겠어요.”

요즘 건설 업계가 부글부글 끓고 있다. 다름 아닌 대우건설 분식 회계사건 때문이다. 대우건설은 1조 4000억원대 분식 회계 혐의로 2013년 말부터 1년 6개월 이상 금융당국에서 회계감리를 받았다. 공사 예상 손실을 즉각 반영하지 않아 결과적으로 이익을 부풀렸다는 것이다. 금융당국은 9일 개최할 증권선물위원회 간담회에서 최종 징계 여부를 결정할 예정이다.

하지만 대우건설은 “건설업 회계 특성을 무시한 처사”라며 징계에 반발하고 있다.

22) 손성규(2006) Chapter 12를 참조한다.

건설업계도 대우건설의 분식이 인정되면 향후 회계처리에 큰 혼란이 벌어질 것을 우려한다. 대한건설협회 관계자는 "건설업계 전체의 신용도가 떨어지고 해외 수주에도 악재로 작용할 수 있다"고 말했다.

금융감독원은 회계 감리 결과, 대우건설이 2012년에 발생한 5000억원대의 공사 예상 손실을 대손충당금으로 즉각 반영하지 않았다는 점을 지적했다. 증선위 자문기구인 감리위원회도 지난달 11일 대우건설에 대해 대손충당금 2500억원을 과소 계상했다고 인정하고 20억원의 과징금 부과 등을 증선위에 요청했다.

금융당국 고위 관계자는 "대우 건설 분식 금액이나 처벌 수위가 줄어들기 어려운 상황"이라며 "만약 고의적인 중과실로 판정되면 검찰 고발 조치도 취할 예정"이라고 말했다.

금융당국은 국제회계기준상 손실이 예상되는 시점에 지체 없이 손실을 반영해 대손충당금을 쌓아야 한다고 주장하고 있다. 금융당국 관계자는 "대우건설이 2012년에 10개 프로젝트에서 5000억원 이상 손실이 날 것을 이미 인식하고 있었는데도 당해연도에 충당금을 과소 계상했다"고 지적했다.

하지만 대우건설과 건설업계는 받아들이기 어렵다는 입장이다. 이번 분식의 핵심인 미래 예상 손실을 반영하는 방법과 시기에 있어 금융당국의 판단에 문제가 있다고 주장한다. 일반 제조업은 물건을 만들어 판매하면 즉각 손실 여부를 판단할 수 있지만 건설 프로젝트는 상황이 다르다는 것이다. 김낭규 대우건설 상무는 "건설 공사는 사업 수주에서 준공까지 길게는 10년 이상 걸린다"면서 "손실이 확정되기까지 많은 외부 변수가 작용해 예상 손실을 신뢰성 있게 추정하기가 어렵다"고 말했다.

아파트 사업은 수주에서 준공까지 평균 4-10년 걸리는데 착공이 지연되거나 일부 미분양이 발생하는 등 손실이 예상되는 상황이 발생하더라도 바로 손실로 처리하면 안된다는 것이다. 이진규 대우건설 상무는 "아파트 사업은 미분양 상태에 있다가도 갑자기 경기가 좋아져 2~3개월만에 미분양이 모두 팔린다"며 "이런 식으로 손실 사업장이 이익 사업장으로 바뀌는 경우가 부지기수"라고 주장했다.

실제 대우건설이 2013년 분양한 경기도의 한 아파트는 6개월간 계약률이 30%에 불과해 대규모 손실이 예상됐지만 이후 경기 회복과 중도금 납부 조건 개선으로 불과 6개월여 만에 계약률 90%를 달성해 이제는 알짜 사업장으로 바뀌었다.

한 대형 건설사 관계자는 "2008년 이후 대다수 아파트 사업장이 수주만 해놓고 4~5년 이상 착공하지 못했다"면서 "그런데 최근 이 사업장들이 분양하면서 완판 행진을 벌이고 있다"고 지적했다.

금융 당국 논리대로라면 이 사업장들도 지난 4~5년간 앞으로의 손실을 예상해 대손충당금을 엄청나게 쌓아야 했다는 것이다.

건설업계는 대우건설 회계 처리가 분식으로 인정되면 향후 후폭풍이 적지 않을 것으로 보고 있다. 이미 2013년 이후 상당수 대형 건설사들이 수천억원에서 많게는 조 단위 손실을 한꺼번에 털어냈기 때문이다. 이 기업들은 해외 공사 등에서 발생한 손실을 최종 준공 시점에서 실적에 반영했다. 이 기업들은 "해외 공사는 현장 상황, 해당 국가의 정책 변경, 발주처의 설계 변경 요구 등 수많은 이유로 원가율이 계속 바뀌기 때문에 준공 직전까지는 손실 여부를 정확하게 추정하기가 불가능하다"고 주장했다.

조선일보. 2015. 9. 9.

미청구 금액 느는 건설사 빅배스 경계령 '솔솔'

해외공사 저가 수조 건설사 비슷하게 겪는데 현대건설, 삼성물산은 잠재 부실 털기 동참 안 해

"정말 괜찮나" 관심 늘어

건설업계에서 빅배스 경계령이 나오고 있다. 조선업종에서 대우조선해양이 올해 뒤늦게 잠재 부실을 털어냈듯이 건설업종에서도 그동안 흑자를 기록한 기업 중에서 빅배스가 나올 가능성을 배제할 수 없어서다.

8일 금융투자업계에 따르면 최근 대규모 손실이 발생하지 않은 대형 건설사는 현대건설과 삼성물산 등이다. 이들 건설사는 2013년부터 시작된 '건설 업종 빅배스 도미노'에 동참하지 않았다. GS건설 대우건설 삼성엔지니어링 현대산업개발 등은 돌아가며 대규모 영업손실을 발표했지만, 현대건설과 삼성물산은 매년 4000억원이 넘는 영업이익을 기록했다.

하지만 해외 공사 저가 수주가 국내 건설업체들이 거의 공통적으로 겪고 있는 문제인 만큼 이들 회사가 정말 건실한 상황인지, 아니면 단지 손실 인식 시기를 늦추고 있는 것인지 따져봐야 한다는 지적이다.

특히 현대건설에 대한 의견이 엇갈린다. 이미 여러 기간에 걸쳐 잠재부실을 조금씩 비용 처리해왔기 때문에 큰 문제가 없다는 지적과 미청구공사액이 꾸준히 늘고 있어 문제가 될 수 있다는 주장이다. 미청구공사액이란 공사진행률을 두고 건설사와 발주처 간 의견이 일치하지 않아 사실상 받을 가능성이 낮은 미수채권을 말한다. 지난 2분기 말 기준으로 주요 건설사 중에서는 현대건설(5조5614억원) GS건설(2조7310억원) 삼성물산(2조364억원) 대우건설(1조5843억원) 대림산업(1조2488억원) 순으로 미청구공사액이 많았다.

현대건설은 절대 금액 자체도 가장 많지만 미청구공사액이 늘고 있다는 점이 더 큰 문제로 지적된다. 지난해 말 5조1011억원이던 미청구공사액이 5조5614억원으로 6개월 만에 9% 증가했다. 특히 채권회수 가능성이 낮은 것으로 알려진 플랜트 부문 미청구

공사액이 급증했다는 사실이 우려스럽다. 지난해 말 2조6557억원이던 플랜트 부문 미청구공사액은 지난 6월 말 3조1572억원으로 18.9%나 늘었다.

박동흠 현대회계법인 이사는 "미청구공사가 급증하는 현상은 공사 기간이 예정보다 길어지거나 진행률을 높이기 위해 예정원가를 적게 설정하는 등의 문제가 있을 때 발생할 수 있다"며 "어느 경우든 투자자에게 긍정적인 상황은 아니다"고 말했다.

조윤호 동부증권 연구원은 "현대건설은 건설업종에서 가장 모범적으로 매년 잠재부실을 털어냈기 때문에 큰 문제가 없을 것으로 보인다"면서도 "어떤 건설사에서 빅배스가 발생할지는 애널리스트도 알 수 없다"고 말했다.

매일경제신문. 2015. 9. 9.

대우건설 분식회계 과징금 20억

증선위 중징계, 감사 맡은 삼일 PwC에 11억 부과

분식회계 혐의를 받아온 대우건설과 외부감사인 삼일 PwC에 대한 중징계가 확정됐다.

23일 증권선물위원회는 정례회의를 열고 회계 처리 기준을 위반한 대우건설에는 과징금 20억원을, 외부 감사인인 삼일회계법인에는 과징금 10억 6000만원을 부과했다. 박영식 대우건설대표이사와 재무 임원에 대한 해임권고 등은 하지 않기로 했다.

이번 결정은 금융감독원이 공개 회계감리를 시작한지 21개월 만에 이뤄졌다. 지금까지의 부실회계 중 가장 많은 시간이 투입됐다.

김용범 증권선물위원회 상임위원은 "직접적인 증거가 부족한 상황에서 다양한 정황을 일일이 파악하고 이에 대한 당사자의 소명을 충분히 들었으며 징계가 업계에 미치는 영향을 다각도로 검토했다"고 밝혔다.

2013년 12월 금융감독원은 대우 건설이 국내의 40여 개 사업장에서 총 1조5000억원에 달하는 손실을 은폐했다는 내부자 제보를 받고 회계감리에 착수했다. 부실 사업장 예상 손실을 재무제표에 제때 반영하지 않았다는 내용이다.

금감원은 회계감리 실시 후 대우건설이 고의적으로 대손충당금을 과소 계상해 이익을 부풀렸다고 판단했다. 금감원이 본 과소계상 규모는 당초 알려진 것보다 적은 5000억원 안팎이었다. 이 중 3896억원에 대해서만 최종적으로 분식회계가 입증됐다. 지난 8월 감리위원회에서 밝혀낸 2450억원 과소계상에 1446억원이 더해진 규모다.

삼일 PwC 관계자는 "지난번 감리위원회에서 결정한 징계 수위와 동일한 조치가 나왔다"며 "향후 소송을 제기할지 검토하겠다"고 말했다.

업계에서는 이번 대우건설 중징계를 놓고 의견이 분분하다. 공사진행률에 따라 예상 손실액을 계상하는 건설업계 특성상 대손충당금을 정확히 반영하기 어렵다는 의견이 많다. 산업 전체의 관행이었음을 감안할 때 그동안 다른 경쟁사에 비해 비교적 착실하게 회계 처리해 온 대우건설에 대한 중징계는 과도하다는 얘기도 나온다.

하지만 이번 징계를 계기로 건설사의 회계처리 방식이 근본적으로 변해야 한다는 지적도 있다. 최근 한창 뜨거운 논란이 되고 있는 대우조선해양의 '손실은폐' 이슈에도 상당한 영향을 미칠 전망이다.

매일경제신문. 2015. 9. 24.

대우건설 분식회계 제재 후폭풍 건설사들 연말 회계처리 '전전긍긍'

대우건설 분식회계 징계받은 PF사업에 참여한 15개 건설사
재무제표 정정공시 압력... 평판 타격, 투자자 동요에 '속앓이'

주요 건설사들이 연말 회계처리를 놓고 고심에 빠졌다. 대우건설이 지난 9월 분식회계로 제재를 받은 이후 대우건설과 공동 프로젝트를 했던 건설사는 물론이고 다른 건설사들도 무더기로 정정공시를 해야 할 처지에 놓였기 때문이다.

17일 건설업계에 따르면 대우건설이 금융위원회 산하 증권선물위원회로부터 회계처리를 위반했다고 지적받은 프로젝트파이낸싱 사업에는 모두 15개 건설사가 공동으로 참여한 것으로 파악됐다. 인천 숭의 복합단지 개발사업에 현대건설 포스코건설 태영 한진중공업 등 5곳(대우건설제외)이 참여했고 광교 파워센터 프로젝트에는 LIG건설 코오롱건설 롯데건설 두산건설 등 10곳이 대우건설과 손을 잡았다. 이들 건설사 상당수는 대우건설과 같은 방식으로 회계처리를 한 것으로 전해졌다.

회계업계에서는 다른 회사들이 대우건설과 같은 혐의를 받지 않기 위해서는 과거 사업보고서를 정정해야 한다는 지적이 나오고 있다. 업계 관계자는 "회계 처리 위반으로 판명된 부분에 대해 정정하지 않으면 원칙적으로 외부감사인(회계법인)은 '의견거절' 등 비적정 의견을 줘야 한다"며 "실제 일부 건설사는 사업보고서 정정을 요구하는 회계법인과 마찰을 빚고 있는 것으로 안다"고 전했다.

금융당국은 대우건설이 인천 숭의, 광교파워센터 사업장과 관련해 2012~2013년 계약해지 가능성이 있는 데도 우발부채를 재무제표에 명시하고 않았고 PF 보증채무약정 위험도 반영하지 않았다고 지적했다. 이들 사업이 무산된 2014년 이후 사업보고서에 확정된 위험을 반영할 것이 아니라 사업 무산 가능성이 인지되는 즉시 재무제표에 예상 위험을 명시했어야 한다는 게 금융당국의 설명이다. 대우건설은 총 10개 사업장에

서 3896억원 규모의 분식회계를 한 혐의로 과징금 20억원 등 중징계를 받았다.

이에 따라 대우건설 외 15개 건설사들은 금융당국의 지적대로 2012~2013년에 작성한 사업보고서에 위험을 반영한 정정공시를 해야 회계처리 위반상태에서 벗어날 수 있다. 아울러 프로젝트에 참여하지 않은 다른 건설사들도 PF사업장 등에서 대우건설과 비슷한 방식으로 회계처리를 했다면 원칙적으로는 모두 사업보고서를 고쳐야 한다는 지적이 나온다.

하지만 건설사들은 사업보고서 정정에 소극적인 분위기다. 과거 사업보고서를 정정하면 평판에 타격을 입을 뿐 아니라 투자자들이 만기 전에 투자금을 회수할 수 있는 '기한이익상실(트리거)'이 발동될 수 있기 때문이다. 정도진 중앙대 경영학과 교수는 "같은 사건에 대해서는 같은 회계처리가 원칙"이라며 "정부가 분식회계에 대해 제재하는 것은 업계의 잘못된 회계처리 관행을 바꾸기 위한 목적도 있는 만큼 제재 이후 후속조치에 대해서도 감독을 강화할 필요가 있다"고 말했다.

한국경제신문. 2015. 12. 18.

미청구공사금 31조... 조선 건설업 '회계폭탄'

A건설사가 사우디아라비아에서 2012년 착공한 석유 플랜트 공사 B프로젝트는 공사비 2조원을 들여 올해 초 완공할 예정이었다. 하지만 공사 도중 사우디 정부가 자국 하도급업체 및 노동자 우선 정책을 펴면서 공사비가 1000억원 이상 들었다. 숙련된 인력이 부족한 현지 노동자로 교체하면서 공사기간이 지연된 탓이었다. 3분기에 1030억원을 비용처리했지만 추가 손실 가능성이 크다. 내년부터 이 같은 미청구공사대금에 대한 회계처리기준이 엄격해지기 때문에 올해부터 대손충당금을 쌓을 계획이다.

23일 업계에 따르면 국내 건설 조선업체들이 해외에서 수주한 공사에서 우발적으로 늘어났지만 실제 회수 여부가 불투명한 비청구공사 대금이 올해 4분기 결산 때 '잠재 폭탄'이 될 것이라는 염려의 목소리가 높다. 국제유가가 글로벌 금융 위기 후 최저 수준으로 급락하면서 주요 발주처인 중동 국가들 지급 능력이 떨어지고 있기 때문이다. 총 30조원에 달하는 건설 조선업체 미청구공사 대금 가운데 충당금을 10%만 쌓아도 3조원 가량 영업손실이 발생하게 된다.

이날 매일경제가 대우조선해양(4조9887억원), 삼성중공업(4조1544억원), 현대중공업(4조1276억원) 등 조선 3사가 모두 4조원을 웃돌았다. 현대건설(3조1090억원), GS건설(2조6371억원), 삼성물산(2조1505억원), 삼성엔지니어링(1조3681억원), 대림산업(1조2379억원) 등 대형 건설사들도 1조~3조원에 달했다.

금감원은 미청구금액 대금 가운데 실제 손실로 연결될 가능성이 큰 부분을 평균

3~5% 선으로 추산한다. 하지만 향후 유가 추락 하락으로 중동 등 주요 발주국의 재정상태가 악화할 땐 최고 10%선까지 늘어날 수 있다고 보고 있다. 건설 조선업체들이 앞으로 적게는 1조원, 많게는 3조원 이상의 대손충당금을 추가로 쌓아야 한다는 얘기다.

이 같은 회계처리 변화는 지난 10월 28일 금융위원회와 금감원이 발표한 '수주산업 회계 투명서 제고 방안'에 따른 것이다. 금융당국은 조만간 구체적인 회계지침을 확정해 내년부터 적용할 방침이다. 이에 따라 건설 조선업체들은 내년 1분기 사업보고서 작성 때부터 사업장별 공사진행률, 미청구공사액, 대손충당금 내역 등을 공시해야 한다. 에프앤가이드에 따르면 현대건설은 올해 4분기 예상 영업이익 컨센서스(증권사 전망치 평균)가 2742억원이다. 미청구공사3조1090억원의 10%인 3109억원을 충당금으로 쌓으면 분기 영업이익은 적자로 돌아설 수 있다. 4분기에 1100억원의 영업이익이 예상되는 삼성물산(10% 충당금 2150억원), 363억원의 영업이익에 예상되는 GS건설(10% 충당금 2637억원)도 사정은 마찬가지다.

전문가들은 미청구금액 충당금 반영에 따라 건설 조선업체들의 이익이 일시적으로 둔화될 수 있지만 회계 재무 신뢰 회복 측면에선 긍정적이란 평가를 내놓고 있다. 이경자 한국투자증권 연구원은 "주요 기업들이 보수적 회계처리를 할 가능성이 높아 4분기 실적 시즌을 맞아 일시적인 불안감이 발생할 수 있다"면서 "다만 중장기적으로는 수주산업의 신뢰 제고 효과를 가져야 주가 평가에 긍정적으로 작용할 수 있다"고 말했다.

그러나 건설업계에서는 반발이 거세다. 한 건설사 관계자는 "부문별이 아닌 사업장별로 미청구공사 금액과 원가율을 분기마다 공개하는 것은 영업 기밀을 경쟁자에게 알리는 것과 같다"며 난색을 표했다.

미청구공사대금: 공사는 진행했으나 아직 발주처에 청구하지 못한 공사비를 말한다. 청구는 했지만 발주처가 지급을 거부하거나 미뤄서 받지 못한 미수금과는 차이가 있다. 원칙적으로 원자재 값 상승, 설계 변경 등에 따라 우발적으로 늘어난 공사비를 말하지만 저가 수주에 따른 부실을 숨기기 위한 변칙 회계 수단으로 종종 악용된다.

매일경제신문. 2015. 12. 24.

대우조선 발 미청구공사 회계처리 건설 조선업 강타.

삼성 현대중도 4조원대 '부실 우려'
대우조선해양처럼 '빅배스' 우려 커 정부 규제 강화
어닝쇼크 주범이지만 성급한 '부실' 단정은 곤란
업체 '지나친 규제' 반발하지만 회계 투명성 높여야

"가뜩이나 적자 폭이 커지면서 골머리를 앓고 있는데 미청구공사를 새로 회계처리 해야 한다니... 정부는 현장 실상도 모르고 책상에서 뚝딱 규제를 만드니 우리로선 답답할 노릇입니다."

익명을 요구한 건설업계 관계자는 말하면서도 계속 한숨을 푹푹 쉬어댄다.

극심한 실적 부진에 시달리는 조선 건설업체들이 미청구공사대금이란 말 그대로 공사는 진행했지만 아직 발주처에 청구하지 못한 공사비를 말한다. 원자재 가격 상승이나 발주처 설계 변경에 따라 우발적으로 늘어난 공사비가 여기에 포함된다. 통상 건설사가 추정한 공사 진행률과 발주처가 인정한 진행률 차이 때문에 발생한다.

일례로 1조원 규모 프로젝트에서 첫해 공정률이 30%일 경우 건설사는 3000억원을 매출로 잡는다. 하지만 발주처가 공정률 15%를 인정하면 1500억원만 회계상 매출로 인정하고 나머지 1500억원은 미청구공사대금으로 분류한다. 만약 업체들이 미청구공사대금을 받지 못할 경우 자연스레 손실처리될 수밖에 없다.

때문에 미청구공사대금이 당장 국내 건설업체들의 회계 복병으로 작용할 거란 우려가 나온다. 국제유가가 급락하면서 주요 발주처인 중동 국가들 지급능력이 떨어져 국내 건설사의 미청구공사대금이 급증하고 있어서다. 조선업체 입장에서도 해양 플랜트 공사를 할 때 발주처가 수시로 설계 변경을 하면서 미청구공사대금이 갈수록 불어나는 중이다.

국내 대형 조선, 건설업체 미청구공사대금은 이미 수조원대로 불어난 상태다.

금융감독원 전자공시시스템에 따르면 2015년 3분기 말 기준 미청구공사대금은 조선사 중 대우조선해양이 4조9887억원으로 가장 많다. 이어 삼성중공업(4조1544억원), 현대중공업(4조1276억원) 순이다. 건설사 미청구공사대금도 만만치 않다. 현대건설이 3조1090억원으로 건설사 중 유일하게 3조원을 넘겼고, GS건설(2조6371억원)과 삼성물산(2조1505억원)도 미청구공사대금이 엄청나다. 삼성엔지니어링, 대림건설 등 상당수 업체가 1조원 넘는 미청구공사대금을 보유하고 있다.

권기혁 한국신용평가 파트장은 "건설, 조선업체 회계를 보면 대규모 손실이 발생하기 전 미 청구공사가 크게 늘어나는 경우가 많았다. 매출 대비 미청구공사 비율이 30%를 넘은 GS건설을 비롯해 대형 건설사 잠재 위험이 크다"고 분석했다.

중견 건설사도 불안하긴 마찬가지다. 2015년 3분기 서희건설의 미청구공사대금은 1579억원으로 2013년말(886억원)보다 78%나 급증했다. 지역주택조합 사업에 집중하면서 미청구공사대금이 급증했다는 게 건설업계 관측이다. 한신공영도 미청구공사대금이 1787억원으로 2014년말에 비해 36% 늘었다. 건설, 조선업체를 합쳐 상위 20개 사의 미청구공사액만 30조원이 넘는 것으로 추산됐다. 이 중 10%만 대손충당금을 쌓아도 3조원가량 영업손실이 나타날 수밖에 없다.

"미청구공사대금 모두가 부실로 이어지진 않겠지만 그중 일부분만 문제가 돼도 회사마다 수조원씩 대손충당금을 쌓아야 한다. 발주처 사정이 어려워지는 등 예상 못한 변수가 생기면 미청구공사대금이 단숨에 회사 존립을 위협하는 요인이 될 수 있다." 금융권 관계자들이 입을 모아 하는 얘기다.

특히 2015년 10월말 금융위원회와 금융감독원이 '수주산업 회계 투명성 제고 방안을 발표하면서 건설 조선업체마다 비상이 걸렸다.

이 방안에 따르면 건설 조선 등 수주업체들은 앞으로 미청구공사대금을 분기별로 재산정하고, 회수 가능성이 낮은 금액을 곧바로 대손충당금으로 쌓아야 한다. 또한 매 분기마다 사업장 별 총공사예정원가와 공사 진행률, 미청구공사대금, 대손충당금 적립 내역 등을 모두 공시해야 한다. 지금은 총공사예정원가를 사업 초기에 한번만 공시하고 이후 재평가하지 않는다. 회계기준 최종안은 1월 증권선물위원회에서 확정될 예정이다.

건설, 조선사들은 당연히 대책 마련에 정신이 없다. 이 기준 대로 회수 가능성이 낮은 금액을 대손충당금으로 쌓으면 적자가 대폭 늘어나기 때문이다. 일례로 GS건설의 경우 미청구공사대금(2조 6371억원)의 10%인 2637억원을 충당금으로 쌓는다고 가정해보자. 이때 2015년 4분기에 1000억원 영업이익을 올려도 1600억원 넘는 적자를 낼 수밖에 없다.

조선3사 미청구공사 4조 넘어
해외 수주 건설사도 부담 커져
규제 탓 수주경쟁력 악화 우려도

사업장별 미청구공사대금 공개를 두고서도 반발이 거세다. 건설사들은 "금융위가 요구한 공사 진행률 공시는 그렇다 치더라도 사업장별 미청구공사대금 공시는 도저히 받아들일 수 없다"는 입장이다. 미청구공사대금을 사업장별로 개별 공시하면 해외 대형 공사를 수주할 때 발주처나 경쟁사들에게 원가 내역이 고스란히 노출되기 때문이다. 상황이 심상치 않자 대한건설협회는 "사업장별로 회계정보를 공시하지 말고 토목, 건축, 플랜트 등 영업부분별로 공시하자"는 수정안을 금융위원회에 제시했다. 2016 초로 예정된 시행시기도 1년 가량 유예해 줄 것을 요청한 상태다.

"이미 지금도 미청구공사금액을 공시하고 있는데 사업장별로 상세히 공개하는 건 영업기밀을 대외에 다 까발리는 셈이다. 원가 정보가 해외 경쟁사에 노출되면 발주처들이 당장 공사금액부터 줄이자고 요구할 우려도 크다. 그렇지 않아도 수주경쟁이 치열한 상황에서 상당수 건설, 조선업체들은 적자 폭이 더 커질 수밖에 없다. 게다가 회사마다 내부 회계 시스템을 바꾸는 것에 시간이 걸리는데 당장 새해부터 시작하는 건 곤란하다." A 건설사 관계자 얘기다.

하지만 정부 입장은 단호하다.

대우조선해양, 삼성엔지니어링 등 기업들마다 '빅배스(잠재적 손실을 한 회계연도에 한꺼번에 처리하는 기법)'를 하며 미청구공사가 대규모 부실 주범이 된 만큼 당장 회계에 '메스'를 들이대야 한다는 입장이다. 업체마다 미청구공사대금을 충당금으로 반영해 부실회계 오명에서 벗어나 회계 투명성을 확보해야 한다는 게 금융위 논리다. 멀리 볼 때도 수주업 신뢰를 높여주는 긍정적 효과를 기대하는 시각도 물론 있다.

전문가들은 미청구공사대금이 기업 부실 위험을 키우는 만큼 규제는 불가피하다는 입장이다. 투자자 입장에서도 미청구공사 탓에 갑작스레 영업손실이 커지면 피해를 볼 수밖에 없는 만큼 회계 기준 수술이 필요하다는 논리다. 이경자 한국투자증권 애널리스트는 "2013년 GS건설과 삼성엔지니어링, 2015년 대우조선해양 어닝 쇼크의 공통점은 지난 1~2년간 미청구공사가 증가했다는 점이다. 업체별로 매출 대비 미청구공사대금 비율을 자세히 들여다 보아야 하는 이유"라고 밝혔다.

다만 사업장 별로 미청구공사 대금을 모두 공개하는 건 업체 수주 경쟁력을 떨어뜨릴 우려가 큰 만큼 보완책이 필요하다는 목소리가 설득력을 얻는다.

심교언 건국대 부동산학과 교수는 "투자자를 위해 정보 공개 범위를 늘리는 건 필요하지만 해외 수주 현장까지 일괄 적용하면 부작용이 커질 수 있다. 미청구공사대금 공시도 분기별로 강제할 게 아니라 연단위로 평가하는 것이 현실적"이라고 말했다.

"미청구공사대금을 무조건 부실이라고 단정 지어선 안 된다. 발주처가 특정시점에 대금을 지급하기로 계약했거나, 예산 부족 등을 이유로 자금 청구 시점을 늦춘다면 정상적인 영업활동 과정에서도 미청구공사가 얼마든지 늘어날 수 있다. 다만 최근 4~5분기 연속 미청구공사대금이 증가하거나 저가 수주, 공사기간 지연에 따른 '악성' 미청구공사가 많은 건 분명 위험 신호로 봐야 한다." 한 증권가 애널리스트 조언은 시사하는 바가 크다.

매경이코노미. 2016. 1. 6-1. 12.

금감원, 미청구공사 집중 감리

테마감리 확대...올 150곳 점검

금융감독원이 테마별 감리를 통해 기업들의 회계 적정성 점검을 강화하고 있다. 올해는 대금이 회수되지 않은 미청구공사 등을 신규 테마로 지정해 집중적으로 감리를 벌일 계획이다.

금감원은 지난해 회계 감리를 벌인 대상 기업이 131개로 전년(89개)에 비해 47.2% 늘었다고 10일 발표했다. 감리를 받는 기업이 늘어남에 따라 감리 대상 기업들이 모두 돌아가며 금감원 감리를 한번씩 받는데 걸리는 기간(감리주기)는 41년(상장사 기준)에서 25년으로 단축됐다. 테마 감리를 확대해 건별 소요 시간을 단축한 결과라는 게 금감원의 설명이다.

회계 감리는 회사의 재무제표와 외부 감사인의 감사보고서가 회계 처리 기준에 맞게 작성했는지를 조사하고 기준 위반에 대해 제재하는 행정 절차다. 2000여개 상장사와 '주식회사의 외부감사에 관한 법률'상 감사보고서를 작성해야 하는 2만4000여개 비상장사가 대상이다.

테마감리는 특정 회계문제에 한정해 집중 점검하는 감리 방법이다. 금감원은 지난해 매출채권 특수관계자 거래 이자비용 이연법인세자산 등 4개 회계사항에 대해 집중 테마감리를 벌였다. 전체 감리 건수 가운데 테마감리 비중은 37.9%였다.

올해에도 미청구공사 금액의 적정성, 비금융자산 공정가치 평가, 영업현금 흐름 공시의 적정성, 유동 비유동 분류의 적정성 등 4개 테마에 대해 집중 감리할 계획이다. 건설사가 공사진행률을 과대 평가해 자산으로 인식되는 미청구공사 금액을 늘리거나 유동성 비율을 높이기 위해 비유동자산을 유동자산으로 분류하는지를 면밀히 들여다보기로 했다. 테마 감리의 비중도 전체 감리의 50%로 늘릴 계획이다.

정규성 금감원 회계심사국 부국장은 "올해는 150개 이상 기업을 감리할 것"이라고 말했다.

한국경제신문. 2016. 3. 11.

미청구 공사금액 15조... 건설 주 '후덜덜'

삼성엔지니어링 6890억, 대우 5373억... 대규모 손실 처리 우려
'실적쇼크 악몽' 못 벗어나나
9개 건설사 미청구공사 합계
작년말보다 4.7% 늘어
현대건설 대림산업 등은
상대적으로 '위험' 적어

주요 9개 건설사의 미청구공사 합계액이 올 들어 15조원에 육박한 것으로 나타났다. 미청구공사는 계약할 당시보다 늘어난 공사비용 등을 발주처에 청구하지 못한 금액이다. 이를 회수하지 못하면 손실로 처리되기 때문에 건설사의 '부실 뇌관'으로 평가된다. 해외수주 부실로 2013년 이후 매년 실적쇼크를 반복했던 건설사들이 미청구공사 '악몽'에서 벗어나지 못한 것으로 분석된다.

삼성엔지니어링 대우건설 손실 우려

20일 유가증권시장에서 건설업종지수는 전날보다 1.67% 오른 113.84에 마감했다. 이날 저가매수가 몰리면서 상승했지만 이달 들어서는 10.14% 떨어졌다. 이달 들어 20일까지 삼성엔지니어링이 19.37% 급락한 것을 비롯해 현대건설(-15.3%) 현대산업개발(-15.25%) 대림산업(-13.56%) 대우건설(-7.4%) GS건설(-4.8%) 등 주요 건설주들이 내리막을 걸었다.

12월 결산법인이 지난 16일 제출한 1분기 보고서부터 미청구공사 관련 정보를 주석에 공시하면서 건설주에 대한 투자 심리가 위축됐다는 분석이다. 증권가에선 당초 해외 저가수주 등에 따른 건설주 실적부진이 마무리됐다고 여겨졌지만 미청구공사 관련 공시 분석 결과 '위험성'이 여전히 상당한 수준인 것으로 나타났다.

삼성물산 현대건설 대우건설 GS건설 대림산업 SK건설 현대산업개발 한화건설 삼성엔지니어링 등 주요 9개 건설사의 지난 1분기 미청구공사 합계는 14조 9391억원으로 나타났다. 이는 시공능력 평가 상위 기업 가운데 비상장사는 제외하고 비상장사 가운데 지주회사가 대주주인 SK건설과 한화건설은 포함한 결과다. 작년 말 미청구공사 합계(14조 2641억원)보다 4.7% 늘어난 규모다.

미청구공사는 발주처가 설계방법을 변경해달라고 요구하면서 발생한 추가 공사 비용 등을 말한다. 국제 유가의 갑작스런 하락으로 어려움에 처한 일부 중동의 발주처들이 관련 공사대금 지급을 늦추거나 제값을 쳐주지 않아 발생하기도 한다. 국내 대형 건설사 일부는 이런 이유로 작년과 재작년 미청구공사 금액 일부를 손실로 처리하며 '어닝쇼크'를 기록하기도 했다.

NH투자증권은 공사기간이 예상보다 길어지거나 '저가 수주'로 추정되는 등의 미청구공사는 손실로 돌변할 가능성이 높다고 분석했다. 올해 1분기 말 기준으로 손실로 회계처리될 가능성이 높은 미청구공사는 삼성엔지니어링이 6890억원에 달해 주요 건설사 가운데 가장 규모가 컸다. 대우건설(5373억원) GS건설(3143억원) 대림산업(439억원) 현대건설(196억원) 순으로 많았다.

한화건설, 이라크 사업 '촉각'

비상장 건설사인 SK건설과 한화건설 실적은 그간 들쭉날쭉했다. SK건설은 2014년 1778억원의 당기순손실을 냈고 작년에는 285억원의 순이익을 기록했다. 한화건설은 작년과 재작년 각각 4416억원, 3464억원의 순손실을 냈다. 양사는 중동 사업장에서 발생한 미청구공사 금액이 손실로 전환하면서 실적을 깎아 먹었다.

SK건설 모회사 SK(주)와 한화건설 모회사 ㈜한화는 그간 수천억원의 자금을 건설 자회사에 쏟아 부었다. 1분기 말 SK건설의 미청구공사는 1조326억원, 한화건설은 7358억원에 달하는 만큼 SK와 한화의 건설산업 리스크는 여전하다는 평가다. 오진원 하나금융투자 연구원은 "한화건설의 이라크 비즈마야 주택 사업 관련 미청구공사는

3709억원에 달한다"며 "이 사업은 미분양에 따른 위험이 존재한다"고 말했다.

한국경제신문. 2016. 5. 23.

미청구공사 오해와 진실

내역 공개후 상장 건설사 '흔들' ... '미수금보다 위험하다는 건 억측'

올해 1분기부터 건설사들의 미청구 공사 세부 내역이 공개되면서 상장 건설사가 후폭풍에 시달리고 있다. 미수금보다 더 위험하다는 지적이 제기됐기 때문이다. 하지만 건설업계와 전문가들 사이에선 이런 우려가 과도하다는 지적이 많다.

미청구공사란 시공 건설사가 발주처에 공사비를 달라고 아직 요구하지 못한 금액이다. 통상 건설사가 추정한 공사진행률과 발주처가 인정한 진행률 간 차이로 인해 발생한다. 해외 공사 비중이 클수록, 기자재 사전제작이 필요한 발전 플랜트일수록 미청구 공사액은 커지는 경향이 있다. 예정원가를 작게 올린 경우라면 문제지만, 정상적인 영업활동 중 대금 청구 시점 차이로 발생하는 것으로 시장에서 못 받을 돈으로 오해하고 있다는 지적이다.

미청구 공사 잔액에는 시점이 도래했지만 공사 약속을 못 지켜 받지 못한 금액, 아직 시점이 도래하지 않아 청구가 이뤄지지 않은 금액, 유리한 계약으로 인해 초과 청구된 금액 등이 혼재돼 있다. 미청구 금액이 늘면 우려가 커지는 것은 맞지만 매출 증가를 함께 봐야 정확한 판단이 가능하다. 계약 내용에 따라 공사 후반부에 청구가 쏠리면 미청구 금액도 한동안 늘어나기 때문이다.

지난 1분기 매출액에서 차지하는 미청구 공사액 비율만 보면 대림산업이 15.5%로 가장 낮다. 미청구 공사 비율 개선 폭은 GS건설과 현대건설이 지난해 같은 기간에 비해 13%포인트, 9%포인트 각각 하락해 돋보인다. 대우건설은 5.6%포인트 늘었지만 미청구 공사 2조1000억원 가운데 국내 사업 비중이 9200억원으로 민간 아파트나 관급공사여서 해소될 가능성이 높은 상태다. 선욱IBK투자증권 상무는 "투명하게 공시하는 제도를 도입한 데 맞춰 건설사들이 미청구 공사 관리를 통해 규모가 줄어든 게 긍정적"이라고 진단했다.

실제로 지난 1분기 미청구 공사금 첫 공시를 앞두고 건설사 임원들은 해외 현장에서 미청구 공사 규모를 줄이기 위한 협상에 동분서주했다. 업계에선 마무리가 임박한 미청구 공사가 손실 위험이 높다고 단정 짓긴 힘들다고 주장한다. 손실을 이미 반영하고 원가 보상을 발주처에 요구한 것이 타결되기 전에는 정상 채권도 미청구 공사로 기재되기 때문에 세무 사항을 따져 봐야 한다는 얘기다.

최근 타결된 현대건설의 아랍에미레이드 보르주 현장이 대표적이다. 미청구 공사 200억원 미수금 350억원이 계상돼 원가 투입이 끝난 이 현장은 2015년 상반기까지 손실이 반영됐다가 올 1분기 계약액을 550억원으로 증액하는 조정이 생기면서 미청구 공사와 미수금 항목이 550억원이 현금으로 재분류됐다. 현대건설은 진행률이 90%를 초과한 현장에서 미청구 공사가 발생했지만 이런 경우 손실 가능성은 높지 않다는 지적이다. 현대건설 관계자는 "기성 반영 상황을 고려할 때 연말 기준 현금 흐름을 보는 것이 재정 파악에 용이하다"며 "4분기로 갈수록 미청구 공사 규모가 감소한다"고 말했다.

미청구 공사는 설계가 끝나고 기자재를 조달하는 단계(진행률 20-60%)에서 급증하는 편이다. 중동 초대형 프로젝트는 계약서에 지정된 공정 단계를 달성해야 공사대금을 받는다. 매출 시점에서 기성 청구까지 걸리는 시간이 해외 공사에선 3개월쯤 걸리는 만큼 이 기간에 미청구 공사가 발생한다. 특히 발전 화공 플랜트 건설 때는 기자재를 사전 주문해 제작 투입하는 예가 많은데 발주처는 진행률에 따라 대금을 지급하기 때문에 최종 인도 시점까지는 미청구 공사가 늘어난다.

중동 발주처가 부채 비율과 유가 하락에 따라 예산 부족으로 기성 시점을 늦추면 미청구 공사가 증가하기도 한다. 하지만 대부분 현지 공기업이 발주처여서 국가가 망하지 않은 한 대금을 받아낼 수 있다는 설명이다. 이경자 한국투자증권 연구원은 "건설사 미청구 공사 우려가 과도해 저평가된 국면"이라며 "종합적으로 공사를 진행하는 건설사가 빛을 볼 것"이라고 진단했다. 다만 전체 매출액 대비 미청구 공사금 비율이 3분기 연속 늘거나 30%를 넘어서면 위험하다는 지적이다. 한 대형 건설사부사장은 "시장 불확실성을 줄이기 위해 미청구 공사를 선제적으로 손실 처리하는 경우도 있는데, 그렇게 하면 발주처와 협상력이 약해지는 게 단점"이라고 전했다.

매일경제신문. 2016. 5. 28.

chapter 26

공무원

'삼성 등 대기업에 공무원 근무 백지화'

'관피아' 논란 우려
20대 대기업은 제외

정부가 공무원들에게 삼성, 현대자동차 등 민간 대기업에서 근무할 수 있는 기회를 주기로 했던 방침을 백지화했다. 민관 유착에 따른 관피아 논란을 막기 위해 대기업과의 인사교류를 금지한 현행 제도를 계속 유지하기로 했다

인사혁신처 고위 관계자는 "일부 대기업과의 인사교류를 제한하는 내용을 담은 공무원 민간근무휴직제도를 올 하반기부터 운영 시행할 계획"이라고 21일 밝혔다.

민간근무휴직제는 민간기업의 우수한 경영기법을 배우고, 민관 인사교류를 위해 2002년 도입됐다. 2008년 중단됐다가 4년만인 2012년 부활했다. 2000년대 중반 공무원들이 이 제도를 활용해 민간기업으로 옮기면서 억대 연봉을 받고, 민관 유착이나 부패 등의 부작용이 불거졌기 때문이다.

정부는 2012년 제도를 부활하면서 상호출자제한기업집단에 속하는 대기업 및 금융지주회사 로펌 회계 세무법인 등은 신청할 수 없도록 공무원 임용령을 개정했다.

이로 인해 오히려 '민관 인사교류'라는 취지 자체가 유명무실해졌다는 지적이 제기돼 왔다. 혁신처에 따르면 민간근무휴직제를 활용한 공무원은 2013년과 지난해 각각 여섯명에 불과했다. 2000년대 중반 신청자가 수십명에 달했던 것과는 사뭇 다르다.

혁신처는 유명무실해진 민간근무휴직제 취지를 살리기 위해 올해부터 대기업을 민간 근무 대상 기업으로 재지정한다는 계획을 올 초 대통령 업무보고 때 발표했다.

민간기업과의 교류를 활성화해 공직 사회 경쟁력을 강화하겠다는 이근면처장의 강한 의지가 반영된 것이다.

하지만 혁신처는 추진 과정에서 상호출자제한기업집단에 속하는 대기업 중 상위 20개 기업진단과는 인사교류를 제한하기로 한 것으로 알려졌다. 상위 20개 기업집단엔 삼성, 현대차, SK, LG 등 주요 대기업 계열사가 모두 포함된다.

혁신처 관계자는 "민관 유착에 따른 관피아 논란이 일고 있는 상황에서 모든 대기업과의 인사교류를 전면 시행하는 건 시기상조라는 지적이 나왔다"고 말했다. 혁신처는 제도를 시행한 뒤 부작용이 없으면 대기업과의 인사교류를 단계적으로 확대하는 방안을 검토하기로 했다.

한국경제신문. 2015. 6. 22

좋은 뜻으로 시작한 정부 사업이 독립성의 이슈 때문에 중단되어서 안타깝다. 무슨 정책이 되었거나 문제가 없는 정책은 없다고 판단되며 이러한 문제 때문에 大義를 헤칠 수는 없다. 비리 판사, 비리 검사, 비리 경찰이 있다고 해서 경찰, 검찰, 사법부를 없앨 수는 없다. 오히려 이러한 조치가 보여 주기식 행정의 전형적인 모습일 수도 있다.

세종시는 요즘... '민간근무 휴직제'신청 봇물

"삼성 현대차서 배우자"... '휴직' 줄선 공무원들
60개 기업서 70여명 선발
대관 아닌 실제 업무 주고
연봉제한 복귀 의무 신설
자격 엄해졌지만 지원 쇄도
민간유착 가능성도 따져
기재부 경쟁률 3대1 달해

해당 직무를 소화하기 위한 업무 전문성을 고려하면서도 민관 유착 우려를 차단하기 위해 휴직 전 5년 동안 관련 업무에서 일한 공무원을 제외시켰다. 인사처 관계자는 "부처 내 경쟁을 뚫은 공무원을 복수로 명단을 보내면 해당 기업에서 최종 결정을 했다"고 설명했다.

또한 복직 후 2년 동안 민간 근무 관련부서 배치를 금지했다.

한국경제신문. 2016. 1. 8.

'5년' '2년'의 기간은 모두 독립성을 확보하기 위한 제도이다. 공무원이 퇴임 후, 해당 영역에서 근무하기 위해서는 2년의 공백을 두어야 하며 하물며 어느 정도 이상 되는 법무법인, 회계법인에 고문으로 취업하는데도 2년의 grace period가 필수적이다. 2년의 기간이 경과되지 않았다고 하면 공직자윤리위원회를 통과하여야 한다. 또한 한 position에 복수로 추천을 해서 해당 회사가 한명을 낙점하도록 한 점도 바람직한 접근이다.

위에서는 공무원이 민간에 가서 활동할 수 있는 기회에 대한 내용이고 그 반대도 있다. 공무원 직을 민간에 개방하는 것이다.

개방형 논란 유감... 그래도 공직 더 열어야.

멘델은 유전법칙에서 유사 형질 간 동종교배는 열성인자를 낳고, 이질 형질의 이종교배에서 태어난 1세대에서 우성형질만 나타난다고 했다. 이를 잡종 강세라고 부른다. 멘델의 '잡종강세'는 인류역사에서도 증명돼 왔다. 몽골제국와 세계 최강국 미국, 구글과 애플이 그 예다.

'우성 정부'를 만들기 위해 개방형 직위제를 도입한지 올해로 15년이 됐다. 우리 공직 사회는 전문성 있는 인력을 충분히 확보했는가? 자신 있게 '그렇다'고 답할 수 없을 것이다.

우수 인재는 한 조직이 성장하고 발전하기 위한 원동력이다. 조직의 성장과 발전은 끊임없이 우수인재가 공급돼야 멈추지 않는다. 인사혁신처도 민간 우수 인재 공급을 위해 최근 개방형 직위 중 민간인만 채용하는 경력 개방형 직위 148개를 새로 지정하는 등 개방형 직위를 확대 개편하고 있다. 그런데 공직 사회 안팎에서 거부감과 회의적 반응이 들려온다.

현재 개방형 직위의 민간인 임용률은 18.5%에 그치고 있다. 공정한 공모를 위해 1년 전 설치한 중앙선발시험위원회에는 '내정자가 있느냐'는 질문이 들어온다. 씁쓸하다 못해 위기감마저 든다.

개방형 직위는 정부 전체 국 과장급 직위 3780개 중 11.3%(428개)에 불과하다. 이중 민간인 임용은 전체의 2.1%인 79명이다. 이는 공직 개방에 필요 충분한 수준이라고 볼 수 없다. 각 부처의 적극적인 협조로 좀 더 많은 직위가 민간에 개방될 것이라고 믿는다.

일 잘하는 공무원도 많은데 굳이 민간인을 더 많이 데려오느냐는 의문을 가진 이도 있을 수 있다. 그러나 관료 조직 내부적으로 열심히 일하는 것만으로는 충분하지 않다. 국민이 원하는 '우성 정부'를 만들기 위해 공직은 계속 열려야 한다. 더 나아가 민/관의 쌍방향 개방 교류를 획기적으로 보완해야 한다. '문제의 답은 현장에 있다'

는 말처럼 공무원도 민간에 진출해 적절한 경험을 공유해야 한다. 이러한 선순환 구조는 공직을 넘어 국가 전체에 상상 이상의 시너지를 가져다줄 것으로 믿는다.

변화를 넘어 혁신이 필요한 때다. 필요한 것을 알면서도 당장의 불편과 저항 때문에 그것을 미룬다면 국민신뢰는 더 멀어지고 미래 세대에 큰 과오가 될 것이다. 공직 개방은 글로벌 시대를 이끌 능력 있는 정부, 우리 아이들이 살기에 더 좋은 나라를 만드는데 반드시 필요한 노력임을 잊지 말아야 한다.

조선일보. 2015. 8. 25.

위의 두 신문 기사는 전자는 공무원이 민간에서 일할 기회를 갖는데 대한, 후자는 민간이 공무원 사회에서 일할 기회를 갖는데 대한 양방향의 협업에 대한 내용이다.

항상 언론에서 공격받는 내용이지만 공무원과 교수사회에 대한 사회에서의 비판은 매우 보수적이고 본인의 철밥통의 영역을 지키려는 가장 대표적인 집단으로 인식된다. 민간에서의 성공과 생존은 적자생존이라는 철저한 생존 원칙에 근거하는데 정년이나 신분으로 보장된 교수, 공무원사회거나 공공기관의 경우는 거의 독점의 영역에서 외부와의 치열한 경쟁을 피해갈 수 있는 특별한 사회이다.

민간이 정부에 가서 일을 하고 공무원이 민간에 가서 일을 할 수 있다는 것 자체가 매우 신선하다. 공무원 활동을 오래한 경우의 가장 큰 단점 중의 하나는 정부의 정책이 탁상공론에 그칠 수 있다는 점이다. 공무원 복지부동의 가장 전형적인 형태가 문제가 발생하지 않는다면 아무 문제 없다는 접근이다. 그렇기 때문에 항상 rule에 근거하여 행정을 처리하게 되며 주관적인 판단을 회피하게 된다. 또한 절대 책임질 행동을 하고 싶지 않아한다.

민간이 정부에 가서 일할 기회를 갖는다는 것은 실무에서의 어려움을 잘 이해하고 현장에서의 문제에 대해 경험을 바탕으로 현실감이 있는 정책을 입안하고 시행할 수 있는 장점이 있다.

경제활동의 모든 해답은 현장에 있다. 현장을 경험해 보지도 않고 '감 나와라 콩 나와'라 한다면 실무를 무시한 '행정을 위한 행정'에 그칠 수밖에 없다. 또한 민간 기업은 전형적인 적자생존의 승부에 모든 것을 걸게 된다. 이러한 점을 공무원들이 배워야 한다.

chapter 27

자본시장법

'주워들은 정보인데.. ' 변명하단 큰 코 다쳐

현행법상 이들 중 처벌할 수 있는 사람은 A뿐이다. 회사 내부 관계자로부터 중요정보를 전달 받아 이를 매매에 이용하도록 한 A는 '자본시장과 금융투자업에 관한 법률(자본시장법)' 제 54조와 제 174조에 따라 형사처벌 대상이다. 그러나 7월1일부터는 친구 E도 처벌을 받는다. 자본시장법 내에 '시장질서 교란행위'에 관한 규제가 신설돼 7월부터 시행에 들어가기 때문이다. 시장질서 교란행위가 적발될 경우 형사처벌은 아니지만 5억원 이하의 과징금을 내야 한다. 위반 행위로 얻은 이익이나 회피한 손실의 1.5배가 5억원을 넘는 경우엔 그 금액 이하로 과징금을 부과할 수 있다.

가장 큰 변화는 미공개 중요정보 이용 행위의 처벌 대상이 확대되는 것이다. 과거에는 기존의 내부자(회사 임직원이나 주요 주주 등)와 준내부자(인허가권자나 계약관계자 등), 그리고 이들로부터 정보를 직접 전달받은 1차 정보수령자만 처벌했다. 그러나 앞으로는 1차 정보 수령자로부터 정보를 얻은 2차 이후의 정보수령자에게도 과징금을 부과할 수 있다.

다만, 미공개 정보를 받았더라도 단순한 풍문이나 투자분석결과라고 생각하고 매매했다면 처벌 대상이 아니다. 새 규정을 해당 정보가 내부자 등으로부터 나온 '미공개 중요정보'라는 사실을 알고 매매한 경우에만 적용되기 때문이다. 누구라도 볼 수 있는 주식 게시판 등에서 얻은 정보는 괜찮지만 지인에게 문자, 메신저 등을 통해 받은 정보를 매매에 이용하는 것은 신중할 필요가 있다는 설명이다.

이코노미스트. 2015. 6. 29.

이제까지는 1차 정보 수령자만 처벌을 하였어서 2차 정보 이용자는 내부자 정보를 이용하여 공정하지 않은 이익을 취하였지만 이들을 처벌할 수 있는 방법이 없었다. 또한 1차 정보 이용자와 2차 정보 이용자간에 정보 전달에 있어서 한 단계만을 넘어 갔다는 의미만 있었지 그 이상의 차이는 없는데 누구는 조치를 받고 누구는 조치를 받지 않는 것은 공평하지 않다. 어떤 단계를 거쳐서 정보를 제공받았다는 것이 중요한 것이 아니라 시장질서 교란행위의 유무가 중요한 것인데 이제까지는 어떠한 과정으로 정보를 제공받았는지가 위법의 대상이 되는지가 관건이 되었다.

카톡서 본 미공개 정보 주식거래 이용 땐 처벌

금융위 가이드라인 7일 배포

증권사 애널리스트 A씨는 지난해 국토개발을 담당하는 공무원인 고교 동창 B씨에게서 수도권 외곽지역의 대규모 개발 정보를 저녁 모임에서 들었다. A씨는 무심코 이 얘기를 대학 동문 20명이 사용하는 카카오톡 대화방에 지나가는 얘기처럼 올렸다. A씨의 대학 후배인 펀드매니저 C씨는 이 정보를 보고 해당 지역에 많은 땅을 가진 상장사 2곳 주식에 투자해 3개월 새 두 배 가까운 차익을 남겼다. 이들과 인연이 없는 회사원 D씨는 최초 정보가 유포된 며칠 뒤 지인에게서 우연히 이 글을 카톡에서 받아 주식에 투자해 50% 수익을 남겼다.

가공의 사례에서 등장한 4명 가운데 누가 주식 불공정거래로 간주돼 처벌을 받을까. 지난해 7월부터 강화된 주식시장질서교란행위 규제에 따라 A, B, C 세 사람은 처벌 대상이 되지만 D씨는 아니라는 사실상의 유권해석이 나왔다. 상장사의 미공개 정보나 미발표 정책정보를 한 다리 거쳐서 전해 받은 소위 2, 3차 정보수령자에게도 과징금을 매기는 '시장정보 교란 행위' 처벌이 바로 그것이다. 하지만 사례별로 어떤 행위가 불법이고 합법인지 헷갈리는 경우가 많아 금융당국이 다음주 가이드라인을 내놓기로 했다.

매일경제신문. 2016. 3. 5.

박대통령 특명 받은 '주가조작 조사단' 분식회계에도 칼 뺀다.

금융위 자본시장 조사단
회사채 금리 낮추려 적자를 흑자로 조작 혐의
분식회의에 '부정거래 금지' 첫 적용할지 주목

'금융특수부'로 불리는 금융위원회 자본시장 조사단(자조단)이 분식회계 혐의를 받고 있는 한신공영에 칼을 빼들었다. 적자를 흑자로 둔갑시킨 재무제표를 토대로 회사채를 발행했고 이 과정에서 금리를 낮추기 위해 회계장부를 조작하는 '부정거래' 의혹이 제기돼서다.

자조단은 최근 한신공영과 2009년 이후 감사를 맡았던 한영회계법인 등에 대한 현장조사를 마치고, 자본시장법 상 부정거래 금지 위반 조항을 적용할지 여부를 검토 중인 것으로 전해졌다. 금융감독원이 아닌 자조단이 기업의 분식회계를 조사하는 것은 이번이 처음이며, 이를 부정거래 금지 조항으로 처벌하는 것도 첫 사례이다.

분식 처벌 나선 금융특수부

시공능력평가 24위 건설회사인 한신공영에 분식 의혹이 불거진 건 지난해 9월이었다. 한신공영이 "2009-2013년 사업보고서에 오류가 있었다"며 자진 정정공시를 낸 것. 새로 감사인이 된 삼일회계법인의 지적에 따라 이 회사가 지은 경기 안산의 전문공구유통상가를 '도급사업장'(공사를 해주고 대금을 받는 사업)에서 '자체사업장'(시공사가 사업 주체가 되는 사업)으로 다시 회계 처리한 여파였다.

이로 인해 2013년 실적이 151억원 순이익에서 5억6000만원 순손실로 뒤 바뀌는 등 흑자라고 공개했던 과거 4년치 실적이 적자로 변경됐다. 한신공영은 "회계 판단 기준이 달라 일어난 착오"라고 해명했지만 자조단은 고의성을 의심하고 조사에 들어갔다.

자조단은 2013년 3월 박근혜 대통령이 취임 이후 첫 국무회의 때 내린 '주가조작 엄단' 특명에 따라 그해 9월 신설된 조직. '주식 불공정 거래 조사의 컨트롤 타워'란 상징성과 검찰, 금감원 등으로부터 파견 받은 정예 인력을 앞세워 CJ E&M 미공개 정보 이용 등 굵직한 사건을 처리해 '금융 특수부'란 별칭도 얻었다. 한신공영 조사를 계기로 자조단의 영역은 단순 주가 조작에서 분식회계로 확대됐다.

회사채 금리 낮추려 분식했나

자조단이 한신공영에 적용하려는 조항은 '증권을 모집 매출할 때 중요사항을 거짓 기재해 재산상의 이익을 얻으려는 행위를 금지한다'는 자본시장법 178조다. 한신공영이 2009-2013년에 15 차례에 걸쳐 회사채 4340억원 어치를 발행한 만큼 회사채 금리를 낮추기 위해 회계장부를 조작했을 수 있다고 본 것이다.

실제 한국기업평가와 한국신용평가는 한신공영이 정정공시를 낸 직후인 지난해 10월 신용등급을 기존 BBB+에서 BBB로 각각 한 단계씩 떨어드렸다. 2009-2013년 중 BBB+ 등급과 BBB등급의 평균 회사채 발행 금리 차이는 1% 포인트 수준. 이 기간 중 한신공영이 채권발행에 따라 낸 이자액이 652억원(평균 이자율 연 7.4%)인데 지금의 신용등급을 적용할 경우 80억원 가량을 더 내야 했을 것으로 채권시장 전문가들은 추정하고 있다.

금융위 관계자는 그러나 "조사 초기 단계라 한신공영의 법 위반 여부가 확인된 건 아니다"고 말했다.

증권가에선 금융시장을 상시 감시하는 금융당국이 분식회계를 부정거래로 처벌하는 선례를 만들 경우 향후 상당한 분식 예방효과가 있을 것으로 예상하고 있다. 그동안 금융당국이 분식회계로 적발한 기업들은 부정거래(최고 징역 10년)보다 형량이 낮은 외부감사법에 따른 회계부정(7년)으로 처벌받는 데 그쳤기 때문이다. 동양이나 STX그룹 임직원 등에게 적용된 형법상 '사기'는 똑같이 징역 10년이지만, 금융당국이 아닌 검찰이 별도로 혐의를 입증했을 때만 적용할 수 있다.

한국경제신문. 2015. 2. 26.

삼일회계법인, '미공개 중요 정보 이용' 관련 금감원 내사 중.

삼일회계법인이 금감원 조사를 받고 있다는데. 이유를 알아보니 다음 카카오 회계감사를 나간 회계사가 타 부서 동료들에게 공시 전 매출 등 실적을 공유한 게 문제가 됐다고. 금감원은 동료 회계사들이 다음카카오 주식을 사서 시세차익을 얻었는지 여부보다도 미공개 중요 정보를 이용해 투자했다는 사실 자체를 문제 삼는 분위기. 금감원은 관련 직원들의 주식거래 현황을 조사하고 문제되는 부분이 있는지 파악해 조만간 범법 여부에 대한 판단을 내릴 것으로 전망. 현행법인 내부자(회사 임직원이나 주요 주주 등)와 준 내부자(인허가권자나 계약 관계자 등), 그리고 이들로부터 정보를 직접 전달받은 1차 정보수령자의 경우 처벌 대상이 된다.

금감원은 조사 중에 다른 내부자 정보 공유 사례를 포착했다며 대대적인 검사에 들어갔다는 후문. 그나마 삼일회계법인 입장에서 다행이라면 7월부터는 보다 법이 강화돼 1차정보수령자로부터 정보를 얻은 2차 이후의 정보수령자에게도 과징금을 부과할 수 있게 되는데(시장질서 교란행위 처벌 규정) 여기엔 해당 안 되는 정도라고.

미공개 중요 정보 이용 관련 이슈는 지난해 CJ E&M 정보 유출 사건 때 불거져 당시 IR 담당 직원은 영업이익이 기대에 못 미칠 것이라는 정보를 사전에 미리 애널리스트에게 알려줬는데 애널리스트가 다시 CJ E&M 주식을 보유하던 펀드매니저에게 전달했다. 펀드매니저는 미리 매도를 했고 공시 후 주식은 9% 가까이 떨어지면서 개인 투자자들이 피해를 입은 바 있어. 업계 관계자는 "CJ E&M 사건 이후 금감원 내사가 광범위하고 철저했다"고 귀띔.

매경이코노미. 2015. 7. 1.-2015. 7. 7.

'미공개정보'로 주식 산 회계사 재판에 넘겨진 첫 사례... 결과는?

회계감사를 하는 회사의 미공개정보를 이용해 주식투자를 했다가 적발된 회계사들이 재판에서 대부분 무죄를 선고받았다. 여러 동료 회계사들 거쳐 들은 미공개정보가 2차 정보수령에 해당돼 처벌 대상이 아니라는 이유에서다. 검찰은 기소한 회계사들이 2차 정보수령자라고 하더라도 1차 정보수령자들과 공범으로 봐야 한다고 주장했지만 받아들여지지 않았다.

17일 법원에 따르면 서울남부지방법원 형사6단독(판사 정덕수)은 미공개정보 이용(자본시장법 위반) 혐의로 기소된 삼일회계법인 회계사 배모씨와 이모씨에 대해 지난 15일 각각 징역 1년에 집행유예 2년을 선고했다. 검찰은 미공개정보 이용으로 배씨가 3억7000만여권, 이씨가 5억 6000만여원의 부당이득을 거뒀다고 주장했지만 법원은 배씨에 대해서는 30만원, 이씨에 대해서는 2500만여원만 부당이득으로 판단했다. 이번 사건은 회계사들이 미공개정보 이용 혐의로 재판에 넘겨진 첫 사례라는 점에서 주목받았다.

검찰에 따르면 배쌔와 이씨는 2014년 10월부터 2015년 2월까지 삼일회계법인과 딜로이트안진회계법인 회계사 총 14명과 공모해 각자 회계감사를 맡은 기업의 내부정보를 서로 공유해 주식과 선물에 투자했다. 자본시장법이 지난해 7월 개정되기 전에는 2차 정보수령은 처벌 대상이 아니었다. 그러나 검찰은 배씨 등이 1차로 정보를 수령한 건뿐만 아니라 2차로 수령한 건에 대해서도 모두 미공개정보 이용 혐의를 적용했다.

하지만 법원은 "배씨 등은 내부자나 1차 정보수령자들과 주식 매입 대금이나 수익을 서로 분배하지 않았기 때문에 공범으로 볼 수 없다"고 판시했다. 이씨를 대리한 법무법인 대호의 최수한 변호사는 "과거 비슷한 2차 정보수령 사건에서 대법원이 무죄를 선고했는데도 검찰이 굳이 기소했다"고 주장했다. 검찰 관계자는 "항소 여부를 검토하고 있다"고 말했다.

한국경제신문. 2016. 6. 18.

회사와 관련되는 공인회계사, 변호사, 평가를 수행하는 신용평가회사의 직원 모두가 회사 내부의 정보에 대해서 접근 가능하기 때문에 준 내부자로 분류되는 듯하다. 또한 집단소송제도에 있어서도 이들 준 내부자도 피소의 대상이 된다.

감사인의 비감사서비스 병행 여부와 관련되어 미국에서 2002년 엔론사태 이후의 SOX 제정 시점에도 어느 비감사서비스는 병행에 문제 유무와 관련된 상당한 논란을 거쳤다. 기업에서 감사인의 비감사서비스 병행에 찬성하는 이유 중의 하나는 만약에 병행이 불가하다면 비감사서비스를 위해서 다른 회계법인이나 용역회사를 선임하여야 하는데 이 경우, 기업의 기밀이 외부로 유출될 가능성이 높기 때문이었다. 이 정도로 기업은 자신들의 내부 정보의 유출과 관련되어 매우 민감하게 반응한다.

감사 정보 이용 시세차익 챙긴 회계사들 첫 징계

삼일회계 8명 검찰 고발 통보. 증권선물위원회

감사대상기업의 비공개 실적 정보를 이용해 부당 이득을 챙긴 국내 대형 회계법인 회계사들이 금융당국에서 처음 징계를 받았다. 26일 증권선물위원회는 이 같은 혐의로 삼일회계법인의 회계사 8명과 삼정회계법인 회계사 1명을 검찰 고발 또는 검찰 통보 조치했다고 밝혔다.

금융위원회 자본시장조사단이 조사한 이번 사건은 자조단이 압수수색의 권한을 처음 행사해 적발한 사건이다.

금융당국이 감사 정보를 이용해 부당 이득을 얻은 회계사를 처벌한 것도 이번이 처음이다.

자조단에 따르면 삼일회계법인 회계사인 A씨는 자신이 감사를 맡은 상장법인의 공시 전 실적 정보를 주식과 주식 선물 거래에 이용했고 회사 동료 회계사 6명에게도 그들이 감사하고 있는 기업의 실적을 알려 달라고 해 얻은 정보를 주식거래 등에 활용했다.

삼일회계법인 회계사 B씨와 삼정회계법인 회계사 C씨도 A씨와 마찬가지로 자신이 맡은 회사 실적 정보를 빼돌려 불공정 거래를 한 것으로 조사됐다. 30대 초반 비슷한 또래로 평소 서로 알고 지내던 A씨와 B씨, C씨 등은 모바일 메신저에 단체 대화방을 만들어 각자 알게 된 정보를 공유하기도 했다.

자조단은 압수수색 과정에서 이들 휴대폰에 기록된 대화 내용을 보고 관련 사실을 알아냈다. 자조단은 부당 이득 금액이 많은 3명은 검찰 고발하고 나머지 6명은 검찰 통보했다고 밝혔다.

금융당국은 이번 사건의 심각성을 인식하고 회계법인이 주식거래 관리 체계 개선 방안을 마련해 26일 발표했다. 금융위는 상장회사를 감사하는 97개 회계법인(소속회계사 8,653)에 자체적으로 소속 회계사의 주식투자 현황을 전면 점검해 금감원과 공인회계사회에 보고하도록 했다. 보고 내용은 회계법인의 투식투자 모니터링 시스템 구축, 운영 현황, 자체 점검 결과, 개선 방안 등이다.

금융위는 회계법인 소속 모든 임직원의 감사 대상 회사 주식거래를 전면 금지하고,

분기당 1회 이상 주식거래 내역을 주기적으로 점검하게 했다. 현재는 매니저급 이상 임원만 자신들이 참여하는 감사 대상 회사 주식 거래가 금지돼 있다. 주식거래 전면 금지 방안은 오는 12월까지 마련해 곧바로 시행할 예정이다.

이 밖에 회계법인은 사업보고서에 '주식거래 모니터링 시스템 구축 운영 현황'을 공시해야 한다. 금융위은 2017년 공인회계사사 2차 시험부터 '회계감사' 과목에서 직업 윤리 관련 문제를 출제할 예정이다.

매일경제신문. 2015. 8. 27.

감사인도 내부자는 아니지만 내부자 정보에 대한 접근이 가능하므로 내부자 거래와 관련되어서는 거의 같은 수준의 범법이라고 할 수 있다. 특히나 2015년부터 2차 정보 수령자도 조치를 받게 되어 있으므로 더더욱 이와 관련된 감독이 강화된 것이다.

회계감사 과목에서 직업 윤리 관련 문제를 출제한다고 해서 전문가들의 윤리 의식이 제고되는 것은 아니다. 대학교에서도 기업 윤리 과목이 개설되어 있지만 윤리라는 것이 class room setting에서 교육을 받는다고 해서 제고될 성격의 것인지에 대해서는 이견이 있다. 가정이나 사회, 종교에 의해서 교육되어야 할 내용일 수도 있다.

물론, 범법에 대해서는 일벌백계의 조치를 취하는 것이 선제적으로 범법에 대응한다는 효과는 충분히 있을 것이다.

금감원 회계법인 임직원 주식투자 특별감리

'빅4' 포함 15곳 대상 이달 말부터

금융감독원이 회계법인 임직원 주식투자 내부통제에 대한 특별감리에 나선다.

20일 금감원은 이달 말부터 2주 동안 삼일 PwC 삼정 KPMG, 딜로이트안진, EY한영 등 '빅4'를 포함한 회계법인 15곳을 상대로 특별감리를 실시한다고 밝혔다. 이번 감리에서 금감원은 회계법인 임직원 주식투자에 대한 내부통제 시스템이 제대로 갖춰졌으며 잘 작동하는지 점검할 예정이다. 박희춘 금감원 회계전문심의위원은 "일단 대형 회계법인 위주로 주식투자 관련 내부통제시스템을 집중적으로 들여다 볼 예정이며 감리 도중 부당 거래자들이 적발되면 엄중 조치할 것"이라고 밝혔다.

지난 8월말 금융당국은 삼일 PwC와 삼정 KPMG 회계법인의 젊은 회계사 9명이 감사 대상 회사 예상 실적 등 미 공개 정보를 이용해 주식투자를 하다가 적발돼 징계를 받은 사건을 계기로 회계법인 주식거래 관리체계 개선 방안을 발표한 바 있다. 이번 금감원의 특별 감리는 개선방안에 대한 후속 조치라고 할 수 있다. 당시 금융위는 회계법인 자체적으로 소속 회계사 주식 투자 현황을 전면 점검해 금감원과 한국공인회계사회에 보고하도록 했다. 또 회계법인 소속 모든 임직원의 감사대상 회사 주식 거래를 전면 금지하고, 분기당 1회 이상 주식 거래 내역을 주기적으로 점검하게 했다.

금감원은 한국공인회계사회를 통해 97개 회계법인 소속 회계사 8600여명의 주식 거래 내역과 내부통제시스템 구축 현황 등 집계 결과를 받아 이를 토대로 실제 현장 점검에 나설 예정이다. 정용원 금감원 회계심사국장은 "사내 내규를 정했는지, 내규에 따라 당장 해야 할 절차를 수행했는지, 중요 사항에 대한 회계법인 내부 교육 등이 철저히 이뤄져 임직원이 관련 내용을 공유하고 있는지 등을 점검하고 미흡한 점에 대해서는 개선을 권고할 예정"이라고 설명했다.

매일경제신문. 2015. 10. 21.

감사 때 얻은 정보로 주식 산 회계사들

삼일 삼정 안진 법인 32명
내부 정보로 수억원 부당이득

서울 남부지검 금융조사2부(부장 이진동)는 회계감사과정에서 알게 된 기업 내부 정보로 주식 투자를 해 수억원의 부당이득을 얻은 혐의로 삼일회계법인 소속 회계사 이모씨(29) 등 2명을 구속기소했다고 19일 밝혔다. 이들에게 미공개 정보를 전달하고 주식을 투자했지만 얻은 이익이 적었던 회계사 장모씨(31) 등 4명은 불구속 기소했다. 또는 검찰은 이씨 등에게 미공개정보를 넘겨줘 주식 투자를 도와준 회계사 7명은 약식 기소하고, 정보를 단순히 알려준 회계사 19명은 금융위원회에 징계하도록 통보했다. 적발된 회계사 32명 중 26명이 업계 1위인 삼일, 2명이 안진, 4명이 삼정회계법인 소속이었다. 이들은 모두 경력 5년차 미만이었다고 검찰은 밝혔다.

검찰에 따르면, 삼일회계법인 회계사인 이모(29, 구속기소)씨는 지난해 10월 '기업 회계감사로 알게 된 영업실적 등 미공개 정보를 이용해 주식에 투자하면 돈을 벌 수 있다'며 같은 회계법인 회계사 배모씨(30, 구속기소)씨를 범행에 끌어들였다. 두 사람은 실제 영업 실적이 증권사의 예상 실적보다 좋은 주식을 사들이는 수법을 주로 썼다. 이런 식으로 이씨는 14개 회사 주식에 투자해 4억7000여만원의 시세 차익을 챙긴 것으로 드러났다.

조선일보. 2015. 11. 20.

이런 건으로 회계사들이 법적 조치를 받은 것이 처음인 듯하다. 현업의 회계사들이 naive하게 주식과 관련된 정보를 심각하게 생각하지 않고 주고 받은 듯하지만, 이는 엄연히 범법이다. 과거에도 이러한 일이 없었을 것이라는 보장은 없다.

전 직원, 감사기업 주식 투자 하지마라

'회계법인 빅4' 고강도 내부단속 나선다
'김사정보로 불공정 거래' 원천차단
삼일, 임직원 3000여명
앞으로 삼성전자 주식 못 사
안진은 가족 거래내역도 신고
"투자의 자유 지나치게 제한"
일부선 불만 제기도

국내 회계법인들이 감사 대상 회사의 미공개 정보를 이용한 주식 불공정거래를 막기 위해 사실상 모든 임직원의 주식 투자를 막는 강도 높은 내부통제에 나선다. 공인회계사 등 감사업무와 직접 관련된 임직원은 물론이고 감사업무와 무관한 세무 재무자문 컨설팅 부문 직원까지도 해당 회계법인이 감사하는 회사 주식 투자를 금지하기로 했다. 지난해 불거진 회계사들의 주식 불공정거래 사태의 재발을 막겠다는 취지지만 "개인의 경제활동을 지나치게 침해하는 게 아니냐"는 지적이 나오고 있다.

-삼일 "담당 부서장도 해임"
10일 회계업계에 따르면 한국공인회계사회는 삼일 삼정 안진 한영 등 국내 주요 회계법인에 '단순 사무직을 제외한 모든 재직 임직원에 대해 해당 회계법인에서 감사를 맡고 있는 기업의 주식 투자를 전면' 제한하는 내부 지침을 마련하도록 했다.
이에 따라 삼정 안진 한영은 올해부터 인사 총무 홍보 등 사내 지원 업무를 하는 직원을 제외한 전 직원에게 피감사기업에 대한 주식 투자를 금지할 방침이다. 감사부문은 물론 세무 재무자문 컨설팅 연구소 등 감사와 상관없는 부문의 임직원도 주식 투자 제한 대상에 포함된다.

삼일은 기준을 보다 강화해 주식 투자 제한 대상에 지원부서 직원까지 모두 포함했다. 이에 따라 한국 대표기업 삼성전자를 감사하고 있는 삼일의 임직원 3000여명은 앞으로 삼성전자 주식을 살 수 없다. 삼일은 또 불공정거래를 한 직원은 물론 담당 부서장에게도 책임을 물어 최고 해임까지 검토하는 강도 높은 내부통제에 나설 방침이다. 안진은 매니저급 이상은 가족의 주식 매매 내역도 2주 이내 신고하도록 했다.

2014년 회계연도 기준(2014년 4월~2015년 3월) 삼일이 감사한 상장사는 355개사, 삼정은 225개, 안진은 245개사, 한영은 162개사다.

회계법인들은 또 임직원의 주식 취득과 보유 상황에 대한 신고도 의무화하기로 했다. 신고내역이 적정한지 주기적으로 증권예탁원 조회 시스템을 통해 점검하고 신고내역이 사실과 다른 직원은 징계하기로 했다.

이번 방안은 지난해 주요 회계법인 소속 일부 회계사가 미공개 감사정보를 이용해 수억원의 부당이득을 챙긴 혐의로 검찰에 기소되면서 회계법인의 자정 차원에서 마련된 것이다.

-"너무 획일적인 규제 아니냐" 불만도

회계업계에서는 이번 내부통제 방안을 놓고 "회계업계가 잃어버린 신뢰를 다시 회복하기 위해 불가피하다"는 의견과 "개인의 자유에 대한 지나친 침해"라는 주장이 엇갈린다. 회계사들이 미공개 정보를 이용하는 것은 분명히 잘못됐지만 일부 회계사들의 도덕적 해이 때문에 감사와 무관한 임직원의 주식투자까지 제한하는 것은 타당하지 않다는 주장이다.

이번 조치는 감사대상 기업 정보에 대한 접근성을 따지기보다는 '회계법인 소속 임직원 전원'이라는 다소 획일적인 기준이 적용됐다. 심지어 일부 회계법인은 한발 더 나아가 임직원에게 감사를 하지 않는 기업 주식 투자도 모두 금지하는 방안을 검토 중인 것으로 알려졌다.

이에 대해 한 회계법인 회계사는 "예를 들어 국토교통부 공무원이 부동산 투기를 하다가 적발될 경우 모든 국토부 공무원에게 부동산 투자를 금지하자는 얘기와 다를 것이 없다"며 "문제가 발생할 소지가 있다고 종사자 전체를 잠재 범죄자로 취급하는 것은 받아들일 수 없다"고 말했다.

한국경제신문. 2016. 1. 11.

12개 법인 회계사 30명 감사했던 기업 주식 수억원 부당거래 적발

회계법인 소속 공인회계사 30여명이 회계법인 자체 조사에서 부적절한 주식 거래를 한 혐의가 적발된 것으로 알려졌다. 금융위원회 산하 증권선물위원회는 23일 회의를 열어 이들과 소속 회계법인에 대한 징계 수위를 정할 예정이다.

22일 금융 당국 및 업계에 따르면 이번에 부적절한 주식거래가 적발된 회계사들은 회계법인 '빅4'로 불리는 삼일 삼정 안진 한영 회계법인을 포함해 12개 회계법인에 속해 있다. 가장 많은 회계사가 적발된 곳은 삼정 KPMG로 총 7명의 회계사가 부정 거래를 한 혐의를 받고 있다. 한영과 안진은 각각 2명, 국내 최대 회계법인인 삼일회계법인은 1명이 적발된 것으로 알려졌다.

이번 조사는 지난해 11월 검찰이 감사대상 회사의 미공개 정보를 이용해 주식 투자를 해 이득을 챙긴 회계사 32명을 적발한 데 따른 후속 조치이다.

이번에 적발된 회계사들은 미공개 정보 이용이 아니라 회계감사의 독립성 규정을 위반한 혐의를 받고 있다. 회계법인 감사본부에 속한 파트너급 이상 회계사는 자신이 감사를 하지 않았더라고 소속 회계법인이 감사를 맡았다면 그 기업의 주식을 거래해서는 안 된다. 또 주니어 회계사들도 자신이 감사를 맡은 기업의 주식을 거래할 수 없도록 돼 있다. 그런데도 이들은 소속 회계법인의 감사와 관련된 기업의 주식을 적게는 수백만원에서 많게는 수억원까지 거래한 것으로 알려졌다. 해당 회계사는 최대 직무정지, 회계법인은 감사 업무 제한의 징계를 받을 수 있다.

조선일보. 2016. 3. 23.

감사기업 주식 불법거래 혐의 12개 회계법인 회계사 22명 징계

금융위, 상장사 감사업무 1년 제한

삼정 KPMG 등 12개 회계법인과 소속 공인회계사 22명이 감사 대상 회사 주식을 불법 거래한 혐의로 금융당국으로부터 무더기 징계를 받았다.

금융위원회 산하 증권선물위원회는 29일 임시 회의를 열고 자신이 직접 감사하거나 자기가 속한 회사가 감사하는 기업 주식에 투자한 회계사와 이들이 소속된 회계법인을 '주식회사 외부 감사에 관한 법률'을 위반한 혐의로 중징계 조치했다.

이번에 징계를 받은 사원(파트너) 및 회계사는 22명(사원 17명, 회계사 5명)이다. 삼정(사원 5명, 회계사 2명)이 가장 많았다. 대주(사원3명), 한영(회계사 2명), 신우(사원 2명) 등의 관계자도 징계를 받았다. 삼일은 회계사 1명, 안진 삼덕 이촌 대성

선진 우덕 정동 등은 각각 사원 1명이 제재 대상이다.

삼정과 한영 소속 회계사 각 2명과 삼일 회계사 1명 등 5명은 주식 투자에 고의성이 있었던 것으로 드러났다. 이에 따라 유가증권 상장사 감사 업무 1년 제한 등의 중징계를 받는다. 나머지 회계사는 고의성은 없었지만 내부 정보를 이용했을 가능성을 추가로 들여다보기로 했다.

이들 회계사가 소속된 회계법인은 주식투자 대상 회사에 대한 감사업무제한 조치를 받았다. 손해배상공동기금도 추가로 적립해야 한다.

금융당국은 공인회계사 30여명이 미공개 정보로 주식 거래를 하다가 지난해 적발된 사건을 계기로 올 1월까지 법인 회계사 약 1만명의 주식 거래 내역을 전면 조사했다.

한국경제신문. 2016. 3. 30.

기아차, 삼정KPMG와 감사계약 해지

회계사들 부적절한 주식 투자
5개사, 1~2년 감사 제한

소속 회계사들이 감사대상 회사 주식에 불법 투자한 것으로 드러난 삼정KPMG 회계법인이 기아자동차 등 기업 다섯 곳과 감사계약을 해지하게 됐다.

5일 회계업계에 따르면 금융위원회 산하 증권선물위원회는 삼정 소속 회계사들이 주식 투자를 한 것으로 드러난 감사대상 기업 10여개 가운데 기아차 등 5개사에 대해 감사계약을 해지하도록 조치했다.

이전 조치로 삼정은 기아차에 대해 2년간, 나머지 4개 회사에 대해선 1년간 감사업무를 맡을 수 없다. 감사가 제한된 기업 가운데는 기아차 등 자산규모 기준 30위권 이내 대기업이 두 개 이상 포함된 것으로 알려졌다.

기아차는 이에 따라 삼일, 안진, 한영 회계법인 중 한 곳을 외부감사인으로 선임할 예정이다. 업계에서는 삼정에 감사를 받고 있는 기아차의 계열회사와 하도급 업체들도 회계처리의 효율성 등을 이유로 장기적으로 감사인 교체에 나설 가능성이 있는 것으로 보고 있다.

삼정은 현대제철 현대모비스 현대라이프생명보험 등 기아차 관계사의 외부감사를 맡고 있다. 지난해 받은 감사보수는 기아차 9억2000만원, 현대모비스 5억9000만원, 현대제철 5억5000만원 등이다.

회계업계 관계자는 "회계업계 간 수주경쟁이 치열해 한 번 뺏긴 기업은 다시 찾아오기 힘들다"며 "계열사까지 감사인을 교체하거나 보수 인하를 요구하면 삼정은 적잖은 영향을 받을 것"이라고 말했다.

금융당국은 공인회계사 30여명이 미공개 정보로 주식 거래를 하다가 지난해 적발된 사건을 계기로 지난 1월까지 법인 소속 회계사 1만명의 주식 보유 현황을 전수 조사했다. 삼정 등 12개 회계법인과 소속 공인회계사 22명이 감사대상 회사 주식을 불법 거래한 혐의로 금융당국으로부터 무더기 징계를 받았다.

한국경제신문. 2016. 4. 5.

공인회계사는 주식 투자도 하지 마라?

더욱 까다로워진 감사인의 독립성 준수

지난해 8월 국내 대형 회계법인 소속 젊은 회계사들이 상장사 감사 고객의 주식에 투자해 큰 이익을 본 후 감독 기관에 의해 적발된 사건이 있었다. 물론 그들이 취했던 전체 13억원의 부당 이익은 모두 몰수되고 투자한 당사자들은 사법 당국에 고발됐다.

나아가 지난 4월1일부터 특정 고객에 대해 감사 업무를 직접 하지 않더라도 공인회계사는 소속된 회계법인의 감사 고객에 대한 주식 투자를 전면 금지했다.

대체 독립성이란 것이 얼마나 중요하기에 헌법에 명시된 기본권 중 하나인 재산권의 침해 가능성이 제기됨에도 불구하고 업계 스스로 규제를 강화하려는 것일까. 가장 근본적인 이유는 공인회계사의 감사 업무를 공공재로 보기 때문이다.

한경비즈니스. 2016. 4. 25.-5. 1.

부실감사 비리 드러나... 궁지 몰린 회계법인들

불법행위로 무더기 징계
기존에 맡았던 업체서 퇴출
일감 얻으려 치열한 입찰 경쟁
금융당국이 지정해 주는 감사는 삼일 안진이 삼정 한영 압도

"회계법인이 호황이라는 것도 다 옛말입니다. 지금은 살아남기 위한 처절한 싸움만 남아있습니다." 최근 한 대형 회계법인 임원은 회계법인 업계의 현재 상황을 이렇게 설명했다. 지난해 국내 회계법인들은 기업 인수 합병과 빅딜 특수를 누렸다. 삼성과 한화의 방산 등의 빅딜이 진행됐고 대우증권 매각 등 조 단위의 인수합병전이 있었다.

회계법인들은 이런 사업에 대한 자문을 맡아 한 건당 수억원의 자문료를 받는 등 짭짤한 수익을 올릴 수 있었다. 그런데 올해 들어 예기지 못한 곳에서 상황이 바뀌었다. 부실기업에 대한 감사 책임 논란에 휘말리는가 하면, 소속 회계사들의 부정이 잇달아 적발되면서 주요 기업의 감사를 맡지 못하게 되는 상황이 생긴 것이다. 이런 변수들로 인해 회계법인 간 일감 확보 경쟁은 더욱 치열해지고 있다.

회계법인 업계, 내우외환

삼일 안진 삼정 한영 등 이른바 '빅4'로 불리는 대형 회계법인은 저마다 곤란한 상황에 처해있다. 연 4500억원대 매출로 독보적인 '넘버 1'인 삼일회계법인은 작년 11월 전대미문의 추문에 휩싸인 뒤 '내우외환'을 겪고 있다. 당시 서울남부지검은 회계사들이 피감 회사의 미공개 정보를 이용해 주식 투자를 한 사건을 수사 중이었는데, 삼일 소속 회계사가 총 26명 적발됐고, 이 중 두명이 구속됐다. 또 동양그룹 사태로 피해를 본 소액 투자자들이 동양네트웍스의 외부 감사를 맡았던 삼일에 집단소송을 낸 건도 현재 진행 중이다.

안진회계법인은 대우조선해양 부실회계 사건의 후폭풍에 시달리고 있다. 대우조선해양의 감사를 맡았던 안진은 부실 회계를 사전에 발견하지 못했다는 지적을 받고 있고, 금융감독원은 안진이 대우조선의 누적 손실을 고의적으로 숨겼는지 회계감리를 벌이고 있다.

삼정 KPMG도 도덕성 시비에 휘말려 있다. 최근 금융위원회 산하 증권선물위원회는 감사 대상 회사의 주식을 보유해 외감법을 위반한 회계법인 12곳을 발표했는데, 삼정 소속 회계사가 7명으로 가장 많았다. 문제는 증선위가 외감법 위반 사건과 관련된 회사에 대한 감사제한 조치를 내렸는데, 삼정이 감사인이던 상장사 중에는 규모가 큰 곳이 많았다는 데 있다. 빅4 가운데 한영 회계법인은 눈에 띄는 악재가 발생하지 않아 그나마 사정이 나은 편이다.

먹거리 줄어 수주전 치열

올해 초 대형 회계법인들의 최대 관심사는 금융감독원이 나눠주는 '외부 감사인 지정'이었다. 금융당국은 공정한 감사가 필요한 기업에 대해서는 감사인을 아예 지정해 준다. 예를 들어, 부채비율이 200%를 초과하거나 내부회계관리제도가 미비한 기업 등에 대해서는 회계법인을 지정하는 것이다. 외부 감사인으로 지정되면 입찰을 통해 감사를 맡을 때 보다 감사보수를 2배 정도 더 받는다. 예를 들어, 입찰을 통해 한 회사에 대한 감사 보수가 5억원으로 정해졌다면 감사인 지정을 통해서는 10억원 정도를 받을 수 있다. 이 때문에 회계법인들로서는 감사인 지정이 '가뭄의 단비' 같은 존재다. 최근 금융당국이 그 결과를 각 회계법인에 통보했는데 희미가 크게 엇갈렸다. 삼일은 15개, 안진은 12개를 받아 좋은 성적을 거둔 반면 삼정과 한영은 각각 6개와 4개를 받아 체면을 구겼다.

이런 상황에서 최근 뜻밖의 초대형 먹거리가 등장해 각 회계법인들이 사활을 건 수주전을 벌이고 있다. 최근 증선위가 외감법 위반과 관련해 회계법인 12곳에 무더기 징계를 내리면서 감사제한 조치도 함께 내렸는데, 이로 인해 10여개 대기업의 감사인이 시장에 매물로 나온 것이다. 대기업은 수억원에서 수십억원까지 감사 비용을 받을 수 있어 회계법인들로서는 놓치기 힘든 큰손 고객이다. 이 가운데 기아차 등이 특히 대어로 꼽힌다. 삼일 안진 한영이 모두 입찰에 참여했다가 안진이 수주에 성공했다. 업계에 따르면 안진은 최근 대우증권 외부감사인에도 선정된 것으로 알려졌다. 현재 회계법인들은 다음카카오 등 덩치가 큰 기업들을 놓고 외부 감사인이 되기 위해 치열한 수주 경쟁을 벌이고 있다.

최근 감사법인 지정 현황

삼일 15개, 안진 12개, 삼정 6개, 한영 4개

조선일보. 2016. 4. 28.

정보 알았나... 동부 건설 법정관리 신청 직전 그룹 계열사 임원들 주식 전량 매각

동부그룹 계열사 일부 임원들이 동부 건설의 법정관리(기업회생절차) 신청 직전 보유하고 있던 동부건설 주식을 전량 매각한 것으로 나타났다.

9일 금융감독원 전자공시시스템에 따르면 동부 물류계열사인 대성티엘에스의 문인구 대표는 지난달 26일 동부건설 1만2000주를 주당 1070원에, 황병순 컨테이너 터미날 대표는 지난달 29일 1만주를 주당 1052원에 장내에서 모두 팔아치웠다.

동부광양물류센터의 민상원 감사와 김수진 사내이사도 각각 지난달 24일과 29일에 4500주를 매각 완료했다. 이들은 동부건설이 유동성 위기를 해결하기 위해 지난해 5월 시행한 350억원 규모의 유상증자에 참여해 주식을 취득했다.

보유 주식 매각에는 제한이 없지만 시점이 문제였다. 이들이 주식 매각을 완료한 뒤 1주일도 지나지 않은 지난달 31일 동부건설은 서울지방법원에 법정관리를 신청했다. 이후 4거래일간 주식 거래는 정지됐고, 거래가 재개된 지난 8일 주가가 거래제한 폭까지 떨어진 데 이어 9일에도 12.98% 하락한 744원에 마감했다.

증권업계 관계자는 "동부건설이 유동성 위기에 빠져 경영에 어려움을 겪고 있었기 때문에 주식을 팔았을 것"이라면서도 "법정관리 신청 정보를 알고서 팔았을 가능성도

배제할 수는 없다"고 설명했다. 동부건설 관계자는 이에 대해 "기업회생 절차를 전격적으로 신청했기 때문에 동부 건설 내부에서도 아는 사람이 거의 없었다"며 "계열사 임원들이 알고 팔지는 않았을 것"이라고 해명했다.

한국경제신문. 2015. 1. 10.

웅진그룹 최대 주주의 배우자가 회사가 어려워지기 이전에 주식을 매도하여 이것이 내부자 정보에 의한 매도였는지에 대하여 이슈가 된 적이 있다.

'미공개 정보 유통' 분쟁 막아라. 사라지는 여의도 증권가 메신저

2000년대 이후 국내 증권맨들의 정보 교류 필수 아이템으로 꼽혔던 인터넷 메신저 미쓰리, 야후 메신저, 텔레그램이 사실상 여의도에서 사라지고 있습니다.

현대증권의 경우 지난 7월 애널리스트들의 외부 메신저 사용을 금지했습니다. 현대증권측은 "영업부서같이 업무상 필요성이 인정될 경우에만 사내 관련 부서에 외부 메신저 사용을 요청한 뒤 사용할 수 있다"며 "분쟁을 막기 위한 것"이라고 설명했습니다.

미래에셋증권도 현재 진행 중인 망 분리 작업이 완료되면 사내 메신저만 쓰도록 할 방침이라고 합니다. 미래에셋증권 측은 "미공개 정보 유통 등 '시장질서 교란 행위' 방지를 위한 금융감독원의 권고사항 때문"이라고 말합니다. NH투자증권도 내부적으로 1년반 전에 애널리스트들의 외부 메신저 사용을 제한했다고 합니다.

그간 여의도에서 메신저는 단순히 친목 도모 수단 이상인 '실시간 정보 시장'으로 통했습니다. 2004년 설문 조사 당시 증권가 영업사원 중 80% 이상이 메신저가 없으면 불편하거나 업무에 어려움을 겪게 될 것이라고 답했을 정도였지요.

하지만 지난 2011년 금융감독원이 '모범규준'을 들고 나오면서 사용이 크게 위축되기 시작했습니다. 메신저의 모든 정보와 사용 내역을 저장하고 필요시 열람할 수 있도록 하자 증권사들이 '외부 메신저 금지령'을 내리기 시작한 것입니다. 또 지난해 금감원이 채권 파킹 거래, CJ E&M 정보 유출 등과 관련해 자산운용사에 대한 대대적인 고강도 검사에 나서면서 1년반 동안의 메신저 사용 내역 제출을 요구한 것도 사용자들의 마음에 찬물을 끼얹었지요. 여기에 7월부터 '시장질서 교란 행위' 규제가 강화된 자본시장법이 시행되면서 사실상 메신저는 종언을 고하게 됐다는 분석이 많습니다. '미공개 정보'를 다른 사람들로부터 듣고 전달하거나, 이를 활용해 투자에 나서도 과징금 대상이 될 우려가 높아졌기 때문입니다.

그간 장외 채권 거래의 창구 역할을 해 온 '야후메신저'도 크게 위축될 전망입니다. 지난 6월 금감원은 향후 거래 내역의 기록을 유지할 수 있는 사설 메신저만 이용하도록 할 계획이라고 밝혔습니다. 메신저의 위축이 시장의 위축으로 이어지지 않아야 할텐데 걱정입니다.

조선일보. 2015. 9. 25.

'주식시장의 꽃' 화려한 시절은 추억으로 최고 연봉 애널리스트도 여의도서 짐싼다.

지난 7월 도입한 '시장질서 교란행위 규제'로 애널리스트 인력 이탈은 더욱 심화하고 있다. 시장 질서 교란행위 규제는 미공개 정보로 부당 이득을 올리는 사람에 대한 처벌 수위와 적용 대상을 확대하는 내용을 담고 있다. 최근 한 증권사는 애널리스트의 미공개 정보 이용으로 인한 금융당국의 제재가 잇따르자 러서치센터 폐쇄도 검토한 것으로 알려졌다. 소현철 신한금융투자 기업분석부장은 "기업 속사정을 파악해 기관투자자나 펀드 매니저 등에게 알려주던 일을 못하게 되면서 애널리스트 운신의 폭이 크게 줄었다"고 말했다.

리서치센터가 '비용부서'로 인식되면서 급여도 줄고 있다. 애널리스트 이탈에 대한 우려의 목소리도 나온다. 용대안 동부증권 리서치센터장은 "당장 비용이 들어간다고 투자에 소홀히 하면 증권사 경쟁력이 훼손될 수 있다"며

한국경제신문. 2015. 9.25.

애널리스트 수난시대... 5년새 3분의 1 퇴출

증권가의 꽃에서 고비용 저효율 '찬반'신세로
2011년 초 1500명 넘어섰다 올해 1086명으로 감소해
대형주 IT 쪽은 대폭 감원
신성장 산업 담당은 나은 편
투자자에게 기업 정보 제공
본연의 역할 훼손 우려도

잘 나가던 시절 '증권가의 꽃'으로 불리며 '젊은 억대 연봉자'로 취업 준비생들 사이에 최고 인기 직종으로 꼽혔던 증권사 애널리스트들이 궁지에 몰렸다. '고비용' 인력으로 치부되며 구조조정 1순위가 되는가 하면 기업 분석 보고서 작성보다 영업 활동

에 더 신경을 써야 하는 등 사내 대접도 옛날 같지 않기 때문이다.

25일 금융투자협회에 따르면 2011년 2월 한때 1580명에 달했던 애널리스트 숫자는 5년 새 1086명으로 31.3% 격감했다. 증권사 중에는 리서치센터를 없애는 곳까지 나타나면서 58개 증권사 중 토레스투자증권 등 9곳은 애널리스트가 단 한명도 없다.

증권사들이 애널리스트 감축에 나선 가장 큰 이유는 비용 절감이다. 2011년부터 코스피 지수가 1800~2000선에 갇히는 현상이 고착화되면서 거래량이 줄고 증권사 수익이 격감했다. 이 때문에 '고비용' 인력인 애널리스트들이 감축 1순위에 오르고 있다.

애널리스트 업종 부침 따라 희비 엇갈려

최근 5년 사이 애널리스트 3명 중 1명이 증권업계를 떠났지만, 애널리스트들이 맡고 있는 영역마다 희비는 엇갈린다. "애널리스트 숫자만 보면 업종별 경기가 보인다"는 얘기가 나오는 것도 이 때문이다.

과거 애널리스트 중에서도 '중견'으로 대접받던 정보통신 분야나 대형주 관련 애널리스트들은 찬밥 신세다. 관련 산업이 위축되면서 투자 보고서 수요가 줄어 감축 대상으로 전락했다. 예를 들어 한국투자증권과 현대증권에는 스마트폰 분야 전담 애널리스트가 없다. 과거 같으면 각각 한 명씩 나눠 맡던 조선 기계 건설을 한꺼번에 담당하거나 반도체 디스플레이 가전을 동시에 맡는 경우도 늘었다.

반면 신성장 산업으로 꼽히는 헬스케어 바이오 업종과 화장품 담당 애널리스트는 숫자가 늘었다. KDB 대우증권은 올 들어 헬스케어, 화장품 등 업종 애널리스트를 2명씩 늘렸고, 하나금융투자도 제약 바이오주 애널리스트를 새로 뽑았다. 또 초저금리 시대에 해외 투자가 대안으로 부상하면서 글로벌 투자 전략을 담당하는 애널리스트 숫자는 늘고 있다. KDB대우증권과 하나금융투자는 다른 부분을 줄이는 대신 중국 등 해외 투자 담당 인력을 대폭 늘렸다. 금융정보업체 에프앤가이드 김군호대표는 "결국 투자자 수요에 따른 현상"이라며 "애널리스트들이 기업을 분석해 작성하는 보고서의 클릭 수만 봐도 업종별로 큰 차이가 나기 때문에 증권사들도 '키우는' 업종보다는 '뜨는' 업종으로 애널리스트를 배치할 수밖에 없다"고 말했다.

분석 대신 영업 뛰는 애널리스트... 전문성 훼손 우려도

일각에선 우려의 목소리도 나온다. 한 증권사 관계자는 "요즘엔 보고서 작성보다 각 기업을 찾아다니며 투자금을 끌어오는 '영업'에 치중하는 애널리스트가 많다"고 말했다.

전문가들은 이런 관행이 고착화되면 기업을 면밀히 분석해 투자자들에게 기업 정보를 제공하는 애널리스트 본연의 역할이 훼손될 수 있다고 우려했다. 최근 한미약품

미공개 정보를 이용해 시세 차익을 노린 혐의로 구속된 애널리스트 사례처럼 부정행위가 잇따를 수 있다는 지적도 있다.

대표적 1세대 애널리스트인 이종우 IBK 투자증권 리서치센터장은 "2013~2014년 불황을 거치면서 증권사 리서치센터의 역할에서 분석보다 영업 비중이 높아진 것은 사실"이라며 "어쩔 수 없는 측면도 있지만 시장 기업 분석이라는 애널리스트의 역할과 전문성은 마지막까지 사수해야 할 부분"이라고 말했다.

조선일보. 2015. 12. 26.

증권사의 애널리스트가 비용 부서이므로 축소하거나 폐쇄한다는 것은 우리나라 증권사의 후진성의 단면을 보여 주는 것이다.

이는 마치 품질관리에 필수적인 회계법인의 품질관리실의 업무를 등한시하는 것과 동일하다. 수익을 창출하는 부서는 아니지만 cost center로서의 리서치센터나 품질관리실은 매우 중요한 부서이다. 또한 기업에서 감사부서가 영업을 수행하는 부서가 아니라고 이들 부서를 홀대하는 것과 동일하다.

chapter 28

사법경찰권

금융위 금감원 직원에 사법경찰권 부여

개정안 2년만에 법사위 통과

주가 조작 등 자본시장 교란행위 단속을 담당하는 금융위원회와 금융감독원 직원에게 사법경찰권을 부여하는 법 개정안이 시행을 위한 9부 능선을 넘었다.

9일 금융위에 따르면 자본시장 불공정거래행위 조사 단속 업무를 맡고 있는 금융위 소속 공무원과 금융위원장의 추천을 받는 금감원 직원에게 특별 사법경찰권을 부여하는 법률개정안이 지난 6일 국회 법제사법위원회 전체회의를 통과했다. 2013년 개정안이 발의된 이후 2년여 만이다. 최종 시행하기 위해선 국회 본회의 의결 등의 절차가 남았다.

특별사법경찰관 제도는 증권 등 전문성이 요구되는 분야에 한해 검찰과 경찰이 아닌 공무원 등에게 예외적으로 수사권을 부여하는 제도다. 일반 경찰과 마찬가지로 검찰의 수사지휘를 받아 강제 수사를 벌이고 사건을 검찰에 송치하는 권한이 있다.

법무부는 다만 민간인인 금감원 직원에 대해서는 제한적으로 사법경찰권을 부여할 방침이다. 우선 금융위 조사부서에 파견된 금감원 직원에 한해 권한을 주기로 합의했다.

한국경제신문. 2015. 7. 10.

chapter 29

아파트 단지 회계감사

1980년대 초에는 어느 정도 이상이 되는 아파트 단지에는 강제감사가 진행되었고, 80년대 중반부터 임의감사를 수행하다가 이번에 다시 강제감사로 정부의 정책이 변경되었다.

이와 같이 공공성이 있는 기관이라면 지정제를 시행하여야 하는 것 아닌지에 대한 논의도 있었고, 한공회는 지자체장이 감사인을 지정해 주도록 기대하였는데 공무원들이 책임지고 싶지 않아 하면서 이러한 감사인 지정은 진행되지 않았다.

> 아파트 주민 "비용 부담 싫다" 관리사무소 "감사 귀찮다" 회계사 "돈 안된다."
> 투명회계? .... 모두 고개 젓는 김부선법 <아파트 관리비 외부 감사 의무화>
>
> 감사 계약 아파트 5.7% 불과
>
> 올해부터 300가구 이상 아파트에 회계감사를 의무화하는 '대형 아파트 회계감사 제도'가 시행됐지만 첫 해부터 파행을 겪고 있다.
>
> 아파트 관리사무소와 입주자들은 "회계장부를 보여주기 싫다" "실속 없이 관리비만 오른다" 등의 이유로 감사 요청을 꺼리고, 회계법인들도 "수익성이 없다"며 새 시장을 외면하고 있어서다.
>
> 2일 한국경제신문이 국토교통부의 공동주택관리정보시스템의 아파트 회계감사 계약 현황을 분석한 결과 전국 300가구 이상 아파트 9925곳 중 지난 6월말까지 회계감사 계약을 맺은 곳은 571곳으로 집계됐다. 회계감사 대상의 5.7%에 불과하다.
>
> 국토부는 지난해 주택법을 개정해 올해부터 300가구 이상 공동주택은 매년 10월 31일까지 외부감사를 받도록 했다. 외부감사를 받지 않으면 아파트 관리주체(관리사무소)에 1000만원 이하 과태료가 부과된다. 이 법은 개정 직후 아파트 관리비 관련 비리를 폭로해 사회적으로 주목 받은 배우 김부선 씨의 이름을 따 일명 '김부선법'으로 불리기도 한다.
>
> 감사계약 실적이 저조한 이유는 회계사와 아파트 주민 모두 부정적인 인식을 갖고

있기 때문이다. 관리비를 둘러싼 부조리를 척결하는 데는 모두 공감하지만 정작 관리비 상승을 부담스러워하는 주민이 많고, 회계사는 회계사대로 감사보수가 너무 싸다는 불만이 있다.

특히 주택관리사협회와 아파트입주자대표연합회 등 아파트 감사 의무화에 반대하는 단체들이 지난달 공정거래위원회에 회계법인들의 아파트 감사 참여를 독려하던 한국공인회계사회를 담합 혐의로 신고하면서 관련 단체간 갈등이 고조되고 있다.

한국경제신문. 2015. 7. 3.

가구당 연1만원 꼴인데... 비용에 발목 잡힌 아파트 회계감사

주민 3분의 2 동의 받아 감사 회피 추진

경남 창원에 있는 300가구 규모의 A아파트. 지난달 외부 감사인 선정을 위해 두 차례 입찰을 진행했지만 감사인을 선정하지 못했다. 경쟁입찰에 참여한 지역 회계사들이 당초 A 아파트가 예상했던 감사보수 100만원의 두배가 넘는 가격을 써냈기 때문이다. 요즘 이 아파트는 주민 3분의 2이상 동의를 받아 회계감사를 받지 않는 방안을 추진하고 있다.

전국 주택관리사협회, 전국아파트입주자대표연합회 등 아파트 관리소 단체나 입주자 단체들은 올 들어 아파트 회계감사 의무화를 폐지해 달라고 국회나 청와대에 잇따라 진정서를 내고 있다.

이관범 주택관리사협회 사무총장은 "공인회계사측에서 100시간이라는 가이드라인을 회계사들에게 내리다 보니 연간 회계보수를 300만원, 400만원씩 부르는 경우가 많다"며 "대형 아파트의 회계장부 등이 국토교통부에 공시되고 있는 상황에서 회계감사 의무화까지 강요하는 것은 지나친 규제"라고 말했다.

회계사들은 아파트 감사 수임에 부정적이다. 투입시간과 노력에 비해 수익성이 낮은 데다 자칫 주민 간 다툼에 휘말릴 수도 있기 때문이다. 이러다 보니 소규모 회계사들로 이뤄진 감사반이나 개인 회계사들이 관심을 보이는 정도다.

사후 제재도 부담이다. 회계사들이 아파트 측 요구대로 감사보수를 낮추고 감사시간을 줄였다가 부실 감사가 되면 직무정지 등 제재를 받을 수 있다.

회계업계에선 적정 아파트 회계감사 보수를 500가구, 감사시간 100시간 기준으로 연 500만-600만원가량으로 추정하고 있다. 가구당 연간 1만원꼴이다. 하지만 실제 시장에서 형성된 평균 계약 금액은 190만원이다.

한국경제신문. 2015. 7. 3.

용역에 대한 대가에는 그에 상응하는 가격이 지불되어야 한다. 싼 것이 비지떡인데, 위의 신문기사에서는 부실감사에 대한 제재에 대해서 언급하고 있는데 누가 이러한 제재의 주체가 되어야 하는지에 대해서는 명확하지 않다. 금융위원회/금융감독원은 민간기업에 있어서 회계분식/부실감사가 진행되었는지에 대한 감리를 맡고 있다.

아파트의 감사가 잘못되었다면 이에 대해서는 국토교통부가 그 제재의 권한이 있을 것인데 국토부는 회계에 대한 전문성이 없다. 그렇다고 회계에 대한 전문성을 갖는 금융위원회/금융감독원이 본인들 업무 영역도 아닌 부분에 개입하는 것이 맞는지에 대해서는 의문이 있다.

chapter 49에서 사학재단에 대해서 공인회계사가 감사를 수행하는데 대한 부실 감사에 대해서는 누가 징계권이 있는지에 대한 건이나 유사한 건이다.

사학재단의 경우는 peer review로 그 문제를 해결하였지만 아파트 감사의 경우는 한국공인회계사회가 그 품질관리 업무를 맡고 있다.

삼일의 안경태회장이 '싼값' 대신 '제값'주는 사회라는 column을 게재하였다(한국경제신문. 2015. 7. 30.). 국가에는 국격이라는 것이 있으면 국민의 수준은 민도를 보면 알 수 있다. 아무리 경제가 발전한 국가라고 하여도 국민의 수준이 이에 버금가지 못한다고 하면 이는 경제적인 발전과 국민의 의식수준에 간극이 있는 것이다. 경제적으로 성공하였지만 여러 가지가 부족하면 우리가 흔히 졸부라는 표현을 많이 사용한다.

미국 또는 유럽의 선진국의 경우 우리가 경제뿐만 아니고 선진국이라고 하는데 이에는 infra를 포함한 모든 것을 내포한다. 물론, 회계감사라는 용역은 cost가 발생하는 구매활동이다. 그러나 더 큰 비용이 발생하지 않도록 누군가 이해 관계자가 더 큰 금액을 횡령하거나 속이지 못하도록 예방적인 차원에서 회계감사를 수행하는 것이다.

중국고섬이 상장하고 6개월만에 상폐되면서 우리가 중국 기업의 회계의 투명성에 대해서 의문을 갖게 되는 기회가 되었다.

특히 주택관리사협회와 아파트입주자대표연합회 등 아파트 감사 의무화에 반대하는 단체들이 과거에 공정거래위원회에 회계법인들의 아파트 감사 참여를 독려하던 한국공인회계사회를 담합 혐의로 신고하면서 관련 단체 간 갈등이 고조되고 있다는 기사에 대해서는 황당할 뿐이다.

한국공인회계사회는 공인회계사들의 모임으로 이들이 공인회사들의 이익 단체이기도 하지만 공적인 영역에 있는 단체이다. 흔히 공인회계사를 자본주의의 파수꾼이라고 한다. 그들만의 이권을 추구한다고 하면 배타적인 집단으로 인식될 수도 있지만 공적인 영역에 가 있는 협회이다.

300가구가 넘는 아파트 단지에 회계감사가 강제 된다면 이러한 감사를 수행하여야 하는 업무는 당연히 공인회계사의 몫이다. 수임료가 적정 수준인지는 알 수 없고 수임료의 결정은 시장 메카니즘에 의해서 진행되지만 이러한 업무를 공인회계사가 수행하지 않는다고 하면 과연 누가 이를 진행하여야 할지..

어떠한 직군이 되었던 그들이 하는 업무에는 당연히 功過가 있을 수밖에 없다. 過 때문에 그 직군이 매도될 수는 없다. 모든 직업이 동일하며 공인회계사가 수행하는 업무도 동일하다. 법으로 이 업무를 수행하도록 되어 있는데 대형 회계법인일 경우, 아파트 단지와 가격대가 맞지 않는다면 이 업무를 수행하지 않을 것이다. 물론, 그들의 자유의사에 의한 것이다.

회계법인은 공익성도 있지만 당연히 영리 법인이므로 영리성을 추구한다. 따라서 가격대가 맞는 회계법인이나 감사반이 아파트 단지에 대한 용역을 수행할 것이다.

이 업무가 고유하게 회계감사를 수행하는 공인회계사들이 맡게 되는 업무이므로 공인회계사회는 회계법인들에게 이를 독려하는 요청을 하는 것은 너무도 당연한 일이다. 누군가는 이 일을 해야 하는 것이다. 공적인 회계감사를 수행하도록 되어 있는데 감사인(회계법인이나 감사반)이 이 업무를 수행하지 않는다면 이 업무를 수행할 사람이 아무도 없게 된다. 주택관리사협회와 아파트입주자대표연합회가 이를 희망하는 것인지 알 수 없다.

물론, 한공회가 아파트 감사업무에 대해서 감사수임료를 담합하는데 일조하였다면 이는 공정위에 담합혐의로 신고할 수 있다.

그러나 회계법인들 간에도 이해 관계가 얽힐 수 있고, 또한 현 상태에서의 수임료가 너무 낮아서 아무도 잘 맡지 않으려고 하는 아파트 단지 회계감사에 한공회 차원에서 가격을 담합해 개입할 사유를 읽기 어렵다.

단 한가지 한공회 차원에서 개입했다고 하면 이는 덤핑으로 인해서 가격이 너무 낮아지고 또 이로 인해 품질이 낮아질 수 있다는 것이 아마도 한공회가 우려하는 유일한 내용일 것이다.

우리말에 '싼 것'이 비지떡이라는 표현이 있다. 제값을 주고 구매해야지 당연히 이에 상응하는 품질이 나오는 것이다.

위 기사의 마지막 문단의 내용은 아래와 같다.

회계업계에선 적정 아파트 회계감사 보수를 500가구, 감사시간 100시간 기준으로 연 500만-600만원가량으로 추정하고 있다. 가구당 연간 1만원꼴이다. 하지만 실제 시장에서 형성된 평균 계약 금액은 190만원이다.

감사시간이 100시간인데, 현재 평균 감사수임료가 190만원이라면 시간당 19,000원에 감사를 수행하라는 것인데, 우리나라의 최저 임금이 5,000원이다. 공인회계사들로 하여금 최저 임금의 네 배 만을 받으면서 업무를 하도록 기대하는 것인데 이는 품질 높은 감사를 기대하기 어렵다. big 4 회계법인의 시간당 감사수임료는 평균 6-8만원에 이르고 있으니[23] 시장 가액의 1/4에 감사를 진행하라는 것이다. 대형 회계법인과 개인 공인회계사/감사반 간의 수임료의 차이를 고려한다고 해도 제대로 된 감사를 기대하기 어렵다.

당연히 수임료를 얼마 받는지에 대해서는 각 감사반이나 회계법인이 알아서 판단할 문제이다. 다만 한공회 차원에서는 수임료가 너무 낮아지면서 품질이 저하되고 공인회계사들이 due care를 행사하지 못함으로 인한 문제에는 신경을 써야 한다.

서울 아파트 관리장부 첫 공개... 횡령, 뒷돈 '얼룩'

4곳 중 1곳 관리비 '회계 부실'
'비리 위혹' 노원구 가장 많아

서울 아파트 단지가 네 곳 중 한 곳 꼴로 관리비 회계가 부실한 것으로 나타났다. 일부 아파트는 관리비 횡령 리베이트 거래 등 위법 가능성이 크다는 분석이 나왔다.

한국경제신문이 국토교통부의 공동주택관리정보시스템에 최근 공개된 서울지역 300가구 이상 아파트 단지 감사보고서(2014년)를 분석한 결과, 전체 1023곳 중 6%인 267 곳이 한정의견과 부적정, 의견거절 등 부적합한 판정을 받은 것으로 드러났다. 아파트 회계장부가 외부감사에서 부적한 판정을 받은 것은 관리비가 유용되는 등 제대로 관리되지 않고 있다는 의미다.

이들 감사보고서 공개는 배우 김부선씨의 아파트 난방비 비리 폭로로 개정된 주택

23) Chapter 16의 내용을 참조한다.

법(일명 김부선법)에 따라 이뤄진 것이다. 부적합 판정 이유는 필수 서류 미제출, 주민 동의 없는 관리비 사용, 공사 및 용역 계약 위법 등 다양했다. 아파트 수익 사업의 수입 전액을 부녀회장이 빼돌리거나 난방비와 수도료를 한 푼도 내지 않은 가구가 있는 아파트도 있었다.

일부 아파트 단지 부녀회는 관리비를 매년 1000만원 이상 마음대로 갖다 쓰는가 하면, 각종 아파트 공사 업체가 불투명하게 선정돼 관리사무소와 입주자대표 회의 등이 리베이트를 받는다는 의혹마저 제기되고 있다.

관리비는 쌈짓돈

부적합 의견을 담은 단지 267곳 중 154곳(57%)이 현금흐름표를 내놓지 않았다.

법 어기고 수의계약

입주자 대표회의에서 각종 공사 업체를 법적 근거 없이 선정하는 것도 문제로 나타났다. 계약금이 200만원 이상인 경우 경쟁 입찰을 통해 업체를 선정하는 것이 원칙이지만 수의계약을 한 곳이 수두룩하다했다.

한국경제신문. 2016. 1. 11.

일반 기업에 대해 비적정의견을 받는 확률이 1% 정도에 그치는데 6%의 아파트 단지가 부적합하다는 의견을 받았다면 아파트 관리비 실상이 어느 정도인지를 미루어 짐작할 수 있다. 이렇게 아파트와 관련된 회계가 부실한데도, 아파트 관리비에 대한 회계감사에 주민들이 소극적이라는 것이 믿어지지 않는다. 小貪大失의 결과를 빚을 수 있는 경우이다.

전국 아파트 5곳 중 1곳 관리비 샜다

정부, 대형 단지 8991곳 첫 외부 회계감사

비리 입건 76.7%가 입주자 대표 회장, 관리소장

정부가 처음으로 전국 중 대형 아파트에 대해 회계감사를 벌인 결과, 5곳 중 한 곳은 회계 부정 등 문제가 있는 것으로 드러났다. 한 아파트는 무려 20억 원의 부정 의혹이 드러났다.

국무조정실 정부합동 부패척결추진단이 관련 법령 개정에 따라 국토교통부, 지방자치단체, 경찰청, 공인회계사회와 합동으로 실시한 공동주택 회계감사 결과를 10일 발표했다. 전국 300가구 이상 9009개 단지 중, 8991개(99.8%) 단지를 대상으로 한 결과, 19.4%(1610개)가 회계처리 '부적합' 판정을 받았다. 또 관련 비리로 입건된 이 중 76.7%가 입주자 대표회장과 관리소장인 것으로 나타났다.

아파트 관리의 투명성 제고를 위한 외부 통제와 처벌도 강화된다. 정부는 아파트에 대한 외부감사 결과를 감독 기관인 지자체에 제출 보고하도록 의무화함으로써 감사 업무에 활용될 수 있도록 제도를 개선하기로 했다.

공사대금은 장기수선충당금에서 집행해야 함에도 이를 어기고 수선유지비로 지출한 뒤 입주자에게 관리비로 부과한 것으로 드러났다.

19.4%의 부적합 판정은 일반 상장기업들의 회계처리 부실 비율(1%)과 비교했을 때도 매우 높은 수준이다. 부적합 단지 중에서는 현금흐름표를 작성하지 않아 현금 유출입을 파악하기 어려워 문제가 된 곳이 517건(43.9%)으로 가장 많았다.

문화일보. 2016. 3. 10.

아파트 5곳 중 1곳, 관리비 줄줄 샜다.

19.4%가 한정, 부적정, 의견거절 판정을 받았다, 2014년 상장법인 감사에서 부적합의견을 받은 기업이 0.1%에 그친 것과 비교하면 매우 높은 수준이다. 코스닥 상장사는 부적절의견이 상장폐지의 근거가 될 수도 있다.

한국경제신문. 2016. 3. 11.

chapter 30

구두지침

금융위 "구두지침 등 그림자 규제 <금감원의 비공식 규제> 없애겠다."

'비조치 의견서' 확대로 비공식적 행정지도 근절…금감원 입지 줄 듯

금융위원회가 앞으로 비조치의견서를 활용해 그림자 규제로 불리는 비공식 행정지도를 근절하기로 했다. 금융위가 비공식행정지도를 없애기로 했지만, 금융현장의 규제완화 체감도가 여전히 미진하다는 판단에서다.

금융위는 13일 특정행위가 법령에 위배되는지 여부를 미리 통지해주는 비조치의견서 요청 대상을 법령 뿐 아니라 금융당국의 공문으로까지 확대하기로 했다. 앞서 지난 3월 시행한 비조치의견서를 행정지도와 주의환기, 이행 촉구, 구두지침 등 비공식적 규제로까지 넓힌 게 핵심이다.

비조치의견서는 금융회사가 금융당국에 특정행위에 대해 제재 등의 조치 등을 취할지 여부를 물으면 답변하는 제도다. 금융당국이 법규에 위반되지 않는다고 회신하면 금융당국은 사후에 법적 조치를 취하지 않는다. 따라서 금융회사로서는 비조치의견서로 승인 결정을 받으면 즉각 계획을 실행에 옮길 수 있다. 금융당국은 필요할 경우 사후적으로 관련 법령을 정비한다.

금융위는 비조치의견서 제도를 지난 3월 말 도입한 뒤 금융 규제 민원 포털과 현장점검반 활동 등을 통해 모두 44건의 사안에 대한 공식적인 의견 표명을 요청받았다. 이 중 29건에 대해 회신을 완료해 관련 규제를 해소했다.

하지만 금융회사 사이에선 체감 효과가 떨어진다는 지적이 많았다. 비공식 행정지도 관행 등의 그림자 규제가 여전한 탓이라는게 금융위 판단이다.

이달 초 금융회사를 대상으로 시행한 '금융개혁 100일' 설문조사에서도 비공식적 행정지도가 근절됐다고 응답한 비율은 21.9%에 불과했다.

금융위가 '법령 해석 및 비조치 의견서 업무처리에 관한 운영규칙'을 개정해 행정지도 등 그림자 규제도 비조치의견 대상에 포함하기로 한 것은 이 같은 배경에서다. 예컨대 금융감독원이 문서 없이 구두로 금지한 행위에 대해 앞으로 금융회사가 금융위

에 위반시 제재 여부를 문의할 수 있다.

김근익 금융위 금융소비자보호기획단장은 "다음 달 운영규칙 개정을 완료할 계획"이라며 "비조치의견서 제도가 금융당국과 금융회사간 소통 창구로 가능할 것"이라고 말했다.

금융위의 이번 조치로 금감원의 기능과 역할은 축소될 것으로 금융업계는 보고 있다. 금융위가 제 개정한 각종 법령과 감독규정 운영규칙의 현장 적용을 담당하는 금감원이 그동안 행정지도 등의 규제를 통해 큰 힘을 발휘해왔으나 앞으로는 기능이 약화될 수밖에 없어서다.

금융위는 이번 운영규칙 개정안에 법령해석심의위원회 설치 사유로 '심의위원장(금융위 상임위원)이 필요하다고 판단할 경우'를 추가할 계획이다. 그림자 규제를 풀어줄 때 금감원이 설사 반대하더라도 심의위원회에 회부될 수 있다는 얘기다.

금융당국 관계자는 "금융회사 사이에서 금융위 과장보다 금감원 수석이 더 무섭다는 얘기는 공공연한 비밀 아니냐"며 "비공식 행정지도 등 낡은 관행이 금융 혁신을 가로막는 악순환은 없어져야 한다"고 말했다.

한국경제신문. 2015. 7. 14.

투자자문사가 금감원 2명 월급 가압류 '을의 반란'

"위법적 수색으로 회사가 피해" 법원이 받아들여
1인당 1억1000만원씩... 금감원 '적법절차' 반박

'을'의 지위에 있는 투자자문사가 금융계 '저승사자'로 불리는 금융감독원 직원들을 상대로 월급 가압류를 신청해 법원에서 받아 들여졌다. 피감기관이 '절차가 위법하다'며 감독기관을 상대로 법적 조치를 한 사례로, 앞으로 파장이 예상된다.

서울중앙지방법원 민사 53단독 최기상 부장판사는 이숨투자자문 주식회사 대표 안모씨가 금융감독원 양모 팀장과 권모 수석검사역을 상대로 "불법적 현장 조사로 회사가 입은 손해를 메우기 위해 각각 1억1000만원이 될 때까지 급여를 압류해 달라"는 채권 가압류 신청을 받아들였다고 6일 밝혔다.

이 사건은 지난 8월 31일 금융감독원이 서울 강남의 이숨투자자문 사무실을 현장 조사하는 과정에서 불거졌다. 금감원은 이 회사가 불법 유사 수신 행위를 한다는 제보를 받아 현장 조사에 나섰다. 이숨 측은 "금감원 직원들이 절차와 규정을 지키지 않고 고객이 있는 상태에서 무단으로 들이닥쳐 서류와 컴퓨터를 강제로 압수 수색하고 컴퓨터 등에 스티커를 붙여 손대지 못하게 '봉인 조치'를 했다"고 주장했다.

금감원은 조사 대상인 금융기관의 협조를 받아 자료를 제출받고 관계자 출석 및 진술을 요구할 수 있지만 수사기관처럼 영장을 발부받아 압수 수색을 할 권한은 없다. 당시 이숨 측은 경찰에 "금감원 직원들이 무단 침입했다"고 신고했고, 경찰관들이 오자 금감원 직원들은 자료를 둔 채 철수했다. 검찰은 지난달 18일 금감원 대신 이숨 사무실을 압수 수색하고 대표를 구속했으며 현재 수사를 진행하고 있다.

이에 앞서 이숨 측은 당시 현장조사를 나왔던 금감원의 양팀장 등 직원 7명을 직원 남용 및 업무 방해 등으로 고소하고 급여 가압류 신청도 냈다. 다만 재판부의 권유에 따라 팀장과 수석조사역을 제외한 나머지 직원들에 대한 가압류는 취하했다. 이숨 측은 신청서에서 "불법 현장 조사로 업무가 마비됐고 고객 200여명이 계약을 해지했다"며 "그로 인한 손해배상소송을 내기에 앞서 가압류를 한 것"이라고 밝혔다.

이번 가압류에 따라 해당 금감원 직원들은 월 급여의 절반 가량을 받지 못하게 된다. 다만 가압류는 상대편인 금감원 직원들의 의견을 듣기 전에 이뤄진 '긴급 조치'여서 앞으로 직원들이 이의신청을 하고 의견을 내면 결과가 달라질 수 있다.

한편 금감원측은 "적법 절차를 밟아 현장 조사를 했다"며 "이숨의 일방적 주장에 따른 가압류에 대해 이의신청을 하고 앞으로 민 형사 절차에서도 변호사를 선임해 대응하겠다"고 밝혔다.

조선일보. 2015. 10. 7.

chapter 31

대우조선해양

대우조선해양, 2조원대 손실 숨겼다.

그동안 재무제표에 반영 안해
정부 "조선업 구조조정 착수"

대우조선해양이 해상 플랜트 분야 등에서 2조원대의 누적 손실이 발생했지만, 재무제표에 반영하지 않고 그동안 공개하지 않았던 것으로 확인됐다. 지난 2011년 1척당 6000억원에 수주한 4척의 극지 리그 건조 과정에서만 1조원 정도의 손실을 입은 것으로 알려졌다.

정부 관계자는 14일 "대우조선해양이 자체적으로 조사를 하고 있는데 2조원 정도의 손실이 그동안 실적에 반영되지 않았다고 한다"면서 "최종적인 손실 규모는 다음달 초에 확정될 것"이라고 말했다. 해상 플랜트는 고정식이나 이동식 원유 시추, 생산시설 등이다. 대주주인 산업은행 관계자는 "해당 플랜트 사업 분야 외에 루마니아의 대우망갈리아중공업 등 자회사 부실로 예상보다 크다"면서 "손실이 3조원에 육박할 수도 있다"고 말했다.

대우조선해양과 함께 조선업계 '빅3'로 불리는 현대중공업과 삼성중공업은 지난해 그동안 쌓았던 부실을 실적에 반영했다. 현대중공업은 3조2495억원에 달하는 사상 최대 영업 손실을 기록했고, 삼성중공업도 해당 플랜트 사업에서 발생한 7500억원의 손실을 반영해 영업이익이 전년보다 80% 줄어든 1830억원에 그쳤다. 그러나 대우조선해양은 지난해 4508원의 영업이익을 발표했다. 지난달 취임 직후 정성립사장은 "조선 '빅3'의 해양 플랜트 비중이 비슷한데 과연 작년에 우리만 잘했을까 의문이 들었다. 실상을 파악하겠다"고 말했다.

정부는 대우조선해양의 부실 규모가 공개되면 성동조선 등 중형 조선소의 경영난이 악화된 상태에서 조선업종의 회사채 만기 연장 등 자금조달이 어려워질 가능성이 있다고 보고 구조조정 지원 방안을 준비하고 있다. 대우조선해양은 올 연말까지 5000억원 정도의 회사채 만기가 돌아오는 것으로 알려졌다.

조선일보. 2015. 7. 15.

대우조선 손실 은폐 파장... 빅4 회계법인 잇단 '투자자 소송' 위기

분식회계에 대한 부실감사 문제가 다시 불거지면서 빅4 회계법인에 먹구름이 드리워졌다. 대규모 투자자 소송에 직면할 위험성이 커진 탓이다.

안진회계법인은 대우조선해양 부실 은폐 문제로 비상이 걸렸다. 20일 금융감독원은 "'2조원대 손실 은폐 의혹'이 불거진 대우조선해양에 대해 회계감리에 착수할지 예의 주시하고 있다"고 밝혔다. 대우조선해양은 해양플랜트 사업 지연 등에 따른 손실 회계 혐의가 사실로 드러나면 안진회계법인 또한 책임에서 자유롭긴 힘들 것으로 전망했다.

한영회계법인은 지난 15일 열린 제13차 증권선물위원회 의결에서 동양인터내셔널, 동양, 동양시멘트 문제로 중징계가 결정됐다. 특수관계인간 거래에 대한 감사 절차 소홀로 20-30%의 손해배상공동기금 추가 적립 처분과 함께 감사업무 제한 등의 징계를 받았다. 특히 한영은 일반 투자자들에게 기업 어음을 발행해 광범위한 대규모 투자손실을 양산한 동양시멘트의 회계감사를 맡았다는 점에서 향후 일반 투자자들에게 대규모 손해배상 청구소송을 당할 여지가 켜졌다.

삼일회계법인과 삼정회계법인도 각각 대우건설과 STX조선 문제로 골머리를 앓고 있다. 대우건설 중징계 여부는 이달 말 결정될 예정이다. 삼일은 대우건설이 다른 건설사에 비해 손실충당금도 충분히 쌓아두는 등 보수적인 회계 처리를 해 왔기 때문에 중징계가 결정되면 감리 불복 소송도 불사한다는 입장이다. 삼정은 강덕수 전 STX그룹 회장의 형사 소송 항소심을 지켜보고 있다. 지난해 있었던 1심에서 강 전회장은 2008년부터 2012년까지 5841억원 규모 분식회계를 했다는 이유 등으로 징역 6년을 선고받은 바 있다. 강 전 회장의 분식회계 혐의가 최종 확정되면 이를 제대로 감사하지 못한 안진도[24] 일부 손해배상 책임을 질 수 있다.

부실회계 감사 문제가 확산되고 있는 가운데 감독당국에 대한 비판의 목소리도 높아지고 있다. 금융감독원에 따르면 지난해 1848개사의 감사보고서 중 회계법인들이 적정의견을 내린 기업은 99%에 달해 전년(99.1%)과 비슷한 수를 유지했다. 이번에 2조원대 이상 부실 누락으로 문제가 되고 있는 대우조선해양 역시 안진회계법인에서 적정을 받은 바 있다. 이 때문에 감독당국이 회계법인들에 대해 좀 더 강력한 감사를 할 필요가 있다는 말들이 나온다.

이 같은 문제를 해결하기 위해 금감원에서는 연초 감독 1, 2국으로 나뉘었던 회계감리 부서를 회계심사국과 회계조사국으로 변경해 기본적인 사항은 심사국에서, 심층감리는 조사국에서 담당하도록 하면서 감리주기를 단축하기로 했다.

업계에서는 지금의 감리 체제를 바꿀 획기적인 방안이 나와야 한다고 목소리를 높인다. 한 대형 회계법인 감사 부문 대표는 "범죄(분식회계)를 줄이려면 도둑을 잡는

24) 안진으로 기사에 되어 있으니 삼정인 듯.

경찰(회계법인)에게 미국처럼 총기(강제 조사 권한)를 지급하든가 범죄자에게 무기징역 등 강력한 처벌(분식회계 한 경영진 중징계)이 내려져야 하는데 한국 금융당국은 범죄자를 잡지 못한 경찰에게만 책임을 돌리고 있다"고 항변했다.

매일경제신문. 2015. 7. 21.

산은, 대우조선해양에 2조 긴급투입 손실 3조 넘어 정상적 영업활동 못할 상황

부채비율 500% 크게 웃돌아
손실액 재무제표 반영 땐
부채비율 1000%까지 치솟아
무역금융 지원 못받아

고강도 구조조정 나서
2018년까지 갚을 원금만 3조원
손실 지속 땐 추가지원 불가피
부동산 매각 감원 가능성도

산업은행이 대우 조선해양에 2조원 이상의 대규모 자금을 긴급 투입하기로 한 것은 대우조선해양의 손실 규모가 3조원을 웃돌기 때문으로 파악됐다. 대우조선이 2분기 재무제표에 이 같은 손실을 반영하면 부채비율이 최대 1000%까지 치솟게 된다. 이 경우 은행으로부터 선수금 환급보증 등 무역금융 지원을 받을 수 없어 정상적인 기업활동을 중단해야 하는 상황에 몰릴 수밖에 없다. 이 같은 최악의 상황을 방지하기 위해 산업은행은 최소 2조원의 긴급 자금 투입이 불가피하다고 보고 있다.

손실액 3조1000억원 안팎

대우조선 채권단의 한 관계자는 20일 "대우조선이 2분기 회계장부에 반영해야 할 손실 규모는 실사를 거쳐봐야 정확히 산정되겠지만 3조1000억원 안팎인 것으로 알고 있다"고 말했다. 당초 대우조선 안팎에서 제기된 2조원 수준보다 훨씬 큰 규모이다. 대우조선은 이달 말에 기업설명회를 통해 손실 규모를 잠정적으로 알리고 다음달 14일께 확정할 계획이다. 대우조선은 2분기 재무제표에 이 같은 손실을 전액 반영한다는 방침이다.

대우조선이 이처럼 막대한 손실을 입은 것은 현대중공업 삼성중공업 등과 마찬가

지로 준비가 부족한 채 해양플랜트 산업에 뛰어 들었기 때문이다. 대우조선 관계자는 "2분기 반영하는 손실 대부분이 해양플랜트 사업에 발생한 것"이라고 말했다. 현대중공업은 지난해 이미 3조2495억원의 영업손실을 반영했고, 삼성중공업도 2013년에 손실 일부를 장부에 기재했다. 하지만 대우조선은 이를 미루다 이번에 3조1000억원을 한꺼번에 반영하는 것으로 분석되고 있다. 금융계 일각에선 다른 조선업체와 달리 대우조선이 손실 반영을 미룬 것에 대해 회계부정 의혹이 있다고 지적하고 있다.

부채비율 최대 1000%까지 치솟아

조선업체가 RG 등 무역금융지원을 받으려면 부채비율이 500%를 넘으면 안 된다. 지난 3월말 기준 대우조선의 부채비율은 374%다. 증권업계는 대우조선이 2분기에 2조원 규모의 손실을 반영하면 부채비율이 600-700% 수준으로 높아질 것으로 예상했다. 물론 이 정도 부채비율로도 대우조선은 RG를 받을 수 없다.

하지만 손실 규모가 3조1000억원에 이르면 부채비율은 1000%를 넘어설 것으로 우려되고 있다. 김홍균동부증권 연구원은 "영업손실 규모를 3조원으로 잡고 2분기 실적에 반영해 추정한 결과 영업이익률은 -18.4%, 부채비율은 999.2%로 예상된다"고 분석했다. 금융계 관계자들은 "산업은행이 유상증자 하기로 한 1조원은 대우조선 부채비율을 500% 밑으로 낮추기 위한 최소한의 자금 투입"이라며 "하반기 대우조선 손실이 확대되면 추가로 증자에 나서야 하는 상황도 배제할 수 있다"고 지적했다.

한국경제신문. 2015. 7. 21.

빅배스 해결책 충돌

1. 근절 가능성 vs 불가피
2. 회계법인 책임 vs 상장사 책임
3. 보수적 회계를 vs 투자자만 혼란

금융당국이 빅배스 대책 마련에 몰두하고 있는 가운데 몇가지 쟁점에서 이해 관계자 간 첨예한 대립이 나타나고 있다. 더군다나 아직 빅배스 당사자인 조선 건설 등 기업 관계자 의견을 수렴하기도 전이어서 해결 방안 도출까지 적잖은 진통이 예상된다.

3일 금융위원회 관계자는 "오는 22일 한국공인회계사회에서 이해관계자들을 불러 공청회를 할 계획"이라며 "늦어도 10월초 빅배스 대책이 나올 것으로 기대한다"고 말했다. 현재 금융위원회는 공인회계사회 및 회계법인들과 회계처리 개선 방안을 논의

중이다. 일단 금융당국은 빅배스 문제의 원인이 회계법인에 있다고 보고 있다. 금융위원회 관계자는 "회계법인들이 자본주의 파수꾼을 자처하면서도 해양 플랜트 등에 대한 전문성이 부족하다는 이유로 상장사들의 잘못된 회계처리에 대해 제대로 문제 제기를 하지 못했다"고 지적했다.

최근 금융감독원은 빅배스 및 어닝쇼크가 나타난 17개 상장사에 투자자 불안을 불식시킨다는 차원에서 감사인 교체를 고려하라고 권고하기도 했다. 빅배스가 발생한 상장사를 감사했던 회계법인에 불이익을 주겠다는 의미로 풀이된다. 회계법인들은 문제의 책임을 회계업계로만 몰아가는 금융당국의 움직임에 거세게 반발하고 있다. 한 빅4 회계법인 감사부문 대표는 "금융당국의 태도는 범죄가 발생한 원인을 범인이 아닌 경찰에게 묻는 격"이라며 "근본적인 빅배스 원인은 상장사에 있다"고 주장했다. 또 "회계법인은 경찰처럼 강제 수사권이 없기 때문에 회계법인에 책임을 물으려면 그에 앞서 회계법인에 권한을 줘야 한다"고 덧 붙였다.

금융당국과 회계법인은 빅배스가 근절될 수 있는지에 대해서도 의견이 엇갈리고 있다. 금융당국은 빅배스 문제를 획기적으로 해결할 수 있는 아이디어를 내보라고 회계업계를 압박하고 있고 회계법인은 좀 더 보수적으로 회계처리하는 것이 최선이라며 맞서고 있다.

현재 국제회계기준에 따르면 수주산업은 공사가 완료됐을 때 수익을 인식하는 것이 원칙이다(완성기준 회계). 다만 미래 수익 발생이 확실한 경우에만 공사 진행률에 따라 수익을 미리 인식할 수 있다(진행기준). 그동안 업계 주장에 따라 광범위하게 진행 기준 회계를 적용한 것이 부메랑으로 돌아왔기 때문에 회계처리에 대한 상장사 재량의 범위를 좁혀야 한다는 게 회계업계의 주장이다.

투자자 보호를 위해 건설 조선업종이 최대한 보수적으로 회계처리하도록 규정을 바꿔야 한다는 것이다. 바꿔 말하면 해양 플랜트처럼 수익 발생 여부가 불분명한 공사의 경우 완성 인도가 가시화하기 전까지 수익을 인식하지 말아야 한다는 얘기여서 업계의 반발이 예상된다.

조선 업계 관계자는 "수주 산업을 완성기준으로 회계처리하면 인도 여부에 따라 연간 매출이 롤러코스터를 타게 된다"며 "매출이 들쑥날쑥하면 투자자들이 오히려 더 혼란스러워할 것"이라고 우려했다. 분식회계 및 부실감사에 대한 처벌 강도를 높이는 내용이 빅배스 대책에서 다뤄져야 한다는 지적도 나온다. 현재 처벌 수준이 선진국에 비해 지나치게 낮은 상황이어서 상장사들이 분식회계에 유혹을 느낄 수밖에 없다는 것이다.

금융투자 업계 관계자는 "2001년 미국에서 엔론이 13억달러 규모의 분식회계를 했을 때 엔론과 회계법인인 아더앤더슨은 공중분해 됐고 제프리 스킬링 엔론 대표는 징역 25년형을 선고받았다"며 "입법부와 사법부가 인식 전환을 통해 분식회계 및 부실감사에 대한 처벌 강도를 높이는 것이 바람직하다"고 말했다.

매일경제신문. 2015. 9. 4.

자회사라 부실 파악 어려웠다더니.. 대우조선 이사회도 안간 산은

산업은행이 지난 2분기 3조원대 영업손실을 기록한 자회사 대우조선해양의 주요 이사회에 2년간 참석하지 않은 것으로 나타났다. 대우조선의 경영 부실을 파악하기 어려웠다는 그동안의 해명과 달리 산업은행이 자회사 관리 노력을 기울이지 않았다는 지적이다.

6일 이운룡 새누리당 의원실이 산업은행에서 제출받아 분석한 자료에 따르면 대우조선 비상무이사로서 감사위원회 위원이자 이사회 멤버였던 이모 전 산업은행 기업금융4실장은 지난해 2월과 올해 3월 열린 대우조선 결산 재무제표 승인 이사회에 모두 참석하지 않았다. 이사회에 앞서 기말감사 결과를 보고하기 위해 열린 감사위원회에도 지난해 2월과 올해 2월 모두 불참한 것으로 드러났다.

지난해는 현대중공업 삼성중공업 등이 해양플랜트 사업 부문에서 수천억원에서 수조원대에 이르는 영업손실을 먼저 반영한 해다. 조선업계에선 '해양플랜트 사업을 확대했던 대우조선도 위험하다'는 얘기가 흘러나온 터였다. 산업은행은 "기업금융4실장이 대우조선 비상임이사를 겸직해 참석하지 못한 경우가 있다"고 해명했다.

이 의원은 증권업계에서 지난해 1분기부터 대우조선 평균 목표 주가를 잇 따라 내리는 등 경고를 보냈는데도 산업은행이 이를 심각하게 받아들이지 않은 것도 문제라고 주장했다.

또 산업은행이 대우조선과 매년 맺는 경영목표 양해각서 (MOU) 중 전체 조선업종 대비 주가상승률 목표를 종전의 절반으로 낮춘 것도 경영 악화를 어느 정도 예상했기 때문이라고 덧붙였다.

한국경제신문. 2015.9.7.

기업금융4실장이 대우조선 비상임이사를 겸직하므로 참석하지 못한 경우도 있다는 내용은 어처구니 없는 핑계이다. 감사위원회가 되었던지 이사회가 되었던지 일정 조정을 하게 되며 또한 기업금융4실장이 참석하여야 하는 이사회가 대우증권 등, 다른 계열사에도 포함되는지는 알 수 없지만 두, 세 회사의 이사회 일정 조정이 2년 연속 불가하였다는 것은 믿기 어렵다.

특히나 기업금융4실장이 산업은행이라는 모회사의 기타비상무이사 자격으로 참석하였을 듯한데 주요주주의 일정을 고려하지 않고 회의를 스케줄 했을 것 같지는 않다. 또한 대우조선이 감사위원회를 1년에 몇 번 진행하는지는 알 수 없지만 기말 감사결과를 보고하는 이사회 이전의 감사위원회라고 하면 결산을 위한

1년 중 가장 중요한 감사위원회인데 이마저도 2년 연속 불참하였다는 것은 이해하기 힘들다.

기타비상무이사가 되었던지 사외이사가 되었던지 이사회에 출석하는 것은 매우 중요하다. 물론, 회의에 출석뿐만 아니라 회의에서 적극적으로 논의에 참석하는 것이 더 중요하기는 하다. 그러나 개인별로 회의록을 작성하지 않는 한 누가 얼마나 적극적이고 생산적으로 논의에 참여하였는지를 판단하기는 가능하지 않다.

따라서 외관적으로 해당 회사의 경영에 involve하였는지를 판단할 수 있는 근거는 참석여부밖에 남지 않는다.

기타비상무이사라는 직책은 2009년 2월 4일, 상법이 개정되면서 이사의 종류를 상근, 사외, 비상무이사로 구분하는 과정에서 나온 분류이다. 비상무이사는 '상무에 종사하지 아니하는 이사'의 개념이다.

기타비상무이사라 함은 대부분의 경우는 지배회사의 임원이 종속회사의 이사회에 파견 나오는 형식으로 참여하는 경우를 지칭한다. 해당 회사에 상근으로 근무하지 않으니 사외이사라고 분류될 수도 있지만 지배회사나 관련된 회사에 소속된 임직원이니 사외이사라는 성격이 정확하게 맞지는 않는다.

예를 들어 예금보험공사는 우리은행, 수산업협동조합(수협), 서울보증보험의 대주주이므로 이들 기관에 기타비상무이사를 부장급에서 파견하게 된다. 금융지주의 경우도 임원 중에서 산하 기관에 이사를 보내는 경우도 있는데 이들의 직위도 비상무이사이며, ㈜LG는 지주사의 특정 산업을 책임지는 임원을 해당 계열사 이사회에 비상무이사로 등기하면서 전체적인 계열사의 경영활동에 개입하고 있다.

이들이 사외이사가 아니므로 이사회 구성시에도 사외이사 요건에서는 제외된다. 사외이사 요건이라면 이사회의 1/4 이상이 사외이사여야 하며 자산규모 2조원이 넘는 기업일 경우는 사외이사의 비중이 과반이 되어야 한다.

지배회사가 종속회사의 경영의사결정에 참여하는 의미로 이사회에 참여하는 형식인데 그렇다고 지배회사와 종속회사가 관계가 완전히 없는 것이 아니므로 사외이사의 개념일 수는 없다. 사외이사의 요건을 만족하려면 은행일 경우는 1% 이상의 지분을 가져서는 안 되는데 위의 산은이나, 예금보험공사의 경우 대부분에 있어서 50%이 초과하는 지분을 가져서 지배주주의 개념이므로 사외이사로 참여하는 것은 불가하며 더더욱 종속회사에서 상근하는 것은 아니므로 상근이사의 개념도 아니다.

이러한 차원에서 비상무이사의 개념을 상법 개정시에 새로이 분류하였다고 사료된다(상법 417조).

회계사회 "제2 대우조선 부실회계 막자" 토론회

수주공사 진행률 분기마다 공시

장기간 공사가 이뤄지는 수주산업에서 자의적인 회계 처리를 막기 위해서는 미청구 공사와 공정 진행률 등을 매 분기 공시해야 한다는 주장이 나왔다.

22일 서울 서대문 공인회계사회에서 열린 '수주산업의 회계 투명성 이대로 좋은가' 토론회에서 박세환 한국회계기준원 조사연구실장은 "수주산업 특성상 공사기간 중 발생한 환경 변화를 어떻게 회계에 반영할지에 따라 손익 변동이 크게 달라진다"고 말했다. 공사진행률을 과대 계상하면 수익과 미청구 공사 또한 부풀려질 가능성이 있다는 것이다. 미청구 공사는 조선사나 건설사가 공사비를 달라고 요구하지 못한 금액인데 통상 시공사가 추정한 진행률과 발주처가 인정한 진행률 간 차이 때문에 발생한다. 대우조선해양 사태에서도 시공사의 자의적인 진행률 산정으로 미청구 공사가 급격히 쌓였다는 지적이 제기되고 있는 상황이다.

현재 수주산업 회계는 '진행기준'으로 이뤄지는데 한 회계기간에 인식하는 수익은 공사계약금액과 진행률을 곱해 산정된다. 이때 진행률은 실제 발생한 원가와 처음 예상한 총원가의 비율로 계산된다.

시공사는 진행률이 높아질수록 회계상 수익과 매출로 발생하는 부분이 커지기 때문에 이를 높여 보고할 유인이 있다. 박실장은 "수주산업은 공사 중 세부 설계가 변경되는 사례가 빈번한데 총공사 예정원가를 정기적으로 재검토하지 않거나 변동 내용을 반영하지 않는 일이 많아 공사 진행률이 과대평가된다"고 지적했다. 공사예정원가가 증가하면 총 예정원가에 즉시 반영해 진행률을 낮춰야 한다는 것이다. 그는 "미청구 공사 중 회수 가능성이 낮은 금액은 당기 비용으로 인식하게 해야 한다"고 덧붙였다.

매일경제신문. 2015. 9. 23.

수년 전의 KTX의 공사를 기억하더라도 최종적인 공사원가는 초기의 총공사원가의 몇 배에 이르렀다. 분모인 총공사예정원가가 계속적으로 증가하는데 이를 즉시 반영하지 않는다면 공사진행률은 과대계상하게 된다.

조선 건설사, 고위험사업 원가 예상 손실 공개해야.

"수주산업 '회계절벽' 없애려면 매출 발생 시점서 반영해야"
업계 "비현실적 제안" 반발

"수주산업의 고무줄 회계를 이대로 놔두면 한국 기업 전반의 회계 신뢰도가 타격을 입을 겁니다."

조선 건설사들의 고위험 프로젝트에 대해선 엄격한 회계기준을 적용해 수익 인식 시점을 늦추거나 원가 예상 손실 등 관련 정보를 구체적으로 공시해야 한다는 주장이 나왔다. 한국공인회계사회와 한국회계기준원 주최로 22일 서울 충정로 공인회계사회 대강당에서 열린 토론회에서다.

이날 발표자로 나선 정도진 중앙대 교수는 "수익 추정이 어려운 대형 프로젝트 또는 고위험 프로젝트는 '진행률(투입법)'에 따라 회계처리를 하면 안된다'고 주장했다. 현행 모든 조선 건설사들은 원가(비용)가 들어간 만큼 공사가 진행된 것으로 인식해 수익을 잡는 '진행률' 방식으로 회계처리하고 있다.

이러다 보니 프로젝트 중간엔 매출이 부풀려졌다가 공사가 완료되면 한꺼번에 손실이 드러나 '회계절벽'이 발생하고 있다는 지적이다. 올 상반기 대규모 영업손실을 털어낸 대우조선해양이 대표적인 사례이다.

박세환 한국회계기준원 조사연구실장도 "고위험 대규모 프로젝트에 대해선 회계를 엄격하게 적용해 매출이 발생하는 시점에 회계에 반영하는 등 제도 개선을 검토할 필요가 있다"고 제안했다.

이에 "조선 건설사들이 진행률로 계속 회계처리하면 개별 프로젝트별로 구체적인 위험요인을 공시할 필요가 있다"고 강조했다. 예를 들어 추정 되는 총계약원가와 누적 예약원가, 진행률, 예상손실, 매출채권, 대손충당금, 미청구공사 등을 상세하게 공시하도록 하는 방안이다.

이 같은 회계 공시 강화 방안에 대해 기업들은 반발하고 있다. 문종렬 상장회사협의회 회계제도팀장은 "대부분 수주 프로젝트는 건설기간이 장기이기 때문에 예측 불가능한 일이 많이 생긴다"며 "대규모 손실이 발생한 결과만 놓고 보면 분식 가능성을 제기할 수 있겠지만 회계처리 과정에선 어느 누구도 미래수익을 단정하기 어렵다"고 말했다.

원가를 공시하도록 하는 방안에 대해서도 기업들은 부담스럽다는 입장이다. 김병철 현대중공업 회계팀 부장은 "기업의 기밀정보인 계약원가를 공개하면 마진율이 드러나 해외 경쟁사에 정보만 주는 셈이 된다"며 "다른 기업들은 원가를 공개하지 않는데 수주산업만 공개하도록 한다면 산업별 형평성에도 어긋난다"고 주장했다.

한국경제신문. 2015. 9. 23.

대우조선 소액주주, 손배소 냈다.

회사 전사장, 회계법인 대상

대우조선해양 소액주주 119명이 대우조선과 고재호 전 사장, 감사를 맡은 안진회계법인 등을 상대로 41억원 규모의 손해배상소송을 30일 제기했다. 법무법인 한누리 관계자는 이날 대우조선 투자자 119명을 대리해 손해배상청구소송을 서울중앙지방법원에 제기했다고 밝혔다.

원고는 대우조선 2014년 사업보고서가 공시된 다음날인 지난 4월 1일부터 대우조선이 대규모 손실을 기록할 가능성이 있다고 알려진 전날(지난 7월 14일) 사이에 주식을 취득한 주주 중 일부다. 이들은 소장에서 "대우조선이 대규모 해양플랜트 공사의 계약원가를 처음부터 낮게 추정하거나 공사 진행 정도에 따라 추정 계약원가를 제대로 변경하지 않아 매출과 영업이익 등을 과대 계상했다"며 "2014회계연도의 사업보고서 중 중요사항에 해당하는 재무제표를 거짓으로 작성했다"고 주장했다.

이들은 또 "안진회계법인은 감사임무를 소홀히 해 대우조선의 매출과 영업이익 등이 과대계상된 사실을 발견하지 못하고 감사보고서를 부실 기재했다"고 덧붙였다. 한누리 관계자는 "대우조선의 미청구공사 금액(발주처로부터 받지 못한 대금)이 최근 해마다 2조원씩 증가하는 상황인데도 부실 발생을 사전에 몰랐을 리 없다"고 말했다.

한국경제신문. 2015. 10. 1.

금융위, 대우조선 발 수주산업 분식회계 개선안

'미청구공사' 사업장별 분기별 공시

금융위의 수주 산업 회계 개선안
사업장별 미청구공사금액 분기별 공시
총공사예정원가 분기마다 재평가공시
기업 내 감사위원회 기능 대폭 강화
분식회계 과징금 상한선 (현 20억원) 대폭 인상

금융위원회가 분식회계 논란에 휩싸인 조선 건설 등 수주산업에 대한 회계 개선안을 이달 안에 내놓을 예정이다.

11일 금융당국과 회계업계에 따르면 금융위원회는 관련 안을 마련한 상태이며 다음 주 회계법인들과 협의를 거쳐 곧 발표할 예정이다.

개편안에 따르면 일단 투자자 보호를 위한 공시가 강화될 예정이다. 아직 청구되지 않은 공사대금으로 분식회계의 가능성이 있는 '미청구공사대금'의 경우 사업장별로 분기마다 공시하게 할 예정이다. 이를 통해 투자자들이 특정 사업장의 미청구금액이 많을 경우 이에 따른 위험 발생 가능성을 사전에 알도록 할 계획이다. 지금까지는 토목공사, 건축공사 등 공사 유형별로 미청구공사금액을 공시하고 있다.

총공사예정원가 변동의 반영도 정기적으로 하도록 할 예정이다. 현재 기업들은 사업 초기 계산한 총예정원가에서 진행 과정 중 원가가 들어간 만큼 진행률을 잡고 그 만큼을 매출 등 실적에 반영하고 있다. 하지만 총 예정원가는 상황에 따라 변할 수 있고 그에 따라 진행률도 변해 실적이 변동될 수 있지만 현재 기업들은 이를 잘 실행하고 있지 않다. 사업 초기 계산한 총 예정원가가 100원이고 이번 분기에 들어간 원가가 10원이라면 진행률은 10%가 돼서 이만큼을 실적에 반영할 수 있다. 하지만 공사 설계변경 등의 사유로 총예정원가가 200원으로 늘어나면 해당 분기 진행률은 5%로 잡아야 하지만 기업들이 이를 잘 반영하지 않고 있다는 게 금융당국의 판단이다. 이 때문에 최소 분기마다 총예정원가를 재평가해 반영하도록 할 계획이다.

기업내 감사위원회의 기능도 대폭 강화된다. 앞으로 특정 기업이 외부 감사기관과 감사계약을 맺을 때 반드시 감사위원회의 승인을 받도록 한다. 지금처럼 회사 대표와 계약을 할 경우 회계법인들이 수수료 인하에 대한 부담으로 부실 감사를 할 우려가 높다는 판단 때문이다. 또 감사계약 이후 종료시까지 외부감사 기관은 정기적으로 감사위원회에 감사활동에 대한 보고를 하고 이를 문서화해 보관하도록 할 예정이다. 이를 통해 향후 금융감독원이 관련 내용을 쉽게 점검할 수 있도록 하고 법규 위반 사항 발생 시에는 강한 제재를 할 예정이다.

현재 20억원인 분식회계 관련 과징금 상한선도 높일 예정이다. 현재 상한 비율에 대한 논의는 진행 중에 있다, 업계에서는 최근 4000억원 안팎의 과징금밖에 물리지 못한 데 대해 보다 강력한 제재를 할 필요가 있다는 목소리를 높이고 있다.

매일경제신문. 2015. 10. 12.

감독기관이 감사위원회 또는 감사인 선임위원회가 실질적으로 감사 선임과정을 밟도록 요구할 때도 평가 서류의 documentation에 대해서 명확한 정책 방향을 갖고 있었다.

감독기관이 감사위원회가 제 역할을 수행하도록 기대하고 요구하는 것은 적절한 정책 방향이라고 사료된다. 단, 이를 적절하게 하지 않으면 어떻게 조치하겠다는 식의 징계 중심보다는 제 역할을 수행하도록 독려하는 것이 중요하다. 예를 들어 감사위원회가 외부 감사인들과 미팅을 하거나 회사를 배제하고 별도의 미팅을 수행하도록 독려하는 것이 중요하다.

그리고 가능하면 회계 재무 전문성이 있는 감사위원이 감사위원장을 맡는 것이 바람직하다. 우리나라는 이보다는 경륜에 근거해서 또는 회사에서 더 편하게 생각하는 전임 회사 임원 등에게 위원장을 맡기기 쉬운데 전문적인 지식을 갖춘 자가 감사위원장을 맡아야 한다. 가장 이상적이기는 자산 규모 2조원이 넘는 기업일 경우는 회계 또는 재무 전문가를 최소 1인 두도록 되어 있으니 전문성을 가진 이 사외이사가 감사위원장을 맡는 것도 대안이다.

'분식 방관' 회계법인 대표 해임권고

금융위, 조선 건설 등 회계처리 투명성 강화

금융당국이 제2의 대우조선해양 사태를 막기 위해 조선 건설 등 수주산업 회계처리 기준을 강화하기로 했다. 중할 경우 그동안 한번도 없었던 회계법인 대표 해임권고까지 나올 수 있다. 28일 금융위원회는 조선 건설 등 수주산업을 중심으로 한 분식회계를 뿌리 뽑기 위해 '수주산업 회계 투명성 제고 방안'을 내놨다. 개선안에서 분식회계 관련자에 대한 징계를 대폭 강화한 게 가장 눈에 띈다. 최근 4000억원 규모 분식회계를 한 대우건설에 대해 겨우 20억원을 부과하는 데 그쳤고 대우조선해양의 수조원대 손실이 갑작스럽게 밝혀지면서 비난 여론이 거세진데 따른 것이다.

금융위는 분식회계를 한 기업에 대해서는 이전 유사 원인 행위를 모두 합쳐 1건으로 취급하던 것을 위반행위별로 과징금을 부과하기로 했다. 예를 들어 과거 5년간 동일한 사유의 분식행위가 계속 발생해도 현재는 1건으로 인식해 최대 20억원의 과징금을 부과해왔다.

하지만 앞으로는 5년간 5회 사업보고서를 내는 동안 분식이 일어난 것으로 계산해 최대 100억원(5×20억원) 과징금 부과가 가능하다. 분식회계 내부고발 활성화를 위해 포상금 상한선은 현행 1억원에서 5억원으로 올린다.

매일경제신문. 2015. 10. 30.

'제2 대우조선' 막게 과징금도 올려

기업 분식회계를 제대로 잡아내지 못한 회계법인 대표도 중징계한다. 지금도 회계법인 대표에 대한 징계조항은 있지만, 구체적인 양정기준이 없어 한번도 당국이 제재를 한 적이 없다. 금융위가 곧 양정기준을 마련해 실질적인 조치에 나서겠다는 것이다.

금융위는 심할 경우 대표이사 해임권고와 과징금 부과 등 중징계까지 염두에 두고 있다. 회계법인 대표 징계권은 이미 기존 규정이 있는 만큼 최근 논란이 된 대우조선해양도 위반 사항이 있을 경우 적용될 수 있다. 금융위는 또 해당기업에서 받은 감사보수의 3배까지 과징금을 부과할 계획이다.

사내 감사위원회의 역할과 책임도 강화했다. 현재처럼 형식적인 운영이 아니라 감사위원회가 외부 감사인을 직접 선임하도록 하고 회계 부정 발생 시 감사위원 해임권고와 과징금 부과 등 중징계할 예정이다.

금융위는 수주산업 회계처리 방식 개선에 대한 세부 기준도 마련했다. 먼저 회사가 공사원가 중 증가분을 적시에 인식하도록 매 분기 단위로 총예정원가를 재평가해 내부감사 기구에 보고하도록 했다. 또 변동 내역을 재무제표 주석 사항에 사업 부문별(건축, 플랜트 등)로 공시해 투자자가 알 수 있게 했다.

현재 기업들은 사업 초기 계산한 총예정원가에서 진행 과정 중 원가가 들어간 만큼 진행률을 잡고 그만큼을 매출 등 실적에 반영하고 있다. 하지만 총예정원가는 상황에 따라 변할 수 있고 그에 따라 진행률도 변해 실적이 변동될 수 있지만 현재 기업들은 이를 잘 실행하지 않고 있다.

이 때문에 최소 분기마다 총예정원가를 재평가해 반영하도록 하고 이를 어길 경우 강력하게 제재할 계획이다.

매일경제신문. 2015. 10. 30.

분식회계 건별로 무제한 제재.. 과징금 상한선 없어진다.

예를 들어 2012~2013년 3896억원의 분식이 판명된 대우건설이나 1999년 이후 2013년까지 8900억원을 최대 계상한 효성의 과징금 액수는 20억원으로 같았다.

금융위는 비상장 법인의 분식회계에 대해서도 과징금을 부과하는 한편...

사업장별 미청구금액 공시해야

금융위는 또 내년부터 조선 건설 등 수주산업체들의 수익 인식 기준을 엄격하게 바꾸기로 했다. 지금은 모든 건설 조선업체들이 원가(비용)가 들어간 만큼 공사가 진행된 것으로 인식해 수익을 잡는 투입법(진행률)으로 수익 인식을 하고 있다. 투입법은 원가가 얼마인지 추정할 수 있을 때만 적용하는 기준이지만 그동안 마구잡이로 오용되면서 고무줄 회계를 초래했다는 게 금융위의 판단이다. 이에 따라 금융위는 원가 추정이 어려운 사업에 대해선 실제 회수 할 수 있다고 확인된 부분만 수익으로 인식하는 '원가회수법'을 쓸 것을 지도하기로 했다. 원가회수법을 적용하면 기업 사정에 따라 매출이 격감할 가능성도 있다.

다만 금융위는 원가회수법이 부담스러운 기업을 대상으로 다른 선택도 열어 두기로 했다. 투입법 사용을 허용하되 모든 위험 정보를 구체적으로 공시해 투자자에게 알리도록 하는 것이다. 매출 대비 5% 이상의 대형 수주계약에 대해 사업장별 공사 진행률과 미청구공사 잔액, 충당금 등을 구체적으로 공시하는 방안이다. 지금은 미청구공사의 총액과 충당금 총액만 공시되기 때문에 투자자들이 해양 플랜트 등 위험이 높은 사업장에 대한 별도 정보를 알 수 없는 상태다.

핵심감사제 도입

조선 건설사들의 외부감사인과 내부감사가 '투트랙'으로 감시를 강화할 수 있도록 이들의 책임을 무겁게 하는 방안도 마련됐다. 외부감사 부문에선 내년부터 투입법 적용기업에 '핵심감사제'를 도입한다. 핵심감사제는 외부감사인이 감사과정에서 가장 의미 있다고 판단하는 재무 위험 정보를 감사보고서에 명시하는 제도이다. '적정' '비적정' 등 단문형의 감사의견만 제시하는 게 아니라 중요한 회계 처리 사안에 대해 서술하는 장문형 감사의견을 첨부한다.

그동안 '유명부실하다'는 비판을 받아온 내부 감사위원회가 경영진을 대신해 외부감사인을 직접 선임하도록 하는 한편 회계부정이 발생하면 감사위원회에 책임을 묻기로 했다. 회계의혹 발생 기업이 자발적으로 감사인 교체를 신청하는 '감사인 지정 신청제도'도 도입하기로 했다.

한국경제신문. 2015. 10. 29.

위의 정책에 대해서는 다음과 같은 분석이 가능하다.

1. 대표이사에게까지 해임권고가 가능하다는 정책은 심사숙고해서 결정되어야 한다고 판단된다. 중소형회계법인일 경우는 대표이사가 진행되는 감사 건이

많지 않기 때문에 모든 감사진행사항을 파악하고 있을 수도 있지만 중대형회계법인일 경우는 해당 회계법인이 맡고 있는 업무를 모두 파악하는 것이 불가능하다. 그럼에도 감사보고서에 서명을 하였다고 책임을 지라는 것은 실효성이 있는 정책인지가 확실하지 않다. 물론, 이는 통제의 책임이다. 누군가로 하여금 오류를 범하지 않도록 quality control을 해 가면서 조직을 관리하라는 것을 주문하는 것이다. 예를 들어 삼일 회계법인의 경우 감사하는 상장기업의 수가 2014년 회계연도 기준(2014년 4월~2015년 3월) 355개사에 이르며 외감대상 기업으로 확장하면 2,000개에 이르는데 이들 기업의 감사보고서를 모두 세밀히 검토하여 서명을 한다는 것은 어려운 일이다.

chapter 55에도 인용되었듯이 규제개혁위원회에서 이 규제가 너무 강한 규제가 아닌지에 대해서 논의가 진행되었다.

이는 책임 문제와 같이 누가 감사보고서에 서명할 것인지의 논의와 병행되어야 한다. 과거에는 심리실장과 대표이사가 분식회계에 대한 조치의 대상이었다가 이 내용이 개정되면서 심리이사가 빠진 이유가 어차피 심리책임자는 너무 많은 회사의 재무제표에 대한 심리를 담당하게 되어서 과도하게 위험에 노출된다는 점이 고려된 듯하다. 단, 2016년 정부 입법으로 개정 추진 중인 내용에는 심리실장에 대한 조치가 추가되어 있다.

또한 대표이사가 책임을 지는 가능성도 법적으로는 오랫동안 open되어 있었지만 한번도 대표이사가 책임지는 것으로는 조치가 진행되지 않았다. 이는 이와 관련된 양정기준이 작성되어 있지 않기 때문이다.

회계법인이 유한회사이며 유한회사에서의 대표이사의 선임 기관은 파트너회의이므로 해임의 권한도 파트너회의에 있으며 따라서 대표 이사 해임을 권고한다고 하면 그 권고의 상대는 파트너회의가 되어야 할 것이다.

2. 감사수임료 3배까지 과징금

감사수임료의 3배까지만 과징금을 부과하는 제도는 등기이사에게 손해배상책임에 제한을 두는 제도와 궤를 같이한다. 2012년 상법 개정에 의해서 사내이사에게는 급여의 3배 이상을 면책하고, 사외이사에게는 6배 이상까지를 면책을 할 수 있는 상법이 통과되었으며 이 내용이 주주총회에서 통과된 기업은 이를 정관에 수용할 수 있게 되었다. 코스피 기업의 경우에는 2016년 초 현재, 약 57%에 해당하는 기업이 이 상법 개정을 정관에 도입하였다.

2012년 이후에 회계업계에서는 하물며 회사 내부의 이사들도 금전적인 손실에 대해서는 보호를 받는데 오히려 외부의 제3자로 재무제표를 인증한 정도의 책임만을 지는 감사인들이 보호를 받지 못한다는 것은 이해하기 어렵다는 주장이 있었다. 물론, 과징금의 상한선은 행정법적인 접근이지 민사에서 소송이 제기될 경우는 적용되지 않는다. 상법 개정의 내용은 사내이사 또는 사외이사의 손해배상 소송에서의 책임의 한도를 두는 대신 이 한도를 넘은 금액에 대해서는 회사가 이를 부담한다는 뜻이다. 그렇기 때문에 이 내용이 주주총회에서 결정되는 것이다.

또한 피감기업과 감사인의 감사계약시, 수임료를 한도로 또는 수임료의 몇배로까지만 감사인이 금전적인 책임을 진다는 내용을 적고는 있지만 이 내용이 법적 구속력이 없다는 비판도 있다.

두 가지로 생각을 할 수 있다. 한 가지는 사내이사나 사외이사의 면책한도는 이들이 회사의 내부자이기 때문에 회사가 부담하여 이들을 보호해 준다는 의미가 있다. 단, 감사인의 면책의 개념은 이들이 회사 내부의 경제 주체가 아니므로 부적절한 재무제표의 책임과 관련되어서는 내부자에 비해서는 더 낮은 책임을 져야 한다는 주장도 있을 수 있지만 그럼에도 이러한 부담을 안을 수 있는 경제 주체는 회사밖에 없는데 회사가 내부자에 대한 면책의 부담을 안는 것 이외에 제3자까지도 책임을 안아야 하는지에 대한 논란이 있을 수 있다. 외부 감사인이 감사를 수행할 때 회사의 위험도 어느 정도 떠안는다고 생각했다고 하고 감사인의 수임료 안에는 risk에 대한 premium까지 포함되어 있다고 하면 수임료를 회사가 부담하면서 위험이 전가되었기 때문에 회사가 감사인이 떠안아야 하는 liability를 대신 부담해 줄 이유는 없다고도 생각할 수 있다.

3. 감사위원 해임 권고

감사위원회가 due care를 수행하지 못하였다고 하면 이들에 대한 해임권고를 할 수 있다는 점은 매우 합당한 정책방향이라고 판단된다. 누구도 의무를 지지 않으면서 권리만을 행사하려고 한다면 이는 합당치 않다. 분식회계를 수행한 회계 담당 임원에 대해서도 해임권고의 제도가 있듯이 기업의 지배구조에서 재무제표의 적정성을 filtering해야 하는 상법상 감사나 감사위원회 위원에 대해서도 해임 권고는 의미가 있다. 즉, 이제까지의 회계담당임원에 대해서는 책임을 묻는 것은 작성자(implementation)에 대한 책임 추궁이며, 상법상의 감사나 감사위원회에 대한 책임 추궁은 monitoring을 수행하는 자에 대한 책임 추궁이다. 전형적인 check and balance의 모습이다. 이제까지 감사나 감사위원에 대한 책임을 묻지 않았다고 하면 이는 balance가 부족하였던 것이다. 사외이사가 이사회의 의사결정에 대해서 책임을 지는 경우는 있었어도 감사나 감사위원회 감사 업무 또는 감사위원회 업무 때문에 책임을 지는 경우는 매우 드문 경우이다.

> 외감법 16조에 감사(감사위원 포함) 등에 대한 조치기준이 명확하게 되었다.
>
> 제16조 ② 증권선물위원회는 임원, 감사, 감사위원회의 위원, 업무집행지시자, 집행임원의 해임권고, 일정 기간 유가증권의 발행제한, 회계처리기준 위반 사항에 대한 시정요구 및 그 밖에 필요한 조치를 할 수 있다.

2013년 12월 외감법 개정 시 기존의 임원 외에 감사(감사위원 포함), 업무집행지시자, 집행임원을 '주주총회 해임 권고' 대상으로 추가하였는데 다만, 업무집행지시자, 집행임원은 주총에서 선임된 자가 아니므로 이들이 주총 해임 권고 대상인지는 명확하지 않다.

감사는 행위자인 임원과 달리 감독책임자인 점을 감안하여 회사보다 1단계 낮은 단계를 부과하며 양정수준이 중과실 II단계 이상 또는 고의 IV단계 이상인 경우 '감사(감사위원 포함) 해임권고'를 조치한다고 안에는 되어 있었다.

감독기관의 회계와 관련된 조치에서 1단계를 낮추는 경우는 현재 부실감사가 발견되는 경우 담당이사가 주 책임자이며 감사 보조자는 부수된 업무를 수행한 것이므로 감사 보조자는 주 책임자보다도 낮은 책임을 지게 된다. 즉, 조치에 있어서도 경중을 구분하는 것이다.

위의 경우는 행위자가 감독자의 책임이 동일하지 않다는 판단 아래 진행된 정책 방향이다.

4. 감사인 지정 신청제도

'감사인 지정 신청제도'라는 표현을 사용하기는 하였지만 기업이 부담스러워하는 감사인 지정을 신청한다는 것은 어폐가 있고, 여러 가지 회계적인 문제를 유발한 기업이 상황적으로 감사인을 자율적으로 교체하라는 것인데 궁극적으로는 자율보다는 타율로 귀착될 것이다.[25)]

---

25) chapter 39의 자율지정제도를 참고한다.

다음은 박희춘 금감원회계전문심의 위원이 2015.10.20. 회계선진화포럼에서 발표한 주요 내용이다.

외감법 개정 추진사항(행정 조치 미비)

회사: 회사의 퇴임, 퇴직임원에 대한 조치근거를 마련하고 임원(퇴직임원)이 해임 면직 권고 조치를 받은 경우 2년간 주권상장법인에 대한 취임 취직 제한
감사인: 감사인에 대해서도 '주권상장법인 감사제한' 조치 신설
회사: 회사의 분식회계에 대해서 회계분식 금액의 10%(최대 20억원) 범위 안에서 과징금 부과
감사인: 감사인이 회계감사기준을 위반한 경우, 감사보수의 2배(최대 5억원) 범위 안에서 과징금 부과

이제까지는 증권신고서에 허위의 감사보고서가 첨부되는 경우에 한해 감사인에게 과징금을 부과 (자본시장법)

조치 받은 후 위법행위 재발시 조치를 가중하고, 동일 사업연도 중 중대한 위법행위 다수 발생시 등록취소 등 부과 (금융위 협의 필요)

회사의 감사(감사위원 포함) 등: 상법상 업무집행지시자 및 집행임원에 대한 '주주총회 해임 권고' 조치 근거가 외감법 개정(2014.7.1. 시행)으로 마련

(회계법인 경영진) 회계법인 경영진에 대한 감독책임 부과는 외감규정에 마련

외감규정 제54조 ③ 주책임자에게 등록 취소, 2년 이내의 기간의 직무정지의 조치를 하는 경우에는 위법행위 당시 감사인에 소속된 공인회계사 중 다음 각 호의 자가 감독책임을 소홀히할 경우에도 필요한 조치를 할 수 있다.
1. 당해 감사보고서에 서명한 대표이사
2. 담당이사의 지시 위임에 따라 공인회계사를 감독할 위치에 있는 공인회계사

독립성 유지 대상 범위 확대

1. 감사인의 독립성 유지 대상을 연결재무제표 기준으로 확대(감사대상회사 + 연결대상 관계회사) 하는 방안 협의
*2. 특수관계에 있는 별도 법인을 통한 비감사용역 제공을 규제하는 방안을 검토

*금지되지 않은 모든 비감사용역에 대하여 감사위원회 사전 승인을 의무화하는 방안 검토

-전기 자유수임 감사인에 대한 지정배제 방안 추진
보다 엄정한 지정감사 수행을 위하여 감사인 지정시 전기 자유수임 감사인을 배제하는 방안 추진

-제도 개선시 발생할 수 있는 연결감사인 불허용에 따른 감사 효율성 저하 및 감사보수 상승 등의 부작용을 모니터링하고 필요시 보완

위의 발표 자료에 대한 의견:

– 분식에 연루된 임원의 해임권고 조치 후 2년간의 취직제한 제안은 규제개혁위원회에서 직업자유선택에 대한 과도한 개입이라고 거부되었다.

– 업무집행 지시자 및 집행임원에 대한 주총해임 건은 이들이 주총에서 선임되지 않았는데 주총에서 해임한다는 것이 이해하기 어렵다.

– 이제까지는 고의성이 없는 중과실 회계기준 위반의 경우 증선위 조치시 이미 퇴임 퇴직한 임원에 대하여 조치 근거가 없어 '퇴직자 위법 사실 통보' 또는 '... 상당'으로 갈음하여서 실질적인 징계가 수행되지 못하였다.

– 이제까지는 부실감사에 참여한 공인회계사에 대해서만 상장법인 감사업무를 제한하고 있으나, 이러한 조치를 회계법인에 대해서도 확대 적용하는 것을 고민 중인 것으로 판단된다.

– 이제까지는 주권상장법인의 분식회계에 대해 자본시장법상 과징금을 부과하고 있으며 비상장법인에 대해서는 감사인지정, 증권발행제한 등만 가능하여 실효성 있는 제재 수단이 미비하였다. 단, 증권발행의 계획이 없던 기업에 대해서는 증권발행제한이라는 조치가 실효성이 없는 조치일 수 있음이 여러 차례 문제점으로 지적되었다. 동시에 과징금도 강제집행이 어려운 문제접이 있다.

– 감사인의 독립성 유지 대상을 연결재무제표 기준으로 확대하는 것은 너무 많은 규제를 하는 것은 아닌지에 대한 의문이 존재한다.

손성규(2006)에서 다음의 내용이 기술된다.

> 외감규정 54조 3항(공인회계사에 대한 조치)은 다음과 같다.
>
> 제2항의 규정에 의해서 제1항 제1호의 조치를 하는 경우에는 위법행위 당시 감사인에 소속된 공인회계사중 다음 각 호의 자에 대해서도 필요한 조치를 할 수 있다.
> 1. 당해 감사보고서에 서명한 대표이사
> 2. <u>당해 감사보고서에 심리업무를 담당한 이사</u>
> 3. 당해회사와 감사계약을 체결한 이사 (당해 감사업무에 관여한 경우에 한한다.)
> 4. 기타 담당 공인회계사를 감독할 위치에 있는 공인회계사

54조에는 과거에는 '당해 감사보고서의 심리업무를 담당한 이사'라는 내용이 포함되어 있다가 삭제되었다. 심리담당이사의 경우 무척 많은 감사문건을 검토하여야 하는데 이를 모두 자세하게 검토한다는 것이 실질적으로 가능하지 않을 뿐만 아니라 담당 이사도 아닌데 이들에게 너무 많은 부담을 준다는 것도 현실적인 한계점이라는 이슈가 될 수 있다.

즉 담당 파트너는 주책임자이고 심리이사는 종된 책임자인데 이들에게 모두 책임을 묻는다는 것이 적절한지의 이슈였을 것이다.

위의 법령을 자세히 검토하면 필요한 조치를 한다고 기술된 것이 아니라 조치를 할 수 있다고 기술되어 있음을 유념하여야 한다.

물론, 위의 외감 규정 54조는 오랜 기간 존속하였지만 한번도 대표이사에게까지 책임을 물었던 적은 없다. 규정은 존재하지만 양정규정 자체가 존재하지 않아서 이 제도를 적용할 수 없다.

*2. 특수관계에 있는 별도 법인을 통한 비감사용역 제공을 규제하는 방안을 검토 조치에 대해 기술한다.

감사인 강제 교체가 시행될 경우에도 감독기관에서 우려하였던 점 하나가 대형 회계법인이 법인을 spin off하여 강제교체 시점에 client를 별도 법인에 넘겼다가 다시 강제교체 기간이 도래하면 이를 다시 받아오는 형태에 대해서 우려하였다.

현재 외감법이나 공인회계사법에는 기장 대행을 포함한 몇 가지의 업무에 대해서는 병행이 불가능한 업무로 규정하고 있다. 그러나 회계법인이 관련된 회계법인을 신설하여 병행이 불가능한 업무를 넘겨서 수행할 가능성이 존재한다.

금지되지 않은 모든 비감사용역에 대하여 감사위원회 사전 승인을 의무화

하는 방안 검토에 대해 기술한다.

지금 현재의 제도는 다음과 같다.
1. 일부의 비감사서비스 금지
2. 일부의 비감사는 감사위원회의 승인을 받아서 수행 가능
3. 이에 속하지 않은 비감사업무는 병행

그러나 한 가지 문제는 2에 해당하는 경우, 회사가 비감사서비스 병행에 문제가 없다고 판단하여 병행을 요청할 때, 이에 대해 감사위원회가 불가하다고 판단하는 경우는 거의 없기 때문에 금지되는 비감사서비스 병행이 철저하게 관리되지는 않았다는 판단을 할 수 있다.

법으로 금지되지 않는 모든 비감사서비스에 대해서 감사위원회가 승인을 하는 경우는 현재의 제도에 비해서 비감사서비스의 병행에 대해서 매우 강한 제도를 적용하는 것이다.

이러한 제도가 적용된다고 하여도 감사위원회가 회사의 요청에 불가하다로 판단하는 경우는 거의 없을 가능성이 높다. 따라서 감독기관에서 감사인의 독립성에 대해서 조금이라고 영향을 미칠 가능성이 있는 경우는 모두 불가한 것으로 정책 방향을 정하는 대안도 고려하여야 한다. 즉, 기업들이 비감사서비스 병행과 관련된 주관적인 판단을 수행하는 가능성을 원천적으로 배제할 수도 있다.

한 대형 상장기업의 경우, 감사위원장이 회계감사인은 회계법인으로 수행할 수 있는 가장 중요한 업무인 감사를 맡고 있으므로 가능하면 비감사 용역 업무를 수행하지 않는 것이 좋겠다는 발언을 감사위원회에서 했다고 하며 포스코도 같은 정책을 갖고 있는 듯하다.[26)]

'분식 의혹' 대우조선 회계감리 받는다.

금융당국이 수조원대 분식회계 의혹을 받고 있는 대우조선해양에 대해 회계감리에 나선다.

금융위원회와 금융감독원은 대우조선해양의 분식회계 가능성을 포착하고 회계감리

26) 김일섭 포스코 감사위원장 2016.4.21. 회계선진화 포럼 강연 내용.

에 들어가기로 한 것으로 30일 확인됐다. 감리의 쟁점은 올 상반기 '회계 절벽'이 나타난 과정에서 고의적인 분식이 있었는지 여부가 될 전망이다. 지난해 4711억원의 흑자를 낸 대우조선해양은 올해 5월 취임한 정성립 사장이 이전 부실을 한꺼번에 회계장부에 반영하면서 상반기에만 3조2000억원의 영업손실을 냈다.

금융위와 금감원은 외부감사를 맡은 안진회계법인이 감사를 적절하게 했는지도 들여다볼 것으로 알려졌다. 안진회계법인은 2010년부터 대우조선해양의 감사를 맡고 있으며 감사보고서에 매년 '적정' 의견을 냈다.

감리 결과 고의적인 분식회계가 드러나면 회사는 과징금 부과 등 행정 제재를 받고 전 경영진 등 관련자들은 검찰에 고발할 가능성이 있다. 회계업계 관계자는 "수주산업 특성상 자의적인 회계처리가 가능한 부분이 많다"며 "대규모 분식회계가 드러날 가능성을 배제할 수 없다"고 말했다.

한국경제신문. 2015. 12. 31.

대우조선해양발 회계감리 '칼바람' ... 로펌들 때 아닌 특수

회계감리 나선 금융당국.. 기업들 로펌 선임 활발
과거엔 부실기업이 주된 타깃
불황탓...정상기업으로 범위 확대
기업들 "초기 대응 잘해야 유리"

대우조선해양, 대우건설 등 대형 수주기업들의 분식회계 의혹이 잇따라 불거지면서 '회계감리 특수'를 선점하려는 로펌업계의 움직임이 활발해지고 있다. 기업들이 금융당국의 제재수준을 낮추기 위해 회계감리에 전문성을 갖춘 로펌을 적극적으로 찾아나서고 있어서다.

19일 투자은행업계에 따르면 수조원대 분식의혹을 받고 있는 대우조선해양은 금융감독원의 회계감리에 대응하기 위해 대형 로펌을 선임한 것으로 알려졌다. 대우조선해양은 지난해 5월 정성립사장이 취임한 뒤 이전 부실을 단번에 털어내면서 지난해 3분기까지 4조 5317억원의 영업손실을 냈다. 금융위원회와 금감원은 이 같은 '회계절벽 '이 발생한 과정에서 고의적 분식회계가 있었는지 살펴보기 위해 회계감리를 진행 중이다. 회계업계 관계자는 "초기 문답조사 단계부터 제대로 대응해야 회사에 유리한 결과를 이끌어 낼 수 있다"며 "대우조선해양은 회계절벽 규모가 큰 만큼 최고의 전문가들로 대응팀을 꾸린 것으로 알고 있다"고 말했다.

회계감리는 기업 재무제표의 신뢰성을 확보하기 위해 기업의 감사보고서를 검사하

는 것을 말한다. 과거에도 감리에 대응하기 위해 로펌의 도움까지 받는 기업을 찾기 어려웠지만 2년전부터 분위기가 완전히 달라졌다는 게 업계 관계자들의 설명이다. 이전에는 회계감리의 주된 타깃이 이론의 여지가 없는 '문제기업'들이었다면 경기불황이 장기화되면서 '정상기업'들로 대상범위가 확대되고 있어서다. 대우조선해양을 비롯한 수주기업들은 회계에 추정과 판단을 많이 반영해왔다는 점에서 회사 측 주장이 감리 결과에 영향을 미칠 여지가 큰 것으로 알려졌다.

회계감리 관련 전문인력을 보유하고 있는 대형로펌은 김앤장을 비롯해 세종 광장 정도다. 금감원에서 회계감리 업무를 하던 이충훈변호사가 이끌고 있는 법무법인 씨엠도 회계감리 분야에서 경쟁력이 크다는 평가를 받는다. 로펌들은 잠재적인 시장수요에 비해 전문가가 많지 않다고 보고 회계감리 경험이 있는 경력직을 적극적으로 물색 중이다.

한 로펌 변호사는 "회계분식은 경영진의 횡령 배임을 비롯해 주가 하락에 따른 투자자들의 집단소송 등 파생되는 이슈가 많아 제재 수준을 조금이라도 낮추는 게 중요하다"며 "이미 회계절벽이 나타난 기업은 물론 회계절벽이 예상되는 업종의 기업들도 잠재적인 고객이 될 수 있을 것"이라고 말했다.

한국경제신문. 2016. 1. 20.

"대우조선, 손실 2조 축소" 딜로이트의 실토 '파문'

대우에 재무제표 수정 요구

대규모 분식회계 의혹을 받고 있는 대우조선해양이 2013년부터 2014년까지 2년간 2조원 규모의 손실을 축소한 것으로 드러났다. 회계신뢰도가 바닥에 떨어지면서 수주에 어려움을 겪거나 손실 축소 기간에 주식을 사들인 소액주주로부터 집단소송을 당하는 등 큰 파장이 예상된다.

23일 회계업계에 따르면 대우조선해양 외부감사인인 딜로이트안진회계법인은 지난해 추정 영업손실 5조5000억원 가운데 약 2조원을 2013년과 2014년 재무제표에 반영했어야 한다고 결론 내리고 회사 측에 정정을 요구했다. 회사가 작성한 2013년과 2014년 재무제표를 비롯해 감사과정에서도 오류가 있었다는 사실을 스스로 인정한 것이다.

안진은 자체 조사 결과 대우조선해양의 2013~2014년 재무제표에 장기매출채권 충당금, 노르웨이 '송가프로젝트' 손실 등이 제대로 반영되지 않은 것으로 분석했다. 총공사비에 대한 예정원가 역시 과소 책정한 사실을 밝혀냈다.

당시 누락한 비용과 손실충당금을 반영하면 대우조선해양의 2013년, 2014년 실적은 흑자에서 적자로 뒤바뀐다. 대우조선해양은 앞서 2013년 4242억원, 2014년 4543억원의 영업이익을 냈다고 공시했다.

대우조선해양은 안진 측의 지적을 받아들여 조만간 과거 재무제표를 정정해 공시할 예정이다. 지난해 영업손실을 상당부분 2013년과 2014년으로 나눠 기재한다는 것이다. 대우조선해양은 이 과정에서 지난 22일 끝냈어야 하는 2015년 감사보고서 작성을 미루고 있다.

회사와 담당 회계법인이 과거 재무제표 수치 오류를 인정하면서 상당한 후 폭풍이 있을 것이란 전망이다. 업계에서는 '흑자' 재무제표를 보고 투자한 개인투자자들이 집단소송에 나설 가능성이 있을 것으로 보고 있다.

딜로이트 안진 회계법인 측이 감사과정에 오류가 있었다는 사실을 스스로 인정하고 나건 것은 '정상참작'을 통해 금융당국의 징계수위를 낮추기 위해서다. 감리를 통해 오류가 드러나기 전에 자진해서 잘못을 인정하면 금융당국이 부실감사에 대한 징계수위를 낮춰주기 때문이다.

2014년 4543억원의 흑자를 낸 대우조선해양은 지난해 5월 취임한 정성립 사장이 이전 부실을 한꺼번에 회계 장부에 반영하면서 지난해 상반기에만 3조 2000억원의 영업손실을 냈다. 금융위원회와 금융감독원은 '회계절벽'이 나타난 과정에서 고의적인 분식이 있을지 모른다고 보고 올 초 회사와 회계법인에 대한 회계감리에 들어갔다. 안진은 2010년부터 대우조선해양의 감사를 맡고 있으며 감사보고서에 매년 '적정' 의견을 냈다.

이번 자진 정정이 감리 결과에도 적잖은 영향을 미칠 것으로 예상된다. 과거 비슷한 사례에 비춰볼 때 고의적인 분식회계가 드러나면 회사는 과징금 부과 등 행정제재를 받고 전 경영진 등 관련자들은 검찰에 고발될 가능성이 높다.

회계업계 관계자는 "감리 착수와 동시에 오류를 인정한 것은 반박의 여지가 없을 정도로 명백한 오류였다는 방증"이라며 "고의성이 없더라도 오류의 규모가 상당한 만큼 회사와 회계법인이 책임을 면하기는 어려울 것"이라고 말했다.

재무제표 정정과 동시에 회사에 대한 줄 소송이 잇따를 것이란 전망도 나온다. 2013년에서 2014년 사이 최고 3만8000원에서 움직였던 대우조선해양 주가는 업황 악화와 회계절벽 등 악재가 맞물리면서 23일 현재 5400원까지 폭락했다. 개인투자자들은 2조원의 부실이 제때 반영됐다면 투자 손실을 줄일 수 있었을 것이란 논리로 회사에 문제를 제기할 것으로 예상된다.

재무제표에 대한 신뢰도를 잃은 만큼 대우조선해양이 향후 글로벌 선사들로부터 선박을 수주하는 데도 부정적 영향이 예상된다. 조선업계 관계자는 "선박을 발주하는 글로벌 선사들이나 정부는 재무제표 조작에 민감하다"며 "가뜩이나 수주 가뭄이 이어지는 상황에서 이번 감사 부실 문제까지 겹치면 경영정상화에 큰 타격을 받을 수 있다"고 말했다.

현재 대우조선해양의 잔여 수주 물량은 약 1년6개월치다. 신규 수주 물량을 확보하지 못한다면 도크가 비는 최악의 상황을 맞닥뜨릴 것으로 조선업계는 보고 있다.

금융당국은 대우조선해양을 감리하면서 수주산업에 전반적인 문제가 드러나면 다른 업체까지 감리를 확대하는 방안을 검토 중이다.

부실감사 항목:
장기매출채권 충당금 미설정
노르웨이 송가프로젝트 손실 미반영
부실한 총공사비예정원가 책정

한국경제신문. 2016. 3. 24.

'회계부실 논란' 대우조선 외부감사인 안진서 교체

"책임 떠넘기나" 비판도

과거 거액 손실을 미반영해 물의를 빚은 대우조선해양이 딜로이트안진 회계법인에서 새로운 회계법인으로 외부 감사인을 교체하기로 했다.

대우조선 측은 표면적으로는 계약 기간 만료를 이유로 들었다. 하지만 최근 회계감사 과정에서 안진 측이 "손실을 덜 반영한 2013~2014년 재무제표의 추정오류를 수정하지 않으면 2015년 재무제표에 대해 '의견거절'을 내겠다"고 압박하면 갈등을 빚은 게 주요인이라는 관측이다. 이에 대해 회계업계 일각에선 '방귀 낀 놈이 성 낸다'는 격 아니냐는 반응이 나오고 있다.

24일 대우조선해양은 지난해 실적 감사를 끝으로 딜로이트안진 회계법인에서 새로운 회계법인으로 감사 법인을 교체할 예정이라고 밝혔다. 최근 딜로이트안진은 대우조선이 지난해 반영한 손실 가운데 약 2조5000억원을 2013년과 2014년 재무제표에 분산 반영해야 한다며 재무제표 수정을 요구했고, 대우조선은 이를 수용해 25일 결과를 내놓기로 했다.

이 과정에서 안진 측은 옛 대우조선 경영자들에게서 정확하지 못한 정보를 제공받았다며 감사보고서에 '의견거절'을 내려 했다. 지난22일 대우조선이 "외부감사인의 감사 절차가 완료되지 않아 금일 감사보고서 제출 및 공시가 지연되고 있다"고 공시한 배경이다. 결국 주총을 앞두고 시간이 촉박한 대우조선은 2013년과 2014년 재무제표를 재작성했고, 현재 안진이 이 수정 재무제표를 재 감사 중이다.

일각에서는 외부감사인 교체에 대해 바뀐 대우조선 경영진이 과거 재무제표 오류를 회계법인의 부실 감사 탓으로 돌리려는 것 아니냐는 해석이 나온다. 딜로이트안진은 2013년, 2014년 회계감사에서 모두 '적정'의견을 냈다.

이에 대해 대우조선은 감사의 책임을 묻는 것이 아닌 계약기간 만료일 뿐이라고 해명했다. 대우조선 관계자는 "2010년부터 딜로이트안진이 6년간이나 회계 감사를 담당했기 때문에 변경하는 것일 뿐 다른 의미는 없다"고 말했다.

하지만 부실 감사 문제가 분식회계 논란으로 번질 경우 양쪽 모두 법적 책임에서 자유롭지 못할 전망이다. 한 회계 전문가는 "일단 안진과 대우조선 모두 이번 회계 실패를 분식회계가 아닌 '추정 오류'쪽으로 설명하는 것은 동일하다"며 "만약 분식회계로 판명나면 양측 모두 책임을 피할 수 없다"고 설명했다. 특히 대우조선해양은 과거 2015년 대우건설 분식회계 중징계 때를 감안하면 대표이사 해임권고 및 검찰 고발, 20억원 과징금 등의 제재를 받을 수 있다.

매일경제신문. 2016. 3. 25.

분식이 발생하였을 때, 이것이 회사 잘못인지 감사 잘못인지를 구분하는 것이 무척이나 어렵다.

대우조선 회계오류 고쳤더니 2013, 2014년 7천억원 씩 적자

적자 반전에 소송 줄 이을 듯

대우조선해양이 2013년과 2014년 재무제표 상 오류를 수정해 직전 2개 연도 실적이 흑자에서 적자로 반전됐다. 2015년에 반영했던 손실을 2013년과 2014년에 사후적으로 반영한 것으로 전체 적자 규모는 변동이 없지만 부실회계 논란은 피할 수 없게 됐다. 이에 따라 해당 기간에 주식을 산 투자자들이 소송에 나설 것으로 전망된다.

25일 대우조선은 지난해 영업손실 규모를 5조5051억원에서 2조 9372억원으로 정정한다고 공시했다. 차액인 2조5679억원은 각각 2013년과 2014년 실적에 분산 반영돼 흑자로 공시됐던 2013년과 2014년 영업손실은 각각 7784억원, 7429억원 적자로 둔갑했다.

이에 따라 대우조선과 외부 감사인 딜로이트안진회계법인은 법적 책임을 피하기 어려울 것으로 보인다. 대우조선 대주주인 산업은행 역시 관리 부실에 대한 책임 문제가 불거질 수 있다.

대우조선 관계자는 "3개 연도 손실 규모가 변한 것은 아니다"며 "장기매출채권 충당금 설정 등 당시 가정했던 여러 조건이 변해 사후적으로 오류가 생긴 부분을 정정했다"고 설명했다. 안진회계법인도 "진행 기준을 사용하는 조선업 특성상 과거 추정에 대한 오류를 사후적으로 바로잡는 차원"이라고 설명했다.

2013년과 2014년에 4000억원대 영업흑자 실적을 보고 투자를 결정한 투자자들이 회계 부실에 대한 소송을 줄이어 제기할 것으로 보인다. 이미 법무법인 한누리에서 안진회계법인을 상대로 소송을 제기한 상태다. 원고는 대우조선에 투자를 한 187명이며 피해 배상금액으로 70억원을 요구하고 있다. 집단소송에 나선 투자자들은 2015년 4~7월 사이 3개월간 주식을 매수한 사람들로 제한됐다. 4월에 아무 부실 없다는 2014년 감사보고서를 믿고 투자한 후 7월에 갑작스러운 손실반영(빅배스)으로 인해 손해를 본 투자자들로만 집단소송을 진행해야 인과 관계를 입증하기 가장 쉽다는 판단이 작용한 것이다. 이 밖에도 안진을 상대로 소송을 걸 투자자는 더 늘어날 것으로 보인다.

매일경제신문, 2016. 3. 26.

이만우(2016)는 대우조선해양의 감사인의 한계에 대해서 다음과 같이 적고 있다.

대우조선해양 문제는 해양 플랜트 공사비가 예상보다 훨씬 늘어나 생긴 것이다. 공사비가 더 소요돼 손실로 마감될 것이 예상되면 재무제표에 반영해야 하는데 회사가 이를 숨겼다. 항공기와 헬리콥터로 며칠이 걸려야 갈 수 있고 감사인이 현장에서 확인해도 바다 밑으로 얼마짜리 부품이 투입됐는지 알기 어렵다.

분식으로 문제가 되자 그 여파가 해당 회계법인에 영향을 미치게 된다.

대우조선 회계 오류 후폭풍 일감 못 따는 딜로이트안진

금호타이어 매각 회계실사 자진 철회

대우조선해양 회계 오류로 논란을 빚고 있는 딜로이트안진회계법인이 국책은행들의 인수 합병 등 비감사업무에서도 배제되고 있다.

3일 투자은행 업계에 따르면 딜로이트안진은 최근 산업은행에 금호타이어 매각 타당성 조사 회계실사 업무를 더 이상 수행할 수 없다는 의견을 전달한 것으로 알려졌다. 산업은행은 지난달부터 금호타이어 매각을 위한 타당성 조사를 진행하고 있다.

딜로이트안진이 '자진철회' 의사를 밝히면서 산업은행은 삼일회계법인을 회계실사 자문사로 새로 지정했다. 회계업계 관계자는 "대우조선해양 채권은행의 거래를 자문하는 것이 딜로이트안진으로서도 부담스러웠을 것"이라고 말했다.

현대상선 채권단 공동관리(자율협약) 실사 업무 역시 최근 삼정KPMG가 맡았다. 현대상선의 주채권은행의 재무구조 개선 약정 때부터 줄곧 심사 업무를 맡아왔기 때문에 자율협약 업무도 이 회사가 맡을 것으로 업계는 예상해왔다.

다른 국책은행인 수출입은행도 딜로이트안진을 꺼리는 모습이다. 수출입은행은 올해 초부터 히든챔피온 기업들에 대한 전면 실사를 진행하고 있다. 실사를 위한 주관업무도 딜로이트안진이 유력하게 거론됐지만 최근 삼일 몫으로 돌아갔다.

한국경제신문. 2016. 4. 4.

대우조선 '엉터리 실적' 작년 매출액 증감 4조 틀려 정정공시

지난해 사상 최대 적자를 낸 대우조선해양이 '부실 회계' 논란에다 가장 기본적인 공시 수치까지 틀려 비난을 사고 있다.

4일 업계에 따르면 대우조선은 지난달 25일 재무제표 정정 공시를 통해 회계 오류가 있었다며 3년 연속 적자로 수정한 데이어 29일에는 다시 한 번 지난해 매출액의 전년 대비 증감이 4조 4820억원 감소가 아닌 4482억원 감소라고 정정공시했다. 단순 실수로 기존 공시 액수와 무려 4조원이나 차이가 난 셈이다.

이렇게 큰 규모의 액수를 틀리는 것은 대기업 중에서는 찾아보기 어렵다. 조선업계 관계자는 "매출액 전년 대비 증감은 계산기를 돌리지 않아도 바로 나오는 수치"라면서 "한두 푼도 아니고 4조원이나 오차를 냈다는 것은 회사 내부적으로 나사가 풀려 있다고 볼 수밖에 없다"고 지적했다.

대우조선 투자자들은 2013년과 2014년 흑자로 꾸며졌던 장부가 순식간에 적자로 바뀐 데 이어 정정공시에서도 수치가 오기 등 실수가 나오자 비판 수위를 높이고 있다. 대우조선 투자자들은 서울지방법원에 대우조선과 고재호 대표, 딜로이트 안진회계법인을 상대로 민사 소송을 제기한 상태다.

매일경제신문. 2016. 4. 5.

외부감사인으로 '지정'된 삼일회계법인 대우조선 부실 추가로 밝혀낼까

대규모 분식회계 의혹을 받고 있는 대우조선해양의 외부감사인이 딜로이트안진회계법인에서 삼일PwC 회계법인으로 교체됐다.

20일 회계법인에 따르면 금융감독원은 최근 대우조선해양의 외부감사인을 삼일회계법인으로 지정했다. 대우조선해양은 지난해 부채비율 상승 등 재무건전성이 나빠지면서 '외부감사인 강제지정대상'기업이 됐다.

삼일회계법인은 올해부터 지정사유가 해소될 때까지 대우조선해양의 외부 감사를 맡는다. 대우조선해양의 직전 감사인인 안진회계법인은 2010년부터 지난해까지 6년간 대우조선해양을 감사해 왔다.

대우조선해양의 감사인이 '깐깐'하기로 소문난 삼일로 교체되면서 과거 부실이 추가로 드러날지에 대한 관심이 높아지고 있다. 앞서 대우조선해양은 규모 손실을 제대로 반영하지 않았다는 안진의 의견에 따라 과거 재무제표를 정정했다.

이에 따라 2013년 영업손익은 4409억원 흑자에서 7784억원 적자로, 2014년 영업손익은 4711억원 흑자에서 7429억원 적자로 바뀌었다. 업계에서는 회사와 회계법인이 자진 정정한 오류 외에 2012년 재무제표에도 제대로 반영하지 않은 손실이 있었을 가능성 등에 무게를 두고 있다.

대우조선해양은 지난해 5월 취임한 정성립사장이 이전 부실을 한꺼번에 회계장부에 반영하면서 지난해 상반기에만 3조2000억원의 영업손실을 냈다. 금융위원회와 금융감독원은 '회계절벽'이 나타난 과정에서 고의적인 분식이 있었을지 모른다고 보고 지난해 말부터 회사와 회계법인에 대한 회계감리를 벌이고 있다.

주식회사 외부감사에 관한 법에 따르면 연결 재무제표 기준 - 부채비율 200% 초과 - 동종업계 평균 부채비율 1.5배 초과 - 이자보상배율 1미만(영업이익으로 이자도 갚지 못한다는 의미) 등 세가지 요건에 모두 해당하는 상장사는 외부감사인을 지정받는다.

지정 감사인을 통보받은 기업들은 금융감독원에 2주 이내에 감사인 재지정을 요청할 수 있다.

한국경제신문. 2016. 4. 21.

채권은, 조선사 부실대출 정상으로 분류

11조 충당금 폭탄

현대중공업, 대우조선해양 등 국내 주요 조선사 대부분이 장사해서 이자도 못 버는 상황이 3년째 이어지고 있지만 채권은행들은 이들 조선사 대출금을 떼일 가능성이 없는 '정상 여신'으로 분류하고 있는 것으로 드러났다. 더욱이 이들 중 일부 업체는 수주 부진과 인도 지연 등으로 돈이 제대로 돌지 않아 현금흐름이 3년째 마이너스 상태인 것으로 나타났다. 이 때문에 그동안 연체와 부도 여부만을 잣대로 삼아 부실채권을 분류해온 자산건전성 분류 체계가 제 기능을 못하고 있다는 지적이 나오고 있다.

8일 매일경제신문이 채권은행들을 대상으로 조선사 자산건전성 분류 현황을 조사한 결과, 국내 주요 조선사 8곳 중 현대미포조선과 삼성중공업을 제외한 6곳이 대기업 신용위험평가 대상이거나 자율협약(채권단 공동관리) 상태이지만 채권은행들은 STX조선해양을 제외한 5곳의 건전성을 모두 '정상'이나 '요주의'로 분류했다.

현대중공업, 대우조선해양, 현대삼호중공업 등 3곳은 모두 지난해까지 2년 이상 1을 밑도는 이자보상배율을 기록해 올해 4~7월 진행되는 대기업 신용위험평가 대상에 포함되지만 채권단은 이들 조선사의 여신을 '채무상환능력이 양호한' 정상 여신으로 간주하고 있다.

자율협약이 진행 중인 한진중공업과 성동조선해양도 향후 채무상환 능력이 떨어질 가능성이 있지만 당장 채권 회수에 문제가 없는 '요주의'로 분류돼 있다. 해당 조선사 대출이 부실채권으로 분류되는 고정이하로 분류돼 있는 조선사는 법정관리 가능성이 높은 STX조선해양 한 곳에 불과했다. 대부분의 부실 조선사 여신이 정상 채권으로 간주되는 진풍경이 벌어지고 있는 셈이다. 금융권의 조선 해운 여신은 68조5000억원에 달한다. 이르면 6월께 대우조선해양의 자율협약 개시나 STX조선해양의 법정관리 전환이 검토되는 상황에서 올해 하반기부터 손실을 제때 반영하지 않은 은행들의 급격한 실적 악화가 불가피할 전망이다. 특히 오는 7월 사상 최대 규모의 구조조정 대상 기업이 선정될 예정이어서 국책은행을 중심으로 한 충당금 부담은 크게 늘러날 것으로 보인다. 금융계에서는 부실 조선사 여신을 제대로 분류하면 10조원 이상의 '충당금 폭탄'이 떨어질 수 있다는 경고가 나오고 있다.

이미선 하나금융투자 선임연구원은 "현대중공업 등 대형 조선사 4곳에 대해 제1금융권이 정상으로 분류해둔 여신만 41조원이 넘는 상황"이라며 "앞으로 구조조정 진행 강도가 높아질수록 요주의 또는 고정으로 재분류되는 경우가 많아지면서 제1금융권으로 많게는 11조 5000억원에 달하는 충당금을 추가 적립해야 할 것"이라고 전망했다.

매일경제신문. 2016. 5. 9.

대우조선 2조 분식회계 의혹 남상태 고재호 전 사장 출금

검찰, 전직 경영진 수사 초읽기

창원 지검은 대우조선해양 남상태 전 사장과 고재호 전 사장을 출국 금지시킨 것으로 10일 알려졌다.

대우조선해양은 지난해 입은 영업손실 5조5000억원 가운데 2조원가량을 앞선 회계연도에 회사 재무제표에 반영하지 않고 분식회계를 해왔다는 의혹을 사왔다. 이 회사 전직 경영진인 남 전 사장과 고 전 사장은 이 같은 분식회계에 책임이 있다는 지적을 받았다.

대우조선해양 사외이사들로 구성된 감사위원회는 지난해부터 벌인 자체 감사에서 고 전사장 등 옛 경영진이 해양 플랜트 사업 등을 추진하면서 회사에 2조6000억원대 손실을 입힌 것으로 드러났다면서 올 1월 책임자 처벌을 요구하는 진정을 창원지검에 냈다.

이와 별개로 대우조선해양 감사위원회는 지난해 9월 남 전 사장이 자회사 지분 인수 과정 등 5가지 사업을 진행하는 과정에서 회사에 680여억원에 달하는 손실을 끼쳤고, 자신의 지인들에게 사업상 특혜를 줬다며 남 전 사장을 처벌해 달라는 진정을 서울중앙지검에 내기도 했다. 서울중앙지검은 이 사건과 관련해 지난달 진정인 조사를 벌였다.

남 전 사장과 고 전 사장 등 대우조선해양 전직 경영진에 대한 검찰의 본격 수사 착수는 초읽기에 들어간 상태다. 금융감독원은 올 3월부터 대우조선해양의 분식회계 의혹과 관련해 정밀 회계감리 작업을 벌이고 있다. 감사원도 대우 조선해양의 대주주인 산업은행에 대한 감사를 진행 중이다. 검찰 주변에선 금감원의 회계감리 결과와 감사원의 감사결과가 검찰에 통보되는 대로 본격적인 수사가 시작될 것으로 전망하고 있다.

조선일보. 2016. 5. 11.

은행, 조선업 대출 70조 충당금 적립 공포 커진다.

대부분 정상으로 분류
요주의로만 낮춰도 부담 급증
STX조선 등 부실 3사에
자율협약 이후 7조 지원

산업은행 등 채권단이 STX조선해양을 기업회생절차(법정관리)에 넣기로 가닥을 잡으면서 은행들이 충당금 공포에 떨고 있다. 은행 등 채권단의 전체 조선업에 대한 위험노출액(익스포저)이 70조원에 달하는 데다 STX조선, SPP조선, 성동조선해양 등 부실 3개 조선사의 자율협약(채권단 공동 관리) 이후 추가 지원된 금액만 7조원을 넘어 섰다.

25일 금융권에 따르면 조선업에 대한 은행권의 익스포저는 약 70조원이다. 대우조선해양이 23조원으로 가장 많고, 현대중공업(17조4000억원) 삼성중공업(14조4000억원) 등의 순이다. 현대삼호중공업과 현대미포조선도 각각 5조1000억원, 4조4000억원에 이른다. 법정관리를 눈앞에 둔 STX조선의 은행권 익스포저는 5조5000억원 수준이다.

은행들은 조선사에 대한 여신을 대부분 정상으로 분류해 놓았는데, 언제라도 요주의로 악화될 가능성이 크다. 정상, 요주의, 고정, 회수의문, 추정손실 등 여신 건전성 분류 5단계 중 요주의부터는 거액의 충당금을 쌓아야 한다. 요주의는 여신의 7~19%, 고정은 20~49%, 회수의문은 50~99%, 추정손실은 100%다.

대우조선해양을 정상에서 요주의로 한 단계만 낮춰도 은행권은 1조6000억~4조3000억원의 충당금을 더 쌓아야 한다. 여기에 STX조선이 법정관리에 들어가면 약 3조원의 충당금 부담을 떠 안는다.

STX조선에 이어 법정관리 가능성이 제기되는 SPP조선과 성동조선해양 등에 채권단이 자율협약 기간 중 추가 지원한 7조4000억원은 조만간 충당금 폭탄으로 부담을 줄 전망이다. 2014년 4월 채권단과 자율협약을 맺은 STX조선은 1조3000억원의 출자 전환과 3조2000억원의 자금 투입으로 총 4조5000억원을 지원받았다. 작년 5월 자율협약에 들어간 SPP조선에는 1조850억원, 2010년 5월 자율협약을 맺고 삼성중공업의 위탁관리를 받은 성동조선에는 총 1조9000억원이 지원됐다.

한국경제신문. 2016. 5. 26.

대우조선, 현상태 지속땐 '관리종목'

새로 바뀐 기준 적용하면
1분기 자본잠식률 69.3%
2년 연속 50% 넘으면 퇴출

조선업 구조조정이 본격화되면서 기로에 놓인 중소 조선사 중 일부는 현재 자본 잠식 상태가 법정관리에 들어간 STX조선해양보다 심각한 것으로 나타났다. 조선 빅3 중

하나인 대우조선해양도 지난해보다 올해 1분기 자본잠식률이 더 높아졌다.

31일 성동조선해양과 SPP조선, 대선조선의 재무제표를 분석한 결과 3사 모두 STX 조선해양과 마찬가지로 완전자본잠식 상태이면 자본총계가 마이너스 상태인 것으로 나타났다. 자본잠식률이 100% 이하면 부분잠식, 100%가 넘어가면 완전자본잠식 상태로 분류된다. 완전자본잠식이 확정되면 그 이상의 비율을 따지지 않지만 비교하면 SPP조선, 대선조선, STX조선해양, 성동조선해양 순으로 심각했다.

자본총계가 마이너스로 돌아서면 부도처리되는 경우가 많다. STX조선해양은 자본총계가 지난해 말 기준 마이너스 3조242억원에 달했다. 성동조선해양은 같은 기준 자본총계가 마이너스 1조 3705억원, 부채는 총 3조5621억원이다. SPP조선은 자본총계가 마이너스 7754억원이고 부채가 총 1조6150억원, 대선조선은 자본총계가 마이너스 3903억원이고 부채가 7779억원이다.

대우조선해양의 경우 지난해 말 기준 자본총계 4364억원, 자본잠식률 45.6%를 기록했다. 올해 1분기에는 자본잠식률이 47.8%로 높아져 50%에 가까워졌다. 한국거래소에 따르면 자본잠식률이 50%가 넘으면 관리종목으로 지정되며, 2년 연속일 경우 상장폐지된다. 게다가 지난 3월 한국거래소가 코스피 상장사 퇴출기준을 변경하면서 자본잠식률 기준에서 비지배지분을 포함하도록 해 대우조선해양이 나머지 2~4분기에서 극적인 회생을 하지 못할 경우 관리종목으로 지정될 위험이 있다. 대우조선해양은 비지배지분이 마이너스 상태인데 자본잠식률에서 이를 제외하는 규정 덕에 관리종목에 포함되지 않았다. 새로 바뀐 기준으로 1분기 자본잠식률은 이미 69.3%로 50%를 넘는다. 한편 빅3사 중 나머지 현대중공업과 삼성중공업은 자본잠식이 전혀 없는 상태다.

문화일보. 2016. 5. 31.

chapter 32

준법감시인

'힘실린' 준법감시인 2년 임기 보장

금융위, 집행임원 의무화 등 내부통제 강화

앞으로 금융회사 준법 감시인 임기가 보장되고 집행임원 선임이 의무화될 전망이다. 준법감시업무를 담당하는 인력 비중 기준도 신설될 것으로 알려졌다.

금융당국은 최근 잇단 금융회사 사고로 내부통제를 철저하게 하기 위해 준법감시인 역할을 대폭 강화하는 안을 논의해왔다.

13일 금융계에 따르면 금융위원회는 내부통제를 강화하기 위한 준법감시인과 감사의 역할 정립 방안을 마련해 곧 발표한 예정이다.

가장 큰 변화는 준법감시인 지위 보장이다.

제대로 된 준법감시가 이뤄지려면 임기 보장이 필요하다고 보고 2년간 임기를 보장하는 안을 마련할 것으로 알려졌다. 또 CEO 직속 기구로 만들고 집행임원 선임을 의무화해 준법감시인이 다른 영업부서 집행임원 등에게 밀리는 일이 없도록 했다.

준법감시인에게 일을 할 수 있는 인력이 보장되도록 각종 겸직 업무를 제한할 예정이다. 현재는 준법감시 부서에 있는 인력들이 소비자보호, 법무, 자금세탁방지 등 여러 업무를 동시에 하고 있는 곳이 많다. 그러다 보니 준법감시 업무에 집중하지 못할 때가 많다는 지적이 제기됐다.

현재 IT 관련 부서 인력처럼 준법감시 업무에 종사하는 인력 비중을 감독규정에 반영할 것으로 알려졌다. 또 준법감시인 업무에 대해 명확히 구분해 '자기점검'이 이뤄지지 않도록 할 방침이다.

자기점검이란 겸직하고 있는 업무를 스스로 점검함에 따른 이해관계 상충이 발생하는 것을 말한다.

준법감시인은 앞으로 사전 점검 기능을 강화하게 된다. 영업점에 대한 일상점검감사, 본부 점검 등 현재보다 다양한 분야에 걸쳐 감사 활동을 벌일 전망이다.

금융위는 이 같은 방향으로 내부통제를 강화하기로 하고 하반기에 본격적인 관련

> 법규 개정에 나설 계획이다.
>
> 매일경제신문. 2014. 6. 14.

준법감시인은 회사의 조직도에서 CEO 직속으로 두는 것이 맞는지 아니면 감사 직속으로 두는 것이 맞는지에 대해서는 고민이 있어야 한다. chapter 1에서 기술되었듯이 내부감사기능의 조직도에서의 positioning과 같은 고민을 해야 한다.

준법감사와 관련된 인력에 대한 기준을 기술하고 있는데 chapter 18에는 IT 관련된 인원과 예산에 대한 기준에 대해서 기술하고 있다. minimum 기준을 강제하여 최소한의 업무에 대한 보장하고 있는 모습이다.

> 은행 준법감시인 지위 사내이사로
>
> 금융감독원은 은행 준법감시인의 법상 지위를 기존 본부장 또는 부장급에서 사내이사로 격상하기로 했다. 준법감시인은 은행 내부 통제의 실질적인 컨트롤타워로 만들겠다는 취지다.
>
> 금감원은 22일 은행 준법부서담당자를 대상으로 '은행 준법감시인 모범규준 개정안' 설명회를 열고 이 같은 내용을 안내했다. 앞으로 은행 준법감시인은 사내이사 또는 업무집행지시자 중에서 선임해야 한다. 임기는 2년 이상 보장해야 한다.
>
> 준법감시인은 이사회를 포함해 모든 업무회의에 참여하고, 위법 사항 발견 시 업무정지를 요구할 수 있다. 준법감시인의 겸직은 원칙적으로 금지된다.
>
> 한국경제신문. 2015. 7. 23.

위의 변화가 준법감시인의 위치를 공고히 해 준다는 취지는 충분히 이해하지만 이사회에 참석하는 자격은 원칙적으로는 이사회 등기이사로 제한되어야 하며 배석자는 회의 진행을 위해서 배석하는 것인데 준법감시인이 회의 안건에 무관하게 항상 이사회에 참석하는 것으로 규정하는 것은 준법감시인 제도를 과도하게 강제하는 것이라고 판단된다. 앞에서도(chapter 21) 공시 담당 업무집행지시자가 이사회에 배석하여 이사회 안건 중에 공시할 내용이 없는지를 파악하여야 한다는 내용이 포함되어 있는데 이는 이사회의 의결 사안 중, 공시에 누락되는 점이 없도록 확인하기 위함이지만, 준법감시인이 이사회에 참석하도록 하는 것은 이해하기 어려운 정책방향이다. 특히나 공시책임자의 경우와는 달리 준법감시인이 관련되는 업무가 공시의 대상일 경우가 거의 없을 것이라고 사료된다.

단, 준법감시인의 업무가 일부 감사의 업무와 중복될 수 있으므로 준법감시인이 감사위원회에 참석하여 안건을 보고하는 것은 합리적이며 일부 기업에서는 그렇게 진행하고 있다.

금융회사의 지배구조에 관한 법률 제25조(준법감시인의 임면 등) ②에 의하면 다만, 자산규모, 영위하는 금융업무 등을 고려하여 대통령령으로 정하는 금융회사 또는 외국 금융회사의 국내지점은 사내이사 또는 업무집행지시자가 아닌 직원 중에서 준법감시인을 선임할 수 있다.

이사회는 원칙적으로 등기한 이사들만의 회의가 되어야 한다. 물론, 진행을 돕기 위한 서기 등의 실무자와 보고자 등이 배석을 해야 하지만 그렇다고 집행임원 참석자를 확대하는 것은 등기한 이사들의 회의라는 이사회의 정체성을 희석시키므로 확대만이 능사는 아니다.

준법감시인 이외에는 어떤 직을 맡은 자를 반드시 임원으로 임명하여야 한다는 규정에 해당하는 직은 준법감시인 이외에는 정보보호최고책임자가 있다. 일부에서는 CFO도 등기임원이 맡아야 한다는 주장이 있기는 하지만 등기임원의 수가 제한되어 있어서 그렇게 되지 못하고 있다.[27)]

관련된 법규는 아래와 같다.

ㅇ 정보보호최고책임자 관련 법률

1. 전자금융거래법
제21조의2 제2항 총자산, 종업원 수 등을 감안하여 대통령령으로 정하는 금융회사 또는 전자금융업자는 정보보호최고책임자를 임원으로 지정하여야 한다.
제21조의2 제5항 정보보호최고책임자의 자격요건 등에 필요한 사항은 대통령령으로 정한다.

2. 전자금융거래법 시행령
제11조의3 제4항 법 제21조의2 제5항에 따른 정보보호최고책임자의 자격요건은 별표 1과 같다.

27) 관련된 내용은 chapter 21에 기술된다.

정보보호최고책임자의 임원 선임건은 2014년 금융기관의 정보유출 사건이 크게 문제화되면서 법으로 도입되었다.

정보보호최고책임자와 준법감시인직 이외에도 2016년 8월부터 적용되는 금융기관의 모범규준에 의하면 리스크 책임자와 기획 재무 책임자는 임원으로 보임하도록 되어 있다. 다만 이는 예시에 불과하여 앞으로 어느 직이 추가적으로 임원으로 보임되는지는 시행령이 확정되는 것을 확인해 보아야 한다.

다음은 금융회사의 지배구조에 관한 법률 관련 조항이다. 전략기획, 재무관리, 위험관리 및 준법감시인의 보직은 집행임원중에서 맡아야 한다는 규정이다. 제2조의 5의 내용은 상법의 내용이다.

제2조(정의)
2. "임원"이란 이사, 감사, 집행임원(상법에 따른 집행임원으로 한정한다) 및 업무집행책임자를 말한다.
5. "업무집행책임자"란 이사가 아니면서 명예회장, 회장, 부회장, 사장, 부사장, 행장, 부행장, 부행장보, 전무, 상무, 이사, 등 업무를 집행할 권한이 있는 것으로 인정될 만한 명칭을 사용하여 금융회사의 업무를 집행하는 사람을 말한다.

제8조(주요업무집행책임자의 임면 등) ① 전략기획, 재무관리, 위험관리 및 그 밖에 이에 준하는 업무로서 대통령령으로 정하는 주요업무를 집행하는 업무집행책임자는 이사회의 의결을 거쳐 임면한다.
② 주요업무집행책임자의 임기는 정관에 다른 규정이 없으면 3년을 초과하지 못한다.
③ 주요업무집행책임자와 해당 금융회사의 관계에 관하여는 민법 중 위임에 관한 규정을 준용한다.

제25조(준법감시인의 임면 등) ② 금융회사는 사내이사 또는 업무집행책임자 중에서 준법감시인을 선임하여야 한다. 다만, 자산규모, 영위하는 금융업무 등을 고려하여 대통령령으로 정하는 금융회사 또는 외국 금융회사의 국내 지점은 사내이사 또는 업무 집행지시자가 아닌 직원 중에서 준법감시인을 선임할 수 있다.
③ 금융회사가 준법감시인을 임면하려는 경우에는 이사회의 의결을 거쳐야 하며, 해임할 경우에는 이사 총수의 3분의 2 이상의 찬성으로 의결한다.

준법감시인의 임면은 이사회의 의결을 거쳐야 하는 것은 실질적인 실무상의 감사책임자 즉, 감사실장의 임면이 감사위원회의 승인을 받아야 하는 점과 유사하다. 의결을 거치는 것이나 CEO에게 감사실장의 임명권이 있지만 감사위원회의 승인을 받지 못한다면 임면이 유보되는 것이나 실질적으로는 동일하다.

법률에 의하면 이사회 의결이 필요한 업무집행책임자는 전략기획, 재무관리, 위험관리, 준법감시인이고, 시행령으로 다른 업무가 추가될 수 있다. 시행령은 2016년 초 현재, 금융위에서 초안을 준비하고 있다. 다만 이런식으로 주요 보직자를 업무집행지시자로 보직하라고 하고 이러한 영역이 확정된다면 거의 모든 회사의 업무 영역에 대한 책임이 Top down으로 되는 문제가 발생할 수 있고 위임이 효과적으로 수행되지 않는 문제가 발생할 수 있다.

chapter 33

공정공시

> 깜깜이 기업분석 고무줄 회계에 "대기업 실적 전망도 못 믿겠다"
>
> 규제 불확실성이 커진 탓에 애널리스트 '보신주의'가 위험 수준에 이르렀다는 지적도 늘고 있다. 황영기 금융투자협회장은 "시장질서 교란행위를 규제하는 것은 자칫 시장 활력과 정보생산의 인센티브를 위축시킬 수 있다"며 "애널리스트가 기업 분석과 탐방을 통해 얻은 정보를 '공공재'로 보고 기관과 개인에게 똑같은 시간에 공개하라는 것은 시장 발전을 저해할 수 있다"고 지적했다.
>
> 한국경제신문. 2015. 7. 31.

위의 신문기사는 매우 흥미로운 내용을 암시한다. 공정공시가 도입되면서 애널리스트가 접근 가능한 정보도 배타적인 정보로 해석하고 이를 공정공시의 대상에 포함하였다. 즉, 애널리스트가 독점적인 정보를 입수하는 것 자체에 대해서는 공정공시를 준수하지 않는 것으로 해석하였다. 애널리스트의 financial intermediary로서의 순기능 역할 자체를 부정하는 것이었다. 애널리스트는 (i) 정보에 대한 접근과 (ii) 이를 분석하고 해석하는데 있어서 강점을 가질 수 있는데 이제까지 규제당국의 정책은 전자의 내용은 공정공시에 위배되는 것으로 분류하였다. 애널리스트로 하여금 정보에 대한 접근을 금지한다고 시장에서 정보 자체가 존재하지 않는 것은 아니다. 생성된 정보는 어디에선가 누군가에 의해서 독점되고 있을 뿐이다. 물론, 이 경제 주체는 기업 내부자일 소지가 크다.

chapter 27에서도 기술되고 있듯이 회계법인의 공인회계사들이 정보를 이용하고 있다고 하면 이러한 배타적인 정보를 보호하기만 하는 것이 최선의 정책인가라는 생각을 하게 된다. 어차피 보호받지 못할 정보라고 하면 공정공시의 형태가 되었건 애널리스트가 역할을 해서 공유되는 정보가 되었던 가능한 시장에 공개를 하는 것이 최선책일 수 있다. 어차피 보안이 지켜지지도 않을 정보를 보호한다고 하면 일부 정보 보유자들만의 배타적이고 독점적 위치만 더욱 공고해질 위험도 동시에 안고 가는 것이다.

공정공시는 기업이 가진 정보를 시장에 공개할 때, 모든 시장 참여자가 공정하게 정보를 전달받아야 한다는 내용이지, 애널리스트가 애써 구한 정보를 부정하는 것은 아니어야 하지만 이제까지는 애널들에게 배타적으로 정보를 전해 준 것 자체에 대해서 공정공시 위반으로 분류하였다.

그렇기 때문에 미국에서 공정공시가 처음 도입될 때도 정보의 경색 현상을 유발시킨다고 하여, 상당한 논란이 있었다.

정보가 처음 생성되었을 때는 당연히 정보를 가진 자와 정보를 가지지 못한 자가 존재할 수밖에 없고 이들 간의 정보의 불균형은 어찌 보면 당연한 것이다. 단, 이러한 정보 불균형이 내부자 거래로 연결되지 않도록 정보가 공유되어야 한다는 차원에서 공정공시제도가 도입되었다. 단, 너무 이상론에 치우친 정책이 아닌가도 우려된다.

배타적인 정보의 이용을 규제당국이 완전히 규제하지 못할 바에야 정보의 흐름을 시장에 맡기는 것도 정책의 한 방향이 될 수 있을 듯도 하다. 어쨌거나 공정공시는 앞으로 정책당국이 풀어 나가야 할 여지가 많은 제도임에 틀림없다.

애플 주가 폭락 막은 팀쿡의 '새벽편지'

간접 정보공개 공기 위반 '논란'
'3분기 중 시장 실적 좋다'
CNBC에 보낸 이메일 공개돼

뉴욕증시가 중국의 경기 둔화 우려 등으로 3.58% 급락한 24일(현지시간), 애플 주가는 팀쿡 최고경영자가 새벽에 쓴 이메일 내용이 시장에 알려진 덕분에 폭락을 면했다. 메일에 '애플이 3분기 현재 중국 시장에서 좋은 성적을 거두고 있다'는 내용이 담겼기 때문이다.

10% 이상 급락하던 애플 주가는 낙폭을 2%대로 줄였다. 경제전문매체 마켓워치는 쿡의 이 같은 행동이 공정공시 위반이라고 지적하는 등 논란이 일고 있다.

미국 CNBC 방송 프로그램 '매드머니'의 진행자 짐 크래머는 이날 오전 8시 쿡으로부터 이메일 한 통을 받았다. 전날 크래머가 쿡에게 중국에서의 애플 미래를 묻는 메일을 보낸 것에 대한 답장이었다.

쿡이 살고 있는 캘리포니아 주 시간으로 오전 5시. 쿡은 매일 오전 3시 45분 일어나 6시 30분 출근하는 '아침형 인간'으로 유명하다.

쿡은 메일에서 "매일 아침 중국 시장 실적을 보고받고 있다"며 "아이폰이 중국시장에서 잘 팔리고 있고, 중국 앱스토어의 최근 2주일간 실적은 올 들어 최고 수준"이라고 강조했다.

메일 전문은 크래머의 입을 거쳐 CNBC 방송으로 시장에 퍼졌다. 장 초반 13% 폭락으로 5년만에 가장 큰 낙폭을 보였던 애플 주가는 쿡의 메일 내용이 알려지자 반등했다. 장중 1.2% 상승 반전까지 한 애플 주가는 2.5% 하락 마감하며 선방했다.

전문가들은 쿡의 행동이 미국 증권거래위원회(SEC)의 공정공시 규정을 어긴 것이라고 지적했다. SEC는 회사 관계자가 소셜네트워크서비스(SNS)를 통해 기업 정보를 직접 전달할 때만 공시로 인정한다.

실제 소식을 전한 크래머 역시 포트폴리오 매니저로 활동하며 애플에 투자하고 있어 문제의 소지가 있다. 도시&휘트니의 토머스 고민 변호사는 마켓워치에 "SEC는 분명히 이번 사안을 조사할 것"이라고 전망했다.

한국경제신문. 2015. 8. 26.

공정공시의 영역이 어디까지 여야 하는지가 매우 애매하다. 회사와 관련되어 공직에 있는 사람일 경우는 거의 모든 행동에 제약을 받게 된다. 회사와 관련되어 공식적인 직을 갖고 있는 사람은 원칙적으로 사적인 자리에 가서도 회사와 관련된 내용을 전달하면 안 된다. 사적인 동창 모임에 가서도 애플사의 사장이 우리 회사 주식 괜찮으니 매수해도 된다는 얘기를 하면 공정공시 위반이다. 이 정보의 공정성 여부를 떠나서 이 정보가 공유되지 않았기 때문이다.

물론, chapter 17과 27에서 기술된 해당 회사를 감사하는 공인회계사도 동일하다. 감사를 수행하는 기업의 어떠한 정보에 대해서 대수롭지 않게 정보를 전달하였다고 하여도 공인회계사가 내부 정보에 대한 접근이 가능하기 때문에 내부자가 정보를 공식적인 채널을 통하지 않고 전달한 것이나 동일하게 조치될 것이다.

이 방송을 시청한 시청자들에게만 이러한 정보가 전달되었으므로 공정공시 위반이라는 주장이 제기된 것이다.

chapter 34

AD&A(Auditor's Discussion and Analysis)

CFO.com(2011)의 내용을 정리하면 다음과 같다.

MD&A가 경영자가 그들의 경영 전망이나 예측 등을 형식에 얽매이지 않고 표현하는 것과 같이 AD&A도 2011년부터 PCAOB가 감사보고서 이외에도 감사인이 시장과 소통할 수 있는 수단으로 논의되기 시작하였다.

AD&A는 투자자와 재무제표 이용자에게 회계정보를 "through the auditor's eyes'의 입장에서 볼 수 있도록 하는 장점이 존재한다. 자유로운 형식의 문건일 것이다. PCAOB는 AD&A를 supplemental narrative to the audit report라고 정의하고 있다.

MD&A가 재무제표 이용자에게 회계정보를 through the eye's of management의 입장에서 볼 수 있는 장점이 있듯이 감사인도 기업을 비판적으로 볼 수 있는 장점이 있기 때문에 그들의 input이 매우 중요한 정보의 원천이다. 또한 감사인이 내부자는 아니지만 완전한 외부자도 아니기 때문에, 내부의 상황을 외부자의 시각으로 볼 수 있는 부분을 이용자들에게 전달될 수 있는 장점이 존재한다.

감사인의 재무제표에 대한 의견이 적정, 한정, 부적정, 의견거절과 같이 어떻게 보면 pass/fail의 형태로 나타나는데 AD&A는 이에 대한 대안이 될 수 있다. 금융위기를 촉발한 Lehman Brothers나 AIG는 적정의견을 받았다.

감사보고서는 매우 정형화된 양식을 띠므로 감사보고서에 보고되는 내용 이외의 내용을 보고하는 것은 감사인들에게 큰 부담이 될 것이다.

위는 기업의 입장이고 회계법인의 입장은 이제까지의 익숙한 보고의 형태에서 벗어나는 것에 대한 부담이 있을 것이다.

Sam Ranzilla라고 하는 KPMG의 파트너는 투자자들이 다음과 같이 얘기한다고 한다.

Investors don't trust audit committee. They are looking for the same information provided to the audit committees by auditors.

즉, 공식적인 문건인 감사보고서 이외에도 감사인이 기업의 감사위원회에 보고하는 내부적인 정보에 대한 접근을 투자자들이 기대한다는 주장이다. 감사인들의 counter part는 감사위원회이므로 감사위원회와는 어떠한 형태의 대화도 가능할 것이다. 투자자들은 감사보고서라는 정형화된 형식보다는 형식에 구속되지 않는 free format을 선호할 수 있으며 감사인과 감사위원회간의 내부에서 진행된 대화가 회계정보 이용자에게 공개되는 것을 기대한다.

감사인들은 공개적으로 주관적인 내용을 표명하는 것에 대해서 무척이나 부담스러워 한다. 그 이유는 이러한 내용에 대해서는 책임을 져야 하며 이 내용이 법정에서 불리하게 작용할 수 있기 때문이다.

Legg Mason이라는 회사의 CFO는 AD&A가 공시된다고 해도 이 내용이 MD&A와 상이할 것인가라는 의문을 제기하였다. 그리고 혹시 AD&A의 내용이 MD&A의 내용과 차이가 있다면 이 차이를 분석하는데 많은 시간을 쓰게 될 것이다.

PwC(2012) 문건에서는 We believe that the unintended consequences of changing the auditor's role from objectively validating management providing information to subjectively reporting the auditor's views would be detrimental to audit and financial reporting quality라고 적고 있다.

즉 감사인의 입장에서 객관적인 인증 이외에 주관적인 내용을 기술한다는 것 자체가 감사와 재무제표의 품질에 부정적인 영향을 미친다고 적고 있다. 즉, 감사인의 주관이 개입되는 순간부터 감사인은 객관성을 잃게 된다는 생각을 할 수도 있으며 이는 감사인의 본연의 모습이 아니라는 주장이다. 즉, 이 주장의 논지는 감사인은 명명백백한 객관적인 사실에만 근거한 내용을 기술하여야지 주관이 개입된 내용을 회계정보 이용자나 감사보고서 이용자에게 전달하는 것은 적절하지 않다는 내용이다.

이는 어떻게 보면 계속기업과 관련된 변형된 의견을 생각해 보면 더 와 닿는다. 1년 동안 해당 기업이 부도가 발생할지에 대해서는 점쟁이가 아니라면 알 수 없다. 그러나 이 또한 감사인의 전문가적인 판단에 의해서 주관적인 판단을 수행하는 것이다. 부도가 발생할지는 확률 게임이다. 모든 사회 현상에서 100%의 확신을 찾기는 어렵다.

PwC는 감사인이므로 AD&A라고 하는 추가적인 documentation의 업무를 반길 이유는 거의 없을 것이다. PwC는 감사인의 입장은 회사가 제공하는 정보를 인증하는 입장이지 정보를 생성하는 역할을 수행하는 것은 아니라는 주장이다. 평가라는 과정에는 주관적인 요소가 개입되며 주관적인 내용은 객관성을 잃을 수도 있다. 다만, 감사인들도 이제까지의 감사의견을 형성하는 과정에서 끊임 없이 주관적인 판단을 수행하였을 것이다.

PwC의 입장은 감사인들로 하여금 주관적인 내용에 까지도 공개적으로 그들의 분석이나 견해를 공유하도록 요구하는 것은 감사위원회와 경영진으로 하여금 감사인들과의 대화에 덜 적극적으로 나서게 할 유인도 존재한다는 주장이다.

chapter 8에서도 key audit matters의 추가 공시에 대한 내용이 기술되었는데, 감사보고서에 key audit matters 등을 공시하는 "emphasis paragraph"를 강제하는 내용도 검토되고 있다.

최근 우리나라에서 특기사항은 강조사항으로 명칭을 변경하기는 하였지만 미국에서 논의되는 emphasis paragraph와는 그 내용을 같이 한다.

감사받은 재무제표 이외, MD&A에 대해서도 인증(assurance)을 수행하는 대안에 대해서도 검토되고 있다. 이는 프랑스 등에서 경영자의 예측에 대해서까지도 인증을 수행하는 업무 형태와 같은 맥락에서 이해할 수 있다.

MD&A까지도 감사인이 인증을 진행한다면 매우 부담스러워 할 것이다. MD&A의 속성 자체가 자유롭게 경영자가 전달하고픈 내용을 전달하라는 것인데 이에는 수치화하기 어려운 정성적인 내용도 포함된다. 감사인들은 quantify할 수 있는 회계 수치나 재무제표에 익숙해져 있으므로 정성적인 내용에 대해 책임을 지고 인증하는 것에 대해서는 많은 부담을 느낄 수 있다. 주관적인 판단은 그만큼 어렵다. 물론, MD&A의 공시와 관련되어 경영자가 지나치게 낙관적인 정보만을 전달할 수 있으며 이에 대해서는 적절한 수준의 monitoring이 바람직할 수도 있다.

단, 인증이 병행된다는 것이 전향적이어야 하는 이 정보의 전달이 경색될 우려도 존재한다. 주관적인 판단이라는 것은 많은 가정에 근거해서 도출되는 것인데 가정이 맞지 않으면 이로부터 나온 논리도 맞지 않을 수 있다.

chapter 35

지방자치단체 부채

지자체 산하기관에 '빚 밀어넣기' 막는다.

기업 연결재무제표와 같은 '통합 부채' 도입

정부가 지방자치단체를 보다 면밀하게 관리하기 위해 공사, 공단 출자 출연기관 총부채와 우발부채까지 통합한 지표를 산출하고 이를 관리해 나가기로 했다.

특히 지자체가 사실과 다른 자료를 제출하고 필요 이상으로 지방채를 발행할 때에는 관계 공무원 개인을 제재하는 등 정부가 강력한 제재에 나서기로 했다.

행정자치부 관계자는 18일 "일부 지자체가 산하기관을 통해 대규모 개발 사업을 추진하면 '부채 밀어 넣기' 현상을 야기하고 있다"며 "'통합 부채 관리 시스템'을 도입해 지방 공기업 및 출자 출연기관 부채까지 통합한 통합부채를 산출해 관리할 것"이라고 말했다. 지지체 산하 기관에 대규모 부채를 몰아넣어 지자체 자체 건전성은 유지되고 있는 것처럼 재무상태를 '분칠'하는 일을 적극적으로 막겠다는 취지다.

행자부는 이를 위해 지난달 각 지자체에 산하기관 총부채, 우발부채 현황을 제출하라고 요구했다. 행자부는 이들 자료를 취합해 오는 11월에 새로운 '통합부채' 기준으로 지자체별 부채 현황을 공개할 방침이다. 이를 토대로 5개년에 걸친 지방재정 건전성 관리 계획을 수립할 예정이다. 지방 채무는 지난해 말 기준 28조원으로 예산 대비 채무비율은 14.8%에 달하고 있다.

행자부는 지자체가 부적절하게 지방채를 발행할 경우 제재를 강화한다는 방침이다.

최근 서울시가 세수 여건을 보수적으로 전망하고, 지방채 발행에 나선 점이 문제로 지적된 상황에서 나온 정부 대응이라 귀추가 주목된다. 서울시는 지난해 하반기부터 부동산 거래가 늘어나며 취득세 세수가 늘어나는데도 추가 경정 예산안을 통해 500억원의 지방채 발행을 추진하고 있어 논란을 빚고 있다.

우발채무에 대한 관리도 강화된다. 우발채무는 주로 지자체가 토지매입 확약 등 의무를 담당하는 약정을 맺을 경우 발생한다. 부채에는 포함되지 않으니 미래 자금 유출 위험이 있기 때문에 우발채무도 지방재정 건전성 관리 범위에 포함시키는 것이다.

행자부 관계자는 "공사, 공단, 출자 출연기관 총부채는 물론 우발채무까지 함께 관리해 나갈 계획"이라고 말했다.

한국경제신문. 2015. 8. 19.

위의 내용을 보면 기업들이 과거의 기업집단재무제표(combined financial statement)를 공시하던 것과 궤를 같이 한다. 재벌사들의 경우, 계열사들에는 각각 주주가 별도로 존재하여서 각 개별회사가 법적인 실체인데도 불구하고, 계열사들을 통합적으로 운영하는 과정에서 상황이 안 좋은 계열사의 문제를 사정이 좋은 계열사가 돕는 선단식 경영행태를 보여 왔다. 이 과정에서 기업집단재무제표가 한동안 강제되다가 2011년부터 연결재무제표가 기업 간의 지분관계를 보여줄 수 있다는 판단 하에 국제회계기준이 도입되면서 주 재무제표가 되고 기업집단재무제표에 대한 필요성이 반감되면서 기업집단재무제표는 폐지되었다.

지자체가 본인의 재무제표에 부채를 계상하는 것이 부담되어 이의 계상을 공사 등의 산하단체의 재무제표로 넘긴다며 기업집단재무제표와 같은 통합된 재무제표의 내용을 필요로 할 것이다. 지방자치단체의 회계가 되었건 기업의 회계가 되었건 적용되는 원칙에는 차이가 없다.

지방부채 47조인데 숨은 빚이 60조

지방公기업 활용해 무리한 개발 사업 벌이고 부채 떠넘겨
地自體 산하기관 부채·미래 손실 포함하면 빚 100兆 넘어

숨어 있는 지방 부채

올해로 지방자치 20주년을 맞았지만 지방자치단체의 재정에는 빨간불이 들어왔다. 7일 행정자치부에 따르면 2013년 기준 전국 지자체의 빚이 100조원을 넘어섰다. 지자체 자체의 부채는 47조8000억원 수준이지만, 지방공기업과 출자·출연기관 부채 등을 더한 '통합부채'는 98조2000억원이었다. 여기에 지자체가 추진하는 사업으로 미래에 발생할 수 있는 손실인 '우발부채' 8조7000억원을 더하면 지자체의 실질적 총부채는 106조9000억원이 된다.

행자부 관계자는 "지자체 자체 채무만을 기준으로 재정관리 지표를 만들다보니 지자

체들이 공기업이나 출자·출연 기관을 만들어 무리한 사업을 벌이고 결국 막대한 부채를 떠안게 되는 것을 제어하기 어려웠다"며 "그래서 올해부터 통합부채 개념으로 지자체 부채를 관리하기로 했고, 여기에 우발부채까지 합치니 결산이 끝난 가장 최근 시점인 2013년 지자체의 실질적 부채가 100조원이 넘는다는 사실을 처음 확인했다"고 말했다.

행자부는 막대한 지자체의 부채가 국가 전체 재정 부담으로 확대되고, 각 지자체 주민들의 삶을 궁극적으로 악화시킬 수 있다는 점을 우려하고 있다. 지자체가 지방공기업 설립 등을 통해 대규모 개발 사업을 추진하는 바람에 지방공기업이 막대한 부채를 떠안게 되고, 미래에 현실화될 수 있는 우발부채까지 쌓아가는 것이 지방부채 증가의 가장 큰 원인으로 분석하고 있다. 지자체장들이 대규모 행사·축제를 유치하고, 이를 위해 각종 시설물 건립에 나서다보니 이 역시 점진적으로 지자체 재정 상황에 문제를 일으키는 것으로 보고 있다. 축제·행사, 공공시설물 하나하나에 들어가는 비용은 적지만 이런 불필요한 지출이 '가랑비에 옷 젖는 식'으로 부채를 늘리는 것이다.

조선일보. 2015. 9. 8.

50조 빚덩이 부실 지방공기업 정부가 직접 퇴출

정부가 내년부터 부채비율이 높거나 자본이 잠식된 지방공기업들을 직접 퇴출시키기로 했다.

행정자치부는 20일 부채비율(부채총액을 자기자본으로 나눈 비율)이 400%를 넘거나 자본이 완전 잠식된 지방공기업, 2년 연속 자본의 50% 이상이 잠식된 공기업을 대상으로 지방자치단체나 해당 기업에 강제 해산을 요구하는 내용을 담은 지방공기업 시행령을 21일부터 입법예고한다고 밝혔다. 이는 지난 9일 행자부 장관에게 부실공기업 해산 요구권을 부여하는 지방공기업법 개정안이 국회를 통과한 데 따른 후속 조치다.

시행령 입법 예고에 따르면 행자부 장관은 '부채비율 400%' 등의 요건에 해당하는 부실 지방공기업에 대해 '지방공기업 정책위원회'의 심의를 거쳐 해산을 요구할 수 있다. 해산 요구를 받은 지방자치단체장은 60일 이내에 주민 공청회를 거쳐 지역 주민들의 의견을 수렴해야 하고, 정당한 사유가 없으면 해산 요구를 거부할 수 없다.

이 같은 조치는 지방공기업과 지자체 출자 출연기관 등의 부채가 50조 4000억원(2013년 기준)에 달할 정도로 지방공기업들의 부실이 심각하기 때문에 나온 것이다. 지방공기업 등의 부채규모는 전체 지방 부채 106조9000억원의 47.1%를 차지한다. 행자부 관계자는 "해산 요구 제도 도입을 계기로 부실 공기업의 신속한 정리가 가능해질 것으로 기대한다"고 말했다.

정부가 경영이 부실한 지방 공기업에 대해 해산 요구 제도를 도입하기 이전에는 '청산 명령' 제도만 있었다. 이 제도에 따라 지난 2010년 충남농축산물류센터관리공사, 태백관광개발공사, 여수 도시공사 등 3개 지방공기업에 청산명령이 떨어졌다. 하지만 이 기업들은 5년이 지난 지금까지도 청산 절차가 끝나지 않아 제도의 실효성을 둘러싼 논란이 일었다.

행자부 관계자는 "청산 명령 제도에는 해당 공기업이 영업을 중단해야 한다는 조건이 없었다"며 "이 때문에 청산이 진행되는 와중에도 운영비 인건비가 지속적으로 지출돼 부실 규모가 오히려 커지는 일이 많았다"고 했다. 새로 '해산 요구'까지 시행되면 부실 공기업의 영업 중단(해산)까지 걸리는 시간이 3~4개월로 단축돼 피해를 그만큼 줄일 수 있다는 것이 행자부의 설명이다.

행자부는 시행령 입법 예고를 거쳐 내년 3월부터 새 제도를 시행할 방침이다. 첫 적용 대상으로는 태백관광개발공사가 꼽힌다. 2013년 기준으로 이 회사의 부채비율은 1만625%에 달했다. 강원도와 강원랜드가 이 회사에 긴급 운영 자금 150억원을 지원했으나 여전히 자본 잠식 상태에서 벗어나지 못하고 있다.

충남농축산물류센터관리공사와 여수도시공사는 '해산 요구' 대상에는 포함되지 않을 가능성이 높다. 충남농축산공사는 내년 6월쯤 간판을 내릴 계획이다. 여수 엑스포를 계기로 만들어진 여수도시공사는 기간 경영 개선 작업을 통해 부채비율이 낮아졌다고 한다.

2013년 지방부채

부채총액: 106조9000억원

지방 공기업 및 출자 출연기관 부채 (50조4000억원)

지방체 자체 부채 (47조8000억원)

우발부채 (8조7000억원): 지자체 사업으로 미래에 발생할 수 있는 손실

조선일보. 2015. 12. 21.

정부가 내년부터 지방 자치단체의 회계를 강화하기 위해서 다음 제도를 도입하였고 중앙정부에서 진행되는 내용과 연관성이 있다.

자치단체 회계비리 낭비 방지 실국장급 회계책임관 의무화

지방회계법 국무회의 통과

비위발견 때 변상 책임 등 처벌

처음으로 지방자치단체에 국실장 회계책임관 지정이 의무화된다. 회계 비리 행위가 발견되면 변상 책임 등 처벌을 받고, 지자체 내 회계 내부통제 장치도 반드시 마련되어야 한다.

30일 행정자치부에 따르면 정부는 이날 오전 국무회의를 열고 이 같은 내용을 주로 하는 지방회계법 제정안을 통과시켰다. 지방회계법이 국회를 거쳐 제정되면 모든 자치단체는 실 국장급을 회계책임관으로 지정, 자치단체 전체의 회계를 총괄 관리하도록 해야 한다. 그간 자치단체 회계는 부서별로 이뤄졌는데, 총괄 회계책임관을 둬 재검증 과정을 거치도록 한 것이다.

행자부 관계자는 "기존 회계 관계 직원 등의 책임에 관한 법률에 구속, 변상책임 등 처벌 조항이 있다"며 "책임을 부여하는 것만으로도 회계비리, 예산 낭비 방지 등의 정책적 효과를 낼 수 있다"고 말했다. 지방회계법 제정은 정부가 역점을 두고 있는 지방 재정 개혁과 궤를 같이 한다.

회계상 내부통제 제도도 의무화된다. 지금까지 내부통제제도는 자치단체 자율에 맡겼다. 회계비리 행위의 자동감시 기능을 수행하는 '청백e시스템'이 있었으나 도입은 자치단체 맘대로였다. 그러나 지방회계법이 제정되면 자치단체들은 청백e시스템 등 내부통제 제도를 반드시 구축해야 한다. 또 자치단체 결산 검사요원의 실명이 공개되고 자격 요건과 공정성 의무 역시 강화된다.

문화일보. 2015. 9. 30.

위의 내용을 보면 정부나 민간이나 회계 관련된 제도는 매우 유사하게 변경되어 간다는 것을 잘 볼 수 있다.

CEO, CFO certification이라는 것이 대표이사와 재무담당임원이 재무제표의 정확성을 담보하라는 제도이며 내부통제제도에 대한 인증과 같이 이제는 기업에 없어서는 안 될 중요한 제도로 정착하였다.

국가회계법 제7조에 따라 각 중앙관서는 회계책임관을 임명하도록 되어 있으나 실국장급(3급 이상)이라는 자격 조건에 대한 규정은 없다. 각 부서의 운영지원과장이니 총무과장이 서명을 하는 경우도 다수 있으며 따라서 지방이 중앙관서보다도 더 엄격하게 회계를 관리하도록 제도가 확립되었다고 할 수 있다.

실국장들이 회계 실무를 수행하지 않을 경우는 내용도 모르면서 서명을 하는 경우도 발생할 수 있지만 적어도 본인 책임하에 서명을 한다는 것 그 자체만으로 상당한 책임을 부여할 수 있다. 특히나 공무원 사회에서 자기 이름을 걸고 서명을 한다는 것은 상당한 의미를 갖는다.

민간의 CEO나 CFO가 서명을 하는 것도 CFO는 어느 정도까지는 회계에 대한 전문성이 있겠지만 모든 CEO들이 회계 전문가는 아니므로 통제의 책임을 묻는 것이다. 즉, 적어도 본인은 내용을 모두 숙지하지 못할지언정 기관장 아래의 누군가는 그 내용을 확인하도록 통제하라는 의미이다.

chapter 36

지식자산 평가

지식재산 가치 평가해준다.

윕스, 기술평가센터 가동

경쟁력 있는 지식 재산을 보유하고 있지만 자금이 없어 사업을 진행하지 못하고 있는 벤처와 중소기업이 투자와 융자를 받기가 쉬워진다.

지식재산 전문기업 윕스(대표 이형칠)는 20일 서울 마포구 상암동 중소기업DMC 타워에 있는 본사에서 지식재산(IP) 금융가치평가 서비스를 제공하는 '기술가치평가 센터'를 민간 최초로 출범시켰다.

윕스는 국내 최대의 지식재산 전문기업이다. 1999년 국내 최초로 온라인 특허 검색 서비스를 시작하며 지식 재산에 대한 가치 평가, 기술 거래, 사업화 지원 컨설팅을 제공해 왔다.

최근 '발명진흥법 제28조'에 따라 '발명의 평가기관'으로 지정돼 민간 기업으로는 처음으로 보증이나 투자, 융자 등 IP 금융과 관련된 가치평가 서비스를 제공할 수 있게 됐다. IP금융이란 특허권, 저작권 등 지식재산을 중심으로 이뤄지는 각종 금융활동을 의미한다.

이형칠대표는 "기존에 공공기관만 해온 IP 금융을 민간기업이 함으로써 일반 기업들이 자금을 동원할 수 있는 루트가 다양해졌다"고 말했다.

매일경제신문. 2015. 8. 21.

지식 가치에 대한 또는 무형자산에 대한 가치평가를 정형화(qualify)된 수치에 근거한 회계에서는 매우 주관적이라서 공개 시장을 거치지 않은 자산의 가치 평가는 인정하기 매우 어려운 내용이다. 물론, 마케팅 영역에서는 브랜드 가치에 대한 평가가 진행되어 신문지상에 이를 공표하기도 하며 그 나름대로의 가치가 있는 내용이기는 하지만 객관성을 중요하게 여기는 회계의 입장에서는 입증할 수 없는 수치를 공개적으로 인정하기 어렵다.

무형자산에 대한 가치뿐만 아니라 비상장주식에 대한 가치평가 등은 많은 가정을 전제로 해야 하며 DCF법 등에 기초해서 이러한 금액이 산정되어야 하는데 어떠한 할인율(discounting rate) 등을 사용하여야 하는지 등에 따라서 금액은 차별적으로 나타난다. 이보다는 훨씬 수월할 것 같은 유형자산에 대한 가치평가도 주관성이 개입될 수 있다.

그렇기 때문에 무형자산, 특히나 지적 자산에 대한 평가는 주관적인 판단의 영역일 수밖에 없으며 특히나 코스닥시장에서 기술력에 근거한 상장 심사일 경우 경영학 전공 전문가가 아니라 기술, IT, 엔지니어링 전문가들이 심사를 수행한다고 한다.

IFRS의 금융자산 평가 과정도 다음의 과정을 거치게 된다.

1. 공정가치는 합리적인 판단력과 거래의사가 있는 독립된 당사자 사이의 거래에서 자산이 교환되거나 부채가 결제될 수 있는 금액을 말한다.

2. 공정가치의 최선의 추정치는 활성시장에서 공시되는 가격이다. 금융상품에 대한 활성시장이 없다면, 공정가치는 평가기법을 사용하여 결정한다.

3. 활성시장이 없는 지분상품의 경우에도 금융상품에 대한 합리적인 공정가치 추정이 범위의 편차가 유의적이지 않거나 그 범위 내의 다양한 추정치의 발생확률을 신뢰성 있게 평가할 수 있고 공정가치를 추정하는데 사용할 수 있다면, 공정가치를 신뢰성 있게 측정할 수 있다.

4. 합리적인 공정가치 추정치의 범위가 유의적으로 다양한 추정치의 발생확률을 신뢰성 있게 평가할 수 없다면 금융상품은 공정가치로 측정할 수 없다.

정형화된 금융자산의 공정가치의 평가도 이와 같이 복잡한 과정을 거치게 되는데 더더욱 지식자산의 평가 과정은 훨씬 더 주관적일 것이다.

쌍용자동차의 경우, 유형자산의 평가에 대한 법적인 논란이 chapter 56에 기술된다.

chapter 37

이사회 진행

법상의 이사회의 결의 사항은 다음과 같다.

이사 과반수의 출석과 출석 이사 과반수의 찬성으로 의결된다.

- 대표이사의 선임, 해임과 공동대표의 결정
- 신주와 사채의 발행
- 중요한 자산의 처분 및 양도, 대규모 자산의 차입
- 지배인의 선임 또는 해임
- 주주총회의 소집결정
- 이사에 대한 겸업의 승인, 이사와 회사간의 거래승인
- 준비금의 자본전입, 전환(신주인수권부)사채의 발행
- 재무제표의 사전승인, 중간배당의 결정
- 영업보고서의 승인, 이사의 업무감독권
- 지점의 설치, 이전, 폐지
- 간이합병의 승인 등

대표이사의 선임이 주주총회의 의결사안이라고 잘못 아는 경우가 많은데, 주주총회에서는 등기이사만을 선임하지 대표이사까지를 선임하지는 않는다. 물론, 주주총회가 대표이사를 선임하는 경우도 있다. 예를 들어 예금보험공사의 자회사인 서울보증보험일 경우는 주주총회에서 등기이사와는 별도로 대표이사를 선임한다. 또한 금융지주회사의 자회사들은 별도상장이 아니라 주총에서 대표이사를 구분하여 선임한다.

대표이사의 선임이 이사회 의결이므로 이러한 기업의 경우, 대표이사를 해임하는 기관도 당연히 이사회이다.

경영권 다툼이 벌어지게 되면 대표이사 선임권을 놓고도 이해 상충이 발생하

는데, 이사회에서 대표이사를 해임할 수는 있어도 이사(등기이사) 선임은 주총에서 수행된 것이니 등기임원 직은 유지하게 된다.

기업지배구조에 대한 위원회 구성 등의 여러 개선이 있었는데 비해서 회의록의 관리 등은 매우 흠결이 있게 진행된 것 같다. 제도로 규제할 수 있는 것과 실제 이사회 진행 상의 detail까지도 모두 manual화 되어 있기는 어렵다. 모든 것을 manual화 하는 것이 바람직한 것인지에 대해서도 이견이 있을 수 있다.

SC은행에서 사외이사 활동을 하셨던 분이 SC은행이 영국계 은행으로 이사회 진행의 모든 경우의 수가 manual화 되어 있어서 배울 것이 많았다고 한다. 회의 진행 관련되어 주관이 배제되기 위해서는 가장 좋은 방법은 모든 것을 manual화 하는 것이다.

이사회를 진행하면서 기업들이 이사회 회의록을 작성하는 것은 매우 중요하다. 이사회 내용을 녹취하는 회사는 매우 드물기 때문에 수년이 경과된 이후 무슨 내용이 논의되었는지를 기록으로 남기는 방법은 회의록밖에 없다. 회계감사에서 기록이 중요함은 worksheet의 존재로 파악할 수 있는데 감사위원회에서 감사인을 형식적이 아니라 실질적으로 선임하도록 하는 정책을 입안하는 과정에서도 감사위원회의 documentation을 구비하여 보관하도록 하는 관련된 구체적인 내용이 기술되어 있다.

체계적으로 이사회를 진행하는 회사라고 하면 이사회의 회의록에는 이사들이 직접 자필 서명을 하는 것이 원칙일 것이며 또한 그 다음 회의에서는 이전 회의의 회의록을 승인하는 절차를 거치는 것이 가장 투명하게 회의를 진행하는 것이다.

일부의 회사는 상정된 회의 안건이 의결된다는 가정하에 이를 미리 정리해서 회의록을 준비해 두었다가 회의 이후에 바로 이사들 서명을 받기도 하며 일부 기업은 회의 이후에 회의록을 작성하였다가 다음 회의 이전에 이사들에게 서명을 받기도 한다.

일부의 회사에서는 크게 중요하지 않은 안건일 경우는 불가피하게 서면의결을 진행하는 경우도 있다. 서면의결을 진행하는 경우도 회의록은 작성되어야 하지만 서명 건이 문제가 될 수 있다. 일부의 기업은 이사에게 승인을 받고 인감을 만들어 날인하고 있지만 그렇지 않은 기업도 있는 듯하다. 서면으로라도 안건에 동의를 해 주었으면 회사의 실무자가 날인을 대신해 줄 수는 있지만 이는 인감 제작 및 위임 날인의 승인을 전제로 한다.

이사회 회의록을 매우 자세하게 기록하여서 어느 이사가 어떤 발언을 하였는지까지도 이사회 회의록에 기술하는 회사가 있다. 속기사가 이사회에 배석하지 않는 한, 아마도 녹취를 하였다가 회의록을 작성한다고 판단된다. 저자가 활동하였던 한 회사의 이사회는 매우 간략하게 어떠한 내용이 보고되었고 어떠한 내용이 의결되었다고만 회의록이 작성되어서 저자가 이사회 때, 다른 회사의 이사회 회의록을 보니 누가 어떤 발언을 하였다고 기록되었는데 우리회사는 발언자를 구분하지 않고 회의록이 작성되어도 나중에 문제가 되지 않겠는지에 대한 의문을 제기하였다.

당시 이사를 맡고 계셨던 변호사 한분이 그 회사와 같이 누가 무슨 얘기를 하였는지를 명기하지 않아야 나중에 개인의 발언에 대해서 책임을 지는 일이 없게 되므로 당사와 같이 실명이 노출되지 않도록 회의록을 작성하는 것이 더 좋은 것이라고 주장을 하면서 저자의 제안은 거부되었다.

이사회 상정 안건의 결정은 각 회사의 이사회 규정에 근거한다. 물론, 위의 내용과 같이 법에 의해서 이사회에서 의결되어야 하는 안건으로 정한 내용들은 당연히 강제화된다.

그리고 대부분의 회사에서 이사회 규정 제/개정은 이사회에서 의결하게 된다. 이 이사회 규정에 보면 구체적으로 금액이 정해져서 어떠한 안건은 반드시 이사회에 상정되어야 한다고 규정이 되어 있는 경우도 있지만 어떠한 경우는 주관적인 판단에 의한 경우도 있다. 후자의 경우는 회사 내부적으로 판단하게 된다.

또한 일부 회사의 위원회에 보면 안건의 결의사항, 심의사항, 보고사항으로 구분하는데, 결의할 내용이 아니라고 하면 심의사항과 보고사항에는 어떠한 차이가 존재하는지도 명확하지 않다.

예를 들어, 한 금융기업의 이사회 규정에는 다음과 같은 내용이 포함되어 있다. 즉, 아래의 내용을 보면 대표이사는 어떠한 내용이라도 중요하다고 판단하면 이사회 의결 사항에 포함할 수 있다. 아래의 내용은 정성적인 내용이지만 정량적인 내용도 있다. 이 기업은 금융공기업이라서 모든 체계가 감독기준에 부합하도록 매우 잘 갖추어진 기업임에도 주관적인 판단을 수행하여야 할 때가 있다.

중요성 기준이 수치화되어서 이사회 안건으로 정해져 있는 경우가 아니라면 이는 어차피 주관적인 판단의 영역일 것이다. 따라서 회사의 규정의 hierarchy를 정한다면 정관, 사규, 규정으로 구분할 수 있다. 정관의 개정은 주총의결사안이며, 규정의 개정은 이사회 의결로 가능하다. 회사내에서의 rule의 hierachy를 보면 규정이 있고 그 밑에 지침이 있는데 규정과 지침을 사규라고 한다.

이사회에서 결의할 내용:

정성적인 내용:
그 밖에 법령, 감독규정, 정관, 사규 등에 규정된 이사회 결의사항, 주주총회에서 위임받은 사항 및 이사회·이사회내 위원회·대표이사가 이사회 결의가 필요하다고 결정하는 중요한 사항

정량적인 내용:
1. 이사회에서 결의할 사항은 다음 각목과 같다.
다. 재무에 관한 사항
(1) 중요한 자산의 처분 및 양도
(가) 원금기준 500억원 이상의 미수채권 매각. 단, 기업구조조정촉진법에 의거 반대채권자의 채권매수청구권 행사에 따른 미수채권 매각은 제외
(나) 매매가액 100억원 이상인 부동산의 처분 및 양도
(다) 미수채권 원금잔액 500억원 이상인 업체에 대하여 감면율 30%이상 채무감면(출자전환 제외) 사유 발생시 이에 동의하고자 할 경우. 단, 부동의에도 불구하고 30%이상의 채무감면이 이루어진 경우에는 사후 보고

회사의 입장에서는 보고사항인지 의결사항인지가 명확하지 않으면 보고사항을 의결사안으로 진행하는 것이, 의결사안을 보고사안으로 진행하는 것보다는 안전(safe)하다. 후자의 경우, 의결을 받아야 할 인건인데, 어떠한 사유에서 보고에서 그쳤는지라는 점이 나중에 문제가 될 수 있다. 보고되었다는 것은 의결을 거치지 않았다는 것을 의미하게 된다.

예를 들어 LOI(letter of intent, 의향서), MOU(memorandom of understanding) 등이 의결 안건이 될 수 있는지가 이슈가 될 수 있다. MOU는 최종적인 계약이 아니라 의결사안이 아닐 수가 있다. 그러나 MOU에 법적구속력, 예를 들어 위약시 penalty와 관련된 내용이 포함되어 있다면 MOU 자체에 포함된 내용을 번복하는 것은 위약금을 지불하고서만 가능하고 그렇기 때문에 MOU에 서명한다는 것, 그 자체가 어느 정도는 최종의사결정 사안일 수도 있다.

그렇다고 하면 MOU라고 하여도 이는 의결사안이 될 수 있다. 이사회 의결을 받지 않은 상태에서 대표이사가 MOU에 서명을 하게 되면 이는 대표이사 의사결정의 적법성에 문제가 될 수 있다. 당시 저자가 참여한 이사회에서 MOU가 의결사안으로 상정되었는데 한 이사는 MOU에 대해서 의결하는데 대해서 절차상의 문제를 언급하면서 절차도 절차이지만 해당 안건에 본인의 의견을 내지 않는 것

으로 요청을 하였다.

보고사항이라도 이사회는 보고된 안건을 거부할 수 있는 권한이 있다고 보여진다. 예를 들어 회계기준의 제/개정은 금융위원회로부터 회계기준위원회에 위임되었지만 금융위는 기준위원회에 지시감독권이 있으며 회계기준도 수정명령권이 있다. 따라서 기준위원회를 통과한 기준이 증선위에 의결 안건도 아니고 보고사안이지만 의결사안이거나 보고사안이거나 상정되는 형태에 무관하게 이사회는 이를 수용하거나 거부할 권한이 있다고 보면 된다.

모 회사는 타 회사들과 consortium을 구성하여 신사업과 관련 출자 의사결정을 수행할 때 다음의 내용이 계약서에 포함되어 있었다.

> "법적구속력: 본 계약의 모든 조건들은 법적인 구속력이 있으며, 각 당사자가 적법하게 서명한 문서에 의한 경우를 제외하고는 변경 또는 수정될 수 없다."

해당 회사 법무실(사내 변호사) 검토결과 상기 조항에 근거하여 출자의무 불이행시 민법 제705조(금전출자지연의 책임)에 따른 지연이자 및 지연이자 외 손해배상 책임이 발생되는 것으로 파악되었으며 그렇기 때문에 이 의사결정은 MOU 단계의 의사결정이기는 하지만 이사회 의결을 거치게 된다.

이는 기업 경영의사결정과 관련되어 어떠한 것이 확정적인 사건인지가 문제가 된다. 2008년 10월 9일 GS지주는 포스코와 consortium으로 대우조선해양을 인수한다는 공시를 한 이후에 2008년 10월 14일 이를 번복하게 된다. 공시를 하는 시점이 최종적인 의사결정 시점이었지만 동업자인 포스코와의 이견으로 인해서 진행이 되지 않은 것이다. 이러한 GS 지주의 공시에 있어서 이 공시 내용이 포스코와의 consortium이 진행되지 않을 경우는 진행되지 않을 수도 있다는 내용이 포함되지 않아서 불성실공시로 공시위원회 안건으로 상정되게 된다.

SK텔레콤은 2007년 6월 20일, ㈜에이디칩스 유상 증자 참여 및 전환사채 인수 계약 체결 관련되어 "상기 내용은 향후 당사 이사회의 승인을 얻지 못할 경우 또는 관계기관으로부터의 승인 등을 받지 못할 경우 등 관련 계약 사항의 선행조건이 충족되지 않을 경우 계약이 해지될 수 있습니다"라고 공시 내용에 적고 있다.

결국 SK텔레콤의 이사회가 이러한 증자 참여를 부결하는 일이 발생하였지만 상기 내용이 이사회의 의결을 받지 못할 경우는 계약이 해지된다는 문구를 포함하고 있기 때문에 문제가 되지는 않았다.

SK텔레콤이 어떠한 사유에서 이사회에서 확정되지도 않은 내용을 가지고 공시를 수행하였는지는 명확하지 않다. 아마도 수시공시의 취지에 매우 충실하여 일단, 거의 확정될 것 같은 내용은 신속히 알려야 한다는 생각이었던 것 같다.

다만, 위의 GS지주의 경우는 포스코와의 이견으로 계약이 해지될 수 있다는 단서 조항을 공시에 포함하지 않았기 때문에 불성실공시로 심의를 받았다.

기업 경영에 있어서도 그렇고 여러 과정을 거쳐서 의사결정이 되기 때문에 때로는 누가 어디까지 의사결정의 권한이 있는지, 이사회의 안건이 보고사안인지 의결사안인지 등에 대해서 혼란스러울 때가 있다.

위 금융공기업의 이사회 정량적 규정은 어떻게 보면 회계에서의 중요성 기준과도 연관된다.

기업에서의 위임 전결 규정 등이 아무리 정치하게 규정되어 있어도 **대표이사가 이사회 결의가 필요하다고 결정하는 중요한 사항 등의 규정의 적용은 주관적인 판단의 영역일 수밖에 없다**.

기업이 소송의 대상이 되어도 이 내용을 언제 공시하여야 할지에 대해서 논란도 있었고 제도의 변화도 있었다.

여러 가지 단계가 있을 수 있다.

1. 소송이 제기되었을 때
2. 기소가 되었을 때
3. 1심 판결이 확정되었을 때
4. 2, 3심 판결이 확정되었을 때

1, 2에서 공시를 요구한다면 '무죄 추정의 원칙'에 위배될 수 있으나 bad news를 시장에 가능한 조속히 알린다는 순기능은 있다. 검찰이 무혐의로 처리할지 기소할지도 미확정된 시점에 이를 공시하라고 하는 것은 과도하다는 의견도 있지만, 이를 알리지 않음으로 인한 책임의 문제도 있다.

2는 검찰의 입장일 뿐이지 사법부의 판단이 수행되기 이전이라는 문제의 소지가 있으나 bad news가 알려지지 않는 것보다는 잘못된 bad news라도 가능한 조속히 알리는 것이 더 낫다고 생각할 수도 있다. 즉, 나쁜 정보도 적극적으로 공유한다는 신호효과가 있다.

3, 4의 경우는 소송건이 확정될 때까지는 설익은 정보의 공시를 늦춘다는 장점은 있지만 신속히 정보가 공유되어야 한다는 원칙에는 위배될 수 있다. 상급법원의 판단이 아직 확정되지는 않았지만 하급법원의 결정도 엄연한 사법부의 판단인데 이를 존중하지 않을 수도 없다. 상급법원의 판단에 의해서 판결이 번복되는 경우는 어쩔 수 없다.

4의 경우는 상소하였다는 것은 상고가 되었건, 항소가 되었건, 피고의 입장에서 승소의 가능성이 있어서 상급법원에 상소를 한 것이므로 아직 진행 중인 소송 건에 대해서 공시를 하여야 한다는 것이 '무죄 추정의 원칙' 정도는 아니겠지만, 이슈가 남는다.

야 "계열사간 거래도 주총 승인 받아야"

경제계 "기업가치 침해... 세계 유례없어"

이언주의원들이 발의한 상법 개정안은 자산총액 2조원 이상의 상장회사가 계열사 등 이해 관계자와 거래하려면 사전에 주주총회의 승인을 받도록 하는 내용을 담고 있다. 이 경우 대주주나 계열사를 제외한 나머지 주주들만 주총 표결에 참석하도록 제한을 뒀다.

- 상장사 및 비상장사는 이사와 거래할 경우 이사회 사전 승인 받고 주총 보고

한국경제신문. 2015. 10. 12.

대주주나 계열사를 제외한 나머지 주주들만 주총 표결에 참석하도록 제한을 두었다는 것은 매우 개혁적인 발상이다. 현재 대주주의 의결권이 제한되는 경우는 감사 또는 감사위원의 선임에 있어서 3%로 의결권이 제한되며 이 또한 현재 많은 논란이 되고 있는 법규정이다.

물론, 대주주 본인과 관련된 의결이므로 표결 참석을 제한한다는 것은 충분히 이해할 수 있지만 위헌적인 소지가 있다. 이해 상충 때문에 라면 의결권을 제한하면 되는 것이지 의결권을 부정한다는 것은 너무 강한 입법 방향이 아닌가 한다.

chapter 38

감정인

재판결과 좌우하는 鑑定.. 편파 시비 단골손님
전문지식 필요한 건축, 의료 재판에서 갈수록 비중 커져
감정평가액이 달라지면서 재판결과 뒤집히는 일 허다
감정인 관리제도 개선 필요

최근 건축업자인 의뢰인의 감정을 맡았던 김모변호사는 감정 결과 때문에 큰 봉변을 당했다.

건축주 지시로 추가 공사를 했는데 '계약된 것 이상으로 일을 했고, 비용도 추가로 들었다'는 것을 밝히기 위해 감정을 신청했다.

김변호사는 재판장이 선정한 감정인에게 2300만원을 감정료로 줬다. 그런데 세 차례 감정 중 감정인이 현장에 나온 것은 한 번뿐이었고 나머지는 감정인의 옛 동료라는 사람이 나왔다. 알고 보니 감정인은 사무실도 없이 집이나 커피숍에서 일하고 있었다.

2300만원이나 들었지만 감정서의 핵심 부분은 달랑 두장, '추가로 들어간 공사비가 없다'는 것이었다. 이런 감정 결과가 나오자 상대방은 의뢰인을 '받을 돈도 없으면서 소송을 냈다'며 소송 사기로 고소를 했다.

우여곡절 끝에 무죄가 났지만 공사비 소송은 감정 결과 때문에 1심에서 패소했고 지금은 항소심이 진행 중이다.

재판 결과도 바꾸는 '감정의 힘'

건축 의료 등 전문 분야는 '감정 재판'이라고 할 정도로 감정의 비중이 크다. 감정은 법관이 전문 분야 지식을 모두 갖출 수 없기 때문에 해당 분야 전문가로 하여금 하자 보수 비용이 얼마인지, 진료가 제대로 이뤄졌는지 등 재판에 필요한 사항을 가리게 하는 절차다. 지난해 서울중앙지법에서만 7869건의 감정이 이뤄졌다.

부동산 규모가 큰 경우 감정 결과에 따라 수십억 수백억원이 왔다 갔다하고 감정 때문에 재판 결과가 바뀌는 일도 많다. 법적으로는 판사가 감정 결과를 그대로 따라

야 할 의무는 없지만 감정인에게 전문 지식을 의존하는 판사로서는 다른 판단을 하기 힘들다. 이 때문에 '판사들이 90% 이상 감정 결과에 따른다'는 말이 있을 정도다,

전문성 부족, 편파감정 개선해야

이처럼 감정이 중요하지만 감정인의 전문성이 떨어지는 경우가 많다. 건설 전문 최모 변호사는 "최근 다툼이 많은 방화문, 스프링쿨러, 난방 배관 등 전문분야에 대한 감정 능력을 갖춘 사람은 거의 없다"고 했다. 건축, 토목, 전기, 설비 분야 자격을 특별히 구분하지 않는 등 감정인 관리가 세분화되지 않은 점도 문제다. 감정인은 법관 못지 않게 공정해야 하는데 그렇지 않은 경우도 종종 있다. 정모 변호사는 "감정인이 우리 쪽엔 현장 조사 기일을 알려주지 않아 낭패를 봤다"며 "어느 한쪽 편만 들면서 그쪽에 유리한 자료만 적극 수집하기도 한다"고 지적했다.

감정인이 다른 사람에게 '감정하도급'을 줄 경우엔 더욱 문제가 크다. 한쪽 당사자와 몰래 접촉할 가능성이 높아지기 때문이다. 법무법인 동인 이범상 변호사는 "하도급을 받은 사람들은 당사자와 개인적으로 접촉하고도 문제의식이 없고 법원도 이를 통제하기 어렵다"고 지적했다.

그런데도 법원의 감정인 관리는 재판부가 감정이 끝난 후 감정인을 평가해 연말에 부적격자를 명단에서 제외하는 사후 관리에 머물고 있다. 서울중앙지법의 경우 2014년 감정인 1657명 중 1106명이 재지정됐고, 탈락자는 551명이나 됐다.

이범상변호사는 "감정이 진행 중이라도 한쪽에서 문제를 제기해 문제점이 확인되면 재판부가 즉각 해당 감정인을 배제하고 다시 선정할 수 있게 예규를 규정해야 한다"고 말했다.

조선일보. 2015. 8. 28

한쪽에서 문제를 제기하여서 중간에 감정인을 교체한다는 것도 감정이 진행 중이라면 선불리 진행하기 어렵다.

하도급을 받는 업체가 당사자들을 접촉한다는 것은 감정인의 독립성을 심각하게 훼손하게 한다. 피고와 원고의 다툼에 있어서 양 당사자는 얼마든지 전문가의 도움을 받을 수 있지만 이 경우의 전문가의 도움이라함은 독립성을 전제로 한 도움이 아니다. 그렇기 때문에 감정인의 금전적인 독립성을 확보하기 위해서 감정인은 원고나 피고가 아니라 법원으로부터 수임료를 지급받게 된다.

쌍용자동차의 회계적인 이슈에서의 감정인의 역할에 대해서는 손성규(2016)

의 chapter 1과 본 저술의 chapter 56을 참고한다.

법정에서 감정을 수행하는 것으로 결정한 이상, 감정 결과에 따르지 않으려면 전문가의 의견에 대해서 재판부가 반박할 수 있는 논리도 필요하다고 생각한다.

미국에서는 회계 영역에서는 감정만을 전문으로 하는 기관이 존재한다. 단, 이 기관이 영리 기관일 경우, 독립성이 확보될 수 있는지에 대한 의문도 존재한다.

대법 "회계사는 부동산 감정 평가 못한다"

직역간 업무 영역 다툼
감정평가사 손 들어줘

감정평가사가 아닌 공인회계사는 회계처리를 위한 것이라도 부동산 가치평가를 할 수 없다는 대법원 판결이 나왔다. 두 직역 간 업무 영역 다툼에서 대법원이 감평사의 손을 들어준 것이다.

대법원 2부(주심 박상옥대법관)는 삼정KPMG어드바이저리의 정모 전 부대표와 송모 전 상무가 "감평사가 아님에도 불법으로 부동산 가치평가 업무를 했다"고 기소된 사건에서 무죄를 선고한 원심을 깨고 유죄 취지로 사건을 서울북부지방법원 항소부로 27일 돌려보냈다. 재판부는 "원심(2심)에는 공인회계사의 직무 범위에 관한 권리를 오해한 위법이 있다"고 지적했다. 정 전부대표 등은 회계사며 감평사 자격은 없다. 삼정KPMG어드바이저리는 기소 당시 삼정KPMG의 자회사였고 지금은 모회사로 통합됐다.

2009년 삼정KPMG어드바이저리는 삼성전자의 의뢰를 받아 서울 서초동 사옥 부지 등 부동산 자산 재평가를 했다. 삼정KPMG어드바이저리는 장부가액 3조4000억원 상당의 자산을 7조2000억원으로 재평가하고 용역비 1억5400만원을 받았다. 삼성전자가 이 업무를 삼정KPMG어드바이저리에 위탁한 건 한국채택국제회계기준에 따라 부동산 가치를 장부가액이 아닌 공정가치로 회계처리하기 위해서다.

한국감정평가협회는 "감평사만 부동산 가치평가를 할 수 있도록 한 부동산공시법을 위반한 것"이라며 정 전 부대표 등을 형사 고발했다.

이 사건 2심은 정 전 부대표 등에 대해 무죄를 선고했다. 공인회계사의 정당한 직무 범위로 '회계에 관한 감정'을 포함한 공인회계사법 2조가 그 근거였다. 당시 2심을 맡은 서울북부지법 형사 1부(부장판사 정호건)는 "K-IFRS 도입에 따른 회계 목적의 감정평가는 법이 허용한 회계에 관한 감정으로 볼 수 있다"고 판단했다.

대법원의 판단은 달랐다. 3심 재판부는 "공인회계사법이 정한 회계에 관한 감정이란 기업이 작성한 재무상태표, 손익계산서 등 회계서류에 대한 전문적 회계지식과 경험에 기초한 분석과 판단을 보고하는 업무를 의미한다"며 "부동산 감정평가는 회계서류에 대한 전문적 지식이나 경험과는 관계가 없어 회계에 관한 감정이 아니다"고 지적했다.

한국경제신문. 2015. 11. 28.

판결요지에 보면 감정평가업자가 아닌 공인회계사가 타인의 의뢰에 의하여 일정한 보수를 받고 부동산공시법이 정한 토지에 대한 감정평가를 업으로 하는 것은 부동산공시법 제43조 제2호에 의하여 처벌되는 행위에 해당하고, 특별한 사정이 없는 한 형법 제20조가 정한 '법령에 의한 행위'로서 정당행위에 해당한다고 볼 수는 없다고 기술한다.

또한 여기에는 기업의 경제활동을 측정하여 기록한 회계서류가 회계처리 기준에 따라 정확하고 적정하게 작성되었는지 여부에 대한 판정뿐 아니라 자산의 장부가액이 신뢰할 수 있는 자료에 근거한 것인지 여부에 대한 의견 제시 등도 포함된다고 공인회계사가 수행할 수 있는 업무 영역은 인정하였지만 위의 감정평가는 그 영역을 벗어난다는 판단이다.

공인회계사는 토지 감정 안돼

회계사 자격증도 없이 자산평가 업무를 한 이 회사 전 대표 이 모씨(60)는 벌금 500만원이 확정됐다.

매일경제신문. 2015. 11. 28.

chapter 39

자율감리[28]

어닝쇼크 17개사 회계법인 바꿔라

금감원 압박... 기업들 반발

금융감독당국이 최근 대규모 영업손실을 회계장부에 반영해 '어닝쇼크(실적충격)'를 불러온 17개 상장기업에 외부감사인(회계법인)을 즉시 교체하라고 요구했다. 과거 부실을 한꺼번에 털어내 시장과 투자자들에게 충격을 준 '빅배스' 의혹이 있는 만큼 새로운 회계법인으로부터 외부 감사를 다시 받으라는 것이다. 해당 기업들은 "회계연도 중간에 외부감사인을 바꿀 경우 회계 투명성에 불필요한 오해가 생겨 신인도에 치명타를 입을 수 있다"고 반발하고 있다.

26일 금융당국과 업계에 따르면 금융감독원은 최근 2년간 분기 실적에 500억원 이상의 영업손실을 급작스럽게 반영한 상장사 17곳을 추려내 이들 기업의 외부감사를 맡은 감사인들이 이달 내 감사계약을 해지할 것을 주문했다. 금감원은 기존 감사계약이 해지되면 해당 기업의 신청을 받아 신규 감사인을 지정할 방침이다. 새 감사인을 지정하지 않는 기업에 대해서는 금융당국이 회계감리에 들어갈 수밖에 없다는 의견을 전달한 것으로 알려졌다.

17개 기업 명단엔 최근 대규모 손실이 발생한 조선 3사뿐 아니라 국내 간판급 제조업체와 건설사, 정유사들이 들어가 있다. 재무구조가 우량한 것으로 평가 받는 공기업도 포함된 것으로 전해졌다.

한국경제신문. 2015. 8. 27.

28) 이 용어는 자율지정제도라고도 지칭된다.

금감원 "오랜 계약관계... 객관적 감사 못해"
17개사 "회계년도 중간에 교체... 신인도 타격"

금융감독당국이 과거 부실을 한꺼번에 털어낸 상장사 17곳에 대해 일괄적으로 외부감사인 교체를 요구한 것은 최근 잇따라 터져 나오는 대형 분식회계 의혹을 사전에 해소해 보려는 시도로 분석된다. 대우조선해양 STX 동양 효성 대우건설 등이 대규모 분식회계 스캔들에 휘말리면서 상장기업의 회계처리 방식에 대한 시장의 불신이 커지고 있다는 판단에 따른 것이다. 하지만 금융당국의 이번 대책이 자칫 국내 기업의 평판을 훼손하고 시장에 혼란을 주는 부작용을 낳을 수 있다는 목소리도 나온다.

현행법상 외부감사인은 '계약 자유의 원칙'에 따라 기업이 자유롭게 선정한다. 다만 투자자 보호를 위해 보다 공정한 감사가 필요하다고 인정되는 기업에 한해 금융감독원이 강제로 감사인을 지정한다. 기업공개가 예정된 기업과 관리종목이 강제 지정 대상이다. 분식회계가 적발돼 제재 받은 기업과 부채비율이 높은 곳(부채비율 200% 초과+업계 평균 부채비율 1.5배 초과+이자보상배율 1미만)도 해당된다.

금융당국은 대우조선해양의 빅배스 의혹을 계기로 자유선임과 강제지정의 중간 단계인 '감사인 자율지정' 제도를 도입하기로 했다. 기업이 직접 금융당국에 외부감사인을 새로 지정해 달라고 신청해 스스로 의혹을 해소할 수 있는 시스템을 만들겠다는 취지다.

회계부정이나 빅배스 등 회계 처리에 대한 의혹이 제기될 때마다 금융당국이 감리를 벌이면 해당 기업의 타격이 클 수 있고 투입할 수 있는 인력도 부족하기 때문이다. 금융당국 관계자는 "빅배스 등 각종 회계 의혹을 받는 기업들은 외부감사인과의 오랜 계약 관계로 인해 객관적인 감사가 이뤄지지 않는 경우가 대부분"이라고 설명했다.

미국 등 선진국에는 분식회계 혐의가 있으면 곧바로 금융당국이 조사를 벌이는 것이 아니라 해당 회사의 내부 감사위원회가 별도의 회계법인을 선정해 조사한 뒤 결과를 당국에 보고하는 '10A'라는 제도가 있다.[29] 금융당국은 한국에 이 제도를 도입하기엔 내부 감사위원회의 독립성이 충분하지 않다고 판단, '자율지정' 제도라는 중간 성격의 제도 도입을 추진하고 있다.

기업들은 자율지정 제도에 대해 '말로만 자율일 뿐 실상은 강제'라며 반발하고 있다. "회계연도 중간에 갑자기 외부 감사인을 교체하는 것은 세계 어디에도 유례가 없다"고 항변한다. 빅배스 의혹이 있는 17개 상장사 명단에 포함된 기업들은 금융당국이 급격한 손익변동이 발생한 이유에 대해 질의도 하지 않은 채 일방적으로 감사인 교체를 추진하는 것은 말이 안 된다고 불만을 토로하고 있다. 사업 구조조정이나 대규모 명예 퇴직 등에 따라 일시적으로 손익 변동이 생긴 기업도 포함됐다는 주장이다.

29) 10A의 내용은 chapter 1에도 기술된다.

금융당국이 당장 다음 달부터 감사인을 교체하라고 '압박'하고 있는 것은 9월 국정감사를 의식한 것이라는 비판도 나온다. 경제계 관계자는 "갑자기 외부 감사인을 바꾸고 금융당국으로부터 감사인을 지정받은 사실이 알려지면 해당 기업 이미지가 크게 훼손돼 수주 영업 등이 어려워지고 주가도 급락할 수 있다"고 우려했다.

한국경제신문. 2015. 8. 27.

자율감리라고 금감원이 제안한 제도는 매우 강한 제도이다. 회계법인이 주장하는 바대로 현재 계약 중간에 감사인을 변경하는 것도 기업을 매우 어렵게 한다. 12월 결산 기업일 경우는 봄에 계약이 체결되어서 언론 보도 시점까지는 반기 검토가 완료된 시점인데 자율지정에 의해서 감사인이 교체되는 경우는 반기까지의 용역에 대해서는 수임료를 어떻게 정산하여야 할지 또한 새롭게 지정된 감사인일 경우와의 수임료는 어떻게 정리해야 하는지가 전례 없이 복잡한 이슈가 될 것이다. 이는 회계기간 중간에 감사인이 변경되는 경우는 매우 드문 경우이기 때문이다. 감사인 변경시 첫 연도의 감사라고 하면 초기 비용(start－up cost) 등을 생각하면 기간으로 月割하는 것도 용이하지 않기 때문이다.

또한 회계기간이 변경되고 감사인이 변경되어도 전임 감사인과의 관계가 책임 문제 때문에 껄끄러울 수 있는데 회계기간 중에 감사인이 변경된다면 이는 더더욱 그러하다.

동시에 가장 큰 문제는 기업의 재무제표는 연속성하에서 작성되어야 하기 때문에 12월 결산일 경우, 반기 이후에 감사인이 교체된다고 하면 반기까지의 정보는 이미 전임 감사인이 인증한 재무제표이며 후반 반기의 재무제표를 후속 감사인이 감사를 수행하여야 하는데 후속 감사인이 본인들이 감사를 하지도 않은 전반기까지의 재무제표에 대해서 책임을 지는 문제도 초래된다. 이러한 경우, 후속 감사인은 전임 감사인이 진행한 부분에 대해서 매우 비판적으로 이를 수용할 가능성이 높다.

연결재무제표가 주 재무제표가 되면서 연결 기업의 감사인이 연결 대상 기업의 재무제표에 대해서까지도 책임을 져야 하는 문제가 발생하는데 이 또한 연결하는 기업의 감사인이 연결 대상 기업의 재무제표의 적절성에 대해 담보를 할 수 없으므로 이 두 회사의 감사인을 동일화하려는 경향이 있는 것과 궤를 같이 한다.

아무 문제 없이 감사인이 변경되었다고 하더라도 이월된 재무제표가 당해연도 내용에 직전 연도 재무제표로 표시될 뿐 아니라 이월되는 금액의 적정성 때문에 기존의 재무제표를 재작성 요구 없이 수용하는데 대해서도 문제가 될 수 있는 것이 전임과 후임 감사인과의 관계인데 더더욱 회기 중에 감사인이 변경된다면 이 문제는 더욱 심각해 질 수 있다.

위에 인용된 감독기관이 주장하였던 내용 중, 이러한 점이 불거져 나왔을 때 미국의 경우는 감사위원회가 개입하여 다른 회계법인과 이 문제를 해결하는데 우리나라의 상황에서는 감사위원회의 독립성 자체에 대해서 감독기관이 신뢰하고 있지 않다. 충분히 이해할 수 있는 대목이기는 하다. 우리나라의 경우, 최대주주가 본인의 지인에게 사외이사 직을 위촉할 가능성이 크며 구성부터가 독립성을 의심할 만한 요인이 많다.

기업들이 주장하듯이 자율 지정이라는 내용은 자율이라는 단어 자체가 무색하게 느껴진다. 문제가 있는 기업이 감독기관에 요청해서 새로운 감사인을 지정받으라는 것인데 17개 기업을 이미 감독원 차원에서 파악하고 있으니 자율지정이 아니고 지정을 강요하는 듯하다.

확장된 감사인 지정 선정 기준을 적용한 결과, chapter 4에서도 기술되었듯이 30%의 기업이 자유수임제도의 의한 감사인과 동일한 감사인이 선정되는 결과를 보였다. 이는 어떻게 보면 바람직하지 않은 현상이기도 하다. 물론, 지정을 수행함에 있어서 기존의 감사인을 제외하고 감사인을 지정하는 formula를 적용할지는 정책적인 판단의 영역이다.

감사인을 지정하는 기준을 외감법 또는 외감법 시행령으로 정한다는 것은 국회 또는 정부 차원에서 개입하는 것인데 정부기관이 아닌 감독원이 임의적으로 지정할 수 있는 회사의 범주를 시행령에 의해서 확장하는 것이 입법부의 권한을 행정부가 월권하는 것은 아닌지에 대해서 생각해 보아야 한다.

다만 감독기관의 입장도 충분히 이해는 할 수 있다. 지속적으로 분식회계의 이슈가 언론에 보도되고 있는데 해결되지 않는 이 문제를 기업과 감사인에게만 맡겨 두고 수수방관만을 할 수는 없다. 문제 해결을 기대하기는 쉽지 않은 상황이기 때문에 이렇게 조금은 공격적으로 보이는 제도가 제안되는 것이다.

회계의혹 발생 기업이 감사인 지정신청 제도를 활용하여 자체적으로 회계의혹 해소를 노력할 경우 감리 인센티브(감리대상 선정 유예, 조치수준 감경 등) 부여를 감독기관이 고민하고 있다고 한다.

chapter 40

과징금

분식회계 '쥐꼬리 과징금'

'허탈합니다. 아파트 두 채 값도 안 되는 과징금 매기려고...'

금융위원회는 최근 2500억원 안팎의 공사 손실 충당금을 재무제표에 제때 반영하지 않아 이익 규모를 부풀린 대우건설의 혐의를 인정해, 과징금 20억원 징계 조치를 내렸다. 그러나 20억원은 아파트 30평형(서울시 강남구 역삼동 1채당 11억원)의 두채 값도 안 된다. 금융 당국 고위 관계자는 "수천억원 분식 회계로 투자자들에게 막대한 손실을 끼쳐도 '소정 과징금만 내면 그만이다'는 인식만 키우는 꼴"이라며 목소리를 높였다.

금융 당국은 지난 2001년 4월 과징금 한도를 20억원으로 정한 뒤 한번도 올리지 않았다. 금융감독원에 따르면, 지난 2005년부터 최근 8월까지 10년간 모두 154기업이 분식회계로 과징금 485억원을 물었다. 기업당 평균 과징금 규모는 3억 1000만원이다. 154사 중 분식회계가 재발한 기업은 11곳에 이른다. 가령 대한전선은 2012년 저축은행 파산시 780억원을 대신 변제하겠다는 부채 내역을 숨기는 바람에 과징금 19억원을 부과 받았다. 금융당국의 제재를 받은지 불과 2년 만인 지난해 12월, 대한전선은 다시 2600억원 상당의 대손충당금을 과소 계상한 사실이 적발돼 과징금 20억원을 물었다.

선진국에서는 분식회계에 대한 과징금 한도가 매우 높거나 상한선을 아예 두지 않는다. '분식 회계는 자본시장을 교란하는 중대 범죄'라고 생각하기 때문이다. 일본은 과징금 최소 금액(600만엔(약 60억원) 또는 시가총액의 0.006%)만 정해놨고, 영국도 과징금 상한선이 없다. 미국은 5~6년마다 물가 상승률을 반영해 과징금을 올리는데 가장 최근인 2013년 법인에 대한 과징금 한도를 분식 회계 건당 1800만달러(약 216억원)로 높였다. 우리나라(20억원)의 10배도 넘는다. 미국 중견 제조업체 컴퓨터 사이언스 코퍼레이션(CSC)은 수익을 과다 계상한 행위로 지난 6월 미국 금융 당국에서 과징금을 총 1억9000만달러(약 2200억원) 얻어 맞았다. 건당 과징금 상한선이

216억원인데, 분식회계가 드러난 CSC 사업 보고서마다 과징금이 부과돼 눈덩이처럼 불어난 것이다. 반면 우리나라는 1년간 발표한 분식 보고서 4개가 모두·분식 회계로 조작됐어도, 이 중 가장 규모가 큰 한 보고서만 과징금을 매긴다. 그 결과 지난 10년간 국내 기업들이 분식회계로 문 과징금 총액(485억원)이 미국의 일개 기업이 얻어맞은 과징금의 반의 반도 안되는 것이다.

김상조 한성대 교수는 "근본적으로 기업이 휘청거릴 만큼 강력한 과징금을 물려야 기업들이 분식 회계를 꿈도 못 꾼다"고 했다.

조선일보. 2015. 9. 2.

연속적인 분식이 존재할 경우는 가장 큰 분식 건에 대해서만 과징금을 매기게 되어 있지만 외부감사 및 회계 등에 관한 규정 시행세칙, 별표 제2호, VI. 2. 가중사유에는, "회계정보의 질적 중요성과 동기, 원인, 결과, 방법 등을 감안하여 필요하다고 인정되는 경우"에는 가중할 수 있다고 되어 있다. 따라서 감독기관의 의지에 의해서 가중이 가능하며 분식이 다수 포함된 경우에도 조치는 가중되는 것이 적절하다. 이렇게 주관적인 '가중'의 판단을 할 수 있는 경우로는 예를 들어 감사인이 피감기업을 오랫동안 감사를 수행해서 해당 기업의 내부 통제 제도 및 해당 기업에 대한 이해도가 높은데도 불구하고 분식을 발견해 내지 못했다고 하면 가중의 사유가 될 수도 있다. 반드시 그러한 것을 아니지만 이 경우, 유착의 위험이 높다고도 할 수 있다. 물론, 위의 기사의 내용과 같이 분식이 중복될 경우도 가중이 가능할 것이다.

감독기관의 위의 정책 방향의 아래와 같이 제도화하려 한다.

분식회계 고발 포상금 5억

금융위, 기업 과징금도 5~10배 높이기로

분식회계 내부고발자에 대한 포상금이 기존 1억원에서 5억원으로 높아진다. 내부자들의 적극적인 고발을 유도해 기업들의 회계 투명성을 높이기 위한 조치다. 7일 금융위원회는 분식회계 내부고발 포상금 한도 확대를 주요 내용으로 하는 '주식회사의 외부 감사에 관한 법률 시행령' 개정안을 입법예고했다. 금융위는 다음달 17일까지 의견을 수렴해 이르면 4월 개정안을 공포할 예정이다. 실제 포상금 확대는 공포 6개월 이후인 10월까지 시행된다.

금융위는 또 분식회계 기업에 대한 과징금을 기존보다 5~10배 수준으로 강화하는 내용의 '자본시장조사 업무 규정' 일부 개정도 예고했다. 기존에는 기업들이 수년간 여러 건의 분식회계를 저질러도 부정행위 1건에 대해서만 최대 과징금 20억원을 물렸다. 앞으로는 과거 5년간 사업보고서와 증권신고서 등 각 보고서상 분식회계 행위마다 과징금을 매겨 합산 부과하게 된다. 금융위는 의견을 수렴한 뒤 이르면 4월부터 업무규정 개정 고시와 동시에 적용할 예정이다.

앞서 금융감독원이 지난해 11월 실시한 회계감독 분야 설문조사에서 회계학 교수 대다수는 분식회계나 부실감사에 대한 현행 과징금 한도가 너무 적어 제재 실효성이 떨어지는 만큼 과징금을 대폭 높여야 한다는 의견을 제시한 바 있다. 금융위는 아울러 '외부 감사 및 회계 등에 관한 규정 일부 개정안' 규정 변경을 통해 현재 금감원과 한국공인회계사회로 이원화돼 있는 비상장 법인에 대한 감리 업무를 공인회계사회로 일원화하기로 했다. 금융위 관계자는 "감리업무의 효율성을 제고하기 위한 목적"이라고 설명했다.

매일경제신문. 2016. 1. 8.

원래 비상장 외감법인 중에 감사인과 소속회계사만 한공회가 조치를 담당했고 회사는 감독원이 조사처리한 후 증선위에서 최종 결정했는데, 이를 한공회가 회사까지 모두 처리한다는 뜻이다.

솜방망이 처벌로는 분식이 되었던 어떠한 범죄도 근절이 어렵다. 일벌백계로 조치가 수행되어야 한다. 2002년 엔론사태 때 미국의 우량 회계법인이었던 Arthur Anderson이 청산되는 조치를 내릴 정도로 미국의 감독은 강력하다. 자본주의가 강력한 국가일수록 자본주의를 지키려는 의지도 동시에 강한 것이다.

기업에 대한 과징금의 한계도 20억원이지만 회계법인에 대한 과징금의 한도도 20억원이다. 기업에 대한 과징금과 회계법인에 대한 과징금의 한도가 동일하다는 것도 이해하기 어렵다. 회계법인은 유한회사로 과징금을 부담할 수 있는 경제적인 능력이 기업에 비해서 매우 미약하다. 회계법인의 경제적인 능력이라함은 파트너 개인이 부담하거나 파트너십에서 부담하여야 하는 것인데 일부 회계법인은 이 과징금이 개인에 대한 과징금이 아니라 법인에 대한 과징금이라도 분식회계를 담당하였던 개인에게 이를 부담시키는 경우도 있다고 한다.

중소 회계법인일 경우는 20억원의 과징금은 부담할 수 없을 정도의 높은 과징금이라고 회계법인들은 주장하며 일부 회계법인은 20억의 과징금을 부과 받을 경우는 중소회계법인 중 버틸 수 있는 법인은 많지 않을 것이라고도 한다.

회계법인에 대한 과징금의 크기와 기업에 대한 과징금의 크기가 동일하다는 것도 믿기 어렵다. 기업은 분식회계의 주된 책임을 당연히 져야 하며, 감사인은 이에 대한 종된 책임이 있다.

chapter 1에서도 인용된 설문지 내용이지만, 1998년 KPMG는 부정(fraud)을 누가 발견하는지에 대한 설문을 조사하였는데, 51%는 내부통제 기능이 발견하며, 43%는 내부감사인이 발견한다고 한다. 4%의 기업만이 외부 감사인이 부정을 발견한다고 보고하고 있다. 이 정도로 내부의 문제를 외부에서, 제3자가 발견해 낸다는 것은 무척이나 어려운 일이다. 감사인의 주된 업무가 부정 적발이 아니라는 점을 기억하여야 한다.

그럼에도 불구하고 다음과 같이 피감기업 본인들의 문제에 대해 감사인에게 책임을 전가하기도 한다.

회계법인에 손배소 냈다가 ... 망신살 정부기관

문화재청 산하 재단, 엉터리 내부 회계관행 드러나 패소

문화재청 산하 국외소재문화재재단이 '회계감사가 부실했다'는 이유로 외부감사인에 손해배상 소송을 제기했다가 도리어 조직 내부의 엉터리 회계처리 관행이 드러나 망신을 사고 있다. 국외소재문화재재단은 정부 회계처리에서 기본이 되는 금전출납부조차 제대로 작성하지 않아 다른 정부 산하기관들에서도 유사한 부실 관행이 염려되는 실정이다.

서울남부지법 소액32단독 홍성만판사는 국외소재문화재단이 안진회계법인을 상대로 "외부 감사 수임료로 가져간 1200만원을 배상하라"며 제기한 손해배상 청구소송을 기각했다고 27일 밝혔다.

국외소재문화재단과 안진회계법인 간 갈등은 2014년 1월로 거슬러 올라간다. 재단은 안진회계법인에 2013년도 재무제표에 대한 외부 회계감사를 의뢰하고 대가로 1200만원을 지급했다. 안진회계법인은 한 달여 간 회계자료를 감사한 뒤, 재무제표에 대한 감사보고서와 예산집행보고서에 대한 검토보고서를 국외소재문화에 전달했다. 그러면서 63건에 이르는 회계처리 오류를 발견하고 국외소재재단에 수정을 권고했다.

국외소재문화재단은 그러나 수정사항을 제대로 반영하지 않고 감사보고서와 검토

보고서를 감독기관인 문화재청에 제출했다가 혼쭐났다. “실제 예산집행액과 검토보고서상 집행액이 일치하지 않는다”며 문화재청이 회계감사 보고서를 되돌려 보낸 것. 비상이 걸린 재단은 다수 직원을 투입해 수개월 동안 회계자료를 다시 작성해야 했다. 이에 재단은 감사보고서가 거부된 책임을 안진회계법인에 돌리고 “부실 감사로 손해를 봤다”는 취지로 손배소까지 제기했다.

이에 대해 홍판사는 “전반적으로 안진회계법인의 회계감사가 (중요성의 관점에서) 부실했다고 보기 어렵다”며 재단 측 주장을 받아들이지 않았다.

재판 과정에서 오히려 재단 측이 소액 회계처리를 부실하게 해온 사실이 밝혀졌다. 회계처리 가운데 증빙자료(영수증)와 장부에 적힌 금액이 다른 14건이 발견됐고, 장부에는 지출로 적혀 있지만 증빙자료를 찾을 수 없는 경우도 6건에 달했다 소액 지출에서 금전출납 장부 오류, 영수증 관리 부실 등 기본적인 회계처리에 허점을 드러낸 것이다. 재단 측은 “이런 회계처리 실수를 잡아 내지 못한 안진회계법인에 책임이 있다”고 주장했다. 하지만 법원은 “공기업과 준정부기관 등의 회계처리 기준에 따라 재무제표를 제대로 작성한 책임은 재단 측의 기본적인 임무”라며 재단 측의 입장을 거듭 일축했다.

매일경제신문. 2016. 4. 28.

chapter 41

주요경영사항보고서

대한항공 지분 처분 보고서 누락

금감원, 한진 조사 착수
과징금 최대 20억 물을 수도

한진이 대한항공 지분을 처분하는 과정에서 관련 보고서를 제출하지 않은 혐의로 금융당국의 조사를 받고 있다. 조사 결과에 따라 최대 20억원의 과징금을 물 수도 있는 사안이다.

4일 금융당국에 따르면 금융감독원 기업공시국 기업공시조사팀은 한진이 대한항공 지분 매각과정에서 주요사항보고서 제출을 누락한 혐의에 대해 조사 중이다. 금감원은 최근 한진으로부터 관련 경위서를 제출받고 공시 담당 직원을 소환해 조사했다.

한진그룹은 지주회사 체제로의 전환작업을 마무리하기 위해 지난 7월 한진이 보유하고 있던 대한항공 보통주 579만2627주(지분율 7.95%) 전량 매각을 추진했다. 한진그룹 지주회사인 한진칼의 자회사 한진이 역시 한진칼의 자회사인 대한항공의 지분을 보유하는 것은 공정거래법상 지주회사 요건 위반이기 때문이었다. 한진은 지난 7월 8일 대한항공 주식을 전량 매도키로 했다고 공시한 후 당일 주당 4만~4만1500원에 블록딜(시간외 대량 매매)을 추진했다. 이날 투자자 모집에 실패하자 이튿날 정정공시를 내고 블록딜을 연기한다고 밝혔다. 같은 날 16일 주당 3만7700원에 블록딜을 성사시킨 후 해당 사실을 또다시 공시했다. 하지만 세 차례에 걸친 공시 과정에서 주요사항보고서를 한 번도 금융당국에 제출하지 않았다.

주요사항보고서는 상장사나 각종 증권을 상장시킨 비상장사가 주요 경영 사항을 공시하는 보고서다. 자본시장법 161조에 따르면 상장사가 회사 자산 총액(최근 사업연도 연결 재무제표 기준)의 10% 이상인 증권 등 자산을 매각하는 경우에는 자산재평가 등 내용을 담은 주요사항보고서를 금융위원회에 제출해야 한다. 이를 어기면 최대 20억원의 과징금을 부과 받을 수 있다. 한진 자산 총액은 2014년 사업보고서 연결 기준으로 1조 9559억원이다. 7월 8일 추진된 블록딜 규모(2400억원)와 같은 달

16일 성사된 블록딜 규모(2169억원)는 한진 자산총액의 10%를 초과한다.

한진 관계자는 “담당 직원이 알지 못해 일어난 실수”라며 “고의가 아닌 개인 과실인 만큼 거액의 과징금을 물 사안은 아닐 것”이라고 말했다.

한국경제신문. 2015. 9. 5.

주요사항보고서는 2009년 자본시장법이 제정되면서 도입된 제도이다. 도입 초기에도 유가증권 또는 코스닥공시규정에 의해서 주요경영사항 공시 내용이 수시공시의 형태로 진행되는데 어떠한 이유에서 별도의 주요사항보고서라는 제도를 도입하는지에 대한 의문이 제기되기도 하였다. 감독기관의 주장은 주요경영사항의 공시는 시의성(timeliness)이 중요하므로 자세한 내용이 담기기보다는 사실 위주의 정보의 공시이며 더 체계적인 정보의 전달은 감독원의 주요사항보고서라는 경로를 통해서 공시되는 것으로 정리된 내용이다. 다만 기업의 입장에서는 동일한 정보를 어떠한 이유에서 중복해서 보고하도록 하는지에 대한 불만도 제기되었다.

chapter 42

해명공시

잘못된 풍문 조회공시 없어도 해명공시 가능

상장사들이 잘못된 풍문이나 보도에 대해 조회공시 요구 없이도 해명할 수 있게 된다.

한국거래소는 이 같은 내용을 골자로 한 유가증권 코스닥시장 공시 규정 시행 세칙을 개정해 7일부터 시행한다.

지난 6월 금융위원회가 발표한 '기업공시제도 규제 선진화 방안' 후속 조치다. 그동안 상장법인은 잘못된 풍문이나 보도에 대해 한국거래소가 조회공시를 요구해야만 해명할 수 있었지만 앞으로는 공시를 통해 스스로 해결할 수 있다. 상장사는 풍문이나 보도가 나온 당일까지 해명하면 된다. 풍문이나 보도가 오후 6시 이후에 나오면 다음날 개장 전 시간외 시장이 열리기 10분전(7시20분)까지 해명 공시를 낼 수 있다.

다만 부도, 해산 등 매매거래 정지 대상인 정보는 해명 대상에서 제외된다. 허위 공시인지 식별하기 어려운 외국 법인 역시 자율적 해명공시 제도를 이용할 수 없다.

공시를 내기 전 거래소에 미리 확인받는 제도도 유가증권시장 상장사와 코스닥 우량기업에 한해 폐지된다. 다만 신규 상장법인이나 불성실 공시법인 등은 투자자 보호를 위해 사전확인 절차를 유지한다. 상장법인의 공시 책임성 강화를 위한 규정도 마련됐다. 고의로 불성실공시를 내거나 중대한 공시 규정 위반을 상습적으로 하면 공시 책임자나 담당자를 한 달 내 바꾸도록 거래소가 요구할 수 있다.

매일경제신문. 2015. 9. 7.

한 가지 이해하기 어려운 점은 자율공시 제도가 존재하여 언제든지 이 형태의 공시를 통해서 시장과는 소통할 수 있는 기회가 열려 있는데 왜 해명공시라는 또 하나의 공시의 형태를 만드는지에 대해서는 의문이다. 위의 신문기사에도 자율적 해명공시라는 명칭을 사용하고 있어서 이 공시의 형태가 자율공시의 일종이라는데 대해서는 이견이 없을 듯하다.

불성실공시에 책임이 있는 책임자나 담당자에 대한 교체를 요구하는 것은 회계분식에 책임이 있는 공시책임자에 대해서 주총에 해임권고를 하는 것이나 동일한 맥락이다. 이는 수시공시도 정기공시와 유사한 정책을 유지하는 것이며 합당한 정책 방향이라고 판단된다.

공시를 내기 전에 거래소에 확인받는 제도가 일부 폐지되는 것은 chapter 10에서 인용된 아래의 사건에 기인한다.

손성규(2012)의 chapter 41은 위에 제도에 대해서 논의하고 있으며 chapter 10에서도 '매일경제신문. 2012. 8. 22. '증시 심장부' 공시 시스템 구멍'이라는 신문기사가 인용되었다.

chapter 43

공인회계사 징계

유죄 확정된 회계사가 버젓이 업무

공인회계사회 늑장 조치로

한국공인회계사회가 등록 취소와 자격정지 조치를 제때 취하지 않은 탓에 최근 5년간 8명 이상의 결격자들이 공인회계사 업무를 버젓이 수행한 것으로 나타났다.

16일 감사원은 "공인회계사 등록 취소와 징계 업무를 담당하는 공인회계사회가 2010년 이후 결격 사유가 발생한 회계사 38명에 대해 범죄 경력 조회 업무를 지연 처리했다"고 밝혔다.

공인회계사회는 평균적으로 결격 사유가 발생한 지 161일 지나서야 범죄 경력을 조회했다. 이들 중 실형 선고를 비롯해 결격 사유가 발생한 2명은 범죄 경력 조회가 늦어져 계속 회계사 업무를 수행한 것으로 드러났다.

실제로 회계사 A씨는 2013년 2월 사기죄로 유죄가 확정됐으나 공인회계사회는 6개월 가량이 지난 8월에야 범죄 경력을 조회했다. 이 탓에 A씨는 9월 등록 취소가 되기 전까지 10개 업체 회계감사를 수행했다.

감사원은 2012-2015년 부실감사 등의 이유로 직무정지를 받은 6명도 위법하게 회계감사 업무를 수행했다고 밝혔다.

감사원은 공인회계사회 회장에게 제때 조치를 취할 수 있는 방안을 마련하라고 촉구하는 한편 직무제한 기간 중 직무를 수행한 회계사 8명에 대해 고발 등 조치를 취하라고 통보했다.

한국공인회계사회는 금융위원회에서 위탁을 받아 공인회계사 등록 취소와 1년 이하 직무정지 처분 등 징계 업무를 수행하고 있다. 공인회계사법 제4조에 따르면 금치산자와 한정치산자, 금고 이상 실형 선고를 받은 자 등은 공인회계사 자격을 박탈당한다.

매일경제신문. 2015. 7. 17.

chapter 44

리베이트

대법 "리베이트는 비용처리 안된다"

"제약사 관행이라도 사회질서 위반은 문제"
과세기준 첫 제시…건설 등 타분야도 영향

이른바 '리베이트'가 업계 관행이고, 법규에 명시적으로 금지하고 있지 않더라도 사회 질서에 위반해 지출된 것이면 세법상 비용으로 처리할 수 없다는 첫 대법원 판결이 나왔다.

대법원이 리베이트 비용에 대해 구체적인 과세 기준을 제시한 건 이번이 처음이다. 제약업체를 대상으로 한 이 소송은 건설·운송 등 다른 업계 분쟁에도 기준이 될 것으로 보인다.

대법원 3부(주심 권순일 대법관)는 의약품 도매업체인 태영약품이 성동세무서장을 상대로 낸 법인세 등 부과 처분 취소 소송 상고심에서 원고 일부 승소한 원심을 파기하고 사건을 서울고법으로 돌려보냈다고 6일 밝혔다.

태영약품은 2009~2010년에 세무조사를 받으면서 막대한 리베이트 비용이 과세소득에서 누락됐다는 지적을 받았다. 태영약품은 "약국 등 소매상에 지급한 11억8000만원과 모 제약사에 지급한 2억1700만원, 의약품 도매상 'S사'에 지급한 4억7200만원 등 모두 18억7000만원의 판매장려금은 정상적인 판촉 활동에 따른 지출이므로 세법상 비용인 '손금'으로 처리돼야 하고 그에 따라 과세소득에서도 빠져야 한다"고 주장하며 과세당국에 불복해 소송을 제기했다.

1심과 항소심 판결은 엇갈렸다. 1심은 태영약품의 주장을 모두 받아들이지 않고 원고 패소 판결했다. 1심 재판부는 태영약품이 주장하는 '판매장려금'이 제약업계 오랜 관행인 '리베이트'라는 점에 주목하고 불법적인 돈을 손금으로 인정할 수 없다고 했다. 1심 재판부는 "리베이트 자금은 분식회계 등을 통해 조성된 비자금으로 집행할 수밖에 없다"며 "비자금은 횡령·분식회계·조세포탈·불공정거래 행위 등을 전제로 하고 있어 리베이트 제공은 건전한 사회 통념에 비춰 정상적인 판매 부대 비용이라고 보기 어렵다"고 일침을 놨다.

하지만 항소심은 판매장려금을 정상적인 판매 부대 비용으로 볼 수 있다며 원고 일부 승소 취지로 판결했다. 항소심 재판부는 "리베이트 위법성은 인정하지만 업계의 구조적 관행을 세법에까지 확대 적용할 수 없다"며 전체 리베이트 금액 중 11억6000만원을 세법상 비용으로 처리하라고 했다.

1심과 2심의 법리 판단이 엇갈린 상황에서 대법원은 △국민 건강에 악영향을 미칠 가능성 △공정거래·유통에 주는 영향 △규제 필요성 및 향후 법령상 금지될 가능성 등을 따져 '사회 질서에 위반한 지출'이라면 정상적 판매비용으로 간주할 수 없다는 기준을 제시했다.

대법원은 태영약품이 약국 등 소매상에 판매장려금을 지급한 부분은 과세소득에서 공제할 수 없다고 판단했다. 다만 제약사와 의약품 도매상 간 거래에서 지급한 리베이트는 종합병원 납품에 있어 제약사의 협력을 얻기 위해 지급된 사례금으로 일반적으로 용인되는 통상적인 범위의 판매 부대 비용이라고 인정했다.

법조계관계자는 "비록 제약회사 관련 판결이지만 이번 판결에서 제시한 리베이트의 손금 산입 여부 판단 기준은 리베이트가 문제가 되고 있는 우리 사회 어느 분야에서든 동일하게 적용될 것"이라며 "법인들은 대법원이 제시한 '사회 질서에 위반되는 비용'인지를 따져 손금 산입이 가능한지 사전에 검토해 볼 필요가 있다"고 말했다.

매일경제신문. 2015. 4. 6.

판결문 요약에서 추가적인 부분을 인용하면 의약품 도매상이 약국 등 개설자에게 의약품 판매 촉진의 목적으로 '리베이트'라고 불리는 금전을 지급하는 것은 약사법 등 관계 법령이 이를 명시적으로 금지하고 있지 않더라도 사회질서에 위반하여 지출된 것에 해당하여 그 비용은 손금에 산입할 수 없다고 보아야 한다고 결론을 내렸다.

또한, '일반적으로 용인되는 통상적인 비용'이라 함은 납세의무자와 같은 종류의 사업을 영위하는 다른 법인도 동일한 상황 아래에서는 지출하였을 것으로 인정되는 비용을 의미하고, 그러한 비용에 해당하는지 여부는 지출의 경위와 목적, 그 형태 액수 효과 등을 종합적으로 고려하여 판단하여야 하는데, 특별한 사정이 없는 한 사회질서에 위반하여 지출된 비용은 여기에서 제외된다(대법원 2009. 11. 12. 선고 2007두12422 판결 참조).

관행이라는 것을 우리 모두는 인정하지만 이것이 적법하지 않다면 당연히 제도권에서는 인정되어서는 안 된다.

chapter 45

IR

소극적 기업 IR도 주가 발목 잡아

"기업 설명회를 통해 시의적절하게 정보를 제공했다면 이렇게 큰 타격을 받지는 않았을 것입니다."

가짜 백오수 파동으로 위기에 빠진 내츄럴엔도텍을 보며 한 자산운용사 펀드매니저가 나타낸 안타까움이다. 국내 상장사들의 소극적인 IR 활동이 정보 불균형을 심화시켜 투자자의 불안을 키우는 경우가 많다는 설명이다.

상장사 IR은 경영 내용, 미래 전망 등을 투자자에게 제공하는 활동을 의미한다. 기업이 적극적으로 IR 활동을 벌리지 않으면 투자자는 소문에 의존할 수밖에 없어 안정적이고 장기적으로 투자하기 어렵다. 미국 증시의 마이크로소프트는 IR 전용 홈페이지를 따로 운영하고 있고, 독일 BMW는 일반 투자자가 애플리케이션을 통해 IR 담당자와 실시간 소통할 수 있다. 하지만 국내 상장사는 일부 대형사만 IR과 컨퍼런스콜(전화 회담) 홈페이지 등을 통해 자료를 공개할 뿐이고, 상당수 중소형사는 전담 인력조차 없다.

한국경제신문. 2015. 6. 18.

수년 전부터 IR을 진행하는 것이 주가관리 차원이라는 얘기는 있었으며 잘못된 논리는 아니다. 다만, 기업의 주가를 결정하는 변수가 너무 여러 가지가 있고 IR을 수행하지 않았기 때문에 주가관리가 되지 않았다고 단정적으로 얘기할 수는 없다. 물론, 주주와의 관계 설정은 매우 중요하며 정보의 불균형(information asymmetry)을 해결하지 않고 기업이 제대로 평가를 받는다는 것은 불가하다.

최근의 CSR 관련된 문헌에서는 CSR을 기업이 잘 운용하는 것도 주가관리에 도움이 된다고 보이는 문헌들이 있다. 어떻게 보면 지속가능경영보고서와 IR은 정형화된 형식에 얽매이지 않고 기업의 정보를 공개하고 있다는 차원에서는 궤를 같이 한다고 할 수 있다.

chapter 46

개념체계

2015년 exposure draft(ED)가 발표되면서 개념체계에 대해서 IASB가 그 내용을 개정하려고 하고 있다. 이슈가 되는 내용 중에 prudence의 개념이 있다.

이 내용은 보수주의 내용과 혼동될 수도 있는 내용이라서 아래에 기술한다.

새로운 개념체계에서는 표현의 충실성(faithful representation)의 한 꼭지로 중립성을 정의하고 있으며 중립성은 정보의 선택과 공시에 bias가 없도록 불확실한 상황에서 판단할 때 주의를 기울여야 함(prudence)이라고 정의하고 있다.

이는 과거의 보수주의와는 상이한 개념이다. 이전의 개념체계에서는 보수주의에 대한 대안으로 prudence(신중성)가 포함되어 있다가 이 내용이 삭제되었다가 이번에 다시 개념체계에 포함되는 것으로 ED가 되어 있다.

보수주의는 이미 회계의 개념체계에서 사라진지 오래된 개념이지만 보수주의의 정신(유산)은 아직도 회계기준에 남아 있다. 저가법이라거나 감액, 손상이라는 개념 등이 가장 대표적으로 보수주의가 적용된 것이다. 감독기관에서 분식회계에 대한 조치를 할 때도 과거에는 이익을 하향 조정한 분식은 상향 조정한 분식에 비해 약하게 조치를 하였지만 보수주의가 개념체계에서 삭제된 시점 이후에는 상향과 하향을 구분하여 조치를 한다는 것이 큰 의미가 없다.

단, 회계정보의 이용자들이 이를 대칭적으로 이해하는지는 별개의 문제이다. 언론 등에서도 이익의 과소계상보다는 이익의 과대계상, 부풀리기를 더욱 악의적인 것으로 이해하며 아마도 정보 이용자들도 동일하게 생각할 듯하다.

물론, 회계기준이 우선이고 감독기관의 조치의 근거는 회계기준과는 무관하지만 중요성 등과 같이 회계기준이 수치화되고 정형화되어 있지 않은 경우는 감독기관의 양정기준 등에의 중요성 관련된 내용을 회계법인이 준용하여 사용하기도 하기 때문에 감독기관이 어떠한 stance를 취하는지도 기준을 보충하고 이용하는데 참고 자료가 될 수 있다.

개념체계가 일반인들의 믿음과 달리 설정되는 것이 적합한지에 대한 고민도 할 수 있지만 IFRS에서의 개념 체계 또한 전 세계적으로 단일 체계로 가는 것이다.

chapter 47

배당

사내 유보금 풀어 고용, 투자 늘려야 한다?

사내유보금은 회계상 개념…'쌓아둔 돈' 아니다.

전경련은 '사내유보금을 풀어 고용 투자를 늘려야 한다'는 노동계의 주장은 개념 자체를 잘못 이해한 것이라고 지적했다. 사내유보금은 대차대조표의 이익잉여금과 자본잉여금을 합한 것이다. 이익잉여금은 기업이 벌어들인 이익에서 배당 등을 하고 남은 것이고, 자본잉여금은 액면 초과 주식 발행 등 자본거래에서 생긴 차액이다.

즉 사내유보금은 회계상 개념일 뿐, 기업이 '쌓아둔 현금'은 아니다. 상당 부분은 이미 투자 등 경영 활동에 사용되고 있다. 지난해 말 기준 30대 그룹의 사내유보금은 683조원이지만 이중 현금과 단기금융상품 등 현금성 자산은 118조원에 불과했다. 우리나라 비 금융 상장사의 2012년 총자산 대비 현금성 자산 비중은 9.3%로 주요 8개국(G8)의 22.2%, 유럽연합(EU)의 14.8% 등과 비교했을 때 낮은 수준이다.

따라서 사내 유보금에 과세하자는 노동계의 주장은 어불성설이라고 전경련은 강조했다. 홍성일 전경련 재정금융팀장은 "사내 유보금 과세는 근로자가 벌어들인 소득에서 세금을 내고 남은 돈으로 이미 집과 자동차를 구입했는데도 또 다시 세금을 내라는 것과 같다"고 말했다.

한국경제신문. 2015. 9. 4.

즉, 전경련의 입장은 이러한 과세 행위가 이중과세라는 것이고 매우 개혁적인 발상이라는 주장이다. 2014년부터 배당을 확대하여야 한다고 정부가 강력한 drive를 걸었다. 그러나 투자자들이 어느 정도의 배당을 선호하는지는 각자의 소비활동, 투자패턴 등에 의해서 결정될 것이기 때문에 정부가 민간 기업의 배당 의사결정에 과도하게 개입하는 듯한 모습을 보이는 것도 바람직하지 않다. 이는 어떻게 보면 각 국가의 배당의 pattern이고 해답이 없다.

또한 개별 회사의 배당 의사결정이 결산 이사회에서와 주총에서의 적법한 절차를 거친 내용인데 정부가 이에 대해서 왈가왈부할 것도 아니다. 단, 세무정책을 통해서 정부가 희망하는 방향으로 영향력을 미칠 수는 있다.

개인간에도 종합소득의 tax bracket 등에 의해서 배당에 대한 생각은 모두 상이할 것이다.

사내유보금 과세 '역풍' 이익 줄어도 배당 급증

당기순이익이 전년보다 23% 줄었는데도 배당이 큰 폭으로 늘어난 것은 대기업이 마땅한 투자처를 찾지 못하고 있는 탓도 있지만 이익을 투자와 배당 확대, 임금 인상 등에 쓰지 않으면 법인세를 더 물리는 '사내유보금 과세'가 큰 부담으로 작용했기 때문이라는 분석이 나온다.

한국경제신문. 2015. 8. 10.

배당소득 증대세제 혜택 받는 기업은?
삼성전자 신한지주 SK 등 시가총액 30위 안에 6곳

올해 도입된 배당소득 증대세제 대상 기업에 삼성전자 현대모비스 신한지주 SK 등 시가총액 상위 대형주들이 다수 포함될 것으로 예상된다.

23일 한국투자증권에 따르면 유가증권시장 시가총액 30위 이내 기업 중 배당 소득 증대세제 혜택을 받을 수 있는 기업은 삼성전자 현대모비스 신한지주 SK 삼성화재 SK이노베이션 등 6곳인 것으로 분석했다. 시가총액 30위권 밖 기업 가운데선 강원랜드 한화생명 현대해상 LG디스플레이 만도 등이 대상 기업으로 꼽혔다. 배당성향이 비교적 낮은 코스닥시장 상장사 중에는 인터파크 아프리카TV 슈피겐코리아 실리콘억스 쏠리드등이 포함됐다.

배당소득 증대세제는 배당을 많이 하는 기업에 세금을 감면해 주는 것이다. 배당성향과 배상수익률이 각각 시장 평균의 120% 이상이고, 총 배당금 증가율이 전년 대비 10% 이상인 회사 주주에게 혜택을 준다. '배상성향'과' 배상수익률이 시장 평균의 50% 이상이고, 총 배당금 증가율이 30% 이상인 기업도 대상이 된다. 해당 기업 주식을 보유한 투자자는 배당 소득에 대한 원천징수세율이 15%에서 9%로 낮아지고 종합과세 대상자라면 선택적 분리과세(25%)를 적용받을 수 있다.

한국경제신문. 2015. 11. 24.

배당금 증가율이 세금 감면의 잣대로 사용되기 때문에 연속적으로 이 혜택을 보기는 쉽지 않다.

임금 투자 늘리랬더니 기업은 자사주 배당 '올인'

가계소득 등대 '환류 효과' 없는 '기업소득 환류세제'
상장사 올 자사주 9조 사들이고
중간배당엔 1조, 배이상 늘어
"투자할 곳 없고 인건비도 부담"

한국의 대표적인 기업인 삼성전자는 올해 3분기까지 15조8367억원(연결기준)의 당기순이익을 냈다. 하지만 올해 사업 재편을 벌이면서 직원 수와 인건비는 오히려 줄었다. 금융감독원 전자 공시에 따르면 지난해 3분기 말 현재 9만9556명이었던 삼성전자 임직원 수는 올 3분기 현재 9만8557명으로 1000명 줄었고, 연간 총 급여도 6조원가량에서 5조8281억원으로 1000억원 이상 감소했다. 1인당 평균 임금도 6100만원에서 5900만원으로 뒷걸음질 쳤다. 대신 삼성전자는 이익 대부분을 배당과 자사주 매입 소각에 쓰고 있다. 삼성전자는 앞으로 3년간 11조3000억원 어치의 자사주를 매입해 소각하는 등 2017년까지 연간 잉여 현금 흐름의 30-50%를 주주환원에 쓰겠다는 계획을 최근 발표했다.

최경환 경제부총리가 가계소득 증대방안으로 야심차게 추진했던 '기업소득 환류세제'가 올해부터 본격적으로 시행됐지만, 당초 기대했던 가계소득 증대 효과는 사실상 거의 없는 것으로 나타났다. 당초 정부는 기업에 쌓여 있는 돈이 가계로 흘러가 소비와 내수가 살아나는 선순환을 기대했지만, 마땅히 투자할 곳도 없고 인건비 부담이 늘어날 것을 우려한 기업은 투자와 고용을 늘리는 대신 배당과 자사주 매입에만 열을 올리고 있는 것이다.

가계소득 투자 제자리, 배당 자사주 매입만 껑충

기업이 막대한 유보금을 쌓아 놓고도 고용 투자 배당 등 이익 환원에 소홀하다는 비판이 최근 몇 년간 제기되자 정부는 경제활성화 방안으로 기업소득환류세제를 도입해 올해 3월부터 시행에 들어갔다. 자기자본 500억원이 넘는 대기업의 당기소득 80%(제조업 기준) 중 고용, 투자, 임금에 쓰지 않고 남은 돈에 대해 10%의 세금을 물리는 제도다. 제도 도입 당시 최 부총리는 "온 국민이 혜택을 보게 될 것"이라고 말했다.

하지만 3년짜리 한시법이 도입된 첫 해인 올해 가계소득 증가 조짐은 전혀 나타나지 않고 있다. 통계청 가계 동향에 따르면 올해 3분기 가계소득 증가율은 2009년 이후 가장 낮은 0.7%(전년 동기 대비)에 그쳤다. 물가상승률을 감안하면 가계소득이 제자리인 셈이다. 이는 가계소득의 대부분을 차지하는 임금 인상에 기업들이 매우 인색하기 때문이다. 고용노동부에 따르면 전국 5인 이상 사업체 전체 근로자의 평균 임금은 2014년 338만5000원에서 올해 9월 현재 321만4000원으로 오히려 하락했다.

투자 역시 부진하기는 마찬가지다. 금융정보 업체 에프앤가이드에 따르면, 유가증권시장 상장사의 유무형 자산 취득액은 올 3분기까지 936조원으로 지난해 같은 기간에 비해 4.2% 증가하는데 그쳤다. 대신 기업들은 현금 대부분을 배당과 자사주 매입에 쓰고 있다. 상장사 중간 배당액은 지난해 전체 4420억원에서 올해 1조447억원으로 배 이상 늘었다. 상장사들의 자사주 취득 규모(공시 기준)도 지난해 전체 5조원에 그쳤으나, 올해는 11월 현재 이미 9조원을 넘었다.

기업소득 환류 세제: 기업이 임금 투자 배당에 쓰지 않고 남긴 이익에 대해 과세하는 제도. 기업이 쌓아둔 이익을 외부로 돌려 경제의 선순환 구조를 만들겠다는 취지로 도입

조선일보. 2015. 12. 1.

아마도 이러한 정부의 노력의 결과 상장기업의 배당이 최근에 와서 많이 높아지는 추세이다.

상장사 배당금 22조... 수익률(1.5-1.6%) 처음으로 기준금리(1.5%) 추월

지난해 배당금 역대 최고치
정부, 배당, 투자 짠 기업에 세금
주주환원 정책 확대 덕분
기업들 주주 친화 전략 나서
올해도 배당주 투자 늘어날 듯

2015년 국내 상장사들의 배당금 규모가 22조원을 넘어 역대 최고치를 경신할 것이라는 분석이 나왔다. 평균 배당수익률이 사상 처음으로 한국은행 기준금리(현 1.5%)를 웃돌 가능성이 높아졌다.

KDB 대우증권은 4일 "국내 상장사의 2015년 배당금 총액이 22조 2950억원에 달하는 것으로 추산된다"고 밝혔다. 이는 국내 전체 상장사 가운데 예상 주당 배당금(1주당 지급되는 배당금) 자료가 존재하는 종목(전체 시가총액의 90%)을 대상으로

계산한 것이다. 이번 배당금 예상 총액은 역대 최대치였던 2014년(16조5530억원)보다 5조원 넘게 늘어난 수치다.

배당금 총액이 커지면서 주가 대비 주당배당금의 비율을 뜻하는 평균 배당수익률도 크게 오를 것으로 보인다. 국내 상장사의 평균 배당수익률은 2011년 1.54%에서 2012년 1.33%, 2013년 1.14%, 2014년 1.13%로 해마다 떨어졌다. 그러나 작년에는 정부가 기업의 배당을 유도하고 삼성 등 주요 그룹의 적극적인 주주환원 정책을 실시하는 동안 기업 주가는 큰 움직임을 보이지 않아 배당수익률이 높아졌다.

증권업계는 국내 상장사들의 평균 배당 수익률(1.5~1.6%)이 한국은행 기준 금리(현 1.5%)를 넘어설 것으로 보고 있다. 업계에서는 배당수익률이 은행의 1년 정기예금 금리(1.3~1.8%)보다 높아지면서 갈 곳을 정하지 못한 시중 자금이 증시로 유입될 것이라는 기대감도 높아지고 있다.

사상 최대 배당 잔치... 정부와 기업의 합작품

증권사마다 정도와 차이는 있지만 2015년 배당금 총액이 역대 최고치를 찍을 것이라는 데는 이견은 없다. 유진투자증권은 코스피 상장사의 배당금 총액이 18조원으로 최대치를 기록한 것으로 추산했고, 교보증권이 예상한 코스피 200지수 내 상장사의 배당금 총액(15조1900억원)도 역대 가장 높은 수치다.

배당금이 늘어난 것은 무엇보다 2015년 증시 트렌드였던 '주주환원 정책 확대' 덕분이다. 정부가 공기업들의 적극적인 배당을 강조하는 한편 이익의 일정 부분을 투자 배당 임금 등에 쓰지 않고 쌓아둔 대기업에 세금을 물리는 이른바 '기업소득환류세제'를 작년 3월부터 시행하면서 주주환원정책이 대폭 확대됐다. 삼성전자는 지난해 10월 11조원대의 자사주 매입을 결정했고, 현대차와 SK하이닉스 등 다른 대기업들도 파격적인 주주환원정책을 발표하면서 배당 규모 확대에 동참했다.

김상호 KDB대우증권연구원은 "국내 상장사의 배당수익률은 선진국에 비하면 아직도 한참 뒤처지는 수준"이라며 "그간 외국인 투자자들의 문제 제기도 많았고, 마침 최근 4개 분기 연속 국내 상장사 순이익이 증가해 주주환원책을 펼칠 수 있는 여건이 조성됐다"고 말했다.

-올해도 '배당금 강세' 전망.. 배당수익률 외에 실적 등도 봐야

작년 12월 28일까지 배당주를 보유하거나 매수한 투자자들은 배당금을 받지만, 배당락일인 12월 29일 이후에 주식을 산 투자자는 배당금 수령 대상이 아니다.

하지만 금융투자업계에서는 2016년에도 배당주 투자는 늘어날 것으로 보고 있다. 올해도 정부의 배당 강화 정책이 이어질 것으로 예상되고, 이에 따라 기업들이 주주

친화 전략에 적극적으로 나설 가능성이 높기 때문이다. 특히 미국의 기준 금리 인상에도 한국은행 기준금리는 당장 오를 가능성이 상대적으로 낮고, 1%대 저금리 현상이 장기화되면서 배당 투자의 매력은 더 높아졌다. 은행에 돈을 넣기 보다 배당주에 투자했을 때 기대수익률이 더 높다는 얘기다. 일본도 배당수익률이 10년물 국채 금리를 역전하기 시작한 2007년부터 배당주 투자 성과가 눈에 띄게 높아졌다.

기업의 배당 수준을 미리 알고 투자할 수는 없다. 다만 전문가들은 과거 배당수익률이나 배당 성향 추이, 올해 이익 전망 등을 따져보고 배당주를 선별하라고 권한다. 또 대주주 지분율이 높으면 배당금을 더 줄 가능성이 높다는 점도 참고할 만하다. 종목을 직접 고르기 어렵다면 배당주 펀드에 들면 된다.

조선일보. 2016. 1. 5.

배당수익률, 사상 첫 국고채 금리 추월

1.88 > 1.76
배당수익률-국채금리 역전
저성장 일본 경제구조와 닮은 꼴
일, 금리격차 3%p 이상 벌어져
정부 배당확대 '당근책' 영향
박스권 지속 땐 배당주 매력 높아

국내 유가증권시장 상장기업의 배당수익률(주당 배당금/주가)이 사상 처음으로 10년 만기 국채 금리를 넘어섰다. 저성장으로 시장금리는 낮아지는데 투자처를 찾지 못한 기업들이 배당을 늘리면서 배당수익률과 국채 금리의 역전현상이 일어난 것이다.

배당 6배 늘린 한국전력

28일 금융정보 제공업체인 에프앤가이드에 따르면 2015년 회계연도에 대한 배당금을 결정한 357개 유가증권시장 상장기업의 배당수익률(지난 26일 기준)은 1.76%로 나타났다. 배당수익률은 주당 배당금을 현재 주가로 나눈 값으로, 투자자금에 대한 배당을 얼마나 받을 수 있는지를 나타낸다.

2013년(1.18%)과 2014년(1.20%) 1% 대 초반 수준이던 배당수익률은 지난 해부터 크게 늘기 시작했다. 골프존유원홀딩스의 배당수익률은 8.11%로 전년(1.98%)보다 6.13%포인트 올랐다. 전체 유가증권시장 상장사 중 상승폭이 가장 컸고, 한국전력은 2014년 배당액(3210억)의 6배가 넘는 1조 9000억원 수준의 배당을 계획하고 있다.

반면 지난 26일 10년 만기 국채 금리는 1.778%로 전날보다 0.024%포인트 하락했다. 글로벌 금융위기 직전인 2007년 5.691%에서 2011년 3%대(3.784%)에 진입한 뒤 하락세를 이어가고 있다.

올 들어선 0.0298%포인트 떨어졌다. 중국 경기 둔화와 일본의 마이너스 금리 정책 도입, 국내 경제지표 부진 등 대내외 악재가 이어진 탓이다. 시장금리는 내리고, 배당수익률은 오르면서 두 지표는 11일 각각 1.766%와 1.88%로 0.1% 포인트 이상 벌어지기도 했다.

'저상장' 일본 전철 밟나

배당수익률과 국채 금리의 역전 현상에 대해 전문가들은 저성장의 늪에 빠진 일본형 경제 구조를 닮아가는 신호라고 분석했다. 일본은 배당수익률이 10년물 국채 금리를 앞선 2007년 이후 그 격차가 좁혀지지 않고 있다. 지난달 마이너스 금리정책 도입으로 10년물 국채 금리는 −0.22%까지 내려갔다. 독일은 배당수익률(3.66%)과 10년 만기국채금리(0.137%)의 격차가 3%포인트 이상 벌어졌다.

저상장국면에서 기업들이 마땅한 투자처를 찾지 못한 것도 배당수익률 상승에 영향을 미쳤다. 박현준 한국투자신탁운용 코어운용본부장은 '오늘을 위한 배당' 대신 '내일을 위한 투자'가 바람직한 것은 알고 있지만 경기 불확실성으로 선뜻 투자에 나서는 기업이 많지 않다"며 "사내유보금이 쌓이면 주주의 배당 요구도 높아질 수밖에 없다"고 지적했다. 여기에 정부가 올해부터 3년 동안 적용하기로 한 기업소득환류세제(기업 이익 중 배당과 투자 및 임금 증가분을 제한 유보금에 대해 과세)도 영향을 미쳤다는 설명이다.

배당수익률 상승으로 자산 운용과 재테크 시장에도 변화가 예상된다. 이경수 메리츠증권 리서치센터장은 "지수가 '박스권'에 계속 머물러 있는 배당주의 매력이 높아진다"며 "배당금을 안정적으로 지급하는 회사를 중심으로 선별 투자에 나서볼 만하다"고 말했다. 배당주 펀드에는 자금 유입이 지속되고 있다. 주식형 펀드의 수익률이 부진한 가운데 배당주 펀드는 올 들어 3400억원 늘어나는 등 순항하고 있다.

한국경제신문. 2016. 2. 29.

시가배당률 > 국채수익률

작년 첫 추월...아주 캐피탈 쉘 석유 '짭짤'

지난해 국내 상장사 보통주의 평균 시가배당률이 1.74%로 처음으로 국고채 수익률을 뛰어넘은 것으로 나타났다. 초저금리 탓에 주식 배당 수익이 채권 이자를 웃돌았다는 얘기다.

18일 한국거래소에 따르면 12월 결산 코스피 상장법인 중 작년 현금 배당을 한 법인 492개사 보통주의 평균 시가배당률은 1.74%로 1년 만기 국고채 수익률(1.698%)보다 0.042% 포인트 높았다. 시가배당률은 배당금이 배당 기준일 기준 주가에서 차지하는 비율을 말한다.

작년에 시가배당률이 국고채 수익률을 웃돈 현금 배당 상장사는 총 199개(40.4%)였다. 이 가운데 2011년부터 5년 연속 시가배당률이 국고채 수익률을 웃돈 기업은 일정실업(6.52%), 아주캐피탈(6.03%), 진양산업(6.02%) 등 30곳에 달했다.

거래소 관계자는 "작년에 국고채 금리가 하락하면서 시가배당률이 국고채 금리보다 높았던 법인 비중이 40%대로 급증했다"며 "시중 금리가 하락하면서 배당 투자가 유리해지고 있다"고 말했다.

작년 코스피 상장 법인 중 현금 배당을 한 법인은 전체(737개)의 66.8%인 492개였다. 이들의 배당금 총액은 192조1396억원으로 사상 최고치를 기록했다.

2년 연속 현금 배당을 공시한 기업들이 다음 해에도 현금 배당을 실시하는 경향을 보였다. 최근 5년간 매년 현금 배당을 공시한 법인의 약 90%가 2년 이상 연속으로 배당을 실시했고, 특히 2년 이상 연속 현금 배당을 공시한 법인 중 94%에 달하는 법인이 다음해에도 배당을 실시했다. 작년 현금 배당 법인의 72.1%(355개)는 5년 연속 현금 배당을 한 것으로 집계됐다.

현금 배당 종목의 지난해 주가 수익률도 코스피 상승률보다 훨씬 높아 배당주 투자는 '꿩 먹고 알 먹고'식이었다.

지난해 현금 배당 기업의 주가가 평균 26.23% 급등해 코스피 상승률(0.04%)을 26.2%포인트 웃돌았다. 최근 5년간 코스피 대비 초과 수익률은 지난해가 가장 높았다.

매일경제신문. 2014. 4. 19.

chapter 48

삼성물산

“의결권 행사 대리인 허위기재” 안진회계법인, 엘리엇 고소

소속 회계사 2명을 대리인으로
엘리엇, 뒤늦게 명단 제외 공시
혐의 확인 땐 위임장 대리 못할 듯

미국계 헷지펀드 엘리엇매니지먼트가 삼성물산 주주총회 의결권 행사 대리인을 허위기재한 혐의로 검찰에 고소 고발됐다. 금융당국도 검찰과 별도로 조사에 나섰다. 혐의가 사실로 드러나면 엘리엇이 삼성물산 주주들을 상대로 위임장을 받지 못할 수도 있다.

딜로이트 안진회계법인은 엘리엇을 업무방해 혐의로 서울남부지방검찰청에 고소했다고 2일 밝혔다. 안진회계법인에 따르면 엘리엇은 이 회계법인 소속 회계사 2명을 삼성물산 주주총회 의결권 행사 대리인으로 허위기재한 혐의를 받고 있다. 해당 회계사들은 안진회계법인과 별도로 엘리엇을 자본시장법상 허위공시 혐의로 역시 서울남부지검에 고발하고 금융감독원에 허위공시 사실을 알리는 진정서를 제출했다.

엘리엇은 지난달 24일 자사에 의결권을 대리행사토록 주주들에게 권유하는 내용의 공시를 내면서 의결권 행사 대리인으로 안진회계법인 소속 회계사인 김모씨와 유모씨를 포함한 15명의 명단을 올렸다. 공시에서는 해당 회계사들의 이름만 나오고 소속을 적시하지 않았다. 현행 자본시장법은 의결권대리행사를 받으려는 회사나 주주는 위임권유 시작 이틀 전에 대리 행사 권유 계획을 공시하도록 규정하고 있다. 안진회계법인은 삼성물산과 제일모직간 합병에서 삼성물산 측 자문을 맡고 있다. 이에 엘리엇은 지난달 30일 정정공시를 통해 의결권 행사 대리인 명단에서 김씨와 유씨를 제외했다.

안진회계법인 관계자는 자체 조사결과 해당 회계사들이 엘리엇 측 국내 자문사의 요청으로 한번 개인적인 일을 처리한 적이 있을 뿐 의결권 행사 대리인으로 나서겠다고 한 적은 없다“고 말했다.

금감원 조사결과 허위기재 사실이 드러나면 엘리엇이 주주 위임장을 받지 못할 수

도 있다. 엘리엇이 의결권 대리행사를 금지당하면 합병에 반대하는 주주들은 직접 주총에 참석해야만 반대의사를 표시할 수 있다.

한국경제신문. 2015. 7. 3.

'대리인 허위 공시' 엘리엇 곧 소환조사

글로벌 헤지펀드인 엘리엇 매니지먼트가 삼성물산 주주총회 의결권 대리인에 안진회계법인 회계사를 허위로 공시했다는 의혹을 수사 중인 검찰이 9일 명의를 도용당한 회계사를 소환조사했다. 이들 고소인에 대한 조사가 이뤄진 만큼 검찰은 이르면 다음 주 초 엘리엇 측을 상대로 첫 소환조사를 할 것으로 알려졌다.

서울 남부지검 금융조사1부(부장검사 박찬호)는 엘리엇이 공시한 주총 대리인 명단에 포함된 안진회계법인 회계사를 불러 사실 관계를 조사 중이라고 9일 밝혔다.

엘리엇은 삼성물산 주총 의결권을 대리 행사하기 위한 위임장 용지 등에 안진회계법인 측 회계사 2명의 이름을 대리인으로 기재하고 금융감독원 전자 공시 시스템에 공시했다.

이에 대해 안진회계법인 측은 "엘리엇이 안진회계법인 회계사를 대리인으로 위임한 사실이 없다"며 지난 1일 서울남부지검에 고소장을 제출했다.

안진회계법인측은 "회계사를 대리인으로 기재하면서 안진회계법인이 삼성물산과 제일모직 합병에 반대하는 것처럼 보이게 됐다"며 "이로 인해 삼성물산에 대한 자문 업무를 방해 받았을 뿐만 아니라 향후 고객과 신뢰 유지에도 심각한 타격을 입었다"고 피해를 호소했다.

매일경제신문. 2015. 7. 10.

한영회계법인, 엘리엇 상대 소송키로,
"투자한다며 감정 의뢰해 놓고 약속과 달리 소송 자료로 활용"

미국 헤지펀드 엘리엇 매니지먼트가 복병을 만났다. 자신들의 의뢰로 삼성물산과 제일모직에 대한 감정평가를 실시했던 한영회계법인 엘리엇에 대한 소송 방침을 천명했기 때문이다. 이번 분쟁이 향후 엘리엇과 삼성 간 법정공방에서 어떤 변수로 작용할지 관심이 모아진다.

한영회계법인 관계자는 19일 "엘리엇은 애초 삼성물산과 제일모직에 투자하려 한다면서 양사 기업 가치에 대한 감정을 의뢰했다"며 "엘리엇이 (일반투자 용도로 제공된) 자료를 삼성과 소송 전에 증거자료로 제출하며 약속을 깬 만큼 소송을 제기할 예정"이라고 밝혔다.

이 관계자는 이어 "합병 용도 보고서에는 미래의 현금흐름과 투자 정보가 반영돼 있어야 하지만, 엘리엇에 제공한 보고서는 공개된 데이터에 기반해 작성된 순수 투자 참고 자료"라고 덧붙였다.

아울러 한영회계법인 측은 이번 평가보고서가 법인 명의의 최종 승인 도장이 찍히지 않은 초안 상태 보고서라고 밝혔다. 실제 엘리엇이 제출한 보고서에는 작성 명의인이 삭제돼 있고 최종 보고서에 포함돼야 할 표지(트랜스미털 레터)도 누락된 것으로 파악됐다. 회계법인은 최종보고서의 경우 수신자와 제목, 목적(용도) 등을 명기한 표지를 넣는다.

한영회계법인이 이처럼 격앙된 반응을 보이는 것은 자신들의 보고서가 이번 소송전의 증거자료로 사용되면서 회계법인 업계 최대 고객인 삼성그룹과 갈등을 빚을 수 있다는 우려 때문인 것으로 풀이된다. 의도치 않게 삼성그룹과 분쟁을 벌이고 있는 엘리엇측의 논리를 대변해 준 셈이 됐기 때문이다.

업계에선 한영회계법인이 운이 없었다는 얘기도 나온다. 4개 회계법인 중 안진회계법인과 삼일회계법인이 각각 제일모직과 삼성물산의 감사업무를 수행하고 있는 탓에 엘리엇이 한영회계법인에 감정을 의뢰할 수밖에 없었기 때문이다.

엘리엇의 국내 홍보 업무를 맡고 있는 뉴스커뮤니케이션측은 "엘리엇 측에서 한영회계법인 주장에 대한 입장을 전달받지 못했다"고 밝혔다.

매일경제신문. 6. 20.

chapter 49

사립대학교 회계감사

사립대 회계감사 정부가 감리

올 하반기부터 모든 사립대의 외부 회계감사 증명서를 정부가 직접 검증한다. 또 입학 정원 500명 이상인 학교법인은 내부 감사 중 1명을 반드시 공인회계사로 선임해야 한다. 교육과학기술부는 사립대 회계 투명성을 강화하고자 외부 회계감사증명서를 정부가 감리하는 근거를 마련한 '사립학교법 시행령' 개정안을 20일 입법예고하고 오는 7월 24일부터 시행한다.

모든 사립대는 올해 초 개정된 '사립학교법'에 따라 입학 정원과 상관없이 의무적으로 외부 회계감사 증명서를 제출해야 한다.

매일경제신문. 2013. 3. 20.

그렇기 때문에 위와 같이 사학재단에 대한 회계감사가 강제되는데도 이러한 회계감사가 신의성실(due care)에 의해서 수행되는지를 어떻게 점검할지를 고민한 결과 상호감리(peer review)를 도입하는 것으로 알려져 있다. 즉 회계법인 간에 감리를 진행하는 것이다. 이는 왜냐하면 민간기업의 감리와 같이 공인회계사회나 금융감독원과 같은 공적 기능을 갖는 기관이 감리를 수행하려면 선량한 투자자를 보호한다는 취지가 있어야 하는데 사학재단일 경우는 투자자 보호의 정신이 아니므로 한공회나 감독원과 같은 공적 기능이 감리를 수행하는데 대한 정당한 이유를 찾기 어렵다. 단, chapter 29에서 기술된 아파트 감사의 경우에 대한 감리는 공적인 성격이 강하므로 한국공인회계사회에서 감리를 수행한다.

사립학교의 재무제표에 대한 감리는 이들이 교육기관이라서 어느 기관에 비교해서도 투명한 회계를 철저하게 감독할 필요성이 존재하기 때문이다.

따라서 감사인의 적정성을 담보하기 위해서는 점검의 과정이 있어야 하는데 이를 상호감리를 통해서 해결하려는 것이다.

이러한 문제는 교육부에만 국한된 이슈는 아니다. 보건복지부 산하의 의료기관들도 국민 의료와 관련된 공적인 업무를 수행하므로 회계감사의 필요성이 존재한다.

〈사립대학 상호감리〉

- 현재 우리나라의 경우 실시되고 있는 제도임
- 주관기관: 사학진흥재단 조달공고를 내어서 회계법인 컨소시엄 형식으로 상호감리팀을 구성함(독립성 문제로 복수 회계법인으로 구성)
- 2014, 2015 컨소시엄: 삼일컨소시엄으로 결정
- 그러나 이러한 상호감리라는 제도는 그 실효성이 미확인된 상태이며
- 사학진흥재단 담장자의견은 실효성이 없다고 판단하는 듯 함

미국의 경우도 peer review라는 제도는 엔론의 분식회계를 걸러내지 못하였던 것과 같이 성공한 제도라고 할 수 없다. 어느 회계법인도 상호감리의 대상이 될 수 있는데 강한 의견을 보였다가 보복성 상호감리를 당할 수도 있는 것이다. 결국은 회계법인에게 감리를 맡기는 것은 동업자/상호 경쟁 집단에 업무를 맡기는 모습이라서 실효성이 의심된다. 미국에서도 성공하지 못한 제도가 모든 관계가 혈연, 지연, 학연으로 연결되는 우리의 관계지향적 관계에서 성공하기 어렵다.

다만 교육기관의 감리가 감독기관이나 한공회의 도움을 받을 수 없는 상황이라면 그 다음의 대안은 전문가 집단이라고 할 수 있는 다른 회계법인이 될 수밖에 없다.

2016년 가을에 금융위가 발주한 회계제도 개혁 TF를 한국회계학회가 수행하였다. 이 보고서 중에는 감사인 선임제도 개선에 대한 여러 제안이 포함되어 있는데 그 중의 하나가 복수감사(dual audit)이다. 유관기관에서는 dual audit의 형태가 主 회계감사인은 감사를 하고 副 회계감사인은 peer review 형태의 review를 수행하는 대안을 제안하였다.

chapter 50

주총 의결권 행사

국민연금, 주총 의결권행사 강도 높인다.

700개 보유종목 주총안건 분석... 기업지배구조원 서스틴베스트서 자문

국민연금 의결권 행사 결정 과정→상장사 주총 안건 공시→지배구조원 등에서 안건별 적절성 분석→국민연금에 분석 결과 보고→국민연금 자문 결과 근거해 주총에서 안건에 대한 찬반표 행사

시총 상위 종목 국민연금 지분율

삼성전자 7.81, 현대차 8.02, SK하이닉스 9.13, 한국전력 8.81, 포스코 7.72, 네이버 10.25, 현대모비스 8.02

올해 초 주주총회에서 국민연금이 강도 높은 의결권 행사에 나설 전망이다. 국민연금이 투자 중인 700여개 국내 주식 종목의 주총 안건 전체에 대한 분석 작업을 외부 전문기관에 의뢰할 예정이기 때문이다.

주주가치 훼손하는 오너측 견제 강화

이에 따라 국내 기업 오너들의 일방통행식 의사결정에 대한 국민연금의 견제가 강화될 것이란 전망이 나온다.

7일 금융투자업계에 따르면 국민연금은 다음 달 말 본격화될 올해 주총 시즌부터 한국기업지배구조원과 서스틴베스트 등 자문서비스를 주총 안건 분석기관에서 의결권 자문 서비스를 제공받기로 하고 조만간 관련 용역 공고를 낼 예정이다.

국민연금과 이들 기관은 안건 분석이 가능한 종목 범위와 서비스 제공 가격 등을 놓고 실무 협상을 진행 중이다. 국민연금이 간헐적으로 일부 종목에 대한 의결권 자문 서비스를 외부에 의뢰한 적은 있었지만 투자 종목 전체에 대한 안건 분석을 의뢰

하기는 이번이 처음이다.

한국의 ISS(세계 최대 주총 안건 분석 기관) 역할을 하는 지배구조원과 서스틴베스트는 상장사 주총 안건을 분석해 기관투자자들의 의결권 행사를 돕는 자문 서비스를 하고 있다. 이들 기관에서 이사 보수 한도 증액, 임원 인센티브 지급, 이사 감사 선임 등 회사 주총 안건에 대한 적절성 여부를 판단하면 이 서비스를 이용하는 투자자들은 분석 결과를 근거로 의결권을 행사하게 된다.

예컨대 지배구조원에서는 작년 초 주총 당시 하이트 진로와 효성이 주총 안건으로 올린 이사 평균 보수 한도 50-60% 증액안도 적정성 여부를 짚어볼 필요가 있다며 사실상 반대 의견을 냈다. 당시 하이트진로는 이사 수가 재작년 8명에서 5명으로 줄었지만 이사 보수 한도는 전년과 동일한 규모(70억원)를 유지했다. 효성도 이사 수가 전년보다 1명 감소했지만 보수 한도는 70억원에서 100억원으로 되레 증액해 논란이 일었다.

국민연금은 작년 7월말 현재 87조 7000억원을 700개가 넘는 국내 상장사에 투자하고 있어 종목별 주총 안건을 하나하나 분석하기가 쉽지 않다. 따라서 국민연금의 이번 주총 안건 분석 서비스 계약 체결은 주주가치 상승에 부합하는 방향으로 국민연금 의결권을 행사하는 데 큰 도움이 될 것으로 예상된다. 조성일 중앙대 교수는 "현재 국민연금 기금운용본수 인력으로는 수천 개에 이르는 주총 안건에 대한 정교한 대응이 불가능했다"면서 "의결권 자문 서비스를 받게 되면 주주가치를 훼손하는 기업 오너들 의사결정에 대한 견제 기능이 강화될 것으로 보인다"고 말했다.

지배구조원은 400여개, 서스틴베스트가 100여개 종목에 대한 주총 안건 분석을 실시하고 있는데 국민연금에서는 의결권 자문이 가능한 종목수를 늘리기 위해 이들 기관 측에 분석 대상 종목수를 확대해 줄 것을 요청하고 있는 것으로 알려졌다.

이들 자문기관에서 주총 안건에 대한 찬반 결론을 내는 기준은 국민연금의 "보유주식 의결권 행사 지침"이다. 이 지침에는 사내이사 선임, 감사위원회 설치, 이사 경영진 보상, 주식매수 선택권 부여, 인수 합병 등 주총 안건별 세부 기준이 수립돼 있다.

이들 기관과 계약 체결로 국민연금 의결권 행사가 보다 깐깐해 질 것으로 예상된다. 연도별 국민연금 의결권 행사에서 반대표를 던진 비율을 살펴 보면 2012년 17%, 2013년 10.8%, 2014년 8.7%로 감소 추세였다.

국민연금 관계자는 "주총 안건 분석 서비스를 통한 의결권 행사가 시장에 주는 반향이 클 것이라고 생각한다"면서 "보다 적극적인 의결권 행사가 가능하게 될 것"이라고 말했다.

매일경제신문. 2015. 1. 8.

국내 주식시장에서 가장 큰 손인 국민연금의 주총에서의 의결권의 방향은 다른 기관투자자에게도 지대한 영향을 미친다. 따라서 국민연금의 의결권의 방향을 미리 공개할 것인지도 이슈이다.[30)]

그러나 한국기업지배구조원이나 서스틴베스트와 같은 전문성이 있는 기관이 이러한 업무에 협조하는 것은 바람직할 수 있으나 이러한 업무를 하는 기관이 객관적이고 투명하게 어디에도 치우치지 않는 공정한 의견을 표명할 수 있는 독립적인 기관이어야 한다. 예를 들어 기업지배구조원일 경우는 한국거래소가 그 운영자금의 대부분을 부담하고 있어서 공적인 업무를 수행함에 부족함이 없다.

기업구조위원회의 구성에 있어서도 한국거래소, 한국상장회사협의회, 한국금융투자협회 등의 공신력이 있는 기관에서 대표자를 파견하여 기업지배구조원의 위원회에 참여하고 있다.

이러한 객관적이고 공적인 업무를 수행하여야 하는 기관의 의견이 외부의 힘에 의해서 영향을 받는다면 독립성이 훼손될 수 있는 소지가 높다.

이들 기관이 표명하는 의견과 이들 기관의 용역수임료는 철저하게 구분되어야 한다. 신용평가기관의 영업부서와 평가부서, 또한 회계법인의 감사부서와 비감사부서는 완벽하게 분리되어야 하는 논리와 동일하다.

이러한 기관은 태생적으로 야성향을 가질 수도 있으며 또한 기업에 쓴소리를 할 수 있어야 하며 기업은 이러한 기관의 의견을 경청하여야 한다.

국민연금이 삼성물산 합병 건에 대해서 찬성의견을 보였는데, 특검에서 2016년 12월 현재 청와대가 개입하였는지에 대한 조사가 진행 중이다.

ISS 등 의결권 자문기관 신뢰성 의문

한국경제연구원

삼성물산 합병 당시 이슈가 됐던 의결권 자문기관의 신뢰성 자문의 질에 대해서 경계해야 한다는 지적이 제기됐다.

24일 한국경제연구원이 발간한 '2015 OECD 기업지배 원칙과 시사점' 보고서에 따르면 OECD는 지난 11월 기업 지배구조 원칙을 개정해 기관투자가와 관련된 챕터를 추가했다. 이 챕터에는 의결권 자문기관 등은 내부적인 이해관계 상황을 공시하고, 이를 최소화한다는 내용이 추가됐다.

30) 손성규(2016) chapter 25를 참고한다.

한경연은 이는 기관투자자에게 의결권 행사 자문 서비스를 제공하는 기관의 신뢰성, 자문의 질에 대한 경계가 필요하다는 것을 강조한 것이라고 해석했다.

의결권 행사 자문기관은 기관투자자들을 대상으로 투자 대상 회사의 주주총회 의안에 대해 찬반 투표 등을 추천하는 서비스를 제공한다. 대표적인 글로벌 자문 서비스 회사는 ISS와 글래스루이스 등이 있다. 이 두 회사의 세계 자문서비스시장 점유율은 97%에 달한다.

ISS의 자문 내용은 최근 삼성물산과 제일모직 합병 과정에서 문제가 제기된 바 있다. 김윤경 한경연 부연구위원은 "의결권 자문기관들은 소유주 이익을 반영한 권고안을 제공할 인센티브를 내재하고 있다"고 주장했다.

매일경제신문. 2015. 12. 25.

엘리엇사태 등의 경우에 기업지배구조원이 공식적으로 표명한 의견 때문에 기업 측은 기업지배구조원이 친기업 성향을 보이기 보다는 시민단체의 편에서 의견을 내고 있다는 판단을 하는 듯하다. 이러한 차원에서 친기업 성향의 의결권 자문사가 만들어졌는데, 의결권자문사는 그 성향상 소액주주운동과도 맥을 같이 할 수 있으므로 기업에서 보기에는 반 기업적 성향이라고 판단할 수 있지만 그럼에도 의결권자문사가 친기업적 성격을 띠는 것도 바람직한 것만은 아니다. 단, 의결권자문기관은 비판적인 시각을 견지하되 건설적인 의견을 개진하여야 한다. 단, 반대를 위한 반대는 생산적이지 않다.

친기업 성향 의결권자문사 <한국기관투자자자문원> 만든다.

금투협 생보협 등 참여... 스튜어드십 코드 도입 따른 기관 경영간섭 견제
자문 다양성 높아지나 경영진 감시 위축 우려도

자산운용업계와 보험업계가 기관투자가의 의결권 행사를 강화하는 스튜어드십 코드 시행을 앞두고 올 하반기 친기업 성향의 의결권 자문회사를 신설한다. 정부가 연기금 등 기관투자가들의 적극적인 의결권 행사 및 기업 감시를 요구하는 스튜어드십 코드를 만들기로 하자 기존 경영진 자문사가 필요하다는 재계 요구에 따른 것이다.

30일 업계에 따르면 금융투자협회 손해보험협회와 회원사들은 하반기 비영리 사단

법인인 한국기관투자자자문원(가칭)을 신설키로 하고 실무 준비작업을 진행 중이다. 이들 협회는 사원기관(소속된 기관)으로, 회원사는 기타 회원으로 각각 참여할 계획이다. 생보협회도 제안을 받고 검토 중이다.

전경련 등 재계는 그동안 경영권 침해 가능성을 들어 스튜어드십 코드 조기 도입에 반대해왔다. 하지만 세계적인 기류에 밀려 도입이 불가피해질 경우 주총에서 가급적 반대표를 권고하지 않을 의결권 자문사를 신설하는 쪽으로 대안을 마련한 것이다. 금융위원회는 당초 상반기 중 스튜어드십 코드를 도입하기로 했으나 재계 반대로 공청회 일정도 잡지 못하는 등 일정이 다소 지연되고 있다. 이에 따라 의결권 자문사 신설도 다소 늦춰질 가능성이 있다.

신설 의결권 자문사는 원장과 부원장 각각 1명, 의안분석팀 데이터팀 리서치팀 등 상근 연구 인력 10여명을 사무국에 둘 계획이다. 초대 원장에는 최준선 성균관대 법학전문대학원 교수가 내정된 것으로 알려졌다. 최교수는 근로자이사회에 반대하고, 이사회에서 경영자 보호를 강화해야 한다는 목소리를 주로 내온 친 재계 성향 학자다.

스튜어드십 코드는 경영진 제안 안건에 대해 기관투자자(자산운용사, 보험사 등)들이 찬성으로 일관하는 소극적인 태도를 보여 온 게 경영효율을 떨어뜨린다는 문제의식에서 출발한 장치다. 실제 지난해 3분기까지 주총에 올려 진 안건에 대해 반대 의견을 낸 비율이 자산운용사는 1.8%, 보험사는 0.7%로 국민연금의 10%에 비해 미흡해 주주권 행사에 소극적이란 비판을 받아왔다.

자산운용사나 보험회사 같은 기관투자자들은 주총에서 의결권 행사에 적극적으로 나서기로 한 자율지침인 스튜어드십 코드가 도입되면 의결권 자문사의 서비스를 이용할 수밖에 없다. 주총 의안을 제대로 분석할 만한 자체 역량이나 인력이 부족하기 때문이다.

지금까지는 국민연금이나 금융기관들은 대부분 기업지배구조원의 자문서비스를 이용해왔으며 이들이 운용하는 주식 규모는 전체 기관투자가 보유 주식의 절반 가량이다. 그러나 상장사들은 기업지배구조원 등이 오너나 경영진의 의사와는 배치되는 자문 의견을 낼 것으로 우려해왔다. 가령 기업지배구조원은 올 3월 정기주총에서 한진그룹 오너 일가의 등기이사 선임을 반대해 왔다.

스튜어드십 코드 도입 시한이 가까워지자 전경련, 중소기업중앙회, 상장회사협의회를 중심으로 한 재계는 강력한 반대 의사를 피력해 왔다. 전경련은 지난 3일 금융위에 제출한 건의문을 통해 "스튜어드십 코드가 도입되면 국민연금 같은 기관투자가들이 주주권 행사에 적극적으로 나서면서 정부의 영향력이 커질 것으로 우려된다"는 뜻을 전달했다.

의결권 자문에 다양한 목소리를 낼 수 있는 기관이 생긴다는 것은 긍정적이지만 경영진의 입장에서 내리는 의결권 자문은 스튜어드십 코드나 자본시장법의 근본 취지에 반한다는 지적도 있다. 업계 관계자는"자산운용사나 보험사들은 퇴직연금 때문에 이

> 미 상장사들의 '을'이 되어 투자 대상 회사의 결정에는 반대하고 싶지 않기 때문에 친기업적 의결권 자문서비스를 이용해 스튜어드십 코드의 부담에서 벗어나려고 할 것"이라고 말했다.
>
> 매일경제신문. 2016. 5. 31.

기업지배구조원의 의견도 주관적인 판단을 수행하다 보면 시민단체가 주장하는 내용과 유사한 성향을 보일 수 있으며 반기업적 성향을 띄기 쉽다. 이러한 성향에 대해 다음과 같이 전경련이 기업지배구조원의 규준 중 상법에도 없는 내용이 포함되는 것은 너무 급진적이고 개혁적이지 않는지에 대한 비판을 하기도 한다.

예를 들면 개정된 상법에 의하면 재무제표 확정은 이사회에서 수행할 수도 있고 주총에서 수행할 수도 있는데 기업지배구조원의 평가에 의하면 주총에서 재무제표가 확정될 때 더 높은 평가를 받게 된다. 상법에서 기업의 주주로 하여금 선택하도록 대안을 제시하였는데 기업지배구조원이 주관적인 판단을 수행한 것이다. 주주 중심의 경영이 정도 경영이라는 판단을 기업지배구조원이 수행하고 있지만 상법의 이 내용이 정해지기까지는 유관기관에서 많은 고민 끝에 이 내용이 법제화된 것이므로 잘못 생각하면 규준이 상법 위에 존재하는 가치인지라는 의문을 가질 수 있다.

> 기업 이사회 인종은 다양해야 한다?
>
> 지배구조 모범 규준 개정안
> 상법에 근거 없거나 충돌
> 전경련, 27건 삭제 요청
>
> 전국경제인연합회가 한국거래소와 한국기업지배구조원에 기업지배구조 모범 규준 개정안 중 27건을 삭제해 달라고 31일 요청했다. 지난 4월 발표된 개정안의 기업 경영과 직접 관련된 항목 67건 중 해당 항목이 현행 상법상 근거가 없거나 충돌한다는 이유에서다.
>
> 기업지배구조 모범규준은 거래소와 기업지배구조원이 상장사를 대상으로 마련한 경

영 원칙과 지침이다. 이번 개정안에 상장사 보유 주식에 대한 의결권 행사 내용을 기관투자가에 공시하도록 하는 등의 내용이 담겨 있다.

전경련이 이번에 삭제를 요구한 대표적 개정안 내용은 – 다양한 인종의 이사회 구성 바람직 – 선임된 이사의 임기 존중 – 이사회 평가 및 평가 공시 – 다른 주주에게 손해를 끼친 지배주주의 책임 이행 – 경영승계에 관한 정책 공시 등이다.

선임된 이사의 임기를 존중해야 한다는 항목은 주주총회에서 언제든 이사 해임이 가능하다고 본 상법과 충돌한다고 전경련은 설명했다.

전경련은 기업지배구조 모범 규준 개정 절차에 대한 문제도 제기했다. 개정 절차의 투명성을 확보하기 위해 이번 개정안에 대해 각계에서 건의한 내용을 홈페이지에 모두 공개하고 수렴 여부 등을 설명할 것을 기업지배구조원에 요청했다.

한국경제신문. 2016. 6. 1.

다양한 인종의 이사회 구성 바람직이라는 내용은 성별이라면 이해가 가지만 외국인이 포함된 이사회 운영에는 통역의 이슈 등의 어려움도 있다. 또한, 임기 존중은 임기를 보장해 주어 신분상의 독립성을 보장하라는 순기능에 대한 내용이며, 주총에 선임한 이사에 대한 해임권한이 있음은 당연하다.

의결권 자문기관의 의견에 대한 신뢰성 자체가 논란의 대상이기도 하다.

갈 길 먼 '한국판 ISS' 기업지배구조원

기관은 권고의견과 반대로 의결권 행사 상장사 "의결권 권고 기준 단편적" 반발

한국거래소와 금융투자협회 등의 공동 출자기관인 한국기업지배구조원(CGS)의 주주총회 의안 분석 서비스 신뢰성이 도마 위에 오르고 있다. CGS가 주총 안건에 대해 낸 찬반 권고를 대부분 기관투자자가 따르지 않거나 정반대 의견을 내는 사례가 잇따르고 있다. 해당 상장사들이 반발하는 경우도 늘고 있다. 미국의 세계 최대 의결권 자문사인 ISS의 '한국판'으로 인정받기에는 아직 갈 길이 멀다는 지적이 나온다.

14일 증권업계에 따르면 지난달 열린 CJ E&M 주총에서 주주인 국민연금(지분율 7.3%)은 '과소배당'을 이유로 결산배당 77억원에 대해 반대표를 던졌다. CGS는 주총이 열리기 전 '과다배당'을 이유로 기관투자자 주주들에게 반대표를 던질 것을 권고했다. CGS는 "배당금 총액이 회사가 보유한 현금 및 현금성자산 3분의 1 수준으로

과다하다"고 의견을 냈지만 국민연금은 "배당 수익률이 0.3% 수준으로 낮다"고 판단한 것으로 전해졌다. 의결권 행사의 방향은 같았지만 이유는 정반대였다. 금융투자협회 전자공시스템에 의결권 행사 결과를 공시한 나머지 CJ C&M의 기관 투자자 주주 7곳도 모두 CGS 권고와 달리 안건에 찬성했다.

다른 주총 안건에서도 CGS 권고와 기관투자자 의결권 행사 결과가 엇갈렸다. CGS는 지난달 열린 오리온 주총과 관련, 역시 과다배당을 이유로 결산 배당 315억원에 대해 반대할 것을 권고했다. 회사 재무건전성을 해칠 수 있다는 등의 이유에서였다. 그러나 국민연금(지분율 9.1%)을 비롯한 오리온 기관투자가 주주 세곳은 모두 안건에 찬성했다고 공시했다. 배당금의 원천인 재무제표상의 임의적립금이 6000억원에 달해 재무건전성에 문제가 없을 것이라는 판단이었다.

CGS는 지난달 현대 리바트 주총의 13억원 배당 안건에도 과소배당을 이유로 반대 의견을 냈다. 그러나 KB자산운용(18.4%)과 국민연금(8.47%)은 안건에 찬성했다. 지난해 10월 경기 용인 공장 물류창고를 218억원을 들여 신축하기로 하는 등 투자활동에 자금을 사용해야 한다는 점을 감안한 의결권 행사 결과였다.

CGS의 반대 권고에 직접 이해 당사자인 상장사들도 반발하고 있다. 한국상장회사협의회는 지난 5일 CGS의 의결권 권고와 관련, "단편적이고 형식적인 기준 적용으로 합리성이 떨어진다"고 논평했다. CGS는 국민연금을 비롯해 30개 안팎의 기관투자자들에 주총 안건 1개당 수만원의 수수료를 받으며 분석서비스를 제공하는 것으로 알려졌다. 지난 1분기 주총과 관련해서는 12월 결산 237개사 상장사의 안건을 분석했다.

CGS관계자는 "기관투자가마다 의결권 행사지침을 따로 두고 있는 만큼 CGS 의견과 다를 수 있다"며 "안건 분석은 종합적인 사안을 모두 고려해 내놓고 있다"고 말했다.

매일경제신문. 2016. 4. 15.

배당 100% 늘려도 '반대' 상장사 "국민연금 판단기준 뭐냐"

국내 기업이 국민연금에 갖는 가장 큰 불만은 국민연금의 내부 평가 기준이 불명확하거나 매년 바뀐다는 것. 코스닥 기업인 에스에프씨는 올해 배당성향을 30.99%로 지난해의 3배 가량으로 높였는데도 국민연금으로부터 반대표를 받았다. 순이익의 10.38%를 배당한 지난해 국민연금 측은 별다른 의견을 나타내지 않았다. 회사 관계자는 "올해 찬성표를 받을 줄 알았는데 당황스럽다"고 말했다.

① 졸속 심사 작년엔 찬성, 올해는 반대 '오락가락'

'적정 배당'에 대한 기준이 없는 것도 기업들이 혼란스러워 하는 대목 에이디테크놀로지(37.46%)와 민앤지(22.49%)는 지난해 국내 기업 평균 배당 성향(17%)을 훌쩍 뛰어 넘는 배당을 결정했지만 국민연금으로부터 '부족하다'는 평가를 받았다.

CJ E&M은 지난해까지 배당을 아예 하지 않다가 올해 첫 배당(배당성향 14.5%)을 했지만 국민연금으로부터 2년 연속 반대표를 받았다. 회사 측은 "주주의 권한 행사를 존중한다"면서도 "외국인 주주와 기관투자가도 적정하다고 한 배당 규모에 국민연금만이 반대표를 던진 것을 이해하기 어렵다"는 반응을 보였다. 코아로홀딩스는 배당성향을 1.96%에서 10.1%로 5배 높였음에도 2년 연속 반대표를 받았다.

이 같은 양상을 놓고 국민연금이 의결권 행사 시스템이 부실하기 때문이라는 지적도 있다. 의결권 행사는 기금운용본부 운용전략실 산하 책임투자팀에서 수행한다.

운용 인력을 5명이다. 이들이 총 791개(작년 말 기준)에 달하는 국내 투자 기업의 의결권 행사를 전담한다. 이들 기업이 지난해 주주총회에서 다룬 안건 수는 2836개, 상장사의 주주총회가 집중되는 3월 한 달여 동안이 모든 안건에 대해 찬반 여부를 결정해야 하기 때문에 '과부하'가 걸릴 수밖에 없는 구조다.

② 불통 결정 투자해야 한다는데 '과소배당' 낙인

롯데푸드는 미래 인수합병을 추진하기 위한 내부 자금 유보를 국민연금이 제대로 인정하지 않는다는 불만을 드러냈다. 미래 성장에 대비하기 위해 적정 현금을 보유해야 한다는 뜻을 여러 차례 전달하였지만 이 같은 사정을 끝내 외면했다는 것.

지난해부터 2년 연속 배당 관련 반대표를 받은 현대그린푸드도 "미래 신규 투자에 대해 2대 주주(12.85%)인 국민연금과 지속적으로 협의했지만 반영되지 않았다"고 허탈감을 드러냈다.

국민연금은 활발한 투자활동으로 적자가 누적된 바이오 기업에도 '과소배당'을 이유로 재무제표를 반대한 것으로 확인됐다. 누적결손금이 280억원으로 한 해 매출이 4배에 달한 바이로메드는 지난해 주총에서 배당이 적다는 이유로 반대표를 받았다. 민앤지도 '기업공개 후 첫 배당'이라는 나름의 성과를 발표했지만 기관투자가 가운데 국민연금만 반대표를 던지자 아쉬움을 표하고 있다.

회사 관계자는 "투자재원을 모아야 하는 상황에서 22.49%의 비교적 높은 배당성향을 결정했는데도 적다고 하니..."라며 말끝을 흐렸다. 차입금 상환을 위해 큰 폭의 배당을 할 수 없다고 수차례 호소한 광주신세계도 2년 연속 반대표를 받았다.

③ 깜깜이 기준 반대 이유 물어도 "공개 못한다"

다른 기업들도 국민연금이 다른 주총 안건과 달리 유독 배당 관련 의결권 행사의 구체적인 기준을 공개하지 않는 것을 이해하기 어렵다고 항변했다. 한 기업 IR 담당자는 "의결권 행사를 위탁받은 자금 운용사가 '배당 규모가 작다'는 이유만을 제시했다"며 "앞으로 배당 성향을 어떤 식으로 개선해야 찬성표를 받을 수 있을지 알 수가 없다"고 털어놨다.

지난해 국민연금이 저배당 기업을 블랙리스트(중점관리기업)로 지정하고 외부에 명단을 공개하는 내용을 골자로 하는 의결권 행사 강화 방침을 세운 뒤 기업들의 불만이 고조되고 있다. 주주에게 배당을 제대로 하지 않는다는 "낙인 효과" 때문에 직 간접적인 피해를 볼 수 있어서다.

국민연금 측은 세부 평가 기준을 공개할 수 없다는 뜻을 고수하고 있다. 중점관리기업은 배당정책 수립, 산업과 개별 기업 특수성을 종합적으로 고려해 선정할 예정이라고 강조했다. 하지만 평가 기준이 매년 바뀌는 점과 전체 평가에서 정성 평가가 차지하는 비중이 상당하다는 점을 의식해 외부 공개를 꺼리는 측면이 강한 것으로 알려졌다. 사후적으로 국회와 감사원 등에서 문제를 제기할 수 있기 때문이다.

한국경제신문. 2016. 4. 18.

"의결권행사 전문위, 최종 결정 아닌 자문 역할해야"

전문가들 배당 결정 구조 비판

국민연금의 주식 배당 관련 의결권을 강화하는 조치는 박근혜 대통령의 대통령선거 공약에 따라 2013년부터 단계적으로 추진돼 왔다. 하지만 의결권을 강화하더라도 국민연금의 운용 수익률이 제고될지 여부가 불확실한 데다 기업 고유의 경영 활동에 과도하게 개입한다는 이유로 논란이 끊이지 않고 있다.

이 때문에 보건복지부는 배당 관련 의결권 행사에 대한 최종 결정 권한을 국민연금기금운용위원회의 민간 자문 기구인 의결권 행사 전문위원회에 위임했다. 의결권행사 전문위는 배당 관련 국민연금 내부 기준 심사, 중점 관리기업의 지정 및 공개, 주주제안 참여 등 주요행위에 대한 최종 결정 권한과 사후감독 권한이 있다. 배당 뿐 아니라 기업의 합병과 자산 매각 등 민감한 기업 경영 현황에 대해 주주총회의 의결권 찬반을 최종 결정하는 막강한 권한을 갖고 있다.

하지만 많은 전문가는 이런 의사결정 구조에 대해 "권한과 책임이 제대로 일치하지 않는 불합리한 구조"라며 "의결권 위원회는 결정이 아니라 자문을 하는 것이 적절하다"고 말한다. 일부 기금운용위원도 "국민연금법에 근거가 없는 민간 자문조직이 국민연금 투자 기업의 핵심 경영 전략을 좌지우지하는 결정권을 갖는 게 말이 되느냐"고 비판하고 있다.

국민연금은 지난 2월부터 배당 관련 반대 의결권을 행사한 기업 등을 대상으로 '기업과의 대화'를 추진하고 있다. 기업에 개선 의지가 없을 땐 '중점 관리기업'으로 정한 뒤 명단을 공개한다. 하지만 이에 대한 최종 결정권을 갖는 의결권행사 전문위는 작년 12월 이후 4개월여 동안 한번도 개최되지 않았다. 의결권행사 전문위의 한 관계자는 "의결권 행사 전문위가 주식 배당에 대해 사후 감독을 하게 돼 있다는 것은 처음 듣는 얘기"라며 "사후감독을 지원할 조직도 없지 않느냐"고 꼬집었다.

한국경제신문. 2016. 4. 18.

자국 투자비중 낮은 해외 연기금 대부분 주주권한 행사 소극적

해외 주요 연기금이 주주권을 행사하는 방식과 범위는 해당 국가의 여건 및 특성 등에 따라 다르다. 하지만 국민연금처럼 단일 연기금이 자신의 상당 부분을 자국에 투자할 땐 주주권 행사에 소극적인 경우가 대부분이다.

적극적인 주주권 행사의 대표적인 사례로 거론되는 곳은 미국 캘리포니아공무원연금(calPERS)이다. 의결권 행사는 물론 포커스리스트, 주주제안, 입법 운동 등 다양한 형태의 주주권을 적극적으로 행사한다. 캘퍼스가 중점감시목록에 올린 기업 가치가 개선되는 '캘퍼스 효과'가 나올 정도다.

하지만 캘퍼스는 전 국민을 가입 대상으로 하는 국가 단위의 연기금이 아니기 때문에 주주권 행사에 대한 경계심이 크지 않은 게 사실이다. 자국 내 주식 투자 비중이 1% 미만으로 높지 않아 의결권 행사가 주식시장과 개별 기업 경영에 미치는 영향이 미미하다는 설명이다.

국민연금은 작년 말 기준 국내 주식 시장 투자 비중이 18.5%(95조원)에 달한다. 5% 이상 보유기업이 250여곳, 10% 이상 기업도 60여곳이 넘는다. 복재인 타워스왓슨 아시아 연기금 국부펀드 담당 사장은 "자국에 대한 투자 비중이 높은 연기금은 주주권을 적극적으로 행사하지 않는 경향이 있다"며 "기업 경영에 대한 정치권 개입 등 여러 가지 부작용이 생길 수 있기 때문"이라고 설명했다.

세계4위 연기금인 네덜란드연기금(APG)는 자국의 투자 비중을 크게 낮춘 이후 의결권을 적극적으로 행사하기 시작했다. 일본 공적연금과 호주 퇴직연금도 의결권을 행사하지 않거나 의결권행사를 위탁 운용사에 위임하는 방식을 택하고 이다.

글로벌 연기금들이 의결권 행사를 전문 기관에 위탁하는 것이 세계적인 흐름이다. 국내 다른 연기금과 자산운용사도 국민연금이 의결권을 행사하는데 부정적이다.

한국경제신문. 2016. 4. 18.

chapter 51

보험 회계

한국 보험사 이대론 절반 사라진다.

강화된 국제회계로 연 9조 추가적립 필요
연쇄 파산 경험 일본의 교훈
생존할 수 있는 방안 모색을

"새로운 국제회계기준이 도입되기 직전인 2018년~2019년에 한국에서 보험사 매물이 쏟아질 것이다. 최소 2~3개 회사는 파산에 이를 가능성이 높다."

지난달 말 일본 도쿄에서 만난 야마우치 쓰네토 일본악사다이렉트 전 임원은 이렇게 단언했다. 삼성생명 고문으로 활동하는 등 국내 보험업계에 정통한 야마우치 씨는 "파산에 근접한 보험사 매물을 사들이려는 곳도 많지 않을 수 있다"고 염려했다.

국내 보험사 임원도 "솔직히 이런 상태로 가면 생명보험사 절반은 망할 수도 있다는 위기감이 커지고 있다"고 말했다.

올 상반기 국내 생명보험사들은 지난 해 같은 기간보다 30% 이상 급증한 4조 5000억원에 육박하는 당기순이익을 거뒀지만 오히려 위기감은 더욱 커지고 있다. 초저금리 시대에서 갈수록 커지는 역마진에다 당장 2020년부터 시행하는 새 국제회계기준인 IFRS4에 따른 부채평가방법 변경으로 자본 부족이 심각해질 것으로 예상되기 때문이다.

21열 보험업계와 금융당국에 따르면 국내 생명보험업계는 당장 내년부터 매년 9조원씩 가용자본이 부족할 것으로 추정하고 있다. 보험사들이 갖고 있는 부채, 즉 나중에 가입자들에게 지급해야 할 예상 보험금을 시가평가로 바꾸면 총 45조원(보험업계 추정)에 달하는 가용자본 부족액이 당장 생기기 때문이다. 지금까지는 예상보험금을 계약 체결 당시 금리를 기준으로 평가한 금액을 그대로 바꾸지 않고 장부에 쌓아뒀다. 올 상반기 당기순이익 4조5000억원의 2배에 달하는 금액인 9조원씩 가용자본이 부족할 것으로 추정된다. 보험사들이 갖고 있는 부채, 즉 나중에 가입자들에게 지급해야 할 예상 보험금을 시가평가로 바꾸면 총 45조(보험업계 추정)에 달하는 가용자본 부족액이 당장 생기기 때문이다. 지금까지는 예상보험금을 계약 체결 당시 금리를 기준으로 평가한 금액을 그대로 바꾸지 않고 장부에 쌓아뒀다. 올 상반기 당기순이익 4조5000억원의 2배에 달하는 9조원을 이익으로 메워야 겨우 '본전'이라는 얘기다. 여기에는 초저금리에 따른 역마진으로 매년 발생하는 손실 2조원이 포함돼 있다.

이에 따라 1990년대 후반 대형 보험사들의 연쇄 파산이 벌어졌던 일본 보험위기가 그대로 한국에서도 벌어질 수 있다는 경고음이 커지고 있다. 초저금리로 이자율 차이에 따른 역마진이 커진 상태에서 보유자산 가치 하락이 겹치면서 자산건전성이 급격히 악화돼 일본 보험사들의 전철을 밟게 될 것이라는 분석이다. 일본처럼 보험사 연쇄 파산이 갑자기 찾아올 수 있다는 얘기다.

이에 대해 보험사들은 IFRS4 시행으로 건전성 규제가 강화되고 있는 만큼 이제는 다른 규제는 풀어줘야 한다고 주장한다.

중견 보험사 한 대표는 "IFRS4 시행으로 자산 건전성이 크게 확충되는 만큼 가격에 대한 후진적인 규제는 이제 풀어줘야 보험사들도 생존할 수 있다"고 말했다.

매일경제신문. 2015. 9. 22.

삼성생명, 부동산 자산 조정... 추가 매각 잇따를 듯

본관 사옥 왜 팔았나
매물로 나온 빌딩도 10여곳
IFRS 대비 자본 확충 포석

삼성생명의 대대적인 부동산 자산 매각은 2020년께 도입될 예정인 보험 국제회계기준(IFRS) 2단계 시행에 대비한 선제 자본 확충 성격이 강한 것으로 업계는 보고 있다. IFRS 2단계가 도입돼 보험회사가 계약자에게 돌려줘야 할 준비금(부채)을 시가평가하게 되면 삼성생명은 10조원 이상의 자본을 확충해야 할지 모른다는 관측도 나온다.

한국경제신문. 2016. 1. 9.

"새 보험회계기준 <IFRS4 2단계> 대비 서둘러라"

금감원, 보험사에 행정공문
3월 말까지 대책 수립 주문

금융감독원이 2020년 새로운 국제회계기준 도입을 앞둔 보험업계에 적극적인 대응책 마련을 촉구했다.

20일 보험업계에 따르면 금감원은 최근 2020년 새로운 보험 국제회계기준 2단계 도입을 앞두고 각 보험사에 '3월 말까지 이사회 결의를 거쳐 종합대응계획을 마련하라'는 내용의 행정지도 공문을 보냈다.

IFRS4 2단계 기준은 보험부채를 평가하는 방식을 원가에서 시가 평가로 전환하는 게 골자다. 새 기준이 도입되면 국내 보험사의 부채가 급증할 것이라는 전망이 많다.

정도진 중앙대 교수는 지난해 12월 한국회계학회 주최 "IFRS 2단계가 도입되면 생보사의 보험 부채가 2014년 기준 약 42조원 증가해 자본이 대폭 감소한다"는 결과를 발표하기도 했다. 건전성 유지를 위한 증자 등 보험사의 자본확충 부담이 그만큼 커지는 것으로, 과거 고금리 시기에 확정금리형 장기 상품을 많이 판매한 생명보험사들은 상당한 부담을 질 것이란 예상이다. 지난해 말 기준 생보사의 금리확정형 상품 비중은 44.3%다. 이 가운데 연 7% 이상 확정금리를 적용하는 상품 규모는 92조4000억원에 달한다. 이 때문에 일부 보험사는 자본 잠식에 빠질 수밖에 없다는 우려가 나온다.

금감원이 행정공문까지 보내 대책 마련을 촉구한 것은 국내 보험사가 새 회계기준 도입에 안일하게 대처하고 있다는 판단에서다. 보험사들은 새 회계기준이 보험사 재무구조에 큰 영향을 끼칠 것이란 점에서 도입 시기가 늦춰질 것으로 기대해 왔다. 이 때문에 일부 업체를 제외한 대부분 보험사가 제대로 준비하지 않았다.

금감원 관계자는 "새 회계기준 도입에 대한 보험사별 준비 상황을 자체 평가한 결과 전반적으로 미흡한 것으로 나타났다"며 "현실적으로 IFRS 2단계 도입을 미룰 수 없는 만큼 보험사들의 적극적인 대응이 시급하다"고 지적했다.

금융당국, 보험사 선제적 자본확충 유도

IFRS4 2단계 충격 완화 위해 부채 평균 만기 30년으로 확대

금감원서 제도개편 추진

금융감독원이 국내 보험사 보유 자산과 부채의 만기 차이를 줄이기 위한 제도 개편을 추진한다. 2020년 국제회계기준 개편(IFRS 2단계 도입)에 대비해 국내 보험사들의 자본 확충을 유도하기 위한 것이다.

박진해 금감원 보험감독국 보험리스크업무팀장은 20일 서울 여의도 금융투자협회에서 '보험 건정성 규제와 인수합병 전망'을 주제로 열린 '한경 마켓인사이트 포럼'에서 "IFRS4 2단계 도입에 따른 보험사들의 재무적 충격을 완화하기 위해 보험 부채의

듀레이션(평균 만기) 산출 기간을 확대하는 방안을 추진하고 있다"고 밝혔다. 박 팀장은 "2020년까지 보험사들의 자발적인 자본 확충을 유도하기 위한 대책"이라고 설명했다.

보험업계에 따르면 금감원은 지급여력비율제도의 보험 부채 듀레이션 한도를 현행 20년에서 30년으로 확대하는 방안에 대해 일부 대형 보험사와 실증 분석을 하고 있다. 제도가 개편되면 국내 대부분 생명보험사의 자산과 부채 듀레이션 갭이 확대되면서 금리 변동에 따른 리스크가 크게 증가할 것으로 예상된다.

이에 따라 요구 자본이 늘어나 보험사들의 핵심 건전성 지표인 위험기준자기자본(RBC) 비율도 떨어진다는 것이 보험업계 분석이다.

RBC 비율이 하락하면 보험사 평판과 보험금 지급 능력이 떨어진다. 100% 미만으로 하락하면 금감원으로부터 경영개선명령 등의 적기시정조치까지 받을 수 있다. 대형 보험사의 한 관계자는 "선제적인 자본확충에 나서라는 금융당국의 압박으로 받아들이고 있다"고 말했다. 금감원은 연내 관련 시행규칙을 개정한다는 방침이다.

이와 함께 금감원은 2017년부터 RBC 비율에 연동해 순이익 일부를 이익잉여금 형태로 기업 내부에 강제적으로 쌓게 하는 방안을 검토 중이다. 또 신종자본증권과 후순위채 발행 규제를 이달부터 완화해 보험사들이 자본을 확충할 수 있는 수단을 늘렸다.

금융당국의 이 같은 방침은 주식, 채권, 대체투자 등 국내 자본시장에 상당한 영향을 미칠 전망이다. 보험사들의 재무 및 자산 운용전략이 바뀌기 때문이다. 국내 한 생보사의 최고투자책임자는 "보험사들이 RBC 비율을 높이기 위해 만기가 긴 금융상품 투자를 늘리거나 주식이나 부동산 등 변동성이 큰 지분형 자산 비중을 줄이는 등 재무전략의 전반적인 방향성을 바꾸고 있다"고 말했다.

한국경제신문. 2016. 4. 21.

새 회계기준 도입... 보험사 M&A 촉발할 것

"국내 보험사들의 국제 보험회계기준 2단계 대비는 초등학생 수준입니다. 앞으로 4년간 기존 경영전략을 전면 수정해 새로운 회계와 감독 기준에 대비하지 않는다면 생존의 위기까지 걱정해야 할 상황에 직면할 수 있습니다."

김연중 교보생명 IFRS4 TF 부장은 20일 '한경 마켓인사이트 포럼'에서 주제 발표자로 나서 "경영진뿐 아니라 상품, 판매, 자산운용, 경영지원 등 모든 임직원이 새로운 회계기준 도입을 함께 준비해야 한다"며 이 같이 강조했다.

새 회계기준, 보험 업계의 '태풍의 눈'

이날 포럼에서 참석한 발표자와 토론자들은 "IFRS4 2단계 도입이 단순한 회계제도 변경이 아니라 국내 보험산업 재편까지 초래할 패러다임의 변화"라고 목소리를 높였다. 박진해 금융감독원 보험감독국 보험리스크업무팀장은 "자본 확충 등으로 IFRS4 2단계 도입을 사전 대비하지 않으면 보험사들의 보험금 지급 능력에 대한 불신을 초래해 국내 보험산업의 신뢰도가 떨러질 수 있다"고 말했다.

국내 보험사들은 새로운 회계 감독 기준이 적용되면 현재 원가로 평가하고 있는 부채(가입자에게 돌려줘야 할 보험금)를 시가(공정가치)로 평가해 부채가 급증하고 자본이 잠식당할 가능성이 있다고 우려하고 있다. 김부장은 "2014년 회계 자료로 IFRS4 2단계 도입을 가정해 새로운 재무제표를 작성했더니 당초 예상보다 자본금이 훨씬 더 줄어든 성적표를 받았다"며 "회사 경영진도 그제야 IFRS4 2단계 대비의 중요성을 실감했다"고 말했다. 교보생명은 2014년 4월부터 IFRS4 전담 조직을 꾸리는 등 새로운 회계 감독 기준 개편에 가장 선제적으로 대응하는 보험사라는 평가를 받고 있다.

금융지주사 M&A에 적극 나설 듯

새로운 회계 감독 기준 도입이 '위기이자 기회'가 될 수 있다는 의견도 나왔다. 국내 보험사들의 인수 합병이 더욱 활발해질 가능성이 높은 만큼 대형화와 규모의 경제를 이룰 수 있다는 설명이다. 함종호 딜로이트안진 대표는 "IFRS4 2단계를 체계적으로 대비해 자본 여력이 충분한 보험사는 상대적으로 저렴한 가격에 중 소형 보험사를 인수할 기회가 생길 것"이라며 "반대로 건전성 비율이 취약한 중소형 보험사들은 대규모 구조조정이나 자본 확충에 나서야 할 상황에 직면할 것"이라고 내다봤다.

신병오 딜로이트 상무는 "보험사들에 신종 자본증권과 같은 장기 투자 상품이 필요하다"며 "보험사들이 채권 발행과 투자를 상호 허용하는 방안에 대해 고민할 필요가 있다"고 제안했다. 이어 "지급여력비율이 높은 금융지주사들이 한계에 처한 중소 보험사를 인수해 덩치를 키우려는 전략을 세울 가능성도 있다"고 덧붙였다.

한국경제신문. 2016. 4. 21.

chapter 52

기업 governance code

한국형 기업 지배구조 지침' 만든다.

금융당국, 지배구조 가인드라인
주주권익 외국인 투자확대 위해
대화창구 마련 등 투명성 확보
영 일 벤치마크... 글로벌 수준으로
연기금 운용사 의결권 행사 지침
'스튜어드십 코드' 도입 빨라질 듯

거버넌스코드와 스튜어드십코드 개요

	거버넌스 코드	스튜어드십코드
주체	기업	기관투자자
목적	경영자책임강화	주주책임과 권한 강화
내용	주주의 평등성 확보	의결권 행사 원칙 공개
	주주와 상시 소통	투자자 대상 기업 모니터링
	정보 공개	투자자에 정기 활동 보고

금융당국이 한국 자본시장의 대외신인도를 높이고 외국인들의 투자 확대를 위해 '기업 지배구조 지침'을 세우는 방안을 검토하고 있다. 일본 아베 신조 정부가 올해 도입한 '기업 가버넌스 코드(Corporate governance code)'의 한국판이다. 정부의 배당 확대 유도, 연기금 자산운용사의 의결권 행사 강화 움직임과 맞물려 주주친화 경영에 대한 요구가 한층 거세질 전망이다.

금융당국 관계자는 9일 "자본시장을 선진화하기 위해서는 기업 지배구조 개선이 뒷받침돼야 한다는 지적이 끊임없이 제기돼왔다"며 "한국형 기업 거버넌스 코드를 제정하는 방안을 검토 중"이라고 밝혔다. 기업 거버넌스 코드는 정부가 권고하는 일정의 기업지배구조 가인드라인이다. 금융당국은 한국형 기업 거버넌스코드에 의사결정의 투명성, 주주 권익 보호 등의 내용을 담을 예정이다.

금융당국은 이미 기업 거버넌스 코드를 도입한 영국과 일본 등을 벤치마크할 계획이다. 일본은 아베 정권의 미래 성장 전략을 담은 '일본 재흥 전략 2014'를 계기로 거버넌스 코드 제정을 본격화하고 있으며, 지난 6월 도쿄증권거래소 상장사를 대상으로 시행에 들어갔다. 일본 기업들이 주주 권익보호와 수익성 개선에 힘쓰면서 일본 주식시장의 투자매력도 커지고 있다는 게 전문가들의 분석이다.

금융당국 관계자는 "저성장을 극복할 대안으로 기업들의 체질을 개선하고 자본시장도 키우는 '아베노믹스' 효과를 눈 여겨 보고 있다"며 "자본시장이 활성화되면 기업들의 자금조달 비용이 줄어드는 선순환 기대할 수 있는 만큼 우리도 기업 지배구조를 글로벌 기준으로 끌어 올리는 작업을 적극적으로 추진할 필요가 있다"고 설명했다.

금융당국의 이 같은 움직임은 연기금 및 자산운용사들의 의결권 행사지침인 '스튜어드십 코드'의 효과를 높이기 위한 것이기도 하다. 금융위는 이달 말 또는 다음 달 초 스튜어드십 코드 도입 방안을 발표할 예정이다. 기관투자자들은 스튜어드십 코드가 도입돼 의결권을 행사하더라도 기업이 변하지 않으면 효과가 크지 않을 것이라고 지적해왔다. 금융위가 발표한 스튜어드십 코드는 크게 일곱 가지 원칙을 기반으로 하고 있다. 각 운용사는 의결권 행사 원칙과 이해 상충방안을 공개할 것. 투자한 회사를 지속적으로 모니터링할 것. 정기적으로 투자자에게 의결권 행사 활동을 보고할 것 등이다.

한국경제신문. 2015. 11. 10.

의결권시장 선진화를 위한 심포지움
"기관 의결권 행사 지침 '스튜어드십 코드' 내년 시행"

임종룡 금융위원장 "기업 지배구조 투명성 확보 위해 연내 구체적인 시행 방안 마련"

임종룡 금융위원장은 10일 "연기금 및 자산운용사의 의결권 행사지침인 '스튜어드십 코드'를 내년부터 시행하겠다"고 밝혔다.

임위원장은 이날 서울 웨스틴조선호텔에서 한국예탁결제원 한국기업지배구조원 한국증권법학회 주최로 열린 '2015 의결권 시장 선진화를 위한 심포지엄' 기조연설에서 "기업 지배 구조 제도의 선진화는 자본시장이 한 단계 더 도약하기 위한 필수과제"라며 이같이 말했다.

스튜어드십 코드는 국민연금, 자산운용사 등 기관투자자들이 투자기업의 주주총회 등에서 적극적인 의결권을 행사해 기업 지배구조를 개선하고 기업의 성장을 이끌어 내도록 하는 '기관투자자의 주주권 행사 준칙(행동강령)'이다. 현재 영국(2010년)과 일본(2014년) 등이 이 제도를 채택하고 있다. 금융위가 발표한 스튜어드십 코드는 – 의결권 행사 원칙과 이해상충 방안을 공개할 것 – 투자한 회사를 지속적으로 모니터링할 것 – 정기적으로 투자자에게 의결권 행사 활동을 보고할 것 등 일곱가지 원칙을 기반으로 이뤄질 예정이다.

임위원장은 "최근 대기업 계열사간 합병과 경영권 승계 과정에서 발생한 논란에서 알 수 있듯이 질적인 측면에서 기업 지배구조와 관련된 제도에 아직 부족한 점이 많다"며 "투명한 기업 지배구조를 확산하기 위해 연내 '한국판 스튜어드십 코드'를 마련해 내년부터 시행할 것이라고 강조했다. 이어 "감사위원회의 권한을 확대하고 모바일 전자 투표 등 주주들이 직접 의결권을 행사할 수 있는 제도를 활성화해 기업의 지배구조 개선을 적극 유도할 것"이라고 덧붙였다.

이날 심포지엄에서는 기관투자자들의 의결권 내역 공시를 의무화해야 한다는 주장이 제기됐다. 정재규 기업지배구조원 선임연구원은 "각 자산운용사가 의결권 행사와 관련한 원칙과 내부지침을 마련해 공시하도록 하고 의결권을 행사하는 구체적인 절차도 명확히 할 필요가 있다"며 "외부 전문기관의 의결권 행사 자문서비스를 이용하는지도 공시토록 해야 한다"고 강조했다.

한국경제신문. 2015. 11. 11.

개인 투자자들은 경영활동 참여에 소극적이기 때문에 개인투자자들이 시간을 투자하여 적극적으로 경영활동에 의견을 내기를 기대하기는 어렵다. 그렇기 때문에 이러한 역할을 기관투자자들이 수행하여 줄 것으로 기대할 수밖에 없다. 동시에 규모가 작고 영세한 자산운용사들은 개인투자자로부터 이와 같이 steward 역할을 할 만한 역량을 갖추고 있지 못할 수도 있다. 동시에 이들이 기업지배구조원이나 서스틴베스트 등의 일부 의결권 전문 기관의 제안에 의해서 의결권을 행사한다면 이들 의결권 전문기관이 과도하게 집중된 권한을 행사할 수도 있다. 또한 이러한 역할을 국민연금이 수행할 수도 있다.

정치에도 정치적 무관심이 존재하듯이 경영활동에도 무관심이 존재한다. 누군가가 경영활동에 참여하여 역할을 수행하는데 굳이 내가 내 귀한 시간을 투자하여 경영활동에 참여할 필요가 없다. 더더욱 소액 투자자의 경우는 적극적으로 경영활동에 참여한다고 해도 지분이 미미하여 전혀 영향을 미칠 수 없다고 하면 소액투자자의 의결권의 힘이 영향력이 있기 위해서는 누군가에 의해서 결집되어야 한다. 이 역할을 기관투자자가 해 주어야 한다. 또한 경영에 참여하기에는 우리나라 투자자들의 투자 horizon이 짧아서 기업의 장기 가치에 value를 두고 있지도 않다. 이러한 여러 요인들이 복합되어 기관투자자들이 우리의 금융시장에서 적극적인 활동을 수행하기를 기대한다. 단기 투자자의 horizon이 짧지만 이들의 horizon이 연결된다면 결국은 long horizon에 기초한 기업가치 극대화로 수렴하게 된다.

자율규제기관의 comply or explain 원칙의 도입 및 적극 활용도 필요하다. 이는 스튜어드십 코드를 기업이 준수하거나 준수하지 않는다면 어떠한 사유에서 코드에서 벗어났는지를 설명하여야 한다. 즉, code를 무조건적으로 준수하라는 강제 원칙이 아니라는 것이다. 각 기업에는 그들 기업에만 적용되는 특수 상황이 존재하기 때문이다.

재계 "지배구조 개편 압박 심해질라" 긴장

스튜어드십코드는 2008년 글로벌 금융위기 이후 본격적으로 등장한 개념이다. 주주권 행사에 소극적이던 기관투자자가 보다 적극적으로 경영 감시에 나서 투자 수익을 제고하고 기업지배구조 개선에 힘을 보태야 한다는 취지에서 비롯됐다.

2002년 호주에서 처음 시작됐고 글로벌 금융위기 이후 2010년 영국에서도 도입됐다. 이해관계 상충을 방치하는 정책 제정, 공개, 의결권 정책, 활동 공개, 투자 대상에 대한 모니터링 등이 골자다.

스튜어드십코드에 담긴 기관투자자 역할 강화라는 내용 자체가 새로운 것은 아니다. 이미 신탁법, 자본시장법, 국가재정법 등에 기관투자자의 의결권 책임이 규정돼 있지만 상당수 기관 투자자는 여전히 주총 안건에 대부분 찬성하는 소극적인 태도를 보일 때가 태반이다. 한국기업지배구조원에 따르면 올 1-3분기 정기주총에서 반대표를 던진 기관투자자는 찾아보기 힘들었다. 자산운용사의 경우 전체 61개 사 중 52%(32개사), 보험사는 25개사 중 92%(23개사)가 반대표를 행사하지 않았다.

한국형 스튜어드십코드도 일단 초안은 마련된 상태다. 금융위와 금융투자협회, 한국기업지배구조원, 자본시장연구원 등으로 구성된 TF가 최근 내놓은 초안은 크게 7가지 원칙을 담고 있다.

초안은 마련됐지만 재계 반발이 매섭다. 삼성과 SK그룹 등 주요 그룹은 한창 지배구조를 뜯어 고치는 작업을 진행 중이다. 정부 주도로 기관투자자가 상정 안건에 대해 반대표를 던지는 등 적극적으로 의결권 행사에 나설 경우 자칫 지배구조 개선 작업이 차질을 빚을 수 있을 거란 우려가 팽배하다.

지난 9월말 기준 30대 그룹 상장사 175곳 중 국민연금이 5% 이상을 보유한 기업은 54.9%인 96곳이고, 지분 가치는 52조 3401억원에 달한다.

자율규범인 탓에 스튜어드십 가입 뒤 실제 이행 여부를 어떻게 점검할 것인지도 숙제다. 아무리 좋은 제도라도 이행 여부를 적기에 점검하지 않으면 말짱 도루묵이다. 코드에는 코드 점검 기관이 명시되지 않았고, 점검 주기도 별도로 정하지 않았다.

때문에 자연스레 기관투자자 '맏형'격인 국민연금의 역할론이 대두된다.

일본이 대표적이다. 일본은 한국의 국민연금에 해당하는 GPIF(일본공적연금)가 주도적으로 코드를 먼저 채택했고 이후 다른 투자자로 확산돼 제도 활성화로 이어졌다는 평가다. 자본시장연구원에 따르면, 일본은 스튜어드십 코드 도입 1년6개월만인 올 8월말 기준 197개의 기관투자자들이 가입했다.

물론, '연금사회주의' 논란을 불식하기 위해 국민연금 스스로 절차적 투명성을 확보하고 의결권 이행 과정에서 객관적인 외부 기관의 검증이 필요하다는 목소리도 뒤따른다.

"기관투자자간 연대를 통한 의결권 행사는 투자 대상 기업에 미치는 영향이 크기 때문에 이에 대해 스튜어드십 코드 도입이 어떤 영향을 미칠지는 충분한 사전 검토가 필요하다. 의결권 행사 지원 조직이 미약한 중소형 기관투자자를 위한 전문적이고 독립적인 외부 의결권 자문 서비스도 활성화될 필요가 있다." 정윤모 자본시장연구원 연구위원의 조언이다.

스튜어드십이란 기업의 경영상 의사결정에 적극 참여하도록 유도하는 행동강령이다. 기관투자자가 단순히 배당, 시세차익에 관한 관심에 그치지 않고 지배구조 개선에 활발한 의견을 개진할 것을 촉구한다. 서양에서 큰 자택이나 집안일을 도맡는 집사(steward)처럼 기관투자자도 고객 자신을 선량하게 관리해야 할 의무가 있다는 뜻이 담겼다.

매경이코노미. 2015. 12. 16.-12. 22.

코드에는 코드 점검 기관이 필요하다는 의견이 제안되었는데 이 역할을 누가 맡아야 하는지는 숙제로 남는다.

위에 언급된 연대의 개념은 많은 중소형 투자자문사들이 모두 의결권행사자문 기관의 제안대로 의결권을 행사한다면 거의 같은 방향으로 의결권이 행사될 것이며 그러할 경우, 의결권행사자문기관이 주식시장에서 독점적이고 절대적 위상을 갖으면서 권력화할 수 있는 문제도 발생할 수 있다. 국민연금의 의사결정의 방향성에 대해서 다른 기관투자자가 주목하는 것도 같은 맥락이다.

제안된 안건에 반대하는 비율이 매우 낮지만 그럼에도 그나마 임원선임이 반대율이 제일 높았고, 정관개정, 임원보수한도 순으로 반대율이 높다.

한국판 스튜어드십코드 7개 주요원칙은 다음과 같다.

1. 수익자 책임 정책 제정, 공개
2. 이해 상충 방지 정책 제정, 공개
3. 투자 대상 회사에 대한 지속적 점검, 감시
4. 수탁자 책임 활동 수행에 관한 내부 지침 마련
5. 의결권 정책 제정, 공개, 행사 내역과 사유 공개
6. 의결권 행사, 수탁자 책임 이행 활동 보고, 공개
7. 수탁자 책임 효과적 이행을 위한 전문성 확보

경영진 제안 안건에 대한 기관투자자의 의결권 행사 현황(2015년 1−3분기 정기주총)은 다음과 같다.

	자산운용	보험	민간(소계)	국민연금	CalPERS	APG(네덜란드 연금)
반대율	1.8	0.7	1.6	14.6	11.6	20.8

(원천: 송민경, 한국형 스튜어드십 코드 도입 방향과 세부 내용. 2015.12.2. 스튜어드십 공청회. 자본시장연구원, 기업지배구조원)

자산운용사, 보험 등의 기관투자자가 안건에 반대하는 비율이 국민연금이나 외국계 기관투자자들이 반대하는 비율에 비한다면 매우 낮은 것을 알 수 있다. 이는 국내 증권사들의 매도 추천 의견이 외국계 증권사의 매도 추천 의견에 비해서 매우 낮은 것과 궤를 같이 한다(chapter 22 참조). 자산운용사들이 기업과의 우호적인 관계 설정을 위해서 기업이 제안한 안건에 대해서 반대하는 것에 대한 부담을 느낄 수도 있다.

그러나 이들의 영업활동과 의결권 행사가 독립적으로 수행되어야 하는데 이에 대한 해결책도 제시되어야 한다. 단, 증권사의 매도/매수와 관련된 비 대칭성이 오랫동안 문제로 제시되었음에도 이 문제가 해결되지 않고 있으므로[31] 의결권과 관련된 문제점도 쉽게 해결될지 의문이다. 이러한 차원에서 스튜어드십 코드가 제정된 것이다.

31) chapter 22에서 이 이슈에 대해 기술하고 있다.

'큰손' 역할 못하는 국민연금

주총 안건 10건 중 1건만 반대

국내 주식시장에서 무려 100조원을 굴리고 있는 '큰손' 국민연금이 기업 주주총회에서는 유명무실한 역할을 하고 있는 것으로 나타났다. 국민연금이 주총 때 반대 의견을 제시한 것은 상정안 10건 중 1건 꼴에 불과했고 부결된 사례도 거의 없다.

6일 국민연금공단에 따르면 국민연금은 작년 1월부터 10월까지 주식 보유 기업들 주총에 참석해 총 2768개 안건에 의결권을 행사했다. 이 중 282건(10.2%)에 반대표를 던졌으면 2479건(89.6%)에 찬성했다.

반대 항목을 구체적으로 살펴보면 이사 감사 선임(189건, 67%)이 가장 많았고, 정관 변경 반대(52건, 18.4%), 보수 한도 승인 반대(7건, 2.5%), 기타(34건, 12.1%) 등이었다.

그러나 국민연금 측 반대로 주총에서 안건이 부결된 사례는 거의 없었다. 일례로 지난해 6월 국민연금은 SK와 SK C&C 합병안에 대해 주주 가치 훼손을 이유로 반대했지만 합병을 막지 못했다.

이에 대해 시장에서는 국민연금이 주주 가치 제고 등을 위해 적극적으로 의결권을 행사해야 한다는 주장과 기업 경영에 대한 간섭을 최소화해야 한다는 의견이 충돌하며 논란이 일고 있다.

매일경제신문. 2016. 1. 7.

경제계 "스튜어드십 코드 졸속 도입하면 연금사회주의
<투자기업에 대한 연기금의 과도한 경영간섭>만 기승"

금융당국이 올 하반기 도입을 추진 중인 '기관투자자 의결권 행사 지침' 스튜어드십 코드에 기업들의 불안이 커지고 잇다. '기업 가치를 끌어 올린다'는 지침의 효과가 제도를 먼저 도입한 해외 각국에서도 입증되지 않은 상황에서 섣불리 제도를 도입하면 기업에 외부 간섭 및 개입이 늘어날 수 있다는 우려에서다. 국민연금 등의 의결권 확대에 따른 '연금 사회주의'의 불안이 기업들을 옥죄고 있다.

의견 수렴도 없이

2일 한국경제신문이 자산운용사와 연기금 등 기관투자자 40곳을 대상으로 벌인 스튜어드십 코드 관련 설문조사에 따르면 '스튜어드십 코드 가입의사'에 관한 질문에

'자발적으로 가입하겠다'고 응답한 곳은 전체의 15%에 불과했다. 두 배가 넘는 35%의 기관은 '금융위원회와 금융감독원 등의 요청이 있으면 가입하겠다'고 응답했다.

반면 '당국이 요청했는데도 가입하지 않을 경우 불이익이 있을 것으로 예상하느냐'는 질문에 '그렇다'는 응답이 40%로 '아니다(22.5%)는 응답의 두배 수준이었다.

기업들은 스튜어드십 코드가 기관투자가가 자유롭게 가입여부를 결정하는 연성 규정이라고는 하지만 사실실 강제력이 있다는 점을 반증하는 것이라고 우려하고 있다. 상당한 파장이 예상되는데도 제도 도입을 앞두고 이해관계자인 기업은 물론 직접적 가입 대상인 연기금 자산운용업계의 의견이 거의 반영되지 않았다는 점에서 적지 않은 부작용이 나타날 수 있다는 지적이다.

금융위는 지난해 초 코드 도입을 위한 태스크포스를 구성했지만 기업과 국민연금 등 연기금은 참여시키지 않았다. 업계에서 삼성자산운용 정도가 참여했지만 TF에 실제 참여한 회수는 한두 번에 불과한 것으로 알려졌다. 재계 관계자는 "지난해 말 한국기업지배구조원이 코드 초안을 발표한 이후 의견수렴 절차를 거치겠다고 (금융위에서) 공언했지만 아직까지 금융위와 의견을 나눴다는 기업 사례는 들어보지 못했다"고 말했다. 앞서 제도를 도입한 영국과 일본은 1년 이상의 공개토론을 거치고 각 업계에서 제시한 의견을 홈페이지에 공개했다.

누가 책임질 것인가

기관들의 적극적인 의결권 행사가 기업가치를 높일 수 있을지 확신하기 어렵다는 점도 기업들의 우려다. 기관투자가와 기업 간 대화 활성화도 물리적으로 한계가 많다. '주주총회 안건에 대해 대상 회사와 협의가 가능하냐'는 질문에 '모든 보유주식 회사와 협의는 불가능하고 일부 주요 회사와 협의하게 될 것 같다'는 응답이 72.5%로 압도적으로 많았기 때문이다. 전체 기관의 25%는 '주주총회가 3월에 몰려 있어 물리적으로 대화가 불가능할 것'이라는 의견을 내놓기도 했다.

또 다른 우려는 국민연금을 중심으로 한 정부의 영향력 확대다. 자본시장 거래비중이 큰 국민연금이 코드에 따라 의결권을 행사하면 기업 경영에 대한 정치적 압력이 증가한다는 게 기업들의 주장이다. 지난해 말 기준 국민연금의 국내 주식투자 규모는 94조원으로 국내 시가총액의 7% 안팎 수준이다. 운용업계 관계자는 "기업 분석능력이 부족한 운용사들이 국민연금의 행사 방향을 따라 할 가능성도 적지 않다"고 말했다.

의결권 자문사들의 전문성이 검증되지 않았고 잘못된 자문에 대해 책임을 물을 수 없다는 점도 문제다. 국내 최대 의결권 자문업체인 한국기업지배구조원조차 직원이 수십명에 불과한 데다 한국거래소가 최대주주라는 점에서 객관성을 담보하기 어렵다는 지적을 받고 있다. 세계 최대 의결권 자문사인 ISS도 2013년 KB금융지주 임원이 제공한 부정확한 정보를 근거로 의결권 행사를 자문해줘 문제가 되기도 했다. 재계 관계자는 "잘못된 자문으로 투자자 및 회사가 손해를 입지 않도록 예방하고, 사후에 책임을 물을 수 있는 방안도 포함돼야 한다"고 강조했다.

한국경제신문. 2016. 5. 3.

미일서도 커지는 회의론

스튜어드십 코드는 해외에서도 실효성에 대한 논란이 일고 있다. 스튜어드십 코드는 영국이 2010년 처음으로 도입한 이후 캐나다 남아프리카 공화국 네덜란드 스위스 이탈리아 말레이시아 홍콩 일본 등이 영국 규정을 준용해 운용하고 있다.

영국에서는 2008년 세계 금융위기가 일어나자 기관투자가의 단기 투자 경향이 위기의 원인이라는 인식이 퍼지면서 스튜어드십 코드 도입에 대한 논의가 시작됐다. 영국은 1년 여 간 여론 수렴 과정을 거쳐 도입을 결정했다. 하지만 결과적으로 큰 호응을 얻지 못하고 있는 것이 현실이다. 초기에 약 300개 기관투자가가 스튜어드십 코드를 도입해 운용했으나 현재 30여개 기관투자가만이 준수하는 것으로 알려졌다. 영국 재무보고위원회(FRC)는 2014년 "스튜어드십 코드 도입이 기관투자자의 투자 관행에 미친 영향이 없다"는 보고서를 내기도 했다.

일본도 2014년 6월 스튜어드십 코드를 도입한 이후 논란이 끊이지 않고 있다. 도입 직전인 2014년 4월 일본증권애널리스트 협회가 기관투자가를 상대로 설문조사를 벌인 결과 응답자의 60% 정도가 "스튜어드십 코드가 기업과 기관투자가의 관계에 영향을 미치지 않을 것"이라고 답했다.

일본에서는 도입 초기에 "스튜어드십코드가 기업의 자기자본이익률을 높일 것"이라는 기대가 있었다. 그러나 2014년과 2015년 일본 상장사의 ROE 평균은 별다른 변화가 없는 것으로 나타났다. 일본 정부가 구성한 '스튜어드십 코드 평가단'도 지난해 11월 "스튜어드십 코드가 기업의 성장에 도움이 되지 않을 것"이라며 "기업들의 시간만 축내게 했다"는 평가를 내렸다.

다른 나라에서도 회의적인 시각이 커지고 있다. 스튜어드십 코드와 관련해 –의결권 자문사들이 대체로 반기업적 성향을 갖고 있다는 점 – 기관투자가들이 투자대상 기업과 대화하는 과정에서 미공개정보를 얻을 수 있다는 점 –연기금의 적극적인 의결권 행사로 기업에 대한 정부의 입김이 커질 수 있다는 점 등을 우려해서다. 미국은 기관투자가들이 각자의 이익 추구 방식에 따라 의결권을 행사하면 된다는 이유로 스튜어드십 코드를 도입하지 않고 있다. 이철행 전국경제인연합회 기업정책팀장은 "해외에서 문제가 되고 있는 사례들을 보다 면밀히 조사해 스튜어드십 코드 도입 여부를 신중히 결정해야 할 것"이라고 말했다.

한국경제신문. 2016. 5. 3.

chapter 53

감사보고서 제출 기한

'감사보고서 제출 기한' 족쇄 풀린다.

사업 종료후 90일
금융위, 상장폐지 제도 수술
보고서 제출 기한 연장 상폐 예외규정 신설 검토

상장회사가 제때 감사보고서를 내지 않으면 관리종목으로 지정하거나 상장폐지하는 '감사보고서 제출 규제'가 대폭 완화될 전망이다. 금융위원회가 부실 감사를 사전에 차단하고 시장에 정확한 기업 정보를 전달하기 위해 감사보고서와 관련한 상장폐지 제도를 개선하는 방안을 검토하고 있어서다.

금융위 고위 관계자는 18일 "법정기한 내에 반드시 감사보고서를 내야 하는 규제 때문에 회계감사 정보가 왜곡되는 사례가 빈번하게 발생하고 있다"며 "기업과 외부감사인에 감사보고서 제출과 관련해 좀 더 시간을 주는 방안을 검토 중"이라고 밝혔다.

현행법상 상장회사는 결산 후 90일 안에 감사보고서를 첨부한 사업보고서를 금융위에 제출해야 한다. 법정기한 내에 제출하지 않으면 관리종목으로 지정하고 법정기한으로부터 10일 내에도 제출하지 않으면 상장폐지 대상이 된다. 상장사의 90% 이상이 12월 결산 법인이어서 다음해 3월말에 감사보고서 제출이 몰린다.

회계업계 관계자는 "1월부터 3월까지 감사 일감이 몰리는데 법정 시한을 지키지 않으면 상장 폐지 대상이 될 수 있어 기업과 의견이 맞지 않아 감사의견을 내기 힘들더라도 울며 겨자먹기 식으로 '적정'을 줄 수 밖에 없는 상황이 일어나고 있다"며 "과도한 감사보고서 제출 규제가 부실 감사를 초래하는 원인이 되기도 한다"고 말했다.

특히 내년 수주산업을 시작으로 2018년 전체 상장사에 핵심감사제(KAM)를 도입하면 감사보고서 제출 시한 연장 없이는 KAM이 제대로 작동하기 힘들 것으로 예상되고 있다. KAM은 외부감사인이 감사과정에서 판단한 핵심적인 재무위험 정보를 경영진 및 감사위원회와 의견을 교환한 뒤 감사보고서에 기재하도록 하는 제도다.

금융위는 기업과 외부감사인의 의견 불일치 등 사유가 있을 때는 감사보고서 제출시한을 연장해 주고 관리종목 지정이나 상장폐지로 곧장 이어지지 않도록 예외 규정을 신설하는 방안을 들여다보고 있다. 감사보고서 제출이 늦어지는 기업은 그 자체로 시장에 주의를 환기하는 신호를 보낼 수 있을 것이라는 게 금융위의 판단이다.

다만 법인세법 처리 문제가 감사보고서 제출 규제 완화에 걸림돌이 될 수 있다. 법인세는 감사보고서를 첨부해 결산 후 90일 이내 신고하도록 돼 있기 때문에 법인세 신고 기한도 탄력적으로 적용할 수 있어야만 감사보고서 제출 기한 연장이 가능해진다. 중소기업에 법인세 신고 기한을 한 달 연장해주는 법안이 국회에 계류 중이지만 기획재정부가 세수 일정 등을 이유로 반대의견을 보이고 있는 것으로 전해졌다.

한국경제신문. 2015. 11. 19.

미국 SEC는 비적정 감사보고서가 첨부된 사업보고서는 접수하지 않는다고 한다. 비적정 사유가 해소되어 적정인 상태로 제출하도록 하고 있고 그동안 사업보고서 제출은 연기된다.

저자가 증권선물위원회 활동을 할 때 경험해 보면 회계법인들이 이 일자를 준수하는데 많은 부담을 느끼고 있다. 이러한 일자를 연기할 수 있다면 회계법인들이 더 많은 협상력을 가질 수 있을 듯하다. 대부분의 기업/감사인간의 힘겨루기는 감사보고서를 제출하기 이전에는 감사인이 수정을 요구하는 재무제표를 기업이 수용하지 않는 데서 발생할 것이다.

다만 이 기한이 연기된다고 해도 이 이견이 반드시 좁혀질 수 있는 것은 아니다. 감독기관이 기대하는 것은 이 기한이 연장되면서 시간에 쫓기면서 감사인이 의견을 표명하는 것을 예방할 수 있지만 이미 피감기업과 충분히 의견 교환이 있었고 그럼에도 이견을 좁힐 수 없었다고 하면 시간이 더 주어진다고 해도 결과는 동일할 것이다.

예를 들어, 감사인이 지정될 때는 감사인이 피감사인과의 수임료 협상에 있어서 양보를 잘 하지 않음으로 인해서 계약이 늦어지거나 난항을 겪기도 한다. 그럼에도 기간을 연장해 주지는 않는다. 이는 수임료에 대한 절충이 어려운 상황은 충분히 이해가 되지만 그럼에도 예외 없이 정해진 기간안에는 계약이 완료되어야 한다.

chapter 8에서도 감사인과 피감기업이 감사의견을 조정함에 있어서 감사보고서의 기한이라는 것이 무척이나 부담이 된다는 내용을 기술하고 있으며 이 기한을 상장기업의 상장폐지 의사결정과도 연관되는 매우 중요한 내용이다.

일부에서는 주총 이전에 왜 외부 감사인이 감사를 종료해야 하는지에 대해서도 의문을 제기한다. 또한 현재는 감사 또는 감사위원장이 감사보고를 하고 있는데 이러한 감사보고가 반드시 주총에서 수행되어야 하는지에 대한 의문을 제기하기도 한다. 감사과정은 주총에서의 기업 지배구조의 과정과는 무관하게 진행될 수 있으며 감사가 잘못되었다고 하면 주총과는 무관하게 얼마든지 잘못된 감사에 대해서 책임을 질 자에게 책임을 물을 수 있음에도 불구하고 그러하다. 감사 또는 감사위원장의 감사보고는 상장회사협의회의 표준 양식을 사용하고 있는데 감사/감사위원회가 수행하지도 않은 내용을 수행한 듯이 보고하고 있다. 이 내용은 chapter 64에서 기술한다.

chapter 54

충당금

은행 조 단위 '충당금 폭탄'에 살릴 수 있는 기업마저 지원 못해

은행에 충당금 자율권 줘야
C등급 포함되면 신규 대출까지 부실로 분류... 지원 어려워져

은행들은 기업 구조조정을 지연시키는 주요 요인의 하나로 구조조정 때 금융당국이 요구하는 '충당금 폭탄'이 자리 잡고 있다고 지적하고 있다. 기업 구조조정이 살릴 기업은 확실히 살리고 한계기업은 빠르게 퇴출하는 것인데, 틀에 얽매인 대손충당금 규정이 이를 가로막는 요인이 되고 있다는 것이다.

은행 신용위험평가에서 특정 기업이 워크아웃(기업개선작업) 대상인 C등급으로 분류됐을 때 기존 여신은 물론 신규 대출까지 일시에 부실채권으로 분류해야 하는 게 대표적인 예다. 워크아웃 기업은 채권 채무재조정을 통해 재무구조가 개선되는데도 금융당국의 과다한 충당금 규제가 결과적으로 구조조정을 지체시킨다는 게 금융권 지적이다.

은행업 감독 규정은 – 정상 여신은 대출금의 0.85% 이상, - 3개월 미만 연체된 요주의 여신은 7% 이상, - 3개월 이상 연체된 고정 여신은 20% 이상, - 3개월 이상 1년 미만 연체되고 채권회수가 의문시되는 회수 의문 여신은 55% 이상 충당금을 쌓도록 하고 있다. 대출금을 떼인 추정손실여신은 100%이다.

시중은행의 기업구조조정 담당 부장은 "한계선상에 있더라도 워크아웃으로 충분히 정상화할 수 있는 기업이 적지 않은데도 충당금 적립에 따른 이익 규모 축소를 우려한 은행 내부 방침으로 어쩔 수 없이 방치하는 경우도 있다"며 "기업 구조조정이 8년가까이 지연된 것도 충당금 폭탄과 무관치 않다"고 설명했다.

이정조 리스크컨설팅코리아 대표는 "기업 구조조정이 제대로 효과를 내려면 은행을 비롯한 금융권의 적극적인 참여가 선행되야 한다"며 "구조조정 대상 기업에 대한 신용평가 및 충당금 적립에 대한 자율권을 은행에 어느 정도는 보장해 줄 필요가 있다"고 말했다. 일각에선 신규 자금지원에 한해 충당금을 일정 기간 절반 정도만 쌓도록

하는 것도 하나의 방안이 될 수 있다는 의견을 내놓고 있다.

한국경제신문. 2015. 10. 28.

위의 정상, 요주의, 고정, 회수 의문, 대손은 건전성 분류기준이다. 획일적인 기준의 적용이 문제로 제기될 수도 있지만 이러한 정형화된 기준이 없을 경우에 은행이 임의적으로 충당금을 낮게 쌓으면서 재무제표가 실상을 반영하지 못하는 문제점도 동시에 발생할 수 있다.

기업의 기업개선(workout)과 기업회생절차(법정관리)는 명확하게 구분되어야 하며 기업이 다시 회생할 수 있도록 기업개선의 기회를 주어야 한다.

구조조정 강도, 자율협약 < 워크아웃 < 법정관리

부실기업 처리 3가지 제도는 기업이 경기악화나 경영 실패 등으로 빌린 돈을 제때 갚지 못하게 되면, 돈을 빌려준 은행 등 금융회사들이 한데 모여서 대책을 마련하게 된다.

이렇게 모인 금융회사들을 채권단이라고 한다. 채권단은 두 갈래 길 중에 선택하게 된다. 회생 가능성이 있다고 판단되면 돈을 좀 더 빌려줘서 경영을 정상화시킨 뒤 돈을 돌려받는 방법인 '워크아웃'을 선택하고, 재기 가능성이 희박하면 자금 지원을 끊어 '법정관리'로 보낸다. 빌려준 돈을 다 받진 못하지만, 일부는 회수할 수 있다.

워크아웃

기업구조조정촉진법에 따른 것이라 시행과 관련된 내용이 법에 규정돼 있다. 워크아웃을 시행하면 경영권이 채권단에 넘어간다. 받을 돈을 제때 못 받고, 신규 대출이나 출자 전환을 하는 만큼 채권단은 허리띠를 졸라매라는 요구를 하게 된다. 현재 동부제철, 넥스콘테크놀러지 등이 워크아웃에 들어가 있다.

법정관리

'채무자 회생 및 파산에 관한 법률'에 따라 법원이 진행한다. 법원이 관리인을 지정해서 회사 운영을 관리 감독한다. 회생 가능성이 없다고 판단되면 최악의 경우 파산 절차를 밟게 된다. 삼부토건과 경남기업 등이 현재 법정관리가 진행 중이다.

자율협약은 최근 자주 등장하는 방식이다. 워크아웃처럼 채권단이 경영권을 행사하게 되지만, 법적 근거가 없는 것이 차이점이다. 현행법상 부실기업이라는 꼬리표가 붙은 워크아웃보다 유리한 점이 있다. 지난달 현대상선이 채권단 자율협약에 들어간 데 이어, 한진해운도 지난 25일 산업은행에 자율협약을 신청했다.

조선일보. 2016. 4. 27.

구조조정 방식 어떻게 다른가

부실기업을 구조조정하는 방식은 자율협약, 기업개선작업(워크아웃), 법정관리(기업회생절차) 등 세가지다. 빌려준 돈을 제대로 받지 못하는 상황이 되면 채권단이 해당 기업과 협의해 선택한다. 법정관리는 해당 기업이 신청한다.

일반적으로 기업이 살아날 가능성이 높다고 판단되면 채권단은 자율협약이나 워크아웃을 선택한다. 채권 채무관계가 복잡하거나 회생 가능성이 상대적으로 낮으면 법정관리를 선호한다.

자율협약은 가장 강제력이 낮은 구조조정 방식이다. 기업이 채권단에 자금 지원을 요청하는 대신 채권단 요구에 따라 경비절감 등 자구노력을 한다.

워크아웃은 자율협약보다 한 단계 강도가 높다. 기업구조조정촉진법이라는 법적 근거도 있다. 채권단이 구조조정을 이끈다는 점에서는 자율협약과 비슷하지만, 워크아웃은 채권단 범위가 2금융권까지 넓어진다.

법정관리는 가장 강도가 센 구조조정 방식이다. 기업이 법정관리를 신청하면 법원은 채권 채무를 동결한 뒤 기업이 살아날 가능성을 판단해 이를 받아들일지 결정한다. 실사 후에 존속가치가 청산가치보다 높으면 법정관리가 시작된다.

한국경제신문. 2016. 6. 4.

chapter 55

징계 강화

금감원, 부실감사 회계법인 대표에 최고 3년 회계사 자격 박탈
대우조선 맡은 안진 소급 못해

앞으로 부실감사를 지시하거나 묵인한 회계법인의 대표이사는 3년 이상 회계사 자격이 박탈된다. 감사 실무를 수행하는 회계사들은 중간에서 관리 감독하는 파트너급 회계사도 대표이사와 마찬가지로 처벌을 받게 된다. 분식회계를 저지른 기업도 지금까지는 대표와 담당임원만 처벌했지만 앞으론 감사 담당자도 최고 해임권고 등 처벌대상에 포함된다.

기업들의 잇단 분식회계와 부실감사를 줄이기 위한 금융감독원이 내놓은 조치다. 다만 이번 조치는 일러야 내년 2월부터 시행 예정이라 최근 논란이 불거진 대우조선해양 회계감사를 맡았던 안진회계법인데 대해서는 소급 적용이 어렵다.

2013년 동양그룹과 2014년 대우건설에 이어 올해 대우조선해양까지 매년 주요 기업들의 분식회계가 문제가 된 가운데 '사후약방문'이란 비판도 제기된다.

1일 금융감독원은 이같은 내용의 '부실감사-분식회계 회계법인 대표 이사 및 회사의 감사 제재' 추진방안을 발표했다. 금감원은 앞으로 40일간 관련 업계 의견수렴과 규제개혁 회의를 거쳐 '외부감사 및 회계 등에 관한 규정 시행세칙'에 반영할 계획이다. 세칙이 개정되면 이르면 내년 2월부터 발행되는 감사보고서부터 적용된다.

금감원의 이번 감사 회계 규정 개정에서 가장 주목할 대목은 부실 감사를 한 회계법인의 대표와 중간 감독자까지로 처벌 범위를 넓혔다는 점이다. 기존에는 회계법인이 부실감사를 하더라도 실무 감사임무를 수행한 회계사만 처벌 대상이 됐다. 이러다 보니 실제 감사에 10명이 필요한 업무라고 해도 수익성이 우선인 회계법인 경영진 입장에서는 5명만 인력을 배정해 사실상의 부실감사를 초래하는 일이 잦았다.

최근 2년안에 과실 2단계 또는 고의 4단계 이상의 조치를 2회 이상 받은 회계법인의 대표는 6개월 동안 회계사 업무 직무정지를 받게 된다. 연간 감사보고서 서명건수가 200건이 넘는 4대 회계법인의 경우 2년간 3회 이상이면 대상이 된다.

부실감사를 회계법인 대표가 지시, 방조, 묵인하는 등 고의성이 드러났을 경우 회계

사 등록이 취소된다. 자격이 취소되면 3년 이후에나 재등록 신청이 가능하기 때문에 사실상 3년 이상 회계사 자격이 박탈되는 셈이다. 현행 공인회계사법과 외부감사법에도 회계분식을 내버려 둔 회계법인 대표이사에 대해 감독책임 부과가 가능하지만 구체적인 양정 기준이 없어 실제로 제재를 받은 사례는 없었다.

분식회계를 한 회사 감사에 대해 최고 해임권고 제재가 내려진다. 해임 권고라 되면 감사로서 재취업이 사실상 불가능하고, 회사로부터 손해배상 피소를 당할 가능성도 있어 분식회계 사전 방지에 도움이 될 것으로 예상된다.

부실 감사 중요도	고의	중과실
최대	등록 취소, 감사업무제한* 5년	직무정지 6개월, 감사업무 제한 5년
1급	상장사 감사제한 1년	상장사 감사 제한 1년 감사업무제한 4년, 상장사 감사제한 1년
2급	직무정지 2년, 감사업무제한 5년, 상장사 감사제한 1년	감사업무 제한 3년, 상장사 감사제한 1년
3급	직무정지 1년, 감사업무제한 4년, 상장사 감사제한 1년	감사업무 제한 2년, 상장(코스닥 제외)사 감사제한 1년
4급	직무정지 6개월, 감사업무제한 3년, 상장사 감사 제한 1년	감사업무제한 1년, 상장(코스닥 제외)사 감사제한 1년
5급	감사업무제한 2년, 상장사 감사제한 1년	감사업무제한 1년

매일경제신문. 2015. 12. 2.

과거에 모 회계법인은 분식회계에 조직적으로 개입한 정황이 포착되어 일정 기간 업무 정지를 받으면서 법인이 청산되는 과정을 밟기도 하였다. 법인 차원에서의 조직적인 개입이 있었다고 하면 개입한 대표이사 등에 대해서도 책임을 물을 수도 있었겠지만, 이러한 조치의 권한은 외감법, 공인회계사법에만 존재하였지 구체적으로 조치를 할 수 있는 제반 조건이 갖추어져 있지 않았다.

2014년 회계연도 기준(2014년 4월~2015년 3월) 삼일이 감사한 상장사는 355개사, 삼정은 225개, 안진은 245개사, 한영은 162개사라서 이들 대형 회계법인에서 비례적으로 부실감사가 발생할 기대치가 더 높다는 것을 배려한 정책 방향이다. 또한 법인의 대표이사뿐만 아니라 피감기업의 상법상의 감사 또는 감사위원회의 위원에까지 책임을 묻겠다는 것이 금융당국의 정책방향이다.

감사가 회사로부터 손해배상 소송으로 피소가 될 수 있다는 점은 매우 흥미롭다. 투자자가 분식된 재무제표를 이용하여 투자를 수행하고 이로부터 투자손실을 입은 주주가 이사 및 감사에 대해서 소송을 제기할 수 있다. 물론, 회사는 이사를 상대로도 소송을 제기할 수 있다.

상법 제394조(이사와 회사간의 소에 관한 대표) ① 회사가 이사에 대하여 또는 이사가 회사에 대하여 소를 제기하는 경우에 감사는 그 소에 관하여 회사를 대표한다. 회사가 제403조제1항의 청구를 받음에 있어서도 같다. 고 규정하고 있다.

부실감사 초래 땐 회계법인 대표도 징계

부실 감사에 대한 책임 대상도 확대된다. 현재 외부 감사를 맡은 회계법인 임원(파트너)만 징계 대상이지만 앞으로는 회계법인 대표이사와 실질적인 현장 감독을 맡은 중간급 회계사(이사 부장)에게도 직무정지 등록취소, 검찰고발 등의 제재를 하기로 했다. 감사현장에 회계사들을 충분히 배치하지 않는 등 회계법인 운영 과정의 문제 때문에 분식회계를 적발해 내지 못했다면 회계법인 대표이사가 책임을 지도록 했다.

한국경제신문. 2015. 12. 2.

위의 신문기사 내용 중에서 조금 이해가 가지 않는 부분은 중간급 회계사로 이사 부장에게도 책임을 묻겠다는 내용이 기술된다. 회계법인에서 속칭 manager, director라고 지칭되는 직책에 대해서 이러한 우리말 직책으로 번역하여 사용한 듯하다. 감사현장에 회계사들이 충분히 배치되지 않았다고 하면 이는 다른 문제보다는 회계법인 관리(management)에 대한 문제를 지적한다고 할 수 있다. 즉, 인원을 충분히 배정하지도 않고 감사를 진행하였으니 이는 경영관리가 잘못되었고 이에 대한 잘못은 대표이사가 책임지라는 논리이다. 대표이사에 대한 책임은 결국은 인원의 부족 배분의 책임으로 결론지어 가려는 듯하다.

회계감사가 진행될 때에는 파트너(담당이사)가 모든 책임을 지고 감사가 진행된다. 담당 이사와 대표이사 중간의 중간급 회계사라고 하면 본부장 등의 line 조직이 있을 수 있으며 staff로서는 품질관리실이 개입될 수 있을 것이다. 아마도 회계법인에서 중간 관리자가 책임을 진다고 하면 본부장 정도의 직급이 아닐까 한다.

품질관리실 책임자는 심리실장에 대해 조치를 하는 정책은 오래전에 적용되다가 중단되었는데 최근에 감독기관이 다시 한 번 이러한 방향으로 정책추진을 계획하고 있다.

이 정책 방향이 설정된 이후에 법인 내부에서도 여러 가지 의견이 있다. 이렇게 정책이 실행되면 회계법인은 여러 명의 대표이사를 세울 수도 있을 수도 있다고 한다. 총괄 대표이사가 있고 감사를 책임지는 대표이사도 있어서 감사에서 문제가 있을 경우는 감사를 책임지는 대표이사에게 책임을 맡길 수도 있다고 한다.

회계법인은 아래의 공인회계사법 시행 규칙에 따라 대표이사를 3인까지 선임할 수 있다. 3인 이내의 대표이사가 법에서 각자대표인지 공동대표인지 여부까지 상세하게 정하고 있지는 않아 사원총회에서 정하면 되는 것으로 이해되며, 각자대표를 하는 것이 현실적으로 더 맞을 듯 하다.

빅4 중에서는 2016년 11월까지 삼일이 공동대표였으며 수년 전에는 삼정이 공동대표제를 유지하였다. 그럼에도 불구하고 감사보고서에 서명은 1인의 대표이사가 결재하였다.

특히나 위와 같이 대표이사의 책임이 강화되는 추세에서는 공동대표를 제도를 채택하면서 책임을 져야 하는 대표의 수를 늘릴 당위성이 없는 듯하다. 더더욱 공동대표의 수가 많다고 해서 그 책임을 1/n로 나누어지는 것도 아니고 복수의 공동대표가 책임을 떠안아야 하게 되어 있으므로 더더욱 그러하다.

공인회계사법

제26조(이사 등) ① 회계법인에는 3명 이상의 공인회계사인 이사를 두어야 한다. 다만, 다음 각 호의 어느 하나에 해당하는 자는 이사가 될 수 없다.

1. 사원이 아닌 자
2. 제48조에 따라 직무정지처분(일부 직무정지처분을 포함한다)을 받은 후 그 직무정지기간 중에 있는 자
3. 제39조에 따라 등록이 취소되거나 업무가 정지된 회계법인의 이사이었던 자(등록취소나 업무정지의 사유가 발생한 때의 이사이었던 자로 한정한다)로서 등록취소 후 3년이 지나지 아니하거나 업무정지기간 중에 있는 자
4. 제40조의2제1호에 따른 외국공인회계사

② 회계법인의 이사와 직원 중 10명 이상은 공인회계사이어야 한다.

③ 제2항에 해당하는 공인회계사 중 이사가 아닌 공인회계사(이하 "소속공인회계사"라 한다)는 제1항제2호에 해당하지 아니한 자이어야 한다.

④ 회계법인에는 총리령으로 정하는 바에 따라 대표이사를 두어야 한다.

공인회계사법 시행규칙
제11조(회계법인의 대표이사) 법 제26조제4항의 규정에 의하여 회계법인에는 3인 이내의 대표이사를 두어야 한다.

공인회계사회 내규 : 감사인 등의 조직 및 운영 등에 관한 규정

제10조(대표이사등) ① 대표이사는 공인회계사법시행규칙 제11조의 규정에 의하여 3인 이내로 한다. 〈개정 2002. 5. 21〉
② 제1항의 규정에 의한 대표이사는 감사인에 소속된 경력이 7년 이상인 자 또는 이에 준하는 경력으로 이 회의 이사회가 인정한 경력이 있는 자이어야 한다.〈신설 2002. 5. 21〉
③ 대표이사와 이사(감사를 선임하는 경우를 포함한다)는 사원총회에서 선출한다.
④ 대표이사는 당해 회계법인을 대표하고, 당해 회계법인에 소속된 이사를 포함한 모든 공인회계사, 수습공인회계사 및 직원을 지휘 통솔하며 사원총회 및 이사회의 결정사항 또는 위임사항을 집행한다.
⑤ 대표이사가 2인 이상인 경우에 제8조제1항의 규정에 의한 사원총회의 의장인 대표이사는 정관으로 정한다. 〈신설 2002. 5. 21, 2011. 5. 24〉

위에 회계법인의 감사에 대한 부분도 기술되는데 과거 삼일에는 감사를 두기도 하였지만 2016년 12월 현재 어느 big 4 회계법인도 공인회계사법, 유한회사법 상으로는 감사라는 직을 두고 있지 않다. 단, PwC Global 상으로는 내부감사기능이 있어야 하니 Internal Audit Leader 담당자는 있다.

우리가 기업에 대해서는 지배구조의 이슈를 많이 논의하지만 회계법인의 지배구조에 대해서는 거의 언급이 되고 있지 않다. 회계법인의 지배구조가 투명하여야지만 공적인 업무를 수행하는데 부족함이 없다고 하면 회계법인의 존재는 공적인 영역으로 들어 올 수 있으며 회계법인에 감사라는 직이 있을 때 monitoring과 투명성의 확보가 가능할 수도 있다.

네덜란드에서는 회계법인 운영의 공정성을 확보하기 위해서 일반기업의 사외이사와 같이 외부 인사가 회계법인의 경영과 관련된 위원회에서 활동을 한다고 한다.

법무법인에는 감사라는 직에 대해서 언급됨이 없는데 이는 법무법인은 이해관계자들만이 얽힌 업무를 수행하지만 회계법인의 업무는 경제활동인구의 부의 변화와 관련된 업무를 수행하는 공공재인 감사를 수행하기 때문이다.

모든 감사건에 대해 몇 건이라도 잘못되었으면 모두 대표이사에게 책임을 지

라고 하면 이는 엄청나게 큰 부담을 주는 것이다. 물론, 이러한 책임이 위에서도 기술되었듯이 회계법인의 규모별로 1년에 잘못이 몇 건 이상일 경우에만 해당된다고 할 수 있지만 감당할 수 없는 책임을 물리는 것만이 항상 최선의 정책인가에 대해서도 깊은 고민을 하여야 한다.

동시에 해당 회계법인에서 지속적으로 부실감사가 발생하는데 최고 책임자가 책임을 지지 않겠다고 하는 것도 무책임한 것일 수도 있어서 정책적인 판단의 대상이다.

감독기관의 이러한 정책 방향에 대해서 규개위가 제동을 걸고 나섰다.

제동 걸린 '회계법인 대표 징계안'

금감원 부실감사 제재 방안에 규개위 "정밀 심사 필요" 보류

금융당국이 기업 분식회계와 부실회계감사를 막기 위해 야심차게 내놓은 '회계법인 대표 징계안'에 제동이 걸렸다. 대통령 직속 규제개혁위원회가 "회계업계에 대한 지나친 규제가 될 가능성이 있다"며 관련 규정을 정밀 심사하기로 해서다.

규제개혁위원회는 16일 금융감독원이 최근 입법 예고한 '외부감사 및 회계 등에 대한 규정' 시행세칙 개정안을 예비심사한 결과 '중요 규제'로 분류했다고 밝혔다.

이번 개정은 분식회계 및 부실감사 제재 대상에 회계법인 대표 등을 포함하는 것을 주요 내용으로 하고 있다.

규제개혁위원회는 오는 25일 본 위원회를 열고 시행 세칙 개정안을 최종 심사할 예정이다. 심사 결과 '철회 권고 결정'이 나오면 개정안은 무효가 된다. '개선 권고 결정'이 나오더라도 권고안에 따라 내용을 크게 바꿔야 할 것으로 예상된다.

규제개혁위원회는 국제적으로 비슷한 징계 사례가 없고 회계법인 반발이 큰 점 등을 고려해 회계법인 대표 징계 방안을 본 위원회 심사 안건으로 결정한 것으로 알려졌다.

금감원은 지난해 기업 부실회계가 잇따르자 부실감사에 대한 책임 대상 범위를 회계법인 대표 등으로까지 확대하는 내용의 시행세칙 개정안을 발표했다. 분식회계에 간접적으로 책임이 있는 부장 이사 등 중간관리자급 회계사 뿐 아니라 회계법인 대표까지 직무정지, 해임권고, 검찰 고발 등 제재 대상으로 포함한다는 내용이다. 당초 지난달까지 시행할 계획이었지만 규제개혁위원회 심사로 시행 시기를 늦췄다.

회계업계는 회계법인 대표 징계안을 놓고 "업계 현실을 무시한 탁상행정"이라고 거세게 반발하고 있다. 국내 대형 회계법인 관계자는 "연간 2000개에 달하는 외부감사 결과를 회계법인 대표가 책임진다는 것은 현실적으로 불가능하다"며 "허수아비 대표를 내세우는 등 부작용만 나타날 것"이라고 주장했다.

한국경제신문. 2016. 3. 17.

규개위 결과 대표이사에 대한 조치는 유보되었다가 다시 승인을 받게 된다. 규제개혁위원회에서는 이 내용과 함께 분식회계에 관여한 경영자가 상장기업의 임원으로 선임되는 것을 금지하는 금융위원회의 정책방향에 대해서도 '직업선택의 자유'를 제한한다는 사유로 승인하지 않았다.

금융당국, 회계법인 부실 감사 뿌리 뽑는다.

품질관리 감리 결과 의무공시
회계법인 대표이사 제재 추진

금융당국이 제2의 '대우조선해양 부실 회계 사태'가 발생하지 않도록 회계법인들의 내부 통제 시스템을 관리 감독하는 '품질관리 감리제도'의 법제화를 추진한다.

지난 3월 규제개혁위원회의 제도에 걸려 입법이 무산됐던 '부실 감사 회계법인 대표이사 제재 법안'도 재추진한다. '자본시장의 파수꾼'이 돼야 할 회계법인들이 기업 감사에 대한 보수만 챙기고 부실을 제대로 적발하지 못한 것에 대한 비판 여론이 커지고 있기 때문이다.

금융위원회는 31일 회계법인에 대한 금융당국의 품질관리 감리를 명시한 '외감법' 개정안을 추진하고 있다고 밝혔다. 규제위 심사를 거친 이 법은 법제처에서 자구 심사를 거쳐 입법 예고를 통해 정부안으로 국회에 제출될 예정이다.

현재 금융감독원은 회계법인을 상대로 이들이 법에 따라 업무를 수행하고 있는지를 점검, 필요할 경우 개선을 요구하는 품질관리 감시제도를 시행하고 있다. 가령 소속 회계사가 감사 기업 주식을 거래하는 등 위법행위가 적발되면 어떠한 내부 통제 시스템이 작동하고, 이것이 잘 이뤄지는지 점검하는 형식이다. 하지만 개선 요구가 '권고'에 머무는 데다 이 제도에 대한 법적 근거가 없어 강제성이 떨어진다는 지적이 있어 왔다. 금융위는 이에 대한 근거법을 마련해 회계법인이 품질관리 감리 결과를 공시토록 할 예정이다.

또한 금융위는 회계법인의 부실 감사 발생 시 담당자뿐만 아니라 대표이사와 감사위원까지 제재를 받게 하는 내용의 외감법 개정안도 재추진한다. 이 개정안에는 부실감사에 책임 있는 회계법인 대표이사에게 직무정지를 부과하거나 일정 기간 감사업무에 참여할 수 없게 하고, 고의적인 위법 행위 발생 시 검찰에 고발하는 내용을 담고 있다.

문화일보. 2016. 5. 31.

수년째 감독기관이 품질관리감리를 수행해 오고 있지만 그 결과를 공개하지 않고 있어서 비판의 대상이었다. 또한 위에서도 지적되었듯이 지적을 받고 어떠한 조치를 취하는지에 대한 부분이 follow up이 되고 있지 않아서 실효성이 없는 제도라는 비판도 받아왔다. 그러한 비판도 이해가 되는 것이 감사보고서 감리에 대해서는 어느 정도 이상이 되는 감독기관의 조치는 공개도 하며 또한 감사인, 개인 공인회계사, 회사에 대한 조치를 하게 되는데 품질관리감리는 그러한 action이 미비하였고 차제에 이에 대한 변경을 금융위가 모색하고 있다.

격론 끝에 이 내용은 결국은 규제개혁위원회를 통화하여 2016년 9월에 법제화의 과정을 밟게 된다.

'부실감사'하면 회계법인 대표 퇴출

공인회계사 자격도 박탈키로
규제개혁위, 법률 개정안 승인

앞으로 기업의 분식 회계를 제대로 적발하지 못한 회계법인 대표는 공인회계사 등록이 취소되고 대표 자리에서도 쫓겨난다. 분식회계란 기업이 손실을 감춘다든가 적자를 흑자로 둔갑시키는 등 회계 장부를 조작하는 행위를 말한다.

금융위원회는 회계법인 대표의 관리 소홀로 중대한 감사 부실이 발생한 경우, 회계법인 대표를 강력히 처벌할 수 있는 조항이 담긴 '주식회사의 외부 감사에 관한 법률' 개정안이 규제개혁위원회 심사를 통과했다고 12일 밝혔다. 현재는 부실 감사가 드러났을 때 해당 기업의 감사를 맡은 담당자만 문책한다. 금융위는 "감사 품질에 대해서는 대표가 최종 책임을 져야 한다는 의미"라고 말했다. 개정안이 오는 9월 국회에 상정될 예정이다.

조선일보. 2016. 6. 13.

부실감사땐 회계법인 회계법인 대표 자격 박탈

이번에 규개위를 통과한 외감법 개정안은 제재 범위를 사업보고서 제출 대상 법인(과거 상장이나 증권 발행 이력이 있거나 500인 이상 주식 채권 투자자가 있는 기업) 등 이해 관계자가 많은 기업으로 한정했다. 제재 대상도 모든 부실 감사가 아니라 대표이사의 관리 소홀로 중대한 감사 부실이 발생한 경우로 범위를 제한했다....

우선 중소 규모 비상장기업도 분식 회계가 발생했을 경우 과징금을 부과할 수 있도록 외감법에 분식 금액의 10%(최대한도 20억원)를 과징금으로 매기도록 조항을 신설한다.

부실 회계감사 방지 대책 주요 내용

분식회계 기업 과징금 및 내부고발자 포상금 확대	분식회계 회사에 대한 과징금(최대 20억원) 규정 신설. 분식회계 내부 고발자 포상금 상한(1억원 → 5억원)
회계법인 품질관리 기준 법제화 및 준수의무 부과	업무 수임과 유지, 인적자원, 모니터링 등 회계법인의 적정 감사 시스템 유지를 위한 기준을 만들어 준수 여부 관리
공인회계사 직업 윤리 교육 강화	2017년부터 공인회계사 2차 시험 과목에 직업윤리 포함, 회계사 직업윤리 교육을 연 2시간에서 8시간으로 확대

매일경제신문. 2016. 6. 13.

부실감사 회계법인 대표도 징계

금융위 '대우조선 분식회계' 계기
부실감사 고의 방치땐 검찰고발

외감법 전면 개정안에는 회계법인의 감사품질 관리가 제대로 되고 있는지 공개하고 분식회계 과징금을 확대하는 방안도 담겼다.

한국경제신문. 2016. 6. 13.

chapter 56

쌍용자동차[32)]

쌍용자동차의 분식회계건은 손성규(2016)의 chapter 1에서 다루어 졌지만 당시는 2014년 2월의 고등법원의 판결에 기초하여 저술이 진행되었고, 2014년 3월 검찰의 무혐의처분과 2014년 대법원의 판결 내용이 반영되지 못하여 추가적으로 그 내용을 추가한다.

2014년 11월의 대법원의 판결이 있었음에도 이 내용이 update되지 못하여 사실여부가 왜곡될 수 있다는 의견을 받아서 이 건과 관련된 검찰과 대법원의 판결 내용을 중심으로 기술한다. 정치적인 이슈이기도 하였지만 많은 회계적인 이슈에 대한 논란이 있었던 좋은 사례이다.

더더욱 회계 이슈가 중심에 서기도 했지만 많은 직원이 해고되면서 큰 사회적인 파문이 있었던 사건이다. 정리해고와 관련된 의사결정을 하면서 회계 수치가 그 근거가 되었는데 기업이 정리해고를 정당화하기 위해서 업적을 축소 보고하였다는 여러 이슈가 얽히게 되었다.

2016년 저술에서 기술된 내용은 반복하지 않는다. 쌍용자동차가 구조조정을 수행하기 위해서 유형자산의 손상차손을 포함한 분식회계를 하였고 그 결과 많은 직원이 해고의 과정을 밟게 되었는데 이 의사결정이 잘못된 의사결정이었다는 내용의 소송이었다. 원고는 쌍용자동차의 정리해고된 노동자였고 피고는 쌍용자동차와 감사를 맡았던 안진회계법인이었다. 이 과정에서 해고된 노동자가 자살을 하는 사건과 노사 분규가 지속된 정치적이고 사회적으로 많은 이슈가 되었던 사건이다.

본 chapter의 접근 방법은 일단, 신문기사를 중심으로 검찰과 법원의 의사결정을 간략하게 설명하고 이후에 판결문을 중심으로 이를 상세하게 분석한다. 판결문이 있는데도 언론을 먼저 인용하는 이유는 이 사건이 사회와 언론에서 어떻

---

32) 판결문을 제공해 주신 안진의 이재술회장님과 이정희부대표님께 감사드린다.

게 인식되는지에 대한 감을 잡는데 언론의 향배도 중요하기 때문이다. 사회적인 이슈에 있어서의 국민 정서도 한 몫을 담당하고 있는 듯하다.

검 '회계조작 의혹' 쌍용차 경영진 무혐의

"신차 출고 어려웠고 구차종은 팔수록 손해"

서울중앙지검 형사7부(송규종 부장검사)는 18일 회계자료를 조작해 대규모 정리해고를 한 혐의로 고발된 최형탁 전 대표이사 등 쌍용자동차 전 현직 경영진과 외부감사를 맡은 회계법인 등을 모두 무혐의 처분했다.

검찰은 이들에게 민사상 책임과 별도로 불법행위에 대한 형사책임을 묻기는 어렵다고 보고 이렇게 결정했다.

검찰은 "피고발인들이 재무제표나 감사보고서에 회계기준을 위반한 거짓 내용을 기입하고 공시했다거나, 거짓임을 알고도 결재했다고 볼만한 증거가 없다"고 밝혔다.

고발사건과 쌍용차 근로자들의 해고무효 소송에서는 모두 유형자산손상차손을 산정할 때 생산 중인 차종 이외에 출시 예정인 차종의 추정매출액을 함께 반영해야 하는지가 쟁점이 됐다.

법원은 "기종 차종 일부의 단종을 가정하고 계획 중인 신차종도 투입하지 않는다는 전제로 손실을 산정한 것은 기업의 계속 운명이라는 관점에서 일관성이 없다"는 고발인들의 주장을 받아들인 바 있다.

그러나 검찰은 당시 세계적 금융위기에 따른 경기 침체, 쌍용차의 재무상황 악화에 따라 신차종 개발 가능성이 매우 희박한 상태였다고 판단했다.

그렇다고 해서 구차종 생산량을 늘린다는 전제로 재무제표를 작성했더라도 손실이 감소한다고 볼 근거가 없다고 검찰은 지적했다.

자동차를 계속 팔수록 고정원가가 그보다 더 늘어나는 상황이었다는 것이다.

금융감독원 역시 2008년 당시 구차종 판매수량이 2013년까지 유지된다는 전제로 사용가치를 재계산해보니 손상차손이 오히려 29억원 증가한다는 추정을 내놓았다.

재무제표 감정을 맡은 서울대 경영학부 최종학교수는 지난해 10월 "손실이 오히려 71억원 가량 적게 계산됐다"는 취지의 보고서를 해고무효 소송 재판부에 제출했다.

검찰 관계자는 "당시 대표이사는 재무제표가 작성되기 40일 전에 물러났고 공동관리인은 회사의 대표가 아닌 공적 수탁자에 해당해 손실 계산에 관여했다고 볼 근거가 없다"고 덧붙였다.

쌍용차는 2009년 4월 전문 진단기관인 삼정KPMG가 제시한 경영정상화 방안에 따라 인력 구조조정과 유휴자산 매각 등을 발표하고 같은 해 6월 대규모 정리해고를 단행했다.

이후 쌍용차 해고 근로자들이 회사를 상대로 해고 무효 소송을 내면서 회사와 회계법인, 삼정KPMG가 유형자산손상차손을 과다하게 늘려 잡았다는 의혹이 제기됐다.

금속노조 쌍용차지부는 2012년 2월 최형탁 전 대표이사와 당기 공동 관리인을 맡은 이유일 현 대표이사, 외부감사를 한 안진회계법인과 담당 회계사들이 손실을 5천177억원 가량 부풀려 정리해고의 명분을 제공했다며 주식회사의 외부감사에 관한 법률과 채무자회생 및 파산에 관한 법률 위반 혐의로 검찰에 고발했다.

검찰은 해고무효 소송의 항소심 재판부가 회계자료에 대해 전문 감정에 들어가자 2012년 12월 사건을 시한부 기소중지했다.

검찰은 공소시효를 한 달여 남긴 지난달 재판부가 "쌍용차가 2008년 말 작성한 재무제표의 유형자산손상차손이 과다하게 계상됐다"며 원고 승소로 판결하자 수사를 재개했다.

한국경제신문. 2014. 3. 18.

검찰이 무혐의처분을 내리고 기소를 하지 않은 시점은 민사소송에 대한 대법원 판결이 있기 이전 시점이다.

회계법인 '소송 공포'에 떤다

딜로이트안진은 쌍용차 회계 조작 혐의와 관련해 검찰이 무혐의 처분을 내렸음에도 민사소송에 대한 대법원의 최종 판결이 나기까지 긴장을 풀지 못하고 있다.

한국경제신문. 2014. 4. 13.

아래에 보는 바와 같이 법원의 판단도 검찰과 다르지 않았다. 검찰과 법원이 항상 동일한 판단을 하는 것은 아니지만 기소를 하는 입장인 검찰이 형법의 차원에서 회계분식이 없었다고 하는데 법원이 민사 차원이기는 하지만 상이한 판결을 수행하는 것은 쉽지 않다.

형사판결의 결과와 민사 소송의 결과가 반드시 일치한다고 볼 수 없지만 현실적으로 형사판결문을 민사소송에 증거로 제출하기도 한다.

쌍용차 해고 적법... 경영상 필요했다.

대법, 원심 파기 환송
"정리해고자 규모, 경영자 판단 존중"

쌍용자동차 정리 해고의 정당성을 인정한 대법원 판결이 나왔다. 옥쇄파업, 대한문 앞 천막농성 등 노사가 극한 대립을 하며 5년을 끈 이번 사건은 회사의 판정승으로 막을 내렸다.

대법원 3부(주심 박보영 대법관)는 13일 쌍용자동차 생산직으로 일하다 2009년 정리해고된 정모씨 등 153명이 "정리해고를 취소하라"며 회사를 상대로 낸 소송에서 원고 승소 판결한 원심을 깨고 사건을 서울고등법원으로 돌려보냈다.

재판부는 "정리해고를 할 만한 긴박한 경영상 필요가 존재한다"고 최종 판단했다. '긴박한 경영상 필요'는 근로기준법 24조 1항이 정한 정리해고의 전제조건이다. 앞서 이 사건 1심은 긴박한 경영상의 필요성이 있었다고 인정했지만 2심은 부인했다. "회사가 다수의 부동산을 보유하고 있어 이를 근거로 차입하면 유동성 위기를 해결할 수 있었다" "몇 명을 감원해야 하는지에 대한 판단 과정이 객관적이지 못하다" "2008년 재무제표의 '유형자산 손상차손'을 지나치게 크게 산정했다" 등의 이유에서다. 유형자산 손상차손을 회사가 보유한 토지 기계 등에 대한 시장 가치 하락분을 말한다.

재판부는 "당시 회사가 처한 경영위기는 상당 기간 신규 설비 및 기술 개발에 투자하지 못한데서 비롯된 계속적 구조적인 것"이라며 "단기간 내에 쉽게 개선될 수 있는 부분적 일시적 위기가 아니었다"고 지적했다. 재판부는 그 근거로 - 1999~2005년 기업구조조정 개선작업(워크아웃) 기간에 연구개발 투자가 없었던 점 - 2005년 중국 상하이 자동차가 쌍용차를 인수한 뒤에도 투자가 적어 신차 개발이 미비했던 점 - 쌍용차 주력 차종인 SUV에 대한 세제 혜택이 축소되고 소비자 선호가 떨어졌던 점 - 2008년 하반기 SUV 연료인 경유 가격이 급등하여 금융위기가 닥쳐 금융기관의 지원이 끊겼던 점 등을 꼽았다.

대법원은 항소심이 정리해고 정당성을 부인한 논리에 대해 조목조목 반박했다. 부동산으로 차입을 할 수 있었을 것이라는 논리에 대해 "당시 금융기관, 상하이차, 노조 등의 비협조 때문에 쌍용차가 부동산을 담보로 신규 자금을 대출받는다는 것은 사실상 불가능한 상황이었다"고 지적했다. 잉여인력 규모를 산정하는 과정이 객관적이지 못했다는 논리에 대해서는 "기업 운영에 필요한 인력 규모가 어느 정도인지는 상당히 합리성이 인정되는 한 경영판단의 문제에 속하는 것"이라고 반박했다.

유형자산 손상차손을 과다 계상했다는 논리에 대해서도 재판부는 "미래에 대한 추정은 불확실성이 존재할 수밖에 없으므로 합리적이고 객관적인 가정을 기초로 했다면 다소 보수적으로 추정했어도 합리성을 인정해야 한다"고 판단했다.

> 이번 대법원 판결에서는 '경영상 판단'의 재량권을 폭넓게 인정한 부분이 눈에 띈다. 재판부는 회사가 정리해고자를 974명으로 결정한 부분에 대해 "특별한 사정이 없다면 경영자의 판단을 존중해야 한다"고 강조했다.
>
> 한국경제신문. 2014. 11. 14.

위의 대부분의 내용은 기업의 이사회의 회의 석상에서 논의될 법만도 한 의견들이다. 즉, 경영의사결정과 관련된 내용들이 법정에서 논의된 것이다. 경영의사결정이 사법부의 판단의 대상이 될 수 있는지에 대한 이슈가 될 만한 거의 모든 항목들이 위의 신문 기사에 망라되어 있다. 또한 주관적인 판단이 수행될 수 있는 거의 모든 부분에 대해서는 경영상 판단 또는 경영자의 판단을 중시하고 있다.

어떻게 보면 너무나 당연한 결과이다. 경영의사결정에 하자가 없는 한, 즉, 경영자가 불순한 의도로 의도적으로 적법한 의사결정을 수행하지 않는 한, 경영자의 판단이 당연히 존중되어야 한다.

> "구조조정 결정한 경영판단 존중" 대법, 쌍용차 손들어줘
>
> 유형자산손실 과다 계상
> 상고심 = 구차종 판매했더라도 적자 상태라 계속 생산할 이유 없어
> (저자: 대법원 판결 내용....)
> 항소심 = 구차종에서 발생한 현금흐름 등 누락돼 손실 과다 계상됨
> (저자: 고등법원 판결 내용...)
> 모두 합하여 상소.
>
> 이날 대법원의 판결은 향후 기업의 구조조정 결정에 미치는 영향이 클 것으로 전망된다. 긴박한 경영상의 필요성에서 2심 재판부는 지난 2월 쌍용차가 정리해고 근거로 내세운 경영 위기가 일시적이라고 판단했지만, 대법원 최종 판단은 달랐다.
>
> 쌍용차가 2009년 전체 인력 37%에 해당하는 2546명을 (저자: 총인원 6880명) 구조조정하기 직전인 2008년 12월 쌍용차가 가지고 있던 현금은 74억원에 그쳤다. 쌍용차는 당시 근로자 임금도 지불하지 못할 정도로 심각한 경영위기에 직면했다. 2008년 전 세계를 덮쳤던 글로벌 금융위기로 모든 회사가 어려웠지만 쌍용차는 연비가 높은 중대형 위주로 생산해 왔기 때문에 구조조정이 시급했다. 아니나 다를까 쌍용차는 2009

년 6월 경영위기를 극복하지 못하고 기업회생절차(법정관리)를 신청할 수밖에 없었다.

그런데도 2심 재판부는 2월 "경영위기가 구조적이고 지속적이었다고 볼 수 없다"며 정리해고를 무효로 판단했다. 근로자를 대량 해고해야 할 정도로 긴박한 위기였다고 볼 증거가 없다는 이유에서였다. 반면 대법원은 이번 판결을 통해 "기업 운영에 인력이 얼마나 필요하고 잉여 인력이 몇 명인지는 경영 판단 문제에 속한다"고 못 박았다.

극심한 논쟁이 벌어졌던 '유형자산 손상차손(가치하락에 따른 손실) 과다 계상' 문제도 판단은 달랐다. 유형자산 손상차손은 유형자산의 미래 가치가 장부상 가치보다 현저하게 낮아질 가능성이 있으면 재무제표에 손실로 반영하는 것이다.

쌍용차는 경기가 어려워 새로운 모델을 투입할 수 없거나 과거 모델 6개 중 4개를 단종해야 한다고 판단해 손실로 반영했다. 이를 반영해 2008년 당기순손실이 1861억원이었는데 안진회계법인 감사를 거치면서 7110억원 손실로 나타났다.

노조는 정리해고 근거로 삼으려고 손실을 부풀렸다고 주장했고 항소심 재판부는 수용했지만, 대법원은 받아들이지 않았다. 대법원은 "2008년 하반기부터 극심한 유동성 위기를 겪어 신차 출시 여부와 시점이 불확실했다"며 "단종을 계획했던 기존 차종은 경쟁력과 수익성이 악화된 상태였고 예상 매출을 추정한 것이 합리적 범위를 벗어나지 않는다"고 판단했다.

대법원 판단은 검찰 판단과 맥을 같이 하고 있다. 지난 3월 서울중앙지검 형사 7부(부장검사 송규종)는 허위 재무제표를 작성 공시한 혐의로 노조가 고발한 최형탁 전 쌍용차 대표와 안진회계법인 등을 모두 무혐의 처리했다. 만약 노조가 최종심에서 승소했다면 법원과 검찰의 엇박자를 노출할 뻔했지만 이번 판결로 일단락했다.

기문주 법무법인 로고스 변호사는 "대법원이 법적 안정성과 산업계에 미치는 영향을 종합적으로 고려하다 보니까 기존처럼 보수적인 판결을 내린 게 아닌가 생각한다"며 "사실 1심 판결이 대법원과 같은 취지였고, 이를 뒤집은 항소심 판결이 의외라는 반응이 꽤 있었다"고 말했다.

매일경제신문. 2014. 11. 13.

손상차손의 개념은 매우 주관적인 판단의 영역이다. 매도가능증권의 손상차손의 경우는 예를 들어 손해보험업계에서는 그 판단 기준으로 다음의 금융감독원의 권고사항이 그 근거이다. 물론, 감독기관의 권고사안은 권고사안에 그치는 것이기는 하지만 금융기관에서의 감독기관의 권고는 권고 이상의 의미가 있다, 물론, 감독원의 이러한 권고사안은 금융기관에만 국한된 것이므로 일반적인 상장기업에까지 영향을 미치는 내용은 아니다.

문서번호 보험건전 -00018
시행일자 2013.03.07

제목: 지분증권 손상차손 인식여부 판단시 유의사항 통보

1. 귀사의 무궁한 발전을 기원합니다.

2. 귀사에서 보유하고 있는 매도가능지분증권의 손상차손 인식과 관련하여 아래와 같이 유의사항을 통보하오니 이행에 만전을 기하여 주시기 바랍니다.

– 아 래 –

① 지속적 하락의 의미 : 일정기간 동안 원가이하로 반등 없이 지속적으로 하락하는 상태를 의미하지 않으며, 단지 공정가치가 원가이하로 하회한 상태가 일정기간 이상으로 지속되는 상황을 의미

② 유의적 하락과 지속적 하락 기준의 독립성 : 두가지 기준을 결합한 조건으로 판단하는 것은 적절하지 않으며, 유의적 하락 기준과 지속적 하락 기준 중 어느 하나라도 만족하는 경우에는 객관적 손상사건이 발생한 것으로 보는 것이 타당

③ 유의적 하락과 지속적 하락 기준의 수준 : 지분증권이 원가이하로 30% 이상 하락하거나 원가이하 하락한 상태가 6개월이상 지속되는 경우에는 일반적으로 객관적 손상사건이 발생한 것으로 보는 것이 적절하며, 이러한 판단 기준은 일관성 있게 적용되어야 하며 재무제표 주석사항에 상세하게 공시하여야 함. 끝.

금융감독원장

국가회계 예규는 공정가액과 장부가액의 차이가 중요한 경우 재평가하거나 국유자산 관리 총괄청이 일정 주기를 정하여 재평가하도록 규정하고 있는데 이 경우의 중요한 차이를 예규에 30%라고 규정하고 있다. 지방정부의 회계일 경우는 자산재평가가 필요한 것인지에 대한 논란이 있다.

또한 '유의적'과 '지속적' 개념이 and가 아니라 or라는 유권해석도 흥미롭다. 단, 이러한 판단 기준은 감독기관이 손해보험업계에 제시한 가이드라인이므로 모든 기업에 해당하는 내용은 아니다. 일반적으로 손상을 인식하는 조건은 교과

서적으로 이해한다면 가격이 하락하여 회복될 가능성이 없는 경우를 의미하므로 통상적으로는 어느 정도 기간 이상 동안 회복이 되지 않는 것으로 이해할 수 있다. 또한 가격이 어느 정도 이상으로 하락하는 경우에는 바로 반전할 수 있으므로 손상의 개념이 아닌 것으로 적용될 수 있다.

손해보험업계에서는 권고사항에 의해서 30% 이상 주가가 하락하였을 경우에 손상을 인식하게 된다. 기업회계기준에서는 가능하면 이와 같은 내용에 대해서 확정적으로 정의하지 않는 경우가 대부분이며 이러한 영역은 기업의 주관적인 판단의 범주이다. 특히나 국제회계기준이 규범중심(rule base) 기준이 아니라 원칙(principle based) 중심의 기준이라서 더더욱 그러하다. 그러나 이는 규제가 강한 금융기관의 경우이고 그렇지 않은 경우에는 기업의 자의적인 판단에 의해서 손상을 인식하는 것이 일반적이다.

이러한 30%는 중요성의 기준을 수치화하여 표기한 것이다.

2014년 3월 24일 서울중앙지방검찰청이 안진회계법인에 보낸 불기소이유통지(2014.3.18.)의 요점은 다음과 같다.

고발인: 쌍용자동차 해고 노동자
피의자(피고소인): 안진회계법인

사회적으로 이슈가 되었던 점은 구조조정(인력조정)이 불가피했는지와 구조조정을 위해서 분식을 했는지가 주된 이슈였다. 그렇기 때문에 외감법 위반으로 기소 여부가 이슈가 되었던 것이다. 본 저술의 주된 관심이 회계적인 이슈이기 때문에 가능한 회계적인 이슈 이외의 내용은 대법원의 판결문이나 검찰의 불기소처분 문건에서 제외하고 회계 관련 이슈만 아래에 인용한다.

피의자 ×××은 2009.3.27.경 유형자산 손상차손을 과다하게 인식한 이 사건 재무제표가 회계처리 기준에 따라 적정하게 표시되었다는 내용으로 감사보고서를 거짓으로 기재하고, 피의자 안진회계법인은 사용인인 피의자 ×××이 자신의 업무에 관하여 이와 같이 감사보고서를 거짓으로 기재하여 각 주식회사의 외부감사에 관한 법률 위반.

A. 인정되는 사실
(1) 유형자산 손상차손액의 산정 방법
이슈가 된 기업 회계기준은 유형자산의 사용 및 처분으로부터 기대되는 미래의 현금

흐름총액의 추정액이 장부가액에 미달하는 경우에는 장부가액을 회수가능가액으로 조정하고 그 차액을 감액손실로 처리한다고 규정하고 있다(유형자산 기준서 문단 36).

여기서 회수가능가액은 순매각가액과 사용가치 중 큰 금액을 말하고, 순매각가액은 합리적인 판단력과 거래의사가 있는 제삼자와의 독립적인 거래에서 매매되는 경우의 예상처분가액에서 예상처분비용을 차감한 금액을 말하며, 사용가치는 해당 자산 또는 자산그룹의 사용으로부터 예상되는 미래 현금흐름의 현재가치를 의미한다.

한편, 사용가치는 미래 현금흐름에 할인율을 적용하여 계산하는데, 쌍용자동차는 통상의 회계실무 방식에 따라 5년의 추정기간 동안의 공헌이익(매출액-추정 변동원가)-고정원가-재투자액+처분/잔존가치라는 산식에 의해 사용가치를 계산하였다.

(2) 유형자산 손상차손 인식

쌍용자동차의 외부감사인인 안진회계법인은 2008.11.17.부터 11.21까지 쌍용자동차에 대해 중간감사를 실시한 후 매출이 크게 감소하여 유형자산 손상차손을 실시한 후 2008년 회사의 매출이 크게 감소하여 유형자산 손상차손을 인식하여야 한다는 의견을 제시하였고, 이를 쌍용자동차가 받아들여 2009.2.20.경 총 장부가액에서 517,687,494,022원을 감액하는 손상차손을 계상한 이 사건 재무제표를 작성하여 2009.3.31.경 이를 공시하였으며 2009.3.27.경 안진회계법인 회계사 ×××과 다른 회계사들은 이와 같은 유형자산 손상차손 인식이 적정하다는 취지의 감사보고서를 작성하였다.

당시 쌍용자동차는 유형자산의 순매각가액보다 사용가치가 크다고 판단하고 이에 따라 그 가액을 산정하였는데. 당시 생산 중인 7개 차종 중 체어맨W와 체어맨H를 제외한 5개 차종 관련 유형자산의 장부가액 거의 대부분을 감액하였다.

한편 2011.10.6. 쌍용자동차 노조가 금융감독원에 회계조작 혐의가 있다며 감리를 요청하고, 금감원은 2011.12.8. 감리에 착수하여 2012.5.4. 그 결과를 발표하였는데, 액티언 등 4개 차종은 순매각금액이 사용가치보다 높아 순매각금액에 의해 손상차손액을 산정해야 하는데 사용가치만으로 회수가능가액을 산정함으로써 결과적으로 약 84억원의 손상차손이 과다계상되었으나 이는 미미한 금액이므로 위법사항으로 지적할 만한 사안은 아니라는 취지였다.

항소심 법원(서울고등법원 2012나14427)은 2014.2.7. 쌍용자동차가 2007년 기준 경영계획 수립 당시 액티언은 2009년, 렉스턴, 카이런, 로디우스는 2010년에 각각 단종하되 그 시점에 프로젝트명 C200, Y300, D200인 신차를 출시할 계획을 갖고 있었음에도 이 사건 손상차손액을 산정함에 있어서는 2013년까지 신차종이 투입되지 않을 것이라고 가정하였는데, 기업의 계속 운영이라는 관점에서 본다면 4개의 차종 단종을 전제한 상태에서 2013년까지 일체의 신차를 개발 판매하지 않는다는 것은 논리적으로 일관성이 없다고 보았다.

즉, 항소심 법원은 쌍용자동차가 공헌이익 산정과 관련된 매출 수량 계획 추정에 있어 2008년 말 2009년 초의 자금 부족 상황이 2013년까지 계속 유지됨을 전제로 신차종이 개발 판매될 수 없다고 가정하면서도, 한편으로는 기존에 신차종 투입 계획이 유효함을 전제로 수립된 구 차종의 단종시기 판매량 예측을 그대로 사용하여, 신차에서 발생할 것으로 예상되는 미래 현금흐름 전부와 구 차종에서 발생할 것으로 예상되는 미래 현금 흐름 중 일부를 과소하게 평가함으로써 유형자산 손상차손을 과다하게 계상한 사실이 인정된다며 원고의 청구를 인용하였다.

(4) 고발인의 주장

고발인은 당초에는 순매각금액이 사용가치보다 크므로 순매각금액을 반영해 손상차손액을 산정하였어야 한다고 주장하다가 위 항소심 판결에서 위 주장이 받아들여지지 않자 이를 철회하였다.

고발인은 사용가치 계산에 관해서는, 항소심 판결 이후 위 판결의 취지를 원용하여 구차종이 단종되고 생산될 신차종의 추정 매출액을 사용가치 계산에 포함시켜야 한다고 새롭게 주장하는 한편, 만일 회사의 자금조달능력이 부족하다고 판단해 신차종을 개발하지 않는다면 구차종의 단종시기를 늦추고 신차종의 투입을 전제로 감축했던 구차종의 추정매출액을 회복시켜야 한다는 종전 주장을 유지하였다.

B. 신차 추정 매출액 포함 여부

(1) 고발인 주장

고발인은, 2008년 사업보고서에 의하면, 쌍용자동차는 2013년까지 액티언, 카이런, 렉스턴, 로디우수를 단종시키고 그 후속으로 4개 신차종 개발에 4,154억원을 투입하기로 하되 2008년 말까지 그중 1,976억원을 집행하고, 나머지 2,178억원은 이후 영업활동과 부동산 담보부 대출로 조달할 수 있었으므로, 유형자산의 사용가치를 계산함에 있어서 이들 신차의 추정 매출액을 포함시켰어야 한다며, 그럼에도 이를 하지 않은 것은 재무제표의 기본가정 중 하나인 '계속 기업의 가정'에 반한다고 주장한다.

특히 액티언의 후속차종인 코란도C(프로젝트 C200)는 2009년 하반기 출시를 목표로 하고 있었으므로 손상차손 인식 당시에는 거의 투자가 완료된 상태였을 것이므로 최소한 이 차종의 추정매출액만은 반영했어야 한다고 주장한다.

(2) 피의자 ×××의 주장

안진회계법인에서 이 사건 감사보고서 작성을 주도한 피의자는 당시는 쌍용자동차의 회계 계획안에 대한 승인이 불확실한데다, 세계적 금융위기와 경기침체, 타사 대비 경쟁력 부족으로 인한 판매량 급감, 임금 체불 및 자재 구입을 위한 외상매입금 지급 유예 등으로 상황이 몹시 어려웠다며 그와 같은 상황에서 신차를 출시한다고 가정하는 것이 오히려 비현실적이고, 따라서 이처럼 불확실한 신차 추정매출액을 사용가치 산정시 반영하는 것이 오히려 분식회계에 해당한다고 주장한다.

즉, 2008년 회사가 계획하고 있던 신차 중 D200, B100, H100은 단순 연구 단계에 있었고, Y300은 개발 초기 단계였으며, C200은 1,000억원의 개발비와 설비투자비가 지출되었으나 당시 회사 사정상 추가 개발자금을 투입해서 개발을 완료하고 시장에 성공적으로 출시할 가능성이 희박하고, 그래서 2008년도 감사보고서에서도 무형자산 중 C200, Y300 관련 개발비에 대해 자산성을 인정하기 어려워 한정의견을 표시하였던 것이며, 고발인이 언급한 4개 신차종 개발비 4,154억원도 설비의 신설 매입 비용에 불과하여 여기에 금형 및 연구비를 추가로 투입해야 하는데, 신차 한 대당 3천~5천억원이 소요되는 것은 물론, 상당한 개발기간 또한 소요된다는 점을 간과하고 있다고 주장한다.

개발비는 자산이고 연구비는 비용이다. 자산으로 인정을 받기 위해서는 미래의 수익이 창출되어야 하는데 감사인은 이에 대한 의문을 제기하고 있다. 즉, 회사는 신제품으로 인한 수익 창출을 기대하고 개발비를 자산화하였으니 감사인은 이를 부정하였으며 이건에 대한 의견이 조율되지 않음으로 2008년 재무제표에 대하여 한정의견을 표명하게 된다. 따라서 2008년부터도 감사인과 회사간에 신제품 개발의 성공 가능성에 대한 이견이 존재하였다.

부실감사와 관련된 유권해석에 있어서 감독기관은 감사인이 문제가 된 건이 아니라 재무제표의 다른 건에 대해서도 어느 정도 적극적으로 의견을 개진하고 재무제표를 수정하였는지를 고려할 수 있다. 즉, 감사과정에서의 재무제표의 수정 내용이 감사과정에서 어느 정도 투명하였는지 또는 기업에 우호적이었는지를 판단할 수 있는 근거로 사용될 수 있다.

- 계속하여 C200은 약 3,000억원의 개발비와 설비투자비를 투입한 끝에 계획보다 1년 늦은 2010.9 출시하였으나, D200, B100, H100은 2009년 이후 개발 계획이 모두 취소되어 관련 유 무형자산이 모두 손실처리된 것만 보더라도 이 사건 손상차손 계상 당시 신차종 생산 여부가 불확실하였다는 점을 알 수 있고, 부동산 담보 대출 가능성도, 주채권은행인 산업은행이 대주주인 상하이자동차의 역할 선행을 지원의 조건으로 내걸었는데 상하이자동차가 결국 경영을 포기한 점에 비추어 거액의 대출은 불가능하였을 뿐만 아니라, 그 당시 다수의 금융기관을 접촉하였으나 신규 대출을

한 건도 성사시키지 못하였고, 회사 소유 부동산에 대해 담보를 실행하려면 공장을 폐쇄하고 경매절차를 진행해야 하는데 절차적으로 매우 어렵고 시간도 많이 소요되는 일이라 금융권으로부터 담보로 대출을 받는다는 것 자체가 쉽지 않았다고 주장한다.

신차와 관련된 위의 내용은 물론 결과론적인 논리의 전개이지만, 감사인이 2008년 감사보고서에서 개발비 계상에 대해서 부정적인 의견을 보인 것이 잘못된 판단이 아니었다는 것을 보여 주고 있다.

- 이와 같은 이유로 신차 추정매출액은 반영하지는 않았으나, 그 대신 복수의 차종 생산에 사용되는 타차경유자산과 모든 차종 생산에 사용되는 전 차종 공통 자산은 계속 사용하는 것으로 가정하여 각 장부가액의 100%를 사용가치에 가산하여 신차 추정매출액의 대용치로 사용하였다며, 그렇기 때문에 결과적으로 계속기업의 가정에 맞게 회계처리를 한 것이라고 주장한다.

위의 논리는 신차에 대한 가치를 인정하지 않은 것이 계속기업의 가정을 어긴 것이라는 비판에 대해서 타차 경유 자산과 전 차종 공동 자산의 사용가치를 인정하였으므로 계속기업의 가정을 위반한 것이 아니라는 방어적 논리이다.

(3) 증거관계 및 판단

(가) 금융감독원, 서울대 최종학 교수의 의견

- 감리를 진행한 금감원은 신차종의 추정매출액을 반영하려면 신차 생산 계획의 실현가능성이 충분해야 하는데, 당시는 세계적인 금융위기와 전반적인 경기침체, 쌍용자동차의 재무상황 악화에 기업회생절차의 계속 여부조차 불투명하여 신차종 개발, 시장 출시 가능성은 매우 희박한 상태였다고 판단하였다.

- 위 항소심 재판과정에서 특별 감정인으로 참여한 서울대학교 경영대학 최종학교수는 항소심 재판 과정과 검찰 조사에서 신차 1종의 개발 생산에 3,000~4,000억원이 소요되는데, 당시 쌍용자동차는 있는 생산설비도 제대로 가동하기 힘든 상황이었으므로 새로이 개발에 투자하거나 개발 완료 후 설비를 구입할 자금은 더욱 없었고, 2009.2.6. 회생절차가 개시되어 회사의 회생 여부가 불투명한 상황에서 후속 신차들의 추정 매출액을 감안한다는 것은 수익 비용 측면에서 불확실성이 존재할 때 손실은

즉시 인식하고 이득은[33] 실현될 때까지 기다려서 인식해야 한다는 보수주의 회계원칙에 반한다고 진술하였다.

최종학교수는, 쌍용자동차가 처분 잔존가치를 계산함에 있어 특종 차종 생산에만 사용되는 전용 자산은 단종 후 처분가치를 2007. 5 코란도, 무쏘 생산라인 처분 시 회수율과 같이 장부가액의 23%로 산정하고, 타차경유자산과 전차종공통자산은 각 장부가액의 100%를 인정하였는데, 과거 전용자산 23% 회수율은 회사가 정상적인 상황에서 기술료, 판권 등과 함께 매각할 수 있었기에 가능한 성공 사례라는 점에 비추어 이번에도 그대로 적용한 것은 지나치게 낙관적이고, 타차경유설비도 해당 설비를 사용하는 차량들이 모두 단종될 수 있으므로 100%로 가정한 것도 낙관적이라고 할 것인데, 다만, 이와 같이 처분/잔존가치를 후하게 반영함으로써 신차 개발 및 출시로 인한 현금유입 가능성을 간접적으로 반영한 것으로는 볼 수 있다고 진술하였다.

최교수는 타차경유설비의 인정은 매우 낙관적으로 접근하였으므로 회사가 이익을 과소계상하기 위한 입장이었다는 논리를 부정하고 있다.

(라) 기타

- 그 외에도 세계적인 금융위기, 전반적인 경기침체와 이에 따른 회사의 재무상황 악화, 기업 회생절차의 계속 여부 불확실 등으로 합리적 추정 자료를 입수하는 것이 불가능하다며 개발비에 대해 한정의견을 표명한 감사보고서, 회생개시 결정 당시인 2008.2.6. 기준 미지급 임금과 연월차 수당만도 715억원에 달한다는 회생사건 조사위원인 삼일회계법인의 조사보고서, 쌍용자동차가 유동성 위기를 겪고 있었고 신차 개발을 위한 자금이 부족하였다고 볼 수 있다는 위 항소심법원의 판단도 피의자 ×××의 앞서 본 주장에 부합하는 것으로 보인다.

- 한편, 위 항소심 법원은 신차를 개발 판매하지 않으면서 구차종 마저 단종시킬 수 있다는 전제하에 추정 매출액을 산정한 것을 계속기업의 가정에 반한다고 판시하였으나, 이와 같은 점을 감안하여 새로 산정되는 손상차손액은 얼마여야 하는지, 구차종 계속 생산과 신차 개발 판매 두가지 모두 여의치 않은 경우에는 유형자산 손상차손을 어떻게 산정해야 하는지, 이 사건의 경우 적정한 손상차손 규모는 얼마인지 언급이 없다.

- 또한 삼정이 2009.3.31. 쌍용자동차에 제출한 쌍용자동차 경영정상화 방안 검토 보고서와 회생사건 조사위원으로 선임된 삼일회계법인이 2009.5.6. 회생법원에 제출한

33) 이득보다는 수익이라는 표현이 더 적절한 표현이지만 판결문 원문에 충실하게 인용한다.

조사보고서에는 신차종의 추정 매출액이 제시되어 있으나, 이는 회사의 경영활동이 정상화되고 자구계획 이행을 포함한 회사의 향후 사업계획이 정상적으로 진행됨을 전제로 하거나, 인력 감축을 포함한 구조조정 및 경영정상화 방안이 계획대로 실현되고, 구조조정비용, C200 신차 개발비용 등에 필요한 신규 자금 2,500억원이 원활하게 조달되는 것을 전제로 한 것이어서 이것만으로는 회생계획 인가를 기다리고 있던 2009.2. 당시의 쌍용자동차의 입장에서 신차 생산이 실현 가능한 것이었다고 보기는 어렵다.

(라) 소결

- 위와 같은 자료와 진술, 의견을 종합해 보면, 2009. 2. 당시 쌍용자동차는 액티언 후속 차종에 대해 약 2,000억원의 추가 개발비나 설비투자비를 지출할 수 있을지 불투명하였고, 개발 초기 단계에 있거나 착수조차 하지 못한 나머지 차량들은 더더욱 개발 생산 가능성이 높지 않았으며, 설령 신차 출시가 가능하다고 가정하더라도 회생절차 등으로 인해 애초에 예정했던 출시일이 얼마나 미뤄질지를 객관적 합리적으로 예측하기가 불가능하므로 유형자산 손상차손 산정을 위한 구체적 매출액 도출이 사실상 어려웠던 것으로 보인다.

- 여기에, 금감원과 일부 회계 전문가의 의견이 위 항소심 법원 판단과 다르다는 점을 더해 볼 때, 이 사건에서 유형자산의 손상차손을 인식함에 있어 신차 추정매출액을 사용가치 산정에 반영하는 것만이 기업회계기준에 부합하는 회계처리 방식이고, 이를 반영하지 않은 이 사건 재무제표나 감사보고서가 거짓으로 작성된 것이라고 단정할 수는 없다.

- 마지막으로, 구차종 단종 이후에도 타차경유자산과 전 차종공동자산이 계속 사용된다는 전제하에 그 장부가치의 100%를 처분 잔존가치로 인정한 점을 고려할 때 이 사건 손상차손이 계속기업 가정을 위배하여 계상된 것이라고 보기도 어렵다.

C. 구차종 추정매출액 산정 문제

(1) 고발인의 주장

- 고발인은 사정상 신차종을 개발하지 않는다면 구차종의 단종을 늦추며 차량의 앞뒤만 바꾸는 페이스리프트나 연식 변경을 통해 계속 생산하여야 하므로 그만큼 구차종의 추정매출액을 증가시켜 이를 사용가치 계산에 반영하였어야 한다고 주장한다.

- 특히 고발인은 당시 쌍용자동차가 러시아 Sollers사에 2011.12까지 액티언과 카이런을 공급하기로 하는 계약을 체결한 상태였음에도 액티언은 2009말, 카이런이 2010말에 각각 단종되는 것으로 가정하여 사용가치를 산정한 것도 옳지 않다고 주장한다.

(2) 피의자 ×××의 주장

- 피의자 ×××은 손익분기점을 넘어서는 판매량이 확보되지 않으면 차량 판매에

따라 공헌이익은 커지지만 인건비 등을 포함하는 고정원가 부담으로 사용가치는 오히려 줄어 들고 결국 손상차손액이 늘 수 있다며, 이 사건에서 2008년 판매량이 이후까지 유지되더라도 차종별 미래 현금흐름이 대부분 마이너스가 되어 손상차손액에 차이가 없을 것으로 예상되었기 때문에 애초에 예정된 대로 구 차종을 단종시키는 것을 전제로 손상차손액을 산정하였다고 주장한다.

관리회계에서 손익분기점을 초과하지 않는다면 총공헌이익이 총고정비에 미치지 못하여, 고정비도 cover하지 못하는 판매일 뿐이다. 단, 그나마 매출을 하지 않는다면 일부의 고정비 마저도 cover할 수 없으므로 더 큰 손실이 발생할 수도 있으므로 손실을 보면서도 생산활동을 계속할 수는 있다.

(3) 증거관계

- 금감원이, 신차종을 생산하지 않는 경우 구 차종을 단종하지 않고 계속 생산하는 것을 전제로 계산하여야 한다는 판결 취지에 따라 2008년의 판매 수량이 2013년까지 유지되는 것을 전제로 사용가치를 재계산한 결과, 판매량 증가로 공헌이익이 증가해도 고정원가 증가분으로 인해 손상차손액이 약 29억원 증가한다는 판결 내용 분석 및 검토보고서의 기재 내용이 피의자 ×××의 주장에 부합한다.

- 최종학교수 역시 구 차종 상당수가 적자 차종이어서 단종시키지 않고 계속 생산하더라도 사용가치가 늘어나지는 않을 것이라고 피의자 ×××의 주장에 부합하게 진술하고, 2008년의 구차종 매출이 2009년부터 2013년까지 5년간 유지된다고 가정하고 손상차손액을 산정해 본 결과 기존 계산보다 약 4억7,200만원이 늘었다는 쌍용자동차 손상차손조서 역시 피의자 ×××의 주장에 부합하고, 달리 고발인의 주장대로 구차종의 추정매출액을 증가시키면서 사용가치가 늘어 손상차손액이 줄어든다고 인정할 만한 증거자료를 발견할 수 없다.

(4) 소결

- 그렇다면, 고발인의 주장대로 피의자들이 손상차손액을 늘리기 위해 의도적으로 구차종의 추정매출액을 축소하거나 일부 부품 수출 계약으로 인한 추정매출액을 누락하였다고 보기 어렵고, 이와 같이 작성된 이 사건 재무제표나 감사보고서가 거짓으로 작성되었다고 볼 수도 없다고 할 것이다.

D. 피의자들의 손상차손 과다계상 범의 문제
(1) 피의자들의 주장
- 피의자 ××× 및 그와 함께 이 사건 감사 업무를 담당한 안진회계법인의 소속 회계사 ×××, ×××는 2008.11. 중순경 쌍용자동차에 대한 중간감사 당시 매출 급감으로 유형자산의 미래 사용가치가 급락할 것으로 예상하고 일단 액티언과 로디우스 2개 차종의 전용자산에 대해 샘플 테스트를 실시한 결과, 이 부분 손상차손액이 644억원으로 산정되기에 이 결과를 쌍용자동차 기획재무본부장 장바오신, 회계팀장 오현태 등에게 전해 주면서 위 2개 차종을 포함한 전 차종의 전용자산은 물론 타차경유자산, 전차종공통자산에 대해서도 손상차손을 인식하라고 권유한 바 있고, 2009.1.22. 경에는 실현가능성이 희박한 신차의 추정매출액을 제외하고 적정하게 손상차손액을 산정한 손상차손 권유조서를 직접 작성하여 쌍용자동차에 제공하였는데 쌍용자동차가 이를 수용하여 최종 재무제표에 반영한 것이라며, 자신은 회계상 필요에 따라 유형자산 손상차손을 인식하고, 이를 재무제표에 반영하게 하고, 감사보고서를 작성하였을 뿐 기업회계기준에 위배하여 감사보고서를 거짓으로 작성한 사실이 없다고 주장한다.

회사의 회계팀 라인이 감사인의 권유조서를 수용하여 이를 재무제표에 반영하였다면 정당한 절차를 거친 것이다.

- 피의자 최형탁은, 재무회계 업무는 공동대표이사인 란칭송이 담당하였고 자신은 기술 생산 등 업무를 담당하였기 때문에 안진회계법인이 2008.11 중간감사를 실시한 사실에 대해 보고를 받은 바 없으며, 안진회계법인이 그 무렵 유형자산 손상차손 인식을 권고했다는 사실에 대해 보고를 받은 바 없고, 안진회계법인이 그 무렵 유형자산 손상차손 인식을 권고했다는 사실도 전혀 모르고 있었으며, 쌍용자동차가 회생개시신청을 한 2009.1.9. 대표이사직에서 사임하였기 때문에 2009.2.20.경 재무제표 작성에도 전혀 관여한 바 없다고 주장했다.

최형탁이 각자 대표가 아니고 공동대표라고 하면 내 업무가 아니니 나는 잘 모른다는 주장에는 설득력이 없다. 각자 대표라고 하면 이러한 주장에 대해서 책임을 벗을 수도 있으나 공동대표는 실질적으로는 아닐 수 있으나 법적으로는 모든 책임을 공동으로 지겠다는 것을 의미한다.[34)]

---

34) 공동 대표, 각자 대표의 법적인 이슈는 손성규(2016) chapter 14의 내용을 참고한다.

- 피의자 이유일은 2009.2.6. 회생관리인으로 선임되어 차량 개발 마케팅 관련 업무를 주로 수행하였을 뿐 재무회계 업무는 잘 알지 못했고 관여하지도 않았으며, 2009.2.20. 결산 재무제표는 3~4쪽으로 요약된 보고서로 간략하게 보고를 받은 후 회계기준에 맞게 처리한 것으로 판단되고 결재하였을 뿐이어서 재무제표 전체를 보지 못하고 유형자산 손상차손에 관해 따로 보고받은 기억도 없다고 주장한다.

- 피의자 박영태는 안진회계법인이 2008.11 중간감사를 실시할 당시 기획재무본부 본부장으로 재직하고 있었으나 자신은 서울 본사에서 자금 조달 업무를 담당하였을 뿐 평택 사무실에서 이루어지는 회계업무에는 관여한 사실이 없어 안진회계법인이 유형자산 손상차손 인식을 권고했다는 사실도 모르고 있었으며. 2009.2.6. 회생관리인으로 선임되었는데 회생법원에서 관리인은 주주 채권자 등 이해관계자들에 대한 공적 수탁자이지 회사의 직원이 아니므로 결산업무 등에는 관여하지 말라고 하여 전혀 관여하지 않았고, 2009.2.20. 관리인 자격으로 자세한 내용은 모른 채 실무진들이 회계기준에 맞게 처리한 것으로 믿고 재무제표에 결재만 하였다고 주장한다.

박영태가 기획재무본부장으로 CFO의 역할을 수행하고 있었다고 하면 회계업무에 관여한 사실이 없다는 것에 대해서 면죄부를 받기 어렵다. 본인이 책임을 맡고 있고 서명을 했다면 당연히 책임을 져야한다. SOX 이후에 도입된 CEO, CFO의 재무제표에 대한 certification제도는 재무제표에 대해서 CEO와 CFO가 책임을 지라는 것이다.

또한 회계 담당 line은 요약된 보고서라고 하여도 이 안건의 중요성에 근거하여 보고 시 주의를 환기하였어야 한다.

회계관리인은 회사직원이 아니므로 결산 업무에는 관여하지 않고 단지 재무제표에 결재만을 한다는 것도 이 제도가 맞다면 이해하기 어렵다.

(2) 증거관계

- 유형자산 손상차손액이 약 5,177억원으로 결정되기까지의 과정에 관한 쌍용자동차 회계팀장 오현태, 과장 송근택의 각 진술 역시 피의자 ×××의 주장과 부합하고, 안진회계법인이 쌍용자동차에 대해 기말 감사 시 전 차종에 대한 감액평가와 함께 타차 경유자산과 전차종공통자산에 대해서도 손상차손테스트를 실시하라고 권고하는 내용의 '2008 중간감사 closing memo', 안진회계법인이 쌍용자동차 측에 제공한 손상차손 권유조서, 쌍용자동차가 최종적으로 확정한 손상차손 조서의 각 기재내용도 피의

자 ×××의 주장에 부합한다.

한편 회계팀장 오현태와 과장 송근택은 2008.11 기획재무본부장 장바오신과 함께 안진회계법인으로부터 유형자산손상차손의 인식을 검토하라는 권고를 받았고, 장바오신이 상하이자동차 그룹 외에 대표이사들에게 따로 보고를 하였는지는 알지 못하는데, 자신들이 피의자 최형탁 등 대표이사들에게 보고하지는 않았다고 피의자 최형탁의 변명에 부합되게 진술한다.

쌍용자동차는 2005년 약 1,034억원, 2006년 약 1,960억원의 당기순이익을 보이다가 2007년 약 116억원의 당기순이익을 기록했지만 2008년 당기순손실이 유형자산손상차손액을 제외하고도 약 1,861억원에 달하였다. 이러한 영업의 결과를 보이는 회사에서 5천억원의 손상차손이 보고된다는 것은 대단히 중요한 사건이다. 당기순이익의 몇 배에 해당하는 금액이 손상차손으로 인식되었는데 회계에 전문적인 지식이 없는 경영자라고 해도 이 내용을 인지하지 못하였다고 하면 이는 이해하기 어렵다.

5천여억원의 손상차손에 대해서 대표이사가 회계에 대한 전문성이 없다고 해도 해당 분야의 현업 부서에 있는 기획재무본부장, 회계팀장, 회계과장은 당연히 이와 관련된 내용을 대표이사에게 보고할 뿐만 아니라 그 심각성에 대해서 심도 있는 논의도 해야 한다. 이러한 보고 과정이 간과되었다고 하면 경영의사 결정에 심각한 흠결이 있는 것이다.

전문가 여부를 차치하고 이 정도 중요성의 금액은 당연히 경영의사 결정에서 부각되어야 한다.

- 오현태는 또한 2009.2.20. 당시 피의자 이유일, 피의자 박영태에게 이 사건 재무제표의 내용을 간단히 요약 보고하였고, 피의자들이 재무제표 내용을 실질적으로 검토하지 않았다고 피의자 이유일, 피의자 박영태의 변명에 부합하는 진술을 하고, 총 3쪽 분량의 08년 회계결산(안) 보고서의 기재 내용 역시 피의자 이유일의 변명에 부합한다.

- 또한, 피의자 최형탁이 재무제표 작성일보다 40여일 전에 대표이사직에서 물러난 점, 피의자 이유일, 피의자 박영태는 법원에 의해 선임된 관리인이고 관리인은 채무자나 그의 기관 또는 대표자가 아니고 채무자와 그 채권자 등으로 구성되는 이른바 이해관계인 단체의 관리자로서 일종의 공적 수탁자에 해당한다는 점, 유형자산 손상차

손은 빈번하게 발생하는 사례가 아니어서 회계전문가가 아니면 그 적정 여부를 쉽게 판단하기 어려운 점 또한 피의자 최형탁, 피의자 이유일, 피의자 박영태의 변명에 부합하는 것으로 보인다.

손상차손이 빈번하게 발생하는 사례가 아니므로 더더욱 더 신중하게 검토되었어야 한다. 또한 이 항목이 빈번하게 발생하는 사례가 아니라고 해도 이 사건의 중요성에 근거하면 이 정도 금액의 보고는 심각한 고민의 결과여야 한다. 아무 특이사항이 없었던 재무제표에 서명하는 식으로 결재가 되었다고 하면 due care가 매우 미흡한 것이다. 검토해야 할 문건을 실질적으로 검토하지 않았다고 해서 책임을 피해갈 수 있는 것이 아니다.

(3) 소결

위와 같은 자료의 진술, 쌍용자동차의 매출이 2007년에 비해 급감하였던 당시의 상황에 비추어 볼 때 기업회계기준상 유형자산 손상차손 인식의 필요성은 있었던 것으로 보이고, 앞서 살펴본 바와 같이 신차의 추정매출액을 포함시키는 것만이 기업회계기준에 부합하는 회계처리라고 단정하기 어려운 점을 고려할 때 설령 신차의 추정매출액을 포함시키지 않아 손상차손액이 늘어난 것이 오류에 해당한다고 하더라도 고발인의 추측 외에는 피의자 ×××이 고의적으로 손상차손액을 부풀렸음을 인정할 증거가 전혀 없다.

- 한편 위에서 살펴본 피의자 최형탁, 이유일, 박영태의 쌍용자동차에서의 지위, 재직기간 등을 고려할 때 假使 이 사건 재무제표에 거짓이나 오류가 있다고 하더라도 고발인의 추측 외에 피의자 최형탁 등이 이에 가담하였다거나 이와 같은 사실을 알고도 재무제표에 결재를 하였다고 볼만한 뚜렷한 증거자료를 찾기 어렵다.

결론

- 피의자들이 이 사건 재무제표나 감사보고서에 유형자산 손상차손을 계상함에 있어 회계기준을 위반하여 거짓의 내용을 기입하고 이를 공시하였다거나, 가사 재무제표나 감사보고서에 일부 사실과 다른 내용이 있다고 하더라도, 피의자들이 그것이 사실과 다름을 알고 기재하거나 결재하였다고 볼만한 증거자료를 발견할 수 없다.

대법원의 일부의 문건은 아래와 같다.

원고: 쌍용자동차 노동조합
피고: 쌍용자동차

4) 회생절차개시 결정 이후 피고(실제 행위 주체는 회생법원이 선임한 관리인이나, 편의상 '피고'라고 한다)는 삼정에 경영 전반에 대한 진단 및 회생전략 수립을 의뢰하였다. 이에 따라 삼정은 2009.3.31. 작성한 검토보고서에서 '경기 침체 및 경쟁력 약화 등으로 매출액이 감소하고 영업실적이 악화된 결과 자본 감소 및 유동성 부족 사태가 초래되었고, 동종업체와 비교하여 수익성, 효율성, 재무건전성이 취약하여 시급한 개선이 필요한 상태'라고 진단하고, 경영정상화를 위한 방안으로 인력구조 조정과 자산 매각, 비용 절감과 효율성 개선 등을 제시하였다. 인력구조조정과 관련하여 삼정은 향후 생산판매계획 등을 고려할 때 총 2,646명 규모의 구조조정이 필요하다고 보았다.

5) 피고는 삼정이 제시한 경영정상화 방안에 입각하여 총 2,646명을 감원하는 인력구조조정 방안을 확정한 다음, 회생법원의 허가를 받아 2009.6.8. 위 2,646명에서 그 무렵까지 희망퇴직 등으로 퇴사한 1,666명을 제외한 980명에 대하여 이 사건 정리해고를 단행하였다.

6) 전국금속노동조합 쌍용자동차 지부는 2009.5.22. 피고의 인력구조조정에 반대하여 피고의 평택공장을 점거한 채 파업에 돌입하였는데, 이 사건 정리해고 이후 노사의 대립이 극한 상황에까지 이르다가 피고와 노조는 2009.8.6. 노사대타협을 하면서 정리해고된 근로자들을 무급휴직, 희망퇴직, 영업직 전직 등으로 전환하기로 하는 '쌍용자동차의 회생을 위한 노사합의서'를 작성하였다. 이에 따라 이 사건 정리해고자 980명 중 459명이 무급휴직으로 전환되고, 그 밖에도 상당수가 희망 퇴직, 전직 등으로 전환되면서, 최종적으로 정리 해고된 근로자는 원고들을 포함하여 모두 165명이 되었다.

7) 한편 기업회계기준서는 유형자산의 진부화 또는 시장가치의 급격한 하락 등으로 유형자산의 사용 및 처분으로부터 기대되는 미래의 현금흐름 총액의 추정액이 장부가액에 미달하는 경우에는 장부가액을 회수가능가액으로 조정하고 그 차액을 손상차손으로 처리하도록 정하고 있다. 여기서 회수가능가액은 순매각가액과 사용가치 중 큰 금액으로 하는데, 순매각가액은 합리적인 판단력과 거래의사가 있는 제삼자와의

독립적인 거래에서 매매되는 경우의 예상처분가액에서 예상처분비용을 차감한 금액이고, 사용가치는 해당 자산 또는 자산그룹의 사용으로부터 예상되는 미래현금흐름의 현재가치를 말한다. 피고는 2008년 재무제표 작성 당시 위 기업회계기준서에 따라 토지를 제외한 유형자산의 사용가치와 장부가액과의 차액을 손상차손으로 인식하면서 손상차손액으로 517,687,494,022원을 계상하여 2008년 재무제표상 당기순손실과 부채비율이 큰폭으로 증가하였다. 피고는 2007년에 수립한 사업계획을 기초로 해당 유형자산에서 생산될 차량의 2009년부터 2013년까지의 예상 매출수량을 추정한 다음 이를 토대로 해당 유형자산의 사용가치를 산정하였는데, 위 사업계획에서 2009년과 2010년에 단종되는 것으로 계획된 일부 기존 차종에 대해서는 위 단종 계획을 반영하여 예상 매출수량을 추정한 후 미래현금흐름을 산출하였으나, 그 후속 차량으로 출시가 계획된 신차의 예상 매출수량은 고려하지 않았다.

다. 원심은 위와 같은 사실 관계를 기초로, 이 사건 정리해고 당시 피고에게 유동성 위기가 발생한 직접적인 원인은 2008년 들어 경유 가격의 급등 및 국내외 금융위기로 매출이 급격히 하락한 데에 있고, 피고가 담보 여력이 있는 부동산을 소유하고 있어 유동성 위기를 완화할 수단이 전혀 없었다고 볼 수 없으며, 유동성 위기를 해결하기 위하여 회생절차에 들어가는 것은 불가피하였다고 볼 여지가 있으나 회생절차에 들어갔다고 하여 바로 인원 감축의 필요성이 도출된다고 단정할 수 없다고 하였다.

또한 원심은, 피고가 2008년 재무제표 작성 당시 유형자산의 사용가치를 산정함에 있어 기존 차종에 대하여 2009년 또는 2010년 단종을 전제로 예상 매출수량을 수정하였으면서도 2013년까지 어떠한 신차도 출시하지 않는다는 가정 아래 위 기존 차종의 후속으로 출시가 계획된 신차의 예상 매출수량을 누락함으로써 해당 유형자산의 사용가치를 과소하게 평가하여 유형자산 손상차손을 과다하게 계상하였고, 그 결과 2008년 재무제표상 당기순손실과 부채비율이 큰 폭으로 증가하게 되었으므로, 위 재무제표를 기초로 피고의 재무건전성이 취약하다고 단정하기 어렵다고 판단하였다.

그리고 원심은 피고의 1인당 매출액, 매출액 대비 인건비 비중, HPV(Hours per vehicle, 자동차 1인당 생산소요시간) 등의 지표가 동종업계와 비교하여 악화되어 있다는 사정만으로 피고의 생산효율성이 낮다고 단정할 수 없다고 본 다음, 이상과 같은 사정과 SUV 차량과 대형 승용차 시장에서의 피고의 경쟁력, 피고가 위와 같은 유동성 위기를 겪게 되는 데에는 상하이자동차가 피고의 경영권을 인수한 이후 약속한 투자 등을 이행하지 않는 등 상하이자동차 측의 경영상 태도에 주요한 원인이 있는데 회생절차를 통해 피고의 대주주를 교체함으로써 경영위기의 원인을 제거할 수 있는 기회가 주어진 점, 피고가 주장하는 잉여 인력의 존재나 규모에 의문이 제기되는 점 등을 종합하면, 유동성 위기로 표출된 피고의 경영위기가 구조적 계속적 위기의 성격을 가진 것이었다고 단정하기 어렵고, 따라서 그러한 유동성 위기가 존재하였다는 사정만으로는 인원 감축의 객관적 필요성이 있었다고 단정할 수 없다고 판단하였다.

나아가 원심은 설령 피고가 경영위기를 극복하기 위하여 인원을 감축할 필요가 있었다고 하더라도 피고의 경영위기를 구조적 계속적 위기로 단정하기 어려운 이상 총 소속 근로자의 3분의 1을 상회하는 대규모의 인원 감축이 필요하였다고 단정하기 어려운 점, 2009.8.6.자 노사대타협에 의하여 이 사건 정리해고에 포함되었던 근로자 중 459명의 근로자가 무급휴직으로 전환된 것을 고려하면 원래 피고가 상정하였던 인원 감축 규모가 합리적인지 의문이 제기되는 점, 이러한 무급휴직조치로 원래의 인력 구조조정 방안보다 인원 감축 규모가 축소되었는데도 회생 계획이 인가되었고, 이에 대하여 채권자들이 반대한 흔적이 보이지 않아 채권자 등 이해관계인이나 법원이 원래 규모의 인원 감축을 회생절차 진행의 전제조건으로 삼았다고 단정하기 어려운 점 등을 종합하여 보면, 피고가 제시한 인원 감축 규모에 객관적 합리성이 있다고 단정하기 어렵다고 보아 이 사건 정리해고의 객관적 합리성을 부정하였다.

라. 그러나 이 사건 정리해고에 있어 긴박한 경영상의 필요성을 부정한 원심의 판단은 다음과 같은 점에서 그대로 수정하기 어렵다.

1) 가) 먼저 원심은 이 사건 정리해고 당시 피고가 유동성 위기를 겪은 사실은 인정하면서도 담보 제공을 통한 대출을 통해 그러한 유동성 위기를 완화할 수 있었다고 보았다.

그러나 기록에 의하면, 당시 피고의 주채권은행인 한국산업은행은 상하이자동차의 유동성 지원이 선행되지 않으면 대출을 할 수 없다는 입장이었으나, 상하이자동차는 금융권의 대출 재개와 구조조정에 대한 노조의 협력을 유동성 지원의 조건으로 내걸어 피고에 대한 대출이 이루어지지 않았던 사실, 피고는 이 사건 정리해고를 포함한 인력구조조정을 마친 2009.8.11.에야 한국산업은행으로부터 1,300억여 원을 대출받을 수 있었는데, 위 대출금은 구조조정자금으로만 사용하도록 용도가 제한되었던 사실을 알 수 있다.

이러한 사실 관계에 따르면, 이 사건 정리해고 당시 피고가 그 소유의 부동산을 담보로 제공하고 금융권으로부터 신규자금을 대출받는 것은 사실상 불가능한 상황이었던 것으로 봄이 타당하다.

나) 다음으로 재무건전성 위기에 대하여 보면, 원심은 피고가 손상차손 인식의 대상이 된 유형자산에서 생산될 차량의 예상 매출 수량을 부당하게 과소 추정함으로써 해당 유형자산의 손상차손이 과다 계상되었다고 보았으나, 미래에 대한 추정은 불확실성이 존재할 수밖에 없는 점을 고려할 때 피고의 예상 매출 수량 추정이 합리적이고 객관적인 가정을 기초로 한 것이라면 그 추정이 다소 보수적으로 이루어졌다고 하

더라도 그 합리성을 인정하여야 할 것이다.

그러나 원심 판결 이유와 기록에 의하여 알 수 있는 사정들, 즉,

① 2008년 하반기부터 극심한 유동성 위기를 겪던 신차 개발에 투자할 수 있는 현금이 없고 설비를 마련할 자금 동원 능력도 없어 사용가치 산정의 대상기간 안에 계획대로 신차를 출시할 수 있는지 여부가 불확실하다고 판단하고 신차의 미래 매출을 예상 판매 수량에 반영하지 않은 것으로 보이는 점,

② 또한 피고는 단종이 계획되었던 기존 차종의 경우 모델의 노후화 등으로 시장에서의 경쟁력이 약화된 상태여서 단종 없이 계속해서 생산한다고 해도 수익이 보장된다고 보기 어려운 사정을 고려하여 단종 계획을 반영하여 예상 매출수량을 추정한 것으로 보이는 점,

③ 피고는 러시아 솔러스사의 기존 차종 중 액티언과 카이런을 2011.12.까지 공급하기로 하는 계약을 체결하였으나, 위 회사가 2008년 하반기의 세계적인 금융위기로 현지 판매가 급감하였다는 이유로 인수를 거절하는 등 2008년 말부터 실질적으로 위 회사와의 거래는 중단된 상태였던 점,

④ 이 사건 유형자산 손상차손의 과다 계상 여부를 감정한 원심 감정인은 당시 상황에서 신차의 개발은 실현 불가능한 계획이었기 때문에 신차 매출에 따른 미래 현금흐름을 반영하지 않은 것은 타당하나, 피고가 해당 유형자산의 처분 잔존가치를 추정함에 있어 타차 경유자산과 전 차종 공통자산의 경우 장부가액의 100%로 회수할 수 있는 것으로 하여 신차의 매출로 예상되는 미래현금흐름이 간접적으로 반영되었다고 볼 수 있고, 기존 차종의 경우 판매를 하더라도 적자 상태였기 때문에 계속 생산할 이유가 없다는 취지의 의견을 제시한 점 등을, 종합하여 보면, 앞서 본 바와 같은 피고의 예상 매출수량 추정이 현저히 합리성을 결여한 것으로 보기 어렵다.

설령 피고의 예상 매출 수량 추정에 문제가 있더라도 전체적으로 사용가치가 과소평가된 것이 아니라면 유형자산 손상차손이 과다 계상되었다고 할 수 없는데, 기존 차종을 단종 없이 계속 생산한다고 하여 그것이 미래현금흐름의 증가로 이어진다고 단정하기 어렵다.

다른 한편으로 기록에 의하여 알 수 있는 바와 같이 피고는 1994년부터 2000년까지 계속 당기순손실을 기록하다가 2001년부터 2003년까지 당기순이익을 기록하였으나, 2004년 영업이익이 감소하면서 기업구조개선작업이 종료된 2005년과 2006년에 당기순손실을 보였고, 2007년에 일시적으로 당기순이익을 보였으나 2008년에 다시 손익이 바뀌어 이 사건 유형자산 손상차손을 인식하기 전에도 이미 1,861억여원의 당기순손실을 기록한 점, 지속적인 매출 감소로 피고의 현금 보유액이 감소하여 2009.1. 당기 가용 가능한 현금이 74억여원에 불과하였던 점 등에 비추어 보면, 피고의 재무상황은 이 사건 유형자산 손상차손을 인식하기 전부터 악화되어 있었던 것으로 봄이 타당하다.

다) 결국 위와 같은 사정과 기록에 의하여 알 수 있는 다음과 같은 사정들, 즉 기술집약적인 자동차 산업의 경우 지속적인 기술개발과 대규모 투자가 이루어지지 않으면 동종업계와의 경쟁에서 뒤처질 수밖에 없고, 이는 매출 감소와 시장점유율의 하락으로 이어지는데, 이후 상하이자동차가 피고를 인수한 이후에도 피고에 대한 적극적인 투자가 이루어지지 않아 SUV 차량 외에 차종의 다양화를 이루지 못하였고, 거기에 SUV 차량에 대한 세제 혜택 축소로 SUV 차량에 대한 선호도가 떨어지자 매출은 더욱 감소하게 된 점, 그러던 중 2008년 하반기의 경유 가격 급등과 국내외 금융위기 사태에 봉착하게 되자 피고는 자력으로는 유동성 위기를 해결할 수 없는 지경에 이르는 것으로 볼 수 있는 점 등을 고려하면, 이 사건 정리해고 당시 피고가 처한 경영위기는 상당기간 신규 설비 및 기술 개발에 투자하지 못한 데서 비롯된 계속적 구조적인 것으로서, 외부적 경영여건의 변화로 잠시 재무상태 또는 영업실적이 악화되었다거나 단기간 내에 쉽게 개선될 수 있는 부분적 일시적 위기가 아니었던 것으로 봄이 타당하다.

따라서 피고는 인원 감축 등을 통해 위와 같은 경영위기를 극복할 긴박한 경영상의 필요가 있었다고 볼 수 있고, 경영진의 부실경영 등으로 경영위기가 초래되었다고 하여 이러한 필요성이 부정된다고 보기는 어렵다.

원심 판결 이유와 기록에 의하면, 피고는 삼정의 제안을 토대로 2,646명 규모의 인력구조조정 방안을 세웠는데, 삼정은 생산부분의 경우 MODAPTS 기법(사람의 신체 각 부분의 동작을 거리비율로 나타내어 시간 데이터 카드에 따라 표준시간을 구하는 표준시간측정방법)을 활용하여 작업자의 작업시간과 비교 검토하는 방법으로 요소작업을 분리하고, 각 공정별 layout을 검증하여 작업 동선상의 제약 조건을 파악한 후 각 공정에 편성된 작업자 간에 작업량 배분이 적정한지를 검토함으로써 적정 인력 규모를 산출하였고, 일반 사무직에 대해서는 국내 경쟁사의 일반 사무직 비중과 사무직 1인당 매출액을 비교하여 적정 인력 규모를 산출하는 등의 방법으로 구조조정 규모를 도출한 점, 이 사건 정리해고 당시 피고는 동종 업체와 비교하여 1인당 매출액, 매출액 대비 인건비 비중, 기능직 1인당 생산 대수 등 생산성을 보여주는 각종 지표가 상당히 악화되어 있었던 점, 이 사건 정리해고 이후에 체결된 노사대타협으로 정리해고자가 459명이 무급휴직으로 전환되어 결국 정리해고된 근로자의 수가 165명으로 대폭 축소되기는 하였으나, 위 노사대타협은 이 사건 정리해고를 둘러싼 노사간의 극심한 대립으로 기업의 존립 자체가 위태로워 피고의 회생 실패로 노사가 공멸하는 최악의 상황을 막기 위한 고육지책으로 노사가 막판에 상호 양보하여 체결된 점 등을 알 수 있는바, 이와 같은 사실관계에 비추어 볼 때 피고가 제시한 이 사건 인원 감축 규모가 비합리적이라거나 자의적이라고 볼 수 없다.

chapter 57

리스회계

저비용항공사 타격 클 듯

부채비율 500% 이상 될 수도.
IFRS 16(리스 회계처리기준서) 내용과 영향
주요변경내용: 금융리스와 운용리스 구분 폐지
기업의 모든 리스 자산과 부채 재무상태표에 반영

변경에 따른 영향: 운용리스비율이 높은 항공 해운사 부채비율 증가
리스 회계처리 방식 통일로 형평성 시비 없어질 듯
기업의 리스 정보 전면 공개로 재무정보 투명성 강화

IFRS 16을 도입하는 가장 큰 이유는 기업이 부채비율을 낮추려고 자의적으로 회계처리를 하는 것을 막기 위해서다. 현재 IFRS를 적용 받는 기업은 리스 계약을 맺으면 '금융리스'인지 '운용리스'인지에 따라 각각 다르게 회계처리를 하고 있다. 통상 리스 기간이 길고 리스료 총액이 리스물건의 시가에 근접할수록 금융리스로 분류한다.

기업들은 금융리스에 대해서는 항공기나 선박 등 리스물건을 자산과 부채로 재무상태표에 동시에 기록한다. '돈을 빌려 자산을 매입하는 거래'와 같이 회계처리를 하는 것이다. 반면 운용리스는 해당 회계연도에 지급한 리스료만 손익계산서에 비용으로 반영한다. '물건을 빌려 쓰고 사용료만 내는 거래'로 간주하고 회계처리를 하는 형태다.

국내외 학계와 회계업계는 "이런 '이중 회계처리 모델'은 본질적으로 문제가 있다"는 지적을 해 왔다. 같은 업종의 기업 두곳이 같은 기계설비를 리스해 같은 제품을 생산해 팔더라도 리스 기간과 리스료 지급 규모 등 계약 조건을 다르게 하면 한 기업은 금융리스로, 다른 기업은 운용리스로 회계처리를 할 수 있기 때문이다.

IFRS 16이 시행되면 국내 항공사와 해운사들이 큰 타격을 받게 될 전망이다. 국내 항공 해운사는 수년간 지속된 업황 부진 탓에 실적이 좋지 않아 자기자본이 정체 또

는 감소 추세를 보이고 있다. 리스부채가 급증하면 부채비율이 업체별로 많게는 400~500 point 치솟을 것이란 전망이 나온다.

국내 항공사 중에는 아시아나 항공과 저비용항공사들이 많은 영향을 받을 것으로 보인다. 운용리스 비중이 상대적으로 높아서다. 신용평가 일각에서는 "아시아나 항공은 많게는 3조~4조원, 제주항공 등 저비용항공사들은 5000억원 안팎까지 리스부채를 반영해야 할 가능성이 있다"는 관측을 내놓고 있다.

대한항공은 영향을 상대적으로 덜 받을 것으로 예상된다. 항공기를 금융리스로 빌려 쓰는 비중이 높기 때문이다.

해운사들은 '장기용선계약' 중 운용리스방식으로 빌린 선박들이 IFRS 16 적용에 따른 회계처리 변경 대상이 될 것이란 설명이다. 신용평가사 관계자는 "선박 리스부채가 업체별로 수천억~1조원씩 늘어날 가능성이 있다"며 "앞으로 해운사들이 자본확충 필요성이 더욱 커질 것"이라고 내다봤다.

주요항공 해운사 항공 부채비율

대한항공 1050, 아시아나항공 856, 제주항공 170(개별기준), 한진해운 687, 현대상선 979

주요항공, 해운사 부채비율. 2015년 9월 기준
자료: 금감원 전자공시시스템

한국경제신문. 2016. 2. 1.

리스는 가장 대표적인 off balance sheet financing(부외금융, 부외부채) 수단으로 교과서에 소개된다. 즉, 운용리스로 유형자산을 사용할 때, 부채를 계상하지 않고도 자산을 사용하는 것이 가능하다. 유일하게 상장된 LCC인 제주항공일 경우 2016년 말 현재, 총 26대의 비행기를 보유하고 있는데 모두 운영리스로 계상하고 있다.

리스 관련 새 국제회계기준 2019년 시행

항공 해운사 부채비율 '초비상'
모든 리스자산, 부채 반영해야

항공기와 선박을 리스 방식으로 장기간 빌려 쓰는 국내 항공 해운회사의 부채비율이 급증할 것이란 예상이 나온다. 현재는 자산을 빌리는 대가로 지급하는 리스료만 손익계산서 방식이 허용되지만 2019년부터 해당 리스 자산과 부채를 모두 회계장부에 기재하도록 국제회계기준이 바뀌기 때문이다. 업황 부진에 따른 실적 악화로 고전중인 국내 항공 해운사들의 경영난이 가중될 것이라는 게 업계의 우려다.

31일 업계에 따르면 국제회계기준위원회는 최근 이런 내용을 담은 새 리스회계기준서(IFRS 16)를 확정해 2019년부터 시행하기로 했다. 기업들이 생산 운용설비 리스 계약을 할 때 관련 자산과 부채를 모두 재무상태표(옛 대차대조표)에 표시하도록 의무화한 게 핵심이다. 지금은 리스기간과 리스료, 계약 종료된 뒤 소유권 이전 여부 등에 따라 리스료만 손익에 반영할 수 있도록 하고 있다.

아시아나항공과 한진해운 등 국내항공 해운사들은 항공기와 선박을 빌려 쓰면서 해당 자산 부채의 상당부분을 재무상태표에 잡아두지 않아 리스부채가 2019년부터 갑자기 늘어날 것이란 전망이다. 업체별로 부채비율이 지금보다 최대 400~500 포인트 급등하는 등 재무구조가 크게 나빠져 자본 확충에 나서야 할 것으로 업계는 우려하고 있다.

한국경제신문. 2016. 2. 1.

운영리스의 경우 한꺼번에 큰 돈이 들어가지 않는 점, 자산노후화 리스크를 지지 않아도 되는 점 등의 장점도 있다. 근본적으로는 이 문제를 해결하는 방법은 영업이 개선되어 자본확충을 해서 시장의 우려를 불식시키는 점도 중요하다.

이미 국제회계기준이 도입될 때 K-GAAP과 비교해서는 운영리스보다는 금융리스로 구분하여야 할 경우가 더 많아졌고, 당시도 대한항공보다는 아시아나가 이러한 회계기준의 변화에 있어서 더 많은 영향을 받게 되었다. 그 이유는 직접 보유하고 있는 항공기 대수 비율이 대한항공이 더 높았을 뿐만 아니라 이미 금융리스로 보유하고 있는 비행기 대수가 더 많았기 때문이다. 따라서 이 회계기준으로부터의 영향도 대한항공이 더 적게 받았다.

혹자는 이 기업회계기준으로부터 리스부채도 증가하지만 리스자산도 증가하므로 부채비율이 불량해지는 것은 아니라고 주장하기도 한다. 그러나 우리나라에서의 부채비율의 계산은 위의 신문기사에도 기술되어 있듯이 (부채/자기자본)이다. 이러한 부채비율의 계산이 미국과 같이 (부채/자산)이라고 하면 새 회계기준의 도입이 영향을 미치지 않는다. 이는 부채의 증가가 자산의 증가로 back up 되기 때문이다. 그러나 자산과 부채가 동일하게 증가한다고 하고 위의 "저비용항공사 타격 클 듯"이라는 기사에서도 기술되어 있듯이 자기자본이 감소 또는 정체 수준이므로 더더욱 부채비율이 악화되는 것으로 측정된다. 자기자본은 변화가 없는데 부채만 증가하므로 부채비율이 나쁘게 보이게 된다.

미국에서의 (부채/자기자본)은 부채비율이 아니고 debt to equity ratio이다. 이와 같이 재무비율은 이 비율이 어떻게 구해지는지에 따라 그 의미가 달라진다. 또한 재무비율이란 회계에서의 계정 과목과는 달리 정의되어서 사용되는 변수가 아니라 이를 구하여 보고하는 자가 임의적으로 재무비율을 구할 수 있다.

chapter 58

대규모 비상장기업

자산 1000억 이상 비상장사 감사 전 금감원에 재무제표 제출해야

2200여곳 올해부터

올해부터 자산총액이 1000억원 이상인 비상장회사는 감사 전 재무제표를 금융감독원에 제출해야 한다.

금감원은 지난해 상장사를 대상으로 도입한 '감사 전 재무제표 제출의무 제도'를 올해부터 비상장사로 확대한다고 31일 발표했다.

2014년말 별도 재무제표 기준 자산총액 1000억원 이상인 비상장회사 2200여개(12월 결산기준)가 올해부터 외부감사인으로부터 감사를 받기 전 재무제표를 금감원에 제출해야 한다. 재무상태표, 손익계산서, 자본변동표, 현금흐름표, 주석 등을 금감원 접수시스템(filer.fss.or.kr)에 올리면 된다.

개별 재무제표는 정기 주주총회 6주전, 연결재무제표는 4주 전까지 제출해야 한다.

감사 전 재무제표 제출의무 제도는 회사의 재무제표 작성 책임을 분명히 하고 감사인의 회계감사 기능을 강화하기 위해 도입됐다. 기한까지 자료를 내지 않으면 검찰에 고발돼 3년 이하의 징역 또는 3000만원 이하의 벌금을 받을 수 있다.

금감원 관계자는 "회사들이 재무제표 작성 업무를 외부감사인에 의존하려는 관행을 바로잡고 회계 오류 검증기능을 강화하는 효과가 기대된다"며 "제출의무 재무제표를 기한 안에 제출했는지를 점검해 이를 어기면 벌칙을 부과할 것"이라고 말했다.

한국경제신문. 2016. 2. 1.

상장기업은 아니라서 주주를 보호해 주어야 할 의무는 없지만 그럼에도 기업의 규모가 크다함은 공급업체 등등 이해관계자가 많다는 것을 의미하므로 경제를 보호한다는 차원에서도 이들 재무제표를 제출받는다는 데 의미가 있다.

감사 전 즉, 가결산 상장사 재무제표의 제출은 상장기업에 대해서 수년 동안 논란의 대상이었다. 감사 후 재무제표를 제출할 것인데 미완성된 재무제표를 제출받는 의도가 무엇인지에 대한 논의가 있었고, 또한 처음에는 이를 증권선물위원회에 제출하는 것으로 되어 있다가 감사 전 재무제표를 정부기관에 제출한다는 것이 규제의 목적으로도 사용될 수 있다고 해서 대신 거래소에 제출하는 것으로 조정되었다.

금융감독원 시행문서 회계제도 – 0042(2015.11.23) 비상장회사의 감사전 재무제표 제출 관련 유의사항 안내 공문

4항에 주권상장법인이 아닌 회사로서 결산월이 12월말이면 직전 사업연도 자산총액이 1천억원 이상인 회사는 '15.12월 결산 재무제표를 정기주주총회 6주전까지 외부감사인 및 증권선물위원회(금융감독원)에 동시에 제출하여야 한다.

따라서 이러한 제도에 근거하여 상장기업일 경우는 증선위에 제출하는 대신에 이 업무를 한국거래소에 제출하는 것으로 정리되었으며 자산 규모 1000억원 이상의 비상장기업일 경우는 재무제표를 감독원에 제출하는 것으로 정리되었다. 상장사, 대규모 비상장사 모두 증선위에 이를 제출하는 것이지만 실질적인 업무를 상장사는 거래소, 비상장사는 금감원이 대행하는 것이다.

기업의 입장에서는 감독원보다는 거래소에 가결산재무제표를 제출하는 것에 대해서 더 편하게 생각할 것인데, 비상장기업은 거래소와는 무관하므로 금감원에, 상장기업은 거래소에 가결산재무제표를 제출하는 것으로 정리되었다.

'감사전 재무제표' 안 낸 상장사 금융당국, 100여곳 무더기 적발

'감사인 지정'등 제재 나설 것

상장기업 100여개사(코넥스 상장사 포함)가 '감사전 재무제표'를 내지 않거나 부실하게 제출해 금융당국의 무더기 제재를 받게 됐다.

1일 금융당국과 재계에 따르면 금융감독원이 상장회사와 자산총액 1000억원 이상 비상장회사의 2015년 감사전 재무제표 제출 현황을 점검한 결과 400개(상장사 100

곳, 비상장사 300곳) 회사가 제출의무를 위반한 것을 나타났다.

기업은 감사 전 재무제표를 아예 제출하지 않았거나 제출했지만 주석을 빠뜨리는 등 제출서류를 누락한 것으로 조사됐다. 지난해 말 기준 감사 전 재무제표를 제출해야 하는 상장사는 2009곳, 비상장사는 2200곳이다.

금융위원회와 금감원은 위반 회사의 고의성 여부를 조사한 뒤 상장사에 대해선 '감사인 지정' 등 제제에 나설 계획이다. 올해 처음으로 제출의무가 생긴 비상장사는 제재 대상에서 제외되지만 개선 권고 등을 지시하는 '경고'를 검토 중이다. 다만 제도 도입 초기인 데다 단순 실수일 수도 있어 고발 등의 고강도 징계는 하지 않을 가능성이 있는 것으로 알려졌다.

외부감사인에 관한 법에 따르면 감사 전 재무제표를 제출하지 않은 회사는 검찰에 고발돼 3년 이하의 징역 또는 3000만원 이하의 벌금이 부과될 수 있다.

금융당국 관계자는 "상장회사는 시행 첫해인 지난해 인지도가 낮았을 수 있다고 보고 제재하지 않았지만 올해부터 규정에 따라 처리할 예정"이라며 "서류제출 기관을 착각하는 등 단순 실수는 크게 문제 삼지 않을 것"이라고 말했다. 금융당국은 내년부터 감사 전 재무제표 제출 의무를 지키지 않은 비상장사 역시 제재 대상에 포함할 계획이다.

금융위 산하 증권선물위원회는 지난해부터 기업이 회계법인에 재무제표를 낼 때 증선위에도 해당 재무제표를 제출하도록 의무화했다. 기업이 비용 부담이나 전문성 부족을 이유로 스스로 재무제표를 작성하지 않고 회계법인에 의존하는 사례가 적지 않다는 게 금융당국의 판단이다.

한국경제신문. 2016. 6. 2.

대규모 비상장기업의 이슈와 동시에 수년 동안 이슈가 되었던 내용이 대규모 유한회사의 감사 의무화 이슈이다. 외감법이 '주식회사의 외부감사에 관한 법률'이므로 유한회사일 경우는 이에 적용을 받지 않지만 그렇기 때문에 주식회사에서 의도적으로 회사의 형태를 유한회사로 변경하는 경우도 있는 듯하다.

'유한회사도 실적 공개' 25일 분수령

규개위 법안 최종 심의... 애플 구찌 등 '깜깜이 실적' 해소될지 주목
자산 1천억원 이상 유한회사 3년새 76% 급증
미 영 독서도 대형 법인은 외부감사 의무화

명품 핸드백 등으로 유명한 비상장회사 구찌그룹 코리아는 2013년 회계감사 매출액이 전년 대비 5.2% 감소한 2425억원, 영업이익은 8.7% 줄어든 283억원을 각각 올렸다고 공시했다. 국내 회계법인인 삼정KPMG에서 외부감사까지 받은 재무제표여서 공신력을 의심하는 이가 거의 없었다. 하지만 2014년 이후에는 이 회사 매출이나 이익이 늘고 있는지, 줄고 있는지 제대로 파악할 길이 없다. 루이비통 샤넬 등 다른 글로벌 명품브랜드 한국법인과 마찬가지로 이 회사도 법인 형태를 주식회사에서 유한회사로 바꿔버렸기 때문이다. 현행법상 유한회사는 결산 재무제표를 공시하거나 외부감사를 받을 필요가 없다.

하지만 이런 '깜깜이 실적' 때문에 소비자들은 해당 브랜드가 한국 시장에서 뜨는지 지는지, 또 제품가에 판매관리비나 광고비가 얼마나 반영돼 있는지 어림 짐작 조차 하기 어렵다. 입점료를 두고 씨름해야 하는 국내 백화점 등도 상대방 매출 정보 등을 파악하지 못해 불리한 계약을 맺어야 하는 사례가 빈번하게 발생하고 있다.

이처럼 법인 형태를 주식회사에서 유한회사로 바꾼 외국계 기업 등도 외부감사와 재무제표 공시를 의무화하도록 만든 법안이 과잉규제인지 아닌지가 규제개혁위원회 심판대에 오른다. 금융위원회가 유한회사까지 외감대상을 확대하는 법률 개정안을 내놓자 규개위가 '과잉 규제 소지가 있다'며 개정안 철회 또는 수정여부를 결정하기로 한 것이다.

22일 관계업계에 따르면 규개위는 25일 금융위의 '외감법' 개정안을 최종 심의하기로 했다. 이 개정안은 2014년 10월에 입법 예고된 법안으로 규율 대상을 현행 주식회사에서 유한회사로 확대하는 것을 골자로 한다. 이 개정안에 따르면 유한회사도 주식회사처럼 외부감사를 의무적으로 받아야 하고 감사보고서를 공시해야 한다.

현행 외감법상으로는 유한회사가 외부감사 대상에서 제외되므로 덩치가 큰 외국계 기업은 경영 정보를 공개하지 않아도 되는 유한회사 형태로 국내에서 영업하는 사례가 많아 문제가 됐다. 특히 루이비통 샤넬 구찌 등 대부분 명품업체들이 해외 본사는 주식회사로 운영하면서 국내에서만 유한회사로 운영해 '꼼수'라는 비판이 종종 제기됐다.

금융위 관계자는 "이미 유한회사가 2011년 상법 개정으로 자본금과 사원 수 제한이 없어졌고, 지분 양도도 허용돼 주식회사와 경제적 실질이 유사해졌다"며 "그럼에도 불구하고 유한회사는 외감법이 적용되지 않아 규제 공백으로 남아 있다"고 설명했다.

실제로 자산 1000억원 이상 유한회사는 2010년 306개에서 2013년 537개로 3년만에 75.5% 증가했고 1조원을 넘는 회사도 7~8개에 달한다. 미국, 영국, 독일, 싱가포르, 호주 등 주요 국가들은 소규모(자산, 종업원 수 등) 법인을 제외한 모든 유한회사를 외부감사 대상으로 규정하고 있다.

다만 이런 문제점에도 불구하고 규개위는 해당 개정안이 꼼수를 부리는 외국계 기업 외에 이미 성실하게 외감을 받고 이는 다른 기업에까지 규제로 작용할 수 있는 점에서 신중을 기하고 있다.

규개위 관계자는 "'중요 규제'로 올려 최종 심사까지 가는 데는 기준이 있다"며 "외감 대상이 확장돼 모든 유한회사에 되는 만큼 파급 효과를 고려할 수밖에 없다"고 말했다. 지난 16일 규개위 예비심사에서 금융위의 외감법 개정안은 '중요 규제'로 분류돼 최종 심사를 기다리는 상황이다.

일각에서는 외감법 대상 확대에 대해 실효성이 있는지 의문을 품고 있다. 한 회계법인 관계자는 "외감 대상 확대는 실효성이 거의 없다"며 "법이 바뀐다면 외국계 기업들이 곧바로 유한책임회사, 합자회사, 합명회사 등으로 바꿀 수 있다"고 말했다.

따라서 이런 꼼수를 막기 위해선 외국처럼 매출액 등이 일정 규모 이상인 기업에 대해서 외감을 적용해야 한다는 의견도 있다. 영국이 650만 파운드(약 107억원) 이상 기업은 법인 형태와 상관없이 외감을 적용하는 사례 등을 참고해야 한다는 것이다.

유한회사까지 외감대상 확대 찬반 논리

쟁점	찬성	반대
유한회사 성격	주식회사와 유한회사는 사실상 유사	기업 공개 원치 않는 사적 기업
필요성	유한회사가 규제 공백으로 남으면 안 돼	이미 해외 본사와 연결 기준으로 감사
실효성	꼼수 기업들 제재하는 데 반드시 필요	개정시 합자회사 등으로 또 변경할 것
국제기준	미국 등은 소규모 법인 제외하고 감사	감사를 한다 해도 공시는 자율에 맡겨야
규제 부작용	외감 대상 법인 더 구체화해 규제 최소화	국내 유한회사 회계 부담 가중될 것

주식회사에서 유한회사로 전환한 기업들

기업	연도
구찌 그룹 코리아	2014년
한국맥도날드	2014년
루이비통코리아	2012년
애플코리아	2009년
한국마이크로소프트	2006년
HP코리아	2002년
샤넬코리아	1997년

매일경제신문. 2016. 3. 23.

규개위 회의 결과는 유한회사는 감사는 받지만 공개하지 않는 것으로 결론이 내려졌다. 위의 도표에서 필요성에 있어서의 반대의 입장도 이해가 가는 부분이 있는데 해외 본사에서는 국내의 재무제표를 연결하여 어차피 감사를 받기 때문에 재무제표의 적정성에 대해서 크게 우려하지 않아도 된다는 것이다.

구글세 도입 본격 추진된다는데

외국계 유한회사 공시 의무화해야 실효

다국적 기업의 '세테크'를 막은 것은 선진국이나 개발도상국 가릴 것 없이 공통된 과제였다. 때문에 지난해 11월 G20 정상은 BEPS 도입에 합의했다. BEPS란 다국적 기업의 법인세를 원활히 거두기 위한 '국가간 정보 공유 제도'를 말한다. BEPS가 시행되면 다국적기업이 낼 의무보고서는 총3가지다. '개별기업보고서' '통합기업보고서''국가별보고서' 등. 한국에선 지난해 12월 법개정을 통해 다국적기업이 해외 특수 관계에 있는 기업과 어떤 거래를 했는지 알 수 있다. 통합기업보고서는 기업 전체에 대한 정보가 담겨 있다.

과세당국이 가장 필요한 것은 바로 국가별보고서다. 여기엔 기업의 국가별매출액과 세전이익, 법인세 납부액 등 모든 정보가 담겨 있다. 과세당국은 국가별보고서를 통해 국내에 활동하는 다국적기업 자회사에 세금을 매길 근거를 확보할 수 있다.

문제는 국가별보고서는 본사가 있는 국가만 받을 수 있다는 점이다. 예를 들면 구글은 본사가 있는 미국에만 국가별보고서를 제출하면 된다. 한국 과세당국이 미국 국세청 협조를 받지 못하면 관련 정보를 얻을 수 없다. 본사가 아닌 나라가 특정 다국적기업의 국가별보고서를 받기 위해선 '다자과세당국 간 협정'을 맺어야 한다. EU 국가는 대부분이 이 협정에 서명했으며, 한국을 비롯한 미국, 캐나다 등 8개국은 조만간 서명할 것으로 예상된다.

다국적기업 회계 투명성 높여야

BEPS가 시행되면 다국적기업에 과세를 매길 수 있는 근거를 마련할 수 있다. 하지만 그것만으로는 부족하다는 게 회계 전문가들의 공통된 생각이다. 다국적기업 경영정보를 투명하게 살펴보기 위해선 '유한회사 외부 감사 공시'가 필요하다는 목소리가 설득력을 얻는다.

구글, 애플, 마이트로소프트, HP, 샤넬, 루이비통, 맥도날드, 이케아 등 국내에 진출한 글로벌 기업인 이들은 모두 유한회사의 형태로 운영된다. 유한회사는 기업 정보에 대한 공개 의무가 없다. 이들이 국내에서 얼마를 벌고 있는지 제대로 확인할 방법이 없다는 의미다. 그동안 다국적기업은 국내에서 큰 이익을 거뒀다. 하지만 실적 등을 감추고 있어 회계 감독이 이뤄지지 않는 사각지대에 놓여 있다는 비판을 받아왔다.

매출과 손익, 각종 세액공제와 법인세 납부, 배당/로얄티 같은 본사와의 자금 거래 등 재무정보가 베일에 가려지는 것은 물론 분식회계나 수익 규모 은폐가 용이한 측면도 있다.

때문에 유한회사도 주식회사처럼 외부 감사를 받아 회계 투명성을 높여야 한다는 공감대가 형성되고 있다. 전문가들은 구글세 도입이 실질적인 효과를 거두기 위해선 유한회사의 감사와 공시 의무화를 담은 '외감법 개정안'이 필요하다고 강조한다. 한 회계 전문가는 "세무와 회계는 전적으로 다르다. 국세청 조사만으로는 회계장부가 올바른지 확인하기 어렵다. 국세청은 회계장부가 정확하다는 전제하에 세무 조정이 잘 돼 있는지 살펴본다. 유한회사의 감사의무를 강화해야 구글세 도입의 실효성을 높일 수 있다"고 말했다.

19대 국회에서 '외감법 개정안'이 발의되기도 했다. 하지만 이 법안은 5월말로 끝나는 19대 국회에서 처리되지 못하고 모두 폐기될 전망이다. 개정안 수위도 낮아졌다. 지난 3월 대통령 직속 규제개혁위원회가 외감법 개정안에 대해 "유한회사 외부 감사는 허용하지만 공시 의무는 과잉규제이기 때문에 제외한다"고 결정했기 때문이다. 홍기용 인천대 세무회계학과 교수는 "외부감사는 하되, 공개하지 말라는 것은 논리적으로 말이 안 된다. 감사제도 취지와도 맞지 않다. 외부감사에 따른 공시는 규제가 아니다. 기업은 정확한 기업 정보를 공개할 의무가 있다. 지난 1년간 경영 성과를 공개하는 것이 어떤 점에서 기업 활동을 저해하는지 이해하기 어렵다"고 비판했다.

매경이코노미. 2016. 4. 27.-5. 3.

chapter 59

영구채[35]

> "조기상환" 옵션 붙은 영구채 비우량기업 '분식' 수단 전략
>
> 두달 동안 영구채 발행 5곳
> 2~3년 뒤 콜 옵션 행사 가능
> 영구채, 전액 자본 처리 손쉽게 부채비율 낮춰
>
> 재무구조가 나쁜 기업들의 영구채권(신종자본증권) 발행이 잇따르고 있다. 발행 금액을 전액 자본으로 회계 처리할 수 있는 이점을 이용해 재무 구조를 개선하기 위해서다.
>
> 3일 한국예탁결제원에 따르면 작년 11월과 12월 두달 동안에만 국내 기업 다섯 곳이 명목 만기 30년짜리(발행회사의 선택에 따라 연장 가능) 영구채를 발행했다. CJ건설, CJ푸드빌, 풀무원식품, 한국스마트카드, 대한항공 등 재무구조가 좋지 못한 곳이 대부분이다.
>
> CJ건설은 2014년말 기준 부채비율이 500%가 넘고, CJ푸드빌은 완전 자본잠식 상태다. 대한항공은 작년 9월 말 현재 부채비율이 1000%를 웃돈다.
>
> IB업계는 "이들 기업이 명목 만기 별도로 발행기업 선택에 따라 영구채를 일찍 상환, 투자자들이 얻을 수 있는 '조기 상환 선택권(콜옵션)' 행사가능 시점을 2~3년으로 짧게 설정함으로써 단기 고수익을 쫓는 투자자들을 끌어들여 발행에 성공했다"고 설명했다.
>
> CJ건설은 지난달 23일 500억원의 영구 전환사채를 연 3.62% 금리로 발행하면서 발행 2년 뒤 조기 상환할 수 있다는 조건을 내걸었다. CJ푸드빌과 풀무원 식품, 한국스마트카드, 대한항공은 3년 뒤 조기 상환할 수 있는 권리를 넣었다. 그동안 국내 은행이나 우량기업 영구채의 콜옵션 행사 시점이 5년 또는 10년인 점을 감안하면 파격적으로 짧다는 평가가 많다.

35) 영구채와 관련된 초기 단계에서의 이슈는 손성규(2014)의 chapter 61을 참조한다.

투자자들이 재무구조가 나쁜 기업 영구채에 장기간 투자하기를 꺼리다 보니 우량 기업들과 같은 구조로 발행하는 게 불가능했다는 설명이다.

한 보험사 채권 운용역은 "영구채들은 통상 '불가피한 상황만 아니라면 콜옵션을 행사한다"며 "2~3년짜리 콜 옵션이 붙은 영구채는 명목 만기가 얼마든 상관없이 본질적으로 같은 기간의 고금리 회사채로 보는 게 타당하다"고 평가했다. 또 다른 IB업계 관계자는 "기업들이 유상증자 등 실질적인 재무안전성 개선 노력 없이 손쉬운 '분식' 수단으로서 영구채를 남발하고 있다"고 지적했다.

신용평가사들은 발행 2~3년만에 상환 예정인 영구채에 대해서는 자본성을 조금이라도 인정하기 어렵다고 평가하고 있다. 자본 인정의 핵심 요건 중 하나가 충분히 긴 시간 동안 상환부담 없이 현금을 사용할 수 있다는 데 있기 때문이다. 신평사들은 콜옵션행사 가능 시점이 2~3년부터 시작되는 영구채에 대해서는 회사채로 간주하고 신용등급을 산정한다는 방침이다.

바젤은행감독위원회도 '5년 내 상환되지 않아야 한다'는 내용을 영구채 자본 인정 요건에 포함하고 있다. 그럼에도 국제회계기준은 '만기 시점에 의무적으로 현금 상환해야 하는' 조건이 없으면 영구채의 자본 회계처리를 인정하고 있다.

한 신용평가사 관계자는 "IFRS가 영구채를 거의 무조건적으로 자본으로 인정한 2012년 당시부터 부실 기업들의 분식 수단 활용은 예견됐던 일"이라고 말했다.

한국경제신문. 2016. 1. 4.

영구채가 IASB에서 자본으로 분류될 때도 상당한 논란의 대상이었지만 현재 제도권에서 발행되고 있는 금융상품에 대해서 이것이 분식이라고까지 분류된다는 것이 매우 의외이며 유념해서 이 상품을 보아야 한다.

회계적으로는 자본으로 분류되지만 재무제표의 가장 대표적인 이용자라고 할 수 있는 신평사들이 영구채를 자본으로 인정하지 않는다는 것도 흥미롭다.

따라서 기업회계기준과 바젤위원회의 견해에 차이가 존재한다.

금융감독의 사각지대에 방치된 '영구채'

부채지만 '자본'으로 회계 처리돼 인기... 사모 발행 시 공시 의무도 없어.

2013년 국제회계기준위원회 결정에 따라 영구채는 발행액 전체를 자본으로 회계 처리하고 있다.

자금난에 허덕이는 기업들의 신규자금 조달 수단으로 각광받았던 영구채가 '독'이 될 수 있다는 지적이 나오고 있다. 영구채에 붙은 독특한 조항 때문이다. 게다가 많은 발행 기업들이 공시조차 하지 않아 향후 보다 철저한 금융당국의 감독이 요구된다.

한국예탁결제원에 따르면 2015년 국내 상장 기업들 사모로 영구채를 발행한 기업은 만도 신세계건설 SK E&S, 현대오일뱅크 풀무원식품 등 5곳으로, 총 발행 규모는 8850억원에 달한다. 2014년에 사모로 영구채를 발행한 기업은 현대중공업뿐이었다. 발행 규모는 4000억원이다. 같은 해 SK텔레콤도 1000억원 어치의 영구채를 발행했지만 공모로 진행했다.

지난해 사모 발행 급증 '적신호'

사모로 영구채를 발행한 기업들 중 금융감독원에 공시한 기업은 신세계건설 뿐이고 나머지 기업들은 영구채 발행 사실을 공시하지 않았다. 공시 의무가 없기 때문이다. 이 때문에 일각에선 영구채가 금융 감독의 사각지대에 놓여있다는 지적도 나온다.

금감원은 현재 50인 이상의 공모 투자자들을 대상으로 채권을 발행할 때에 한해 공시하도록 명시하고 있다. 따라서 사모로 영구채를 발행한 기업들은 발행 금액 규모와 상관없이 공시할 의무가 없다. 자율공시인 만큼 해당 기업의 의지에 달려 있을 뿐이다.

서규영 금감원 공시제도실 팀장은 "영구채 발행은 공모냐 아니냐에 따라 공시 여부가 달라진다"면서 "일반인을 대상으로 하는 공모라면 공시해야 하지만 특정 기관 및 다수 투자자들에게 인수해 주기로 했다면 공시할 의무가 없다"고 말했다. 대규모의 기업 자금 거래는 일반 투자자들에게도 공시해야 하는 게 아니냐는 일각의 시선에 대해서 서 팀장은 "그런 시각이 있을 수 있지만 각각의 생각이 달라 한계가 있다"며 "누구나 동의할 수 있는 기준을 제도로 제시하고 시장의 동의를 얻어야 하는데 현재 제시된 경계의 기준은 공모와 사모로 구분하고 있다"고 덧붙였다.

김희준 고려대 법학연구원 전임연구원은 '영구채 발행에 관한 법적 연구'라는 논문에서 "영구채는 만기가 영구적이기 때문에 투자자 및 채권자 보호에도 소홀하지 않아야 한다"며 "특히 투자자는 회사 채권자일 뿐만 아니라 회사 재무제표 상 자기자본을 구성하는 주주의 성격도 지니고 있다는 점에서 더욱 두터운 보호의 대상"이라고 주장했다.

영구채는 영구히 이자만 지급하는 채권으로, 채무자가 원금 상환에 대한 의무로부터 자유로워질 수 있는 채권을 말한다. 만기가 없다고는 하지만 통상적으로 30-40년 만기를 지닌다. 이처럼 무늬는 채권인데, 속은 자본의 성격을 띤다.

2013년 국제회계기준위원회에 따라 영구채는 발행액 전체를 자본으로 회계처리하고 있다. 기업으로선 부채비율을 늘리지 않고도 외부로부터 자금 수혈을 받을 수 있는 셈이다. 유상증자보다 절차가 까다롭지 않아 자본을 쉽게 늘릴 수 있어 자기자본

비율도 높일 수 있는 등 재무구조 개선에 탁월한 효과가 있다.

이 밖에 투자자는 의결권을 지니지 않아 기존 주주의 지분을 희석하지 않는다는 점, 사채 발행의 법적 형식을 취하지만 원금 상환과 이자 지급을 연기할 수 있다는 점, 법인세 절감 효과까지 지니고 있어 재무상태가 좋지 않은 기업으로선 충분히 구미가 당길 만하다.

하지만 조기 상환의 부담을 지니고 있다는 점은 단점으로 꼽힌다. 현재 국내에서 발행되는 대부분의 영구채는 step up 조항을 갖고 있다. '독'이 될 수 있는 부분이 바로 이 조항이다.

윤정선 국민대 경영학과 교수는 "국내 기업이 발행한 영구채 중 상당수가 스텝업 조항과 풋옵션을 포함하고 있다"며 "부채비율과 별개로 영구채가 유발하는 이자비용과 함께 발행 조건에 포함된 다양한 단서 조항들에 대한 보다 철저한 분석이 필요하다"고 지적했다. 윤교수가 언급한 단서 조항은 영구채가 지니고 있는 특유의 콜옵션과 풋옵션을 말한다. 옵션은 말 그대로 권리다. 해도 그만, 안 해도 그만이다. 영구채를 사들인 투자자는 기업에 채권 중도 상환을 요구할 수 있는 선택권을 지니고 있다. 옵션을 행사하지 않으면 스텝업 조항에 따라 이자율이 한 단계 상승한 것이다.

스텝업 조항으로 이자 부담 '눈덩이'

2017년 10월 중도 상환 기일이 도래하는 두산인프라코어가 직면한 문제가 바로 스텝업이다. 발행 당시 금리는 연 3.25%였다. 하지만 콜옵션 행사 여부에 따라 금리가 5% 포인트 더 붙게 되고 또다시 2년 후에도 응하지 않게 되면 추가로 2% 포인트가 늘어나 이자 부담은 갈수록 더 커질 수밖에 없다.

두산인프라코어 관계자는 "자본 인정에 따른 부채비율 개선과 당시 회사채보다 낮은 금리로 발행 가능하다는 점, 스텝업에 따른 상환 여부를 회사가 선택할 수 있다는 점에서 일반 해외 채권보다 유리했기 때문에 회사는 영구채 발행을 선택했다"고 설명했다.

그는 이어 "최근의 영구채에 대한 우려는 스텝업 이자가 5% 포인트, 2% 포인트 추가로 붙기 때문에 과도한 이자를 낼 수 있다는 점 때문"이라며 "5년 후 5% 포인트의 스텝업은 두산인프라코어가 신용 보강 없이 영구채를 발행했을 때 예상 금리가 8-9% 수준이었기 때문에 이를 고려해 결정한 것"이라고 덧 붙였다.

당시 영구채를 발행한 글로벌 사례의 발행 금리가 9-11% 수준이었던 점을 감안하면 2012년 영구채 발행 금리 3.25%는 낮은 금리의 성공적인 발행이었다고 그는 강조했다.

한경비즈니스. 2016. 2. 3.

좀비계열사 부실 폭탄, 그룹까지 휘청?

빚 돌려막아 부채비율 낮춰... 혈세 '선박펀드' 혜택 눈독

국가 경제를 위해 기업 구조조정이 필요한 건 암 치료에 있어 조기 수술이 필요한 것과 같은 이유다. 빨리 손쓰지 않으면 다른 멀쩡한 장기에 암세포가 전이되기 때문이다.

금융당국과 은행권에서 좀비기업을 제대로 솎아내지 못하고 블랙홈 같은 총선 시즌을 맞으면서 개별 기업 부실은 그룹 전체로 확산되고 있다.

국내 최대 해운사인 한진해운은 글로벌 불황 직격탄을 맞고 실적 악화와 유동성 부족 상황에 내몰렸다. 부채비율은 지난해 말 847%까지 높아졌다.

한진그룹은 2014년 4월 한진해운을 품에 안으면서 승자의 저주에 빠졌다.

갑자기 해운경기가 고꾸라지면서 가뜩이나 부채 규모가 큰 대한항공이 그 부담을 나눠져야 하는 상황이 된 것이다.

그럼에도 불구하고 어려운 순간에 그룹 '맏형' 대한항공이 팔을 걷어붙였다. 한진해운이 발행한 영구채(신종자본증권) 2200억원을 대한항공이 받아준 것.

한진해운은 대한항공에서 받은 자금 2200억원을 다시 대한항공 빚을 갚는데 썼다. 결국 대한항공이 실제로 한진해운에 돈을 더 넣어준 것은 아니지만 부담이 늘어난 것은 사실이다.

일단 대한항공은 영구채 채무 만기가 30년이고 추가로 연장할 수 있어 무기한 리스크를 지게 됐다. 또 한진해운이 기존 채무에서 제공했던 런던사옥, 자기주식, 상표권 등의 담보가 모두 소멸된다. 한진해운은 담보에서 풀린 자산으로 추가로 3000억원 가량 유동성을 확보한다는 계획이다.

한진해운보다 심각한 재무적 어려움을 겪는 현대상선은 그룹 내 최고 알짜인 현대엘리베이터가 구원투수로 나섰다. 지난해 11월 현대엘리베이터는 현대 상선에 운영자금 1392억원을 긴급 수혈했다. 또 현대상선이 보유 중인 현대엘앤알 지분 49%를 253억원에, 현대아산 지분 33.8%를 357억원에 사들였다. 현대엘리베이터가 지난해 11월초 2050억원 규모 전환사채(CB)를 발행한 이유도 부실 계열사를 살리기 위해서였다.

한진그룹과 현대그룹이 부실 계열사 재무건전성 개선에 온 힘을 쏟는 것을 놓고 혈세가 포함된 선박펀드 혜택을 염두에 둔 것 아니냐는 분석도 나온다. 정부 주도로 운영하는 선박펀드는 배를 직접 사들여 국내 해운사에 싼 값으로 빌려주기 위한 용도로 조정됐다. 하지만 금융위원회는 선박펀드 수혜를 받으려면 해운사 부채비율이 400% 아래로 떨어져야 한다는 조건을 달았다.

금융당국 관계자는 "영구채 발행으로 부채비율이 640%까지 떨어진 한진해운이 추가 조치를 통해 400% 이하 조건을 맞출 수 있을 것으로 보고 있다"며 "조건만 맞

으면 한진해운과 현대상선에 혜택을 주는 게 당연하다"고 밝혔다. 공적자금 1조4000억원 중 상당액이 한진해운으로 흘러갈 수 있음을 시사한 것이다.

하지만 좀비기업의 부실이 다른 그룹 계열사에 전이되고, 공적자금이 투여돼 부실기업이 연명하는 시나리오가 정상회사 주주와 국가경제에 바람직한지에 대한 우려는 더욱 커지고 있다.

주요 해운사 부채비율

한진해운 848, 현대상선 1700, 대한해운 166, 팬오션 77

매일경제신문. 2016. 3. 9.

chapter 60

감사투입시간

한국공인회계사회는 2014년 12월 5일, 다음과 같은 평균 감사투입시간과 관련된 공문을 전 감사인에게 보내게 된다. 과거에도 한공회 차원에서 감사시간을 연구한 많은 보고서가 있었지만 공문의 형태로 2011년 이후 매년 이러한 공문을 발송하고 있다. 이러한 차원에서 이 공문의 내용과 평균 감사투입시간(예시)에 대해서 기술한다.

아래의 공문에서 보듯이 이 공문에 포함된 감사시간이 표준(norm)의 개념이 아니라는 점을 강조하면서 매우 완곡하게 이 내용을 전달하고 있다.

문서번호 : 감사지원 제2014-1359호
시행일자 : 2014. 12. 5.
수 신 : 전 감사인
참 조 :
제 목 : 업종별 · 자산규모별 평균감사투입시간(예시) 안내

1. 귀 감사인의 사업이 날로 번창하시길 기원합니다.

2. 2014년 정부는 감사보고서에 외부감사 참여인원, 감사투입시간 등 외부감사 실시내용을 기재한 서류를 첨부하도록 하는 외부감사법을 개정(공포 2014.5.28., 시행 2014.11.29.)하였고, 유한회사 외부감사 도입, 감사인 품질관리제도 확립 및 감독 강화 등을 주요내용으로 하는 외부감사법 전부개정안을 입법예고하였습니다.

3. 이에 따라, 감사인의 감사품질에 대한 사회적 관심이 지속적으로 증대되고 감독당국의 관리감독이 강화되고 있으므로, 감사인은 충분한 시간(노력)을 투입하여 감사업무를 철저히 수행하고 감사품질이 높은 수준으로 유지될 수 있도록 품질관리에 지속적인 노력을 기울여야 할 것입니다.

4. 우리 회는 지난 해에 이어 붙임과 같이 "업종별 · 자산규모별 평균감사투입시간(예시)"을 안내드리는 바, 동 자료를 바탕으로 귀 감사인이 실제 감사시간을 적정하게 투입하고 있는 지를 비교 · 검토하고, 감사품질 제고를 위해 감사인의 감사환경에 부합하는 적정감사투입시간을 산정 하는 등에 참고자료로 활용하시기 바랍니다.

5. 동 평균감사투입시간(예시)은 주요 감사인이 우리 회에 제출한 감사투입시간 등을 기초로 금융감독원의 지정감사법인, 특수목적법인 등을 제외하고 분석 · 추정한 것으로서, 참고자료로 예시하는 것이므로 반드시 적용하여야할 적정감사투입시간을 의미하지는 않습니다. 따라서, 귀 감사인께서는 감사대상회사의 상황과 감사참여자의 감사경력 등 고유의 감사환경을 충분히 고려하여 감사투입시간을 합리적으로 조정하신 후 적용하시길 권고드립니다.

붙 임 : 2014 업종별 · 자산규모별 평균감사투입시간(예시) 1부. 끝.

한국공인회계사회장

업종별 자산규모별 평균감사투입시간(예시)

o 목 적

– 업종별 · 자산규모별 평균감사투입시간을 예시함으로써, 감사인이 실제 감사시간을 적정하게 투입하고 있는지를 비교 · 검토하고, 감사품질 제고를 위해 감사인의 감사환경에 부합하는 적정시간을 투입할 수 있도록 하기 위함

o 분석대상

– 2011~2013년, 주요 회계법인의 감사대상회사에 대한 실제 투입시간

o 분석방법 : 회귀분석에 의한 업종별 · 자산규모별 평균감사투입시간 추정

o 업종분류 : 통계청 표준산업분류에 따름 (정보통신업 : 출판/영상/방송통신/정보서비스업)

o 참고 및 유의사항

– 연결작성회사에 대해 제시된 투입시간은 당해회사 개별재무제표 감사 및 연결재무제표 감사에 대한 투입시간입니다.

– 투입시간이 제시되지 않은 자산규모의 평균투입시간은 보간법을 이용하여 산출 가능합니다.

– 제시된 투입시간은 주요 회계법인의 최근 3개년 실제 투입시간의 평균치를 자산규모별로 추정하여 예시한 것으로서, 반드시 준수하여야 할 적정감사시간을 의미하지는 않습니다.

– 또한, 제시된 투입시간은 분석대상 주요 회계법인별로도 차이가 있으므로 각 회계

법인의 실제 투입시간과도 일부 차이가 발생할 수 있습니다.

– 제시된 투입시간은 금융감독원의 지정감사법인, 특수목적법인, 보통의 경우 보다 임률이 지나치게 높거나 낮은 법인 등을 제외하고 산정한 것으로서, 이는 평균적인 위험군에 대한 투입시간으로 간주해도 무방합니다.

– 따라서, 고위험군(내부통제제도 부실, 소송위험 등이 높은 기업)의 경우 피감사회사가 처한 상황 등을 고려하여 투입시간을 적절히 상향조정할 필요가 있습니다.

– 제시된 투입시간은 개정 감사기준이 적용(2014년부터) 되기 전 기준으로 산출된 것이므로 개정 감사기준의 영향을 고려하여 투입시간을 조정할 필요가 있습니다.

– 서비스업의 경우, 종목이 매우 다양하여 실제 각 종목별로 투입시간의 적용에 있어 큰 차이가 발생할 수 있으므로 이를 적절히 고려하여 활용하시길 권고 드립니다.

1. 상장기업

연결작성회사

자산총액	제조업	금융업	서비스업	도소매업	건설업	정보통신업
300억원	650	600	800	650	500	600
500억원	750	700	900	750	650	800
1,000억원	1,000	850	1,150	1,000	850	1,100
5,000억원	1,900	1,450	1,950	1,850	1,900	2,550
1조원	2,550	1,800	2,450	2,450	2,600	3,650
2조원	3,500	2,200	3,150	3,250	3,550	5,200
3조원	4,300	2,500	3,850	3,850	4,250	6,650
5조원	5,500	2,950	4,950	4,800	5,350	9,150

연결미작성회사

자산총액	제조업	금융업	서비스업	도소매업	건설업	정보통신업
300억원	600	–	550	550	500	600
500억원	650	–	650	600	600	700
1,000억원	800	–	800	700	750	800
5,000억원	1,150	–	1,200	1,150	1,250	1,550
1조원	1,600	1,150	1,500	1,550	1,700	2,300
2조원	2,200	1,600	1,800	2,100	2,400	3,400
3조원	2,700	1,900	2,000	2,550	2,850	4,300
5조원	3,450	2,400	2,300	3,200	3,650	5,750

※ 금융업종 1조원 미만은 표본 수가 적어 투입시간을 제시하지 않습니다.

2. 비상장기업

연결작성회사

자산총액	제조업
300억원	400
500억원	500
1,000억원	650
5,000억원	1,150
1조원	1,550

※ 제조업 외 타 업종은 표본수가 적어 투입시간을 제시하지 않는다.

연결미작성회사

자산총액	제조업	금융업	서비스업	도소매업	건설업	정보통신업
100억원	200	250	200	250	200	250
300억원	300	350	250	300	250	300
500억원	350	450	300	350	300	350
1,000억원	450	550	350	450	350	450
5,000억원	800	850	650	850	650	950
1조원	1,100	1,050	950	1,100	950	1,350

위의 시간에서 예외로 구분한 경우는, 지정, 특수목적, 내부통제부실, 소송위험 등을 들고 있다.

상장 vs 비상장

상장기업과 비상장기업간의 자산규모/산업간 평균 감사시간을 구해보면 그 차이가 가장 큰 경우는 서비스업의 경우, 1000억원대의 자산 규모를 보일 때, 상장기업은 800시간, 비상장기업은 350시간의 감사시간을 보여서 228%의 비율을 보인다.

이러한 비율이 가장 낮은 경우는 1조원대의 자산규모를 갖는 금융업의 감사에 있어서 상장기업은 1150시간의 감사시간을 비상장기업은 1050시간의 감사시간을 보이는 것이 가장 낮은 차이를 보이는 것이다. 즉, 109%의 비율을 보인다.

연결미작성기업의 상장기업과 비상장기업의 동일 산업/자산규모 대비 감사시간의 비율의 평균은 178%를 보인다.

연결작성기업의 상장기업과 비상장기업의 동일 산업/자산규모 대비 감사시간의 비율의 평균은 제조업에 있어서만 그 계산이 가능한데 154.6%를 보인다.

즉, 상장기업이 갖는 소송위험 등등을 고려한 추가 감사시간이 상장과 비상장기업과의 확연한 차이이다.

연결 vs 연결미작성

비상장기업간의 연결과 연결미작성기업간의 비교는 제조업에서만 가능한데, 평균 143%의 차이를 보인다.

상장기업간 연결과 연결미작성의 차이에서는 건설업이 300억원의 자산규모를 가질 때와, 정보통신업에서 300억원의 자산을 보일 때, 평균 감사시간이 동일하다. 이 비율이 가장 큰 경우가 서비스업에서 5조원의 자산규모를 보일 때, 연결기업은

4950시간, 연결미작성기업은 2300시간을 보여서 이 비율이 215%를 보인다.

연결과 연결미작성 기업의 자산/산업 pair별 감사시간 차이의 평균은 145%이다.

따라서 연결, 연결미대상의 차이보다도, 상장이 비상장에 비해서 투입되는 시간의 상대적인 크기가 더 크다.

이는 아마도 상장기업이 갖는 위험 때문일 것이다.

투입시간 가 가감 요소

① 연결재무제표 감사 시 가 · 감산율

– 상장법인의 연결재무제표 작성회사에 대한 감사투입시간은 제시된 투입시간표를 참고하되, 연결재무제표 작성회사의 연결대상회사 수와 연결대상회사의 회계감사 수감 여부 등을 감안하여 투입시간의 적절한 증감이 고려되어야 합니다.

※ 아래의 표는 최근 2년간('12~'13년) 연결재무제표 작성 상장법인의 평균 연결대상회사 수를 제시한 것이며, 투입시간표 활용시 참고하시기 바랍니다.

자산구간	연결대상 회사수(평균)	자산구간	연결대상 회사수(평균)
5조원 이상	39개사	1천억원 이상 5천억원 미만	5개사
3조원 이상 5조원 미만	21개사	5백억원 이상 1천억원 미만	3개사
2조원 이상 3조원 미만	13개사	3백억원 이상 5백억원 미만	2개사
1조원 이상 2조원 미만	11개사	3백억원 미만	2개사
5천억원 이상 1조원 미만	8개사	계	8개사

* 연결재무제표 작성회사의 약 70%는 연결대상회사 수가 5개사 이하이며, 약 6.5%는 20개사 초과

– 비상장법인은 제시된 제조업종의 투입시간표를 참고하되, 타 업종의 경우에도 자산규모 및 연결대상회사 수 등에 따라 20%~40% 내외투입시간의 증가를 고려할 필요가 있습니다.

② 주요 회계법인의 직급별 평균 투입시간 비중

상장기업			비상장기업		
매니저이상	시니어	스텝	매니저이상	시니어	스텝
32%	36%	32%	30%	35%	35%

※ 과거 5개년('09~'13년) 평균

- 감사인은 상기 직급별 투입시간 비중을 고려하여 감사팀 구성에서 상대적으로 스텝과 시니어 비중이 낮은 경우, 일정시간을 하향 조정하는 등 직급별 경력 차이에 따른 감사투입시간 조정을 할 수 있습니다.

③ 초도감사시 가산율

- 초도감사의 경우, 통상적으로 추가적인 시간 투입이 필요하므로, 감사인은 감사환경에 맞추어 제시된 평균투입시간 대비 적어도 15% 이상 감사시간을 충분히 투입할 것을 고려할 필요가 있습니다.

④ 지정감사의 경우

- 비상장법인에 대한 지정감사(기업공개 등)의 경우 감사투입시간은 상장법인과 유사한 수준으로 추정되므로, 지정감사법인에 대한 감사투입시간은 업종별·자산규모별 상장법인 투입시간을 준용할 수 있습니다.
- 상장법인에 대한 지정감사의 경우 피감사회사가 처한 상황 등을 고려하여 제시된 상장법인 감사투입시간을 합리적으로 상향 조정할 필요가 있습니다.

기존에 2001년까지 존재하였던 내용은 감사시간에 대한 규정이 아니고 감사보수규정이었지만 시간에 임률을 곱하면 수임료를 구하는 것이기 때문에 조정항목은 위의 예시와 유사하였다. 감사보수규정에 적용되던 조정항목은 다음과 같다.

1. 사업장 수
2. 상장법인 및 등록법인(2001년 당시 코스닥기업은 상장 대신에 등록이라는 표현을 사용함)
3. 감사인변경(초도 감사에 대해서 시간을 더 추가하는 것이나 동일한 내용)
4. 연결재무제표의 감사

따라서 2014년 12월에 조정 항목이나 2001년의 조정항목의 성격에는 큰 차이가 없다. 단, 과거의 감사보수규정에는 사업장의 수가 고려되었는데, 2014년 가이드라인에서는 이러한 내용이 포함되지 않는다.

물론 표준으로 시간이 제시되었지 금액이 제시되지는 않았지만, 이러한 시간이 금액으로 환산될 수 있다.

시총 200대 기업 회계감사 기업당 평균 21시간 줄어. 부실감사 우려.

시총 200대 기업을 회계감사하는 대가로 4대 회계법인이 받은 시간당 감사보수는 삼일(8만4000원), 안진(8만원), 삼정(7만7000원), 한영(6만8000원) 순으로 많았다.

매일경제신문. 2015. 4. 13.

따라서 위에 제시된 표분 시간에 시간당 평균 임률을 곱하면 어느 정도의 예측 가능한 수임료를 구할 수 있다.

chapter 61

투자위험 공시

상장사 '투자위험' 분기마다 의무공시

금감원, 연내 지침 마련

모든 유가증권 코스닥시장 상장회사와 주주가 많은 비상장회사 등 2500여개 기업은 분기마다 '투자 위험'을 공시해야 한다. 경쟁 심화와 환율 움직임에 따른 실적 변동 위험, 정부정책 변화에 따른 수익성 악화 등 수 십개의 투자 위험을 구체적으로 공표해야 하는 만큼 해당 기업의 부담이 크게 늘어날 것이란 전망이다.

금융감독원은 유상증자 등 자금조달을 위해 발행하는 증권신고서(투자설명서)에만 기재하도록 돼 있는 회사의 위험 요인을 올해 중점과제로 추진하겠다고 10일 밝혔다. 이를 위해 기업이 공개해야 할 위험 항목을 나열한 작성 지침을 연내 마련하기로 했다.

공시 지침이 달라지면 유가증권 코스닥시장 상장사 1195개와 증권발행 실적이 있는 (혹은 자산 규모가 125억원 이상이면서 주주가 500인 이상인) 비상장회사 등 정기보고서 제출 대상 2474곳(2015년 말 기준)은 앞으로 회사에 발생할지 모르는 잠재적인 위험 요인을 분기마다 빠짐없이 공시해야 한다.

금감원의 이 같은 움직임은 정기보고서만 제출하는 기업들에 대한 투자자 보호가 부족하다는 판단에서다. 정기보고서에도 위험 요인을 기재하기는 하지만 증권신고서에 비해 지나치게 양이 적고 구체적이지도 않다는 것이다. 미국과 영국 등 주요 선진국도 증권신고서에서 요구하는 수준의 구체적인 투자위험을 정기보고서에도 기재하도록 의무화하고 있다.

하지만 경제계는 이 같은 공시 지침 변경이 달갑지 않다는 반응이다. 한 상장사 공시 담당자는 "증권신고서가 요구하는 까다로운 공시의무를 피하기 위해 비싼 금리를 주더라도 사모방식으로 자금을 조달하는 기업들도 많다"며 "상장사가 증권사에 상당한 수수료를 주고 기재하는 투자위험을 분기마다 작성하려면 경비 부담이나 소송 리스크가 크게 높아질 것"이라고 우려했다.

> 실제 증권시장에서 주식이나 채권 발행을 통해 자금을 조달하기 위한 목적으로 제출하는 증권신고서에는 매우 높은 수준의 공시의무가 요구된다. 사업 위험, 회사 위험, 기대 위험 등으로 위험을 분류해 '속해 있는 산업과 업종 및 영업의 특성에 따른 위험', '재무 상태 지배구조 등 회사의 특수한 위험'을 서술해야 한다.
>
> 한국경제신문. 2016. 2. 11.

앞으로 회사에 발생할 수 있는 잠재적인 위험이라고 하면 매우 추상적이다. 또한 공시 서류에 올라가기에는 무척이나 자의적이며 주관적이다. 또 위험의 추정에 대해서 모든 기업이 자의적인 판단을 수행할 것인데 이러한 주관적인 판단의 대상이 되는 내용을 공시 서류에 포함하여도 무방한 것인지에 대한 고민을 하여야 한다. 그럼에도 이미 증권신고서에는 사업 위험, 회사 위험, 기대 위험이 포함되어 있으므로 증권신고서에 포함되는 내용을 정기보고서에도 보고하라는 것뿐이라고 감독기관이 주장할 수도 있다.

> 오너리스크 큰 기업 워크아웃
>
> 금융위 4월부터 신용평가에 '경영위험' 반영
>
> 올해부터 기업주의 위기 관리와 조직 운영 능력이 부족하거나 경영권이 불안하다는 채권단 판단을 받은 기업은 워크아웃(기업개선작업)이나 법정관리(기업회생절차)에 들어갈 수 있다. 재무부실 상태가 심각한 기업이 구조조정 수술대에 오를 가능성이 높다는 얘기다.
>
> 김용범 금융위원회 사무처장은 9일 긴급 브리핑을 열고 "올해 상반기 대기업 신용위험평가부터 재무위험과 현금흐름 등 재무지표 뿐만 아니라 산업위험, 영업위험, 경영위험 등을 종합적으로 고려해 (신용위험을) 평가하겠다"고 발표했다. 김처장은 "올해는 신용위험평가 대상을 확대하는 등 예년보다 강력한 구조조정을 추진할 예정"이라고 덧붙였다.
>
> 채권단과 금융당국은 2008년 글로벌 금융위기 이후 신용위험평가 때 재무지표 같은 양적 요인은 물론 산업, 영업, 경영 위험 등 질적 요인도 세부기준으로 마련했다. 하지만 실제 채권단 신용위험평가에서 이 같은 질적 요인의 반영은 미흡했다.
>
> 채권단과 금융감독원이 실시하는 신용위험평가 결과에 따라 재무상태와 현금흐름

이 일정 수준에 미달한다고 판단되는 기업은 C등급(워크아웃대상) 이나 D등급(법정관리대상)으로 분류된다. 채권단과 금융당국이 해당 기업이 속한 산업 전체의 업황 리스크인 '산업위험'과 판매구조, 원재료 조달 경쟁력 등 '영업위험', 경영정책과 최고경영진의 지배구조와 경영능력을 종합적으로 고려하는 '경영위험'에 대한 평가를 강화하기로 한 이유이다.

채권단은 올해 4~6월 실시되는 대출 500억원 이상 대기업 신용위험 평가와 7~10월 대출 30억원 이상 중소기업 신용위험평가에서 산업위험과 영업위험, 경영위험을 구조조정 대상 기업의 판정 잣대로 삼을 예정이다. 금융당국은 또 신용위험평가 기업을 선정하는 기준에 취약 업종 여부와 완전 자본잠식 기업 여부도 추가하기로 했다.

매일경제신문. 2016. 3. 10.

이들 위험은 위의 신문 기사에서의 분기마다 공시하도록 의무화된 투자 위험의 범주에 포함되는 것과 맥을 같이 한다. 이 기사에서 기술된 산업위험, 영업위험, 경영위험이 위 보고서의 정기보고서에 포함하기로 의무화되는 사업 위험, 회사 위험, 기대 위험과 크게 다르지 않은 개념이다.

어찌되었던, 위험의 측정이라는 것은 무척이나 주관적인 변수이며 위험은 총체적인 것이므로 위험을 구분하거나 세분화하는 것도 가능하지 않은 것이다.

chapter 62

생산성 순위 측정

모든 회계의 문제는 측정의 문제이다. 대학들도 매년 언론사로부터 순위에 대한 평가를 받고 있다. ranking이 중요하지 않다고는 모두들 생각하지만 ranking은 중요하다. 이 chapter에서는 생산성 또는 순위를 어떻게 측정하여야 하는지를 법률시장, 백화점 시장, 항공사에 기초하여 검토한다.

1. 법률시장

다섯마리 작은 독수리, 김앤장 독주체제 위협

매일경제신문의 Ray The L(레이더L)의 핵심 편집 이념은 한국 법률시장의 투명성을 높여 법률 소비자들의 로펌 선택에 풍부한 도움을 주는 것이었다. 법률 소비자들의 합리적인 로펌 선택을 돕고 로펌들과 기업들이 모두 지지하고 수긍하는 평가 기준을 만들기 위해 다양한 방식의 매출 및 영향력 평가 결과와 분석을 보도하려 한다.

매일경제신문. 2016. 2. 24.

미 법률 시장선 PPP로<파트너1인당 매출액> 로펌 평가

한국 매출 자료 공개도 꺼려

세계 최고 법률 선진국인 미국 법률시장에는 매년 로펌들의 성과를 비교하고 순위를 정할 수 있는 공식적인 자료가 존재한다. 단순한 매출 규모 뿐 아니라 '파트너 변호사당 매출(profit for partner PPP)라는 명확한 기준으로 로펌들의 영향력과 경쟁력을 비교할 수 있다 PPP는 매년 벌어들인 매출을, 각 로펌에서 경영에 관여하는 변호사(파트너) 수로 나눈 수치다. 로펌들은 이 수치에 따른 평가와 순위에 좀처럼 이의

를 제기하지 않는다.

그러나 한국 법률시장에는 로펌들의 성과와 영향력을 공식적으로 평가할 수 있는 객관적인 기준이 마련돼 있지 않다. PPP를 평가할 수 있는 기초적인 자료가 없다. 무엇보다 한국 로펌들이 연간 매출을 공식적으로 공개하지 않기 때문이다.

'고문'으로 불리는 '자격증 없는 전문가'들이 벌어들이는 막대한 수익을 파악할 만한 뾰족한 방법도 없다.

매년 초 로펌들의 매출이 민감한 보도 대상이 되는 이유도 매출 규모가 공개되지 않기 때문이다. 2015년부터 시행된 개정 공직자윤리법에 따라 차관급인 고법 부장판사와 법원장 등은 퇴직 후 3년간 연매출 100억원 이상인 대형 로펌에 재취업할 수 없기 때문이다. 상황이 이렇다 보니 국내 법률시장에선 로펌 변호사 수를 기준으로 순위를 매기는 것이 일반화돼 있지만 변호사 수를 기준으로 한 순위에 동의하는 로펌은 사실상 없다.

대형 로펌들이 인력 규모에 민감하다보니 대한변호사협회(회장 하창우) 역시 로펌들의 변호사 수 등 기초 자료를 공개하는 것마저 꺼리는 실정이다.

매일경제신문. 2016. 2. 24.

변호사 수로 등수를 매기는 것은 로펌들이 인적 회사이므로 그렇게 ranking을 정한다는 데는 일리가 있다. 모 중형 법무법인 대표는 로펌의 순위는 승소율로 판단하여야 한다며 질적인 판단의 중요성을 주장한다. 그러나 규모/크기가 중요한 잣대인 우리 사회에서는 인정하기 어려운 대상 변수이다.

2. 항공사

LF=(Load Factor) 탑승률(=탑승객/공급석)

Aircraft utilization = 항공기 가동률: 항공기 1일(24시간)당 비행시간

Aircraft utilization 수치는 저가 항공일 경우는 거의 12시간 정도가 되는데 얼마나 기존의 비행기를 경제적/효과적으로 운용하는지의 수치로 인용된다. 단, 우리나라의 경우는 김포와 부산 김해 공항의 이착륙이 금지되는 밤 11시부터 새벽 5시까지의 curfew 시간이 있으므로 이 비율이 외국 항공사에 비해서는 상대적으로 낮다. 이 비율이 항공사의 안전성을 검토하는 수치이기도 하지만 언론에서 이를 비판적으로 이용/인용하면 이 수치가 높을수록 비행기의 안전과 정비에 투입되는 시간은 감소하는 것으로 측정된다.

(ASK: Available Seat Kilometer)

여객만을 주체로 한 생산수송력 단위(=좌석수×운항거리, seat-km)

(CASK: Cost / ASK) : ASK당 비용(=비용/ ASK)

(RASK: Revenue/ASK) : ASK당 수익(=수익/ASK)

CASK와 RASK가 유효한 원가와 수익 측정의 변수인 것이 공급된 좌석을 모두 채울 수 있는 것은 항공사의 영업활동과 관련되는 것이고, 항공사는 정해진 일정에 만석이 되지 않아도 비행기를 운행하여야 한다.

ASK는 비행기회사가 보유하고 있는 항공기를 효율적으로 배치하여 가능하면 많은 수의 좌석을 가지고 빈번하게 항로를 운영하는 능력을 측정한다. 이는 어떠한 항로에 취항하는지의 이슈와도 연관된다.

(RPK: Revenue Passenger Kilometer) : 유상 여객 킬로미터(=탑승객 수×운항거리, pax-km)

(=Revenue / RPK): RPK당 수익(실제 발생한 수익단가)

***Yield Management**: 운항스케줄 및 가격구조 하에서 예약좌석 재고를 통제하고 관리하여 기업의 수익을 극대화시키는 경영방법(매출 최대화)

ASK와 RPK의 차이는 결국은 탑승객과 좌석수의 차이인데, 홍보, 영업, 가격구조 등으로 인해서 좌석을 어떻게 채울 것인가의 이슈이기도 하다. 즉 RPK는 영업력의 측정치이다.

그러나 기존의 fleet을 가지고 좌석수를 어떻게 최대화하는 것이나 또는 홍보활동을 통해서 탑승객 수를 최대화할 것인지는 구분하기 어려운 항공사의 전략이다.

ASK와 RPK가 차이가 있는 이유는 Load factor에 의해서 결정된다.

궁극적으로 항공사의 수익성은 Yield Management에 의해서 결정된다. 항공사는 수익이 극대화되어야 하지만 이는 분자의 수치일 뿐이고 분모에는 비용 요인인 운항거리로 표준화한다. 탑승객수가 많아서 연료비가 많이 발생하므로 이도 경제성을 측정하는데 통제요인이어야 한다.

3. 백화점의 생산성 측정치

매출/평=평당 매출 수익 즉, 이 측정치는 백화점이 수익을 창출함에 있어서 가장 제한적인 생산요소인 space를 가장 효과적으로 운용하기 위한 측정치이다.

chapter 63

적정 공인회계사 수

이 chapter는 손성규 외 3인의 '공인회계사 적정 선발 예정 인원에 관한 연구'에 기초한다.

공인회계사의 인원수가 어느 정도 되어야 하는지는 매우 민감한 이슈이다.

회계업계 전체 차원에서 보면 매출 2조원의 시장을 2만여명의 공인회계사 자격증 소지자들이 나눠서 분배한다고 하면 인당 ₩100,000,000씩을 나눠야 한다. 그러한 차원에서는 기득권을 가지고 있는 현업의 회계사들은 공인회계사 자격증 소지자의 인원이 증가하는 것에 대해서 부담을 느낄 것이다.

그렇지 않아도 공인회계사 업계에서의 의견은 감사수임료가 높아지지는 못할망정, 수임료가 낮아지고 있는 추세에 있으며 이것이 감사품질의 저하와 연관된다는 주장이다.

반면에 공인회계사 자격증을 소지하고 회계법인이나 감사반에서만 일을 해야 하는 것이 아니며 공인회계사 자격증이란 감사를 수행하는 자격증이라기 보다는 회계에 대한 전문성을 입증/표시하기 위한 회계전문가로서의 자격증이라고 생각하면 사회 각 영역에 진출하는 회계 전문가에게 자격증을 주어서 배출하여야 회계의 외연이 넓어진다고 할 수 있다. 이제까지의 공인회계사란 대부분 회계법인이나 감사반에서 감사 업무를 수행하는 경우를 생각하였는데, 미국의 경우는 공인회계사를 회계에 대한 전문가로서의 인증이므로 회계법인이나 감사반에 종사하는 인원보다도 다른 영역에서 활동하는 공인회계사들의 숫자도 엄청나다.

또한 공인회계사 합격자의 수는 공인회계사 시험의 난이도와도 연관된다. 현재에 공인회계사 시험의 합격자 수와 관련된 유일한 정책은 최소 850명이 합격되어 한다는 것과 모든 시험 과목에서 최소 60점을 받아야지만 합격을 하게 된다. 시험이 이 최소 인원이 적용되던 2005년 이후 최근까지의 평균 합격자 인원은 약 950명이며 1,000명을 초과했던 적도 있다. 시험이 어려워서 최소 합격자 수가 850명에 못 미칠 경우는 점수를 조정해 주어야 한다. 또한 시험이 너무 쉬워서 응시자 중에 많은 숫자가 과목 당, 60점을 초과하더라도 최대 인원을 정하지 않았기 때문에 합격자가 850명을 많이 넘을 가능성도 있다.

이제까지의 정책은 현재의 우리의 자본시장에서의 파수꾼의 역할을 수행하기 위해서는 최소한 어느 정도 인원이 되어야 하지만 동시에 어느 정도 quality는 유지하여야 하기 때문에 최소 점수 기준을 강제하였다. 즉, 인원으로나 품질로 보나 최소 자격 요건을 강제하고 있는 것이다.

그러다 보니 이 시장이 포화된다고 해도 이 시장을 보호해 줄 수 있는 cap이 존재하지 않았다.

미국의 경우가 점수만 최소 점수를 초과하면 누구든지 공인회계사 시험 합격자가 될 수 있다. 인원으로 최소 인원도 없고 최대 인원도 없다. 즉, 미국은 진입장벽이 전혀 없는 시장이다.

개인으로 활동하는 공인회계사들의 대부분의 업무는 세무대행이나 기장대행이었다고 할 수 있다. 이러한 업무는 세무사도 가능하므로 공인회계사의 숫자와 세무사의 숫자는 구분하여 접근할 수 없다.

이 보고서는 다음으로 적정 공인회계사 합격자 수를 접근하였다.

1. 공인회계사만이 수행할 수 있는 고유한 업무가 회계감사이므로 공인회계사 자격자의 수는 당연히 외감대상 회사의 수와 연관될 수밖에 없다. 외감대상 회사의 수는 몇 개이며 이 갯수의 회사를 감사하기 위해서는 몇 명의 공인회계사가 필요한지의 접근이다. 단, 이도 미래의 추정이 용이하지 않은 것이 외감대상 기업을 정하는 잣대가 지속적으로 5, 6년에 한번씩 변경되기 때문이다.[36)]

2. 이보다는 macro한 국제적인 비교가 가능하다. 각 국가의 인구, 경제 규모, 시가총액, 상장기업의 수 등을 비교하여 공인회계사가 자본주의의 파수꾼이라고 하니 우리의 공인회계사의 수가 어느 정도는 되어야지 우리 경제에서의 회계의 적정성을 guarantee할 수 있다는 접근이다.

3. 공인회계사 시험 합격자는 공인회계사로서의 자격증을 취득하기 위해서는 1년~3년간의 시보를 거쳐야 하는데 시보(training)를 할 수 있는 기관이 제한되어 있다. 따라서 시보를 제공할 수 있는 기관의 수에 맞추어서 인원을 합격시켜야 한다.

물론, 시험을 합격시킨 후, 합격자의 능력에 맞는 시보를 할 수 있는 기관에

---

36) 자세한 내용은 손성규(2016)의 chapter 39를 참조한다.

찾아 가는 것은 합격자의 능력이라고 할 수 있지만 그렇게 간단하지만은 않다. 2002/2003년 공인회계사 합격자들이 취업이 되지 않자 시위를 벌이면서 합격자 수에 대한 주목을 받게 되었다. naive하게 생각하면 합격한 이후에 시보를 하는 기관이나 직장은 각자 능력껏 찾아가는 것이라고 생각할 수 있지만 그렇게 간단하지 않다.

이러한 여러 가지 변수에 대한 결과에 의해서 공인회계사 합격자의 적정 수가 결정되어야 한다. 로스쿨이 도입된 이후에도 사시를 존치하여야 한다는 논란이 아직도 끊이지 않고, 이 이슈가 사회에서의 소득불균형과 최근에 와서는 금수저/흙수저 논란까지도 이르고 있다.

이 보고서에서 제시한 합격자 수는 가장 최근 년도인 2016년의 합격자 수 950명 보다도 적은 수준의 합격자를 제안하고 있다.

반면에, 일부에서는 회계사 수를 늘려서 회계영역의 외연을 넓혀야 하는데 오히려 축소하자는 주장은 합당치 않다는 주장도 있다. 다만 일본의 공인회계사 합격자 수도 1,000명을 조금 넘는 수준이며 일본의 인구는 1억 2천 7백만 명, 상장기업의 수도 우리보다 많이 높은 수준을 보이고 있다.

chapter 64

감사보고서 양식 비교

감사 또는 감사위원장이 주주총회에서 주주에게 보고하는 감사보고서는 상장협에서 회원사에게 제공하는 아래와 같은 일반적인 양식이 사용되었다. 그러나 그 내용을 검토해 보면 감사위원들이 실질적으로는 수행하지 않는 업무까지도 감사위원회가 수행한 것과 같이 기술되어 있어서 거의 대부분의 주총에서 사실이 아닌 내용이 전달되고 있다.

아래의 내용 중에, "회계에 관한 장부와 관계서류를 열람하고 재무제표 및 부속명세서를 검토하였으며 필요하다고 인정되는 경우 대조, 실사, 입회, 조회, 그 밖에 적절한 감사절차를 적용하였다"고 기술하고 있다. 감사위원회는 감사 실무를 수행하는 부서가 아니라 이러한 업무를 감시 감독할 수는 있어도 이러한 실무적인 업무를 수행하지는 않는다.

아래의 양식의 모 회사의 감사위원회가 이사회에 보고하는 양식이다.

감사위원회의 감사보고서

주식회사 xxxx의 감사위원회는 제11기 사업연도(2015년 1월 1일부터 2015년 12월 31일까지)의 회계 및 업무에 대한 감사를 실시하고 그 결과를 다음과 같이 보고합니다.

1. 감사방법의 개요

회계감사를 위하여 회계에 관한 장부와 관계서류를 열람하고 재무제표 및 부속명세서를 검토하였으며 필요하다고 인정되는 경우 대조, 실사, 입회, 조회, 그 밖에 적절한 감사절차를 적용하였습니다.

업무감사를 위하여 이사회 및 그 밖의 중요한 회의에 출석하고 필요하다고 인정되는 경우 이사로부터 영업에 관한 보고를 받았으며 중요한 업무에 관한 회사의 보고에 대해 추가검토 및 자료보완을 요청하는 등 적절한 방법을 사용하여 검토하였습니다.

신뢰할 수 있는 회계정보의 작성 및 공시를 위하여 설치한 내부회계관리제도의 운영

실태를 내부회계관리자로부터 보고받고 이를 검토하였습니다.

2. 재무제표에 관한 사항

상기 재무제표는 회사의 2015년 12월 31일의 현재의 재무상태과 동일로 종료되는 회계연도의 재무성과, 이익잉여금 및 자본의 변동과 현금흐름의 내용을 법령, 정관 및 한국채택 국제회계기준에 따라 중요성의 관점에서 적정하게 표시하고 있습니다.

3. 이익잉여금처분계산서에 관한 사항

이익잉여금처분계산서는 법령 및 정관에 적합하게 작성되어 있습니다.

4. 영업보고서 및 주석에 관한 사항

회사의 제48기 사업연도의 영업보고서는 법령 및 정관에 따라 회사의 상황을 적정하게 표시하고 있습니다.

아래에 첨부하는 감사보고서는 포스코가 2015년 주주총회에서 사용한 양식이다.[37] 위의 양식과 비교해서는 감사위원회가 수행한 업무와 실무 부서가 수행한 업무를 명확하게 구분하여 표시하고 있다. 이러한 양식은 일부의 기업에만 사용하고 있지만 많은 기업에서 이렇게 수정된 양식을 사용하도록 변경되어야 한다.

위의 감사보고서와는 달리 "내부감사부서로 하여금 회계에 관한 장부와 관계서류를 열람, 대조, 조회, 기타 적절한 감사절차를 적용하여 감사하도록 하고 그 결과를 확인하였습니다"라고 명확하게 적고 있다. 누가 무슨 업무를 수행하였고 누구는 감사/감사 업무를 수행하였는지, 업무 구분을 명확히 하여 적고 있다.

감사보고서

주주제위 귀하

본 감사위원회는 주식회사 포스코 및 그 종속기업(이하 "회사")의 제48기 사업연도(2015년 1월 1일부터 2015년 12월31일까지)의 회계 및 업무에 대한 감사를 실시하고 그 결과를 다음과 같이 보고합니다.

---

37) 본 내용은 2016년 4월 회계선진화포럼에서 김일섭 포스코 감사위원장께서 발표한 내용에 기초한다. 포스코에서 사용되는 양식을 제공해 준 최동민 포스코 정도경영실 감사기획그룹 그룹장께 감사한다.

감사방법의 개요

(가) 회계감사

회사의 제 48기 사업연도의 재무제표 연결재무제표 (이하 '재무제표')에 대한 회계감사를 위하여 다음과 같은 절차를 적용하였습니다.

첫째, 신뢰할 수 있는 회계정보의 작성 및 공시를 위하여 구축한 내부회계관리제도의 운영실태를 내부 회계관리자로부터 보고받고 이를 평가하였습니다.

둘째, 재무제표의 적정성을 확인하기 위해서 내부감사부서로 하여금 회계에 관한 장부와 관계서류를 열람, 대조, 조회, 기타 적절한 감사절차를 적용하여 감사하도록 하고 그 결과를 확인하였습니다.

셋째, 분기별 재무제표에 대해서는 외부감사인의 검토 결과, 연간 재무제표에 대해서는 외부감사인의 회계감사 결과를 보고받고 그 내용을 검토 확인하였습니다.

(나) 업무감사

업무감사를 위하여 이사회 및 기타 중요한 회의에 출석하고 필요하다고 인정되는 경우 담당이사 및 집행 임원으로부터 업무에 관한 보고를 받았으며, 중요한 업무에 관한 서류를 열람하고 그 내용을 검토하는 등 필요하다고 판단한 절차를 적용하였습니다.

2016년 3월 11일

주식회사 포스코

감사위원회 위원장 xxx (인)

위원 xxx (인)

위원 xxx (인)

결 언

1년째 작업하던 저술을 마무리할 수 있으니 기쁘다. 뭔가를 이룬다는 성취감은 사람을 up되게 만든다. 교수로서 가치 있는 일이란 무엇인가라는 생각을 항상 하게 한다. 연구할 수 있을 때까지는 항상 무엇인가에 호기심을 가지고 탐구하는 일이 가장 보람 있는 교수의 삶이 아닌가 한다.

자식뻘 되는 젊은이들과 같이 연구하고 고민할 수 있으니 참으로 좋다. 또 그들에게 참신한 아이디어를 배울 수 있는 것도 무척이나 도전이 된다. 회계업계가 궁금해 하거나 고민하는 내용에 대해서 해법을 제시해 줄 수 있으면 좋겠다.

경영학/회계학은 응용학문이며 현실 적용 학문이다. 우리가 관심이 있는 내용들은 상아탑에만 존재하는 것이 아니라 실무에 있다. 단, 실무라고 해도 그 이론적 배경이 되는 내용과 그 해답은 책속에 있어야 한다.

위원회 활동, 기업에서의 간접 경험을 통해서 저자가 축적한 지식과 현장에서의 산 경험을 책에 녹아 낼 수 있어서 내 자신 무척 lucky하다고 생각한다.

총기 있는 학부 학생, 학문에 정진하는 대학원생, 회계분야에서 같이 일하는 동료 교수, 사랑하는 가족, 오늘의 내가 있도록 해준 주위의 감사한 분들이다. 특히 최근에 오면서 '학생이 있으니 교수가 있는 것'이라는 생각을 자주 하게 된다. 강의만 하는 직업은 학원 강사이며, 연구만 하는 직업은 연구소의 연구원이다. 연구하고, 연구한 것을 학생들에게 전수하는 것이 선생의 길이다. 학생들에게 영향력을 미치는 교수라는 직업은 단순한 직업이 아니고 소명이라고들 하는데 100% 동의한다.

학부 때부터 27년간 연세 동산에서 공부하고 일해오고 있다. 내가 받은 것을 어떻게 돌려 주어야 하는지라는 생각도 최근 들어 부쩍 하게 된다. 2015년 가을학기와 2016년 봄학기 연구년을 받아서 이 저술이 가능하였다. 저자가 봉직하고 있는 연세대학교에 감사한다.

2016년 12월
언더우드 동상과 연세대학교 본관이 내려다 보이는
저자의 연구실에서..

참고문헌

경제개혁연대. 2014.10.6. 현대차 그룹 지배구조 문제 심각. 환골탈태하는 노력 보여야.

경향신문. 2016.6.8. [홍기택 전 산업은행장 인터뷰]"대우조선 지원, 최경환·안종범·임종룡이 결정"

매경이코노미. 2015.7.1.−2015.7.7. 삼일회계법인, '미공개 중요 정보 이용' 관련 금감원 내사 중.

매경이코노미. 2015.9.2.−9.8. 진실 논란 대우건설 5000억원 분식회계. '건설업 관행' '회계처리 오류' 공방전

매경이코노미 2016.4.27.−5.3. 구글세 도입 본격 추진된다는데 외국계 유한회사 공시 의무화해야 실효

매경이코노미. 2016.5.25.−5.31. KB금융 전 최고경영진 성과급 논란

매일경제신문. 2011.10.25. 현대車 불성실공시 논란

매일경제신문. 2012.8.22. 거래소 '즉각 공시' 추진한다지만

매일경제신문. 2012.8.22. '증시 심장부' 공시 시스템 구멍

매일경제신문. 2013.3.20. 사립대 회계감사 정부가 감리

매일경제신문. 2013.4.1. 김교태 삼정KPMG 대표인터뷰

매일경제신문. 2014.6.14. '힘실린' 준법감시인 2년 임기 보장

매일경제신문. 2014.11.13. "구조조정 결정한 경영판단 존중" 대법, 쌍용차 손들어줘

매일경제신문. 2015.1.8. 국민연금, 주총 의결권행사 강도 높인다.

매일경제신문. 2015.1.9. 소액주주 3분의 2 넘으면 섀도보팅 3년 연장

매일경제신문. 2015.1.12. '불성실한 사외이사'도 분식회계 책임 있다.

매일경제신문. 2015.1.16. 부실평가 논란 신평사 징계 또 연기

매일경제신문. 2015.1.21. 5억 이상 임원연봉 세부내역 공개

매일경제신문. 2015.1.22. 중 회계법인 리안다 국내 시장 첫 진출

매일경제신문. 2015.1.23. 금융위, 지배구조 연차보고서 작성기준 논란

매일경제신문. 2015.1.30. 신평사 임직원 모두 중징계

매일경제신문. 2015.2.10. '일동제약 경영권 분쟁' 녹십자 안건 주총때 반영되면...

매일경제신문. 2015.2.12. 대기업 오너 일가 전횡 막는다지만 '조현아 특별법' 발의 논란

매일경제신문. 2015.2.12. 대기업 상장사 3곳 중 2곳 국민연금 지분>오너 일가 주총 의결권 행사 주목

매일경제신문. 2015.3.10. "롯데쇼핑 회장 이사 선임 반대해야"
매일경제신문. 2015.3.13. 오늘 '주총 빅데이' 상장사 68곳 주요안건은
매일경제신문. 2015.3.14. 국민은 '석달째 공석' 감사 내달 선임키로
매일경제신문. 2015.3.20. 대우인터내셔널, KT&G, 동서 감사 시간 짧아 부실 가능성.
매일경제신문. 2015.3.23. 목소리 커지는 주주들... 몸 낮추는 미국 기업들
매일경제신문. 2015.4.6. 대법 "리베이트는 비용처리 안된다"
매일경제신문. 2015.4.10. 미등록 회계사가 감사 절반을...
매일경제신문. 2015.4.11. 회계법인 "보수 4배 내라" 상장 앞둔 기업에 지정감사제 악용
매일경제신문. 2015.4.13. 시총 200대 기업 회계감사 기업당 평균 21시간 줄어. 부실 감사 우려.
매일경제신문. 2015.5.2. 금융당국에 감리불복 소송
매일경제신문. 2015.5.3. LIG 건설 CP 손실 전문 투자자엔 배상 책임 없다.
매일경제신문. 2015.5.20. 자율공시 잘하면 인센티브 주겠다.
매일경제신문. 2015.6.2. '중요도 낮은 내용' 기업 의무공시서 제외
매일경제신문. 2015.6.13. 신용평가사 애널리스트 전문성 위해 순환제 폐지
매일경제신문. 2015.6.19. 발빠른 '빅4' 회계법인 로펌시장 진출 잰 걸음
매일경제신문. 2015.6.20. 한영회계법인, 엘리엇 상대 소송키로, "투자한다며 감정 의뢰해 놓고 약속과 달리 소송 자료로 활용"
매일경제신문. 2015.6.26. 삼성, 위임장 확보 본격 나서
매일경제신문. 2015.7.10. '대리인 허위 공시' 엘리엇 곧 소환조사
매일경제신문. 2015.7.13. 기업사냥꾼 약탈에도 경영권 방어 두손 묶는 국회
매일경제신문. 2015.7.14. 국민연금은 삼성합병 찬성하고 왜 속시원히 공개 못 할까
매일경제신문. 2015.7.15. 한투운용 등 기관들 속속 삼성합병 찬성
매일경제신문. 2015.7.16. '동양 부실감사' 삼일 삼정 한영 중징계
매일경제신문. 2015.7.17. 유죄 확정된 회계사가 버젓이 업무
매일경제신문. 2015.7.21. 대우조선 손실 은폐 파장... 빅4 회계법인 잇단 '투자자 소송' 위기
매일경제신문. 2015.7.24. 상장사 공시 부담 줄어든다.
매일경제신문. 2015.8.12. '5000억 분식' 대우건설 과징금 20억
매일경제신문. 2015.8.21. 지식재산 가치 평가해준다.
매일경제신문. 2015.8.27. 감사 정보 이용 시세차익 챙긴 회계사들 첫 징계
매일경제신문. 2015.9.1. 4대 회계법인 매출 비중 소폭 감소
매일경제신문. 2015.9.4. 빅배스 해결책 충돌
매일경제신문. 2015.9.7. 잘못된 풍문 조회공시 없어도 해명공시 가능
매일경제신문. 2015.9.9. 미청구금액 느는 건설사 빅배스 경계령 '솔솔'
매일경제신문. 2015.9.23. 회계사회 "제2 대우조선 부실회계 막자" 토론회
매일경제신문. 2015.10.12. 금융위, 대우조선 발 수주산업 분식회계 개선안
매일경제신문. 2015.10.21. 금감원 회계법인 임직원 주식투자 특별감리
매일경제신문. 2015.10.22. 독자신용등급, 올해도 무산

매일경제신문. 2015.10.23. 제4신평사 설립 빨라진다.
매일경제신문. 2015.10.24. 신용평가사 애널리스트 내년부터 순환제 없앤다.
매일경제신문. 2015.10.30. '분식 방관' 회계법인 대표 해임권고
매일경제신문. 2015.10.30. '제2 대우조선' 막게 과징금도 올려
매일경제신문. 2015.12.2. 금감원, 부실감사 회계법인 대표에 최고 3년 회계사 자격 박탈
매일경제신문. 2015.12.11. 금융위, 불공정거래 압수 수색 늘린다.
매일경제신문. 2015.12.25. 장기 주주에게 이사 추천권 주는 미기업 급증
매일경제신문 2015.12.25. ISS 등 의결권 자문기관 신뢰성 의문
매일경제신문. 2016.1.7. '큰손' 역할 못하는 국민연금
매일경제신문. 2016.1.18. 주가조작 수익 추징길 막히나... 법정서 거부당한 '이벤트 스터디' 주가조작 수익계산법
매일경제신문. 2016.2.5. 'STX조선 부실감사' 삼정회계 중징계 받나
매일경제신문. 2016.2.5. 대형분식회계 전담 조사 금감원 특별감리팀 신설
매일경제신문. 2016.3.10. 오너리스크 큰 기업 워크아웃
매일경제신문. 2016.3.14. 삼성전자 현대차 한전 외국인 지분많은 169사. 영어로 공시
매일경제신문. 2016.3.25. '회계부실 논란' 대우조선 외부감사인 안진서 교체.
매일경제신문. 2016.3.26. 대우조선 회계오류 고쳤더니 2013, 2014년 7천억원씩 적자 적자 반전에 소송 줄이을 듯
매일경제신문. 2016.4.9. '분식' 조석래 효성회장 과징금 취소소송 패소
매일경제신문. 2016.4.5. 대우조선 '엉터리 실적' 작년 매출액 증감 4조 틀려 정정공시
매일경제신문. 2016.4.15. 갈 길 먼 '한국판 ISS' 기업지배구조원
매일경제신문. 2016.4.27. 이번에도 제구실 못한 애널리스트
매일경제신문. 2016.4.29. 기업 중요정보 내달부터 규정에 없어도 공시해야
매일경제신문. 2016.5.9. 채권은, 조선사 부실대출 정상으로 분류
매일경제신문. 2016.5.9. 채권단보다 후한 신평사 부실 심한데도 AB등급
매일경제신문. 2016.5.9. 상장사 공시 부담 30% 줄어
매일경제신문. 2016.5.11. 서울시, 경영권 침해 논란에도 '근로자이사제' 강행
매일경제신문. 2016.5.12. 한계기업, 내부 감사도 엉터리
매일경제신문. 2016.5.26. 기업공시 확인 더 빠르고 편해진다.
매일경제신문. 2016.5.27. 삼일 안진서 빠진 회계법인 일감 몰려
매일경제신문. 2016.5.27. 중소 비상장사 2만 4000곳 회계감리
매일경제신문. 2015.5.28. 미청구공사 오해와 진실
매일경제신문. 2016.5.31. 친기업 성향 의결권자문사 <한국기관투자자자문원> 만든다.
매일경제신문. 2016.6.13. 부실감사땐 회계법인 회계법인 대표 자격 박탈
문화일보. 2015.9.30. 자치단체 회계비리 낭비방지 실국장급 회계책임관 의무화
문화일보. 2016.4.18. 19대 국회 의원 법안 55% 폐기 위기
문화일보. 2016.5.31. 금융당국, 회계법인 부실 감사 뿌리뽑는다.
문화일보. 2016.5.31. 대우조선, 현 상태 지속땐 '관리종목'
머니투데이. 2015.4.7. 부실감사 논란 윤현철 감사부문 대표 공인회계사회보 통해 저가

수주 관행, 정부비판
비즈니스워치. 2015.6.12. 호텔 신라, 투명회계 대상 받은 '비결'
삼정회계법인. 2015.6.17. 감사위원회 ACI(Audit committee institute) 세미나
삼정회계법인. 2015. Audit Committee Handbook. 삼정 KPMG 감사위원회 지원센터
생명보험협회/대한손해보험협회, 2002.6.12. 보험업계 모범 규준(안) 주요내용
서울경제신문. 2008.2.22. 외감법개정안 통과
손성규. 2007. 2. 감사의뢰인과 감사인간의 감사계약서와 관련된 이견: 이론과 현황－배상책임 및 면책에 관한 사항을 중심으로. 상장. 상장자료실. 한국상장회사협의회: 70－79.
손성규. 2006. 회계감사이론, 제도 및 적용. 박영사.
손성규. 2009. 수시공시이론, 제도 및 정책. 박영사.
손성규. 2012. 금융감독, 제도 및 정책. 박영사.
손성규. 2014. 회계환경, 제도 및 전략. 박영사.
손성규. 2016. 금융시장에서의 회계의 역할과 적용. 박영사.
손성규, 임현지, 배창현. 2016. 계속기업의견이 감사인 교체에 미치는 영향. 미발표 논문.
손성규, 최현정, 변정윤. 2016. 재무기준에 의한 외부감사인 지정 사유의 확대정책이 기업의 재무비율 조정에 미치는 영향. 2016년 한국회계학회 동계학술발표대회.
손성규, 이호영, 박현영, 조은정. 2016. 공인회계사 적정 선발 예정 인원에 관한 연구. 한국회계학회.
송민경. 2015.12.2. 한국형 스튜어드십 코드 도입 방향과 세부 내용. 스튜어드십 공청회. 자본시장연구원, 기업지배구조원.
안경태. 2015.7.30. '싼값' 대신 '제값'주는 사회. 한국경제신문.
윤현철. 2013.6. 적정의견이란 표현에 유감(有感). 공인회계사.
이만우. 2016.3.31. 외부감사인이 허위보고까지 책임지라고? 한국경제신문.
이재권. 2015.12.10. 국가 경쟁력 제고를 위한 내부감사품질 평가의 전략적 활용 방안. 2015 한국내부감사대회 발표 자료.
이종운. 2015.12.10. 우리감사 내부감사의 현재와 미래. 창조사회투명성을 위한 내부감사의 품격혁신전략' 한국감사협회.
이코노미스트 2015.6.29. '주워들은 정보인데..' 변명하단 큰 코 다쳐
이홍섭. 2015. 12. 재무기준 요건에 의한 외부 감사인 지정 제도의 도입이 잠재적 지정 대상 회사의 이익 조정 및 외부감사인의 감사시간에 미치는 영향. 한국회계학회 동계학술대회.
전규안. 2015.2.27. 감사위원회의 기능과 역할. 회계선진화포럼. 한국회계학회.
정규재. 2015. 의결권행사 자문서비스 활성화 기대 효과. 상장기업 지배구조 개선을 위한 의결권 자문 서비스 활성화. 의결권 시장 선진화를 위한 심포지엄.
정혜영, 이명곤, 서대석. 2005.8.29. 공인회계사 선발 인원의 적정 수준에 관한 연구. 한국회계학회.
조상규. 2012.4.23. 저축은행 후순위채 소송과 관련한 감사인의 손배책임. 법률신문.
조선비즈. 2016.6.8. [회계업계 신뢰위기] 최중경 전 장관 감사보수 "최저한도" 정해

조선일보. 2011.7.16. 흥국화재 사외이사 5명 징계
조선일보. 2013.2.5. 현대카드냐 캐피탈이냐. 정태영사장의 선택은
조선일보. 2015.1.29. 벌거벗는 사외이사... 거마비, 콘도, 차량까지 제공
조선일보. 2015.2.22. KB 사외이사, 주주운동가 경쟁사 CEO의 추천 받아
조선일보. 2015.2.24. 현대차, 권력기관 출신 '힘센 사외이사' 잇단 영입
조선일보. 2015.6.16. 청와대 국회 '국회법 갈등' 2라운드 예고
조선일보. 2015.6.18. 헌법학자들 '한 글자 고친 국회법' 높고 의견 갈려
조선일보. 2015.7.9. 경영권 흔들던 헤지펀드, 수천억원씩 챙겨 떠나... 대기업들 '골병'
조선일보. 2015.7.15. 대우조선해양, 2조원대 손실 숨겼다.
조선일보. 2015.7.20. 2조 부실 숨긴 대우조선.. 지난 9년간 주인들은 낙하산 사장들이었다.
조선일보. 2015.8.13. 분식회계 혐의 대우건설 과징금에 건설업계 비상
조선일보. 2015.8.25. 개방형 논란 유감... 그래도 공직 더 열어야.
조선일보. 2015.8.28. 재판결과 좌우하는 鑑定.. 편파 시비 단골손님
조선일보. 2015.9.2. 분식회계 '쥐꼬리 과징금'
조선일보. 2015.9.8. 지방부채 47조인데 숨은 빚이 60조
조선일보. 2015.9.9. 대우건설 분식 논란... 오늘 징계여부 최종 결정
조선일보. 2015.9.25. '미공개 정보 유통' 분쟁 막아라. 사라지는 여의도 증권가 메신저
조선일보. 2015.10.7. 투자자문사가 금감원 2명 월급 가압류 '을의 반란'
조선일보. 2015.10.28. 금감원, 효성 분식회계 의혹 회계감리 나서
조선일보. 2015.12.1. 임금 투자 늘리랬더니 기업은 자사주 배당 '올인'
조선일보. 2015.12.21. 50조 빚덩이 부실 지방공기업, 정부가 직접 퇴출
조선일보. 2015.12.23. KB, 대우증권 인수전서 3등.
조선일보. 2015.12.26. 애널리스트 수난시대... 5년새 3분의 1 퇴출
조선일보. 2016.1.5. 상장사 배당금 22조... 수익률(1.5－1.6%) 처음으로 기준금리(1.5%) 추월
조선일보. 2016.1.7. 4대강 입찰 담합 벌금 면제받은 삼성물산... 이유는 제일모직에 합병돼서
조선일보. 2016.3.23. 12개 법인 회계사 30명 감사했던 기업 주식 수억원 부당거래 적발
조선일보. 2016.4.12. 롯데 사장단 평가에 '사회적 책임' 추가... 취지는 좋은데.
조선일보. 2016.4.27 구조조정 강도, 자율협약＜워크아웃＜법정관리
조선일보. 2016.4.28. 부실감사 비리 드러나... 궁지 몰린 회계법인들
조선일보. 2016.5.11. 대우조선 2조 분식회계 의혹 남상태 고재호 전 사장 출금
조선일보. 2016.5.20. 최악의 19대 국회, 마지막까지 최악
조선일보. 2016.5.28. 조선 부실감사한 회계사가 구조조정 실사
조선일보. 2016.6.13. '부실감사'하면 회계법인 대표 퇴출
주간조선. 2014.8.25.－31. 19대 들어서만 1만269건 폭주하는 의원입법 딜레마
주간조선. 2015.9.15. "국회의원 답게 살겠다. 말이나 말든지.."
중앙선데이. 2015.12.6. 19대 국회 자동 폐기 법안 1만건 넘을 듯.

한경비즈니스. 2015.9.30.－10.7. 바뀌는 공시제도.. 대응 전략을 찾아라
한경비즈니스. 2016.4.25.－5.1. 공인회계사는 주식 투자도 하지 마라?
한국경제신문. 2012.10.3. 롯데쇼핑 "고객을 사외이사로"
한국경제신문. 2013.3.8. 시총 5000억 넘으면 수시공시 '마음대로'
한국경제신문. 2014.3.18. 검 '회계조작 의혹' 쌍용차 경영진 무혐의
한국경제신문. 2014.4.13. 회계법인 '소송 공포'에 떤다
한국경제신문. 2014.9.1. 신제윤 "지정 감사인 전면 확대안 반대"
한국경제신문. 2014.11.14. 쌍용차 해고 적법... 경영상 필요했다.
한국경제신문. 2015.1.10. 정보 알았나... 동부 건설 법정관리 신청 직전 그룹 계열사 임원들 주식 전량 매각
한국경제신문. 2015.1.13. KB금융, 모든 주주에 사외이사 추천권
한국경제신문. 2015.1.17. '참석주주 과반수'로 주총 의결기준 완화
한국경제신문. 2015.1.21. "부채비율 낮춰 지정감사 피하자" 상장사, 부실 자회사 '꼬리 자르기'
한국경제신문. 2015.2.7. 한국노총 위원장, 8년만에 경총 강연 "노조 대표도 사외이사로"
한국경제신문. 2015.2.7. '적정' 감사의견 받았어도 부실징후 나오면 공시해야 <높은 부채비율 등>
한국경제신문. 2015.2.10. 연봉 5억 넘는 임원 상여금 공시 때
한국경제신문. 2015.2.23. 신평사, 등급평가 뒷전 장삿속 '베끼기 판친다
한국경제신문. 2015.2.24. 상장심사 항목 49개 → 34개
한국경제신문. 2015.2.26. 박대통령 특명 받은 '주가조작 조사단' 분식회계에도 칼뺀다.
한국경제신문. 2015.2.27. 국민연금 배당 압력에 기업 반발... 기금위 '파행'
한국경제신문. 2015.3.4. 매정한 모성 "나부터 살자" 못난 자회사와 의절 뒤 재도약
한국경제신문. 2015.4.8. 회계법인 수익성위해 재무와 회계자문 합친다.
한국경제신문. 2015.4.15. "신용평가 직원이 영업까지"
한국경제신문. 2015.4.15. 한진해운 현대미포 등 150곳, 외부감사인 강제 지정
한국경제신문. 2015.5.20. 임종룡위원장 "공시절차 뜯어 고치겠다"
한국경제신문. 2015.5.30. 국내 증권사 매도 보고서 비중 첫 공개
한국경제신문. 2015.6.1. "정치인 관료 출신 낙하산 싫다" 상근감사 자리 없애는 금융사들
한국경제신문. 2015.6.2. 기업 수시공시 내년부터 자율화
한국경제신문. 2015.6.3. 금융당국, 동양 계열사 '부실 감사' 11일 제재
한국경제신문. 2015.6.4. "저축은행 분식회계, 회계법인 책임 없다"
한국경제신문. 2015.6.9. 대한항공 감사보수 대폭 인상한 까닭은...
한국경제신문. 2015.6.15. 사업 전망 허위 공시도 투자자 피해 배상하라.
한국경제신문. 2015.6.15. "허위공시, 이젠 민법상 손배 책임"
한국경제신문. 2015.6.18. 소극적 기업 IR도 주가 발목 잡아... 뭔가 더 적어야.....
한국경제신문. 2015.6.19. '4000억 분식회계' 대우건설 중징계 통보
한국경제신문. 2015.6.20. 금융당국 제재권 과도.

한국경제신문. 2015.6.22. '삼성 등 대기업에 공무원 근무 백지화'
한국경제신문. 2015.6.25. 상장사 5곳 중 1곳 '무늬만 적정'의견
한국경제신문. 2015.6.27. 홍콩 현지법 핑계로 정관 '나 몰라라'
한국경제신문. 2015.7.3. "의결권 행사 대리인 허위기재" 안진회계법인, 엘리엇 고소
한국경제신문. 2015.7.3. 아파트 주민 "비용 부담 싫다" 관리사무소 "감사 귀찮다" 회계사 "돈 안 된다."....... 아닌 밤중에 홍두께...
한국경제신문. 2015.7.3. 가구당 연1만원 꼴인데... 비용에 발목 잡힌 아파트 회계감사 주민 3분의 2 동의 받아 감사 회피 추진
한국경제신문. 2015.7.10. 금융위 금감원 직원에 사법경찰권 부여
한국경제신문. 2015.7.14. 금융위 "구두지침 등 그림자 규제 <금감원의 비공식 규제> 없애겠다."
한국경제신문. 2015.7.21. 국민연금 '주주권 행사' 법제화한다.
한국경제신문. 2015.7.21. 산은, 대우조선해양에 2조 긴급투입 손실 3조 넘어 정상적 영업활동 못할 상황
한국경제신문. 2015.7.31. 깜깜이 기업분석 고무줄 회계에 "대기업 실적 전망도 못 믿겠다"
한국경제신문. 2015.8.5. 감사보수 반토막... 고품질 감사 어렵다.
한국경제신문. 2015.8.7. 과다연봉 억제해 불평등해소 vs. 고도화된 직무 감안해야
한국경제신문. 2015.8.10. 사내유보금 과세 '역풍' 이익 줄어도 배당 급증
한국경제신문. 2015.8.11. 제4 신용평가사 설립 착수... '30년 3사 과점 체제' 끝났다.
한국경제신문. 2015.8.11. 미, 10개사 인가... '다양한 목소리' 유도
한국경제신문. 2015.8.13. 분식회계 '봐주기 감사'... 4대 회계법인 사면초가
한국경제신문. 2015.8.13. 팩스 구두로 지시하던 관행 근절 금융위 "규제 실명제 도입 하겠다"
한국경제신문. 2015.8.17. 조선 건설 '고무줄 회계' 손본다.
한국경제신문. 2015.8.19. 금감원, 회계감사 시간 짧은 100여곳 특별점검
한국경제신문. 2015.8.19. 지자체 산하기관에 '빚 밀어넣기' 막는다.
한국경제신문. 2015.8.26. 애플 주가 폭락 막은 팀쿡의 '새벽편지'
한국경제신문. 2015.8.27. 어닝쇼크 17개사 회계법인 바꿔라
한국경제신문. 2015.9.4. 사내 유보금 풀어 고용, 투자 늘려야 한다?
한국경제신문. 2015.9.5. 대한항공 지분 처분 보고서 누락.
한국경제신문. 2015.9.7. 자회사라 부실 파악 어려웠다더니.. 대우조선 이사회도 안간 산은
한국경제신문. 2015.9.14. 회계감사 강제 지정한다더니
한국경제신문. 2015.9.16. 기업부정 적발 못한 회계사, 정당한 절차 따랐다면 무죄
한국경제신문. 2015.9.23. 대우증권 한영회계법인 '중 고섬 분식' 놓고 법정다툼
한국경제신문. 2015.9.23. 조선 건설사, 고위험사업 원가 예상 손실 공개해야.
한국경제신문. 2015.9.25. '주식시장의 꽃' 화려한 시절은 추억으로 최고 연봉 애널리스트도 여의도서 짐 싼다.

한국경제신문. 2015.10.1. 대우조선 소액주주, 손배소 냈다.
한국경세신문. 2015.10.12. 조선 건설사 회계감시 80년만에 확 바뀐다.
한국경제신문. 2015.10.12. '單任, 短任의 늪에 빠진 대한민국
한국경제신문. 2015.10.28. 은행 조 단위 '충당금 폭탄'에 살릴 수 있는 기업마저 지원 못해.
한국경제신문. 2015.10.29. 분식회계 건별로 무제한 제재.. 과징금 상한선 없어진다.
한국경제신문. 2015.10.30. 아널드 쉴더 "핵심감사제, 회계투명성 높여…경영진·투자자 모두 만족"
한국경제신문. 2015.11.7. 핵심감사제 도입해야 하나
한국경제신문. 2015.11.10. 한국형 기업 지배구조 지침 만든다.
한국경제신문. 2015.11.11. 의결권시장 선진화를 위한 심포지움 "기관 의결권 행사 지침 '스튜어드십 코드' 내년 시행"
한국경제신문. 2015.11.25. 검찰에 고발당한 미국회계사 법망 피한 기업 감사 '비일비재'
한국경제신문. 2015.11.28. 대법 "회계사는 부동산 감정 평가 못한다"
한국경제신문. 2015.12.1. 상장사 '미등기 임원'도 연봉 5위까지 급여 공개<5억원 이상>
한국경제신문. 2015.12.1. 신규 연봉 공개 대상 500여명 재계 "개인정보 침해 문제 있다"
한국경제신문. 2015.12.2. 부실감사 초래 땐 회계법인 대표도 징계
한국경제신문. 2015.12.18. 대우건설 분식회계 제재 후폭풍 건설사들 연말 회계처리 '전전긍긍'
한국경제신문. 2015.12.24. 롯데 '손가락 해임' 없앤다.
한국경제신문. 2015.12.31. '분식 의혹' 대우조선 회계감리 받는다.
한국경제신문. 2015.12.31. 신동빈 "사장단 평가에 ESG 넣어라"
한국경제신문. 2016.1.8. 세종시는 요즘... '민간근무 휴직제'신청 봇물
한국경제신문. 2016.1.9. 분식회계 속인 저축은 후순위채 샀다가 손실 대법 "경기 변동 영향때 투자자도 책임"
한국경제신문. 2016.1.9. 삼성생명, 부동산 자산 조정... 추가 매각 잇따를 듯
한국경제신문. 2016.1.11. 전 직원, 감사기업 주식 투자 하지마라"
한국경제신문. 2016.1.11. 서울 아파트 관리장부 첫 공개... 횡령, 뒷돈 '얼룩'
한국경제신문. 2016.1.20. 대우조선해양발 회계감리 '칼바람' ... 로펌들 때 아닌 특수
한국경제신문. 2016.1.29. 언론보도로 공시 대체하는 거래소
한국경제신문. 2016.2.11. "새 보험회계기준 <IFRS4 2단계> 대비 서둘러라"
한국경제신문. 2016.2.12. 사외이사 추천권 달라는 현대중 노조
한국경제신문. 2016.2.16. 삼성, 대표이사－이사회 의장 분리한다.
한국경제신문. 2016.2.17. 회계법인들은 지금 '명함 교체 중'
한국경제신문. 2016.2.19. 미등기 임원도 '연봉 톱5'면 연2회 급여 공개해야
한국경제신문. 2016.2.25. "사외이사 자격 선진국보다 까다롭다"
한국경제신문. 2016.2.26. 임원보수 공개 확대 신중해야
한국경제신문. 2016.2.29. 배당수익률, 사상 첫 국고채 금리 추월
한국경제신문. 2016.3.4. 소액주주 vs 회사측, 주총 앞두고 감사 선임 '기싸움'

한국경제신문. 2016.3.11. 아파트 5곳 중 1곳, 관리비 줄줄 샜다.
한국경제신문. 2016.3.16. 삼일 이어 안진 삼정도... "외국회계사 명함 교체"
한국경제신문. 2016.3.17. 제동 걸린 '회계법인 대표 징계안'
한국경제신문. 2016.3.18. 한전 네이버 동부화재 기관, 주요 안건에 '반대'
한국경제신문. 2016.3.24. "대우조선, 손실 2조 축소" 딜로이트의 실토 '파문'
한국경제신문. 2016.3.30. 감사기업 주식 불법거래 혐의 12개 회계법인 회계사 22명 징계
한국경제신문. 2016.4.4. 대우조선 회계 오류 후폭풍 일감 못 따는 딜로이트안진
한국경제신문. 2016.4.5. 하나투어에 '뿔난' 증권사 센터장들
한국경제신문. 2016.4.5. 소신 보고서는 삭제당하고, 문전박대... 애널리스트 '수난시대'
한국경제신문. 2016.4.5. 기아차, 삼정KPMG와 감사계약 해지
한국경제신문. 2015.4.7. '사외이사 추천하겠다' 현대중공업 노조, 도 넘은 경영간섭
한국경제신문. 2016.4.15. 감사보수 가장 짠 SKC
한국경제신문. 2016.4.18. 배당 100% 늘려도 '반대' 상장사 "국민연금 판단기준 뭐냐"
한국경제신문. 2016.4.18. "의결권행사 전문위, 최종 결정 아닌 자문 역할해야"
한국경제신문. 2016.4.18. 자국 투자비중 낮은 해외 연기금 대부분 주주권한 행사 소극적
한국경제신문. 2016.4.20. 1년4개월 공석이던 감사에 청 출신 인사 내정설
한국경제신문. 2016.4.21. 외부감사인으로 '지정'된 삼일회계법인 대우조선 부실 추가로 밝혀낼까
한국경제신문. 2016.4.21. 새 회계기준 도입... 보험사 M&A 촉발할 것
한국경제신문. 2016.4.22. '깡통회사'를 155억원의 의료기기 업체로 평가. 투자자 울린 회계법인은 무죄?
한국경제신문. 2016.4.28. 서울시, 논란 많은 노동이사제 도입 강행
한국경제신문. 2016.5.3. 미일서도 커지는 회의론
한국경제신문. 2016.5.6. 부실 감사한 회계법인이 배상금 첫 지급
한국경제신문. 2016.5.12. "무차별 최고등급 부여 안돼"... 4대 시중은행 신용등급 강등 위기
한국경제신문. 2016.5.21. "회계법인, 임직원 주식투자 통제시스템 구멍"
한국경제신문. 2016.5.23. 미청구 공사금액 15조... 건설 주 '후덜덜'
한국경제신문. 2016.5.26. 은행, 조선업 대출 70조 충당금 적립 공포 커진다.
한국경제신문. 2016.6.1. '뒷북 평가' 신평사 책임, 법정서 가려진다.
한국경제신문. 2016.6.1. 조선 해운도 뒷북 신용평가... 투자자 피해 '눈덩이'
한국경제신문. 2016.6.1. 기업 이사회 인종은 다양해야 한다?
한국경제신문. 2016.6.2. '감사전 재무제표' 안 낸 상장사 금융당국, 100여곳 무더기 적발
한국경제신문. 2016.6.2. 상법과 충돌하는 '모범규준', 지배구조는 기업 결정에 맡겨야.
한국경제신문. 2016.6.2. 법원 "상장사 분식회계로 주관사에 과징금은 잘못"
한국경제신문. 2016.6.4. 구조조정 방식 어떻게 다른가
한국경제신문. 2016.6.13. 부실감사 회계법인 대표도 징계
한국경제신문. 2016.6.18. '미공개정보'로 주식 산 회계사 재판에 넘겨진 첫 사례...

결과는?
황인태. 2016.2.25. 최근 회계환경의 변화와 내부감사기구의 역할. 한국상장회사감사회 조찬강연.
CFO.com What were the auditors thinking? September 16, 2011.
Gul. F.A, D. Wu, and Z. Yang, 2013. Do Individual Auditors Affect Audit Quality? Evidence from Archival Data. Accounting Review.
Kinney, W. 2000. Information Quality Assurance and Internal Control for Management Decision Making. McGraw−Hill Irvin.
KPMG. 2015.1.16. KPMG in the Headlines.
PwC. PCAOB Proposed Auditor Reporting Model Changes. Point of view. May 2012.
YTN. 2015.1.11. 게으른 사외이사, 분식회계 책임져야...

저자 소개

경력:
연세대학교 경영학과 졸업
University of California－Berkeley, MBA
Northwestern University, 회계학박사
뉴욕시립대학교 조교수
미국공인회계사
한국회계학회 상임간사
한국경영학회 상임이사
기획예산처 정부투자/산하기관 경영평가위원
한국전력 출자회사/발전자회사 평가위원
금융감독원 감리위원회 위원
한국회계학회 회계학연구 편집위원장
KT재무회계자문단위원
연세대학교 기획실 정책부실장
연세대학교 재무처장
연세대학교 감사실장
YBM시사닷컴 감사
롯데쇼핑 사외이사/감사위원
회계기준위원회 비상임위원
STX엔진 사외이사
한국거래소 유가증권시장 공시위원회 위원장
한국CFO협회 운영위원
한국회계학회 부회장
기획재정부 공공기관 국제회계기준 도입 자문단
금융위원회 증권선물위원회 비상임위원
국가보훈처 기금운영위원
국제중재재판소 expert witness
국가회계기준센터 자문위원
한국연구재단 전문위원
연세대학교 상남경영원장
유니온스틸 사외이사/감사위원
삼일저명교수
서울보증보험 사외이사/감사위원장

현:
연세대학교 경영대학 교수
기업지배구조원, 기업지배구조위원회 위원
한국조세재정연구원, 국가회계재정통계센터 자문위원
한국회계학회 회장
하나로의료재단이사
서울의과학연구소(SCL)재단이사회 감사
국회예산정책처 사업평가 포럼 자문위원

제주항공 사외이사/감사위원장
한국경영학회 이사
한국공인회계사회 심의위원회 위원
KB생명보험 사외이사/감사위원장

보고서/용역:
기획재정부, 금융감독원, 한국공인회계사회. 코스닥증권시장, 상장회사협의회,
한국거래소, 한국회계기준원, 삼정회계법인, 아이에이취큐, 금융위원회,
리인터내셔널법률사무소, 김앤장법률사무소 등

저서:
회계감사이론, 제도 및 적용. 박영사. 2006
수시공시이론, 제도 및 정책. 박영사. 2009
회계정보의 유용성. 권수영, 김문철, 최관, 한봉희와 공저. 신영사. 2판. 2010
금융감독, 제도 및 정책－회계 규제를 중심으로. 박영사. 2012
회계환경, 제도 및 전략. 박영사. 2014
회계원리. 이호영과 공저. 법문사. 12판. 2014
금융시장에서의 회계의 역할과 적용. 박영사. 2016

논문:
Journal of Accounting and Economics, 회계학연구, 회계저널, 회계 · 세무와 감사연구, 경영학연구, 증권학회지 외 다수.

수상:
상경대학 우수업적 교수상
한국공인회계사회 최우수논문상
한국공인회계사회 우수논문상
한국경영학회 우수논문상
2008년 학술원 사회과학부문 우수도서 선정
2010년 학술원 사회과학부문 우수도서 선정
2013년 한국회계정보학회 최우수논문상
2013년 & 2014년 연세대학교 우수업적교수상(연구) 부문

전략적 회계 의사결정

초판인쇄 2017년 1월 1일
초판발행 2017년 1월 15일

지은이 손성규
펴낸이 안종만

편 집 한두희
기획/마케팅 조성호
표지디자인 권효진
제 작 우인도·고철민

펴낸곳 (주) 박영사
서울특별시 종로구 새문안로3길 36, 1601
등록 1959. 3. 11. 제300-1959-1호(倫)
전 화 02)733-6771
f a x 02)736-4818
e-mail pys@pybook.co.kr
homepage www.pybook.co.kr
ISBN 979-11-303-0385-7 93320

정 가 37,000원